# USA
# SÜDWESTEN

**www.baedeker.com**

Verlag Karl Baedeker

# Top-Reiseziele

**Das Beste des Südwestens: Spanisches Erbe und Pioniergeist in den Städten, dazu moderne Kultur und kulinarische Genüsse – und dazwischen die grandiose, epische Natur, in buntes Gestein gegrabene Schluchten, dramatische Berge und schwindelerregende Steilküsten.**

**❹ ✶✶ Uinta Mountains**
Machen Sie eine Zeitreise durch die Erdgeschichte in die grandiose Hochgebirgswelt der Uinta Mountains!
**Seite 578**

**❺ ✶✶ Sacramento**
Kaliforniens Hauptstadt bietet Geschichte, Kunst und Wissenschaft.
**Seite 258**

**❻ ✶✶ Yosemite National Park**
Dem 2307 m hohen El Capitán zollen die Besucher des Parks den meisten Respekt.
**Seite 300**

**❼ ✶✶ Denver**
Hier schnuppern Sie Großstadtatmosphäre vor der Kulisse der Front Range der Rocky Mountains.
**Seite 323**

**❶ ✶✶ Salt Lake City**
»This is the Place«, rief Mormonenführer Brigham Young 1847 in der Wüste aus – und eine Stadt samt fruchtbarem Umland entstand.
**Seite 565**

**❷ ✶✶ Lake Tahoe**
Baden, Surfen, Klettern oder Ski laufen – an diesem See an der Grenze von Kalifornien und Nevada und in der Umgebung kann man so ziemlich jede Sportart machen.
**Seite 216, 398**

**❸ ✶✶ Dinosaur National Monument**
Wer sich für Dinosaurier interessiert, kann an den südöstlichen Ausläufern der Uinta Mountains den Archäologen beim Ausgraben von Fossilienfunden zusehen.
**Seite 334**

lernen möchte, darf ihr geistiges und kulturelles Zentrum nicht verpassen. **Seite 459**

### ㉔ ✶✶ Santa Fe

Die Stadt ist bekannt für ihre Adobe-Architektur und ihre Kunstszene. **Seite 484**

### ㉕ ✶✶ Los Angeles

Die größte Stadt an der US-Pazifik-küste ist ein Wirtschafts- und Kultur-zentrum von Weltrang.**Seite 220**

### ㉖ ✶✶ Sedona, Red Rock Country

Den roten Felsen in der Umgebung von Sedona werden magische Kräf-te zugesprochen. **Seite 189**

### ㉗ ✶✶ Petrified Forest National Park

Angesichts versteinerter Bäume aus dem Erdmittelalter schlagen nicht nur Geologenherzen höher. **Seite 169**

### ㉘ ✶✶ San Diego

»America's finest City« bietet viel Kultur und herrliche Strände. **Seite 264**

### ㉙ ✶✶ Carlsbad Caverns

In einem der größten und ein-drucksvollsten Höhlensysteme der Erde leben einige hunderttausend Fledermäuse. **Seite 455**

# Lust auf ...

... weite Wüsten mit ihren ungewöhnlichen Pflanzen, Formen und Farben? Auf Wassersport inmitten herrlicher Landschaft? Auf die wahren Geschichten und Orte hinter den amerikanischen Filmmythen von Cowboys und Indianern? Dann sind Sie im Südwesten der USA goldrichtig!

## WÜSTENPANORAMA

- **Saguaro National Park** ▶
  Bei Tucson sieht man Armleuchterkakteen bis zum Horizont. Eine Blütenpracht erstrahlt im Frühling.
  **Seite 200**
- **Zabriskie Point**
  Kurz nach Sonnenaufgang zeigen sich die erodierten Hügel im Death Valley National Park mit ihren markanten Linien besonders plastisch.
  **Seite 214**
- **Valley of Fire State Park**
  Sandsteinfelsen leuchten und 3000 Jahre alte Felszeichnungen dokumentieren frühe Kultur.
  **Seite 398**

## HISTORISCHE HOTELS

- **El Tovar Hotel**
  Das Hotel in Grand Canyon Village begrüßt seit über 100 Jahren Gäste am Südrand des Nationalparks.
  **Seite 142**
- ◀ **Strater Hotel**
  Ein Musterbeispiel amerikanisch-viktorianischer Architektur im Herzen von Durango, Colorado
  **Seite 335**
- **Zion Lodge**
  Die Unterkunft im gleichnamigen Nationalpark wurde bereits 1920 errichtet und nach einem Brand 1966 innerhalb von 100 Tagen in alter Schönheit aus Holz und rotem Sandstein wieder errichtet.
  **Seite 584**

## WILDER WESTEN

## INDIANISCHES ERBE

## WASSERSPASS

Bei den Festen der First Nations werden Tänze vorgeführt.

San Franciscos Skyline bei Nacht mit den viktorianischen »Painted Ladies«

Wunderschöne Formen der Natur: der Antelope Canyon in Arizona

# PRAKTISCHE INFORMATIONEN

PREISKATEGORIEN
Restaurants
(Preis für ein Hauptgericht)
🍴🍴🍴🍴 = über 30 $
🍴🍴🍴 = 20 – 30 $
🍴🍴 = 12 – 20 $
🍴 = unter 12 $
Hotels (Preis für ein DZ)
🍴🍴🍴🍴 = über 160 $
🍴🍴🍴 = 100 – 160 $
🍴🍴 = 60 – 100 $
🍴 = unter 60 $

**Hinweis**
Gebührenpflichtige Servicenummern sind mit einem Stern
gekennzeichnet: *0180....

nachdenken • klimabewusst reisen
**atmosfair**

# HINTERGRUND

Auch mit nüchternen Zahlen und Hintergrundinformationen kann man sich dem Mythos Southwest nähern. Der Faszination über die Region im Südwesten der USA wird es nicht schaden – im Gegenteil!

# Magic Southwest

**Keine andere Großlandschaft auf unserem Planeten übt eine so magische Anziehungskraft aus wie der Südwesten der USA. Touristen verspüren eine merkwürdige Sehnsucht nach dem »Wilden Westen« – wer einmal hier war, kommt meist wieder.**

Es gibt sie wirklich: Rostrote Felstürme und bizarre Sandsteinbögen, jähe Canyons, gelbbraune Sand- und Steinwüsten, deren einzige Farbtupfer mannshohe Kakteen und seltsam anmutende Baumyuccas sind. Und auch das gibt es wirklich: Indianer, die in buntem Federschmuck Tänze aufführen, und verwegene Cowboys, die lassoschwingend über Stock und Stein reiten. Western-, Natur- und Werbefilmer werden seit Jahrzehnten von den flammenden Felsburgen in ihren Bann gezogen. Vor gewaltiger Kulisse drehte John Ford seinen Western-Klassiker »Der schwarze Falke« und Walt Disney sein Epos »Die Wüste lebt«. Jeder Kinogänger kennt das »Marlboro Country«, wo man nach abenteuerlichen Wildwasserfahrten und Jeeptouren am Lagerfeuer sitzt und den Tag Revue passieren lässt. Der **Mythos Southwest** lässt aber auch die Augen von New Agern und Esoterikern leuchten, die über die glühenden Steine des Red Rock Country von Sedona gehen oder sich von Hopi und Navajo in die Geheimnisse der Naturmedizin einführen lassen wollen.

## HOCHGEBIRGSWELT

Es sind nicht nur die flammenden Felsburgen und Canyons, sondern auch die Hochgebirgszüge der Rockies, deren schneebedeckte Gipfel ebenso im Sonnenlicht gleißen wie die weißen Salzflächen und Gipssanddünen in den Weiten Utahs oder New Mexicos. Wie in den Schluchten des Coloradoplateaus oder in den Kakteengärten der Sonora-Wüste kann man Freiheit und Abenteuer in den Rocky Mountains oder im Tonto National Forest erleben. Weltbekannt sind die Skipisten von Vail und Aspen, wo auch 2015 / 2016 der internationale Skizirkus wieder gastierte, und natürlich der legendäre »Champagne Powder« der Wasatch Range, den »Hausbergen« von Salt Lake City in Utah, wo 2002 die olympischen Winterspiele ausgetragen wurden.

## KULTUR IM »WILDEN WESTEN«

Geschichts- und Kulturinteressierte besuchen die Felsnester und Pueblos, in denen die Vorfahren der heutigen **Navajo und Hopi** gelebt

**Rot dominiert die Painted Desert in Arizona.**

haben, z. B. die weltberühmten Lehmhäuser in Taos oder die »Cliff Dwellings« unter den Felsüberhängen der Mesa Verde. Und sie verfolgen die Spuren von spanischen Kolonisten und anderen europäischen Einwanderern, die sich im Südwesten niedergelassen haben, z. B. im historischen Stadtkern von Los Angeles oder in der Hauptstadt des Mormonenstaates Utah, Salt Lake City. Selbstverständlich kann man jene Plätze erkunden, an denen es zur Zeit des Wilden Westens besonders wild zugegangen ist, etwa den Silberbergbauort Tombstone, wo Wyatt Earp auf die Clantons traf, und das Goldgräberstädtchen Telluride, wo Butch Cassidy seinen ersten Bankraub beging.

## GLITZER UND GLAMOUR

Nach wie vor spielen Gold und Geld eine wichtige Rolle im Südwesten – man denke nur an die Glitzerpetropole Las Vegas oder an deren »kleine Schwestern« Reno oder Laughlin. Dass man mit Glücksspiel reich werden kann, haben auch die indianischen Ureinwohner erkannt, die in vielen Reservaten **Spielkasinos** betreiben. Gegen die unliebsame Konkurrenz kämpft man in Las Vegas mit Show und Magie: große Unterhaltungsprogramme in den Hotelkasinos mit internationalen Showstars und akrobatischen Revuen des Cirque du Soleil.

## SPORT

Beste Voraussetzungen bietet der Südwesten für Aktivurlauber aller Art. Ob Kanutrips oder Floßfahrten durch die rauschenden Flüsse und Seen, ob Wandern oder Klettern, Angeln, Reiten, Wintersport oder Surfen am Meer, den sportlichen Aktivitäten sind kaum Grenzen gesetzt. Höchstens freilich der Platz für Sportgeräte im Koffer.

# Fakten

**Rot dominiert die Painted Desert in Arizona.**

haben, z. B. die weltberühmten Lehmhäuser in Taos oder die »Cliff Dwellings« unter den Felsüberhängen der Mesa Verde. Und sie verfolgen die Spuren von spanischen Kolonisten und anderen europäischen Einwanderern, die sich im Südwesten niedergelassen haben, z. B. im historischen Stadtkern von Los Angeles oder in der Hauptstadt des Mormonenstaates Utah, Salt Lake City. Selbstverständlich kann man jene Plätze erkunden, an denen es zur Zeit des Wilden Westens besonders wild zugegangen ist, etwa den Silberbergbauort Tombstone, wo Wyatt Earp auf die Clantons traf, und das Goldgräberstädtchen Telluride, wo Butch Cassidy seinen ersten Bankraub beging.

## GLITZER UND GLAMOUR

Nach wie vor spielen Gold und Geld eine wichtige Rolle im Südwesten – man denke nur an die Glitzerpetropole Las Vegas oder an deren »kleine Schwestern« Reno oder Laughlin. Dass man mit Glücksspiel reich werden kann, haben auch die indianischen Ureinwohner erkannt, die in vielen Reservaten **Spielkasinos** betreiben. Gegen die unliebsame Konkurrenz kämpft man in Las Vegas mit Show und Magie: große Unterhaltungsprogramme in den Hotelkasinos mit internationalen Showstars und akrobatischen Revuen des Cirque du Soleil.

## SPORT

Beste Voraussetzungen bietet der Südwesten für Aktivurlauber aller Art. Ob Kanutrips oder Floßfahrten durch die rauschenden Flüsse und Seen, ob Wandern oder Klettern, Angeln, Reiten, Wintersport oder Surfen am Meer, den sportlichen Aktivitäten sind kaum Grenzen gesetzt. Höchstens freilich der Platz für Sportgeräte im Koffer.

# Fakten

# Natur und Umwelt

**Steppen, Halbwüsten und Wüsten prägen neben Gebirgen über weite Strecken das Landschaftsbild. Gerade darin liegt der besondere Reiz des Südwestens vor allem für Besucher aus Mitteleuropa – dem an üppiges Grün von Wiesen und Wäldern gewohnten Auge präsentieren sich hier nur spärlich von Pflanzen bedeckte Gesteinsformationen in allen Schattierungen von Rot, Gelb und Weiß in einer atemberaubenden Formenvielfalt.**

Als Südwesten der USA bezeichnet man im Allgemeinen die Bundesstaaten Arizona, Colorado, Nevada, New Mexico und Utah. Betrachtet man den geografischen und klimatischen Großraum, sind auch Teile von Kalifornien und Texas hinzuzurechnen. Dieser Landschaftsraum bedeckt eine Fläche von ca. 1,5 Mio. km², was ungefähr ein Siebtel der Gesamtfläche des Landes bzw. das Vierfache der Fläche von Deutschland ausmacht. Von den fünf Kernstaaten ist New Mexico mit einer Fläche von 194 556 km² der größte und Utah mit 135 856 km² der kleinste. Bei einer Gesamteinwohnerzahl von rund 42 Mio. ergibt sich eine theoretische **Bevölkerungsdichte** von knapp 28 Einwohner pro km² (Bundesrepublik Deutschland: 232 Einw./km²). Die geringe Bevölkerungsdichte ist ein Indiz dafür, dass der Südwesten der USA kein komfortabler Siedlungsraum ist.

**Fläche: Vier Mal Deutschland**

## GROSSRÄUME

Der Südwesten der USA erstreckt sich von den westlichen Randgebieten der Great Plains, die bis in den Osten der Bundesstaaten Colorado und New Mexico hineinreichen, bis zur Sierra Nevada im Westen bzw. den kalifornischen Küstengebirgen. Bei Betrachtung der Landkarte fällt ein wesentlicher Unterschied in den naturräumlichen Gegebenheiten gegenüber Mitteleuropa auf: Während in Mitteleuropa die Alpen weitgehend von West nach Ost verlaufen, zeigen die Kordilleren oder Rocky Mountains eine nord-südliche Ausrichtung. Diese für die USA **typische meridionale Anordnung** der Naturräume ist die Ursache für zahlreiche Phänomene, die man in Europa kaum kennt – »stürmische« Ereignisse wie Tornados und Blizzards. Aber auch für die Erschließung des Kontinents von den Küsten aus stellten die von Nord nach Süd verlaufenden Gebirge eine **natürliche Barriere** dar. Ein weiterer Unterschied zu Mitteleuropa ist die Größe

**Unterschiede zu Europa**

Die Maultierhirsche Nevadas erkennt man an ihren großen Ohren.

der Naturräume. So weist das Colorado Plateau einen Durchmesser von 600 km auf, was in etwa der Entfernung vom Bodensee bis zur ostfriesischen Nordseeküste entspricht. Diese Weite der Landschaft ist für viele Mitteleuropäer ein besonderes Erlebnis.

**Great Plains** Die Great Plains sind Teil der riesigen Flachlandregion des Zentralen Tafellands zwischen den Rocky Mountains im Westen und den Appalachen im Osten. Durch eine deutliche **Geländestufe** grenzt sich die Plateaulandschaft der Great Plains von dem östlich gelegenen zentralen Tiefland ab. Sie legt sich als ein 200 – 700 km breiter Streifen östlich an die Rocky Mountains und dehnt sich vom Rio Grande im Süden nordwärts bis zum Flussdelta des Mackenzie River in der kanadischen Arktis aus. Die Great Plains sind hauptsächlich aus nahezu horizontalen Schichten des Erdmittelalters (Mesozoikum; vor 230 – 65 Mio. Jahren) aufgebaut, die leicht nach Osten abfallen und durch Schichtstufen gekennzeichnet sind. **Meeresablagerungen** wie Sand-, Mergel-, Ton- und Kalksteine sowie Schiefer, Konglomerate und sogar Stein- und Braunkohle bestimmen den geologischen Aufbau und Formenschatz dieses ausgedehnten Flachlands. Im Südosten von Colorado und im Nordosten von New Mexico bedecken an einigen Stellen erdgeschichtlich jüngere Lavadecken die Oberfläche. Dieses widerständige Gestein bildet »Mesas« (Tafelberge) aus, die von »Canyons« (Kerbtäler mit gestuftem Profil) zerschnitten sind.

Die Great Plains gehören zu den ausgedehnten **Graslandformationen** der zentralen Flachlandregion. Der zum Südwesten zählende Bereich der Great Plains ist als Kurzgrassteppe ausgebildet. Dominante Arten sind das Gramagras und das sehr dürrebeständige Büffelgras (Buffalo grass). Mit zunehmender Trockenheit treten auch Sagebrush und andere Beifußgewächse auf.

**Rocky Mountains** Die Rocky Mountains heben sich markant über die Great Plains im Osten und den Zwischengebirgsbereich im Westen empor. In ihrer gesamten Ausdehnung erstrecken sie sich über 4500 km vom Südwesten der USA bis in die Brooks Range im Norden Alaskas. Die südlichen Rockies setzen sich aus einer ganzen **Reihe von Gebirgszügen** zusammen, die örtlich weit über die 4000-m-Höhenmarke hinaufreichen. Die Rocky Mountains bilden die **Hauptwasserscheide** zwischen Pazifik und dem Golf von Mexiko bzw. dem Atlantik.

Das **Pflanzenkleid** der Hochlagen und Gebirgsregionen ist keineswegs einheitlich. Es ändert sich mit zunehmender Höhe und je nach Lage im feuchteren Osten oder im trockenen Westen. Auf den **trockeneren Standorten** im Gebirge (1800–2700 m ü. d. M.) dominiert die Gelbkiefer (Ponderosa pine), auf den **feuchteren Standorten** dieser Höhenlage ist es hingegen die Douglasie (Douglas fir). In den tieferen Berglagen ist der Wald parkartig licht und wenig ge-

**Ein Wechselspiel von Ebenen und Gebirgszügen prägt den Südwesten.**

schlossen, Wiesen lockern das Vegetationsbild auf. Bäume wie die Zitterpappel (Quaking Aspen) und die sommergrüne Lärche (Larch) verleihen der Landschaft im Herbst ein farbenprächtiges Antlitz. Die Blaufichte (Blue spruce), Staatsbaum von Colorado, ist vor allem in den Rockies häufig anzutreffen. Im subalpinen Gelände bildet die Drehkiefer (Lodgepole pine) in Gesellschaft mit der Engelmannsfichte (Engelmann spruce) größere Bestände. Zur Baumgrenze aufsteigend tritt dann vermehrt die Felsengebirgstanne (Alpine fir) in den Vordergrund, und in den **Hochlagen** bis 3500 m ü. d. M. bestimmt schließlich die Weißstämmige Zirbelkiefer (Whitebark pine) das Bild. Oberhalb der Baumgrenze breiten sich alpine Matten mit zahlreichen Blütenpflanzen aus, darunter als zwei typische Hochgebirgsblumen die Akelei (Rocky Mountain columbine) und die Gebirgssonnenblume (Alpine sunflower).

Das Colorado Plateau ist ein typisches, erst in geologisch junger Zeit emporgehobenes **Schichttafelland**, das sich aus einer Vielzahl einzelner Hochflächen zusammensetzt und durchschnittlich 1800 – 2000 m hoch ist. Seine Fläche von rund 250 000 km² entspricht in etwa der Ausdehnung des Vereinigten Königreichs (Großbritannien mit Nordirland). Charakteristisch für das Coloradoplateau sind seine Höhe, seine sehr markant in Erscheinung tretenden Schichtstufen sowie weiträumige, flache Landschaften, die von tief eingeschnittenen Kerbtälern, den Canyons, unterbrochen sind. Im

**Colorado Plateau**

**Typische Bewohner der Halbwüste: Teddybear Chollas**

Süden bilden in erster Linie mächtige, zum Teil sehr **farbenprächtige Sedimentgesteine** des Erdaltertums den geologischen Unterbau. Die Abfolge der einzelnen Gesteinsschichten lässt sich vor allem im Grand Canyon sehr gut beobachten. Dort hat sich der Colorado bis in den präkambrischen kristallinen Untergrund eingeschnitten.

**Basin & Range Province (Great Basin)**

Die Basin & Range Province bildet im Südwesten der USA zusammen mit dem Colorado Plateau den **Zwischengebirgsbereich** der Kordilleren. Natürliche Grenzen sind die Sierra Nevada im Westen und die Rocky Mountains im Osten. Das sehr niederschlagsarme Gebiet hat gewaltige Ausmaße: Mit nahezu 500 000 km² Fläche ist es ungefähr doppelt so groß wie das Colorado Plateau und umfasst ganz Nevada sowie Teile von Arizona, New Mexico und West-Texas. Man unterteilt die Basin & Range Province in das eigentliche **Great Basin**, das Hochland von Arizona und New Mexico und die **Sonora-Wüste**, zu der auch die Gila-Wüste im Südwesten von Arizona gehört. Charakteristisch sind einerseits zahlreiche, bis über 3000 m hohe Gebirgszüge, andererseits bestimmen zum Teil abflusslose Becken das Landschaftsbild. Das bekannteste dieser Becken, das Death Valley im Grenzraum von Nevada und Kalifornien, liegt an seinem tiefsten Punkt 86 m unter dem Meeresspiegel.

In den verhältnismäßig trockenen Beckenlandschaften dominieren sog. **Xerophyten** (Trockenpflanzen). Sie schützen sich gegen Verdunstung u. a. durch kleine Blätter mit dickerer Außenwand und kleinen Spaltöffnungen oder gar nur mit als Dornen ausgebildeten Blättern.

Auf besondere Weise haben sich die sogenannten **Sukkulenten** (Wasser speichernde Pflanzen) der Dürre angepasst, die man nach den jeweiligen Speicherorganen in Blatt-, Stamm- oder Wurzelsukkulenten einteilt. Typische Stammsukkulenten sind die Kakteen, dazu gehören der Saguaro- und der Orgelpfeifen-Kaktus (Organ pipe), die sehr oft in Gemeinschaft mit den plüschigen, aber überaus stacheligen Teddybear Chollas auftreten.

Bis zur unteren, durch Trockenheit bedingten Baumgrenze (1500 – 1800 m ü. d. M.) finden sich niedriges Buschwerk aus Wacholder und Nusskiefer (Juniper-Pinyon-Woodland) sowie der Wüstenbeifuß (Sagebrush) und buschiges Gramagras. Diese Vegetationsformation wird als **Trockenbusch** bezeichnet und ist im gesamten Zwischengebirgsgebiet verbreitet.

Weitere charakteristische Arten der Halbwüsten im Süden sind der sogenannte Kerzenstrauch (Ocotillo) und verschiedene **Yucca-Arten**, darunter der eindrucksvolle Joshua Tree (Baumyucca), von dem besonders schöne Exemplare im Grenzgebiet zwischen Südkalifornien und Arizona gedeihen.

Nach ergiebigen Niederschlägen blühen in den Trockenräumen wundervolle **Blumenteppiche** auf. Samen und Zwiebeln überdauern die Trockenheit im Boden und treiben innerhalb von sechs bis zehn Wochen Blüten.

## EINE TRAUMLANDSCHAFT ENTSTEHT

Das Faszinierende an einer Reise durch den Südwesten der USA ist das Erlebnis einer in ihrer Formen- und Farbenvielfalt einzigartigen Felsen- und Wüstenlandschaft, wie sie die Kräfte der Natur im Laufe von Jahrmillionen geformt haben. Der grandiose Grand Canyon, der bizarre Bryce Canyon und Wüstengebiete wie Death Valley entstanden bei der Herausbildung der nordamerikanischen Kordilleren, die das Ergebnis von **plattentektonischen Bewegungen** sind. Seit Milliarden von Jahren schiebt sich die Pazifische Platte unter die Nordamerikanische Platte. Folge dieses »Untertauchens« (Subduktion) der einen Großplatte unter die andere ist zum einen die deutlich sichtbare Ausbildung der Kordilleren, zum anderen Vorgänge wie Vulkanismus, Überschiebungs-,

*Entstehung der Gebirge und Canyons*

**BAEDEKER TIPP**

*Four Corners Region*

Besonders imposant und außerordentlich farbenfroh – vor allem durch das rote Eisenoxid – sind die Canyons in der »Four Corners Region« ausgefallen, in der die vier Bundesstaaten Utah, Colorado, New Mexico und Arizona aneinander grenzen. Hier finden sich einige der attraktivsten Naturlandschaften der gesamten USA auf recht engem Raum, u. a. Grand Canyon, Bryce Canyon und Zion Canyon.

Felswand mit Schachbrettmuster: Checkerboard Mesa im Zion N. P.

Falten- und Bruchschollentektonik. Die Hauptphase der Gebirgs-bildung auf der Erde ereignete sich gegen Ende des Erdmittelalters (Mesozoikum) und zu Anfang des Tertiärs, also vor 70 – 50 Mio. Jahren. Dabei wurden Strukturen älterer Gebirgsbildungen aus dem Erdaltertum (Paläozoikum; vor 570 – 230 Mio. Jahren) und der Erd-frühzeit (Proterozoikum; älter als 570 Mio. Jahre) umgeformt. Ihre heutige Gestalt verdanken die Rocky Mountains jedoch einer **He-bungsphase** im späten Tertiär, etwa zur selben Zeit, als in Europa die Alpen herausgehoben wurden. Die jüngste Hebungsphase voll-zog sich gegen Ende des Tertiärs, also vor 20 – 5 Mio. Jahren. Damit verbunden war und ist eine außerordentlich starke Erosion. Die Flüsse schnitten sich tief ein und bildeten die heute als Naturwun-der bestaunten Canyons.

**Entstehung der Basin & Range Province**

Der spättertiären Hebungsphase verdankt auch die Basin & Range Province ihre Strukturen. Hier erfolgte eine **Dehnung der Erdkrus-te**, die ihrerseits tiefe Brüche und Störungen verursachte. Es entstan-den Horste und Gräben, die heute als nahezu parallel verlaufende Gebirgszüge und Becken im Landschaftsbild erkennbar sind.

**Einflüsse der Eiszeit**

Von den Gletschervorstößen der vor 2 Mio. Jahren beginnenden und bis vor ca. 10 000 Jahren dauernden Eiszeiten sind nur die **Hochge-birgslagen** des Südwestens betroffen. Vor allem in den Rocky Moun-tains findet man die ganze Palette des eiszeitlichen Formenschatzes:

Gletscher, Kare, Trogtäler, Moränen, Flussschotterablagerungen usw. Von großer Bedeutung für die während der letzten Eiszeiten nicht vergletscherten Gebiete waren die im Vergleich zu heute wesentlich höheren Niederschläge und die Schmelzwässer aus den Gebirgen. Ein Überbleibsel aus jener Zeit ist der **Große Salzsee** in Utah, der einstmals als 50 000 km² großer Lake Bonneville auch die Große Salzseewüste bedeckte.

## FAUNA

Die Tierwelt des Südwestens ist ebenso wie die Pflanzenwelt bestens an die trockenen Verhältnisse angepasst. Dies äußert sich z. B. darin, dass zahlreiche Arten **nachtaktiv** sind. Dort, wo tagsüber alles karg und ausgestorben erscheint, findet nachts ein hektisches Fressen und Gefressenwerden statt. Einige Arten haben sich raffiniert an die extremen Lebensbedingungen angepasst. **Anpassung an die Trockenheit**

Besonders vielfältig ist die Vogelwelt des Südwestens. Ein weit verbreiteter Greifvogel ist der Präriefalke. Mitunter sieht man Steinadler, die Flügelspannweiten bis zu 2,3 m aufweisen können, in den Lüften kreisen. Weitere häufig vorkommende **Greifvögel** sind der rotgesichtige Truthahngeier und der Rabengeier mit silbergrauem Kopf. Im Gegensatz zu den imposanten Raubvögeln nimmt man die **kleineren Vögel** kaum wahr. Dazu gehört beispielsweise der kleine Dreifarbenkolibri, der sich von Blütennektar ernährt. Auch der extreme Lebensraum der Kakteen wird von einigen Vögeln bevorzugt. So nisten z. B. der Kaktuszaunkönig und die Krummschnabel-Spottdrossel mit Vorliebe in Opuntien. Der Gila-Specht und der Goldspecht hingegen »hämmern« ihre Nisthöhlen in die mächtigen Saguaros, in deren Astgabeln auch der Amerikanische Uhu oder der Wüstenbussard ihre Nester bauen. **Vögel**

> **?** **BAEDEKER WISSEN**
>
> *Wasserzauber*
>
> So manche Tiere haben besondere »Tricks« entwickelt, um in der trockenen Gegend zu überleben. Die kleine Taschenmaus (Pocket Mouse) und die Ord-Kängururatte (Ord's Kangaroo Rat) beispielsweise extrahieren Wasser aus ihrer Nahrung – in erster Linie Pflanzensamen – und scheiden als Urin lediglich eine wasserarme Paste aus.

»Staatsvogel« von New Mexico ist der **Roadrunner** (Rennkuckuck, Erdkuckuck), der vielen Lesern als gewitzte Comicfigur bekannt ist. Wie der Name vermuten lässt, ist er ein hervorragender Läufer, der bis zu 25 km/h schnell sein kann.

Gelegentlich sieht man auch das leuchtend blaue Federkleid eines Diademhähers, während die Einsiedlerdrossel durch ihren melodiösen Gesang auf sich aufmerksam macht. Andere häufig zu beobachtende Arten im Trockenbusch sind Buschhäher, Helmwachteln, Krummschnabel-Spottdrossel, Louisianawürger und verschiedene Schwalbenarten.

**Fledermäuse** Eine weitere fliegende Besonderheit ist allerdings kein Vogel, sondern ein Säugetier: die Fledermaus. Allein in einer für Besucher gesperrten Nebenhöhle der **Carlsbad Caverns** (▶S. 455) lebt eine 300 000 bis 400 000 Tiere zählende Kolonie der Guano-Fledermaus, die jeden Abend einer dunklen Wolke gleich die Höhle verlässt und auf Insektenjagd geht.

**Nagetiere** Unter den Nagetieren sind vor allem zwei Hörnchenarten zu nennen, der kleine **Chipmunk** (Streifen- oder Backenhörnchen) und der **Ziesel**, ein typisches Steppentier, das in selbstgegrabenen Erdhöhlen lebt. Auch die selteneren **Präriehunde** zählt man zu den Hörnchen. Weitere sehr häufig vorkommende Nagetiere sind Ratten und Mäuse wie die weit verbreiteten **Kängururatten** (Ord's Kangaroo Rat) und **Taschenmäuse** (Great Basin Pocket Mouse), die sich hüpfend vorwärts bewegen. Die **Kaktusmaus** (Cactus Mouse) wohnt in umgestürzten Kakteen, vornehmlich in Saguaros, und ernährt sich von deren Früchten, während die **Pinienmaus** (Pinyon mouse) sich auf die nussartigen Samen der Nusskiefer (Pinyon pine) spezialisiert hat.
Vor allem in den Rocky Mountains und auch in der Sierra Nevada sind die **Murmeltiere** zu Hause. Ebenfalls in den bewaldeten Bergregionen kann man des Öfteren nordamerikanische **Baumstachler** (Baumstachelschwein) sehen, die ebenfalls zu den nachtaktiven Nagetieren gehören. An **Hasenarten** gibt es Pfeifhasen, Eselhasen, Schneehasen und das kleinere Audubonkaninchen.

**Raubtiere** An großen Säugetieren sind vor allem Raubkatzen zu nennen. Ein exzellenter Jäger ist der inzwischen ziemlich selten gewordene **Puma** oder Berglöwe (Cougar), der in den dünn besiedelten Felsregionen und Berggebieten lebt. Der **Rotluchs** ist dagegen im Südwesten weit verbreitet, doch bekommt man auch ihn nur selten zu Gesicht, da er tagsüber gut verborgen schläft. Das wohl bekannteste Tier des Südwestens ist der **Kojote** (Präriewolf), dessen Geheul noch recht häufig zu vernehmen ist. Der Gegenspieler von »Roadrunner« (s. oben) frisst Kleintiere und Aas, wird aber dem Menschen kaum gefährlich. Gelegentlich kann man auch den scheuen **Graufuchs** und den **Rotfuchs** beobachten. **Silberdachse**, die sich auf die Ziesel-Jagd spezialisiert haben, leben vor allem im Felsengebirge. Kleinere und ziemlich häufig vorkommende Raubtiere sind **Langschwanzwiesel** und **Fichtenmarder**.

**Bären** Ein Allesfresser ist der **Schwarzbär**, der in den Wäldern des Südwestens verbreitet ist. Während es eher unwahrscheinlich ist, einem

Schwarzbären zu begegnen, sind die Chancen, kleinere Arten zu beobachten, wesentlich größer. Dies gilt insbesondere für den **Wasch-
bär** mit seiner hübschen Zeichnung der Augenpartie, für den **Kat-
zenfrett** mit seinem schwarz-weiß gestreiften Schwanz und für den
**Nasenbär**, der lediglich im Süden des hier vorgestellten Reisegebie-
tes vorkommt.

Als weitere große Säugetiere des Südwestens sind **Großohrhirsche**
und **Rothirsche** zu nennen. Sie trifft man auch oft in waldreichen
Nationalparks an Parkplätzen an. Vor allem in den Rocky Mountains
kann man gelegentlich einen imponierenden Hirsch bestaunen.
Die robusten Dickhornschafe leben vorwiegend in den kühleren und
feuchteren Hochlagen.

**Hirsche,
Dickhorn-
schafe**

So possierlich sie aussehen – der im Südwesten hauptsächlich vorkommende **Fleckenskunk** ähnelt einem Marder –, um Stinktiere
sollte man einen großen Bogen machen, denn sie versprühen bei
Bedrohung aus ihren Afterdrüsen ein übel riechendes Sekret, das,
wenn man es ins Auge bekommt, sogar zu einer vorübergehenden
Erblindung führen kann.
Die Halsbandpekaris (**Nabelschweine**) erinnern an Wildschweine.
Sie haben mit Stinktieren eines gemeinsam: Sie verbreiten bei Erre-
gung ähnlich übel riechende Düfte.

**Stinktiere**

Typische Bewohner der Trockengebiete des Südwestens sind Schlangen. Sehr gefürchtet sind die besonders giftigen **Klapperschlangen**
(Rattle snakes), von denen im Südwesten der USA gleich mehrere
Arten anzutreffen sind. Ihren Namen verdanken sie beweglichen
Hornringen am Schwanzende, mit denen sie bei Gefahr oder Bedrohung ihr charakteristisches Rasseln erzeugen. Allergrößte Vorsicht
ist auch vor der sehr giftigen **Arizona-Korallenschlange** geboten,
die man im bunten Gestein kaum erkennt.

**Schlangen**

Das bis zu 50 cm große **Gila-Monster** gehört zu den Krustenechsen.
Das schwarz-gelb gemusterte Tier sieht nicht nur unfreundlich aus,
es ist auch sehr giftig. Eine unachtsame Begegnung kann für Menschen lebensgefährlich werden. Häufig sieht man im Südwesten auch
Glattechsen (Skinke), Rennechsen (Whiptails) und Leguane (besonders Gitterschwanzleguan, Halsbandleguan und Wüsten-Stachel-
leguan) sowie bis zu 40 cm lange Chuckwallas. Unter strengem Naturschutz stehen die wenigen noch lebenden **Wüstenschildkröten**.

**Echsen und
Kröten**

Unter den zahlreichen Spinnenarten ist die große und stark behaarte
**Tarantel** die bekannteste. Entgegen anderen Behauptungen ist sie
aber nicht besonders aggressiv. In Acht nehmen muss man sich vor
giftigen Skorpionen, von denen es im Südwesten mehrere Arten gibt.

**Spinnen und
Skorpione**

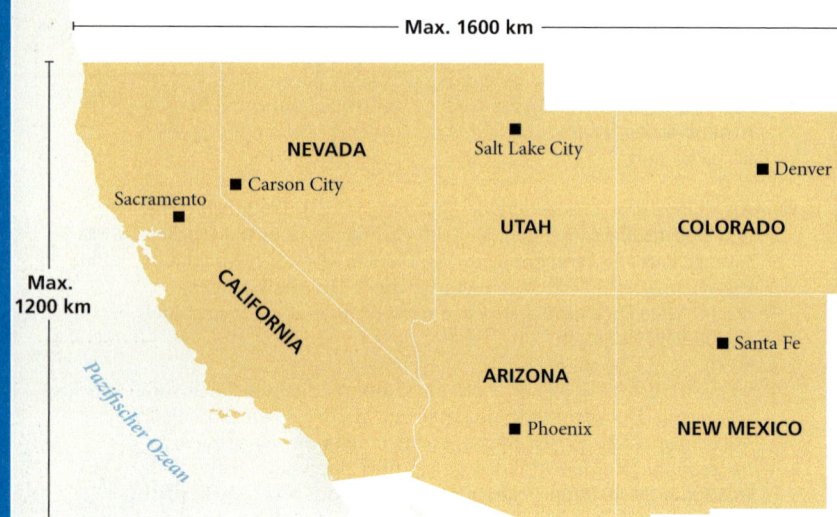

Max. 1600 km

Max.
1200 km

**NEVADA**

Salt Lake City

■ Denver

Sacramento ■

■ Carson City

**UTAH**

**COLORADO**

CALIFORNIA

Pazifischer Ozean

■ Santa Fe

**ARIZONA**

**NEW MEXICO**

■ Phoenix

Lage:
**42°–31° nördlicher Breite**
(von Rom bis Kairo)
**120°–102° westlicher Länge**

Fläche:
**ca. 1,5 Mio. km²**

Bevölkerungsdichte:
**28 Einwohner/km²**
Im Vergleich:
Deutschland **232 Einw./km²**

Einwohner: **41,8 Mio.**
Im Vergleich:
Deutschland **81 Mio.**

Arizona: **6,7 Mio.**
California (South): **22 Mio.**
Colorado: **5,3 Mio.**
Nevada: **2,8 Mio.**
New Mexico: **2,1 Mio.**
Utah: **2,9 Mio.**

©BAEDEKER

▶ **Bevölkerungsgruppen**

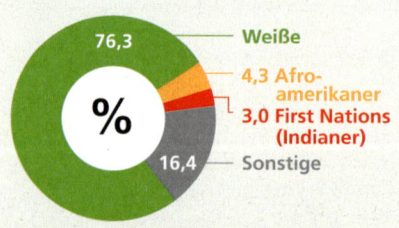

76,3

%

16,4

**Weiße**

**4,3 Afro-
amerikaner**
**3,0 First Nations
(Indianer)**

Sonstige

▶ **Sprachen**

Englisch, Spanisch,
verschiedene Indianersprachen

▶ **Politische Strukturen**

Die USA sind eine präsidiale Republik.
Die einzelnen Bundesstaaten haben oft
unterschiedliche Gesetzgebungen.
An der Spitze jedes Bundesstaates steht
ein Gouverneur.
Kongress: Senat, Abgeordnetenhaus

## ▶ Wirtschaft

**Arizona:**
Bergbau (Kupfer, Kohle, Erdöl),
Rinderzucht, Bewässerungs-
feldbau (Baumwolle),
Elektronik, Tourismus

**California (South):**
Hightech-Industrie, Wissen-
schaft, Landwirtschaft (Wein,
Obst, Gemüse), Tourismus

**Colorado:**
Wissenschaft, Forschung,
Bergbau, Viehzucht, Tourismus

**Nevada:**
Glücksspiel, Tourismus, Bergbau (Kupfer, Gold), Viehzucht

**New Mexico:**
Bergbau (Uran, Erdöl, Erdgas),
Viehzucht, Ackerbau
(Baumwolle), Tourismus

**Utah:**
Bergbau (Kupfer, Eisen, Gold,
Erdöl), High-Tech-Industrie,
Viehzucht, Dry Farming,
Tourismus

## ▶ Klimastation Phoenix

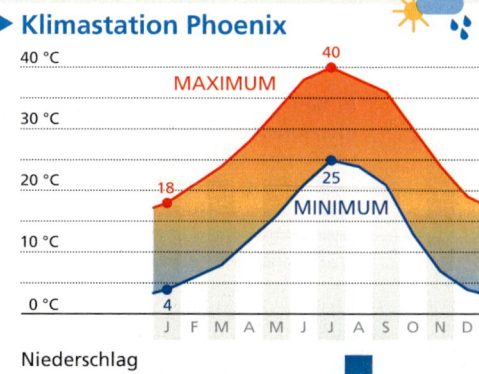

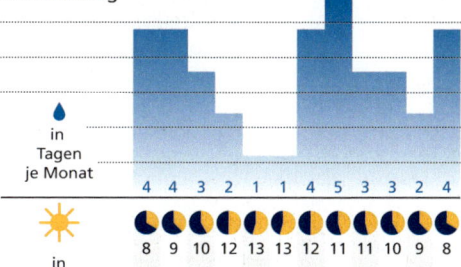

Niederschlag

in Tagen je Monat: 4 4 3 2 1 1 4 5 3 3 2 4

in Sonnenstunden je Tag: 8 9 10 12 13 13 12 11 11 10 9 8

## ▶ Monument Valley als Filmkulisse

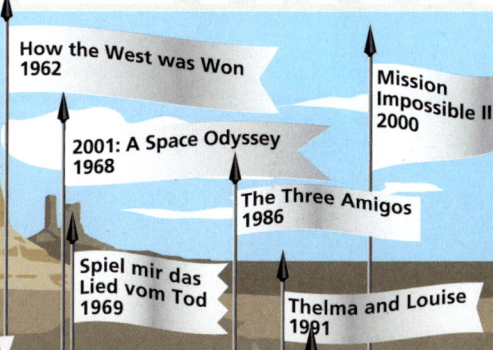

How the West was Won 1962

Mission Impossible II 2000

2001: A Space Odyssey 1968

The Three Amigos 1986

Stagecoach 1939

Spiel mir das Lied vom Tod 1969

Thelma and Louise 1991

Rio Grande 1950

Forrest Gump 1994

1940  1950  1960  1970  1980  1990  2000

# Bevölkerung · Politik · Wirtschaft

**In den fünf Kernstaaten des Südwestens und in Südkalifornien leben etwa 42 Mio. Menschen, was 13,2 % der Gesamtbevölkerung der USA ausmacht. Dies erscheint auf den ersten Blick gering, doch sollte man nicht außer Acht lassen, dass der Südwesten, insbesondere die zum »Sun Belt« zählenden Bundesstaaten New Mexico und Arizona, zu den am schnellsten wachsenden Regionen der USA gehört.**

**Entwicklung**    Allein Arizona hat seit den 1950er-Jahren seine Bevölkerungszahl um das Fünffache gesteigert. Die meisten ziehen in den Südwesten, weil sie im angenehmen Klima ihren Lebensabend verbringen wollen – der Anteil der **Pensionäre** an den Zuziehenden ist außergewöhnlich hoch. So wurde Anfang der 1960er-Jahre Sun City, ein Vorort von Phoenix, AZ, eigens für Rentner erbaut. Er hat heute zusammen mit Sun City West fast 80 000 Einwohner.

**Bevölkerungs-**    Die Verteilung der einzelnen ethnischen Gruppen auf die fünf Bundesstaaten ist sehr unterschiedlich. In allen Staaten dominieren aber
**gruppen**    **»Whites«** europäischer (»Anglos«) oder mittelamerikanischer Herkunft (»Hispanics«, ▶Baedeker Wissen S. 30), besonders signifikant in Utah, wo die »Anglos« ca. 90 % der Bevölkerung stellen. Generell erreichen die **»Afro Americans«** – im Gegensatz zu den Südstaaten oder den Großstädten des Nordostens – in keinem der Staaten einen hohen Bevölkerungsanteil. Dagegen verzeichnen New Mexico mit

**Erstklässler in einer Schule der Navajo**

rund 40 % und Arizona mit rund 20 % den größten Anteil an **»Hispanics«**, die vor allem im Tal des Rio Grande, um Tucson und Santa Fe leben.

Die **indianische Bevölkerung** (Indianer) – über die Hälfte Navajo sowie Hopi, Apache, Pueblo, Havasupai, Hualapai und Tohono O'odham – ist in Reservationen in den Four Corners (Grenzgebiet AZ-NV-CO-NM), im Südwesten von New Mexico und Nordosten Arizonas konzentriert. Beide Staaten haben mit 9 % (204 000 Menschen) bzw. 6 % (140 000) auch den mit Abstand höchsten Anteil an indianischer Bevölkerung der fünf Staaten und stehen damit nach Oklahoma und Kalifornien landesweit an dritter und vierter Stelle.

Auch in den **Sprachen** spiegelt sich die Verteilung der Bevölkerungsgruppen wider. Jeder Reisende kann es selbst feststellen, wenn er im Süden von New Mexico oder Arizona das Radio anstellt und unweigerlich einen der vielen spanischen Sender empfängt. In diesen beiden Staaten sprechen 35,5 % bzw. 20,8 % außer

**?** **BAEDEKER WISSEN**  *Geheimsprache*

Die Nachrichteneinheit der US-Marineinfanterie (Navajo Code Talkers) bestand im Zweiten Weltkrieg aus Navajo-Indianern und benutzte einen Code, der auf der Navajo-Sprache basierte. Die Japaner konnten diesen Code nie knacken. Mehr Infos: www.navajocodetalkers.org

**Englisch** noch eine zweite Sprache, überwiegend **Spanisch**, viele aber auch eine **indianische Sprache**. Wie z. B. Navajo klingt, hört man in den Four Corners im indianischen Sender KTTN auf Mittelwelle 660. Dieser Sender hat auch eine Website: www.kttnonline.com.

In allen fünf Bundesstaaten des Südwestens überwiegt das Christentum, wobei zwei Besonderheiten auffallen. Im Süden der Bundesstaaten Arizona und New Mexico ist dank der hispanischen Bevölkerung die **römisch-katholische Kirche** stark vertreten, während Utah gar aus dem Gottesstaat »Deseret« hervorgegangen ist: Hier geben nach wie vor die **Mormonen** den Ton im religiösen und öffentlichen Leben an (▶Baedeker Wissen S. 574).

**Indianische Religionen** haben mit Sicherheit einige Zehntausend Anhänger. So verschieden wie die Stämme sind, so unterschiedlich sind auch die Religionsformen, die sich einem von außen kommenden Betrachter kaum erschließen. Dies ist weniger ein Problem der Sprache und des Einfühlungsvermögens, sondern eher darauf zurückzuführen, dass Indianer ihre Religion – etwa Tänze und Rituale – als **nur für sie selbst bestimmt** betrachten und in den allerwenigsten Fällen Beobachter zulassen. Sollte man als Tourist dennoch in die seltene Lage kommen, z. B. einem Tanz beiwohnen zu können, dann sollte man sich unbedingt auf zurückhaltende Beobachtung beschränken.

Religion

# Die Hispanics kommen

*Die Kombination von Chili, Türkisschmuck und Rodeo macht den Reiz des Südwestens aus. In diesem einzigartigen Nebeneinander von india- nischer, spanischer und angloamerikanischer Kultur dominieren bis- lang die Anglo-Amerikaner – die »Bleichgesichter« europäischer Ab- stammung ohne spanischen Familiennamen. Mittlerweile sind jedoch in den Grenzstaaten zu Mexiko die Hispanics auf dem Vormarsch.*

Die Mehrzahl der »Chicanos«, wie sich die US-Amerikaner mexikani- scher Abstammung selbst nennen, lebt im Südwesten. Nach der schwarzen Bevölkerung sind sie die **größte nationale Minderheit** in den USA.

Eine kleine Gruppe der Mexican- Americans leitet ihre Abstammung stolz auf die spanischen Kolonisa- toren des amerikanischen Süd- westens zurück. Diese so genann- ten Hispanics leben im nördlichen Teil New Mexicos und sind mit der Geschichte des Landes tief verwur- zelt. Das Leben ist bestimmt vom **katholischen Kulturerbe.** Wunder- glaube, Familienfeiern und Heili- genverehrung werden z. B. noch nach alter Sitte praktiziert. In den abgelegenen Dörfern der Sangre de Cristo Mountains gibt es noch spanische Ausdrücke, die in Europa seit 300 Jahren nicht mehr in Ge- brauch sind.

Im Gegensatz zu den Indianern wurden die spanischen Siedler we- gen ihres **christlichen Glaubens** und der europäischen Abstammung in der damals noch jungen Union als Bürger akzeptiert, doch von An- fang an unterlagen sie in wirt- schaftlicher Hinsicht den Anglo- Amerikanern. Schon früh lieferte die verarmte Landbevölkerung den »Anglos« das nötige Arbeiterpo- tential. Für den Bau der Eisenbahn, in den Minen und auch in der Land- wirtschaft waren die **»Persons of Spanish Origin«** unentbehrlich.

Gebäude in spanisch und indianisch geprägter Bauweise (Santa Fe, NM)

Blick durch den Grenzzaun: ein Mexikaner am Border Field State Park, CA

## *Illegale Einwanderung*

Mexiko ist arm, die USA sind reich. Es fehlt an Arbeit, in den hochentwickelten Agrarstaaten des Südwestens der USA dagegen an »Braceros«, wie die Erntehelfer und **billigen Arbeitskräfte** auf den kalifornischen Plantagen und Ranches genannt werden. Hier nimmt der Anteil der mexikanisch-stämmigen Bevölkerung jährlich zu, zumal jeder Mensch, der auf amerikanischem Boden geboren wird, automatisch als amerikanischer Staatsbürger zur Welt kommt. Zwischen 1910 und 1939 und ab 1942 kamen Millionen Mexikaner als legale **Saisonarbeiter**. Die illegale Einwanderungswelle begann mit dem **Verfall des mexikanischen Pesos** in den 1980er-Jahren. Nacht für Nacht überwinden seitdem zwischen San Diego und Brownsville Menschen die stark ausgebauten Grenzen illegal.

## *»Überfremdung«?*

Von der Agrarindustrie und im niedrigen Dienstleistungsgewerbe sind die »Chicanos« nach wie vor gern gesehen, doch in der einstigen Nation aus Fremden wächst allmählich die Angst vor der »Überfremdung«. Längst haben die Hispanics die **politische Macht** in vielen Landkreisen entlang der Grenze gewonnen. In Arizona, Colorado, New Mexico und Südkalifornien lässt sich heute keine Wahl mehr ohne die Stimmen dieser Bevölkerungsgruppe gewinnen. In Arizona, Colorado, Kalifornien und New Mexico bilden die Chicanos die stärkste ethnische Minorität.

**Einkommen**  Die Einwohner von Arizona gehören zu den einkommensschwächsten Amerikanern. Ihr jährlicher Pro-Kopf-Verdienst wird nur noch von Mississippi unterboten. Betrachtet man den Anteil der unter der **Armutsgrenze** Lebenden, ist allerdings New Mexico mit einem Anteil von über 25 % gar das Schlusslicht in den gesamten USA. Von der Armut sind vor allem die »Hispanics« und die Indianer betroffen. Andererseits findet man Nevada auf einem der vorderen Plätze in der US-Einkommensstatistik – Las Vegas sei Dank.

**Unterschiedliche Gesetze**  Verfolgt man auf einer Landkarte mit eingezeichneten Längen- und Breitengraden den **Grenzverlauf** der Staaten des Südwestens, wird deutlich, dass die Grenzziehung in vielen Fällen am Reißbrett erfolgt ist. Oft verläuft die Grenze zweier Bundesstaaten (z. B. Nevada und Utah oder Colorado und New Mexico) ungeachtet naturräumlicher Gegebenheiten entlang von Breiten- oder Längengraden. Die **föderale Struktur** der Vereinigten Staaten erschwert es, Gegebenheiten in den Bundesstaaten zu verallgemeinern. Verglichen mit den Kompetenzen der deutschen Bundesländer reichen die der amerikanischen Bundesstaaten erheblich weiter. Bei der Weite des Landes bleibt die Notwendigkeit einer starken lokalen Entscheidungsgewalt bestehen. So gibt es von Staat zu Staat verschiedene Verkehrsvorschriften, Steuergesetzgebungen oder Regelungen zum Alkoholgenuss.

## WIRTSCHAFT

**Ranching und Mining**  Der Traum vom eigenen Stück Land zog die weißen Siedler im 19. Jh. in den Südwesten. Was sie oft genug fanden, waren trockene Landstriche, auf denen **Ackerbau** nur mit künstlicher Bewässerung möglich war und allenfalls eine meist bescheidene **Viehzucht** mit Rindern oder den anspruchsloseren Schafen hergab. Das karge Dasein zwang die Mehrzahl der Kleinrancher zur Aufgabe. Gewinner waren die großen Rinderbarone, deren Kampf untereinander um Wasser und Weideland für das Vieh zum Thema vieler großer Westernfilme geworden ist. Wer aufgegeben hatte, zog weiter oder suchte sein Glück im **Bergbau**, denn der Südwesten ist reich an Erzen. »Ranching and Mining« waren daher noch bis weit in das 20. Jh. hinein die Haupterwerbsquellen des Südwestens. Beide Bereiche gehören auch heute noch zu den wichtigsten Wirtschaftszweigen.

> **?** *Altes Gesetz*
>
> **BAEDEKER WISSEN**
>
> Bis heute haben sich im Südwesten der Vereinigten Staaten Gesetze aus der großen Rinderzeit gehalten. Rancher haben z. B. das Recht, ihr Vieh auf öffentlichem Grund weiden zu lassen und dafür nur ein Viertel dessen zu bezahlen, was sie auf privatem Land entrichten müssten.

Rinderzucht in Verbindung mit Cowboyromantik existiert im Wesentlichen nur noch als Fernsehmythos oder auf sogenannten **Dude Ranches**, wo Touristen einen Schnellkurs im Viehtreiben erhalten. Der Ackerbau profitierte von den groß angelegten **Staudammprojekten** in der ersten Hälfte des 20. Jh.s, die einen intensiveren, jedoch aufwendig bewässerten Anbau möglich machten.

Die **Industrie** erhielt einen großen Schub durch den Zweiten Weltkrieg, als die US-Regierung die riesigen Wüsten des Südwestens zum idealen Testgelände für ihr Atombombenprogramm erkor und viele Firmen der Rüstungs- und Flugzeugindustrie hier Zweigstellen errichteten. Speziell Arizona erlebte – wie manch anderer Bundesstaat im **Sun Belt**, jenem klimatisch begünstigten Streifen im Süden der USA zwischen Pazifik und Atlantik – in den 1970er-Jahren einen Aufschwung dank der Ansiedlung wachstumsorientierter Industrien. Einen Sonderweg ging Nevada schon in den 1920er-Jahren, indem man das Glücksspiel freigab – was die »gamblers« heute in Las Vegas oder Reno liegen lassen, macht den Löwenanteil am Wirtschaftsaufkommen des Bundesstaats aus. Eines allerdings haben alle fünf Bundesstaaten gemeinsam: Die meisten Menschen arbeiten im **Handels- und Dienstleistungsbereich**, wobei Utah mit über 77 % aller Beschäftigten in diesem Sektor die Spitze hält.

*Wirtschaftlicher Wandel*

## LANDWIRTSCHAFT

Die fünf Bundesstaaten haben auf dem Gebiet der Landwirtschaft mit großen **Standortnachteilen** zu kämpfen. Das kontinentale Klima mit heißen, trockenen Sommern und sehr kalten Wintern und das sehr ungünstige Relief mit weit verbreiteten Becken- und Höhenlagen machen die Landwirtschaft in dieser Region zu einem recht mühevollen Unternehmen. Große Probleme bereitet vor allem die ungünstige Wasserversorgung, da in weiten Gebieten Niederschläge nicht in ausreichender Menge fallen.

*Ungünstige Faktoren*

Im gesamten Raum ist **extensive Weidewirtschaft** vorherrschend, doch macht die geringe Tragfähigkeit der Weiden große Betriebseinheiten notwendig. Der Trend zu immer weniger Betrieben mit immer größeren Herden ist nicht zu übersehen: 40 000 bis 50 000 Stück Vieh pro Betrieb und Ranches von weit über 1000 ha Fläche stellen keine Seltenheit dar. In jedem der fünf Bundesstaaten sind die Einkommen aus der **Rindfleischproduktion** die führende Einnahmequelle der Landwirtschaft.

*Viehzucht und Fleischproduktion*

Im äußersten Osten reichen Ausläufer des nordamerikanischen Weizengürtels mit dem Anbau von Winterweizen nach Colorado und New Mexico hinein, ansonsten ist **Getreideanbau** eher unwichtig.

*Ackerbau*

Der **Trockenfeldbau** mit künstlicher Bewässerung hat im Südwesten große Tradition. Bereits die Hohokam, Mogollon und Anasazi betrieben Trockenfeldbau und erreichten durch ausgeklügelte Techniken eine optimale Nutzung des wenigen Wassers. Heute spielt der **Bewässerungsfeldbau** eine nicht zu unterschätzende Rolle. Auf den urbar gemachten Flächen können im Süden neben Obst und Gemüse sogar Baumwolle und Zitrusfrüchte angebaut werden, im Norden herrschen Kartoffeln und Zuckerrüben vor.

**Wasser ist Mangelware** Der immer größer werdende Bedarf der Bewässerungswirtschaft schafft ein Problem für die Wasserversorgung überhaupt. In den nächsten Jahren erwartet man große **Engpässe**, der Streit über eine Neuverteilung von Wasserrechten ist bereits in vollem Gange. Brisanz gewinnt das Problem dadurch, dass eine Stadt wie Las Vegas einen exorbitant hohen Wasserverbrauch hat (1200 l Wasser pro Tag und Kopf der Bevölkerung), was die um Wasser konkurrierenden Landwirte nicht akzeptieren. Sie fordern umgehende Sparmaßnahmen.

## BODENSCHÄTZE

**Fossile Brennstoffe** Der Bergbau profitiert von reichen Vorkommen an fossilen Brennstoffen. Die **Öl-, Gas- und Kohlevorkommen** entlang der Rocky Mountains ziehen sich bis nach Mexiko hinein. Viele liegen auf dem Gebiet der Navajo und die Indianer können Abbaulizenzen verkaufen.

**Erze** In Utah und Arizona befinden sich große **Kupfervorkommen**. Arizona ist der wichtigste Kupferproduzent der USA; in der Nähe von

Aus Utahs Salzseen werden große Mengen »Weißes Gold« gewonnen.

Salt Lake City befindet sich eine der ergiebigsten Kupferminen der Welt, die im Tagebau betrieben wird.

In der Four Corner Region gibt es bedeutende **Uranvorkommen**, die rigoros und unter großen Umweltbelastungen ausgebeutet werden, was immer wieder für Konflikte mit der indianischen Bevölkerung sorgt, die eine Zerstörung ihrer Reservate befürchtet. Die **Gold- und Silbervorkommen** in Colorado waren schon im 19. Jh. Anlass für einen Goldrausch, doch sind sie heutzutage nicht mehr sehr ergiebig. Die Verhüttung von Metallen spielt im Südwesten mit Ausnahme des Südens von Arizona eine eher untergeordnete Rolle. Von regionaler Bedeutung ist die Salzgewinnung aus den Salzseen in Utah.

## INDUSTRIE

Das bedeutendste industrielle Zentrum des Südwestens ist **Denver**. Neben so traditionsreichen Wirtschaftszweigen wie Maschinenbau und Lebensmittelindustrie gibt es auch hier viele Wachstumsbranchen. Vor allem im Bereich der elektronischen Geräte und des elektronischen Zubehörs für die Luft- und Raumfahrt, aber auch in der Computerbranche werden große Zuwächse verzeichnet. Neben Denver ist noch **Phoenix** als Zentrum zu nennen, in geringerem Maße sind aber auch Albuquerque, Tucson und Salt Lake City von Bedeutung. Alle diese Orte haben gemeinsam, dass sie nicht durch die Krisen der Schwerindustrie belastet sind, sondern dass es hauptsächlich »saubere« Wachstumsindustrien sind, die den Wohlstand bringen.

*Vorteile durch Wachstumsindustrien*

Auch der militärische Bereich ist von großer Bedeutung. Es wird sehr viel Zubehör hergestellt und an die Rüstungsfirmen Kaliforniens geliefert, zudem bietet der Südwesten ideale Räume für **Versuchszwecke**. Große Areale sind oft unter größter Geheimhaltung militärischer Nutzung vorbehalten, vor allem in Nevada, Arizona oder Utah.

*Rüstungsindustrie*

## TOURISMUS

Die Bundesstaaten profitieren unterschiedlich vom Tourismus. Während es in Nevada hauptsächlich Reno und Las Vegas sind, die Touristen wegen ihrer **Spielkasinos** und Geschäftsleute als Kongressmetropolen anziehen, profitiert Colorado in den Rockies vom boomenden **Wintersporttourismus**. In Utah und Arizona stehen die **Naturwunder** an erster Stelle. Die Indianer und ihre Kultur sind ebenfalls das Ziel von Urlaubsreisen, wovon hauptsächlich New Mexico und Arizona mit ihren **vielfältigen Pueblos** und **unzähligen Ruinenstätten** Nutzen ziehen. Der ganze Südwesten hat in der jüngeren Vergangenheit von der rasanten Entwicklung des Tourismus profitiert

# Willkommen im Alltag

**Den Südwesten der USA einmal abseits der Touristenpfade erleben und »ganz normale« Leute treffen – dazu einige Tipps von der Baedeker-Redaktion.**

### BESICHTIGUNG DER KENNECOTT-UTAH-KUPFERMINE

Das »wertvollste Loch in der Erde« hat man den riesigen Tagebau genannt, in dem nach wie vor Kupfererz gefördert wird. Von der Aussichtsplattform kann man den gewaltigen 230-Tonnern zusehen, wie sie mit kupferhaltigem Gestein zur Erdoberfläche kriechen. Im hochmodernen Besucherzentrum erfahren Besucher alles zur technischen Seite der Kupferförderung und Verarbeitung.
*Magna, UT 84044-6001*
*Tel. 1 801 2 52 32 34*
*Vorübergehend geschlossen! Aktuelle Informationen unter:*
*www.kennecott.com/visitors-center*

### CHASE FIELD BALLPARK TOUR

Wer noch nie in einem großen Baseballstadion war, kann den Ballpark der Phoenix Diamondbacks auf einer 75-minütigen Tour besichtigen. Die Profimannschaft aus Arizona hat 2001 die World Series gegen die NY-Yankees gewonnen. In dem Stadion für knapp 50 000 Zuschauer gibt es verschiedene Restaurants, eine riesige Tafel für Anzeigen und Clips und sogar einen Swimming-pool.
*Anmeldung: http://arizona.diamondbacks.mlb.com/ari/ballpark/tours/index.jsp; Kosten 7 $*

## DOWNTOWN ART WALK LOS ANGELES

Eine Führung wird nicht angeboten, aber es ist kein Problem, sich zurechtzufinden. An jedem zweiten Donnerstag im Monat treffen sich Kunstliebhaber in Downtown L.A. Allein das ist schon eine Erwähnung wert, war doch das Zentrum viele Jahre ein seelenloses Geschäftsviertel. Mittags geht es los, das Zentrum der Aktivitäten der vielen Galerien liegt zwischen Spring und Main sowie zwischen der 2nd und der 9th Street. Abends mischen sich viele Anwohner unter die Kunstfreunde. Hier spielt eine Band, dort verkauft ein Stand Essen, diverse Bars und Cafés legen Sonderschichten ein, viele Straßen mutieren zu Fußgängerzonen.

*http://downtownartwalk.org*

## BRAUEREI TOUR MILLERCOORS

In Golden, Colorado, wurde 1873 die erste Brauerei von Coors gegründet. Inzwischen werden rund 100 verschiedene Biere im Bundesstaat gebraut. Die heute riesige Brauereianlage von Coors kann auf einer kostenlosen Tour besichtigt werden, bei der es nicht nur einen Einblick in den Brauprozess, sondern auch allerlei Memorabilia zu besichtigen gibt. Unter 18-Jährige müssen von Erwachsenen begleitet sein.

*13th & Ford St., Golden, CO 80401*
*Tel. 1 866 8 12 23 37; www.millercoors.*
*com/brewery-tours/golden-brewery-*
*tour.aspx*

## ETHEL M. CHOCOLATE FACTORY TOUR, LAS VEGAS

Köstliche Schoko- und Trüffeldelikatessen bei Las Vegas, wer hätte das gedacht. Schon seit 1911 produziert die Familie Mars handgemachte Schokoladen und Trüffel. Die kostenlose nichtgeführte Besichtigungstour umfasst alle Stadien vom Kakao bis zur Verpackung – und endet mit einer süßen Probe. Gegenüber kann man die Kalorien mit einem Spaziergang durch den Ethel M. Cacuts Garden mit mehr als 300 Kakteenarten wieder loswerden.

*2 Cactus Garden Dr. Henderson, NV*
*89014, Tel. 1 800 4 71 03 52;*
*www.ethelm.com*

# Alte Kulturen und Neue Welt

**Die Bekanntschaft mit der indianischen Geschichte und Kultur zählt sicherlich zu den nachhaltigsten Erlebnissen bei einer Reise in den Südwesten der USA. Denn viele Traditionen und Zeugnisse der Vergangenheit haben sich bis heute gut erhalten, man muss sie nur aufspüren.**

## INDIANISCHE BESIEDLUNG

| | |
|---|---|
| **12. – 10. Jt. v. Chr.** | Clovis- und Folsom-Kulturen |
| **7000 v. Chr.** | Beginn der Choise-Kultur |
| **200 – 1450** | Indianische Hochkulturen: Hohokam, Mogollon und Anasazi |
| **1300 – 1600** | Einwanderung shoshonischer und athapaskischer Stämme aus dem Norden |

Die amerikanischen Ureinwohner wanderten während der letzten Eiszeit in mehreren Wellen, die einen Zeitraum von über 10 000 Jahren umfassen, auf einer Landbrücke von Sibirien aus über die **Bering-Straße** hinweg nach Alaska ein und verbreiteten sich von dort über den amerikanischen Doppelkontinent. Allerdings ist sich die Wissenschaft über den Zeitraum nicht einig. Die ältesten gesicherten Funde datieren auf ca. 12 000 v. Chr. Andere schätzen frühe Einwanderungen sogar auf 40 000 v. Chr.

**Erste Jägerkulturen**

Ende der 1920er-Jahre fand man in New Mexico nahe den Ortschaften Clovis und Folsom steinzeitliche Pfeil- und Speerspitzen. Diese auf ein Alter von 11 000 (Clovis) bzw. ca. 9000 Jahre (Folsom) datierten Funde galten als **erste gesicherte Spuren** menschlicher Besiedlung des Südwestens, die höchstwahrscheinlich jedoch schon früher begonnen hat. Die steinzeitlichen Jäger stellten Mammuts nach.

**Folsom- und Clovis-Kultur**

Nach dem Ende der Eiszeit und dem Aussterben der Mammuts und anderer Großtiere sind einige Übergangskulturen nachweisbar. Die bekannteste davon ist die von ca. 7000 v. Chr. bis 500 n. Chr. existierende und nach ihrem **Fundort Cochise County** in Arizona benannte Cochise-Kultur. Diese Menschen jagten Hirsche und andere kleinere Säuger mit dem »atlatl« (Speerschleuder) und flochten Körbe zur Nahrungsaufbewahrung und -zubereitung. Nach wie vor waren sie jedoch Nomaden.

**Cochise-Kultur**

**Wie zu Pionierzeiten: Hubbell's Trading Post in der Navajo-Reservation**

**Erste Hochkulturen**

Seit dem zweiten und dritten nachchristlichen Jahrhundert etablierten sich im Südwesten erstmals sesshafte Kulturen, die teilweise einen **hohen Grad an Zivilisation** erreichten. Sie alle – Hohokam, Mogollon, Anasazi und Sinagua – gingen jedoch um 1400 auf letztlich nicht geklärte Weise unter; vermutet werden Klimaänderungen mit verheerenden Trockenperioden. Ihr Erbe lebt u. a. unter den Hopi, den Pueblo-Indianern und den Pima weiter.

**Hohokam**

Die Hohokam bewohnten zwischen 300 und 1450 die Wüstengebiete im Südosten Arizonas. Sie waren **Meister der Bewässerung**, eine Kunst, die sie möglicherweise aus Mexiko mitgebracht hatten. Salt, Gila und Verde River wurden angezapft, um die Maisfelder mit Wasser zu versorgen. Im Lauf der Jahrhunderte entwickelten sie ihre Behausungen von einfachen, mit einer Holz-Lehm-Konstruktion abgedeckten Erdhütten zu bis zu mehreren hundert Quadratmetern großen Plattformen, die sowohl oben mit Wohnungen bebaut als auch im Inneren für Vorratszwecke ausgehöhlt waren. Gegen Ende der Kultur entstanden mehrstöckige Gebäude aus Adobeziegeln, wie sie im Casa Grande National Monument erhalten sind. Auch Keramik und Schmuck zeugen von der **hohen Kunstfertigkeit** und Produktivität der Hohokam-Kultur.

**Mogollon**

Dagegen zeigt sich die Mogollon-Kultur um einiges einfacher. Dieses Volk lebte von 200 bis 1450 überwiegend im Südwesten des heutigen New Mexico, doch erstreckte sich das Siedlungsgebiet auch bis nach Arizona und in die mexikanischen Bundesstaaten Sonora und Chihuahua hinein. Die frühen Mogollon blieben in erster Linie **Jäger und Sammler** und betrieben nur wenig Landwirtschaft. Ihre Dörfer aus einfachen Erdhütten, später oftmals mit »kivas« ergänzt, bauten sie bevorzugt auf einsamen Felsrücken. Eine solche späte Siedlung stellen die Gila Cliff Dwellings dar, die jedoch auch schon den Einfluss der Anasazi-Kultur zeigt, von der die Mogollon-Kultur höchstwahrscheinlich aufgesogen wurde.

Die **Anasazi** haben die fruchtbarste indianische Kultur im Südwesten hervorgebracht und auch die meisten und anschaulichsten Bauwerke hinterlassen. Sie besiedelten zwi-

**? BAEDEKER WISSEN**

*Cliff Dwellings*

Am besten zeigt sich der hohe Entwicklungsstand verschiedener indianischer Kulturen an ihren gut erhaltenen Siedlungen, z. B. im Mesa Verde National Park oder in den Aztec Ruins. Dort haben Anasazi ganze Siedlungen hoch über dem Grund eines Canyons unter Felsüberhänge gebaut. Diese »cliff dwellings« bestehen aus ineinander verschachtelten Ziegelgebäuden mit insgesamt mehr als 100 Räumen, erreichbar mittels in den Fels gehauenen Treppen oder mit Leitern. Die Siedlungen waren untereinander durch ein Wegesystem verbunden.

Cliff Dwellings im Mesa Verde National Park

schen 200 und 1300 das Colorado Plateau rund um die »Four Corners«. Die frühen Anasazi kultivierten Mais und Getreide und sammelten ihre Erträge in Körben (»basketmakers«); zudem zeichneten sie sich durch ausgeklügelte Treibjagdtechniken aus. Ab ca. 700 setzte eine Periode ein, in der zunächst die Töpferei immer bedeutender wurde und sich bald die Architektur weiterentwickelte. Seit ca. 1100 entstanden wahre Städte. Am beeindruckendsten sind die sog. »cliff dwellings«, in den Fels gebaute Siedlungen. Neben Töpferei und Schmuck haben die Anasazi auch zahlreiche **Felszeichnungen** hinterlassen. Ab 1350 gaben sie möglicherweise wegen anhaltender Trockenheit ihre Städte und Dörfer auf und wanderten in die Mesas von Arizona und das Tal des Rio Grande, wo sie in der dortigen Bevölkerung aufgingen.

Die Sinagua traten erst um 600 in Erscheinung. Sie lebten in einem recht kleinen Gebiet in Nordwest-Arizona, eingekeilt zwischen den Mogollon und den Anasazi. Zu den Letzteren pflegten sie sehr enge Beziehungen, wie sich auch an ihrer Bauweise zeigt, etwa im Wupatki National Monument.
**Kleinere indianische Kulturen** im Zeitraum bis 1400 waren die Hakataya in West- und Zentral-Arizona, wo auch die Salado zu Hause waren, sowie die Fremont-Kultur in Süd- und Zentral-Utah.

Sinagua und andere Kulturen

Ein Großteil der im heutigen Südwesten lebenden Indianer geht nicht – wie etwa Hopi und Pueblos – auf die frühen Kulturen zurück,

Neuankömmlinge

sondern stammt von Zuwanderern ab, die zwischen 1300 und 1600 das Land zwischen Rio Grande und Großem Salzsee erreichten. In den meisten Fällen verdrängten sie aber nicht gewaltsam die Nachfahren der Anasazi und anderen Kulturen, sondern lernten von ihnen z. B. Ackerbau, Töpferei und Weben, während sie ihre Fähigkeiten als Jäger weitergaben. Die Neuankömmlinge rekrutierten sich aus zwei verschiedenen indianischen Sprachgruppen, den **Shoshonen bzw. Athapasken**. Zu den Shoshonen zählen die heute in Utah ansässigen Ute, Goshutes und Paiutes, die sich an die Kultur der Prärieindianer anlehnten. Athapaskische Stämme zogen im 16. Jh. von Kanada aus in den Südwesten. Zu ihnen gehören die Navajo, die sich im ehemaligen Gebiet der Anasazi niederließen, und die Apache, die sich sehr bald in einzelne Stämme wie Mescalero oder Jicarilla aufteilten und wenig miteinander zu tun haben wollten.

## SPANIER UND MEXIKANER

| | |
|---|---|
| **1540** | Expedition des Francisco Vásquez de Coronado |
| **1680 – 1692** | Aufstand der Pueblo-Indianer unter Po-Pé |
| **1803** | Louisiana Purchase |
| **1846 – 1848** | Mexikanisch-amerikanischer Krieg |
| **1848** | Friede von Guadalupe Hidalgo: Mexiko tritt den gesamten Südwesten an die USA ab. |

**Spanische Konquistadoren**
Etwa zur selben Zeit, als die Stämme des Nordens in das heutige Arizona und New Mexico vordrangen, kam von Süden ein ganz anderer Menschenschlag: die spanischen Konquistadoren. Angestachelt vom Beispiel Cortez' und Pizarros, die immensen Reichtum in Mexiko und Peru scheffeln konnten, und dem Phantom der **»Sieben goldenen Städte von Cibola«** hinterherhetzend, machten sich die Spanier von Mexiko aus auf den Weg. Die erste bedeutende Expedition von 336 Spaniern, über 1000 mexikanischen Indianern und einer großen Zahl von Pack- und Reittieren führte im Jahr 1540 **Francisco Vásquez de Coronado** an. Nachdem die Truppe kein Gold fand, kehrte sie enttäuscht und ausgezehrt zurück.

Erst über ein halbes Jahrhundert später wurde ein neuer Versuch unternommen. 1598 marschierte eine von **Juan de Oñate** geführte Expedition den Rio Grande hinauf. Diese Route, **Camino Real** genannt, sollte die **Hauptverbindungsstrecke** zwischen Mexiko und den neuen Gebieten werden. Der Konquistador nahm das Land als »Neu-Mexiko« für die spanische Krone in Besitz.

**Missionierung auf Spanisch**
Wie schon in Mittel- und Südamerika zwangen die Spanier den Indianern den christlichen Glauben mit Gewalt auf. Folter, Mord und Zerstörung waren an der Tagesordnung. Schließlich erhoben sich 1680 die

Pueblo-Indianer unter dem Schamanen Po-Pé. Es gelang ihnen, Santa Fe, seit 1609 Hauptstadt von Neu-Mexiko, zu erobern und die zu dieser Zeit ca. 2500 Spanier bis zum Rio Grande zurückzudrängen. Erst zwölf Jahre später konnten die Spanier ihre Hauptstadt zurückgewinnen und ihre Herrschaft in Neu-Mexiko wiederherstellen. Immerhin aber war der **Aufstand der Pueblo** der erfolgreichste, den je ein nordamerikanischer Indianerstamm gegen die weißen Eindringlinge durchführte.

### ? Friedliche Mission

Die Spanier gingen bei ihren Missionierungsbemühungen äußerst brutal vor, es gab aber auch friedliche Beispiele. Der Franziskanerpater Eusebio Kino wanderte 1687 bis ins heutige Arizona zu den Pima und Papago und errichtete 22 Missionsstationen, darunter die heute noch existierende San Xavier del Bac südlich von Tucson.

**Nutzen und Schaden**

Die Kolonie Neu-Mexiko war für die Spanier zwar kein gutes Geschäft – Gold und andere Schätze gab es nicht, Landwirtschaft konnte nur mit großem Bewässerungsaufwand betrieben werden – trotzdem zogen viele über den Camino Real in das neue Land, um eine bescheidene Existenz führen zu können. Die Beziehungen zu den Indianern entspannten sich, man lernte voneinander: Die Spanier brachten neue Ackerfrüchte wie Zwiebeln und Tomaten, ferner neue Haustiere wie das Schaf; die Indianer wiederum lehrten die Spanier Bewässerung und ihre traditionelle Bauweise. Allerdings brachten die Europäer noch etwas anderes mit: **Krankheitserreger**, gegen die die Indianer nicht immun waren und denen bis zu 80 % der Urbevölkerung zum Opfer fielen.

**Ein neuer Nachbar**

Im Jahr 1803 verkaufte **Frankreich** seine Kolonie La Louisiane an die Vereinigten Staaten. Mit dem Erwerb dieses riesigen Gebiets, das vom Mississippi-Delta im Süden bis an die heutige kanadische Grenze im Norden reichte, verdoppelten die USA auf einen Schlag ihr Territorium, und das spanische Neu-Mexiko hatte plötzlich einen neuen Nachbarn. Bald brachen **US-Truppen** und Trapper auf, um die Gegend westlich der neuen Grenzen zu erkunden. Während eines solchen Vorstoßes entdeckte der Trapper James Bridger 1823 den Großen Salzsee. 1843 erkundete John C. Fremont u. a. große Teile des Great Basin und Colorados.

**Mexiko wird unabhängig**

Die Mexikaner errangen 1821 nach elfjährigem Kampf ihre Unabhängigkeit von Spanien. Ihnen lag an guten Beziehungen zu den USA, und so wurde der Händler William Becknell freudig begrüßt, als er im Unabhängigkeitsjahr mit seinem Wagentreck von Independence, Missouri, aus Santa Fe erreichte. Damit hatte er den berühmten **Santa Fe Trail** eröffnet, auf dem jahrzehntelang Händler, Fallensteller und Siedler in den Südwesten strömen sollten.

**Mexikanisch-amerikanischer Krieg** Das friedliche Nebeneinander von Mexikanern und US-Amerikanern war beendet, als 1836 von Sam Houston angeführte Siedler die mexikanische Armee schlugen und die **Republik Texas** ausriefen. Der Streit eskalierte in der Annexion von Texas durch die USA im Jahr 1845 und der Kriegserklärung an Mexiko ein Jahr darauf. Im **Frieden von Guadalupe Hidalgo** 1848 mussten die unterlegenen Mexikaner den gesamten Südwesten an die USA abtreten. Die bis heute gültige Grenze zwischen den beiden Staaten kam 1853 zustande, als die USA von Mexiko im sogenannten **Gadsden Purchase** zusätzlich einen Streifen Land im südlichen Arizona und New Mexico erwarben.

## DER WILDE WESTEN

| | |
|---|---|
| 1864 – 1912 | Arizona, Colorado, Nevada, New Mexico und Utah werden Bundesstaaten der USA. |
| 1881 | Schießerei am O. K. Corral |
| 1886 | Kapitulation von Geronimo: Ende der Indianerkriege |
| 1893 | Ende des Gold- und Silberrauschs |

**Aus Territorien werden Staaten** Bis aus den neuen US-Gebieten Bundesstaaten wurden, dauerte es noch. Zunächst erklärte die Regierung in Washington, D. C., das heutige Arizona und New Mexico zum ihr unterstellten **Territorium New Mexico** und das heutige Nevada und Utah zum **Territorium Nevada**. Nevada und Utah wurden 1861 in selbständige Territorien aufgespalten, New Mexico entstand 1863 aus einem Teil Arizonas als Territorium. Als Erstes trat Nevada 1864 der Union bei, Utah folgte 1896 erst, nachdem die Mormonen bereit waren, auf die Vielehe zu verzichten, und für Arizona und New Mexico sollte es bis 1912 dauern, bis auch sie sich als vollwertige US-Bundesstaaten erklären konnten.

Die neu gewonnenen Territorien zogen alsbald zahllose Menschen auf der Suche nach einem Stück Land an. Sie schlossen sich zu **Wagentrecks** zusammen und benutzten hauptsächlich den Santa Fe Trail, der im Old Spanish Trail von Santa Fe über Utah und Nevada weiter nach Los Angeles seine Fortsetzung fand.

Bereits 1849 wurde auf dem Santa Fe Trail eine **Postkutschenlinie** er-

**? BAEDEKER WISSEN**

*Späte Erkundung*

Der heute weltberühmte Grand Canyon war einer der letzten unerforschten Flecken der USA. Den ersten Versuch wagte zwar der Spanier García López de Cárdenas schon 1540, aber die von ihm auf Erkundung geschickten Soldaten kamen wegen Wassermangels ums Leben. Erst 1869 befuhr ihn John Wesley Powell mit einer Bootsexpedition und kartierte dieses unzugängliche Gebiet.

## Territoriale Entfaltung der USA

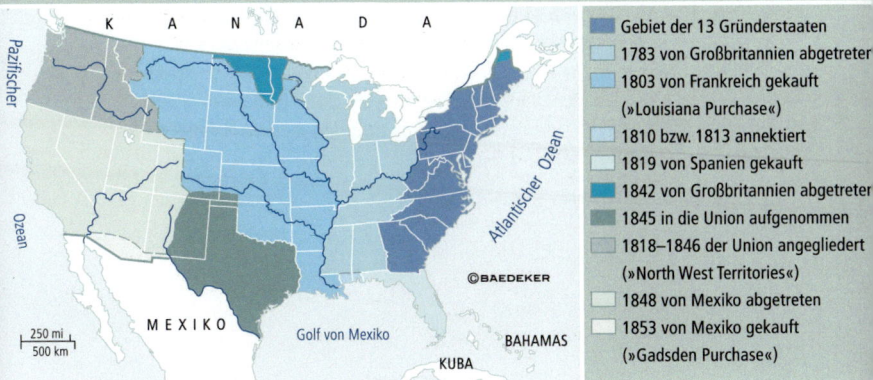

- Gebiet der 13 Gründerstaaten
- 1783 von Großbritannien abgetreten
- 1803 von Frankreich gekauft (»Louisiana Purchase«)
- 1810 bzw. 1813 annektiert
- 1819 von Spanien gekauft
- 1842 von Großbritannien abgetreten
- 1845 in die Union aufgenommen
- 1818–1846 der Union angegliedert (»North West Territories«)
- 1848 von Mexiko abgetreten
- 1853 von Mexiko gekauft (»Gadsden Purchase«)

öffnet, 1858 verband die Butterfield Overland Mail Company St. Louis mit San Francisco via Tucson und Yuma – eine Reise von 25 Tagen, die auch den Passagieren alles abverlangte.

Die Ära der Trecks und Postkutschen ging zu Ende, als die **Eisenbahn** den Südwesten eroberte. Die größte **Pioniertat** der Eisenbahnbauer war die Vollendung der ersten transkontinentalen Eisenbahnlinie am 10. Mai 1869 bei Promontory Point in Nord-Utah, die gebührend mit dem symbolischen Einschlagen eines goldenen Nagels gefeiert wurde. Von Osten erreichte man von 1879 an Santa Fe über Atchison und Topeka, 1883 verband die Atlantic und Pacific Railroad Albuquerque mit Nord-Arizona und Los Angeles. Aus dem Westen stieß 1884 die berühmte Southern Pacific Railroad von Los Angeles über Yuma nach Tucson vor und schloss so die zweite transkontinentale Verbindung.

Die Eisenbahn brachte aber nicht nur neue Siedler und Waren, sie ermöglichte es auch den Viehzüchtern, ihre Herden schneller in die Schlachthöfe des Nordens zu bringen. Damit war auch die Zeit der ganz **großen Viehtriebe** über enorme Entfernungen – der Goodnight Loving Trail führte von Texas über New Mexico nach Colorado, der Chisum Trail zweigte von ihm nach Arizona ab – vorbei, die in den 1860er- und 1870er-Jahren ihren Höhepunkt erlebt hatten.

Mit der siedlungs- und verkehrstechnischen Eroberung einher ging die Vertreibung und teilweise Vernichtung der Indianer. Bereits 1851 hatte der Kongress mit dem **Indian Appropriation Act** die Einweisung der Indianer in Reservate verfügt. Besonders grausam traf es die **Navajo** im Jahr 1864. Sie hatten den Vorschlag von Colonel Kit Carson abgelehnt, ihr Stammesgebiet zu verlassen und in die Bosque

**Vertreibung der Indianer**

# Go West!

*Nachdem die US-Regierung 1803 im sog. Louisiana Purchase ein riesiges Territorium zwischen dem Golf von Mexiko und der kanadischen Grenze von Frankreich erworben hatte, erforschten Meriwether Lewis und William Clark von 1804 bis 1806 die neuen Gebiete im Nordwesten. Ab den 1840er-Jahren rollten die Wagentrecks nach Kalifornien und Oregon. Mit der Vollendung der transkontinentalen Eisenbahnstrecke 1869 war auch das Ende der Siedlertrecks gekommen.*

*Nez Perce*

OREGON CITY   *Umatilla*

BOISE

SOUTH PASS

*Comanche*

*Shoshone*

OMAHA

*Ute*

CARSON CITY   SALT LAKE CITY

*Paiute*

*Pawnee*

INDEPENDENCE

SACRAMENTO

*Navajo*

*Jicarilla*

DODGE CITY

ST. LOUIS

LOS ANGELES

SANTA FE

*Pazifik*

200 km

▶ **Der Planwagen (Prairie Schooner)**

*Golf von Mexiko*

*Länge: ca. 3 m
Breite: ca. 1 m
max. Beladung: 1,5 Tonnen
Gepäck und Ausrüstung für 5 Personen*

*Wagenbett*   *Fahrersitz*

*eisenbeschlagene Räder*   *Zugtiere: Maultiere, Ochsen und Pferde*

▶ **Die großen Trails**

| Trail | »in Benutzung« | Durchschnittliche Reisedauer |
|---|---|---|
| Oregon Trail | 1843– ca.1869 | 4–6 Monate |
| California Trail | um 1840–Ende 1860er | 4–6 Monate |
| Mormon Pioneer Trail | 1847–1849 | 4–5 Monate |
| Santa Fe Trail | 1821–1880 | 2 Monate (nur im Winter möglich) |
| Old Spanish Trail | 1829–1848 | 2 Monate |

Expeditionsroute von Lewis und Clark

Transkontinentale Eisenbahn 1869

*Navajo etc.*
Indianerstämme entlang der Trails

▶ **Westward Expansion im National Park Service**

www.nps.gov/findapark/index.htm

*Atlantik*

©BAEDEKER

**Der Mythos im Film**
▶ Westernfilme mit dem Thema Siedlertreck

| | | |
|---|---|---|
| Santa Fe Trail | Errol Flynn, Ronald Reagan | 1940 |
| Karawane der Frauen | Robert Taylor | 1951 |
| Der letzte Wagen | Richard Widmark | 1956 |
| Das war der Wilde Westen | Henry Fonda, James Stewart, John Wayne | 1961 |
| 40 Wagen westwärts | Burt Lancaster | 1965 |
| Der Weg nach Westen | Robert Mitchum, Kirk Douglas, Richard Widmark | 1967 |
| Into the West | Steven Spielberg Mini-TV-Serie | 2005 |

Bodie ist eine der berühmtesten Geisterstädte im Südwesten.

Redondo Reservation bei Fort Sumner am Pecos River zu gehen. Daraufhin brannten Carsons Truppen die Dörfer nieder, töteten das Vieh und vernichteten die Felder. Ungefähr 9000 Navajo wurden auf dem **»Langen Marsch«** 500 km weit von Arizona nach Bosque Redondo getrieben; ca. 500 von ihnen starben unterwegs an Erschöpfung oder wurden erschossen. In der Reservation trafen die Navajo auf 400 **Mescalero-Apachen**, die bereits 1862 hierher gebracht worden waren. Das von den Weißen gedachte Experiment, dass beide Stämme sich vermischen sollten, schlug fehl, und der Widerstand der Indianer gegen die **unmenschlichen Lebensbedingungen** im Reservat wurde so groß, dass die Navajo 1868 und die Mescaleros 1873 in Reservate in ihren Stammesgebieten zurückkehren konnten. Allerdings übelebten etwa 2000 Navajo ihren Aufenthalt in Bosque Redondo nicht.

Als zähester Gegner der Weißen erwiesen sich die **Chiricahua-Apachen**, die laufend Siedler und Soldaten überfielen. Sie hatten sich bereits Spaniern und Mexikanern nicht unterworfen, und ihre Häuptlinge Mangas Coloradas, Cochise, Victorio und Geronimo dachten nicht daran, sich nun den Amerikanern zu ergeben. Vor allem **Geronimo** widersetzte sich mit seiner Guerillataktik jahrelang den US-Truppen und kapitulierte erst 1886, nachdem seine Familie nach Florida deportiert worden war.

Noch jahrzehntelang wurden die Indianer als Menschen zweiter Klasse behandelt. **Religiöse Zeremonien** und lange Haartracht für Männer waren verboten, die Kinder gingen in Schulen, in denen sie Englisch lernen und bei Strafe ihre Muttersprache vergessen sollten. Erst 1924 wurden alle Indianer in den USA als Bürger anerkannt, doch das **Wahlrecht** erhielten die Indianer in Arizona und New Mexico erst 1948, in Utah gar erst 1957. Der Indian Self Determination and Education Assistance Act von 1975 schuf die gesetzliche Grundlage für die **Selbstverwaltung der Reservate**.

**Gold- und Silberrausch** Als zwischen 1860 und 1880 laufend Gold und Silber entdeckt wurde, schossen die Siedlungen wie Pilze aus dem Boden. Bis 1893 dauerte der Boom, dann zerfielen viele Neugründungen wieder zu **Geisterstädten**, manche aber – wie Silver City, New Mexico – bestehen noch heute. In vielen Städten gab es mehr Saloons und Bordelle als sonstige Häuser, denn die Glücksritter, Schurken und Revolverhelden wollten mit Vergnügen versorgt sein. Zu verdienen gab es genug, denn es fand sich immer ein Goldsucher oder ein Cowboy, den man übers Ohr hauen oder ausrauben konnte. Eine **Staatsmacht**, die Recht und Ordnung durchsetzen konnte, schritt kaum ein, denn die meisten Sheriffs versuchten entweder ihre Haut zu retten oder machten selbst krumme Geschäfte. So ist denn auch die Biografie zweier legendärer Wildwesthelden – Billy the Kid und Wyatt Earp – vom Wechsel zwischen Recht und Unrecht gekennzeichnet.

**Lincoln County War** Beide waren Protagonisten in den **spektakulärsten Schießereien** des Westens. Der Lincoln County War im Juli 1878 in New Mexico war Höhepunkt einer langen Auseinandersetzung zwischen einer korrupten Politikerclique einerseits und einigen Ranchern andererseits, den über 300 Männer mit dem Leben bezahlten. Auf Seiten der »guten« Rancher kämpfte **Billy the Kid**, der danach zum Outlaw wurde und 1881 von seinem ehemaligen Weggefährten Sheriff Pat Garrett erschossen wurde. Wahre Legenden haben sich auch um die Schießerei am O. K. Corral in Tombstone, Arizona, gebildet. Hier schossen am 26. Oktober 1881 die Gebrüder Wyatt, Virgil und Morgan Earp sowie Doc Holiday auf Billy Clanton und die Gebrüder McLaury. Warum, weiß bis heute keiner so genau – für die einen waren die **Earps** die lauteren Vertreter des Rechts, für die anderen war es lediglich die finale Auseinandersetzung zwischen zwei konkurrierenden Gangsterbanden.

Mit dem Rückgang der Minenerträge und stärkerer Präsenz der Staatsgewalt kehrte auch allmählich wieder Ruhe ein. Die letzten legendären Outlaws – **Butch Cassidy und Sundance Kid** – flohen 1901 nach Südamerika, Pinkerton-Detektive an ihren Fersen.

## DER MODERNE SÜDWESTEN

| 1924 | Eingeschränkte Bürgerrechte für die Indianer |
|------|------|
| **16. 7. 1945** | Zündung der ersten Atombombe |
| **bis 1957** | Gewährung des Wahlrechts für Indianer |
| **2002** | Olympische Winterspiele in Salt Lake City |
| **2007 – 2012** | Der Südwesten der USA leidet unter den Auswirkungen der Immobilien- und Finanzkrise. |

**Wasser-problematik** Die größte Aufgabe des 20. Jh.s war die Sicherstellung der Wasserversorgung, verbunden mit der Bereitstellung von billiger elektrischer Energie. Der **Reclamation Act** von 1902 schuf die Grundlage für den Staudammbau. 1911 stellte man den **Theodore Roosevelt Dam** am Salt River fertig. Es brach aber Streit zwischen den Bundesstaaten über die Wasserrechte aus, vor allem entlang des Colorado. Wirtschaftsminister Herbert Hoover brachte 1922 den **Colorado River Compact** zustande, der den Bau mehrerer Colorado-Dämme ermöglichte. 1931 bis 1936 entstand der **Hoover Dam**, der den Lake Mead als riesiges Süßwasserreservoir aufstaut. 1966 wurde der **Glen Canyon Dam** vollendet, der den Lake Powell aufstaut.

**Der Tourismus kommt in Gang** Das Zeitalter der Eisenbahn wurde abgelöst durch die **Ära des Automobils**. Es brachte mehr und mehr Touristen, die einmal selbst das Land und die Geisterstädte sehen wollten, die ihnen die Wildwestfilme von John Ford und seinen Kollegen in den 1930er-Jahren ins Kino brachten. Die große Stunde von Las Vegas schlug, als der Bundesstaat Nevada 1931 das **Glücksspiel** legalisierte und sich damit eine Einnahmequelle allererster Güte eröffnete – bei dem die Ostküstenmafia gewaltig mitmischte.

**Atombombentests** Nach dem Ausbruch des Zweiten Weltkriegs entdeckten auch die Militärs den Südwesten, dessen Wüsten sich vorzüglich für die Erprobung von Waffen eigneten. In **Los Alamos** in New Mexico wurde 1940 das **Manhattan-Projekt** angesiedelt, das die Entwicklung der Atombombe zur Aufgabe hatte. Sie wurde erstmals in der Geschichte der Menschheit am 16. Juli 1945 in der Wüste von Alamogordo gezündet. Rüstungsindustrie und Militär blieben auch nach dem Ende des Kriegs und sind heute noch eines der wirtschaftlichen Standbeine der Industrie im Südwesten.

**Ungestümes Wirtschaftswachstum** Die wirtschaftlichen Möglichkeiten von **High-Tech-Industrie** und **Tourismus** locken bis heute viele Menschen in den Südwesten. Riesenstädte wie Los Angeles, Las Vegas und Phoenix dehnten sich hemmungslos aus. Doch es gibt immer häufiger **Probleme mit der Versorgung mit Wasser und Energie**. Eine Änderung des Lebensstils erscheint heute auch im Südwesten der USA als unumgänglich.

Die **Terroranschläge vom 11. September 2001** beeinträchtigten auch im Südwesten der USA das wirtschaftliche Leben. Der Tourismus erlebte einen starken Einbruch, von dem er sich erst nach und nach wieder erholte.

9/11

Von 2007 bis 2012 sorgte dann die **schlimmste Wirtschaftskrise seit den 1930er-Jahren** für neuerliche Verwerfungen mit bis heute spürbaren Folgen. Der Einbruch des Immobilien- und Finanzsektors wurde begleitet von einer hohen Verschuldung der einzelnen Bundesstaaten, so dass beispielsweise in Südkalifornien viele Beschäftigte entlassen oder in den Zwangsurlaub geschickt wurden. Öffentliche Dienstleistungen in den National- und Staatsparks sowie diversen kulturellen Einrichtungen wurden vielerorts stark eingeschränkt. 2012 hatte sich die Wirtschaft zwar allmählich wieder erholt, doch die Arbeitslosenrate blieb, vor allem in Nevada, noch sehr hoch. Auch andere Probleme, allen voran Drogeschmuggel und illegale Einwanderung, wegen denen die Gouverneure von Arizona und New Mexico bereits 2005 den Notstand ausgerufen hatten, konnten bis heute nicht zufriedenstellend gelöst werden.

Immobilien- und Finanzkrise

# Kunst und Kultur

# Von Indianern und Cowboys

**Was Kultur betrifft, stellt sich der Südwesten besonders spannend auf dem Gebiet der Architektur dar. Ob Grubenhäuser, Cliff Dwellings oder Pueblos, überall finden sich beeindruckende Beispiele traditioneller Bauweisen. Auch auf den Gebieten der Felsbildkunst, der Holzschnitzerei oder beim Schmuck und in der Textilkunst können wir zahlreiche Kunstwerke bewundern.**

## ARCHITEKTUR

Es mag an Karl May liegen, dass man in Deutschland bei Indianern zuerst an die nomadisierenden Jäger der nordamerikanischen Prärien denkt, die mit ihren Zelten den Büffelherden folgten. Weit weniger bekannt in Europa ist dagegen die Lebensweise der Indianerstämme des Südwestens, die zum großen Teil **sesshafte Feldbauern** waren und seit etwa 3000 Jahren Mais, Bohnen, Kürbisse, Baumwolle und Tabak kultivierten. Aus dieser Sesshaftigkeit erwuchsen ganz andere Kulturen als die der Sioux oder Cheyenne. Dieser kulturelle Unterschied spiegelt sich zum Beispiel im Kunsthandwerk wider, insbesondere aber in der Architektur.

**Indianer-kultur**

Im Gegensatz zu den Apachen, die in transportablen, Tipi genannten Zelten wohnten, oder den Papagos, die sich in Wickeyups (Grashäusern) einrichteten, bauten die Pueblo-Indianer dauerhafte Wohnstätten. Höhlen oder Abris (Felsüberhänge) wie die Sandia-Höhle in New Mexico oder die Ventana-Höhle in Arizona gehören zu den frühesten bekannten Behausungen der Pueblos. Um 1000 v. Chr. entstanden die ersten **Grubenhäuser** (Pithouses). Über einer Erdvertiefung wurde mit dicken Ästen, Gestrüpp und Fellen eine stabile Hütte errichtet. Im Innern waren die Grubenhäuser mit einer Feuerstelle und einem in den Boden eingelassenen Vorratsspeicher ausgestattet. Bis weit in das erste nachchristliche Jahrtausend hinein dominierte im Südwesten der USA dieser Bautypus.

**Dauerhafte Wohnstätten**

> **?** *Massenunterkunft*
>
> **BAEDEKER WISSEN**
>
> Die Anasazi errichteten im 9. Jh. das größte Wohnhaus der Welt: Sie bauten im Chaco Canyon das Pueblo Bonito, ein Großhaus auf D-förmigem Grundriss mit 37 Kivas und über 650 Räumen, in denen etwa 1000 Menschen lebten. Im 12./13. Jh. verließen die Anasazi wegen einer Dürre das Gebiet.

Kunst »belebt« die Geisterstadt Rhyolite in Nevada.

Cliff Palace in Mesa Verde ist eine der frühen Indianersiedlungen.

**Bauherren**

Um 700 n. Chr. wurden aus den Pithouse-Bewohnern richtige **Städtebauer** – die Kultur der Pueblos (pueblo = Dorf), wie die Spanier die Indianersiedlungen nannten, begann (▶Baedeker Wissen S. 56). Träger dieser Kultur waren vor allem die Anasazi, ein Volk, das um diese Zeit im amerikanischen Südwesten siedelte. Die »Alten«, so die Übersetzung des Begriffs aus der Navajosprache, sind die Ahnen heutiger Pueblo-Indianer. Zwischen 1100 und 1300, in der **Blütezeit der Anasazi-Kultur**, als der Handel mit Türkis aus ihren Bergwerken den Indianern Wohlstand brachte, entstanden die imposanten Siedlungen in der »Four-Corner-Area«, wie das Grenzgebiet von Utah, Colorado, New Mexico und Arizona genannt wird. Außer den etwa dreißig noch heute bewohnten Pueblos legen zahlreiche Ruinen Zeugnis ab von der architektonischen Kunstfertigkeit der Anasazi (z. B. Pueblo Bonito im Chaco Canyon). Sie errichteten ihre Dörfer und Städte auf geschützten Talböden, in Felsnischen oder auf sicheren Tafelbergen.

**Bauen mit Lehm**

Voraussetzung für die Anlage großer Pueblos, von denen die meisten im Rio-Grande-Gebiet New Mexicos liegen, war die fortschrittliche Bautechnik mit luftgetrocknetem Lehm, die man unter dem Begriff **Adobe** auch bei anderen indianischen Kulturen findet. Das charakteristische Erscheinungsbild der Pueblos ergibt sich auch dadurch, dass die kastenförmigen Hauseinheiten nicht isoliert stehen, sondern zu lang gestreckten Reihenhäusern aneinander gebaut oder zu mehrstöckigen, terrassenförmigen Strukturen verschachtelt wurden.

An Felsüberhängen entstanden die so genannten **Klippensiedlun-** **Cliff**
**gen** (Cliff Dwellings), eine Mischung aus den frühen Felswohnstät- **Dwellings**
ten (Abris) und den Pueblos. Die beeindruckenden Anlagen (z. B.
der Cliff Palace auf der Mesa Verde) wurden mit Sandsteinplatten
oder Adobe-Ziegeln und Lehmmörtel in die natürlichen Höhlungen
der Felswände eingepasst. Der einzige Zugang zu den Häusern dieser
kleinen Stadtstaaten mit einigen hundert bis tausend Bewohnern
waren meist nur aufeinandergesetzte **Leitern** – so beispielsweise auch
am Montezuma Castle in Arizona. Um zu ihren Cliff Dwellings zu
gelangen, hatten die Indianer mehrfach fußgroße Treppenstufen in
den Fels gehauen. Die gigantischen »Schwalbennester« wie White
House Ruin, Betatakin und Keet Seel in Arizona, die Gila Cliff Dwellings in New Mexico oder das Balcony House in Colorado dienten
wahrscheinlich als **Flucht- und Verteidigungsorte**.

Mit dem Beginn der spanischen Kolonialzeit setzte in der Architek- **Entwicklung**
tur ein **Austausch** zwischen Spaniern und Pueblo-Indianern ein. **der Pueblos**
Einige Pueblos existierten bereits, als die Spanier im Jahr 1539 ins **in der**
Land kamen, manche wurden erst später errichtet, so beispielsweise **Kolonialzeit**
das vielbesuchte Taos Pueblo am Fuße der Sangre de Cristo-Berge.
Erste Häuser gab es an dieser Stelle zwar schon seit etwa 1350, das
heutige Pueblo entstand jedoch um 1700. Von den Spaniern übernahmen die Indianer nicht nur die Anlage um eine zentrale Plaza,
sondern auch die Hornos genannten, kuppelförmigen Backöfen, die
diese nach Amerika mitgebracht hatten. Unter dem Einfluss der Spanier verwendeten die Indianer nun auch **Lehmziegel** und statteten
ihre Pueblos mit Fenstern und Türen aus.

Die spanischen Eroberer nutzten ihrerseits manche Errungenschaf- **Kolonial-**
ten der Indianer – etwa die Lehmbauweise – und verbanden sie mit **städte und**
ihrer eigenen Bautradition. Die Missionsstationen und Verwaltungs- **Missions-**
sitze tragen sowohl den Stempel regionaler wie auch spanischer Ar- **stationen**
chitektur und sind in der Regel um einen rechteckigen Platz, **die**
**Plaza**, oder um Innenhöfe, sogenannte Patios, gruppiert. Die Plaza
ist auch »Herzstück« der schachbrettartig angelegten Kolonialstädte.
Hier befanden sich mit Kirche und Gouverneurspalast die wichtigsten öffentlichen Einrichtungen, und hier wurde auch regelmäßig
**Markt** abgehalten. Als Mittelpunkt des städtischen Lebens fungiert
die Plaza in den Städten des Südwestens immer noch – dies gilt selbst
für Metropolen wie San Diego oder Los Angeles.

## ADOBE UND DIE MODERNE

Heute hat auch in der indianischen Architektur der Pluralismus Ein- **Heutige**
zug gehalten. Es gibt Bemühungen, traditionelle Bau- und Lebens- **Wohnformen**

# Die Dörfer der Ureinwohner

*Etwa um 700 n. Chr. änderten sich im Südwesten der USA die Behausungen der Indianer. Die zu dieser Zeit hauptsächlich hier ansässigen Anasazi lebten nicht mehr in unterirdischen Grubenhäusern, sondern begannen, oberirdische Städte anzulegen, von den Spaniern Pueblos (= Dorf) genannt. Heute gibt es noch etwa 30 bewohnte Pueblos.*

### Verhaltensregeln

Nicht alle noch bewohnten Pueblos sind zugänglich, besonders bei religiösen Zeremonien gibt es Einschränkungen. Die Mitnahme von Kameras wird oft nur gegen Gebühr erlaubt. Man sollte in jedem Fall fragen, wenn man Menschen fotografieren möchte.

### Bauweise: Adobe-Architektur

Die Adobe-Backsteine werden traditionell in Holzmodeln von 45 x 13 x 20 cm aus Tonerde, gemischt mit Wasser, Stroh und Sand geformt und unter der Sonne ausgehärtet.

### Der zentrale Platz: Plaza

Er bildet den Mittelpunkt eines Pueblos. Um ihn gruppieren sich mehrstöckige, zu terrassenförmigen Strukturen verschachtelte Wohnhäuser. Auf der Plaza befinden sich auch die Kult- und Versammlungsstätten, die Kivas.

### Die Kultstätte: Kiva

Die runden Kivas sind unterirdisch angelegt, mit Feuerstelle und Luftschacht. Ein Loch im Boden (Sipapu) symbolisiert den Eingang zur Unterwelt.

### ❶ Leitern

Da die Räume erst keine Seitentüren hatten, waren sie nur über Leitern zugänglich. Später baute man Türen und Fenster ein.

### ❷ Dach und Wände

Das Dach ruht auf Pinienstämmen (»vigas«), über die Holzträger (»latillas«) gelegt sind. Eine dicke Erdschicht isoliert. Die Wände sind mit Lehm oder Mörtel bestrichen.

### ❸ Wohnräume

Bis zu fünf Stockwerke hoch wurden die Wohnhäuser gebaut. Die Innenräume sind vergipst und gekalkt.

**Taos Pueblo. Der Lehm verleiht den Häusern ihr typisches Aussehen.**

weisen zu erhalten, aber selbst Alteingesessene experimentieren mit alternativen Do-it-yourself-Techniken der Wegwerfgesellschaft (z. B. »Dosenhütten« in Taos). Im Zeichen von **Mobilität** und sich auflösender sozialer Zusammenhänge sind für viele »mobile home« und Wohnwagen zur adäquaten Wohnform geworden. Unter diesen Umständen ist die aktuelle Architektur von Werken einzelner Persönlichkeiten geprägt, die die Tradition regionaler Architektur aufgreifen. Sie übernehmen Formen der Indianer, verwenden althergebrachte Materialien und passen sich den vorgefundenen natürlichen Gegebenheiten an.

**Frank Lloyd Wright**
Der berühmteste Protagonist solchen Bauens im Einklang mit der Umgebung war Frank Lloyd Wright. In Taliesin West, bei Scottsdale, AZ in der Sonora-Wüste, begann er 1937 ein **Camp** zu bauen, aus dem sich ein verzweigter Komplex aus niedrigen Gebäuden, Höfen und Terrassen entwickelte. Wright verwendete für die Mauern Natursteine der Gegend und reduzierte Innen- und Außenwände auf ein Minimum. So durchdringen sich Landschaft und Architektur. Heute residiert hier die Frank Lloyd Wright-Foundation, die angehenden Architekten ein unakademisches Lernen in und an diesem nie ganz abgeschlossenen Bau ermöglicht.

**Zeitgenössische Architektur**
**Antoine Predock**, ein zeitgenössischer Architekt, der in Albuquerque (New Mexico) lebt und arbeitet, passt seine Bauten ähnlich wie die Anasazi den naturräumlichen Voraussetzungen des Standortes an. Sein Ende der 1980er-Jahre gebautes »Nelson Fine Arts Center« der Arizona State University in Tempe präsentiert sich wie ein fantasievolles Pueblo mitten in der Wüste. Auf dem gleichen Campus steht die bemerkenswerte **»John J. Ross – William Blakley Law Library«**, die 1991 – 1993 von Scogin, Elam & Bray gebaut wurde. Die Brüche und Zerschnitte dieses Gebäudes erhalten ihre Berechtigung nicht aus dekonstruktivistischen Konzepten, sondern aus der Nähe zu den optischen Täuschungen der heißen Wüstenatmosphäre. Ebenfalls in Arizona, in Phoenix, entstand in den Jahren 1988 – 1995 nach den Plänen des 1946 geborenen **Will Bruder** die städtische Zentralbibliothek. Wie bei Predock und Scogin, Elam & Bray reflektieren Kargheit der Materialien und Monumentalität der Formen die Landschaft des Südwestens.

> **BAEDEKER TIPP**
>
> *Arcosanti*
>
> Der italeinische Architekt Paolo Soleri (1919 – 2013) baute ab 1970 unter Mithilfe vieler Studenten und freiwilliger Arbeitskräfte auf einem kleinen Tafelberg nicht weit von Wrights Taliesin West zwischen Phoenix und Flagstaff seine Traumstadt. In seiner Arcosanti genannten Idealstadt finden bis heute Veranstaltungen statt; man kann auch übernachten in einem der »pithouses« nachempfundenen Kuppelbauten. www.arcosanti.org

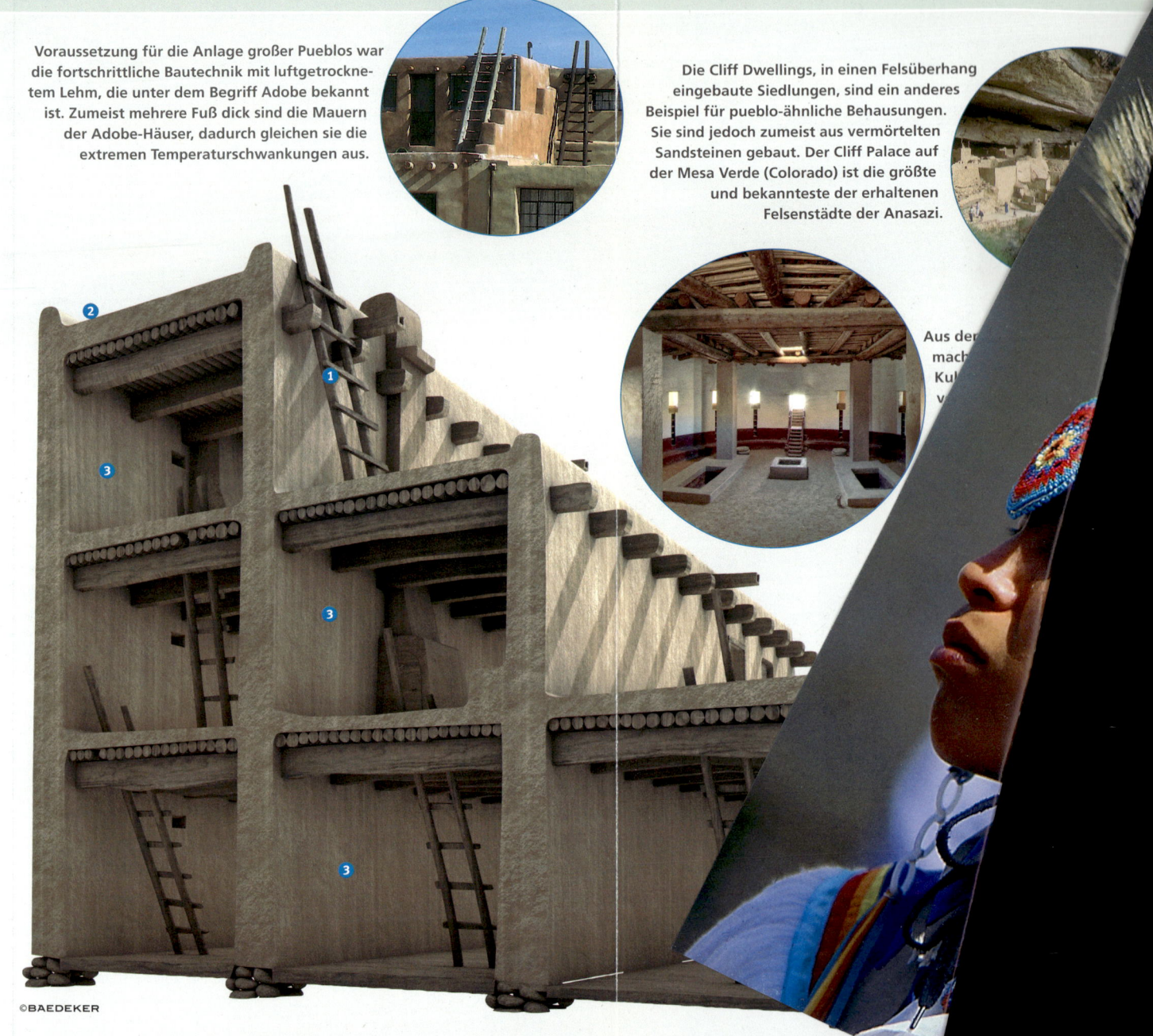

Voraussetzung für die Anlage großer Pueblos war die fortschrittliche Bautechnik mit luftgetrocknetem Lehm, die unter dem Begriff Adobe bekannt ist. Zumeist mehrere Fuß dick sind die Mauern der Adobe-Häuser, dadurch gleichen sie die extremen Temperaturschwankungen aus.

Die Cliff Dwellings, in einen Felsüberhang eingebaute Siedlungen, sind ein anderes Beispiel für pueblo-ähnliche Behausungen. Sie sind jedoch zumeist aus vermörtelten Sandsteinen gebaut. Der Cliff Palace auf der Mesa Verde (Colorado) ist die größte und bekannteste der erhaltenen Felsenstädte der Anasazi.

Aus der
mach
Kul
v

©BAEDEKER

**Bart Prince**, ein aus New Mexico stammender Architekt, sollte bei einem Überblick über zeitgenössische Architektur des Südwestens nicht unerwähnt bleiben. Die vielfältigen Wellenformen seiner zahlreichen Privathäuser – z. B. die 1993 fertig gestellte Mead/Penhall Residence in Albuquerque – entlehnen ihre Gestalt weitgehend dem Formenschatz der südwestamerikanischen Landschaft.

Als einen Nachkommen indianischer Baumeister kann man auch den italienischen Architekten **Paolo Soleri** begreifen. In Cave Creek, Arizona, errichtete er – nach seinen »Lehrjahren« bei Frank Lloyd Wright – zusammen mit Mark Mills ein von verschiebbaren Kuppeln überwölbtes so genanntes »Dome House«, das eine augenfällige Verwandtschaft zu den alten Grubenhäusern der Anasazi besitzt. In den Fünfzigerjahren begann Soleri dann, sich mit utopischen Stadtmodellen zu beschäftigen.

## INDIANISCHES KUNSTHANDWERK

Seit jeher haben die amerikanischen Ureinwohner Alltagsgegenstände wie Keramik, Körbe, Schmuck, Kleidungsstücke und andere Textilien ausgesprochen kunstvoll gestaltet, und nirgendwo in den USA ist die handwerkliche und **künstlerische Tradition** der Indianer noch so lebendig wie im Südwesten. Produziert wird nicht mehr für den Eigenbedarf, sondern für Sammler, Museen und Touristen (▶Baedeker Wissen S. 98). Weben und Korbflechten, vor allem aber die Töpfer- und die Silberschmiedekunst erfuhren zu Beginn des 20. Jh.s eine Renaissance, als unter dem Einfluss archäologischer Ausgrabungen die alten Techniken und Stile wiederentdeckt wurden. Die **systematische Vermarktung** hat allerdings auch dazu geführt, dass die Formen und Muster stark standardisiert werden und die Qualität vieler Produkte nachlässt, da die Gegenstände vor allem ästhetischen Anforderungen genügen müssen. | **Kunst im Alltag**

Die Korbflechterei hat die **längste Tradition** unter den einzelnen Kunsthandwerken. Für die gemusterten Körbe, Matten und die scheibenförmigen »Plaques« stehen unterschiedliche Techniken zur Wahl, so z. B. das ein- oder mehrzöpfige Flechtwerk, die Köper-, Schling- oder Spiralwulsttechnik. Als Material dienen Weidenruten, gebleichte Yucca-Fasern oder Gräser. Die aufwendige Flechtkunst pflegen heute nur noch wenige Stämme. Außer den **Hopi**, die beispielsweise Körbe in Spiralwulsttechnik herstellen (auf der Zweiten Mesa) sind vor allem die **Papago** im südlichen Arizona für ihre Flechtwerke bekannt. | **Flechtkunst**

Schon im 8. Jh. übertrugen die Indianer die abstrakt-geometrischen Muster der Flechtarbeiten auf die Textilkunst. Zunächst verwendeten | **Webkunst**

Das Weben von Decken ist ein traditionelles Handwerk.

sie gesponnene Baumwolle, später, nach der Einführung der Schafzucht durch die Spanier, Wolle für ihre gewebten Decken und Tücher. Bis heute sind die **Navajo-Frauen** unbestritten **Meisterinnen der Teppichweberei**. Immer noch fertigen sie die dünnen Decken und die schweren Rugs auf Handwebstühlen. Die Farben wurden früher aus Pflanzensäften gewonnen, doch diese werden heute nur noch für besonders teure Teppiche verwendet, da das Färben mit Pflanzen sehr fein abgestufte Töne ermöglicht. Doch ebenso wie die kräftigeren Anilinfarben die »natürlichen« Farben verdrängten, wurden die Muster mehr und mehr standardisiert und die Farbzusammenstellungen bunter. Bei den Pueblo-Indianern war das Weben übrigens Männersache. Die Navajos dagegen übernahmen die Weberei von den Pueblo und machten es zu einer typisch weiblichen Beschäftigung.

**Töpferkunst**  Die Töpferkunst der Pueblo-Indianer hat eine mehr als **2000-jährige Tradition**. Die ältesten Töpferwaren, die man im US-amerikanischen Südwesten gefunden hat, stammen von den Hohokam aus der Zeit um 300 v. Chr., aber auch die Mogollon und die Anasazi, die unmittelbaren Vorfahren der Pueblo-Indianer, fertigten Gefäße aus Ton. Charakteristisch für die Töpferware der Anasazi war zum einen die hellgraue Färbung des Tons, die Vorliebe für Dekorationsfelder und die zeichnerisch präzise Wiedergabe der Motive. Während der »Großen Pueblo-Zeit« zwischen 1150 und 1300 erlebte die präkolumbische Keramik ihren Höhepunkt. In diese Zeit fällt auch die nach ihrem Fundort im **Mimbres-Tal** (New Mexico) benannte Keramik (ca. 1050 – 1200), deren hoch entwickelte geometrische Muster und charakteristische Menschendarstellungen bis heute nachwirken.

Silberschmuck, die **jüngste der indianischen Handwerkskünste**, ist zugleich auch die bei Touristen begehrteste. Die Navajo und Zuni begannen im vorigen Jahrhundert, aus Eisen, Kupfer und Messing Schmuckstücke herzustellen. Als erster Stamm im Südwesten erlernten um 1853 die Navajos den Umgang mit dem Edelmetall von mexikanischen Silberschmieden. Lehrmeister für die Zuni war der Navajo Alsidi Chon, der 1872 mit Silber und Stanzen ins Zuni Pueblo kam. Der Silberbedarf wurde seinerzeit noch aus Dollars und mexikanischen Pesos gedeckt.

**Silber-schmuck**

Der Kachina-Kult hat eine zentrale Bedeutung in den religiösen Zeremonien der Pueblo-Indianer, im Besonderen bei den Hopis. Kachinas sind **Geister**, die in Fruchtbarkeitsritualen beschworen werden. Bei diesen Ritualen treten maskentragende Tänzer auf, die während eines Tanzes selbst zu Kachinas werden. Die rituellen Tänze mit den Kachina-Masken sind bei den Hopis ausschließlich Männern vorbehalten. Auch die gleichnamigen Puppen (Kachina Dolls), die ursprünglich aus der Wurzel des Cottonwood geschnitzt wurden und den maskierten Tänzern nachempfunden sind, durften früher nur Männer herstellen. Sie dienten ursprünglich dazu, Hopi-Kindern die komplizierten Zusammenhänge dieses **Kultes** zu erklären und die rund 300 verschiedenen Kachinas kennenzulernen. In den Zeiten, in denen keine Kachina-Tänze stattfanden, wurden die Holzpuppen in oder an den Häusern aufgehängt, um an die Geister zu erinnern.

**Kachinas**

Eine Kunstform, die vor allem bei den Navajos gepflegt wurde, ist die Sandmalerei. Sandgemälde entstehen meist im Zusammenhang mit einer **mehrtägigen Zeremonie** mit unterschiedlichem Anlass (z. B. Krankheit). Je nach Anlass wird die Geschichte eines mythischen Helden herangezogen und daraus einzelne Szenen in Gemälde umgesetzt. Dafür wird der Sandboden des Hauses geglättet und darauf das »Farbpulver«, meist Holzkohle, Gips und kolorierter Sandstein sowie Mehl und Pollen, gestreut. Die Art der Darstellung ist durch **Traditionen** vorgegeben und darf nicht frei interpretiert werden. Bei den Navajos kennt man bis heute etwa 1000 unterschiedliche Sandgemälde, die zu verschiedenen Anlässen angefertigt werden.

**Sandgemälde**

## REVOLVERHELDEN UND SALOONGIRLS

Kaum ein Filmgenre lebt so sehr von der Faszination einer großartigen Naturkulisse wie der Western, und es wundert daher nicht, dass große Western oft auch überragende Landschaftsfilme sind. **John Ford**, der berühmte Westernregisseur, hat diesen Zusammenhang als einer der Ersten entdeckt, als er 1938 Schwarz-Weiß-Aufnahmen vom Monument Valley zu Gesicht bekam. Bereits kurze Zeit später

**Am Anfang war das Monument Valley ...**

# Filmkultur jenseits von Hollywood

*Wenn von amerikanischem Kino die Rede ist, denkt man unweigerlich an die Filmfabrik Hollywood. Doch Amerikas Filmproduktion ist beileibe nicht auf den kalifornischen Cinema-Giganten begrenzt. Filme, die nichts mit Hollywood zu tun haben, sind z. B. auf dem Sundance Film Festival in Park City zu sehen.*

Kein Geringerer als Hollywoodstar **Robert Redford** managte das Film Festival in Utah. Der Schauspieler und Regisseur gründete 1981 in den Wasatch Mountains nordöstlich von Provo das »Sundance Resort«, eine Art **Nachwuchsschule** für die Filmbranche, und übernahm dort zusammen mit Kollegen die Leitung des Filmfestivals, das sich dem nichtkommerziellen Kino verschrieben hatte. Innerhalb von zehn Jahren mauserte sich das Festival, das seit 1985 den heutigen Namen trägt, zu einer Drehscheibe des unabhängigen Films. Seit dem Erfolg von Steven Sonderberghs 1989 entstandenem Streifen **»Sex, Lies and Videotape«** ist sie auch ins Blickfeld der großen Verleiher gerückt. Dazu verhalf wohl in erster Linie der Name Redford. Unabhängige, ohne die Unterstützung großer Produzenten entstandene Filme gab es schon immer, aber nur die wenigsten schaffen es in den internationalen Verleih und damit in die Kinos. Der **steinige Weg zum Erfolg** braucht Idealisten und Förderer, und wenn diejenigen, die für unbekannte Talente eine Lanze brechen, bereits zum erlauchten Kreis der Berühmten und Etablierten gehören – umso besser.

## Bloß kein Mainstream

Was als Insidertreff begonnen hatte, ist zum Medienereignis avanciert und steht nun seinerseits im Verdacht, sich dem Mainstream-Geschmack angepasst zu haben. Die »wahren« Unabhängigen jedenfalls treffen sich in Park City inzwichen zur Gegenveranstaltung mit dem beziehungsreichen Namen Slamdance Festival …

**Im Januar findet im Egyptian Theatre das alternative Filmfestival statt.**

drehte Ford in dem malerisch-bizarren Sandstein- und Felsambiente seinen ersten Western, der 1950 unter dem Titel **»Höllenfahrt nach Santa Fe«** auch die europäischen Kinos eroberte.

Vermutlich ohne es zu ahnen, hatte Ford eine Lawine losgetreten. Von der Sonne ausgedörrte Landstriche im Südwesten waren von nun die ideale Naturkulisse für Wildwestfilme. Und nicht nur das: Früher verschlafene Orte wie **Grafton** (Drehort für den Kultwestern »Butch Cassidy und Sundance Kid«), **Moab** (»Westlich von St. Louis«, »Indiana Jones und der letzte Kreuzzug«) oder **Kanab** an der Grenze von Arizona zu Utah sind samt ihrer Umgebung heute touristische **Wallfahrtsorte** für Westernfans jeden Alters.

*Kultorte der Western-Industrie*

Nur wenig weiter nordöstlich, im Gebiet des Johnson Canyon, liegt **Dodge City**, eine der vielen Geisterstädte des Westens, über zwanzig Jahre lang Drehort für die Serie »Rauchende Colts«. Auf Ponderosa Ranch bei **Incline Village**, Nevada, wurde die legendäre Bonanza-Serie gedreht. Die originale Filmfarm der Cartwright-Familie samt Vergnügungspark zieht jährlich eine Viertelmillion Besucher an das Nordostufer des Lake Tahoe.

**? Star im Hintergrund**

BAEDEKER WISSEN

Viele Wildwestfilme wurden im Monument Valley gedreht. Schon 1939 nahm John Ford hier den Western »Stagecoach« auf, in dem John Wayne die Hauptrolle spielte. Später folgten Aufnahmen für »Billy the Kid«, »Spiel mir das Lied vom Tod«, »Fort Apache« und »Der schwarze Falke«.

Ob hier oder in den anderen Ghost Towns und Regionen des Südwestens – es ist die Verbindung von realer Historie, Sagen und mythischer Landschaft, von Pioniergeist und Heldentum, Heimat und Heimatlosigkeit, welche die Faszination des Westerns und des Westens ausmachen. In den Felslandschaften und im Wüstenstaub begegnen dem Reisenden Geschichte und Geschichten. Von den Helden kennt man vor allem Buffalo Bill Cody und Jesse James, Wyatt Earp und Doc Holliday, Billy the Kid und Pat Garrett, von den Helden der Leinwand John Wayne, Robert Mitchum, Gary Cooper, Henry Fonda, James Stewart oder Kevin Costner. Schließlich sind da noch jene, die die Mythen des Westens auf Zelluloid bannen: der legendäre John Ford etwa, Sam Peckinpah, Howard Hawks, Clint Eastwood und viele andere. Bis heute verkörpert der Western **Idee und Mythos** eines Landes, gewaltige Geschichte und geschichtliche Gewalt.

*Faszination des Westerns*

# Berühmte Persönlichkeiten

## BILLY THE KID (1859 – 1881)

William H. Bonney, genannt Billy the Kid, wurde am 23. November **Outlaw** 1859 in New York City geboren. Mit 18 Jahren soll er bereits elf Menschen getötet haben, und als im Juli 1878 in Lincoln, New Mexico, der berühmte **»Lincoln County War«** ausbrach, hatte Billy seinen ersten Job als Outlaw. In einer fünftägigen Schießerei rächte er seinen Chef und Mentoren, den Rancher John Tunstall, der von Killern des korrupten Sheriffs Brady umgebracht worden war. Erst die US-Kavallerie konnte das Massaker beenden. Billy aber floh als Kopf einer Bande, die nach dem Mord an einem Sheriff und einem Deputy gnadenlos gejagt wurde. Der Jäger war **Pat Garrett**, ein ehemaliger Freund von Billy. 1881 gelang es Garrett, Billy zu fassen. Er wurde zum Tode verurteilt, konnte fliehen, doch drei Monate später, am 15. Juli 1881, stellte Garrett ihn erneut in Fort Sumner, New Mexico, und erschoss ihn. Billy the Kid soll insgesamt 21 Menschen umgebracht haben; weshalb er dies letztlich tat, konnte auch Garrett nicht so recht klären, der 1882 die erste Biografie über ihn veröffentlichte. Zahllose weitere, teils verklärende Bücher und Filme sollten folgen.

## KIT CARSON (1809–1868)

Kit Carson, geboren am 24. Dezember 1809 in Kentucky und auf den **Legendärer** Namen Christopher getauft, ist einer der legendärsten Wildwest- **Wildwestheld** helden. Im Jahr 1828 kam er zum ersten Mal in den Südwesten nach New Mexico und begegnete in Taos dem Trapper Ewing Young, der ihn auf Pelztierjagd in die Rocky Mountains und bis nach Kalifornien mitnahm. 1842 besuchte er in Missouri seine Verwandten und machte dabei eine weitere schicksalhafte Begegnung: Er traf **Leutnant John Charles Fremont**, der ihn für seine ersten beiden Expeditionen in den Westen als **Scout** einstellte. Von nun an rief ihn immer wieder die US-Regierung. Nach der Teilnahme am Krieg gegen Mexiko wollte er in Taos ein ruhiges Leben genießen, doch andauernde Kämpfe mit Apachen, Navajo, Comanchen, Ute und anderen Indianerstämmen sowie Scoutdienste für die Armee ließen

> **?** **BAEDEKER WISSEN**
>
> *Legendenbildung*
>
> Kit Carson wird noch heute als amerikanischer Held gefeiert, der seine Loyalität zum Vaterland durch sein schonungsloses Vorgehen in den Indianerkriegen bewiesen hatte. Die Tatsache, dass seine erste Frau eine Arapaho-Indianerin war und dass er lange mit einer Cheyenne-Frau zusammenlebte, wird dabei gern verschwiegen.

**Große Helden der Leinwand, verewigt auf einem Wandgemälde**

es nicht dazu kommen, zumal Carson von 1854 bis 1861 auch noch **Indianeragent** war. Als der Bürgerkrieg ausbrach, meldete er sich freiwillig für die Armee der Nordstaaten. Als Oberst war er 1864 mitverantwortlich für die Vertreibung der Navajo aus ihrem Stammesgebiet. Carson starb am 23. Mai 1868 in Fort Lyon, Colorado.

## BUTCH CASSIDY (1866 – ?)

**Letzter echter Bandenführer**

Am 13. April 1866 wurde in Beaver, Utah, ein Knabe geboren, der einmal der letzte echte Bandenführer des Westens werden sollte. Sein Name war Robert LeRoy Parker, und bekannt wurde er als Butch Cassidy. Diesen Namen übernahm er von seinem Vorbild Mike Cassidy, der ihn zwischen 1884 und 1887 in der »Kunst« des **Rinder- und Pferdediebstahls** und im Schießen unterrichtet hatte. Nach einem Intermezzo als Cowboy und einer ersten Bekanntschaft mit dem Gefängnis startete er 1896 seine wahre kriminelle Karriere. Gemeinsam mit seinem Freund Elzie Lay und nach dessen Verhaftung 1899 mit Harry Longabaugh, besser bekannt als **Sundance Kid**, überfiel er als Anführer der »Wild Bunch« Banken und Eisenbahnzüge und stahl mit Vorliebe Pferde. Die **»Wild Bunch«** wurde berühmt und berüchtigt, und alsbald hefteten sich Sheriffs und Pinkerton-Detektive an ihre Fersen. Butch Cassidy, seine Freundin Etta Place und Sundance Kid flohen 1901 nach Südamerika. Dort lebten sie von 1902 bis 1906 als Rancher in Argentinien, dann zogen sie wieder – ohne Etta, die 1907 in die USA zurückkehrte – Banken und Züge überfallend durch mehrere südamerikanische Länder. Ihr Ende ist nicht geklärt. Pinkerton-Leute behaupteten, die beiden 1909 in Bolivien gestellt und Sundance erschossen zu haben; Butch soll sich umgebracht haben. Andere sind überzeugt, dass sie 1911 bei einem Bankraub in Uruguay von Soldaten erschossen worden sind. Wieder andere wollen wissen, dass zumindest Butch in die USA zurückgekehrt und 1937 irgendwo im Nordwesten gestorben ist.
Butch Cassidy, aus einer streng religiösen Mormonenfamilie stammend, gilt noch heute als **»Gentleman Outlaw«**, da er zumindest auf unnötiges Blutvergießen verzichtete, keinen Alkohol trank und Frauen gleichberechtigt behandelte – ein Bild, das auch die Verfilmung seines Lebens mit Paul Newman und Robert Redford verklärend vermittelt.

## COCHISE (1812? – 1876)

**Indianerführer des Südwestens**

Der neben Geronimo berühmteste Indianerführer des Südwestens und quasi dessen Vorgänger im Kampf gegen die Weißen war der **Chiricahua-Häuptling** Cochise. Zunächst allerdings bekämpfte er in den 1850er-Jahren zusammen mit dem Mimbrano-Apachen Mangas Coloradas nur die Mexikaner, doch als man ihn fälschlich der Entführung eines amerikanischen Kindes bezichtigte und verhaftete, rief er nach gelungener Flucht seine Krieger zusammen und lieferte, mit gerade 200 Männern und wiederum gemeinsam mit Mangas Coloradas, den US-Truppen ständig Gefechte. Mit seinem legendärsten Kampf im September 1861 verzögerte er am Apache Pass den Marsch von Nordstaatentruppen von Kalifornien in das von Konföderierten gehaltene New Mexico. Im September 1871 akzeptierte er ein Friedensangebot der US-Regierung gegen die Garantie des Chiricahua-Territoriums. Doch kurz darauf wurde sein Stamm in ein weit entferntes **Reservat** verbracht. Cochise grub wieder das Kriegsbeil aus; er starb aber friedlich im Jahr 1876.

## WYATT EARP (1848 – 1929)

Eine der schillerndsten Figuren des Wilden Westens, Held zahlreicher Filme und Protagonist der berühmtesten Schießerei in der Geschichte des Westens war Wyatt Earp, geboren am 19. März 1848 in Monmouth, Illinois. Jedoch ist bis heute nicht ganz klar, ob er nun **Revolverheld oder Mann des Gesetzes** war – jedenfalls müssen er und seine beiden Brüder Virgil und Morgan auf dem Weg von Kansas (wo sie nachweislich in mehreren Städten für Recht und Ordnung gesorgt haben) nach Arizona auch die Grenze zwischen aufrechtem Marshal und Outlaw überschritten haben. Das Ereignis, das Earp zur Legende werden ließ, der berühmte **»Gunfight at the OK Corral«** am 26. Oktober 1881 in Tombstone, Arizona, ist in seinen Hintergründen bis heute nicht geklärt. In weniger als einer Minute erschossen die Earps und Doc Holliday Billy Clanton und die Brüder McLaury. Beide Parteien hatten sich zuvor des Viehdiebstahls bezichtigt. Wyatt Earp überlebte diese und noch manch folgende Schießerei und starb am 13. Januar 1929 friedlich in Los Angeles; Doc Holliday wurde das Opfer von Schwindsucht und Suff.

*Protagonist der berühmtesten Schießerei*

## GERONIMO (1829 – 1909)

Sein indianischer Name Goyathlay bedeutete »Jener, der gähnt«, berühmt aber wurde der Medizinmann, Prophet und Häuptling der Chiricahua-Apachen unter seinem spanischen Namen Geronimo. Als 1858 mexikanische Truppen seine Mutter, seine Frau, seine drei Kinder und viele andere Angehörige seines Stammes ermordeten, schwor er Rache. Er führte jahrelang einen erbitterten **Guerillakrieg**, bis er sich endgültig im August 1886 General Nelson A. Miles ergab. Damit endete der bis dahin längste Feldzug der US-Ar-

*Häuptling, Medizinmann und Prophet*

**Häuptling Geronimo in extravagantem Outfit**

mee. Der Häuptling blieb drei Jahre lang inhaftiert, bis man ihn mit seinen Schicksalsgenossen in die Reservation von Fort Sill in Oklahoma schaffte. Als Berühmtheit, die er nun war, reichte man ihn zu verschiedenen Anlässen herum. So besuchte er die Weltausstellung in St. Louis und war Gast bei der Amtseinführung von Präsident Theodore Roosevelt im Jahr 1905. Er starb am 17. Februar 1909 in Fort Sill.

## R. C. GORMAN (1932 – 2005)

Maler
R. C. Gorman war Angehöriger des Navajo-Stammes und gilt als der erfolgreichste **Maler indianischer Herkunft** in den USA. Der Nachfahre des Häuptlings Manuelito und Enkel des als Silberschmied bekannt gewordenen Peshlaki studierte Literatur an der Arizona State University und Kunst am Mexico City College. Als einer der ersten indianischen Künstler entdeckte er die Lithografie. Gorman, zu dessen bevorzugten Motiven Navajo-Frauen gehörten, sah sich auch in der Tradition der mexikanischen Maler des sozialen Realismus wie Diego Rivera.

## MARÍA MARTÍNEZ (1887 – 1980)

Dank María Martínez und ihrem Mann Julian ist das Pueblo San Ildefonso im Rio-Grande-Gebiet für seine **Töpfereiprodukte** berühmt geworden. Die beiden Pueblo-Indianer entwickelten 1919, abweichend vom traditionellen polychromen Stil, einen Schwarz-auf-Schwarz-Stil und signierten erstmals ihre Werke, was die Sammler anzog und eine Renaissance indianischer Töpferware zur Folge hatte. Nach dem Tod von Julian arbeitete María Martínez mit ihrer Schwester und ihren Kindern weiter. Sie starb im hohen Alter von mehr als 90 Jahren; die Töpferei ernährt mittlerweile fast das ganze Dorf, und ihr Enkel Tony gilt als einer der begabtesten Töpfer und Maler.

**Töpferin**

## D. H. LAWRENCE (1885 – 1930)

Das unstete Leben, das der im englischen Eastwood am 11. September 1885 geborene Schriftsteller David Herbert Lawrence führte, bescherte ihm in den Jahren 1922 bis 1925 auch mehrere Aufenthalte in New Mexico. Dort, nahe Taos, hatte die Mäzenin Mabel Dodge Luhan seiner Frau eine Farm geschenkt. Seinen immer wieder unterbrochenen Aufenthalt hielt Lawrence in **»Mornings in Mexico and Etruscan Places«** fest; Mabel Dodge Luhan beschreibt ihn in »Lorenzo in Taos«. Nach seiner Rückkehr nach Europa veröffentlichte er seinen größten Erfolg, den lange Zeit nur in gekürzter Fassung erhältlichen Roman **»Lady Chatterley's Lover«**. D. H. Lawrence starb am 2. März 1930 in Vence bei Nizza an Tuberkulose; seine Asche aber ist auf der Ranch in Taos, New Mexico, beigesetzt.

**Schriftsteller**

## GEORGIA O'KEEFFE (1887 – 1986)

Die von tiefen Canyons und bewaldeten Bergrücken durchzogene Hochebene von New Mexico hatten bei der jungen Künstlerin Georgia O'Keeffe bereits bei ihrem ersten Besuch im Jahr 1917 einen tiefen Eindruck hinterlassen. Gefesselt von der geheimnisvollen Landschaft, ließ sich Georgia O'Keeffe, die sich mit ihren **Blumenbildern** bereits einen Namen in der New Yorker Kunstszene gemacht hatte, 1945 endgültig in Abiquitú nieder und inspirierte sich von nun an in der kargen Gegend mit ihren bizarren Felsen, den Farben und Pflanzen. Sie engagierte sich zusammen mit Künstlern wie dem Maler Bert Harwood und dem Fotografen Anselm Adams in der Taos Society of Artists. Georgia O'Keeffe, deren **surrealistisch** anmutende Landschaftsbilder und Naturmotive in allen wichtigen Museen der Welt zu bewundern sind, starb am 6. März 1986 in Santa Fe.

**Malerin**

Oppenheimer in Princeton

## ROBERT J. OPPENHEIMER (1904 – 1967)

**Atomphysiker** Zwar hat der am 22. April 1904 in New York City geborene Atomphysiker Robert J. Oppenheimer nicht einmal vier Jahre seines Lebens im Südwesten verbracht, doch in dieser Zeit hat er mit seiner Arbeit die Welt verändert. Oppenheimer, 1927 bei Max Born in Göttingen promoviert und seit 1929 Lehrer an der University of California in Berkeley, wurde im Juli 1943 Leiter des **»Manhattan Project«** in den Forschungslaboratorien in Los Alamos, New Mexico. Dahinter verbarg sich nicht weniger als der Bau der ersten Atombombe, die am 16. Juli 1945 in der Wüste von Alamogordo gezündet wurde. Seitdem gilt Oppenheimer als **»Vater der Atombombe«**. Bereits 1947 verließ er New Mexico und ging an die Universität von Princeton, New Jersey, hatte aber als Mitglied der Atomenergiebehörde weiterhin Einfluss. Als er sich gegen den Bau der Wasserstoffbombe aussprach, wurde er im Jahre 1953 – auf dem Höhepunkt der McCarthy-Hysterie – als Kommunist diffamiert und verlor den Zugang zu Staatsgeheimnissen. Erst 1963 rehabilitiert, starb er am 18. Februar 1967 in Princeton.

## PO-PÉ (? – 1692)

**Häuptling und Schamane** Nachdem sich die Spanier seit ca. 1610 endgültig in ihrer Kolonie Neu-Mexiko etabliert hatten, begannen sie mit der planmäßigen Besiedlung und Christianisierung nach »bewährtem Muster«: Gewalt,

Ausrottung und Zerstörung. So führten sie auch 1675 einen Feldzug gegen die Pueblo-Indianer, deren Kivas sie in Brand steckten, wichtige Zeremonialobjekte zerschlugen und viele Menschen töteten. Letztlich war dieser Zug der Grund für den fünf Jahre später stattfindenden Aufstand der Pueblo-Indianer unter der Führung des Häuptlings und Schamanen Po-Pé, dem allein in Santa Fe 500 Spanier zum Opfer fielen. Immerhin dauerte es zwölf Jahre, bis die Spanier Santa Fe zurückeroberten und noch einmal vier, bis sie endgültig die Kontrolle über die ganze Kolonie wiedererlangten. Po-Pé aber, der bereits 1692 gestorben war, gilt als Anführer des erfolgreichsten **Widerstandskampfes**, den ein nordamerikanischer Indianerstamm gegen europäische Kolonisatoren geführt hat.

## JOHN WESLEY POWELL (1834–1902)

**Naturforscher**

John Wesley Powell, am 24. März 1834 im Staat New York geboren, war der erste Weiße, der den **Grand Canyon** bezwang und damit die letzte große Expedition ins Unbekannte auf dem nordamerikanischen Subkontinent durchführte. Die Expedition des einarmigen Bürgerkriegsveteranen startete im Mai 1869 in Green River, Wyoming, und erreichte nach drei Monaten und 1450 km oft lebensgefährlicher Fahrt den Ausgang des Grand Canyon. Seine Erlebnisse und wissenschaftlichen Erkenntnisse beschrieb er im 1875 erschienenen »Exploration of the Colorado River of the West and Its Tributaries«. Danach erforschte er zehn Jahre lang das **Colorado Plateau**, seine Bewohner und deren Kultur. Powell hatte Freunde unter den Indianern und sprach mehrere indianische Sprachen. Von 1879 bis zu seinem Tod am 23. September 1902 in Haven, Maine, leitete er das Büro für indianische Völkerkunde, von 1880 bis 1894 war er Chef des Geologischen Forschungsamts der Regierung. Als Mitbegründer der National Geographic Society legte er den Grundstein für die topografische Erfassung der USA.

## BARON WALTER VON RICHTHOFEN (1848–1898)

**Rinderzüchter**

Als er im Jahr 1870 zum ersten Mal mit der Postkutsche durch die Prärie nach Denver, Colorado, fuhr, witterte der im schlesischen Kreisenitz geborene Walter von Richthofen, Onkel des berühmten Fliegers des Ersten Weltkriegs Manfred von Richtofen, das große Geschäft, das mit der bislang von Siedlern unbeachtet gebliebenen »Großen Amerikanischen Wüste« möglich war. Der schlesisch-preußische Aristokrat ließ sich auf der Karlovitz Ranch bei Denver nieder und machte in harter Arbeit die karge Gegend zu dem, was er prophezeit hatte, nämlich zum **»Fleisch produzierenden Mittelpunkt**

**der Welt«**. Damit nicht genug, züchtete der rührige Baron außer Rindern auch Pferde, organisierte Trabrennen, eröffnete eine Molkerei, spekulierte mit Grundstücken, baute sich eine Raubritterburg, zeichnete Landkarten, gründete die Denver Circle Railroad und die Stadt Montclair und betrieb noch einen Biergarten, den er »Sans Souci« taufte. Landesweit großes Aufsehen aber erregte sein 1885 erschienenes Buch »Cattle Raising on the Plains of North America«, in dem er erstmals in nüchternen Zahlen belegte, dass die Rinderzucht das sicherste und beste Geschäft war.

## ROSA MARIA SEGALE (1850–1941)

**Ordensschwester aus Italien** Ohne Zweifel hatte die am 23. Januar 1850 bei Genua geborene kleine Ordensschwester Rosa Maria Segale Mumm: Sie hielt indianische Krieger und Outlaws in Schach, baute mit eigenen Händen eine Schule und segnete hart gesottene Revolvermänner. Im Alter von vier Jahren war sie mit ihrer Familie nach Amerika gekommen. Mit sechzehn trat sie in Cincinnati, Ohio, in den Orden der Sisters of Charity ein und erhielt den Namen Schwester Blandina. Als sie jedoch 1872 nach Trinidad in Colorado entsandt wurde, dauerte es nicht lange, und man nannte sie **Schwester Courage**: Bald nach ihrer Ankunft musste sie ihren Mut beweisen, als die Ute das Kriegsbeil ausgegraben hatten. Danach setzte sie in dieser Stadt voller Outlaws und Revolverhelden ein neues Schulhaus durch und rettete Trinidad durch beherzte Verhandlungen gar vor einem Apachenangriff. 1877 schickte ihr Orden sie nach Santa Fe, wo sie das **erste große Hospital** im Südwesten bauen ließ und ein **Waisenhaus** gründete. Ihre letzte Station war Albuquerque, wo sie in einem halben Jahr, nur unterstützt von dem Navajo José Apodaca, die St. Vincent's Academy für Mädchen entwarf und baute.

## BRIGHAM YOUNG (1801 – 1877)

**Mormonenführer** Das zweite Oberhaupt der Mormonen, Brigham Young, wurde am 1. Juni 1801 im Staat Vermont als neuntes von elf Kindern einer methodistischen Familie geboren. 1832 schloss er sich den Mormonen an, und bereits 1835 ernannte man ihn zum »Apostel«. Er führte u. a. von 1839 bis 1841 die Mission in England durch, das erfolgreichste mormonische Missionsunternehmen außerhalb der USA. Als Sektengründer Joseph Smith am 27. Juni 1844 ermordet wurde, übernahm Young die Leitung der Kirche. Er zog mit der angefeindeten und verfolgten Anhängerschaft durch Iowa nach Winter Quarters in Nebraska, wo im Winter 1846/1847 600 Menschen verhungerten. Am 7. April 1847 machte er sich mit einer kleinen Vorhut in das heutige Utah auf. 1848 erreichte die Gruppe von 143 Männern, drei Frauen und zwei Kindern den Großen Salzsee. Mit den berühmten Worten »This is the Place« (▶Baedeker Wissen S. 574) soll Young den trostlosen Ort zur **neuen Heimat der Mormonen** bestimmt haben. Über 3000 Menschen folgten rasch, oft nur mit Handkarren ausgerüstet, und errichteten binnen kurzem den Gottesstaat Deseret und die Stadt **Salt Lake City**. 1850 und 1854 wurde Young zum Gouverneur des Territoriums Utah ernannt. In dieser Zeit schaffte er es, 70 000 Menschen aus den USA und Europa in das streng am mormonischen Glauben ausgerichtete Territorium zu holen und eine fest in Kirchenhand befindliche wirtschaftliche Grundlage aufzubauen. Auch nachdem er 1858 nicht wieder zum Gouverneur ernannt worden war – längst war sein autokratisches Regime der US-Regierung ein Dorn im Auge –, blieb er der wahre Herrscher im Land. Der Einfluss von Brigham Young endete erst mit seinem Tod in Salt Lake City am 19. August 1877. Mit seinen 27 Frauen hatte er insgesamt 56 Kinder gezeugt.

# ERLEBEN UND GENIESSEN

Was bekomme ich, wenn ich im Restaurant Baked Potato bestelle? Wo kann ich im Südwesten Aktivurlaub machen? Und welche Souvenirs bringe ich von der Reise mit? Wer das nicht weiß, liest einfach hier nach.

# Würzige Südwestküche

**Mit Ziegenkäse gefüllte Kürbisblüten, ausgebacken im Teigmantel, dazu eine scharfe, mit Chilischoten gewürzte Tomatensauce kommen als Vorspeise auf den Tisch, gefolgt von verführerisch duftenden Fisch-Tacos: dünnes Fladenbrot aus Maismehl, gefüllt mit Red Snapper und Asadero-Käse aus Mexiko sowie einem Mix von rotem und grünem Chili mit Papayas. So sieht die moderne Southwestern Cuisine aus, die traditionelle Zutaten aufgreift und verfeinert.**

Die kulinarischen Einflüsse für die Küche des Südwestens stammen aus **Europa** und aus **Amerika**. In den indianischen Kulturen Mittelamerikas und des Südwestens wurde Mais zu Brot verarbeitet, hinzu kamen Früchte, Kürbis, Bohnen und verschiedene Chilischoten (▶Baedeker Wissen S. 472). Die Spanier brachten Reis, Weizen, Zitrusfrüchte, dazu Zucker, Zimt, Oregano, Koriander und Schwarzen Pfeffer. Nach dem Mexikanisch-Amerikanischen Krieg erhielten die USA die Staaten des Südwestens als Kriegsbeute, und das wirkte sich auch kulinarisch aus: Wegen der Rinderranches wurde nun im ganzen Land mehr Fleisch gegessen.

*Mix aus Alter und Neuer Welt*

Und die Küche des Südwestens ist weiter hispanisch-mexikanisch beeinflusst geblieben, denn mit der kontinuierlich großen Zahl von Einwanderern und saisonalen Erntehelfern aus dem nahen **Mexiko** ist die Nachfrage nach Tacos, Burritos, nach Enchilladas, Tamales, Guacamole oder Gemüse- und Chili-Salsa immer sehr lebendig geblieben. Dabei haben sich die typischen Gerichte der Südwestküche sogar weit nach Norden verbreitet, sogar bis über die kanadische Grenze hinaus. Was gut ist, setzt sich durch! Kleine Taco-Läden, elegante Restaurants mit Southwestern Cuisine oder Tex-Mex-Grillstationen sind in ganz Nordamerika und sogar darüber hinaus zu finden. Es gibt inzwischen sogar große Ketten von Schnellrestaurants mit mexikanischer und Südwestküche, etwa Moe's Southwest Grill (www.moes.com) und Taco Bell (www.tacobell.com). Und Chipotle Mexican Grill (www.chipotle.com) bereitet nicht nur schnelle Gerichte zu, sondern ist auch dank seines Konzepts, möglichst viele Bio-Produkte zu verarbeiten, in wenigen Jahren auf 1200 Filialen gewachsen.

*Mexikanische Vorlieben*

> **Hinweis**
> Gebührenpflichtige Servicenummern sind mit einem Stern gekennzeichnet: *0180 …

**Ohne die scharfe Chili geht hier (fast) nichts – ob getrocknet oder saftig frisch!**

# Southwestern Cuisine

*Wer im Südwesten der USA reist, sollte schon einige der wichtigsten Gerichte auseinanderhalten können. Viele sind mexikanischen Ursprungs und kommen daher mit spanischen Bezeichnungen daher.*

**Burrito:** Heißt eigentlich Eselchen, ist aber eine weiche Tortilla aus Weizenmehl, in die verschiedene Zutaten eingerollt werden. Dazu können Bohnen gehören, Salat, gewürzte Tomatenwürfel, Avocado, gebratenes Rinderhack, Salatblätter, Käse oder Sour Creme.

**Chili con Carne:** Der Eintopf von Bohnen, Tomaten und Rindfleischgeschnetzeltem wird mit Chilischoten, Zwiebeln, Knoblauch und Kreuzkümmel eingekocht. Es gibt ihn in den USA in vielen Variationen, mit und ohne Kidney-, Schwarze- oder Pinto-Bohnen, mit gebratenem Hackfleisch oder Geschnetzeltem, sehr oder moderat scharf. Einige servieren Reis dazu oder Pommes Frites, andere baden ihren Hot Dog in der scharfen Beilage.

**Enchiladas:** Tortillas aus Maismehl mit einer Füllung, beispielsweise von Hähnchenfleisch und Gemüse, werden mit Chilisauce übergossen und mit Käse gratiniert. In Santa Fe, Hauptstadt von New Mexico, werden Enchiladas auch wie Lasagne in Schichten zubereitet und mit einem Spiegelei garniert.

**Guacamole:** Frische Avocado wird zu einer Creme verarbeitet und mit Salz, Pfeffer, Limonensaft, Koriander, gewürfelten Tomaten und Zwiebeln zubereitet. Als Vorspeise im Restaurant werden oft Taco-Chips, meist dreieckig geformte, leicht salzige Maischips, dazu serviert.

**Quesadilla:** Das Käsesandwich auf mexikanische Art ist in New Mexico und den anderen Staaten des Südwestens sehr beliebt. Hier werden meist Weizentortillas über dem Rost gebacken, dann mit geriebenem Käse bestreut. Ist der geschmolzen, wird der »Pfannkuchen« umgeklappt und pur oder mit weiteren Beilagen serviert. Beliebt ist auch eine süße Variante mit Honig, Früchten oder karamellisiertem Zucker.

**Taco:** Die eigentlich weiche Mais- oder Weizentortilla gibt es auch bereits festgebacken, also schon zum Füllen vorgeformt. Vorsicht Bruchgefahr! Ansonsten wird das Fladenbrot einfach umgeklappt und kleingeschnittenes Rindfleisch, gehackter Salat, Zwiebeln, eine scharfe Salsa oder Käse in die so geformte Tasche eingefüllt. Im Trend liegen heute Fisch-Tacos mit panierten und braun frittierten Fischstückchen.

**Salsa:** Sie ist kein eigenes Gericht, aber unverzichtbar bei den meisten Speisen der Küche des Südwestens. Eigentlich bedeutet Salsa nicht mehr als Sauce. Aber es ist natürlich eine bestimmte fruchtig-scharfe gemeint. Die rote Variante wird aus zerkleinerten Tomaten, roten Chilischoten, Zwiebeln und unterschiedlichen Gewürzen komponiert. Je nach verwendetem Chili kann die rote Salsa recht scharf werden. Die mit grünen Tomaten hergestellte grüne Salsa ist weniger verbreitet.

## RESTAURANTS

*Essen aus aller Welt*  Natürlich ist das längst nicht alles: In den für den Tourismus erschlossenen Gebieten der Vereinigten Staaten gibt es viele Restaurants und eine breite **Palette von ethnischen Küchen**. Neben Lokalen, die »amerikanische« Küche servieren – die wesentlich mehr als nur Hamburger und Hot Dogs zu bieten hat, weil sie von den vielen Küchen der Einwanderer beeinflusst ist –, findet man häufig Lokale mit italienischer und chinesischer Küche. Daneben gibt es natürlich auch Lokale mit französischer, deutscher, schweizerischer, österreichischer, koreanischer, vietnamesischer, thailändischer, japanischer, brasilianischer, argentinischer und arabischer Küche; selbstverständlich gibt es auch koschere und vegetarische Küche. Wer an der **Küste** Urlaub macht, sollte es nicht versäumen, eines der zahlreichen auf Fisch, Schalen- und Krustentiere (Seafood) spezialisierten Restaurants zu besuchen. Vor allem Lokale mit der mexikanisch beeinflussten Küche des Südwestens sind einen Besuch wert. Auch sollte man die z. T. sehr guten **Weine** aus Kalifornien und New Mexico probieren.

> **BAEDEKER WISSEN**
>
> **?**
>
> *Preiskategorien*
>
> Restaurants (Preis für ein Hauptgericht):
>
> €€€€ über 30 $
> €€€ 20 – 30 $
> €€ 12 – 20 $
> € unter 12 $

## MAHLZEITEN

*Breakfast*  Zum üppigen amerikanischen Frühstück gehören ein Glas Orangensaft, Kaffee, Ei (gekocht, gebraten als Spiegel-/»sunny side up« bzw. Rührei/»scrambled« oder Omelette), gebratene Speckscheiben (»bacon«) oder Bratwürstchen (»sausages«), Bratkartoffeln (»hashbrowns«), Maisgrießbrei (»grits«), Pfannkuchen mit Ahornsirup (»pancakes«) und natürlich Toastbrot mit Butter und diversen Konfitüren (»jam«). Auf vielen Frühstücksbuffets findet man Cornflakes und Milch und auch frisch zubereitetes Müsli, frisches Obst und diverse Joghurtsorten.

*Brunch*  An Sonn- und Feiertagen ist der Brunch sehr beliebt: Meistens ab 11.00 Uhr warten große und vielfältig bestückte Buffets auf die Hungrigen.

*Lunch*  Zur Mittagszeit wird gewöhnlich ein eher leichtes Essen eingenommen, z. B. diverse Salate, Kurzgebratenes und verschiedene Gemüsesorten als Beilage.

**Typisches Diner in Albuquerque, New Mexico**

Die tägliche **Hauptmahlzeit** ist für Amerikaner das Abendessen. Dinner Diverse Fleisch- und Fischgerichte mit allerlei Beilagen stehen auf dem Speiseplan. In einigen Lokalen vor allem in Las Vegas versucht man, die Gäste am Abend mit abwechslungsreichen »dinner shows« zu unterhalten.

## SPEISEN UND GETRÄNKE

T-Bone Steak, Porterhouse Steak, Sirloin Steak und Prime Rib sind Fleisch neben dem allgegenwärtigen Hamburger die wichtigsten Fleischgerichte. Geradezu ein Zeremoniell ist das **Barbecue** (BBQ), bei dem allerlei Fleisch auf dem Holzkohlengrill gegart wird. Beliebt sind aber auch Hühnchenfleisch (u. a. »chicken fingers« = gebackene Hühnerbruststücke) und Schweinefleisch (z. B. als gegrillte Rippchen). Dazu gibt es fast immer wahlweise eine »baked potato« (Pellkartoffel mit Crème fraîche) oder Pommes frites (»french fries«).

**?** *Reservierung*

- Tischbestellungen empfehlen sich in den teureren Lokalen vor allem an verlängerten Wochenenden und in der Hauptreisezeit.
- In den meisten Lokalen wartet man auf eine Platzzuweisung.

Es gibt nicht nur Meeresfrüchte, sondern auch **Süßwasserfische** aus den zahlreichen Flüssen und Seen. Besonders lecker sind Forelle (Trout), Lachs (Salmon), Krebse, Krabben, Garnelen (Shrimps), Muscheln, Austern (Oysters) und Hummer (Lobster), aber auch Äschen, Barsche und Schnapper.

Beliebtes **Gebäck** sind der »Cheese Cake« (eine Art Käsekuchen) und der »Blueberry Muffin« (Blaubeerkuchen), außerdem Donuts, Krapfen mit Schoko- oder anderen Überzügen.

**Obst und Gemüse**
Auch im Südwesten der USA gibt es das ganze Jahr über frisches Obst und Gemüse. Dies gilt in besonderem Maße für Zitrusfrüchte und leicht zu verarbeitende Gemüsesorten (z. B. Gurken, Tomaten, Avocados).

**Kaffee**
US-amerikanischer Kaffee ist oft sehr dünn gebrüht. Man bekommt ihn überall und reichlich angeboten; einmal bestellt, wird er immer nachgeschenkt bzw. man holt sich einen »Refill«. Nachdem mit Starbucks und anderen Coffeeshops eine **»Kaffeewelle«** über die USA geschwappt ist, bieten in den Fußgängerzonen und Malls zahlreiche Cafés Espresso und Latte macchiato an.

**Bier**
Das stets eisgekühlte Bier (»beer«) wird in den USA nicht nach dem deutschen Reinheitsgebot gebraut, obwohl es häufig aus ursprünglich von Deutschen gegründeten Brauereien stammt. Es enthält deutlich weniger Alkohol als vergleichbare deutsche Biere (3–3,5 Vol.-%). Beliebt als Durstlöscher sind »Light«-Biere mit 1–1,5 Vol.-% Alkohol. Bars halten in der Regel mehrere Flaschen- und Fassbiere (»draft«) bereit. Im Südwesten werden **US-Marken** wie »Budweiser«, »Busch«, »Miller«, »Michelob« und »Coors« sowie mexikanische Marken wie »Corona« und »Dos Equis« getrunken. Daneben gibt es eine Vielzahl von »micro breweries«, die süffiges Bier für lokale Märkte brauen.

**Wein**
Die USA gehören seit einiger Zeit zu den **führenden Weinproduzenten der Erde**. Etwa vier Fünftel der US-Rebfläche liegen in Kalifornien. Weinreben werden aber auch in New Mexico und selbst in Utah (!) bei Moab ausgebaut.

**Spirituosen (Liquor)**
Bevorzugte Spirituosen, die jedoch nur in bestimmten Geschäften (»liquor store«) erhältlich sind und in Bars nur zu bestimmten Zeiten genossen werden dürfen, sind Whiskey (vor allem Bourbon, Tennes-

see, Scotch), Gin, Wodka, Brandy, Wermut (»vermouth«) und Likör (»cordial«). Ein eisiger Margarita-Cocktail mit Salzrand ist der häufigste Aperitif im Südwesten, aber auch viele andere Mixed drinks mit Tequila, Gin oder Whiskey werden in den Bars serviert.

Die Gesetze und Bestimmungen zum Alkoholkonsum sind Sache der einzelnen Bundesstaaten und Counties. Sie variieren entsprechend. In **öffentlich zugänglichen Anlagen**, wozu auch sogenannte Recreation Areas und State Parks gehören, darf kein Alkohol getrunken werden. Alkoholkonsum auf der Straße ist ebenfalls verboten.

**Gesetze zum Alkohol-konsum**

**Autofahren** unter Alkoholeinfluss wird streng bestraft: Die Grenze liegt je nach Staat und County zwischen 0,0 und 1 Promille! Es ist auch untersagt, angebrochene oder leere Flaschen bzw. Dosen von alkoholischen Getränken im Auto (auch im Kofferraum) mitzuführen. In einigen Counties des Bundesstaates **New Mexico** kann man sonntags Alkohol weder in Restaurants erhalten noch in Shops kaufen. Zudem ist es verboten, alkoholische Getränke in die Indianerreservationen mitzunehmen.

> **? BAEDEKER WISSEN**
>
> *Strenge Mormonen*
>
> Im Südwesten sind die Gesetze zum Alkoholkonsum besonders restriktiv. In Utah z. B. wird aufgrund des starken Einflusses der Mormonen Alkohol als echte Droge betrachtet. Aber man stellt sich auf Touristen ein: In vielen Lokale werden alkoholische Getränke ausgeschenkt.

# Von traditionell bis schräg

**Das ganze Jahr ist voller Feiertage und Events – und das ist kein Wunder in dem riesigen Gebiet, das von den Rocky Mountains bis zum Pazifik reicht und in dem ethnische Gruppen aus vielen Ländern mit ihren unterschiedlichen Traditionen eine neue Heimat gefunden haben.**

Auch wenn die jüngere Geschichte der Eroberung des »Wilden Westens« und die Bewahrung des indianischen Erbes (▶Baedeker Wissen S. 86) auch bei den Festen eine wichtige Rolle spielen, scheint kein Thema vom Obsttortenweitwurf in Denver bis zum Vogel-Strauß-Festival in Arizona zu speziell, um nicht damit ein Fest zu etablieren. Aus kleinen Anfängen haben sich einige zu wahren Publikumsmagneten mit Zehntausenden Besuchern entwickelt.

**Alles ist eine Feier wert**

Jedes Jahr Ende Januar steigt in Park City das Sundance Film Festival (http://festival.sundance.org, ▶Baedeker Wissen S. 62), ins Leben gerufen und gesponsort von Robert Redfords Sundance Resort. Als kleines alternatives Filmereignis in den Rockies von Utah gestartet, hat es sich zum wichtigsten **Festival für unabhängig produzierte Filme** weltweit entwickelt. Wer an den Premieren, Seminaren und Workshops teilnehmen möchte, sollte sich viele Monate vorher anmelden!

**Sundance Film Festival**

Langsam aber sicher entwickelt sich der Cinco de Mayo zu einem der bedeutendsten Feste des Südwestens. Hunderttausende versammeln sich in den Zentren der Städte zur Musik von **Mariachi-Bands**. Es wird getanzt und Theater gespielt, Essensstände servieren mexikanische Gerichte. Eigentlich wird der Sieg einer mexikanischen Armeeeinheit über französische Invasionstruppen am 5. Mai 1862 gefeiert, doch inzwischen feiern Menschen mit mexikanischen Wurzeln das Datum überall auf der Welt als Nationalfeiertag.

**Cinco de Mayo**

Zum Burning Man Festival (www.burningman.com), einem einwöchiges Event in der Woche vor dem Labor Day Anfang September versammeln sich rund 50 000 Teilnehmer mitten in der Black Rock Desert nördlich von Reno in Nevada. Die provisorisch errichtete **Zeltstadt** »Black Rock City« nimmt alle auf. Vom Familienzirkus, Kunstinstallationen, Phantasiemobilen und Musikperformances bis zum Polittalk wird auf diesem schrägen Wüstenfestival alles geboten. Am Abend vor dem Labor Day (erster Montag im September) brennt als Höhepunkt eine riesige Holzfigur, der »Burning Man«.

**Burning Man**

**Zum Pow Wow legen die Ureinwohner ihren Festschmuck an.**

# Trommeln rufen zum Pow Wow

*Sommerzeit ist im Südwesten auch Zeit der Pow Wows. Die verschiedenen indianischen Stämme und Nationen des Südwestens rufen ihre Mitglieder zum jährlichen großen Fest des Wiedersehens. Auch »Bleichgesichter« sind zu den Tänzen, Gesängen, Trommelvorführungen und Wettbewerben eingeladen – ein seltener Einblick in die Kultur der indianischen Bewohner des Südwestens der USA.*

Rhythmisches Trommeln von gut 60 Trommlergruppen aus 30 US-Bundesstaaten geben Mitte März in Denver, Colorado, das Startsignal für die **Pow-Wow-Saison** im Südwesten. Rund 1500 Indianer zeigen im Denver Coliseum eine eindrucksvolle Show mit Tänzen, Musik, Kunsthandwerk und der Wahl einer »Denver March Powwow Princess«.

Die Trommelwettbewerbe gehören auch in Albuquerque zum eindrucksvollsten der vielen Darbietungen des **»Gathering of Nations«** (www.gatheringofnations.com), einer der größten indianischen Versammlungen des Landes. Mitglieder von 500 Stämmen aus ganz Nordamerika reisen zu den Wettbewerben nach New Mexico, darunter mehr als 3000 Tänzer, die in 32 Wettbewerbskategorien gegeneinander antreten. Eine »Miss Indian World« wird gewählt, ein »Indian Traders Market« versammelt 800 Künstler, Kunsthandwerker und Händler, die handgewebte Decken, Türkis- und Silberschmuck oder Töpferwaren zum Verkauf anbieten.

## Frühlings-Pow-Wows

Das **»Socorro Mother's Day Contest Pow Wow«** Anfang Mai in Sedillo Park in Socorro, ebenfalls in New Mexico, gehört zu den kleineren Pow Wows, findet aber wegen seines besonderen Kulturangebots wie Konzerten mit der Diné-Flöte der Navajos und der farbenprächtigen Chickendance-Vorführungen mit ihrem hypnotischen Rhythmus jährlich mehr Zuschauer (www.socorrosprings.com/socorro).

Beim **»Hon-Dah Pow Wow in the Pines«** der White Mountain Apachen Anfang Juni in Pinetop, Arizona, reisen Tänzer aus den gesamten USA und sogar aus Kanada an, um bei den hoch prämierten Wettbewerben um Kostüme, Tanz- und Trommeldarbietungen anzutreten. (http://hon-dah.com).

Das **»Paiute Restoration Pow Wow«** in Cedar City, Utah, präsentiert eine Woche später die kulturellen Traditionen der fünf hier vertreten Stämme der Southern Paiute, der Cedar, Indian Peaks, der Kanosh, Koosharem und der Shivwits. Die Paiute pflegen neben den Tanzwettbewerben, zu denen sich auch Gruppen befreundeter Stämme einladen auch jüngere Traditionen wie ein Softball-Turnier (www.utahpaiutes.org/powwow).

Die Shoshonen-Paiute-Stämme vom Duck Valley veranstalten ihr **»Fourth of July Pow Wow & Rodeo«** dann vom 1. bis 4. Juli in ihrer Reservation im Norden von Nevada, an der Grenze zu Idaho. Neben dem eigentlichen Pow Wow mit

Farbenprächtige Parade der Navajo bei der Annual Navajo Nation Fair

Tänzen, Trommeln und Kostümen gibt es Laufwettbewerbe und ein beliebtes Wassermelonenwettessen, dazu Rodeos für Erwachsene und Jugendliche. Finale ist ein großes Barbecue (http://shopaitribes.org).

## Sommerliche Feste

Das Pueblo von Taos in New Mexico, ein UNESCO-Weltkulturerbe, ist Schauplatz des jährlichen »Taos Pueblo Contest Pow Wow« am zweiten Wochenende im Juli. Es ist bekannt wegen seiner Vielzahl hochklassiger Tanzvorführungen und Wettbewerbe für Männer als auch für Frauen (http://taospueblo-powwow.com).

Die »Little Beaver Celebration« der Jicarilla Apache Nation ganz im Norden von New Mexico lässt sich von der Größe sicher nicht mit dem in Taos messen, doch das Programm am dritten Wochenende im Juli kann sich sehen lassen. Ein Rodeo von Profis und Amateuren, Pferderennen, ein Softballturnier, dazu ein 5 km-Lauf, Paraden, Tänze und sogar eine Show mit herausgeputzten Trucks sind der festliche Höhepunkt des Jahres (www.jicarillaonline.com).

Die Navajo als größte indianische Nation des Südwestens veranstaltet auch eines der größten Pow Wows, die »Annual Navajo Nation Fair« eine ganze Woche lang Anfang September. Ihre Geschichte geht bis 1938 zurück, als eine Messe zur Förderung der Viehzucht auf dem Reservationsgebiet im Nordosten von Arizona ins Leben gerufen wurde. Längst ist das Event, das auf dem riesigen Messegelände von Windows Rock an der Grenze von Arizona und New Mexico stattfindet, darüber hinaus gewachsen. Das Pow Wow, die Versammlung tausender Stammesmitglieder, ist gleichzeitig eine Demonstration der Navajo-Kultur (http://navajonationfair.com) und bietet faszinierende Einblicke.

## ZUSCHAUERSPORT

**Favoriten**  Auch sportliche Events ziehen die Massen an. Die beliebtesten Zuschauersportarten im Südwesten sind Football, Baseball und Basketball. Fußball wird vor allem in den Highschools gespielt. Wenn sich die Gelegenheit bietet, sollte man ein Football- oder Basketballspiel besuchen.

**American Football**  Der mit Abstand größte Publikumsrenner ist American Football, dessen kompliziertes Regelwerk für Europäer ungewohnt ist – was fasziniert, sind die Dynamik und die taktischen Feinheiten dieses aus dem Rugby hervorgegangenen Mannschaftssports. Höhepunkt der Saison ist im Januar das Endspiel der Nationalen Meisterschaft um den **Super Bowl**, die Krone des Football.

**Baseball**  Auf Platz 2 der Beliebtheitsskala rangiert Baseball, aus dem englischen Cricket entstanden und ebenfalls mit in Mitteleuropa wenig bekannten Regeln. Spitzenteams aus dem Südwesten sind u. a. die **Colorado Rockies** aus Denver, die **Arizona Diamondbacks** aus Phoenix oder die **Los Angeles Angels** aus Anaheim.

**Basketball**  Auch wegen der international bekannten Superstars ist Basketball bei den Amerikanern sehr beliebt. Mit den **Utah Jazz** aus Salt Lake City, den **Phoenix Suns** oder den **L. A. Lakers** kommen auch mehrere Spitzenteams aus dem Südwesten.

**Boxen**  Starke Publikumsmagneten sind **Boxveranstaltungen**, wobei sich Las Vegas inzwischen zum Mekka von Fans des Profiboxsports entwickelt hat. In den großen Kasinos finden regelmäßig Titelkämpfe statt.

**Sonstiges**  Weitere beliebte Zuschauersportarten sind Automobilrennen, Pferderennen, Tennis, Golf und natürlich das **Rodeo**.

## Festkalender

### LANDESWEITE FEIERTAGE

New Year (1. Januar)

Martin Luther King Jr. Day (dritter Montag im Januar)

President Day (dritter Montag im Februar)

Karwoche: Good Friday (Karfreitag; nur regional)

Memorial Day, Heldengedenktag (letzter Montag im Mai)

Independence Day, Unabhängigkeitstag (4. Juli)

Labor Day, Tag der Arbeit (erster Montag im September)

Columbus Day (zweiter Montag im Oktober)

Halloween (31. Oktober)

Election Day, Wahltag (erster Dienstag im November, nur im Wahljahr)

Veteran's Day, Veteranentag
(11. November)
Thanksgiving Day, Erntedank-
fest (vierter Donnerstag im
November)
Christmas Day, Weihnachten
(25. Dezember)

## REGIONALE FEIERTAGE
Pioneer Day, Utah (24. Juli)
Colorado Day (erster Montag im
August)

## JANUAR
**Tempe, AZ**
Tostitos Fiesta Bowl (Endspiel im
College-Football am Neujahrstag
mit anschließender festlicher
Parade)

**Park City, UT**
Sundance Film Festival

## FEBRUAR
**Crested Butte, CO**
Freeride Series Championship
(Skirennen)

**Denver, CO**
National Western Stock Show &
Rodeo

**Tucson, AZ**
La Fiesta de los Vaqueros & Rodeo

**Steamboat Springs, AZ**
Carnival (ältester Karneval westlich des Mississippi)

## MAI
**Arizona, New Mexico,
Süd-Kalifornien**
Cinco de Mayo (an dem Wochen-
ende, das dem 5. Mai am nächsten
liegt; mexikanischer Festtag mit
Umzügen, Musik und Märkten)

## JUNI
**Telluride, CO**
Bluegrass Festival (Country-Musik-
Festival)

**Las Vegas, NV**
World Series of Poker (mehrwö-
chiges Poker-Turnier im Rio Hotel
& Casino)

## JUNI – AUGUST
**Aspen, CO**
Aspen Music Festival

## JUNI – OKTOBER
**Tuacahn, UT**
Broadway in the Desert (Musik-
theater im Natur-Amphitheater
bei St. George)

## JUNI/JULI
**Greely, CO**
Greely Independence Stampede &
Rodeo

**Lichter an fürs »Sundance«: Park Citys
berühmtes alternatives Filmfestival**

Schräg, schräger, Burning Man

### JULI
**Window Rock, AZ**
Annual Navajo Nation Fair (Pow Wow und Rodeo, Anfang Juli)

**Santa Fe, NM**
Spanish Market (Ende Juli)

**Carlsbad Caverns, NM**
Bat Flight Breakfast (Höhlenfest bei Sonnenaufgang, wenn die Fledermäuse in die Höhle zurückkehren, Ende Juli)

### AUGUST
**Flagstaff, AZ**
Navajos Festival of Arts & Culture (Festival indianischer Kultur)

**Gallup, NM**
Inter-Tribal Indian Ceremonial (mehrtägige Festlichkeiten der Indianer im Red Rock State Park mit Tanzvorführungen, Rodeos und kunstgewerblichem Markt)

**Brigham City, UT**
Railroaders Festival (zweiter Samstag im August; Eisenbahnerfest an der Golden Spike National Historic Site mit vielen originellen Wettbewerben)

### ENDE AUGUST – ANFANG NOVEMBER
**Black Rock Desert, NV**
Burning Man Festival (schräge Kunst- und Action-Happenings mitten in der Wüste im Hinterland von Las Vegas)

### SEPTEMBER
**Denver, CO**
A Taste of Colorado (Feinschmecker-Festival mit Hunderten von kulinarischen Ständen am Labor Day Weekend)

**Reno, NV**
National Championship Air Races (Spektakuläre Flugvorführungen)

## Südliches New Mexico
Hatch Chile Festival (Anf. Sept.; Feier der Chili-Schoten-Ernte)

## Bonneville Salt Flats, UT
World of Speed Races (Autorennen in der Salzwüste)

## OKTOBER
## Albuquerque, NM
Albuquerque International Balloon Fiesta (hunderte bunte Heißluftballons steigen über der Stadt auf)

## NOVEMBER
## Lake Havasu, AZ
Classic Outboard World (Parade von beleuchteten Booten)

## DEZEMBER
## Las Vegas, NV
National Finals Rodeo (Anfang Dezember; Endausscheidung der besten Rodeo-Sportler)

## Salt Lake City, UT
Christmas Lighting at Temple Square (in der Adventszeit; weihnachtliche Beleuchtung im Herzen der Mormonenstadt; täglich finden Freiluft-Konzerte des weltberühmten Tabernacle Choir statt)

## Aspen, CO, Telluride, CO, Santa Fe, NM
Christmas Parades

# Mit Kindern unterwegs

# Natur, Technik, Vergnügen

**Klar, ein Urlaub mit vielen hundert Meilen Autofahrt von einem der vielen Nationalparks des Südwestens zum anderen kann für Kinder schnell langweilig werden. Viele Eltern haben mit Wohnmobilen beste Erfahrungen gesammelt, also mit einer gemütlichen »Kleinwohnung«, die mitreist und das ständige Ein- und Auschecken in Hotels vermeidet. Aber Landschaften und Attraktionen in allen Staaten des Südwestens bieten noch so viel mehr, auch für kleine Traveller.**

Einen wunderbaren Zugang zu Natur und Geschichte bietet das **Dinosaur National Monument** (www.nps.gov/dino) an der Grenze von Utah und Colorado. Es kommt ganz ohne Spezialeffekte aus, denn hier wurden Tausende von Dinosaurierknochen und -skelette ausgegraben. Im **Dinosaur Garden** von Vernal sind nachgebildete prähistorische Riesen zu bestaunen. **Dinosaurier**

Das **Arizona-Sonora Desert Museum** (www.desertmuseum.org) bei Tucson in Arizona ist eigentlich ein Zoo, aber nur für Wüstenbewohner wie Berglöwen, Kolibris oder putzige Erdhörnchen. **Tiere**

Die **Lokomotive** der Durango & Silverton Railway (www.durangotrain.com) dampft durch Schluchten und am Animas River entlang zur alten Silberstadt Silverton, ein tolles Vergnügen. **Fahr- und Flugzeuge**
Auf dem Extraterrestrial Highway, einem Abschnitt der SR 375 nördlich von Las Vegas, könnte es sich lohnen, nach **UFOs** Ausschau zu halten. Schließlich haben schon viele Beobachter hier von »fliegenden Untertassen« berichtet. Und die geheimnisumwitterte »Area 51« liegt auch gleich um die Ecke.
Die Albuquerque International Balloon Fiesta (www.balloonfiesta.com) im Oktober ist mit 750 teils abenteuerlich aussehenden Luftgefährten das weltweit größte **Fesselballon-Event**. Der Massenstart in den blauen Himmel ist ein Anblick, den keiner so schnell vergisst.

Die zahlreichen kleinen und großen Vergnügungsparks sind für Amerikaner eine Attraktion ersten Ranges. Bei Carlsbad im Süden von Kalifornien betreibt **Legoland** einen Vergnügungspark speziell für Kinder von 2 bis 12 Jahren (www.california.legoland.com). Erstaunliches wurde aus Millionen bunter Steinchen zusammengestöpselt: ein Star Wars Miniland, eine Menagerie wilder Tiere oder kleine Wägelchen die durch bunte Legolandschaften zuckeln. **Vergnügungsparks**

**Krafttraining: der Kid Power Tower im Legoland California**

## Adressen

### CALIFORNIA
### **Disneyland**
1313 Harbor Blvd., Anaheim
Tel. 1 714 7 81 45 65
http://disneyland.disney.go.com
Sommer tgl. 8.00 – 1.00, Winter
tgl. 10.00 – 18.00 Uhr

### **SeaWorld**
500 SeaWorld Dr., San Diego
Tel. 1 800 2 57 42 68
www.seaworldparks.com
tgl. 9.00 Uhr bis zur Dämmerung

### **Universal Studios**
100 Universal City Plaza
Universal City
Tel. 1 818 6 22 37 50
www.universalstudios
hollywood.com
Sommer tgl. 9.00 – 20.00, Winter
tgl. 10.00 – 18.00 Uhr

### **Six Flags Magic Mountain**
26101 Magic Mountain Pwy.
am I-5
nördlich von San Fernando
Tel. 1 661 2 55 41 00
www.sixflags.com

Sommer tgl. 10.00 – 22.00,
Winter tgl. 10.00 – 18.00 Uhr

### COLORADO
### **Lakeside Amusement Park**
4601 Sheridan Blvd., Denver
Tel. 1 303 4 77 16 21
www.lakesideamusementpark.
com
Mai Sa., So. 12.00 – 23.00,
Juni – Labour Day Mo – Fr.
8.00 – 23.00,
Sa., So. 12.00 – 23.00 Uhr

### NEW MEXICO
### **Cliff's Amusement Park**
4800 Osuna Rd. NE.
Albuquerque, NM
Tel. 1 505 8 81 93 73
www.cliffs.net
Öffnungszeiten variieren stark,
siehe Website

### UTAH
### **Lagoon Amusement Park**
Pioneer Village &
Water Park Farmington
Tel. 1 801 4 51 80 00
www.lagoonpark.com
Juni – Aug. tgl. 11.00 – 20.00 Uhr

**Badespaß am Strand von Santa Monica**

# Shopping

# Shop 'til you drop

**»Einkaufen bis zum Umfallen« – kein Wunder, dass dieser Spruch aus den USA stammt. Da Shopping laut vieler Umfragen zu den liebsten Urlaubsbeschäftigungen gehört, liegen die USA und ihr Südwesten mit einem (fast) unbegrenzten Einkaufsangebot gut im Rennen um die Gunst der Urlauber.**

Und bis zum Umfallen kann man theoretisch wirklich shoppen – ein Ladenschlussgesetz gibt es in den USA nicht. Üblicherweise sind viele Geschäfte zwar nur von 9 bis 18 Uhr geöffnet, Supermärkte und Läden in den großen Malls am Rande der Städte haben aber meist bis 21 Uhr offen, und einige schließen gar nicht. In den ländlichen und Wüstenregionen des Südwestens kann es natürlich anders aussehen.

*Lange Öffnungszeiten*

Factory Outlet Malls – Einkaufszentren, in denen Produkte auch internationaler **Markenfabrikate** teils erheblich billiger angeboten werden – liegen im Einzugsbereich großer Städte wie Los Angeles und Las Vegas oder an wichtigen Verkehrswegen, etwa an der I-10 zwischen Los Angeles und Phoenix.

*Outlets*

Wer sich oder Daheimgebliebene mit einem Andenken aus dem Südwesten beschenken will, findet eine große Auswahl an originellen Mitbringseln, beispielsweise **Kunsthandwerk** der Navajo und anderer indianischer Stämme (▶Baedeker Wissen S. 98), Poster von Fotos der Naturwunder oder Drucke von Künstlern wie Georgia O'Keefe. Wer etwas Ausgefallenes sucht, hält sich an Windglocken für den Garten aus Arcosanti (www.arcosanti.org) in Arizona oder Sabaku-Designer-Shirts aus Tucson (www.sabakuart.com) mit Wüstenmotiven. Als **kulinarische Kostproben** bieten sich Kaktusmarmelade oder Wildblütenhonig an, und für die Heißblütigen sind die scharfen Chilisaucen ideal. Eine ergiebige Quelle für Souvenirs sind generell die Shops der Museen und die Besucherzentren der Nationalparks.

*Souvenirs*

Generell ist bei Einkäufen in den USA ist zu beachten, dass viele Waren einer regionalen Verkaufssteuer (Sales tax) unterliegen, die – je nach Bundesstaat – zwischen **4% und 15%** liegt und auf den ausgezeichneten Preis aufgeschlagen werden muss.

*Steuer (Sales tax)*

Gern gekauft werden auch Westernartikel wie Stetsonhüte, Hemden, Jeans, Cowboystiefel, Westernkrawatten und Gürtel. In jeder größeren Stadt findet man ein Geschäft für »western wear«.

*Westernartikel*

**Prachtvoll shoppen: The Forum Shops im Caesar's Palace in Las Vegas**

# Traditionsreiche Souvenirs

*Auf indianisches Kunsthandwerk trifft man im Südwetsen der USA überall: Eine junge Navajo-Frau fertigt am Webstuhl in Hubbells Trading Post eine farbenfrohe Decke mit traditionellen Mustern. In einer Vitrine der Keshi-Galerie in Santa Fe ist ein in Silber gefasster Anhänger aus Türkis ausgestellt – der Kunstschmied lebt im Zuni-Pueblo von New Mexico. Im Shop des Heard Museum von Phoenix stehen eine ganze Reihe von Kachina-Puppen zum Verkauf: Sie symbolisieren Naturgeister oder Ahnen der Hopi-Indianer.*

Mehr als 20 % der US-Bürger indianischer Abstammung leben im Südwesten der USA, vor allem in Arizona und New Mexico. In den großen Reservationen, aber auch in den Städten der Region trifft man auf Navajos, Hopi und Zuni, auf Apachen, Havasupai und Ute. Alle haben eine lange kulturelle Tradition, die sich auch in kunsthandwerklichen Produkten zeigt. In zahlreichen Geschäften oder an Ständen auf Pow Wows, Stammesversammlungen und -festen kann man originellen Schmuck, farbenfrohe Decken und Teppiche oder Figuren erstehen. Der **Türkis** hat im Südwesten als Schmuckstein eine lange Tradition, die weit in die präkolumbische Zeit reicht. Türkisvorkommen finden sich in Arizona, New Mexico, in Nevada und Colorado.

## Alte Handelsposten

Einst tauschten **Hubbel** und seine Kollegen in dem 1876 gegründeten Handelsposten mit den Navajo Tabak, Mehl oder allerlei Gerätschaften gegen kunstvoll geflochtenen Körbe, Töpferwaren und Decken. Heute steht der alte Kramladen unter Denkmalschutz, aber gehandelt wird immer noch. Hier bekommen Touristen hier das größte Angebot an indianischem Kunsthandwerk weit und breit.

Der achteckige **Tuba City Trading Post** ist ebenfalls über 140 Jahre alt, und viel scheint sich nicht geändert zu haben. Früher gehörte er zur Babbitt Brothers Trading Company, doch längst wird er von der Navajo Nation gemanagt, auf deren Grund er auch liegt. Decken und Teppiche der Navajo, Töpferwaren, Türkis- und Silberschmuck sowie geflochtene Körbe gehören zu seinem großen Angebot an indianischem Kunsthandwerk.

## Museumsshops

Der Laden des **Heard Museum** ist etwas Besonderes. Seit mehr als 50 Jahren wird hier **hochwertiges Kunsthandwerk** der Indianer des Südwestens verkauft. Billige Reproduktionen oder Imitate wird man hier nicht finden, dafür Decken, Bücher, Körbe, Schmuck, Kachina-Puppen der Hopi und Töpferwaren, meist direkt bei den Künstlern und Kunsthandwerkern erstanden. Besonders eindrucksvoll ist die Sammlung von **Fetischen der Zuni**, die Steinen die Umrisse von Bären, Bibern, Vögeln oder Bisons gegeben haben. Deren Stärken sollen nach dem Glauben der Zuni auf den Besitzer des Fetisches übergehen.

Libellen sind für die Zuni Geschöpfe mit übernatürlichen Energien. Auch für andere Indianervölker hat das Insekt große mythologische Bedeutung.

Shumak'olo:wa (Libelle) nennt sich der Museumsladen des **Indian Pueblo Cultural Center**. Das große Insekt spricht in der indianischen Mythologie mit dem Donner und den Wolken, um den Menschen den ersehnten Regen zu bringen, und es symbolisiert Gewandtheit und Aktivität. Der Shop bietet zeitgenössisches und traditionelles Kunsthandwerk und Kunst aus allen 19 Puebloanlagen von New Mexico.

## Zuni-Kunst

Die Verkaufsgalerie **Keshi – the Zuni Collection** in Santa Fe verfügt über beste Verbindungen zu Künstler der Zuni, deren Pueblo sich ca. 150 Meilen westlich von Albuquerque befindet. Vor allem die umfangreiche Sammlung von kunstvoll gearbeiteten Zuni-Fetischen aus verschiedenen Steinen ist beeindruckend. Außerdem werden schöne Stücke **Silberschmuck** mit und ohne Türkis sowie **Töpfereiprodukte** verkauft.

### Hubbell Trading Post
Hwy. 264, Ganado, AZ 86505
Tel. 1 928 7 55 32 54
www.hubbelltradingpost.org

### Tuba City Trading Post
Main St. Ecke Moenave Rd.
Tuba City, AZ 86045
Tel. 1 928 2 83 54 41
http://www.discovernavajo.com/trading-posts.aspx

### Heard Museum
2301 North Central Ave.
Phoenix, AZ 85004
Tel. 1 602 2 52 83 44
http://heard.org/visit/shop

### Indian Pueblo Cultural Center
2401 12th St. NW
Albuquerque, NM 87104
Tel. 1 866 8 55 79 02
www.indianpueblo.org

### Keshi – the Zuni Collection
227 Don Gaspar, Santa Fe, NM 87501
Tel. 1 505 9 89 87 28
www.keshi.com.

# Übernachten

# Wildnishotels und Villen

**Wer den Südwesten der USA bereist, hat meistens auch die spektakuläre Natur im Sinn, mit Nationalparks von den Rocky Mountains in Colorado bis zu den Kakteenwäldern im Süden von Arizona. Glücklicherweise gibt es in oder sehr nahe den Naturschutzgebieten besonders attraktive Hotels, oft renovierte Lodges im Blockhausstil. Die Übernachtung inmitten der Natur hat ihren besonderen Reiz.**

Beim **Buchen** muss man schnell sein: Die Zimmerzahl ist begrenzt und in der Hochsaison ist mehrere Monate im Voraus alles ausgebucht. Auch wer mit einem **Wohnmobil** unterwegs ist, kann mit seinem meist komfortablen rollenden Zimmer mitten in State und National Parks übernachten – eine Reiseform, die im Südwesten besonders bei Familien mit Kindern sehr beliebt ist. Hier gilt ebenfalls, dass die beliebtesten Plätze in den Nationalsparks im Voraus reserviert werden sollten. In vielen State Parks kann man allerdings nur ohne Reservierung übernachten, die Plätze werden nach dem Motto »First come, first served«, also, frei übersetzt, »wer zuerst kommt mahlt zuerst« vergeben.

*Rechtzeitig buchen!*

> **Hinweis**
> Gebührenpflichtige Servicenummern sind mit einem Stern gekennzeichnet: *0180 …

Natürlich herrscht auch kein Mangel an Hotels und Motels in allen Größen und Preisklassen. Das Frühstück ist nur selten im Übernachtungspreis inbegriffen, und zumindest in den Großstädten wird oft eine Extragebühr fürs Parken erhoben. Die Motels an den **Interstate Highways** preisen ihre Vorzüge und Tarife oft schon viele Meilen im Voraus auf Werbeflächen, **Billboards** genannt, am Rande der Fernstraßen an.

*Hotels und Motels*

Resorts mit Wellnessangeboten, mit Golfplätzen oder anderen Sportmöglichkeiten finden sich in vielen Regionen. Bekannt ist beispielsweise Phoenix/Scottsdale im Süden von Arizona für seine **luxuriösen Ferienanlagen**. Beliebt, allerdings weniger bei Familien mit Kindern, sind Bed-&-Breakfast-Unterkünfte. Anders als in Großbritannien oder Irland haben die B&Bs in den USA einen luxuriöseren Zuschnitt, sind häufig in **viktorianische Villen** integriert, von Kronleuchtern illuminiert und mit Antiquitäten eingerichtet – klar, dass die Zimmer mit meist individuell zubereitetem Frühstück auch ihren (nicht zu niedrigen) Preis haben.

*Resorts und B&Bs*

Schlafen unter riesigen Mammutbäumen im Yosemite National Park

# Übernachten im Wilden Westen

*Cowboys, Indianer, Pferde, Rinderherden – Träume, die bei einem Aufenthalt im Südwesten der USA wahr werden können. Guest Ranches in allen sechs Bundesstaaten bieten Abenteuer, einen Einblick in den rauen Lebensstil in freier Natur, Ausritte und den Kontakt mit Gleichgesinnten.*

»Dude Ranches«, die Städter ins Cowboyleben einführen, gibt es schon seit über 100 Jahren. Trotzdem muss man auf Komfort nicht ganz verzichten: Auch wenn der Geist des Wilden Westens auf den meisten Ranches lebendig ist, bieten viele neben Lagerfeuern auch **moderne Annehmlichkeiten** wie Swimmingpool, Mountainbikes, Tennisplatz oder sogar Fahrten mit einem Fesselballon. Andere haben Vorträge zu Kunst und Natur oder Workshops mit qualifizierten Referenten, z. B. zur Landschaftsfotografie, im Programm. Natürlich kann ein Ranchurlaub auch mit Kindern ein Erfolg werden. Der Name des Pferdes, mit dem der Nachwuchs täglich ausgeritten ist, wird noch viele Jahre im Gedächtnis bleiben.

»Dude« ist übrigens keine abfällige Bezeichnung für städtische Weicheier, sondern der Name für jemanden, der sich in einem neuen sozialen Umfeld bewegt und dort einrichten will. Selbst US-Präsident Theodore Roosevelt, der die Natur liebte und sich gern als »Rough Rider« inszenierte, galt im Westen als respektierter Dude.

## Relaxen oder anpacken?

Die Angebote sind vielfältig, von einfachen Blockhäusern bis zu Suiten im Cowboyambiente mit eigenem Whirlpool. Es gibt Dude Ranches, die sich ganz auf ihre Gäste konzentrieren, darunter auch die luxuriöse Variante der Resort Ranches. Und dann kann man sich auf Working Ranches einquartieren, die sich in erster Linie der Pferde-

**Auf dieser Ranch finden Action- und Erholungssuchende das Passende.**

oder Rinderzucht widmen und auf denen die Gäste in einem bestimmten Umfang mitarbeiten können. Sogenannte Hunting oder sogar Fly-Fishing Ranches sind ideal für Freizeitjäger oder -angler. Gemeinsam ist (fast) allen, dass sie American-Plan-(AP-)Verpflegung, also Vollpension anbieten.

### Circle Z Ranch

Patagonia, AZ 85624
Tel. 1 888 8 54 25 25
www.circlez.com
Diese Dude Ranch liegt im Süden von Arizona auf rund 1300 m Höhe, umgeben von bergigem Gelände mit tiefen Tälern. Durch das Areal der Ranch plätschert ein Bach. Die Gästehäuser sind im Adobe-Stil errichtet. Gemütliche Atmosphäre, geduldige Pferde und exzellente Bedingungen, um Vögel zu beobachten. Auf dem Programm stehen Wanderungen mit einem Botaniker, Sternenbeobachtungen, Geschichten und Cowboylieder am abendlichen Lagerfeuer und diverse Angebote speziell für Kinder.

### Flying E Ranch

2801 W. Wickenburg Way
Wickenburg, AZ 85390-1087
Tel. 1 928 6 84 26 90
www.flyingeranch.com
Auf der Dude & Working Ranch rund 1,5 Stunden nördlich von Phoenix können sich die Gäste entspannen oder mit den Cowboys ausreiten. Drumherum leicht hügelige Landschaft mit weitem Blick. Nach dem Ausreiten warten Pool oder Whirlpool.

### Alisal Guest Ranch

1054 Alisal Road, Solvang, CA 93463
Tel. 1 805 6 88 64 11
www.alisal.com
Luxuriöse Resort-Ranch im Santy Ynez Valley nicht weit von Santa Barbara. Es gibt hier noch eine Rinderzucht mit rund 2000 Tieren, aber auch einen bestens designten 18-Loch-Golfplatz, ein halbes Dutzend Tenniscourts und einen eigenen See, um den einige der gut 50 km gespurten Reitwege führen. Umfangreiches Unterhaltungsprogramm, auch für Kinder. Exzellentes Restaurant mit regionaler Küche und vielen Weinen aus dem Santa Ynez Valley.

### Dao House

6120 Highway 7
Estes Park, CO 80517
Tel. 1 970 586 4094
www.daohouse.com
Traumhafte Landschaft im Hochgebirge der Rockies, Zugang zum 120 km² großen Areal einer alten Rinderranch. Mächtiges Hauptgebäude der Lodge in historischem Blockhausstil. Übernachtung im Hauptgebäude oder rustikal-eleganten Cabins mit eigener Veranda. Ausritte, Mountainbikeverleih, Angeln, Klettern, Saunen. Restaurant mit kreativer Regionalküche.

### Cottonwood Guest Ranch

HC 62, Box 1300
O'Neil Route, Wells
NV 89835
Tel. 1 775 275 05 93
www.cottonwoodguestranch.com
Die Rinder- und Pferderanch liegt in knapp 2000 m Höhe. Hier dürfen Gäste, je nach ihren Möglichkeiten, mit Hand anlegen, sogar beim Viehtrieb. Pack-Trips, einwöchige Ausritte, starten von hier in die einsame Bergwelt, in der oft große Rotwild Herden grasen. Traumhaftes Areal zur Wildbeobachtung. Gemütliche Unterkünfte in der Mountain Lodge.

**Steuern**  Zu den Übernachtungskosten muss man die in den einzelnen Bundesstaaten geltenden Steuern und Abgaben rechnen, die **bis zu 15%** des
Nettobetrags ausmachen können.
Für Kinder, die im selben Zimmer
mit zwei Erwachsenen wohnen, fallen meist keine weiteren Kosten an.
Viele Hotels, auch sehr luxuriöse,
bieten **Wochenendtarife** an, die
z. T. erheblich unter den Normal-
preisen liegen – nachfragen lohnt
sich!
Es ist ratsam, Hotel- bzw. Mo-
telübernachtungen **im Voraus** über
die kostenlosen 800-Servicenum-
mern zu buchen, die die meisten
Hotels besitzen. **Unterkunftsverzeichnisse** (Accomodation Guide)
können auch bei den örtlichen Fremdenverkehrsbüros angefordert
werden.

**Hotel- und**  Alle großen amerikanischen Hotelketten wie Best Western, Days Inn,
**Motelketten**  Hilton, Holiday Inn unterhalten Unterkünfte an vielen touristisch
attraktiven Orten im Südwesten der Vereinigten Staaten.

**Jugend-**  Der US-amerikanische Jugendherbergsverband **Hostelling Interna-**
**herbergen**  **tional – American Youth Hostels** (www.hihostels.com) ist dem Internationalen Jugendherbergsverband angeschlossen und stattet seine
Häuser nach dessen Normen aus. Sie sind in aller Regel von
7.30 – 10.00 und 16.30 – 23.00 Uhr geöffnet, in Großstädten länger.
Die Preise bewegen sich zwischen 10 und 20 $ pro Nacht. Ein **inter-**
**nationaler Jugendherbergsausweis** wird nicht immer verlangt, um
sicher zu gehen, sollte man sich dennoch einen solchen besorgen.
Im Südwesten sind Jugendherbergen vor allem in Kalifornien vertreten, auch in Phoenix, Arizona, sowie in Las Vegas, Nevada, gibt es
jeweils eine Unterkunft.

**Studenten-**  Während der **Hochschulferien** kann man verschiedenenorts recht
**und**  preisgünstig in Studenten- und Dozentenwohnheimen logieren. De-
**Dozenten-**  taillierte Informationen halten die Fremdenverkehrsstellen bzw. die
**wohnheime**  Hochschulverwaltungen der jeweiligen Orte bereit.

**Camping**  In den USA gibt es zahllose Campingplätze. Standard ist dabei ein
Stellplatz für ein Campmobil oder Zelt mit Tisch, Bank und Feuerstelle. Auf **privaten Campingplätzen** sind gepflegte sanitäre Anlagen selbstverständlich. Oft sind zusätzliche Einrichtungen wie Le-
bensmittelmärkte, Snack Bars, Waschräume, Fernsehräume,
Swimmingpools und Saunen vorhanden. Auf vielen Plätzen kann

**Mit dem Wohnmobil durch den Zion National Park, Utah**

man auch kleine Blockhütten mieten. Auf **staatlichen Camping-plätzen**, beispielsweise in National Parks und State Parks, kann man **sehr preiswert** und zudem meist in schöner Umgebung übernachten. Dafür müssen manchmal allerdings Abstriche bezüglich Ausstattung und Komfort hingenommen werden.

## Adressen

### HOTEL- UND MOTELKETTEN

**Best Western**
Tel. 1 800 7 80 72 34
www.bestwestern.com

**Crowne Plaza**
Tel. 1 800 2 27 69 63
www.crowneplaza.com

**Choice Hotels**
Tel. 1 877 4 24 64 23
www.choicehotels.com

**Days Inn**
Tel. 1 800 2 25 32 97
www.daysinn.com

**Doubletree**
Tel. 1 800 2 22 87 33
http://doubletree.hilton.com

**Hilton**
Tel. 1 800 4 45 86 67
www.hilton.com

**Holiday Inn**
Tel. 1 800 1 81 60 68
www.holidayinn.com

**Hyatt**
Tel. 1 866 5 57 66 79
www.hyatt.com

**Inter-Continental**
Tel. 1 888 4 24 68 35
www.intercontinental.com

**Marriott**
Tel. 1 888 2 36 24 27
www.marriott.com

**Motel 6**
Tel. 1 800 4 66 83 56
www.motel6.com

**La Quinta Inn**
Tel. 1 800 7 53 37 57
www.lq.com

**Radisson**
Tel. 1 800 9 67 90 33
www.radisson.com

**Ramada**
Tel. 1 800 2 72 62 32
www.ramada.com

**Red Lion**
Tel. 1 800 7 33 54 66
www.redlion.com

**Red Roof Inn**
Tel. 1 800 7 33 76 63
www.redroof.com

**The Ritz-Carlton**
Tel. 1 800 5 42 86 80
www.ritzcarlton.com

**Sheraton**
Tel. 1 800 3 25 35 35
www.sheraton.com

**Super 8**
Tel. 1 800 4 54 32 13
www.super8.com

**Travelodge**
Tel. 1 800 5 25 40 55
www.travelodge.com

**Westin**
Tel. 1 800 9 37 84 61
www.starwoodhotels.com

**Wyndham**
Tel. 1 877 9 99 32 23
www.wyndham.com

**BED & BREAKFAST**
**American Historic Inns**
Tel. 1 949 4 81 62 56
www.iloveinns.com

**Bed & Breakfast online**
Tel. 1 800 2 15 73 65
www.bbonline.com

**JUGENDHERBERGEN**
**Hostelling International USA**
Tel. 1 301 4 95 12 40
www.hiusa.org

**YMCA / YWCA**
Tel. 1 800 8 72 96 22
www.ymca.net
www.ywca.org

**Die Stadt mit den meisten Unterkünften: Las Vegas**

## CAMPING
### Kampground of America (KOA)
Tel. 1 406 2 55 74 02 od.
1 888 5 62 00 00
www.koa.com
Zusammenschluss privat geführter Campingplätze.

### Southwest Campgrounds & RV Parks
Tel. 1 877 5 18 19 89
www.southwestcampgrounds.com
Auflistung von über 1000 Campingplätzen im Südwesten

# Urlaub aktiv

# Bis zum Horizont

**Weite Landschaften, Berge, Ebenen, Schluchten – der Südwesten der USA scheint geradezu gemacht für Aktivurlaub und Abenteuer aller Art. Im Sattel erobert man sich die Freiheit des »Marlboro Country«, egal ob nun ein Pferd oder ein Mountainbike darunter ist.**

Die Vielfalt ist enorm: Mountainbiker aus vielen Ländern halten den 50 km langen Tipperary Creek Trail zwischen Fraser und Winter Park in den Rocky Mountains westlich von Denver, **Colorado**, für eine herausfordernde, aber auch für eine der schönsten Strecken der Welt. Oder mögen Sie es lieber etwas entspannter? **New Mexico** liegt genau auf einer der wichtigsten Routen für Zugvögel. Das Bosque del Apache National Wildlife Refuge (http://www.fws.gov/refuge/bosque_del_apache/), rund 150 km südlich von Albuquerque, in dem viele tausend Schneegänse, Enten und Kanadakraniche überwintern, gehört im Herbst und Winter zu den besten Plätzen für die Vogelbeobachtung.

*Von wild bis ruhig*

Viele halten ganz **Utah** für einen großen Abenteuerspielplatz, so breit gefächert sind hier die Möglichkeiten für Outdooraktivisten: vom Skifahren bis zum Bergwandern, Wildwasserabenteuern oder Angeln. Die wilden Felslandschaften rund um Moab können auf ausgewählten Strecken sogar mit speziellen Allradfahrzeugen erkundet werden (www.discovermoab.com/fourwheel.htm).

Neben vielen anderen Aktivsportarten finden Golfer in **Arizona** in der Region um Phoenix das Ziel ihrer Träume. Einige der besten und spektakulärsten Golfkurse, etwa den Boulder's South Course, das Gold Canyon Golf Resort oder die Anlagen des Tournament Players Club, liegen in nur wenigen Fahrminuten rund um die Metropole im Süden des Bundesstaates.

Den Lake Tahoe in der Sierra Nevada teilen sich **Kalifornien** und **Nevada**. Im kobaltblauen Hochgebirgssee kommen im Sommer Wassersportler aller Art, vom Jetskiing bis zum Segeln oder Paddelbootausflügen auf ihre Kosten. Im Winter locken traumhafte Skipisten hoch über dem westlichen Ufer (▶Baedeker Wissen S. 110). Bei San Diego im Süden von Kalifornien machen moderate Wassertemperaturen und die spektakulären Schiffswracks der »Wreck Alley« bei Mission Beach das Tauchen zum Vergnügen. Surfer lieben die langgezogene Dünung der südlichen Pazifikküste, wie bei La Jolla Shores, Pacific Beach oder an der Carlsbad State Beach.

**Der Slickrock Trail bei Moab, Utah, führt über versteinerte Dünen durch die Wüstenlandschaft des Colorado Plateau.**

# Downhill auf Champagnerschnee

*Der »Greatest Snow on Earth« liegt in Utah, in Colorado heißt der Schnee »Cold Smoke«, kalter Rauch, und Steamboat in Colorado hat sich seinen »Champagne Powder« sogar als Markenzeichen schützen lassen: Federleichter Schnee dank relativ geringer Luftfeuchtigkeit und tiefen Temperaturen, macht das Skifahren in den Rockies zum pulvrigen Vergnügen.*

Und noch andere Pluspunkte hat die Region zu bieten: minimale bis keine Wartezeiten an den Lifts, bester Service im Skigebiet und komfortable Bergrestaurants. Kein Wunder, dass viele Europäer lange Anreisen für ein besonderes Skierlebnis in Kauf nehmen. Verschiedene Reiseveranstalter wie Faszination Ski (www.faszinationski.de), Canusa (www.canusa.de) oder DerTour (www.dertour.de) bieten umfangreiche Angebote inklusive Skipässe zu den Top-Skigebieten des Südwestens.

## Bei den Mormonen

Weniger als eine dreiviertel Stunde Autofahrt liegt **Park City** von Salt Lake City, der Hauptstadt Utahs (www.skiutah.com) entfernt. Von mormonischer Strenge ist in dem munteren und nett im Westernstil restaurierten ehemaligen Silberminenstädtchen mit Bierbrauerei, Destille und bestens gefüllten Bars abends nichts zu spüren. Drei tolle Skigebiete, Park City Mountain Resort, Deer Valley und The Canyons liegen nur 15 Autominuten entfernt und werden mit kostenlosen Shuttlebussen angesteuert. Das Park City Mountain Resort bietet über 100 Abfahrten und die Jupiter Bowl für Tiefschneefans. Deer Valley, ein Skiresort mit Hotels, Apartments und eigenem Berg ist für besten Service und Superpisten

Snowboarden im Pulverschnee von Steamboat Springs, Colorado

bekannt, die allerdings auch ihren Preis haben. Insgesamt 88 Abfahrten verteilen sich über das Gelände. Das bestens präparierte Gebiet von The Canyons gehört zu den größten Skigebieten in Nordamerika. Neben Anfängerpisten locken auch Buckelpisten sowie herrliche Tiefschnee- und Waldabfahrten.

## Verlockendes Colorado

Durch den Zusammenschluss von Vail, Beaver Creek, Breckenridge und Keystone ist mit den Vail Resorts (www.vailresorts.de) in den **Rocky Mountains von Colorado** mit 600 Abfahrten eines der größten Skigebiete Nordamerikas entstanden. Shuttlebusse pendeln zwischen den Skiorten, für die ein gemeinsamer Skipass gilt. Die legendären Seven Bowls an den Südhängen des Vail Mountain erstrecken sich über 12 km². Dahinter bieten die Nordhänge des Blue Sky Basin freie Fahrt durch einsame Wälder. Ein Ski- und Snowboardgebiet der Superlative!

Am bekanntesten ist aber wohl **Aspen** (www.aspenchamber.org), das auch die »First Lady of Colorado« genannt wird. Die vier Skiberge der ehemaligen Silberminenstadt mit vielen im viktorianischen Stil erbauten Häusern liegen zwei Stunden südlich von Vail. Insgesamt 280 Pistenkilometer bieten für jeden etwas – auch absolute Könner finden auf steilen Buckelpisten noch Herausforderungen. In Buttermilk sind einfache und mittelschwere Abfahrten die Regel. Die Tiefschneeabfahrten von Aspen Highland kann man ohne Übertreibung als spektakulär bezeichnen.

Wenn anderswo dann bereits die Maiglöckchen aus der Erde sprießen, sind die Pisten in **Steamboat Springs** (www.steamboat.com), dem Schneeloch von Colorado, noch von einer weißen Decke überzogen. Zahlreiche Holzhäuser des traditionellen Rancherortes vermitteln eine Wildwestatmosphäre, die sich zum Après-Ski in den zahlreichen Bars fortsetzt. Das Skigebiet erstreckt sich zwischen 2100 und 3220 m und hat Angeboten für Anfänger und Könner, die keine Eisplatten, dafür aber steile Buckelpisten und herausfordernde Waldabfahrten vorfinden.

## California Dreamin'

Skifahren mit Ausblick wird an den kalifornischen Hängen über dem **Lake Tahoe** (www.skilaketahoe. com) geboten. Eine traumhafte Sicht auf den See und an einigen Stellen weit nach Nevada lässt sogar hartgesottene Skifahrer innehalten. Mehrere Skigebiete, das interessanteste ist Heavenly Valley, bieten ein Areal mit 90 Abfahrten bis aus 3060 m Höhe. In South Lake Tahoe wartet dann die abendliche Unterhaltung – gleich hinter der Staatsgrenze zu Nevada gibt es auch mehrere Spielkasinos.

**Mammoth Mountain** (www.mammothmountain.com) liegt drei Autostunden weiter im Süden. Das riesige, von dem grandiosen Bergpanorama der High Sierra umgebene Skiareal reicht von 2400 bis 3400 m Höhe, mit einigen der besten Tiefschneeabfahrten Nordamerikas. Familien kommen gern hierher, das Angebot reicht von Wanderungen bis Langlauf, Snowmobil- und Hundeschlittentouren.

**Ballooning (Ballonfahren)** Schön zum Anschauen, aber auch zum Mitfliegen sind Heißluftballons, die an vielen Orten im Südwesten aufsteigen. Ein Flug über die Wüsten und Gebirge von New Mexico oder über das Colorado-Plateau mit seinen Felskulissen ist ein unvergessliches Erlebnis. Höhepunkt im Leben eines Ballonfahrers ist die Teilnahme am **Ballon Festival**, das alljährlich im Oktober in Albuquerque stattfindet.

**Angeln** Angeln ist eines der größten Freizeitvergnügen der Amerikaner. Die lokalen Fremdenverkehrsstellen halten z. T. umfangreiche Broschüren bereit, die interessierten Sportanglern geeignete Reviere zeigen. Wer angeln will, muss in vielen Countys eine **Angellizenz** erwerben.

**Golf** Die USA sind ein **Mekka für die Golf-Fans**, denn Golf ist hier Volkssport. Selbst mitten in der Wüste werden Golfplätze mit höchstem Aufwand bewässert und gepflegt. Viele Golfklubs lassen auch Mitglieder ausländischer Klubs auf ihren Plätzen spielen.

**Tennis** Im **»gelobten Land« des Tennissports** kann man das ganze Jahr über auf zahlreichen, oft hoteleigenen Plätzen spielen. Bei zahlreichen Turnieren hat man zudem Gelegenheit, sich hochkarätig besetzte Matches anzuschauen.

**Wandern, Trekken** Zum Wandern sind die verschiedenen **National Parks, State Parks** und **Recreational Areas** bestens geeignet. Zu den schönsten und interessantesten Punkten führen gut markierte Pfade und Wege.

**Reiten** Dass man im Lande der Indianer und Cowboys gern reitet, versteht sich fast schon von selbst. Das Reiten steht in allen **Guest Ranches** (▶Baedeker Wissen S. 102) auf dem Programm.

**Rafting** Die relativ wasserreichen Flüsse Colorado, Green River, Virgin River, San Juan River, Escalante River, Animas River (bei Durango, CO) und nicht zuletzt der Rio Grande sowie einige seiner Nebenflüsse ziehen mit ihren wilden Schluchten abenteuerlustige Wildwasserfahrer aus aller Welt an.

**Wintersport** Die **besten Skireviere** der USA liegen im Südwesten. Aus diversen TV-Übertragungen kennt man die Weltklasse-Pisten von Aspen und Vail in Colorado und die Abfahrten in Utah, wo 2002 die **Olympischen Winterspiele** ausgetragen wurden. Auch vom Taos Ski Valley in New Mexico und von der Snowbowl in Arizona haben begeisterte Ski-Freaks schon gehört. Nirgendwo sonst auf der Welt ist der Schnee so trocken und locker wie in den Bergen von Colorado, Utah, New Mexico und Arizona (▶Baedeker Wissen S. 110).
**Skilanglauf**, **Skiwandern** und auch **Tourengehen** sind in den letzten Jahren stark in Mode gekommen. In allen Wintersportorten wer-

den viele Loipenmeilen gespurt. Auch in einigen National und State Parks bzw. Recreation Areas hat man ein Herz für Skilangläufer. Beliebt, aber nicht sehr naturnah, sind auch winterliche Ausflüge mit dem Snow Mobil genannten geländegängigen **Motorschlitten**.

## Die besten Outdoor-Regionen

### ANGELN
**Colorado und Utah**
Flüsse und Seen in den Hochgebirgsregionen

**Big Thompson River**
Estes Park, CO

### KLETTERN
**Rocky Mountains**
Hochgebirgszüge (Front Range, Wasatch Mountains u. a.)

**Colorado-Plateau**
Felsburgen, Felstürme und Canyonwände

### MOUNTAINBIKEN
**Colorado-Plateau**
Zahlreiche Canyons mit steilen Pfaden und glatten Slickrocks

**Moab, UT**
Gemini Trail im Canyonlands National Park oder Slickrock Trail

**Crested Butte, CO**
Trails aller Schwierigkeitsgrade

### RAFTING
**Colorado River**
In Grand Junction, CO, beginnen Exkursionen auf dem Oberlauf des Colorado (beste Zeit: Mai – Aug.).

In Moab starten Touren durch den Westwater Canyon und durch den Cataract Canyon.

In Lee's Ferry beginnen Touren durch den Marble Canyon und den Grand Canyon (beste Zeit: April – Okt.).

**Green River**
In Vernal, UT starten Wildwasserfahrten durch den Desolation Canyon und den Gray Canyon (beste Zeit: Mai u. Juni).

### REITEN
**Grand Canyon**
Maultierritte

**Bryce Canyon, Canyonlands National Park, Canyon de Chelly, Monument Valley**
Infos bei den Parkverwaltungen

### WANDERN (TREKKING)
**In den Nationalparks**
Infos gibt es bei den Parkverwaltungen oder bei: American Hiking Society 1422 Fenwick Lane Silver Spring, MD 20910 Tel. 1 800 9 72 86 08 od. 1 301 5 65 67 04 www.americanhiking.org

### WASSERSPORT
**Lake Powell, Lake Mead, Lake Havasu**
An den Colorado-Stauseen kann man Strandurlaub machen, Hausboote mieten oder Wasserski fahren.

# TOUREN

Der eine bewundert die kaum glaublichen Naturwunder im Südwesten der USA wie die in Jahrtausenden eingegrabenen Schluchten oder die farbenprächtigen Gesteinsformationen, den anderen zieht's in die Spielerstädte Nevadas oder an die Strände Kaliforniens.

# Touren durch den Südwesten

Schon die klimatischen Bedingungen decken den »Tisch der Urlaubsarten« im Südwesten der USA überaus reichhaltig. Vom Wintersport in den Rocky Mountains oder der Sierra Nevada über Badespaß am Pazifik oder am Lake Havasu bis hin zu Wüstentouren etwa durch die Sonora-Wüste in Arizona ist in diesem Teil der Vereinigten Staaten alles möglich – Kombinieren erlaubt! Für den schnellen Überblick sollen die folgenden Seiten sorgen.

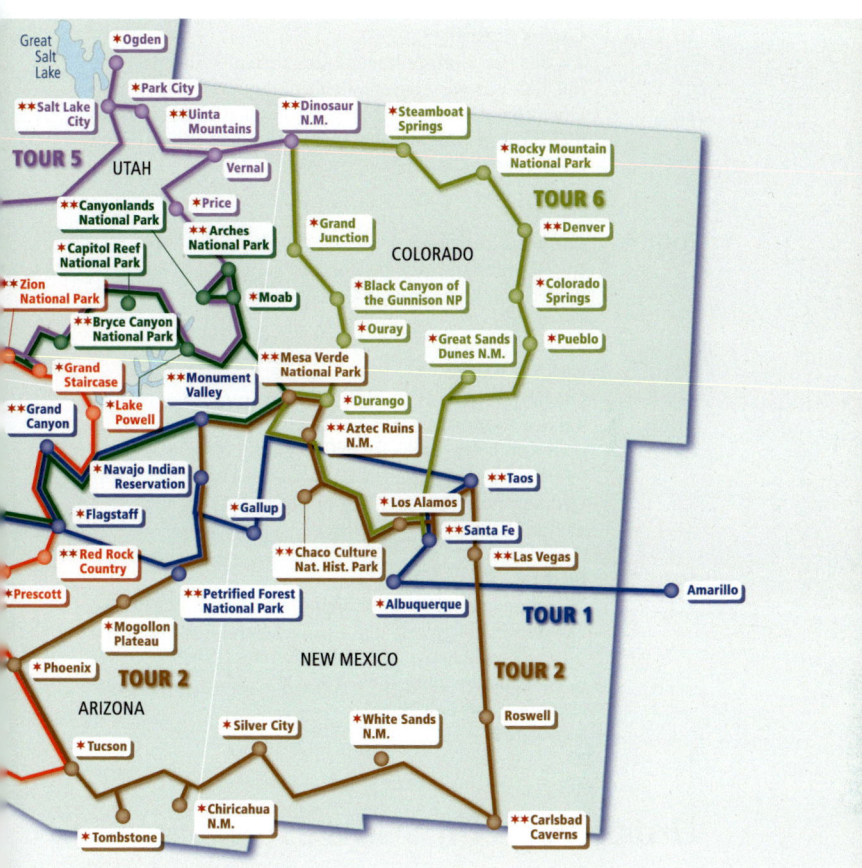

Great Salt Lake

* Ogden
* Park City
** Salt Lake City
** Uinta Mountains
** Dinosaur N.M.
* Steamboat Springs
* Rocky Mountain National Park

**TOUR 5**

UTAH

Vernal
* Price
** Canyonlands National Park
* Capitol Reef National Park
** Arches National Park
* Grand Junction

COLORADO

**TOUR 6**

** Denver

** Zion National Park
** Bryce Canyon National Park
* Moab
* Black Canyon of the Gunnison NP
* Colorado Springs

* Grand Staircase
** Monument Valley
** Mesa Verde National Park
* Ouray
* Great Sands Dunes N.M.
* Pueblo

** Grand Canyon
* Lake Powell
* Durango

* Navajo Indian Reservation
** Aztec Ruins N.M.

* Flagstaff
* Gallup
** Taos
* Los Alamos
* Santa Fe

** Red Rock Country
** Chaco Culture Nat. Hist. Park
** Las Vegas

* Prescott
** Petrified Forest National Park
* Albuquerque
Amarillo

**TOUR 1**

* Mogollon Plateau

NEW MEXICO

**TOUR 2**

* Phoenix

**TOUR 2**

ARIZONA

* Silver City
* White Springs N.M.
Roswell

* Tucson

* Chiricahua N.M.
** Carlsbad Caverns

* Tombstone

---

**Tour 1**  **Route 66**
Wenn sich der viel besungene »Kick« nicht schon auf der Straße einstellt, dann sicher in den Highlights an der Route 66: u. a. Grand Canyon, Petrified Forest und L. A.
▶Seite 121

**Tour 2**  **Indian Country**
Farbenprächtige Felsgebilde im Monument Valley, in den Fels geschmiegte Wohnungen präkolumbischer Indianer im Mesa Verde National Park oder Zockerstimmung in Las Vegas: für Abwechslung ist gesorgt.
▶Seite 122

### Tour 3 **Cactus Country**

An der Pazifikküste baden oder surfen, Wüstengebiete mit Kakteen wie Orgelpfeifen durchqueren oder durch Downtown Phoenix schlendern – das und noch vieles mehr können Sie bei dieser Tour hauptsächlich durch Kalifornien und Arizona.
▶Seite 124

### Tour 4 **Canyon Country**

Im Wunderland der Felsformationen und Schluchten fühlen sich nicht nur die Geologen wohl.
▶Seite 125

### Tour 5 **Basin & Range**

Die längste der ausgewählten Touren verläuft durch das Tal des Todes, entlang der »Loneliest Road in America« quer durch die Große Salzwüste und durch die bekanntesten Nationalparks im Südwesten. Also viel Wasser und angenehme Begleitung mitnehmen!
▶Seite 127

### Tour 6 **Rockies**

Wer die Berge liebt, sollte sich dieser Tour anschließen. Die Hochgebirgswelt der Rocky Mountains bietet die unterschiedlichsten Möglichkeiten für Wintersportler oder Wanderer, aber auch Wildwasserfahrten oder Ausritte sind sehr beliebt.
▶Seite 129

# Unterwegs im Südwesten

Haupteindruck einer Reise in den Südwesten der USA ist die **grandiose Natur**, die sich hier in Flora und Fauna, in Landschaften, Formen und Farben so vielfältig wie nirgendwo sonst darstellt. Eisige Gletscher, wasserlose Wüsten, gigantische Canyons und tosende Wasserfälle machen das Land der unbegrenzten Möglichkeiten zu einem großartigen Erlebnis. Wer sein Reiseziel auf **sportliche Art und Weise** »erobern« will, hat eine breite Palette an Möglichkeiten: Wandern, Wassersport, Reiten, Skifahren, Mountainbiken oder Golfen. Aauch auf **kulturellem Gebiet** steht der Südwesten der USA dem Rest des Landes in nichts nach. Felszeichnungen, Ruinenstädte und Pueblos zeugen vom indianischem Erbe, spanische Missionen und englische Forts dokumentieren den europäischen Vorstoß in den »Wilden Westen«.

Schnurgerade führt die Straße auf den verschneiten Wheeler Peak zu.

Flugzeug

Die meisten europäischen Besucher kommen im Südwesten der USA per Flugzeug an. In die größeren Städte, Denver, Phoenix, Las Vegas und Los Angeles, fliegen täglich Linienflüge aus Mitteleuropa. Von hier aus starten auch unsere Touren und folgen in der Regel weniger stark frequentierten Highways. Alle Flughäfen sind bestens an das jeweilige **regionale und überregionale Straßennetz** angebunden. Von allen größeren Flughäfen fahren zahlreiche Taxis, Autobusse (»Airport Shuttle«) oder sonstige öffentliche Verkehrsmittel in die nächstgelegene Stadt bzw. in wichtige Orte des Hinterlands. An jedem einigermaßen bedeutenden Flughafen unterhalten zumindest die großen **Autovermieter** Niederlassungen, so dass man problemlos zu einer individuellen Autoreise durch den Südwesten aufbrechen kann.

Auto

Wie auch der Rest der USA ist der Südwesten für Autofahrer sehr gut ausgebaut. Über die großen **Interstate Highways** kommt man sehr schnell voran, Staus sind nur rund um die Zentren zu erwarten. Die

Interstate Highways entsprechen unseren Autobahnen, die **Highways** dagegen den Bundesstraßen, wobei sie meistens mehrspurig ausgebaut sind.

**Bus** Die meist gut ausgestatteten Autobusse der Firma **Greyhound/ Trailways Inc.** erlauben ein bequemes Reisen. Sie verbinden wichtige Städte und Touristenzentren auch im Südwesten der USA miteinander.

**Eisenbahn** Obwohl die Wirtschaftsgeschichte der USA und damit auch die Entwicklung des Fremdenverkehrs untrennbar mit der Eisenbahn verbunden ist, spielt sie im Personenverkehr heute nur noch eine **untergeordnete Rolle**. Wegen mangelnder Rentabilität wurde der Passagierdienst auf etlichen Strecken inzwischen sogar ganz eingestellt. Auf anderen Routen verkehren die Züge nur noch in größeren Zeitabständen. Mit einem preiswerten **Railpass** über 15 bis 45 Tage kann man den Südwesten der USA im Zug erobern (http://deutsch.amtrak.com).

Auch in den USA hat in den letzten Jahren die **Eisenbahn-Nostalgie** um sich gegriffen. An etlichen Orten haben sich Initiativen gebildet, die alte Normal- und Schmalspurstrecken reaktivieren, Bergbau- und Holzindustriebähnchen restaurieren und Eisenbahnmuseen einrichten. Auf einigen Strecken verkehren **bewirtschaftete Züge** (»dinner trains«), von denen manche fantasievoll ausgestattet und zusammengestellt sind.

**Wohnwagen** Besonders beliebt sind die Weiten des amerikanischen Westens bei Wohnmobilfans. Die meisten Ziele, besonders natürlich die Nationalparks, sind sehr gut ausgerüstet für Camper aller Art.

# Route 66

**Länge der Tour:** 1200 mi/1930 km
**Tourdauer:** ca. 3 Wochen

**Bereits seit 1926 gibt es die Route 66, jenen ersten transkontinentalen Highway mit Allwetterstraßenbelag, der durch Nat King Cole und dessen Interpretation des Bobby-Troup-Songs »Get your kicks on Route 66« weltberühmt geworden ist.**

Wer die Route 66 im Südwesten befahren will, beginnt am besten in der texanischen Stadt **❶Amarillo**, die durch die »Cadillac Farm« bekannt geworden ist. Dann geht es westwärts nach **❷\*Albuquerque**, wo sich ein Abstecher nach **❸\*\*Santa Fe** und **❹\*\*Taos** lohnt. Weiter westlich erreicht man **❺\*Gallup** und die **❻\*Navajo Indian Reservation** mit dem Canyon de Chelly.

**Auf Indianerspuren**

Später durchquert man den **❼\*\*Petrified Forest National Park** und kommt nach **❽\*Flagstaff**, in dessen Umgebung besonders der **❾\*\*Grand Canyon** und das **❿\*\*Monument Valley** zum Besuch einladen. Westlich von Flagstaff, zwischen Williams und Kingman, bietet sich die Route 66 noch wie anno dazumal dar. Hinter Kingman steigt sie über den Sitgreave Pass ins alte Goldgräberstädtchen Oatman hinunter, wo Hollywood-Charmeur Clark Gable seine Hochzeitsnacht mit Carole Lombard verbracht hat. Jenseits des Colorado fährt man durch die **⓫\*Mojave Desert** und passiert das gottverlassene Nest Bagdad, wo Szenen des Kultfilms »Out of Rosenheim« (mit Marianne Sägebrecht) gedreht worden sind.

**Naturmonumente**

**Zur Küste**    Schließlich geht es via Barstow in die San Bernardino Mountains und hinüber nach ⑫\*\***Los Angeles**. Die alte Route 66 (heute CA 66) endet in Santa Monica am Pazifik.

## Tour 2   Indian Country

**Länge der Tour:** 2000 mi/3200 km
**Tourdauer:** ca. 4 Wochen

**Während dieser Rundfahrt durch New Mexiko und Westarizona lernt man den alten Siedlungsraum der Puebloindianer kennen, in dem heute deren Nachkommen leben. Auch spektakuläre Naturwunder gibt es zu sehen.**

**Zu den Navajo**    Ausgangspunkt ist ❶\***Phoenix**, von wo aus man dem Apache Trail (US 60) ostwärts bis Globe folgt. Dann geht es in nordöstlicher Richtung weiter durch die Fort Apache Indian Reservation und hinauf zum ❷\***Mogollon Plateau**. Via Show Low und Concho (AZ 61 bzw. US 180) erreicht man den spektakulären ❸\*\***Petrified Forest National Park**. In der ❹\***Navajo Indian Reservation** passiert man das Canyon de Chelly National Monument, wo über 100 altindianische Siedlungsplätze erhalten sind.

**In vier Staaten**    Ab Mexican Water, von wo aus ein Abstecher ins westlich gelegene ❺\*\***Monument Valley** zu empfehlen ist, folgt man dem US 160 ostwärts bis zur Navajosiedlung Teec Nos Pos und zum Four Corners Point, an dem die vier US-Bundesstaaten Arizona, Utah, Colorado und New Mexico aneinander grenzen.
Im ❻\*\***Mesa Verde National Park** »kleben« Wohnungen präkolumbischer Indianer wie Schwalbennester unter den Felsüberhängen der waldbedeckten Gebirgstafel. Nun geht es in südlicher Richtung weiter via Shiprock (US 491) und dann auf dem US 64 ostwärts bis Bloomfield, von wo aus man das ❼\*\***Aztec Ruins National Monument** besucht. Ab Bloomfield folgt der Rundkurs dem NM 44 in südöstlicher Richtung. Unterwegs bietet sich ein Abstecher (NM 57) zum ❽\*\***Chaco Culture National Historical Park** an, der für seine reichhaltigen Zeugnisse der Anasazi-Kultur berühmt ist. Über das Atomforschungszentrum ❾\***Los Alamos** erreicht man schließlich ❿\*\***Santa Fe**, das Zentrum indianischer und spanischer Kultur, und im weiteren Verlauf ⑪\*\***Taos**.

**Zu den Legenden**    Der US 64 führt über die Sangre de Cristo Range bis Cimarron, wo der NM 58 zum weiter östlich verlaufenden I-25 abzweigt. Auf diesem fährt man südwärts bis ⑫**Las Vegas** bzw. Romeroville, von wo der US 84 in südöstlicher Richtung zunächst nach Santa Rosa und dann nach Fort Sumner führt, wo Billy the Kid begraben ist. Wen alles Außerirdische fasziniert, der sollte sich ⑬ **Roswell** nicht entgehen lassen. Der Legende nach soll hier 1947 ein UFO gelandet sein. Realere »Flugobjekte« sieht man in den ⑭ **✶✶Carlsbad Caverns**, wenn in der Dämmerung Millionen von Fledermäusen den Höhleneingang durchflattern.

Ab El Paso führt der US 54 nordwärts nach Alamogordo und anschließend ins ⑮ **✶White Sands National Monument**. In ⑯ **✶Silver City** lohnt ein Abstecher zu den altindianischen Gila Cliff Dwellings. Ab Silver City fährt man in südöstlicher Richtung (NM 90) weiter nach Lordsburg, in dessen Nähe die beiden Geisterstädte Shakespeare und Steins sehenswert sind. Wanderer und Kletterer finden besonders im ⑰ **✶Chiricahua National Monument** ideale Bedingungen vor. Bei Benson bietet sich ein Abstecher ins Wildweststädtchen ⑱ **✶Tombstone** an. Schließlich erreicht man ⑲ **✶Tucson** mit seiner interessanten Umgebung (u. a. Saguaro National Park, Old Tuscon Studios). Von hier führt der AZ 79 als reizvolle Alternative zum I-10 zurück nach Phoenix.

*Wildwest*

**Tour 3** # Cactus Country

**Länge der Tour:** 2000 mi/3200 km
**Tourdauer:** ca. 4 Wochen

**Während dieser Rundreise lernt man die schönsten Reiseziele in Südkalifornien, im südlichsten Zipfel von Nevada und in Arizona kennen: von L. A. über den Grand Canyon bis Las Vegas.**

**Von Stadt zu Stadt**

Von ❶**\*\*Los Angeles** geht es nach Anaheim (Disneyland) und dann nach ❷**\*\*San Diego**, wo man die kilometerlangen Sandstände entlangschlendern kann. Dann fährt man auf dem I-8 ostwärts. Unterwegs lohnt sich ein Abstecher in den Anza-Borrego State Park. Südlich von Ajo, im ❸**\*Organ Pipe National Monument**, sehen die Kakteen tatsächlich wie Orgelpfeifen aus. Durch die Reservation der Papago-Indianer gelangt man nach ❹**\*Tucson** und weiter nach ❺**\*Phoenix**. Man passiert die Rentnermetropole Sun City und erreicht Wickenburg. Ab hier folgt man dem AZ 89 bzw. 89A nach ❻**\*Prescott** und weiter ins ❼**\*\*Red Rock Country**, wo Esoteriker und Normalsterbliche neue Lebenskraft tanken können.

Von ❽*Flagstaff** aus lohnen Ausflüge in den Walnut Canyon, zum    **Großartige**
Meteor Crater, zum Sunset Crater und ins Wupatki-Schutzgebiet.    **Landschaft**
Wenn man die großartige Landschaft des ❾**Grand Canyon**
durchlaufen bzw. durchritten hat, kann man sich am ❿*Lake**
**Powell** erholen, bevor man die wüstenhafte Schichtstufenlandschaft
der ⑪*Grand Staircase** mit ihren in allen Rottönen leuchtenden
Felsformationen bewundert. Man passiert den Ort Kanab, der durch
diverse Wildwestfilmproduktionen bekannt geworden ist. Nordwestlich lohnt ein Abstecher in den Coral Pink Sand Dunes State Park. In
Mount Carmel Junction biegt der UT 9 links zum ⑫**Zion Natio-**
**nal Park** ab. Wer sein Glück versuchen will, hat dazu in ⑬**Las**
**Vegas** Gelegenheit. Von der Spielerstadt bieten sich Abstecher zum
⑭*Lake Mead**, bzw. zum Hoover-Staudamm und ins Valley of Fire
an. Nun geht es auf dem US 95 südwärts. Unterwegs zweigt der
NV 163 in die am Colorado-Westufer gelegene Spielerstadt
⑮*Laughlin** ab. An den schönen Stränden des ⑯**Lake Havasu**
kann man sich vom »anstrengenden« Zocken erholen. Besonderes
Kennzeichen im ⑰*Joshua Tree National Park** sind die riesigen
Baum-Yuccas. Südwestlich des Nationalparks liegt der weltberühmte
Wüstenkurort ⑱*Palm Springs**. Via I-10 geht es dann zurück nach
Los Angeles.

# Canyon Country     **Tour 4**

**Länge der Tour:** 2000 mi/3200 km
**Tourdauer:** ca. 4 Wochen

**Die imposantesten Landschaften und bekanntesten National-**
**parks des Südwestens werden auf diesem Rundkurs erkundet.**
**Von Las Vegas aus schlägt man den oft als »Grand Circle« be-**
**schriebenen Bogen durch Südutah, die Südwestecke Colora-**
**dos, die Nordwestecke New Mexicos und den Norden Arizonas.**

Von ❶**Las Vegas** fährt man auf dem I-15 in nordöstlicher Rich-    **Utah**
tung und darf auf keinen Fall einen Abstecher ins Valley of Fire    **entdecken**
versäumen. Ab der bereits in Utah gelegenen Mormonenstadt
❷*St. George** folgt man dem UT 9 zu den schroffen Felsbastionen
des ❸**Zion National Park**. Der UT 9 windet sich hinauf zur Checkerboard Mesa und mündet bei Mount Carmel in die Nord-Süd-
Magistrale US 89. Man fährt auf dieser Hauptstraße nordwärts durch
den Dixie National Forest. Vor Panguitch zweigt der UT 12 (Escalante Highway) in östlicher Richtung ab und führt hinauf zum
❺**Bryce Canyon**. Von Cannonville lohnen Abstecher in den Kodachrome Basin State Park bzw. in den Paria Canyon. Hinter Henrie-

ville geht es in den Kernraum des **④\*Grand Staircase – Escalante National Monument**. Vor der Auffahrt auf den Boulder Mountain sollte man unbedingt dem Anasazi Indian Village einen Besuch abstatten, bevor man den weniger bekannten **⑥\*Capitol Reef National Park** erkundet. Bei Hanksville zweigt der UT 95 als landschaftlich ebenfalls sehr reizvolle Strecke in südlicher Richtung zum **⑦\*Lake Powell** bzw. Glen Canyon ab.

**Action!** Wer einen sportlichen Outdoor-Urlaub plant, kann das Städtchen **⑧\*Moab** als Ausgangspunkt nehmen. Denn von hier aus erreicht man gut die Nationalparks **⑨\*\*Canyonlands** und **⑩\*\*Arches** sowie über Cortez den **⑪\*\*Mesa Verde National Park**. Weitere interessante Ziele in der Umgebung von Cortez sind das Anasazi Heritage Center und das Schutzgebiet Hovenweep National Monument. Von Cortez geht es nunmehr auf dem US 160 in südwestlicher Richtung weiter zum Four Corners National Monument, wo die Bundesstaaten Arizona, Utah, Colorado und New Mexico aneinander grenzen. Abseits erhebt sich der Shiprock als weithin sichtbare Landmarke. Der US 160 führt in südwestlicher Richtung weiter nach Kayenta. Von hier sind es nur wenige Minuten bis ins **⑫\*\*Monument Valley**. Nach einem Besuch im **⑬\*\*Grand Canyon** fährt man auf dem US 180 südwärts nach **⑭\*Flagstaff**, von wo aus Abstecher zum Sunset Crater, zum Wupatki National Monument und zum Meteor Crater empfohlen werden.

Ab Flagstaff folgt die Hauptroute der alten Route 66 (▶S. 127) nach    **Route 66**
Westen bis ⑮ **\*Kingman**. Von hier lohnt sich ein Abstecher an die
Arizona West Coast (Coloradotal). Der vom gewaltigen Hoover-
Damm aufgestaute ⑯ **\*Lake Mead** bildet die Grenze zwischen Ari-
zona und Nevada. Über Boulder City geht es zurück nach Las Vegas.

# Basin & Range    Tour 5

**Länge der Tour:** 2200 mi/3600 km
**Tourdauer:** ca. 4 Wochen

**Den nordwestlichen Teil des im vorliegenden Reiseführer be-
schriebenen Gebietes erschließt die Basin & Range Tour. Sie
führt von Las Vegas aus durch das Death Valley, an Salt Lake
City vorbei und wieder zurück durch die bekanntesten Nationalparks im Südwesten der USA.**

Von ❶ **\*\*Las Vegas** aus geht es durch den ❷ **\*\*Death Valley    **Start in der
National Park** bis zum ❸ **\*Mono Lake**. Hier sollte man in den    Wüste**
Sommermonaten einen Abstecher in den ❹ **\*\*Yosemite National
Park** einplanen. Am traumhaft schön gelegenen ❺ **\*\*Lake Tahoe**
fühlen sich die Wassersportler besonders wohl. Von Carson City
fährt man zur berühmten Goldgräberstadt ❻ **\*Virginia City** und
weiter in die Spielerstadt ❼ **Reno**. Auf jeden Fall steuert man eine
Tankstelle an, denn jetzt geht's entlang der »Loneliest Road in Ame-
rica« (US 50) quer durch Nevada und die Große Salzwüste nach
Utah hinein bis zum hübschen Städtchen ❽ **\*Ely**, das in einer vom
Gold-, Silber- und Kupferberg-
bau geprägten Landschaft liegt.    **Ausritt im Bryce Canyon**
Östlich von Ely wartet der ❾ **\***
**Great Basin National Park** auf
Besucher.

Über ❿ **\*Ogden** und ⓫ **\*\*Salt
Lake City** gelangt man in den
Wintersportort ⓬ **\*Park City**, wo
2002 olympische Abfahrtsläufe
stattfanden. In der Gegend von
⓭ **Vernal** warten großartige Natursehenswürdigkeiten wie die
⓮ **\*\*Uinta Mountains**, die grandiosen Schluchten des Green River und des Yampa River, der
Stausee in der Flaming Gorge

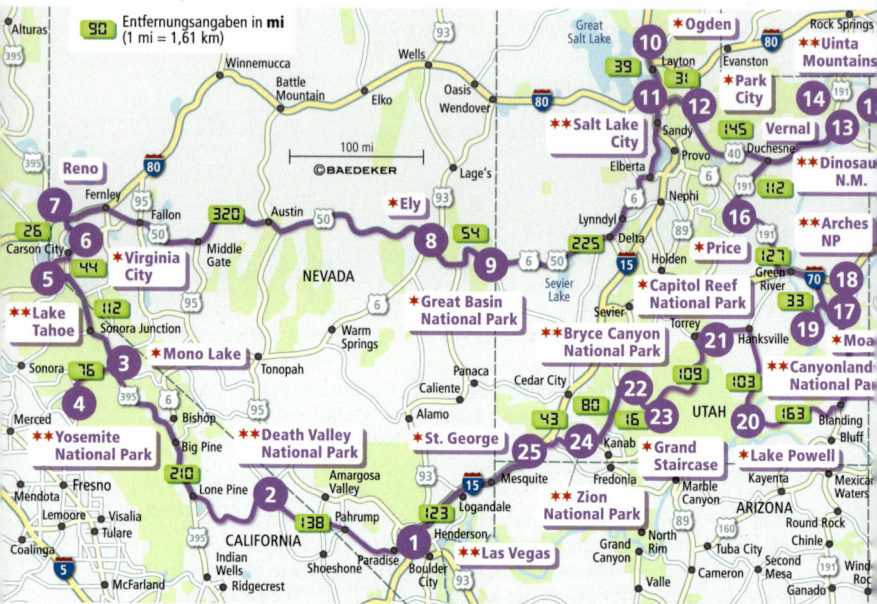

und natürlich das **15** **✶✶Dinosaur National Monument** darauf, von Touristen entdeckt zu werden.

**Wald und Klippen**

Von Vernal geht's auf dem US 40 wieder retour bis Duchesne, wo der US 191 in südwestlicher Richtung abzweigt. Diese Straße führt durch den Ashley National Forest und über die Bad Land Cliffs nach **16** **✶Price**, wo sich Ausflüge ins Castle Valley, auf das Wasatch Plateau und zum Nine Mile Canyon anbieten.

**National- parks**

Das Städtchen **17** **✶Moab** eignet sich gut als Standort für Ausflüge in den **18** **✶✶Arches National Park** und den **19** **✶✶Canyonlands National Park**. Südlich von Blanding biegt man rechts auf den UT 95 ab, der in nordwestlicher Richtung – vorbei am Natural Bridges National Monument – zur Hite Marina am **20** **✶Lake Powell** führt.

**Imposante Gesteins- formationen**

Jenseits des Stausees zieht der US 95 am Ostabfall der Henry Mountains entlang und mündet in Hanksville in den UT 24 ein. Der Rückweg nach Las Vegas erfolgt über den **21** **✶Capitol Reef National Park**, **23** **✶Grand Staircase – Escalante National Monument**, den **22** **✶✶Bryce Canyon National Park**, **24** **✶✶Zion National Park** und **25** **✶St. George**. Dieser Streckenabschnitt ist bereits in Tour 4 in umgekehrter Richtung beschrieben.

# Rockies

**Tour 6**

**Länge der Tour:** 1600 mi/2600 km
**Tourdauer:** ca. 3 Wochen

**Während dieser Rundfahrt lernt man die Hochgebirgswelt der Rocky Mountains in Colorado und New Mexico kennen.**

Von ❶**Denver** geht es auf dem US 36 zum ❷**Rocky Mountain National Park** hinauf. Über den Muddy Pass kommt man nach ❸**Steamboat Springs**. Nun geht es im Tal des Yampa River bis Craig, von wo aus man ins ❹**Dinosaur National Monument** fährt.

**Zu den Dinosauriern**

Bei ❺**Grand Junction** lohnt u. a. das Colorado National Monument einen Besuch. Im ❻**Black Canyon of the Gunnison National Park** kann man sich 1,7 Mrd. Jahre altes Urgestein anschauen. Ab Montrose folgt man dem US 550 südlich in die San Juan Mountains.

**Faszinierendes Gestein**

Von ❼**Ouray** geht's auf dem »Million Dollar Highway« hinüber nach Silverton und dann hinunter nach ❽**Durango**. Von dort fährt man auf dem US 160 westwärts und erreicht den ❾**Mesa Verde National Park**, der für seine »Cliff Dwellings« bekannt ist. Via Cortez, Four Corners National Monument und Bloomfield fährt man nach ❿**Los Alamos** und ⓫**Santa Fe**.

**Grüner Tafelberg**

Wer gerne in Dünen wandert, der macht einen Abstecher in das ⓬**Great Sand Dunes National Monument**. Wenn man die Sangre de Cristo Mountains überquert hat, erreicht man bei Walsenburg, von wo aus man auf dem I-25 in nördlicher Richtung weiter nach ⓭**Pueblo** fährt. Hier empfiehlt sich ein Abstecher nach Westen in die Royal Gorge bei Canon City. Von Pueblo geht es in nördlicher Richtung weiter bis ⓮**Colorado Springs**, in dessen Umgebung der Garden of The Gods und der Pikes Peak lohnende Ausflugsziele sind. Über den I-25 gelangt man zurück nach Denver.

# REISEZIELE VON A BIS Z

Kaum eine Region der Welt ist so vielfältig wie der Südwesten der USA: Die Hochgebirgswelt der Rocky Mountains, die Wüsten im Süden oder die kilometerlangen Strände an der Pazifikküste – da ist Abwechslung garantiert!

# ARIZONA

**Fläche:** 295 260 km²
**Bevölkerungszahl:** 6,7 Mio.
**Hauptstadt:** Phoenix
**Zeitzone:** Mountain, keine Sommerzeit!
**Beiname:** Grand Canyon State

**Der Name des sechstgrößten Bundes-
staates der USA kommt vom indiani-
schen »arizonac«, was so viel wie
»Land der kleinen Flüsse« bedeutet. Zwei Drittel der Staats-
fläche sind Steppen- und Wüstengebiete. Im Norden hat der
Bundesstaat Anteil am Colorado-Plateau, das durch zahlreiche
Canyons zerfurcht ist. Der bis zu 2000 m eingeschnittene Grand
Canyon ist der bekannteste.**

Im Süden grenzt Arizona an Mexiko, im Osten an den Bundesstaat
New Mexico, im Norden an Utah, im Nordwesten an Nevada und im
Südwesten bildet der Colorado die Grenzlinie zu Kalifornien. In den
San Francisco Mountains befindet sich mit 3681 m (Humphreys
Peak) die **höchste Erhebung Arizonas**. Im Süden liegt das steppen-
hafte Gebiet der Basin & Range Province, das im Südwesten in die
Gila Desert, Ausläufer der großen Sonora-Wüste, übergeht. Riesen-
kakteen, Yuccabäume, vielerlei Sträucher sowie Wacholder und Pinyonkiefern sind charakteristisch für die Vegetation
im Süden von Arizona. In den östlichen Hochlagen findet man
hauptsächlich Kurzgrassteppen, die Gebirgshänge und Hochlagen
des Nordens sind großteils mit lichten Nadelwäldern bedeckt.

**Steppe und
Wüste**

Einige Gebiete Arizonas gehören zu den **am längsten besiedelten
Räumen Nordamerikas**. Eine kontinuierliche Besiedlung existiert
seit über 10 000 Jahren. Schon ungefähr 3000 Jahre vor unserer Zeit-
rechnung begann die Maiskultivierung, und es bildete sich die
Cochise-Wüstenkultur heraus, die als Mutterkultur der Hohokam im
Süden Arizonas und der Mogollon im Südwesten New Mexicos gilt.
Im Norden des Siedlungsgebietes der Hohokam ließen sich ab dem
5. Jh. v. Chr. die Anasazi in der Four Corners Region nieder. Bis zum
14. Jh. entwickelten sie eine **blühende Pueblo-Kultur** (►Kunst und
Kultur). Ähnlich wie bei den Hohokam und Mogollon gibt es über das
Verschwinden ihrer Kultur zu Beginn des 14. Jh.s nur Vermutungen.
Die Nachfahren dieser altindianischen Bevölkerung sind vermutlich
die Ahnen der heute hier lebenden Stämme der Zuni und Hopi.
Vom 16. Jh. an rückten die Spanier von Mexiko aus nach Norden vor,
und im Jahr 1540 betrat Francisco Vásquez de Coronado **als erster**

**Besiedlung**

*Indianerland*

Die Navajo bekamen gemeinsam mit den Hopi-Indianern in Arizona ein Reservat zugewiesen. Das bereitet allerdings noch heute große Probleme. Die Hopi erhielten zwar 1882 schließlich ein eigenes Schutzgebiet, doch dieses liegt mitten in der Navajo-Reservation.

**Weißer** auf der Suche nach Gold das Land. Missionierende Franziskaner und Jesuiten folgten und gründeten 1692 die ersten Missionsstationen im Süden des heutigen Bundesstaates. Im 19. Jh. wurde das Gebiet des heutigen Arizona erst mexikanisch, dann amerikanisch, später dann zusammen mit New Mexico selbständiges Territorium. 1863 trennte man Arizona von New Mexico ab und ernannte Prescott zur Hauptstadt des neuen Territoriums. Erst im Frühjahr 1912 wurde Arizona als **48. Bundesstaat** in die Union der Vereinigten Staaten aufgenommen.

**Bevölkerung**  Die Bevölkerung in Arizona ist während der letzten vier Jahrzehnte sprunghaft angestiegen: Im Jahr 1950 waren es noch 750 000 Einwohner, bei der Volkszählung 1990 bereits mehr als 3,6 Mio. Einwohner. Mittlerweile sind es 6,7 Mio. Allein zwischen 1980 und 1990 wurde ein **Bevölkerungszuwachs** von knapp 36 % registriert – das ist nach Nevada und Alaska der dritthöchste Wert in den Vereinigten Staaten. Mit rund 22 Einwohnern pro km² ist der Staat aber immer noch dünn besiedelt.

Die beiden größten **Minderheiten** in Arizona sind Hispanos (30,3 %) und Indianer (5,3 %). Der letzten Volkszählung zufolge gibt es in Arizona 204 000 **Indianer**, davon sind mehr als die Hälfte Navajo. Die 23 Reservate, in denen hauptsächlich Navajo, aber auch Apachen und Hopi leben, nehmen ein Drittel der Staatsfläche ein. Allein das Navajo-Reservat mit rund 270 000 Bewohnern ist mehr als 71 000 km² groß. Zahlenmäßig spielen die **Hispanos** bzw. »Chicanos« eine bedeutende Rolle. Die meisten von ihnen stammen aus Mexiko. Eine weitere Minderheit bilden die Afroamerikaner, deren Anteil an der Gesamtbevölkerung unter 5 % liegt. Die Hauptstadt Phoenix ist mit 1,5 Mio. Einwohnern die größte Stadt des Staates.

**Wirtschaft**  In der Landwirtschaft nimmt die **Weidewirtschaft** (besonders die Rinderzucht) eine Schlüsselstellung ein. Außerdem werden Baumwolle, Zitrusfrüchte, Gemüse und Getreide angebaut. Das nötige Wasser wird aus großen Stauseen auf die Felder gepumpt. Ein weiteres Standbein der Wirtschaft ist der **Bergbau**. Neben Molybdän, Gold, Silber, Zink, und Blei wird vor allem Kupfererz gefördert. Kontroverse Meinungen gibt es über den Abbau der großen Vorkommen an Kohle, Erdöl und Erdgas in den Reservaten der Hopi und Navajo: Einerseits befindet sich das Land im Kollektivbesitz der Stämme, andererseits wird es treuhänderisch von der Bundesregierung in Washington verwaltet. Besonders Kohle, die sehr günstig oberflächennah gefördert werden kann, ist für Arizona von großer Bedeutung. Zurzeit werden bereits 40 % des elektrischen Stroms aus Navajo-Kohle gewonnen. Die ebenfalls im Bereich des Reservates befindlichen Uranvorkommen werden nicht mehr ausgebeutet, da sich die Kontaminierung mit schadstoffreichen Abwässern als Problem erwiesen hat. Wirtschaftlich von Bedeutung sind außerdem die **Metall- und Elektronikindustrie**.

Immer wichtiger wird der **Tourismus** für den Wüstenstaat. Spektakuläre Naturräume wie der Grand Canyon, das Red Rock Country und die Saguaro-Kakteenwälder haben sich ebenso als Publikumsattraktionen erwiesen wie die zahlreichen Siedlungen und Ausgrabungsstätten verschiedener Indianerkulturen.

# * Flagstaff

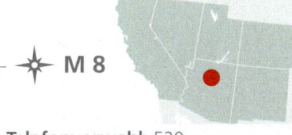

✦ **M 8**

**Region:** North Central
**Höhe:** 2106 m ü. d. M.
**Einwohnerzahl:** 69 000          **Telefonvorwahl:** 520

**Die Universitätsstadt Flagstaff an der legendären Route 66 ist Ausgangspunkt für Touren zu weltberühmten Sehenswürdigkeiten wie dem ▶Grand Canyon National Park, dem Red Rock Country (▶Sedona) oder der ▶Navajo Indian Reservation. Auch Wintersportler kommen gerne in das Städtchen zu Füßen der San Francisco Mountains.**

Als erste Weiße erreichten die sogenannten **Mountain Men und Goldsucher** im frühen 19. Jh. die San Francisco Mountains. Erst in den 1870er-Jahren gelang es weißen Farmern und Viehzüchtern, sich gegen den Widerstand der hier ansässigen Indianer (u. a. Apachen) niederzulassen. Bereits 1882 erreichte die Eisenbahn den Ort, der sich bald zu einem Handelsplatz und Verkehrsknotenpunkt entwickelte. Rasch aufwärts ging es mit Flagstaff in den 1920er-Jahren, als die Route 66 gebaut und Tankstellen, Snack Bars und Motels wie Pilze aus dem Boden schossen.

**Geschichte**

## SEHENSWERTES IN FLAGSTAFF

Die interessanteste Sammlung, die es in Flagstaff zu besichtigen gibt, ist das am nordwestlichen Stadtrand an dem zum Grand Canyon führenden US 180 gelegene Museum of Northern Arizona. Berühmt geworden ist das Museum durch seine vielen Exponate aus den ver-

**\*Museum of Northern Arizona**

## Flagstaff erleben

### AUSKUNFT
*Flagstaff Visitors Center*
1 E. Historic Route 66 (im alten Bahnhof)
Tel. 1 928 213 2951
www.flagstaffarizona.org

### VERANSTALTUNGEN
Alljährlicher Höhepunkt des Veranstaltungskalenders ist das sommerliche Navajo Festival of Arts & Culture im Museum of Northern Arizona.

### ÜBERNACHTEN
*The Inn at 410 B & B* ⓔⓔⓔ
410 N. Leroux St.
Tel. 1 928 7 74 00 88
www.inn410.com
Die luxuriösen Zimmer und Suiten im 1894 erbauten Haus sind individuell eingerichtet, vom viktorianischen Stil über Romantik bis hin zu mexikanischen Einflüssen.

*DoubleTree by Hilton Hotel Flagstaff* ⓔⓔ
1175 W. Route 66
Tel. 1 928 7 73 88 88
www.doubletreeflagstaff.com/
Direkt an der historischen Route 66 gelegen, empfiehlt sich das komplett renovierte Hotel als Stützpunkt für Ausflüge in die an Natursehenswürdigkeiten reiche Umgebung.

*Comfort Inn Flagstaff* ⓔⓔ
2355 S Beulah Blvd.
Tel. 1 928 7 74 22 25
www.comfortinn.com
Das komfortable, verkehrsgünstig gelegene Hotel bietet freundliche, geräumige Zimmer, einen beheizten Außenpool und ein Kaminzimmer.

### ESSEN
*The Cottage Place Restaurant* ⓔⓔⓔ
126 W. Cottage Ave.
Tel. 1 928 7 74 84 31
www.cottageplace.com
Ausgezeichnete, internationale Küche und erlesene Weine.

*Tinderbox Kitchen* ⓔⓔⓔ
34 S San Francisco St.
Tel. 1 928 2 26 84 00
www.tinderboxkitchen.com
Südstaatenküche auf hohem Niveau. Angeschlossen ist eine stylishe Cocktail-Lounge.

*Brandy's Restaurant & Bakery* ⓔ
1500 E. Cedar Ave. 40
Tel. 1 928 7 79 21 87
www.brandysrestaurant.com
Hier legt man Wert darauf, dass alle Speisen ausschließlich mit naturbelassenen Zutaten zubereitet werden. Inklusive Kunstgalerie.

schiedenen **Kulturstufen der Pueblo-Indianer**. Töpferware, Flechtarbeiten und Korbwaren gehören ebenso dazu wie Waffen (u. a. Wurfhölzer und Speere), Schmuck, Spielzeug und Kachinapuppen. Während der Hauptreisezeit zeigen Navajo und Hopi aus der Umgebung ihre kunsthandwerklichen Fertigkeiten und führen traditionelle Tänze auf.

Auf der Strecke zum Museum of Northern Arizona liegt das **Coconino Center for the Arts**, das sich der **regionalen Kunst, Theater-**

**und Musikkultur** verschrieben hat und Ausstellungen und Events auf die Beine stellt.

**Museum of Northern Arizona:** 3101 N. Fort Valley Rd.,
Tel. 1 928 7 74 52 13; tgl. 9.00 – 17.00 Uhr; Eintritt 10 $, www.musnaz.org
**Coconino Center for the Arts:** 2300 N. Fort Valley Rd.; tgl. 11.00 – 17.00
Uhr; Eintritt 12 $, www.culturalpartners.org

Auf dem Mars Hill am westlichen Stadtrand steht jene Himmelsbeobachtungsstation, die im Jahre 1894 vom Astronomen Percival Lowell gegründet worden ist. 1930 wurde hier nach langen Vorarbeiten der Pluto entdeckt.   **\*Lowell Observatory**

❶ Himmelsbeobachtungen Juni – Aug. tgl. 9.00 – 22.00 Uhr, ansonsten zu
unterschiedlichen Zeiten; Eintritt 12 $; www.lowell.edu

Am südwestlichen Stadtrand wurde das Anwesen einer wohlhabenden weißen Siedlerfamilie des 19. Jh.s zum Museum umfunktioniert. Das äußerlich eher unscheinbare Herrenhaus überrascht seine Besucher mit einer kostbaren Innenausstattung.   **Riordan State Historical Park**

## UMGEBUNG VON FLAGSTAFF

Nördlich der Stadt erheben sich die San Francisco Mountains. Höchster Gipfel dieses durch Vulkanismus entstandenen Gebirgsmassivs ist der Humphreys Peak, der mit 3854 m zugleich der höchste Punkt Arizonas ist. Ein **Sessellift** bringt Ausflügler nach oben (Zufahrt zur Tal-   **San Francisco Mountains, Humphreys Peak**

**Die Felsbehausungen der Sinagua-Indianer sind noch gut erhalten.**

station ab US 180 nordwestlich von Flagstaff). Ca. 15 mi/24 km nordwestlich von Flagstaff erreicht man die **Arizona Snowbowl**, von Dezember bis April ein gut besuchtes und erschlossenes Skigebiet (www.arizonasnowbowl.com).

**\*Walnut Canyon National Monument**

Etwa 10 mi/16 km östlich von Flagstaff verläuft der 36 km lange und 122 m tiefe Walnut Canyon (Walnuss-Schlucht), in dem sich rund **300 Felsbehausungen** der altindianischen Sinagua-Kultur verstecken. Das 9 km² große Siedlungsareal steht seit 1915 unter Denkmalschutz und kann das ganze Jahr über (außer am Thanksgiving Day und am Ersten Weihnachtsfeiertag) besucht werden. Wegen der extremen Hitze sollte man am besten früh morgens in die Schlucht hinabsteigen. Vom aussichtsreich gelegenen **Visitor Center** am Rande der Schlucht gelangt man über 240 Treppenstufen hinunter zu den 56 m tiefer gelegenen Felswohnungen. Der **Island Trail** (Gehzeit ca. 1 Std.) führt in den Talgrund hinunter. Dabei kommt man an zwei Dutzend Felswohnungen vorbei. Der **Canyon Rim Trail** (Gehzeit ca. 1 Std.) verläuft entlang der Abbruchkante zu einigen guten Aussichtspunkten sowie zu Siedlungsresten aus der Zeit der Sinagua.

Visitor Center: Nov. – April tgl. 9.00 – 17.00, Mai – Okt. tgl. 8.00 bis 17.00 Uhr; Eintritt 5 $ für 7 Tage; www.nps.gov/waca

**\*Sunset Crater National Monument**

Eine nahezu im Urzustand erhaltene **bizarre Vulkanlandschaft** kann man hier in Augenschein nehmen. Das etwa 12 km² große Naturschutzgebiet liegt 15 mi/24 km nordöstlich von Flagstaff im Bereich des San-Francisco-Vulkanfeldes. Mittelpunkt ist der 305 m hohe Aschenkegel des Sunset Crater, des im 11. Jh. ausgebrochenen jüngsten Vulkans in Arizona.

Das Naturschutzgebiet ist das ganze Jahr über zugänglich. Im **Visitor Center** wird die Naturgeschichte dieser Gegend erklärt.

Eine **seismografische Station** ist hier ebenfalls eingerichtet. Beim letzten Ausbruch des Sunset Crater im Jahr 1250 spuckte der Vulkan Lava aus, die rot und gelb oxidierte und bis heute den Kraterrand bedeckt, der seitdem wie im Licht eines permanenten Sonnenuntergangs erstrahlt.

Vom **Scenic Drive**, der das Gelände erschließt, bieten sich imposante Ausblicke auf die dunkle Vulkanlandschaft. Nicht nur für Geologie-Fans interessant ist ein Spaziergang auf dem vulkanologischen Lehrpfad (Gehzeit ca. 45 Min.), der durch das Bonito-Lavafeld mit Schlackenkegeln und Gaskratern führt.

Visitor Center: Sommer tgl. 8.00 – 17.00, Winter tgl. 9.00 – 17.00 Uhr; Eintritt 5 $ für 7 Tage; www.nps.gov/sucr

**\*Wupatki National Monument**

30 mi/48 km nordöstlich von Flagstaff erreicht man über den US 89 oder die Parkstraße des Sunset Crater National Monument das Wupatki National Monument mit mehr als **2000 Wohnstätten der alt-**

Rostrot leuchten die Ruinen des altindianischen Wupatki-Pueblo.

**indianischen Sinagua-Kultur.** Das 142 km² große, 1924 unter Schutz gestellte Gebiet erstreckt sich in einer öden Wüstenlandschaft am Westrand der Painted Desert bzw. am Oberlauf des Little Colorado River und kann das ganze Jahr über besucht werden. Die frühen Sinagua-Puebloindianer lebten in diesem Landstrich von etwa 500 bis ca. 1400 n. Chr. Während der Ausbrüche des nahen Sunset-Crater-Vulkans verließen sie ihre Siedlungen vorübergehend. Eine im 13. Jh. einsetzende Dürreperiode zwang die Sinagua erneut zur Abwanderung. Um 1400 verließen sie ihre Wohnstätten endgültig.

In der Nähe des Besucherzentrums liegen die Ruinen des **Wupatki Pueblo** aus dem 12. und 13. Jahrhundert. Zur Anlage gehören ein Amphitheater und ein ovaler Platz für zeremonielle Ballspiele. Das dreistöckige Pueblo hatte über 100 Räume, die über ein System von Wand- und Bodenöffnungen belüftet bzw. beheizt werden konnten. Weitere Siedlungsreste sind auf dem ganzen Areal verstreut. Man gelangt zu ihnen über die Parkstraße und einige kurze Wanderwege.

**Visitor Center:** tgl. 9.00 – 17.00 Uhr; Eintritt 5 $ für 7 Tage; www.nps.gov/wupa

**\*Meteor Crater**

Etwa 45 mi/72 km östlich von Flagstaff erreicht man den südlich abseits des I-40 gelegenen Meteor Crater. Hier schlug vor etwa 20 000 Jahren eine relativ kleine **»Bombe aus dem All«** auf die Erdoberfläche. Sie drang in die Erdkruste ein und riss einen knapp 180 m tiefen Krater mit rund 1300 m Durchmesser auf. Im **Visitor Center** sind kleinere Bruchstücke des Meteors ausgestellt. Astronauten trainieren im Meteor Crater die Landung und Fahrten auf dem Mond.

**Visitor Center:** Sommer tgl. 7.00 – 19.00, Winter tgl. 8.00 – 17.00 Uhr; Eintritt 16 $; www.meteorcrater.com

## ✱✱ Grand Canyon National Park

✦ **K – M 7/8**

**Region:** Northwest
**Höhe:** 730 – 2683 m ü. d. M.
**Fläche:** 4934 km²          **Gründungsjahr:** 1919

**Als »die großartigste von Gottes irdischen Stätten« bezeichnete der Naturforscher John Muir seinerzeit den Grand Canyon. Die vom Colorado geschaffene Schluchtenlandschaft im Nordwesten Arizonas gehört zu den spektakulärsten Naturwundern der Erde.**

## Grand Canyon National Park

Kanab Creek
Colorado River
Tapeats Creek
K A I B A B
Chikapanagi Point
Great Thumb Point
P L
Havasu Creek
Mount Sinyala
5 434
1 656m
POWELL PLATEAU
Galahad Point
N O
Shinumo Creek
**Supai**
Apache Point
Havasupai Point
The Dragon
Dragon Cr.
**Topocoba Hilltop**
Point Sublime
7 460
2 274m
2 322m
Shiva Temple
7 618
Havasupai
Granite Creek
Crystal Creek
Horus Temple
**Hualapai Hilltop**
Indian
Hopi Point
Reservation
C O C O N I N O
Pima Point
Mohave Pt.
Maricopa Pt.
W. RIM DRIVE
Seligman
S O U T H
**Hermits Rest**
**1 6**
**1 3**
6 886/
P L A
R I M

— — Shuttle Bus
▬▬ Nationalparkgrenze

5 mi
10 km
©BAEDEKER
Kaibab National Forest

Seit Jahrmillionen bahnt sich der Colorado seinen Weg von den Rocky Mountains in den Golf von Kalifornien. Auf einer Länge von knapp 450 km windet sich der Fluss durch eine **Schichtstufenlandschaft**, in die er eine 6–30 km breite Schlucht (Luftlinie) gegraben hat. 1500 bzw. 1800 Höhenmeter liegen zwischen dem oberen Rand des Canyons und dem Fluss, der sich im Bereich der Phantom Ranch auf 730 m ü. d. M. seinen Weg bahnt.

**Entstehungsgeschichte**

Zahlreiche Funde belegen, dass der Grand Canyon bereits vor mehr als 4000 Jahren besiedelt war. Die am meisten beeindruckenden Kulturzeugnisse sind **Felswohnungen**, die die Anasazi vor etwa 1000 Jahren angelegt hatten. 1540 kamen die ersten Europäer in diese Gegend. Es waren Mitglieder der von Francisco Vásquez de Coronado geführten Expedition, die den Landweg von Mexiko nach Kaliforni-

**Kulturgeschichte**

**Übernachten**
1. El Tovar Hotel
2. Holiday Inn Express Hotel
3. Grand Hotel
4. Grand Canyon Lodge
5. Kaibab Lounge
6. Bright Angel Lodge

**Essen**
1. El Tovar Dining Room
2. Grand Canyon Dining Room
3. Bright Angel Restaurant

## Grand Canyon erleben

### AUSKUNFT
**Grand Canyon National Park**
P.O. Box 129, Grand Canyon AZ 86023
Tel. 1 928 6 38 78 88
www.nps.gov/grca

### WANDERUNGEN IN DEN CANYON
Gute Vorbereitung ist nötig, wenn man in den Canyon wandert. Unbedingt einzuplanen ist eine Zwischenübernachtung in der Phantom Ranch auf dem Grund der Schlucht (rechtzeitige Reservierung erforderlich!). Canyon-Wanderer sollten reichlich Trinkwasser mitnehmen und auf ausreichenden Sonnenschutz achten. Das gesamte Nationalparkgelände ist »Rattlesnake Country«. Hier sind die gefährlichen Giftschlangen zu Hause. Wer eine Tour in oder durch den Canyon plant, sollte sich zuvor beim Park Ranger über den Zustand der Wege bzw. über mögliche Gefahren informieren.

### ÜBERNACHTEN
**❶ El Tovar Hotel** ⊜⊜⊜
am U.S. 180 (South Rim)
Tel. 1 928 6 38 26 31
www.grandcanyonlodges.com

Das traditionsreiche Haus am Grand Canyon – es besteht seit 1905 – hat schon manch illustren Gast beherbergt.

**❷ Holiday Inn Express Hotel & Suites Grand Canyon** ⊜⊜⊜
Tusayan (South Rim)
Tel. 1 928 6 38 30 00, www.hiexpress.com
Das Haus vor dem Parkeingang ist ein idealer Ausgangspunkt für Exkursionen in die »Schlucht der Schluchten«.

**❸ The Grand Hotel** ⊜⊜⊜
Tusayan (South Rim)
Tel. 1 928 6 38 33 33
www.grandcanyongrandhotel.com
Das Haus am Südeingang zum Nationalpark bietet modern-rustikal eingerichtete Fremdenzimmer.

**❹ Grand Canyon Lodge** ⊜⊜⊜
am AZ 67 (North Rim)
Tel. 1 928 6 38 26 11 (Sommer)
Tel. 1 928 6 45 68 65 (Winter)
www.grandcanyonlodgenorth.com
Die gemütliche Lodge ist vor allem in den Sommermonaten gefragt. Eine rechtzeitige Reservierung wird sehr empfohlen.

en erkundete. Schon damals müssen die Wohnstätten der Anasazi bereits geraume Zeit verlassen gewesen sein. 1869 wagte **Major John Wesley Powell** (►Berühmte Persönlichkeiten) eine Bootsexpedition, die ihn durch die vom Green River und vom Colorado geschaffenen Schluchten führen sollte. In seinem Reisetagebuch hat er den Grand Canyon ausführlich beschrieben. Schon in den 1880er-Jahren begann die **touristischen Erschließung**; 1892 entstand das erste Hotel. Wenige Jahre später konnte man per Bahn anreisen. Nachdem 1919 der Grand Canyon National Park gegründet war, nahm die touristische Attraktivität weiter zu. Bereits vor dem Zweiten Weltkrieg wurden jährlich mehr als 100 000 Besucher gezählt. 1965 waren es 1,6 Mio., gegenwärtig besuchen etwa 5 Mio. Touristen den Nationalpark.

**❺ Kaibab Lodge** €€
HC 64, P.O. Box 30
Tel. 1 928 6 38 23 89
www.kaibablodge.com
Das 1926 am North Rim erbaute 30-Zimmer-Haus ist von Mitte Mai bis Mitte Oktober geöffnet.

**❻ Bright Angel Lodge** €€
Highway 64, South Rim
Tel. 1 303 2 97 27 57
www.grandcanyonlodges.com
Im westlichen Teil des historischen Grand Canyon Village steht dieses 1936 erbaute Haus mit rustikalem Charme.

## ESSEN

**❶ El Tovar Dining Room** €€€€
am U.S. 180 (South Rim)
Tel. 1 928 6 38 26 31
www.grandcanyonlodges.com
Erstklassiges Restaurant im historischen El Tovar Hotel. Vom Dining Room hat man einen grandiosen Blick über den Canyon.

**❷ Grand Canyon Dining Room** €€€
North Rim, Tel. 1 928 6 38 26 11
www.grandcanyonlodgenorth.com
Die Küche bietet Herzhaftes und dazu

gibt es einen wahrlich traumhaftem Ausblick vom Nordrand des Canyons.

**❸ Bright Angel Restaurant** €€
Highway 64, South Rim
Tel. 1 928 2 97 27 57
www.grandcanyonlodges.com
Das Restaurant befindet sich im Bright Angel Hotel. In der angeschlossenen Lounge gibt es von Mittwoch bis Samstag Livemusik.

Die meisten Besucher kommen an den Südrand (South Rim) des Grand Canyon. Die touristische Infrastruktur ist bestens ausgebaut (Visitor Center, Hotels, Motels, usw.). Ab Kingman führt der AZ 64 nordwärts zur der am Parkeingang gelegenen Touristensiedlung Tusayan (58 mi/93 km). Ab ▶Flagstaff gelangt man über den US 180 nordwärts nach Tusayan (81 mi/130 km).

**Anreise zum Canyon-Südrand**

Vom am I-40 gelegenen Ort Williams fährt von Juni bis September täglich und von Oktober bis Mai an den Wochenenden ein Museumsdampfzug zum Grand Canyon, die **Grand Canyon Railway**. Wegen der großen Nachfrage ist eine rechtzeitige Reservierung (Tel. 1 303 8 43 87 24, www.thetrain.com) dringend angeraten. Der Individualverkehr auf der am Südrand des Canyons entlangführenden Panora-

# ** *Die Mutter aller Schluchten*

*Die berühmteste Schlucht der Erde überwältigt den Besucher in erster Linie durch ihre Ausmaße, ihre Farbenvielfalt und ihre in Millionen von Jahren vom Colorado River geschaffene Schichtstufenlandschaft. Kaum einer lässt sich nicht emotional von diesem spektakulären Naturwunder berühren, obwohl natürlich alle Nanturphänomene der gigantischen Schlucht wissenschaftlich zu erklären sind.*

❶ Visitor Center South Rim: Sept.–Mai tgl. 8.00–17.00, Juni–Aug. tgl. 7.30–20.30 Uhr

### Paläozoikum

Der Colorado River hat sich zunächst in die jüngeren, sehr flach lagernden Gesteinsschichten des Colorado-Plateaus eingegraben. Diese Kalk- und Sandsteinschichten sind vor 570–225 Mio. Jahren abgelagert worden und an den Stufen des Canyons zu erkennen.

### Proterozoikum

Diese Sedimentgesteinsschichten wurden im Erdmittelalter und im Erdaltertum angelegt, also vor 1 Mrd. bis 570 Mio. Jahren.

### Archäozoikum

Zuletzt hat sich der Fluss in das präkambrische Urgestein eingekerbt. Wer also von der obersten Abbruchkante

zum Fluss hinuntersteigt, wandert durch 1,7 Mrd. Jahre Erdgeschichte.

### ❶ ❷ South Rim und North Rim

Von den Abbruchkanten der Schlucht bieten sich grandiose Ausblicke. Die Nordkante ist etwa 350 m höher als der Südrand, deshalb kann man dort noch ein bisschen weiter sehen.

### ❸ Tusayan Ruins

Funde belegen, dass der Grand Canyon bereits vor über 4000 Jahren besiedelt war. Die Tusayan Ruins sind Überreste eines indianischen Pueblos. Heute ist hier ein kleines Museum eingerichtet.

### ❹ Colorado River, Inner Gorge und Phantom Ranch

Auf dem Grund der Schlucht bietet die Phantom Ranch Übernachtungsmöglichkeiten. Unbedingt vorher reservieren (Infos: Grand Canyon Park Lodges, Tel. 1 928 6 38 26 31, www.grandcanyonlodges.com)!

### ❺ Tonto Platform

### ❻ Walhalla Platform

### ❼ Bright Angel Gorge

### ❽ Supai-Gruppe

Formation aus Esplanade Sandstone

Am höchsten Punkt des Südrands: der Desert View Watchtower (1932)

mastraße ist in den letzten Jahren stark eingeschränkt worden, dafür fährt aber der **South Rim Shuttle Bus** die Sehenswürdigkeiten an.

**Anreise zum Canyon-Nordrand**

Zum Nordrand (North Rim) gelangt man via US ALT 89 (Alternativverbindung Kanab – Page, ▶Lake Powell). Von Jacob Lake führt der 45 mi/72 km lange AZ 67 auf das Kaibab Plateau und durch den Kaibab National Forest zum North Rim. Obwohl North und South Rim nur 16 km (Luftlinie) auseinander liegen, muss man über 300 km fahren, um vom South Rim durch den Marble Canyon hinüber zum North Rim zu gelangen.

**Unterwegs im Grand Canyon**

Der Nationalpark ist das ganze Jahr über zugänglich. Am besten besucht man den Canyon jedoch in der Zeit von **Ende März bis Anfang Juni bzw. von September bis Mitte November.** Im Sommer kann es hier ziemlich heiß werden, vor allem aber sind die Parkeinrichtungen in dieser Zeit stark überlaufen. Der Nordrand des Canyon liegt im Winter unter einer dicken Schneedecke, ein Teil der Straßen und Wege ist von Mitte November bis weit in den Frühling gesperrt.

Wer im Nationalpark übernachten will – im Hotel oder auf dem Campingplatz –, sollte schon Monate im Voraus **reservieren**. Dies gilt auch für Maultierritte in den Canyon und für geführte Canyon-Wanderungen. Selbst um die sogenannte Back Country Permits für eigenverantwortlich unternommene Wanderungen im Bereich des Grand Canyon muss man sich schon Wochen im Voraus bemühen.

Großartig ist das Erlebnis einer **Canyon-Wanderung**. Insgesamt gibt es mehr als drei Dutzend Pfade und Wege, die mit großem Aufwand unterhalten werden. Der Abstieg in den Canyon und vor allem der Wiederaufstieg sind äußerst kräftezehrend – schließlich hat man am Südrand einen Höhenunterschied von über 1500 m und am Nordrand von rund 1800 m zu bewältigen! Ein solches Unterfangen sollten nur **geübte Bergwanderer mit entsprechender Schuhwerk und genügend Trinkwasser** wagen.

Von beiden Canyon-Rändern kann man auf **Maultieren** in die Schlucht hinunterreiten. Aufgrund der starken Nachfrage müssen solche Ausflüge, falls sie an Feiertagen oder in der Hauptreisezeit stattfinden sollen, mehrere Monate im Voraus gebucht werden.

Die Kraft des Colorado River können Abenteuerlustige auf **Wildwasserfahrten** in robusten Schlauchbooten erleben. Erfahrene Anbieter von ein- und mehrtägigen Wildwassertouren gibt es in Grand Canyon Village, Flagstaff, Page, Kanab, Moab und Green River.

Entlang des South Rim Scenic Drive fährt ein **Shuttle Bus** zu den Sehenswürdigkeiten. Auch Ausflüge hinüber zum North Rim werden angeboten. Am North Rim verkehren Busse zwischen der Grand Canyon Lodge und dem Aussichtspunkt Cape Royal.

Man kann den Grand Canyon auch aus der Vogelperspektive kennen lernen. **Kleinflugzeuge** und **Hubschrauber** starten von Flugplätzen, die am Südrand der Touristensiedlung **Tusayan** liegen, oder von Las Vegas. Aus Naturschutzgründen ist der Flugverkehr im Bereich des Grand Canyon streng reglementiert worden.

Die Nationalparkverwaltung unterhält am South Rim ein **Visitor Center**. Am North Rim gibt es in der Ranger Station der National-parkverwaltung sowie in der Grand Canyon Logde alle wichtigen Auskünfte. Informationen aus erster Hand erhält man von den **Park Rangern**, die täglich Vorträge und geführte Wanderungen anbieten.

## ** SOUTH RIM

Nahe der südlichen Abbruchkante erschließt eine Panoramastraße (Scenic Drive) die schönsten Aussichtspunkte. Zur Hauptsaison ist die Straße für den Individualverkehr gesperrt, aber es verkehrt ein Touristenbus. Ihr Westflügel, der knapp 9 mi/12 km lange West Rim Drive, führt vom Visitor Center in westlicher Richtung bis zu Her-mits Rest. Als Erstes erreicht man den Aussichtspunkt Yavapai Point. Hier ist auch ein kleines **Museum** eingerichtet, das sich mit der Naturgeschichte des Grand Canyon befasst. Es folgen weitere Aus-sichtspunkte. **Grandiose Ausblicke** kann man von Trailview Over-look, Maricopa Point, Hopi Point, Mohave Point und Pima Point genießen. Der West Rim Drive endet bei Hermits Rest (Souvenirs, Imbiss), wo man ebenfalls mit schönen Ausblicken rechnen kann.

**Scenic Drive**

Der 25 mi/40 km lange East Rim Drive führt vom Visitor Center zum östlichen Parkeingang. **Überwältigende Ausblicke** bieten sich in erster Linie vom Yapi Point (2213 m ü. d. M.), aber auch vom Grand View Point (2256 m ü. d. M.). Vom Moran Point sieht man hinunter zu den Hance Rapids genannten Stromschnellen des Colorado. Kurz danach folgt der Zuni Point (2218 m ü. d. M.).

**East Rim Drive**

Danach führt ein Abstecher zu den **Tusayan Ruins**, den Überresten eines **indianischen Pueblo**, in dem Ende des 12. Jh.s einige Dutzend Anasazi gelebt haben. Wie die meisten Niederlassungen in der Grand-Canyon-Region wurde auch diese Siedlung im 13. Jh. wieder verlas-sen. Ein kleines Museum informiert über die Geschichte und die Le-bensweise der Anasazi und ihrer heutigen Nachfahren, der Hopi.

Vom **Lipan Point** hat man einen hervorragenden Blick auf den öst-lichen (oberen) Grand Canyon. Schließlich gelangt man zum Navajo Point und weiter zum 2267 m ü. d. M. gelegenen Aussichtspunkt De-sert View mit dem Indian Watchtower, einem steinernen Feuerwach-und Aussichtsturm von 1930. Der **Panoramablick** von hier oben ist überwältigend. Er reicht über den Ostteil des Grand Canyon hinüber zum Kaibab Plateau. Außerdem sieht man im Osten die in vielen Farben leuchtende Painted Desert (»Bemalte Wüste«; ▶Petrified Fo-rest National Park).

**South Rim Nature Trail** Der South Rim Nature Trail ist ein bequemer, etwa 5 km langer **Panoramaweg** vom Yavapai Museum am Canyonrand entlang zum Maricopa Point. Ein Teilstück ist als Naturlehrpfad eingerichtet.

## ✱ NORTH RIM

**✱✱Bright Angel Point** Der Nordrand des Grand Canyon ist etwa 300 – 380 m höher als sein Südrand. Der beliebteste Aussichtspunkt am North Rim ist der Bright Angel Point nahe der Grand Canyon Lodge (am Südende des AZ 67, ▶S. 142). Die **Aussichtsplattform** liegt hoch über der Schlucht des Bright Angel Creek und eröffnet einen grandiosen Panoramablick über den Grand Canyon.

**✱✱Imperial Point Cape Royal** Einige Autominuten nördlich der Grand Canyon Lodge führt eine Stichstraße zu den Aussichtspunkten Point Imperial und Cape Royal. Der 2683 m ü. d. M. gelegene Point Imperial ist der **höchste Punkt im Nationalpark**. Hier geht der Blick weit über den östlichen Grand Canyon, in den Marble Canyon und hinüber zur Painted Desert. Über das Walhalle Plateau kommt man südwärts zum Cape Royal.

**✱Transept Canyon Trail** Bei der Grand Canyon Lodge beginnt ein etwa 3 km langer Wanderweg, der in den Transept Canyon hinunterführt und am North Rim Inn endet.

**✱North Kaibab Trail** Der North Kaibab Trail beginnt wenige Meilen nördlich der Grand Canyon Lodge am Beginn des Roaring Springs Canyon. Aus der Höhe von 2512 m ü. d. M. steigt er hinunter in den Bright Angel Canyon und passiert die 1220 m ü. d. M. gelegene Cottonwood Campsite. Schließlich gelangt man zur Phantom Ranch (Übernachtungsmöglichkeit, rechtzeitige Reservierung angeraten) und weiter hinunter zu den **Stromschnellen** des Colorado (Pegel: 730 m ü. d. M.).

## SEHENSWERTES IN DER UMGEBUNG

**Havasupai Indian Reservation** Westlich von Grand Canyon Village wohnen einige Hundert Indianer in einem südlichen, ebenfalls tief eingekerbten Seitental des Grand Canyon. Die Havasupai, das **»Volk am blaugrünen Wasser«**, lebt vom Ackerbau und vor allem vom Fremdenverkehr. Hier hat der Havasu Creek gleich mehrere imposante Wasserfälle (Navajo Falls, Havasu Falls, Mooney Falls) und Travertinbecken geschaffen, die zum Baden einladen. Von Grand Canyon Village kann man mit dem Helikopter zum Indianerdorf **Supai** fliegen. Auf dem Landweg ist die Siedlung über den Native American Highway 18 erreichbar, der an der Historic Route 66 etwa 7 mi/11 km östlich von Peach Springs (zwischen Kingman und Seligman) beginnt. Die Straße endet nach 60 mi/96 km am 1700 m hohen Hualapai Hilltop. Danach kommt man nur zu Fuß oder zu Pferd bzw. Maultier weiter. Wer im Gebiet der **Havasupai-Indianer** Wanderungen und Ausritte unternehmen will bzw. dort übernachten möchte, sollte sich rechtzeitig mit **Havasupai Tourist Enterprise** in Verbindung setzen.

Havasupai Tourist Enterprise: P. O. Box 160, Supai, AZ 86435, Tel. 1 928 4 48 21 21; Eintritt ins Reservat 70,95 $ (Mahlzeit und Voucher inkl.); www.havasupai-nsn.gov/tourism.html

Etwas abseits der alten Route 66, etwa 12 mi/16 km südöstlich von Peach Springs, kann man diese Höhlen mit ihren eindrucksvollen **mineralischen Formationen** besichtigen.

**Grand Canyon Caverns**

Nördlich von ▶Kingman (Zufahrt via Stockton Hill Rd., Pierce Ferry Rd. und Diamond Bar Rd., insgesamt 70 mi/113 km; letzte 30 mi unbefestigt), auf dem Gebiet der **Hualapai Indian Reservation**, erreicht man den westlichen Teil des Grand Canyon. Hier gibt es einige herrliche Aus- und Tiefblicke wie den Quartermaster Overlook, den Eagle Point und den Guano Point. Höhepunkt ist der **Skywalk** (Fotografierverbot!), eine gläserne Plattform, die über den Rand des Canyon hinausragt und von der man einen atemberaubenden Blick in den hier 1200 m tiefen Abgrund hat. Einen Besuch lohnt auch das nahe **Hualapai Indian Village**.

**\*\*Grand Canyon Skywalk**

Skywalk: April – Sept. tgl. 7.00 – 19.00, Okt. – März tgl. 8.00 – 17.00 Uhr; Eintritt 29,95 $; www.grandcanyonwest.com
Hualapai Indian Village: April – Sept. tgl. 7.00 – 19.00, Okt. – März tgl. 8.00 – 17.00 Uhr; Eintritt ins Reservat ca. 43 $; www.grandcanyonwest.com/hualapai-nation.html

# Kingman · Historic Route 66

✦ J/K 8

**Region:** Westcoast
**Höhe:** 1018 m ü. d. M.
**Einwohnerzahl:** 28 000          **Telefonvorwahl:** 520

**Der Mythos um die legendäre Überlandstraße Route 66 machte aus dem Wüstennest Kingman eine Kleinstadt mit touristischer Infrastruktur. Vor und hinter Kingman hat man ein paar alte Tankstellen und Snack Bars renoviert, so dass man heute wieder einen Hauch aus der Entstehungszeit dieser geschichtsträchtigen Straße zwischen Chicago und Los Angeles spürt.**

## Kingman erleben

### AUSKUNFT
*The Powerhouse Tourist Information & Visitor Center*
120 W. Route 66, Kingman, AZ 86401
Tel. 1 928 7 53 61 06
www.gokingman.com

### ÜBERNACHTEN
*Spring Hill Suites* ☕☕
3101 E. Andy Devine Ave.
Tel. 1 928 7 53 87 66
www.marriott.com
Das moderne und gut geführte Hotel liegt nahe an der historischen Route 66.

*Best Western A Wayfarer's Inn & Suites* ☕☕
2815 E Andy Devine Ave.
Tel. 1 928 7 53 62 71
www.bestwestern.com

Die rund 100 Zimmer des Hotels wurden vor wenigen Jahren komplett renoviert und bietet seinen Gästen u. a. einen beheizten Außenpool und kostenlosen Internetzugang.

### ESSEN
*Dambar & Steakhouse* ☕☕
1960 E. Andy Devine
Tel. 1 928 7 53 35 23
Beliebtes Restaurant mit rustikaler Atmosphäre.

*Mr. D'z Route 66 Diner* ☕
105 E. Andy Devine Ave.
Tel. 1 520 7 18 00 66
www.mrdzrt66diner.com
Nostalgisches Lokal im 1950er-Jahre-Retro-Stil. Spezialität: »Senor Armando's Famous home made Bar-B-Q Sauce«

**Die London Bridge überquerte einst die Themse, jetzt steht sie am Lake Havasu.**

In der wüstenhaften Landschaft zwischen den Cerbat Mountains im Norden und den über 2500 m hoch aufragenden Hualapai Mountains im Süden liegt Kingman, das seit seiner Gründung in den 1880er-Jahren ein wichtiger Verkehrsknotenpunkt ist, durch den die legendäre Route 66 verläuft. Der »richtige« Verkehr rauscht über die West-Ost-Magistrale I-40 und über den von Norden nach Süden führenden Highway US 93, die sich bei Kingman kreuzen. An der Peripherie der Stadt sind riesige **»Truck Stops«** (Autohöfe) entstanden, an denen nicht nur die »Kapitäne der Landstraße«, sondern auch Touristen und Geschäftsreisende Station machen. **Verkehrs-knotenpunkt**

Schon zu Zeiten der Hohokam, also vor etwa 1300 Jahren, war die Gegend um Kingman besiedelt, wie diverse Funde zeigen. Die altindianischen Hohokam und auch ihre Nachfolger, die Navajo, suchten und fanden hier begehrte **Türkise**. Die Gründung der heutigen Siedlung erfolgte im späten 19. Jh. im Rahmen des Eisenbahnbaus. Der Überlandverkehr sollte daraufhin zum wichtigsten Motor für die Entwicklung der Stadt werden. **Geschichte**

## SEHENSWERTES IN KINGMAN UND UMGEBUNG

Durch die Stadt führt die inzwischen historische Route 66. Mit viel Liebe zum Detail hat man hier einige in den 1920er- und 1930er-Jahren erbaute Tankstellen, Motels und Snack Bars restauriert.
Mit den Lebensverhältnissen der indianischen Urbevölkerung macht die Sammlung des **Mohave Museum of History & Arts** vertraut. Besonders sehenswert ist die umfangreiche Kollektion von Türkis-Schmuck. **Downtown**
❶ 400 W Beale St.; Mo. – Fr. 9.00 – 17.00, Sa. 13.00 – 17.00 Uhr, So. geschl.; Eintritt frei; www.mohavemuseum.org

Von Kingman führt eine Bergstraße südwärts in den Hualapai Mountain Park. Vom 2567 m hohen Hualapai Peak hat man einen schönen Ausblick. **Hualapai Mountain**

Von Kingman aus lohnen zwei Ausflüge auf der alten Route 66. Unterwegs erinnern noch einige verlassene Tankstellen und Rastanlagen, alte Straßenschilder und andere »Versatzstücke« an die Zeit, als auf der Route 66 noch die amerikanischen Straßenkreuzer fuhren. Die erste Tour folgt der historischen Route 66 und heutigen AZ 66 in nordöstlicher Richtung bis **Seligman**. Die landschaftlich schöne Strecke führt zunächst schnurgerade durch das Hualapai Valley, berührt dann die Peacock Mountains und die Cottonwood Cliffs und erreicht schließlich den Ort Peach Springs. Wenige Meilen weiter östlich zweigen Stichstraßen zur Reservation der Havasupai-Indianer **\*Historic Route 66** sowie zu den Grand Canyon Caverns (►Grand Canyon National Park) ab. In Seligman erreicht die alte Route 66 ihren modernen Nachfolger, den Interstate Highway 40.

Der zweite Ausflug führt in südwestlicher Richtung durch das **Sacramento Valley** hinauf zu den Black Mountains. Jenseits des Sitgreaves Pass (1131 m) gelangt man nach Oatman, das bis in die 1940er-Jahre ein florierender Bergbauort war. Heute erhofft man sich hier ebenfalls, vom Route-66-Tourismus zu profitieren. Die alte Fernstraße führt hinter Oatman hinunter zur Colorado-Talschlucht mit dem Lake Havasu und erreicht schließlich den Brückenkopf Topock, wo heute der I-40 und die Eisenbahn den Fluss überbrücken.

**Lake Havasu**

Ein See mitten in einer ausgetrockneten wasserarmen Landschaft, eine zum **Ziel für Glücksspieler und Urlauber** aufgestiegene Stadt mit einer weltberühmten Brücke, einem Jachthafen, diversen Spielkasinos und Ferienunterkünften aller Kategorien – das ist Lake Havasu am Ostufer jenes Colorado-Stausees, der nach der Fertigstellung des Parker Dam im Jahre 1938 entstanden ist.

Die \***London Bridge**, die von 1831 bis 1967 die Themse in London überspannt hat, wurde 1968 von dem Investor für rund 2,5 Mio. US-\$ gekauft, der den neuen Ferienort am Lake Havasu aus dem Boden stampfen ließ. Sie wurde damals Stein für Stein von London nach Arizona verschifft und sollte dort eine besondere Attraktion werden.

**Weitere Ziele**

Bullhead City (►Nevada, Laughlin), Lake Mead (►Nevada), Lake Powell (►Utah)

# \* Montezuma Castle National Monument

### ⟡ M 9

**Region:** Central Territory
**Gründungsjahr:** 1906

**Das Montezuma Castle National Monument am Ostrand des Verde Valley umfasst zwei bedeutende Zeugnisse indianischer Siedlungskultur. Das Montezuma Castle gehört zu den am besten erhaltenen sogenannten Cliff Dwellings im Südwesten, der Quellteich Montezuma Well ist Teil einer historischen Bewässerungsanlage.**

**Siedlungsgeschichte**

Die ersten Siedler im fruchtbaren Verde Valley waren Angehörige der **Hohokam-Kultur**, die hier um 600 n. Chr. lebten. Sie wohnten in einräumigen Pfahlbauten aus Lehm am Talhang oberhalb ihrer

Das in die Felsen »geklebte« Montezuma Castle ist schwer zugänglich.

Felder, auf denen sie Getreide, Kürbisse, Bohnen und Baumwolle anbauten. An den Berghängen und auf den Plateaus jenseits des Tales siedelten zur gleichen Zeit Angehörige der **Sinagua-Kultur** (von span. »ohne Wasser«). Die Sinagua lebten zunächst in Erdhöhlen und betrieben Trockenfeldbau. Um 1125, als ein Teil der Hohokam das Verde Valley verließ, begannen die Sinagua auch das Tal zu besiedeln. Die ersten größeren Behausungen wie das Montezuma Castle bauten sie ab 1150 auf Bergkuppen und in Felsnischen. Ihre maximale Ausdehnung erreichten die Siedlungen im 14. Jh.; im frühen 15. Jh. verließen die Sinagua aus noch unbekannten Gründen das Tal. Die ersten Weißen, die hierher kamen, glaubten Bauwerke der Azteken entdeckt zu haben.

### Montezuma Castle erleben

#### AUSKUNFT
*Montezuma Castle Visitor Center*
2800 Montezuma Castle Road
Camp Verde, AZ 86322
Tel. 1 928 5 67 33 22
www.nps.gov/moca
Eintritt 10 $

**Montezuma Well**

Der **Quellteich** Montezuma Well befindet sich in einer ehemaligen Karsthöhle, deren Decke vor rund 11 000 Jahren eingestürzt ist. Mit Hilfe eines ausgeklügelten Systems von Kanälen und Rinnen leiteten die Indianer das Wasser von diesem Quellsee auf ihre Felder. Reste der altindianischen Bewässerungsanlagen kann man im Rahmen einer kurzen Wanderung erkunden. Auch Ruinen von Felswohnungen wurden hier entdeckt.

**\*\*Montezuma Castle**
Eindrucksvoll ist allein schon die Lage der Felswohnungen des Montezuma Castle: Sie wurden in die Nische einer steilen, 30 m über dem Beaver Creek aufragenden Felswand aus porösem Sedimentgestein gebaut. Der gut geschützte **Felswohnplatz** umfasst 20 Räume, die sich auf fünf Ebenen verteilen und nur über Leitern zugänglich waren. Die etwa 700 Jahren alten gemauerten Wände sind im Originalzustand erhalten. Unterhalb dieser Cliff Dwellings sind auch die Reste des sogenannten »Castle A« zu sehen, das mit 45 Räumen und sechs Stockwerken noch größer war als Montezuma Castle selbst. Nähere Informationen über die Erbauer der Felswohnungen erhält man im **Visitor Center**.

**Visitor Center:** tgl. 8.00 – 17.00 Uhr

**Camp Verde**
Südlich des Montezuma Castle erreicht man den Ort Camp Verde, der im 19. Jh. als US-Militärposten zum Schutz der weißen Siedler gegründet worden war. Das gut erhaltene Fort ist heute ein der **Fort Verde State Historic Park**.

Ganz in der Nähe des Forts kann man die **San Domingue Winery** besichtigen (mit Weinprobe). Eine weitere Attraktion ist die **Cliff Castle Lodge** mit ihrem Spielkasino.

Im Februar findet das **Pecan, Wine & Antique Festival** in der Main Street des Ortes statt.

**Fort Verde State Historic Park:** Do. – Mo. 9.00 – 17.00 Uhr; Eintritt 5 \$; http://azstateparks.com/Parks/FOVE/index.html

**\*Mogollon Plateau**
Östlich von Montezuma Castle beginnt das Mogollon Plateau, eine noch **wenig erschlossene Hochfläche**, die in einer spektakulären, Steilstufe, dem »Rim«, etwa 400 – 600 m tief nach Süden ins Tonto Basin abfällt. Das Plateau bzw. der Steilabfall zieht sich über mehr als 450 km in einem weiten Bogen bis hinüber in den Bundesstaat New Mexico. Die ausgedehnten Nadelwälder verleihen diesem Plateau ein für die Breitengrade eher **unerwartetes Landschaftsbild**, das an die Wälder Skandinaviens oder Kanadas erinnert. In dieser Landschaft entwickelte sich ca. 200 v. Chr. eine Indianerkultur, die eine enge Verwandtschaft mit den mesoamerikanischen Keramikern und Bodenbauern jener Zeit aufweist. Im 8. bzw. 9. Jh. nahmen die Mogollon Einflüsse der weiter im Norden lebenden Anasazi auf, wie man an den Grabungsfunden in einigen alten Siedlungsplätzen feststellen kann. Die Mogollon-Kultur ging vermutlich im frühen 16. Jh. unter.

> **BAEDEKER TIPP**
>
> ! *Mogollon Scenic Drive*
>
> Wer das Mogollon Plateau genauer kennenlernen möchte, der sollte eine Fahrt auf dem AZ 260 unternehmen, der von Camp Verde (I-17) nach Osten führt. Nach 26 mi / 42 km erreicht die Straße das Mogollon Rim. Eine Forststraße folgt dem Steilabfall (Dauer: ca. 2 Std.).

Die Felsenburgen des Monument Valley sind oft Kulisse für Western.

# ★★ Monument Valley

**Region:** Canyonlands
**Höhe:** 1294 – 2072 m ü. d. M.

**Im östlichen Grenzgebiet der Bundesstaaten Utah und Arizona erstreckt sich das Monument Valley mit seinen imposanten Felsgebilden, die wie gewaltige Denkmäler aus einer weiten Steppen- und Wüstenniederung ragen. Das Farbenspiel der in lachsrot bis violett leuchtenden Szenerie ist am frühen Morgen und bei Sonnenuntergang am eindrucksvollsten.**

Noch zu Beginn der Tertiärzeit, also vor ca. 70 Mio. Jahren, war das heutige Monument Valley von einem Ausläufer des damaligen Golfes von Mexiko bedeckt. Die **Heraushebung der Rocky Mountains** bewirkte einen Rückzug des Meeres, das eine von Sedimenten erfüllte Ebene zurückließ. Im Laufe der Jahrmillionen wurde das Land auf etwa 2000 m ü. d. M. angehoben. Dabei entstanden Verwerfungen, Spalten und Klüfte, an denen die zermürbenden Kräfte von Sonnenhitze, Eiseskälte, Wasser und Wind ansetzen konnten. Die oberen Sedimentschichten wurden nach und nach abgetragen. Letztendlich blieben nur jene bizarren Felsgebilde stehen, die heute als 300–610 m hohe Monolithen in Gestalt von Tafelbergen, Felsburgen, -nadeln, -zinnen und -bögen beeindrucken.

**Entstehung**

## Monument Valley erleben

### AUSKUNFT
*Monument Valley*
*Navajo Tribal Park*
P.O. Box 2520
Window Rock, AZ 86515
Tel. 1 928 871 66 47
www.navajonationparks.org
Das Visitor Center liegt 4 mi / 6,5 km
östlich des US 163 an der Straße ins
Monument Valley.

### ÜBERNACHTEN
❶ *The View Hotel* ⊜⊜⊜⊜
Indian Route 42
Oljato Monument Valley, UT
Tel. 1 435 727 55 55
www.monumentvalleyview.com

Von den Balkonen des einzigen Hotels
im Monument Valley hat man einen
herrlichen Blick auf die großartigen
Felsbildungen.

❷ *Kayenta Monument Valley*
*Inn* ⊜⊜⊜
Junction Highway 160 & 163
Kayenta, AZ
Tel. 1 928 697 32 21
www.kayenta-monumentvalleyinn.com
Das moderne Hotel, das etwa 22 mi
bzw. 36 km südwestlich vom Monument
Valley in Kayenta steht, bietet 160 sau-
bere und freundliche Zimmer, acht Fami-
liensuiten für bis zu sechs Personen so-
wie einen Pool.

**Indianer**  Das Monument Valley ist trotz seiner Kargheit schon seit Jahrtausenden **Jagd- und Siedlungsgebiet der Indianer**. In den 1860er-Jah-
ren nahmen die von den immer weiter nach Westen vorrückenden
Weißen bedrängten Paiute und Navajo das Monument Valley in Besitz. Zwei Jahrzehnte später entdeckten hier zwei Prospektoren Silber.
Sie wurden jedoch von den hier ansässigen Indianern getötet.

**Goulding's**  Etwas abseits des US 163 hatte Harry Goulding in den 1920er-
**Trading Post**  Jahren einen Handelsposten errichtet, der rund zehn Jahre später zu
**& Museum**  einem **Stützpunkt der Westernfilmemacher** aus Hollywood
wurde. Nach und nach wurde die Anlage ausgebaut. Heute gibt es
hier eine Lodge mit 62 Zimmern und einem beliebten Dining
Room, einen größeren Campingplatz und Geschäfte. Im Museum
wird nicht nur an die Anfangszeit des Handelsposten erinnert, sondern vor allem auch an die Zeit, als hier die großen Westernfilme
produziert worden sind. Außerdem kann man interessante Artefakte der Anasazi sehen und traditionelles Kunsthandwerk der Navajo
kaufen.

## MONUMENT VALLEY · NAVAJO TRIBAL PARK

**Schutzgebiet**  Seit 1960 steht der landschaftlich überaus reizvolle **Kernraum des**
**Monument Valley** unter besonderem Schutz. Die Parkverwaltung

**❸** *Hampton Inn*
*Navajo Nation* ©©©
US 160, im Zentrum von Kayenta, AZ
Tel 928 697 31 70
www.hamptoninn.com
Moderne Herberge18 mi/30 km vom
Monument Valley entfernt, im Zentrum
von Kayenta und dort gegenüber dem
Kulturzentrum der Navajo.

**❹** *San Juan Inn* ©©
Mexican Hat, Utah
Tel. 1 1 800 4 47 20 22
www.sanjuaninn.net
Das San Juan Inn liegt in Utah, 18 mi
bzw. 30 km nördlich vom Monument
Valley am San Juan River, direkt gegen-
über dem Navajo Indian Reservat. Mit
Privatstrand und Restaurant.

**ESSEN**
**❶** *Goulding's Lodge Stage Coach*
*Dining Room* ©©
1000 Main St.
Oljato Monument Valley, UT
Tel. 1 435 7 27 32 31
www.gouldings.com
Das Restaurant in der berühmten
Goulding's Lodge serviert Gerichte nach
amerikanischer und Navajo-Art.

**❷** *Amigo Cafe* ©
US 163
Kayenta, AZ
Tel. 1 928 6 97 84 48
So. geschl.
In dem freundlichen Lokal kommen
beliebte Gerichte der mexikanischen
Küche auf den Tisch.

liegt in den Händen der Navajo. Touristen dürfen sich generell nur
auf ausgewiesenen Fahrwegen und Wanderpfaden bewegen.

Etwa 24 mi/39 km südwestlich von Mexican Hat (Utah) bzw.
28 mi/45 km nordöstlich von Kayenta (Arizona) liegt das **Besucher-**
**zentrum der Navajo** östlich abseits des US 163. Hier ist ein Museum
eingerichtet, das über die Natur- und Kulturgeschichte dieser Landschaft informiert.

**Navajo**
**Visitor Center**
**& Museum**

❶ Mai – Sept. tgl. 6.00 – 20.00, Okt. – April tgl. 8.00–17.00 Uhr; Eintritt 5 $;
http://navajonationparks.org/htm/monumentvalley.htm

Beim Visitor Center beginnt ein 17 mi/27 km langer **Rundkurs**, der
an die aus vielen Westernfilmen und Werbespots bekannten Monolithen heranführt. Die Felsen tragen sprechende Namen wie »Elephant Butte« oder »Totem Pole«. Die unbefestigte Wüstenpiste kann
von 8.00 bis 17.00 Uhr auf eigene Gefahr benutzt werden.

**\*Monument**
**Valley Scenic**
**Drive**

Vom Visitor Center des Navajo Tribal Park und von Goulding's Trading Post aus sind **geführte Ausflüge** in die Wohngebiete der Navajo möglich. Dabei lernt man die aus Holz, Reisig und Lehm erbauten und »Hogans« genannten Behausungen kennen. Einige Navajo
betreiben im Monument Valley noch Schafzucht und Feldbau. Mit
etwas Glück darf man beim Teppichweben sowie bei der Anfertigung
von Silberschmuck und Sandmalereien zuschauen.

**\*Navajo &**
**Monument**
**Valley Tours**

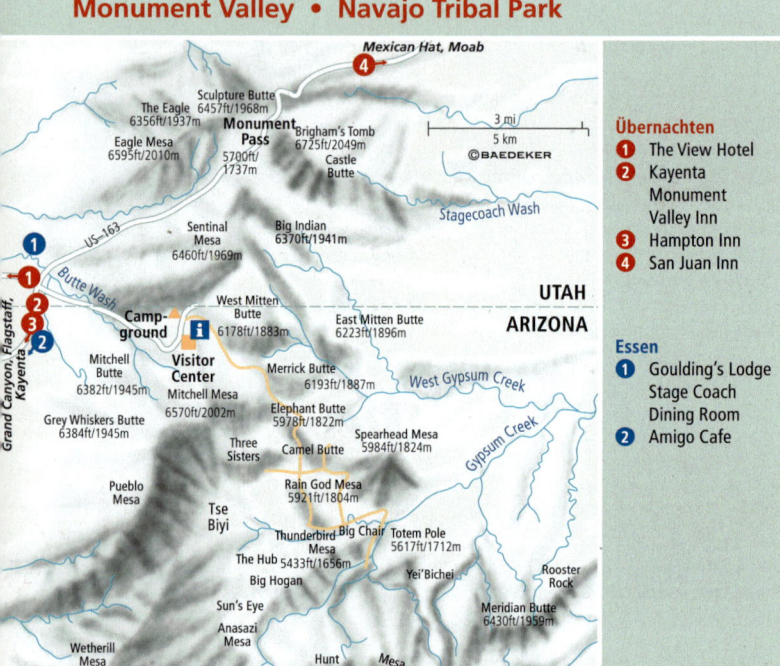

## Monument Valley • Navajo Tribal Park

*Mexican Hat, Moab*

Sculpture Butte 6457ft/1968m
The Eagle 6356ft/1937m
Monument Pass 5700ft/1737m
Brigham's Tomb 6725ft/2049m
Eagle Mesa 6595ft/2010m
Castle Butte
Big Indian 6370ft/1941m
Sentinal Mesa 6460ft/1969m
Stagecoach Wash
US-163
Butte Wash
West Mitten Butte 6178ft/1883m
East Mitten Butte 6223ft/1896m
Camp-ground
Visitor Center
Mitchell Butte 6382ft/1945m
Mitchell Mesa 6570ft/2002m
Merrick Butte 6193ft/1887m
West Gypsum Creek
Elephant Butte 5978ft/1822m
Grey Whiskers Butte 6384ft/1945m
Spearhead Mesa 5984ft/1824m
Three Sisters
Camel Butte
Gypsum Creek
Pueblo Mesa
Rain God Mesa 5921ft/1804m
Tse Biyi
Thunderbird Mesa
Big Chair
Totem Pole 5617ft/1712m
The Hub 5433ft/1656m
Big Hogan
Yei'Bichei
Rooster Rock
Sun's Eye
Anasazi Mesa
Meridian Butte 6430ft/1959m
Wetherill Mesa
Hunt
Mesa

3 mi
5 km
©BAEDEKER

UTAH
ARIZONA

Grand Canyon, Flagstaff, Kayenta

**Übernachten**
1 The View Hotel
2 Kayenta Monument Valley Inn
3 Hampton Inn
4 San Juan Inn

**Essen**
1 Goulding's Lodge Stage Coach Dining Room
2 Amigo Cafe

## AUSFLUGSZIELE IN DER UMGEBUNG

**Mexican Hat** Am nordöstlichen Eingang zum Monument Valley liegt die kleine Ortschaft Mexican Hat (Utah). Ihr Wahrzeichen ist eine Felsskulptur, die wie ein versteinerter Sombrero aussieht. In Mexican Hat lassen Wildwasserfahrer ihre Boote zu Wasser. Von hier aus geht es durch die engen Canyons und Stromschnellen des San Juan River hinunter zum ▶Lake Powell · Glen Canyon (Utah).

**\*\* Goosenecks State Park** Etwa 9 mi/15 km nordwestlich von Mexican Hat (via State Road 316) liegt ein kleiner State Park auf einem felsigen Hochplateau. In dieses hat der San Juan River im Laufe von 300 Mio. Jahren seine über 450 m tiefen und wie Gänsehälse gebogenen **Flussschlingen** gefräst.

**\*Valley of the Gods** Ca. 8 mi/13 km nördlich von Mexican Hat beginnt das Valley of the Gods, das bekannt ist für seine mit interessanten Namen versehenen

Felsfiguren. Eine unbefestigte Wüstenpiste erschließt diese **»göttliche« Felslandschaft**.

Etwa 25 mi/40 km nordwestlich von Mexican Hat erstreckt sich die **Grand Gulch Primitive Area**, die nur zu Fuß oder hoch zu Ross aufgesucht werden kann. In diesem **Felsenlabyrinth** kann man Siedlungsreste der Anasazi erkunden, die hier vor etwa 1000 Jahren gelebt haben. Außerdem findet man zahlreiche altindianische Felsritzungen und -zeichnungen.

> **?** BAEDEKER WISSEN
>
> *Ein Hut aus Stein*
>
> Hinter dem Wahrzeichen von Mexican Hat, einer Felssculptur mit der Form eines versteinerten Sombreros, steckt eine Sage: Ein mexikanischer Hirte soll sich in eine junge Indianerin verliebt haben, die jedoch schon mit einem Medizinmann vermählt war. Der eifersüchtige Medizinmann verzauberte seinen Nebenbuhler kurzerhand in jene hutähnliche Steinfigur.

## ✱ Navajo Indian Reservation

──────────────── ✧ O/P 6/7

**Bundesstaaten:** Utah, Arizona, New Mexico
**Fläche:** 71 000 km²

**Die 1868 gegründete Navajo Indian Reservation ist das bei Weitem größte aller 244 Indianerreservate in den USA. Das großteils wüstenhafte und deshalb ziemlich unfruchtbare Tafelland mit seinen vielfarbigen Sandsteinformationen und bizarren Felsbildungen ist von tiefen Canyons durchzogen.**

Der größte Teil dieses Schutzgebietes liegt im Nordosten Arizonas. Im Osten erheben sich die bis fast 3000 m hohen Chuska Mountains. Im Westen dagegen erstreckt sich die in allen Farben leuchtende Painted Desert (►Petrified Forest National Park). Im Herzen der Navajo Indian Reservation befindet sich die knapp 2500 m hohe Black Mesa mit der die fast 1500 km² große **Hopi Indian Reservation**.
Die landschaftlich und kulturgeschichtlich interessantesten Gebiete, so auch das ►Monument Valley und der Canyon de Chelly, sind überwiegend als Tribal Parks oder National Monuments geschützt.

### NAVAJO NATION

Der Stamm der Navajo (auch Navaho, sprich »nwáho«; indian. »Diné« = »Volk der Erde«) ist mit mehr als 300 000 Angehörigen die            **Geschichte**

## Navajo Indian Reservation erleben

### AUSKUNFT
*Navajo Tourism Department*
P.O. Box 663
Window Rock, AZ 86515
Tel. 1 928 871 64 36
www.discovernavajo.com

### ÜBERNACHTEN
*Quality Inn Navajo Nation* ⊖ ⊖
48 W. Hwy. 264, Window Rock, AZ

Tel. 1 928 871 41 08
www.qualityinnwindowrock.com
Freundliches Hotel in zentraler Lage,
von dem aus alle Sehenswürdigkeiten
im Indianerland bequem erreichbar
sind.

Im nahe gelegenen ►Monument Valley
gibt es weitere Restaurants und Übernachtungsmöglichkeiten.

**volkreichste Indianernation der USA.** Die ursprünglich halbnoma-
dischen Navajo wanderten etwa um die Mitte des 16. Jh.s aus dem
kanadischen Westen in den Südwesten der heutigen USA. Hier stießen
sie auf die bereits seit langer Zeit ansässigen Puebloindianer, von denen sie den Anbau von Feldfrüchten (besonders Mais und Bohnen)
sowie kunsthandwerkliche Fertigkeiten wie das Teppichweben übernahmen. Von den kolonisierenden Spaniern lernten die Navajo nicht
nur den Gebrauch von Schusswaffen und verschiedenen Werkzeugen,
sondern auch die Schaf- und Ziegenhaltung. Gegen die aus dem Osten
der USA in den Südwesten vordringenden Weißen wehrten sie sich
nach Kräften, mussten jedoch 1864 unter ihrem **Häuptling Manuelito** den Widerstand aufgeben, nachdem **Kit Carson** (►Berühmte Persönlichkeiten) mit seinen Leuten ihre Felder, Weiden und Behausungen niedergebrannt hatte. In einem Gewaltmarsch, der weitere Tote
forderte, wurden sie in das 500 km entfernte Bosque Redondo bei Fort
Sumner in New Mexico zwangsübersiedelt und dort jahrelang unter
erbärmlichen Umständen gefangen gehalten. 1868 schließlich durfte
der auf 8000 Menschen dezimierte Stamm unter der Auflage, sich
nicht mehr gegen die Weißen aufzulehnen, in das Gebiet zwischen
dem Chaco Canyon und dem Glen Canyon zurückkehren.

**Religiöses
und kultu-
relles Erbe**
Viele Navajo sind noch in traditionellen Glaubensvorstellungen ver-
wurzelt und halten auch an ihrer **überlieferten Sozialordnung** fest.
Im Städtchen Window Rock tritt der 74-köpfige Stammesrat der Navajo Nation zusammen. Abgesehen von einigen Steinzeichnungen
sind keinerlei schriftliche Zeugnisse aus der Frühzeit der Navajo
überliefert, doch mehrere Hundert Indianerlegenden und zeremonielle Vorschriften wurden mündlich tradiert. Man hat sie in jüngerer
Zeit zumindest teilweise auch schriftlich fixiert bzw. auf Tonträgern
festgehalten. Jahrzehntelang hatten die US-Behörden den Navajos
verboten, ihr Stammesritual, den Sonnentanz, durchzuführen.

Die wirtschaftliche und soziale Situation der Navajo ist alles andere als erfreulich. Obwohl das Land der Navajo reich an Bodenschätzen ist, leben viele Familien am Rand des **Existenzminimums**. Die Erdöl-, Erdgas- und Kohlevorkommen werden von großen US-Konzernen ausgebeutet, und die Navajo erhielten dafür in der Vergangenheit lediglich geringfügige Entschädigungen. Inzwischen findet zumindest ein Teil der Stammesangehörigen Beschäftigung in der Rohstoffprospektion und im Bergbau. Die einzige Einkommensquelle ist für viele Bewohner des Reservates der **Tourismus**. An den Hauptdurchgangsstraßen verkaufen sie kunstgewerbliche Artikel, insbesondere handgewebte Teppiche, Silberschmuck und Sandbilder, sowie Edelsteine, Mineralien und Fossilien. Andere betreiben Hotels, Restaurants und Supermärkte oder arbeiten als Fremdenführer. Dennoch ist fast jeder zweite erwerbsfähige Navajo arbeitslos. Daran haben auch massive Finanzhilfen der Bundesregierung bislang nicht viel ändern können. Ein großes Problem ist ferner der Alkoholmissbrauch, dem man vor allem in den größeren Siedlungen der Reservation begegnet. Viele Indianer suchen angesichts der Perspektivlosigkeit Zuflucht im Alkohol. Als positives Zeichen wird die Tatsache gewertet, dass es heute in der gesamten Reservation weit über 100 größere und kleinere Schulen gibt und fast alle Navajo-Jugendliche neben ihrer Stammessprache auch Englisch sprechen. Als höhere Bildungseinrichtung steht das **»Navajo Community College«** zur Verfügung.

Lebens-
situation der
Navajo heute

**Im Navajo-Reservat wachen Sicherheitskräfte aus den eigenen Reihen.**

# Indianerland

*Im Südwesten der USA leben heute über 1,5 Mio. Nachfahren indianischer Ureinwohner. Eindrücklich erfährt man ihre Kultur im Grenzgebiet der Bundesstaaten Utah, Colorado, New Mexico und Arizona. Im Monument Valley, am Window Rock und an vielen anderen Stellen kann man die Lebensweisen der Indianervölker studieren.*

INDIANER

- Navajo
- Hopi
- Apache
- Pueblo

▶ **Anzahl der Menschen mit indianischer Abstammung in Tausend**

| Bundesstaat | |
|---|---|
| Kalifornien | 723 |
| Arizona | 353 |
| New Mexico | 220 |
| Colorado | 108 |
| Nevada | 56 |
| Utah | 50 |

NEVADA

KALIFORNIEN

A

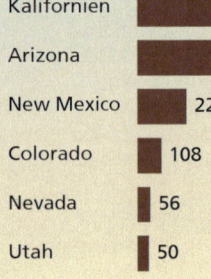

▶ **Pueblo-Indianer**
Pueblo-Indianer sind die Ackerbau betreibenden und mutterrechtlich organisierten Bewohner von Adobe-Siedlungen. Berühmt für ihr Kunsthandwerk und ihre Fruchtbarkeitstänze sind die hochkultivierten Hopi.

▶ **Navajo**
Die zur selben Sprachfamilie wie die Apache gehörenden Navajo kamen vor ca. 1000 Jahren in den Südwesten und nahmen die Kulturtraditionen der Pueblo-Indianer. Von ihren Medizinmännern ausgestreute Sandbilder sollten Krankheiten aufnehmen; nach dem Ritual wurden sie wieder zerstört.

▶ **Heilgesang der Navajo**

▶ **Begriffe der Südwestindianer**

| | |
|---|---|
| Adobe | Haus aus luftgetrockneten Lehmziegeln |
| Fetisch | Gegenstand, dem eine Macht oder ein Zauber innewohnt |
| Hogan | Winterhaus der Navajo |
| Kachinas | Regen spendende Geister der Hopi |
| Kiva | Versammlungs- und Zeremonienraum der Pueblos |
| Pueblo | Siedlung aus mehrstöckigen Lehmziegel- bzw. Steinbauten |
| Totem | Schutzgeist einer Familie |

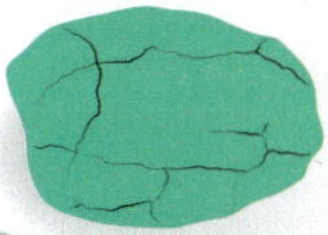

RESERVATE

- Yuma
- Ute
- Paiute
- Tohono
- Andere

UTAH  COLORADO

NEW MEXICO

©BAEDEKER

▶ **Türkis**
Der Türkis wird als Stein des Glücks und der Gesundheit wertgeschätzt. Im Türkis-Schmuck sind auch Symbole und Rituale von Kulturen der Altvorderen zu erkennen.

▶ **Pow Wow**
Etwa 15 000 traditionell gekleidete Mitglieder von rund 500 Indianerstämmen zelebrieren kulturelle Überlieferungen und führen auch traditionelle Tänze auf.

▶ **Apachen**
Die nomadischen Apachen waren das größte Volk im Südwesten der heutigen USA. Die Bezeichnung »Apache« stammt von den Pueblo-Indianern und bedeutet »Feind«. Die Apache selbst nannten sich je nach Dialekt »Inde«, »N´de« oder »Dineh«, also einfach: Volk.

▶ **Kachina-Puppen**
Um Kindern die Stammesrituale zu erklären, werden Kachina-Puppen eingesetzt. Diese können zum Beispiel Regen, Wind oder die Sonne symbolisieren.

**Siedlungsbild**   In der Navajo Reservation gibt es nur **drei größere Siedlungen**: Kayenta, Window Rock und Hotevilla im Hopi-Schutzgebiet. In Kayenta bestimmen schmucklose Fertigbauten das Bild, in anderen Siedlungen leben die Navajo zum Teil in traditionellen »Hogans«, d. h. in Wohnhütten, die aus Holz, Reisig und Lehm geformt sind, zum Teil in modernen Mobilhomes bzw. Wohncontainern.

**Window Rock**   Ganz im Südosten der Reservation und wenige Meilen von der Stadt Gallup (▶New Mexico) entfernt liegt Window Rock (2700 Einw.), der **Hauptort der Navajo Reservation**. Er ist benannt nach einem Sandsteinfelsbogen am Nordrand der Siedlung. Hier kann man die Navajo Nation Council Chambers mit ihren Wandgemälden besichtigen. Beachtenswert ist auch das **Navajo Nation Museum**, das die Geschichte des großen Indianerstammes aufzeigt. Ferner sind hier vielerlei kunsthandwerkliche Exponate ausgestellt. Am östlichen Ortsrand liegt der **zoologisch-botanische Garten** der Navajo Nation. Westlich außerhalb von Window Rock kann man sich in der 1898 etablierten **St. Michael's Mission** über die Arbeit der in der Reservation tätigen Franziskanermönche informieren.
Navajo Nation Museum: Ecke Hwy. 264 / Loop Rd.;
Mo. – Fr. 8.00 – 17.00, Mi. bis 20.00, Sa. 9.00 – 17.00 Uhr; Eintritt frei;
www.navajonationmuseum.org

**Hubbell Trading Post**   Etwa 30 mi/48 km westlich von Window Rock erreicht man den Hubbell Trading Post, eine **National Historic Site**. Der Handelsposten wurde Ende der 1870er-Jahre von John Lorenzo Hubbel gegründet. Die heutigen Bauten und Einrichtungsgegenstände stammen aus der Zeit um die Jahrhundertwende. Sehenswert ist die ethnografische Sammlung, die sehr schöne Webarbeiten und sonstiges Kunsthandwerk der Navajo umfasst. Natürlich lassen sich hier auch viele schöne Souvenirs wie Decken, Teppiche, Silber- und Türkisschmuck kaufen.
❶ tgl. 8.00 – 17.00 Uhr, Führung 2 $; www.nps.gov/hutr

## ✳ CANYON DE CHELLY

**Rote Felswände**   Ca. 37 mi/60 km nördlich vom Hubbell Trading Post liegt der Ort Chinle, von dem aus man den Canyon de Chelly (sprich »di schej«) erkundet. Im **Visitor Center** erfährt man alles Wissenswerte über die Natur- und Kulturgeschichte dieser Landschaft. Hier beeindrucken die roten Felswände und -türme der bis zu 300 m tiefen Canyons. Die markante 243 m hohe Doppelfelsnadel des **Spider Rock** markiert die die Einmündung des Monument Canyon in den vom Rio de Chelly ausgewaschenen Haupt-Canyon.
Visitor Center: tgl. 8.00 – 17.00 Uhr; Eintritt frei, Spende erbeten;
www.nps.gov/cach

Blick in den Canyon de Chelly mit dem sagenumwobenen Spider Rock.

In den Canyons hat man über 100 altindianische Siedlungsplätze entdeckt, darunter auch zahlreiche **Grubenhäuser** (Pithouses), die von Angehörigen der Basketmaker-(Korbmacher-)Kultur ab dem 4. Jh. angelegt worden sind. Einige Zeit später, etwa ab dem frühen 8. Jh., entstanden die ersten Pueblos aus einfachen und miteinander verbundenen oberirdischen Behausungen. Zwischen 1100 und 1300 zogen sich die Indianer in schwer zugängliche Felsbehausungen zurück, die sie wie **Schwalbennester in Felsnischen** »klebten«. Eine lange Dürreperiode um das Jahr 1300 veranlasste die präkolumbischen Bewohner des Canyon de Chelly, diesen zu verlassen. In der Folgezeit kamen nomadisierende Hopi in die Schluchtenlandschaft und bauten verschiedene Feldfrüchte an. Ab dem frühen 18. Jh. zogen Navajo in den Canyon de Chelly. Von hier aus attackierten sie die neuen spanischen Niederlassungen in der heutigen Four Corners Region. Auch die Mexikaner und US-Amerikaner wurden später von den Navajo immer wieder angegriffen. 1805 kam es zu einem wüsten Gemetzel zwischen einem

**Alt-indianische Siedlungs-plätze**

spanischen Expeditionskommando und einer Schar von Navajo-Kämpfern, die sich in einer Felsfestung im Canyon de Muerte verschanzt hatten. 1864 ging die von Kit Carson (▶Berühmte Persönlichkeiten) geführt US-Kavallerie massiv gegen die Navajo vor.

**Scenic Drives**

Das Schutzgebiet wird von zwei **Ausflugsstraßen** (North Rim Drive, South Rim Drive) erschlossen, die am Nord- und am Südrand des Hauptcanyon entlangführen. Vom White House Overlook führt ein Weg (ca. 1 Std.) zur White House Ruin. Dieser Überrest einer Anasazi-Felswohnung ist nach dem leuchtend weißen Baumaterial benannt. Einer der spektakulärsten Wohnplätze im Canyon de Chelly ist die sogenannte **Mummy Cave**, die vom 4. Jh. bis zum frühen 14. Jh. als Wohn- bzw. Kultstätte und Bestattungsplatz (Mumienfunde) genutzt worden ist. Das Antelope House ist benannt nach einer Zeichnung, die ein Navajo-Künstler vor rund 150 Jahren geschaffen hat. Im Canyon del Muerto zeigen Navajo-Felsbilder ein spanisches Reiterheer und eine blau-weiße Kuh.

**Besonderer Hinweis**

Mit Ausnahme des White House Ruin Trail dürfen Wanderungen nur mit Erlaubnis der Parkverwaltung und in Begleitung eines Navajo-Führers unternommen werden!

**Weitere Sehenswürdigkeiten im Navajogebiet**

▶Grand Canyon National Park (AZ)
▶Lake Powell (UT)
▶Monument Valley (AZ)
Hovenweep National Monument ▶Mesa Verde National Park, CO

## HOPI RESERVATION

**Volk und Geschichte**

Mitten in der Navajo Reservation liegt eine kleinere Reservation, in der etwa 10 000 Angehörige des Volkes der Hopi (indian. »Moki« = friedfertige Leute) leben. Die Hopi gehören zu den sesshaften Puebloindianern und unterscheiden sich in ihrer Lebensweise erheblich von den Navajo. Sie sehen sich als Nachkommen der Anasazi und wohnen seit über 1000 Jahren zurückgezogen auf oder in der Nähe der drei großen Tafelberge First Mesa, Second Mesa und Third Mesa in Nordostarizona. Bis heute haben sie ihr **jahrhundertealtes kulturelles Erbe** erhalten können. Bei ihnen gibt es auch einen Stammesrat, doch die einzelnen Orte verwalten sich weitgehend selbst unter Führung eines Häuptlings. Die Hopi leben in erster Linie vom Trockenfeldbau. Wichtige Einnahmequellen sind ferner der Tourismus und der Kohlebergbau.

Die Hopi stellen schöne Korbflechtarbeiten, Silberschmuck und Töpferwaren her. Besonders beliebt sind die aus Pappelwurzeln geschnitzten und bemalten **Kachinapuppen**. Die Kachinas verkörpern die Geister verschiedener Lebenskräfte. Sie stellen die Verbindung der Menschen zu ihrem Schöpfer her. Auch die Sandmalerei wird noch sehr häufig ausgeübt. Bei diesem Ritual streut der Medizinmann magische Symbolbilder aus farbigem Sand, die nach der Zeremonie wieder verwischt werden.

Der Highway **US 264** führt quer durch die Hopi Reservation. Entlang dieser Straße liegen auch die wichtigsten Stätten und Sehenswürdigkeiten, die für Touristen zugänglich sind.
Der Ort **Old Oraibi** auf der Third Mesa besteht seit Mitte des 12. Jh.s und gilt als **älteste ununterbrochen bewohnte Siedlung der USA**. Auf der Second Mesa befindet sich das

!

BAEDEKER TIPP

*Verhaltensregeln bei den Hopi*

Gegenüber Fremden verhalten sich die Hopi sehr reserviert. Zu religiösen Zeremonien haben diese keinen Zutritt. Die Pueblos der Hopi können nur mit Genehmigung besucht werden. Das Fotografieren und Zeichnen von Menschen und Landschaft wird nicht geduldet, auch Tonaufzeichnungen sind nicht gestattet. Im Sommer finden samstags auf den Hopi-Mesas Tanzvorführungen statt, bei denen auch Besucher willkommen sind. Das Alkoholverbot wird von der Stammespolizei streng überwacht.

Kulturzentrum der Hopi mit Museum. Die Sammlung gewährt einen umfassenden Einblick in die **Lebenswelt dieses alten Indianerstammes**. Außerdem kann man schönes Kunsthandwerk erstehen.
**Hopi Cultural Center:** Tel. 1 928 7 34 24 01; www.hopiculturalcenter.com

## ✳ NAVAJO NATIONAL MONUMENT

Drei der am besten erhaltenen Felswohnplätze der altindianischen Anasazi sind ganz im Nordwesten der Navajo Indian Reservation in der Nähe des Shonto-Plateaus zu finden. Sie stehen als Navajo National Monument unter besonderem Schutz.
**Felswohnungen der Anasazi**

Der **Sandal Trail** verbindet die schönsten Aussichtspunkte über die Canyons. Er informiert über die Pflanzen- und Tierwelt. Der Weg endet am Cayon gegenüber den Ruinen von Betatakin.
Am meisten beeindrucken die beiden unter Sandsteinfels-Überhänge wie Schwalbennester »geklebten« **Pueblos Betatakin** und **Keet Seel**. Zum Bau ihrer Felswohnungen haben die altindianischen Anasazi Sandstein, Mörtel und Holz verwendet. Die Bausubstanz ist seit 700 Jahren praktisch unverändert erhalten. Morgendliche Führungen werden von Mai bis September angeboten.
Die hiesigen Anasazi haben in den Canyons mit Hilfe eines ausgeklügelten **Bewässerungssystems** Mais, Bohnen etc. anbauen können. Auch die **Jagd** spielte eine wichtige Rolle. Außerdem fertigten sie hochwertige **Töpferware** mit farbigen Verzierungen an.

Imposant: Riesige Kakteen im Wüstenschutzgebiet

# * Organic Pipe National Monument

——————— ✦ L 11

**Region:** Old West Country
**Höhe:** 550 m ü. d. M.
**Fläche:** 1336 km²

**Gründungsjahr:** 1976

**Das im Südwesten von Arizona an der Grenze zu Mexiko gelegene Naturschutzgebiet umfasst den interessantesten Teil der Sonora-Wüste und ist ein kleines Eldorado für Wüstenpflanzen und -tiere, z. B. die markanten Saguaro-Säulenkakteen, von denen einzelne Exemplare bis 15 m hoch und 200 Jahre alt sind, der ansonsten nur in Mexiko vorkommende Elephant Tree sowie der Senita Cactus.**

**Besucherdienst** Das Monument Headquarter liegt 22 mi/35 km südlich von Why. Ausgangspunkt für eine Erkundung des Naturschutzgebietes ist das 35 km südlich von Why an der Staatsstraße AZ 85 gelegene **Visitor Center**.

Wer die **Kakteen in der Blüte** sehen will, muss das Naturschutzgebiet zwischen Mai und Juli aufsuchen. Mit Temperaturen über 40 °C und heftigen Gewitterstürmen ist der Sommer als Besuchszeit weniger angenehm. Am erträglichsten ist es von Oktober bis April, wenn die Tagestemperaturen zwischen 20 °C und 30 °C liegen. Nicht vergessen sollte man bei einer Fahrt in diese abgelegene Landschaft, ausreichend Kühlwasser und Werkzeug dabeizuhaben. Bei Wanderungen an Trinkwasser denken! Vor allem in der Dämmerung gilt es, auf Klapperschlangen, Skorpione und Gila-Monster, eine extrem giftige Krustenechsenart, Acht zu geben.

**Visitor Center:** tgl. 8.30 – 16.30 Uhr; Eintritt in den Park: Fahrzeug 8 $, Person 4 $ jeweils für 1 Woche; www.nps.gov/orpi

## SEHENSWERTES IM ORGAN PIPE NATIONAL MONUMENT

Der ca. 50 mi/80 km lange **Puerto Blanco Scenic Drive** (Fahrtdauer: ca. ½ Tag) umrundet die in vielen Farben leuchtenden Puerto Blanco Mountains. Er führt durch typische Sonora-Wüstenlandschaft mit Saguaros, Orgelpfeifenkakteen und Elephant Trees. Über Stichstraßen gelangt man zu einigen **historischen Stätten** – verlassene Ranches, aufgelassene Gold- und Silberminen. Wanderpfade erschließen diesen interessanten Naturraum.

Wer nur wenig Zeit hat, könnte den 34 km lange Ajo Mountain Scenic Drive (Fahrtdauer ca. 2 Std.) erkunden. Die Straße schlängelt sich entlang der Ajo Mountains durch eine außergewöhnliche Wüstenlandschaft mit ganzen »Wäldern« von Saguaro-Kakteen.
Ganz im Südwesten des Naturschutzgebietes liegt die **Oase Quitobaquito**, an deren Wasserstelle man über **250 Vogelarten** beobachten kann.

*\*Ajo Mountain Scenic Drive*

# Page

▶Utah, Lake Powell

## ** Petrified Forest National Park

✦ O 8/9

**Region:** Indian Country
**Höhe:** 1500 – 2000 m ü. d. M.
**Fläche:** 378 km²

**Gründungsjahr:** 1962

**Der »Versteinerte Wald« im Nordosten von Arizona gehört zur sogenannten Painted Desert. In tief eingeschnittenen Tälern und auf breiten Schwemmfächern liegen – wie von riesenhafter Hand hingestreut – versteinerte Baum- und Pflanzenreste.**

## Petrified Forest erleben

**AUSKUNFT**
*Petrified Forest National Park*
P.O. Box 2217
1 Park Road
Petrified Forest, AZ 86028
Tel. 1 928 5 24 62 28
www.nps.gov/pefo

**ÜBERNACHTEN**
*Best Western Adobe Inn* ⊖ ⊖
615 W Hopi Drive, Holbrook
Tel. 1 928 5 24 39 48
www.bestwestern.com
Das Hotel mit 54 Zimmern befindet sich
im Zentrum von Holbrook und bietet seinen Gästen u.a. kostenlosen Internetzugang und kostenloses Frühstück.

**Leuchtende Sandsteinformationen**
Den Namen Painted Desert, Bunte Wüste, verdankt die Wüstenlandschaft ihren in verschiedenen Farben, vor allem in Rot- und Blautönen, leuchtenden Sandsteinformationen. Sie erstreckt sich in einem 250 km langen und 5 – 15 km breiten Bogen bis zum ►Grand Canyon. Im Norden des Parks beeindruckt die tief erodierte und bunt schillernde Landschaft der Painted Desert.

**Anreise**
Man erreicht den Nationalpark am schnellsten über den I-40 (Flagstaff – Gallup). Von Holbrook führt der US 180 knapp 20 mi/36 km in südöstlicher Richtung in den Südteil des Naturschutzgebietes. Der Nationalpark ist das ganze Jahr über zugänglich.

**Entstehung der Painted Desert**
Vor ca. 225 Mio. Jahren, im Perm, wurden die **Sedimente der sogenannten Chinle-Formation** abgelagert. Die mit Eisen- und Magnesiumoxiden angereicherten Schichten wurden im Verlauf von Jahrmillionen von anderen, bis zu 500 m dicken Sedimenten bedeckt. Vor ca. 60 Mio. Jahren hob sich das Coloradoplateau und mit ihm das Gebiet des Nationalparks. Die einsetzende Erosion trug die Deckschichten ab und legte die Chinle-Formation wieder frei. In einem **trockener gewordenen Klima** konnten Wasser und Wind die weichen Ton- und Sandsteine tief zerschneiden und farbige Sedimentserien freilegen. Ihre rotbunte Färbung entstand durch die Oxidation der enthaltenen Mineralien. Für die blaugraue bis violette Färbung der Badlands, die mit ihren rundlichen Formen wie überdimensionale farbige Tortenstücke aussehen, sind organische Substanzen verantwortlich. Diese wenig verfestigten Ton- und Sandsteine mit zahlreichen Fossilien und Versteinerungen sind heute noch 90 m mächtig. **Abtragungsraten** von 6 cm pro Jahr sind keine Seltenheit. In den weichen Schichten finden sich neben Knochenresten diverser Saurierarten auch Abdrücke etlicher Fische.

**Versteinertes Holz im Petrified Forest National Park**

**\*\*Versteiner-
tes Holz**

Wo im Süden die Badlands in eine sanfte Hügellandschaft übergehen, befinden sich die **größten und schönsten Versteinerungen** des Petrified Forest, die hier im offenen Gelände liegen.

Vor 225 Mio. Jahren, also im ausgehenden Perm, war das Gebiet der Painted Desert eine weite, von zahlreichen Flüssen durchzogene Landschaft. In einem subtropischen Klima gediehen **Farn- und Schachtelhalmwälder** und bis zu 75 m hohe Nadelbäume. Nach dem Absterben wurden ihre Reste von Flüssen zu Tal getragen und in einer weiten Sumpflandschaft abgesetzt, wo sie im Morast versanken. Feinsandige und tonige Sedimente bedeckten das Gelände. Die Baum- und Pflanzenreste gerieten unter Luftabschluss. Der immer knapper werdende Sauerstoff hemmte den natürlichen Zerfallsprozess, so dass die organischen Strukturen erhalten blieben. Später wurde diese Region von heftigem **Vulkanismus** betroffen. Der niedergehende Aschenregen fügte den Decksedimenten Schicht um Schicht hinzu. Säurehaltiges Sickerwasser löste silikatische Mineralien aus den vulkanischen Aschen und tränkte damit die tief im Untergrund liegenden Baum- und Pflanzenreste. In den Zellstrukturen kristallisierten die Lösungen aus, bis die heranwachsenden Kristalle alle Hohlräume ausgefüllt hatten. Ein naturgetreues Abbild der ehemaligen Bäume und Pflanzen war entstanden. Wo Insekten oder der natürliche Zerfall größere Risse und Spalten hinterlassen hatten, konnten die Kristalle ihr Wachstum ungehindert fortsetzen. Amethyste, Rauchquarz und andere **Halbedelsteine** reiften zu stattlicher Größe heran. Mineralien wie Eisen oder Magnesium sorgten für die teilweise spektakuläre Färbung der Versteinerungen.

> **!** **BAEDEKER TIPP**
>
> *Steine sammeln verboten!*
>
> Wer eine längere Wanderung durch das Gebiet plant, sollte genügend Trinkwasser mitnehmen und sein Vorhaben bei der Parkverwaltung bzw. beim Park Ranger im Visitor Center anmelden. Nach Gewitterregen und Schneestürmen sind Straßensperrungen möglich; Informationen darüber erhält man im Visitor Center. Streng verboten ist es, Versteinerungen aus dem Nationalpark mitzunehmen.

**Siedlungs-
geschichte**

Erste Siedlungsspuren reichen etwa 2000 Jahre zurück, als nomadisierende **altindianische Stämme** hier sesshaft wurden. Ihre Spuren verlieren sich jedoch im 14./15. Jahrhundert. Mitte des 19. Jh.s beschrieben erstmals weiße Landvermesser und Naturforscher die Painted Desert. Ihnen folgten Goldsucher, Viehzüchter und Farmer, die schnell den **kommerziellen Wert** der fossilen Raritäten erkannten und ganze Wagenladungen der Versteinerungen abtransportieren ließen. Es wuchs jedoch auch die Erkenntnis, dass die Schätze der Natur bald ausgeplündert sein würden. Daher stellte man bereits 1906 einen Teil der Painted Desert unter Naturschutz. 1962 wurden die Schutzmaßnahmen auf ein noch größeres Areal ausgeweitet, der Petrified Forest National Park war entstanden.

Am Nordeingang zum Nationalpark befindet sich das **Painted Desert Visitor Center**, in dem man sich umfassend über die naturgeschichtlichen Besonderheiten dieses Schutzgebietes informieren kann. Ein weiteres Besucherzentrum ist im Rainbow Forest Museum am Südeingang des Nationalparks eingerichtet. **Besucherdienst**

❶ Mai.–Sept. 8.00–18.00, Okt.–April 8.00–17.00 Uhr; Fußgänger, Radfahrer 5 $, Fahrzeug 10 $ für 7 Tage; www.nps.gov/pefo

Die 27 mi/43 km lange Park Road, die den Nationalpark in nord-südlicher Richtung durchzieht, erschließt die **schönsten und interessantesten Abschnitte** dieser Landschaft. Zunächst fährt man durch einen besonders eindrucksvollen Abschnitt der Painted Desert. Dann erreicht man die Puerco Indian Ruin. So werden die Reste einer bis vor etwa 600 Jahren von Puebloindianern bewohnten Siedlungsstelle bezeichnet. **\*Park Road**
Unweit südlich gelangt man zum **Newspaper Rock**, einem mächtigen Sandsteinblock, den **altindianische Felszeichnungen** zieren. Im Bereich der Blue Mesa kann man sehen, wie versteinerte Baumreste durch die Erosion nach und nach freigelegt werden.
Wenig später erreicht man die **Agate Bridge** (Achatbrücke). Dabei handelt es sich um einen **versteinerten Baum**, dessen beide Enden noch im anstehenden Sedimentgestein eingeschlossen sind.
Weiter südwestlich fällt der Blick in den **Jasper Forest** (Jaspiswald), ein mit fossilen Baumresten angefülltes Tal.
Als Nächstes folgt der **Crystal Forest** (Kristallwald), der nicht nur für seine fossilen Pflanzenreste, sondern auch für seinen Reichtum an Halbedelsteinen (u. a. Amethyste, Bergkristalle) bekannt ist. Die beiden **Flattops** sind Überreste jener Sandsteinschicht, die einstmals die ganze Ebene bedeckte.
Anschließend durchmisst man den **Rainbow Forest** (Regenbogenwald). Hier liegen große versteinerte Baumstämme.
Dann erreicht man das **Agate House** (Achathaus), eine teilweise restaurierte altindianische Wohnstätte, für deren Bau versteinertes Holz benutzt wurde. Die Anlage mit acht Zimmern ist zwischen 900 und 1200 n. Chr. entstanden. Die Rekonstruktion erfolgte in den 1930er-Jahren, wobei heute nicht klar ist, wie nahe sie dem originalen Zustand der Wohnstätte kommt.
Am südlichen Parkeingang lohnt das **Rainbow Forest Museum** einen Besuch. Hinter dem Museum sind einige recht große fossile Baumstämme zu sehen.

**Rainbow Forest Museum:** Mai.–Sept. 8.00–18.00, Okt.–April 8.00–17.00 Uhr; www.nps.gov/pefo

# ✳ Phoenix

✦ **L/M 10**

**Region:** Valley of The Sun
**Höhe:** 340 m ü. d. M.
**Einwohnerzahl:** 1,5 Mio.
(Metropolitan Area: 4,3 Mio.)

**Telefonvorwahl:** 602

**Phoenix, die sich weit ausbreitende Hauptstadt des Bundes-staates Arizona, liegt im Valley of the Sun, dem »Tal der Sonne«, wie das häufig ausgetrocknete Tal des Salt River ge-nannt wird. Moderne Wolkenkratzer neben indianisch und kolonialspanisch geprägter Architektur sowie ein Hauch Wilder Westen verleihen Phoenix seinen besonderen Reiz.**

**Grüne Oase**  Phoenix ist eine grüne Oase inmitten einer wüstenhaften Landschaft, die jedoch nur durch **künstliche Bewässerung** am Leben erhalten werden kann. Dazu hat man in den nördlich und östlich aufragenden Bergen, vor allem im Bereich des Tonto National Forest, ganze Treppen von Stauseen angelegt; schon seit Langem gedeihen um die Wüstenstadt Baumwolle, Weintrauben, Südfrüchte und Gemüse. Das angenehme **trocken-warme Klima** lockt in den Wintermonaten viele Sonnenhungrige an. Die Vorstadt **Scottsdale** ist nicht zuletzt deswegen zu einem exklusiven Ferienort geworden, auch die **Seniorenstadt Sun City** entstand nicht zufällig an der Peripherie von Phoenix. Das gesamte Valley of the Sun wurde in den letzten Jahren zu einer Region mit enormem **Freizeitwert** ausgebaut – allein 140 Golfplätze (von 250 im gesamten Bundesstaat Arizona) und mehr als 1000 Tennisplätze warten auf Besucher. In der näheren Umgebung kann man raften, segeln, mit dem Heißluftballon fahren, Ausritte in Westernmanier unternehmen und sogar Gold waschen. Phoenix wird heute aber auch gern als Musterbeispiel einer **wirtschaftlich florierenden Stadt** im sogenannten Sun Belt vorgestellt. Dies bestätigen vor allem die zahlreichen Forschungs- und Entwicklungslabors sowie mehrere High-tech-Firmen, die sich in den letzten Jahren hier niedergelassen haben.

Die ersten Siedler im Valley of the Sun, die altindianischen Hohokam, verstanden es schon damals, die Wüste durch **Bewässerung** fruchtbar zu machen. Den Hohokam folgten die Pima, die dann von den aus Mexiko vorrückenden Spaniern bedrängt wurden.

**?** *Phönix aus der Asche*

Einer der ersten Siedler gab Phoenix seinen Namen und sagte voraus, dass eine großartige Stadt aus den Ruinen der einst hier siedelnden Hohokam-Indianer entstehen würde. Er beschwor damit die Legende des Vogels Phönix, der immer wieder aus seiner eigenen Asche neu geboren wird.

**BAEDEKER WISSEN**

## Phoenix

**Übernachten**

1 Arizona Biltmore
2 Phoenician
3 Renaissance Phoenix Downtown Hotel
4 Magnuson Hotel Papago Inn
5 Super 8 Bell Hotel & Suites

**Essen**

1 Vincent's on Camelback
2 Tarbell's
3 Sierra Bonita Grill
4 Carlos O'Brain's
5 Fry Bread House

1 Herberger Theater, Symphony Hall
2 Civic Plaza
3 Arizona Science Center
4 Orpheum Theater

In den 1860er-Jahren ließ sich ein weißer Pionier nieder. Kurze Zeit später wuchs über den Überresten längst vergangener Indianerkulturen eine Siedlung heran. Entscheidende **Entwicklungsschübe** in der Hauptstadt des neu geschaffenen Bundesstaates Arizona bewirkten die Fertigstellung des Roosevelt-Staudammes und der Eisenbahnbau. Ab den 1960er-Jahren setzte ein starker Ansturm auf die im Sunbelt gelegene Stadt ein. Vom Zweiten Weltkrieg bis heute hat sich die Einwohnerzahl in Phoenix mehr als verzehnfacht! Von 2007 bis 2012 wurde der Ballungsraum Phoenix von der **Immobilien- und Finanzkrise** besonders hart getroffen.

## Phoenix erleben

### AUSKUNFT
***Greater Phoenix Convention &***
***Visitors Bureau***
125 N. 2nd St., Suite 120
Phoenix, AZ 85004
Tel. 1 602 4 52 62 82
www.visitphoenix.com

**Food Court im Arizona Center**

### SHOPPING
Zwischen Van Buren St. und Filmore St.
steht das gewaltige Arizona Center. Vom
Civic Plaza hat man Zugang zum quirli-
gen Mercado, wo man schön einkaufen
und gut speisen kann. Unweit nördlich
vom Civic Plaza liegt das elegante Arizona Center. In Scottsdale muss man auf
den Scottsdale Fashion Square.

### ÜBERNACHTEN
❶ ***Arizona Biltmore*** ⒺⒺⒺⒺ
24th St. & Missouri Ave.
Tel. 1 602 9 55 66 00
www.arizonabiltmore.com
Das »Erste Haus am Platz« wurde 1929
nach Plänen von Albert Chase McArthur
inmitten einer subtropischen Parkanlage
errichtet. Edle Hölzer und Marmor verleihen dem Interieur Noblesse.

❷ ***The Phoenician*** ⒺⒺⒺⒺ
6000 E. Camelback Rd.
Tel. 1 480 9 41 82 00
www.thephoenician.com
580 Zimmer und Suiten, mehrere Restaurants, Lobby, Bar, mehrere Swimming
Pools, Fitness Center mit Sauna, Business
Center, Shopping-Arkade, Kindergarten,
Golf, Tennis. Das Hotel liegt in einer
wunderschönen Parklandschaft.

❸ ***Renaissance Phoenix***
***Downtown Hotel*** ⒺⒺⒺⒺ
50 E. Adams St.
Tel. 1 602 3 33 00 00

## DOWNTOWN

**\*Arizona**
**State Capitol**
**Museum**

Am Westrand von Downtown steht das alte State Capitol, das um die
Jahrhundertwende erbaut worden ist. Bis 1974 tagten hier die **Volks-**
**vertreter Arizonas**. Heute fungiert der Prachtbau mit seinen repräsentativen Räumen als Museum, in dem man sich über die Geschichte des Bundesstaates informieren kann.

◗ 1700 W. Washington St.; Mo. – Fr. 9.00 – 16.00 Uhr; Eintritt frei

**Arizona**
**Women's Hall**
**of Fame**

Weiter stadteinwärts gelangt man zu dem im Jahr 1908 erbauten ehemaligen Carnegie Center. Dieses beherbergt heute die Stadtbiblio-
thek und die Arizona Women's Hall of Fame. In dieser wird an

www.marriott.com
Parkservice 27 $/Tag
530 komfortable und geräumige Zimmer
und Suiten in zentraler Lage.

**❹ *Magnuson Hotel Papago Inn* ⊖**
7017 E. McDowell Rd.
Tel. 1 480 9 47 73 35
www.papagoinnscottsdale.com
120 Zimmer, Restaurant, Bar, Pool, Sauna, Boutique. Das freundliche Haus liegt
nur wenige Minuten von Downtown
Scottsdale entfernt.

**❺ *Super 8 Bell Hotel & Suites* ⊖**
17211 N. Black Canyon
Tel. 1 602 9 93 83 00
www.super8phx.com
Günstig und dennoch komfortabel

## ESSEN
**❶ *Vincent's on Camelback* ⊖⊖⊖⊖**
3930 E. Camelback Rd.
Tel. 1 602 2 24 02 25
www.vincentsoncamelback.com
Küchenchef Vincent Guerithault gehört
zu den herausragenden Vertretern der
neuen »Southwestern Cuisine«. Wundervoll schmecken seine Lamm- und
Geflügelgerichte..

**❷ *Tarbell's* ⊖⊖⊖**
3213 E. Camelback Rd.
Tel. 1 602 9 55 81 00
Das Restaurant bietet eine ausgezeichnete Weinkarte. Das Speiseangebot
wird je nach Saison erweitert.

**❸ *Sierra Bonita Grill* ⊖⊖**
6933 N. 7th St.
Tel. 1 602 2 64 07 00
www.sierrabonitagrill.com
In dem Lokal herrscht eine urige
Atmosphäre. Man ist der Küche des
Südwestens verpflichtet, bietet aber
auch Shrimps und Ossobuco. Reichlich
bemessene Portionen. Am Wochenende
gibt es Brunch.

**❹ *Carlos O'Brien's* ⊖⊖**
1133 E. Northern Ave.
Tel. 1 602 2 74 58 81
www.carlosobriens.com
Mexikanisches Restaurant, in dem viel
Wert auf Service gelegt wird.

**❺ *Fry Bread House* ⊖**
4140 N. 7th Ave.
Tel. 1 602 3 51 23 45
Hier gibt es indianische Gerichte rund
ums frisch gebackene Brot. Besonders
lecker sind die Navajo-Tacos.

**berühmte Frauen** erinnert, die sich um den Bundesstaat Arizona
verdient gemacht haben.
❶ 1101 W. Washington St., Tel. 1 602 9 26 36 04; Mo. – Fr. 8.00 – 16.30 Uhr;
Eintritt frei, Spende erbeten; www.azwhf.org

An der City Hall vorbei erreicht man den modern gestalteten Patriots
Square, auf dem es vor allem in den Wintermonaten und abends
recht lebhaft zugeht.

Patriots
Square

Am Phoenix Civic Center Plaza steht die **America West Arena**,
in der u. a. die Profibasketballer der Phoenix Suns in der NBA antreten.

Phoenix Civic
Plaza

Phoenix hat sich seit den 1960er-Jahren großflächig ausgedehnt.

**\*Heritage Square** Im Herzen der Stadt, wo die Monroe Street die 6th Street und die 7th Street kreuzt, weitet sich der Heritage Square. Dieser umfasst einige traditionsreiche **Bauten aus der Gründerzeit**, die in den letzten Jahren liebevoll restauriert worden sind. Ein sehr elegantes, im viktorianischen Stil errichtetes Baudenkmal ist das **Rosson House** (6th St. & Monroe St.), das 1896 fertig gestellt worden ist. Im altehrwürdigen **Stevens House** ist seit einiger Zeit ein beachtenswertes Puppen- und Spielzeugmuseum untergebracht.

**Arizona Science Center** Wer sich über neueste Erkenntnisse der **Naturwissenschaften** informieren will, sollte ins Arizona Science Center gehen.
❶ 147 E. Adams St.; tgl. 10.00 – 17.00 Uhr; Eintritt 14 $; www.azscience.org

## CENTRAL AVENUE

Die Central Avenue, die Downtown Phoenix in nord-südlicher Richtung durchmisst, hat sich in den letzten Jahren immer mehr zur attraktiven **Kulturmeile** entwickelt.

**\*Public Library** An der Kreuzung N. Central Avenue/McDowell Road, sorgt das moderne Zentralgebäude der Public Library auch heute noch für Aufsehen. Dieser Zweckbau ist 1988 bis 1995 nach Entwürfen des Architekten Will Bruder entstanden. Ein System von gespannten Segeln über der verglasten Südfassade sorgt dafür, dass nicht zu viel Sonnenlicht ins Innere dringt. Bemerkenswert sind weiterhin ein als »Crystal Canyon« bezeichnetes Atrium sowie der riesige, 4000 m² große Lesesaal.

Nördlich benachbart ist das Phoenix Art Museum, in dem nicht nur Kunst aus dem amerikanischen Westen, sondern auch aus Fernost ausgestellt ist. Ferner sind hier einige herausragende Werke europäischer Renaissance- und Barockkünstler zu sehen.

**\*Phoenix Art Museum**

❶ 1625 N. Central Ave.; Mi.–Sa. 10.00–17.00, Mi.–21.00, So. 12.00–17.00 Uhr; Eintritt 17 $; www.phxart.org

Weiter nördlich erreicht man das Heard Museum, das zu den besten Sammlungen seiner Art gehört. Es widmet sich ganz und gar der **Kunst und Kultur der Indianer des Südwestens**. Das Museumsgebäude ist im landestypischen Spanish Mission Style errichtet. Neben traditionellen Korbflechtarbeiten, Töpferwaren und Textilien fällt wunderschöner Türkis- und Silberschmuck ins Auge. Besondere Beachtung verdient die reiche Kollektion von Kachinapuppen.

**\*\*Heard Museum**

❶ 2301 N. Central Ave.; Mo.–Sa. 9.30–17.00, Mi. 9.30–21.00, So. 13.00–17.00 Uhr; Eintritt 18 $; www.heard.org

Der Park um den schütter bewaldeten Squaw Peak ist **Erholungsgelände**. Man kann hier wunderschöne Wanderungen und Spaziergänge unternehmen.

**Squaw Peak Park**

## PUEBLO GRANDE · PAPAGO PARK

Östlich von Downtown, wo der Grand Canal vom Salt River abzweigt, kann man die **Ruinen einer Siedlung** erkunden, die bis Mitte des 15. Jh.s von altindianischen Hohokam bewohnt war. Auch Reste eines von den Hohokam gebauten Bewässerungssystems sind hier noch auszumachen. Das ganze Gelände ist als Cultural Park hergerichtet, zu dem auch ein kleines, aber sehr informatives Museum gehört.

**\*Pueblo Grande Museum**

❶ 4619 E. Washington St.; Mo.–Sa. 9.00–16.45, So. 13.00–16.45 Uhr; Eintritt 6 $; www.pueblogrande.org

Das **größte Feuerwehrmuseum der Welt** zieht Besucher in seinen Bann. Die ältesten Ausstellungsstücke stammen aus dem 18. Jh. Neben alten und z. T. recht kuriosen Löschgeräten sieht man hier etliche blitzblanke Oldtimer-Feuerwehrautos.

**\*Hall of Flame**

❶ 6101 E. Van Buren St.; Mo.–Sa. 9.00–17.00, So. 12.00–16.00 Uhr; Eintritt 7 $; www.hallofflame.org

Nördlich der Hall of Flame weitet sich der große Papago Park mit seinen stark frequentierte Naherholungseinrichtungen.

**Papago Park**

In den Grünanlagen ist auch der renommierte Phoenix Zoo angesiedelt. Er gehört zu den wenigen Tierparks auf der Erde, denen die **Nachzucht von Sumatra-Tigern und Orang-Utans** gelungen ist.

**\*Phoenix Zoo**

**\*Desert Botanical Garden** Im benachbarten botanischen Garten kann man die Pflanzenwelt praktisch aller großen **Wüstenregionen** der Erde studieren. Hochinteressante Anschauungsobjekte sind die vielgestaltigen Kakteen. In ihrer ganzen Farbenpracht bietet sich die Flora des botanischen Gartens im Frühjahr dar, wenn der Blütenzauber quasi explodiert.

## SCOTTSDALE

**Schwesterstadt** Nördlich vom Papago Park erstreckt sich Scottsdale, das heute zu den noblen **Wüstenferienorten** der USA gehört. Luxuriöse Resorts, z. B. das berühmte »The Phoenician«, Kureinrichtungen, Spitzenrestaurants, schöne Golf- und Tennisplätze, attraktive Freizeiteinrichtungen und Shopping-Möglichkeiten (u. a. Biltmore Fashion Park, Scottsdale Fashion Square, Paradise Valley Mall) ziehen vor allem in den Wintermonaten wohlhabende Erholungssuchende aus aller Welt an.

**\*Old Town** Die Altstadt ist voller Bauten aus dem frühen 20. Jahrhundert. Beachtung verdient das 1909 erbaute alte Schulhaus. Es beherbergt heute das **Scottsdale Historical Museum**. Gleich daneben lädt das **Scottsdale Museum of Contemporary Arts** Kunstbeflissene ein.
**Scottsdale Historical Museum:** 7333 Scottsdale Mall; Okt. – Mai Mi. – Sa. 10.00 – 17.00, Juni u. Sept. Mi. – Sa. 10.00 – 14.00, So. 12.00 – 16.00 Uhr; Juli u. Aug. geschl. Eintritt frei; www.scottsdalemuseum.com
**Scottsdale Museum of Contemporary Arts:** 7383 Scottsdale Mall; Di. – So. 12.00 – 17.00, Do. u. Fr. bis 21.00 Uhr; Eintritt 7 \$, Do. Eintritt frei

**Zu Füßen des Camelback Mountain liegen luxuriöse Feriendomizile.**

Nur wenige Schritte von der Old Town entfernt breitet sich das **größte Shopping-Areal des Südwestens** aus mit mehr als 200 Nobelboutiquen (u. a. Burberry, Gucci, Louis Vuitton, Tiffany), diversen anderen Geschäften, bestens bestückten Galerien (Kunst und Kunsthandwerk) und feinen Restaurants. Übrigens: Beim Visitor's Bureau gibt's gratis ein Shopping & Dining Visitor Rewards Book (Gutscheinheft).
❶ www.fashionsquare.com

**\*Scottsdale Fashion Square**

Das Gebiet um den Camelback Mountain ist als **Erholungsraum** ausgewiesen. Der Aufstieg auf den Berg ist zwar recht beschwerlich, von oben bietet sich aber ein schöner Ausblick. Zu Füßen des Berges verläuft die Camelback Road, über die man gleich zu mehreren exklusiven Resorts (u. a. »Camelback Inn«, »The Phoenician«) und gepflegten Golfplätzen gelangt.

**\*Camelback Mountain**

Ca. 5 mi/8 km nördlich der Old Town erreicht man via Scottsdale Road die Cosanti Foundation (6433 Doubletree Ranch Rd.). Sie ist Wirkungsstätte des zeitgenössischen **Architekten Paolo Soleri**, der schon vor einiger Zeit durch seine futuristisch anmutende und ökologische Gesichtspunkte beachtende Siedlung Arcosanti (▶Prescott) bekannt geworden ist.

**Cosanti Foundation**

Das weltberühmte **Wüstenrefugium** des großen amerikanischen Architekten **Frank Lloyd Wright** (1869 – 1959) an der nordöstlichen Peripherie von Scottsdale ist als nationales Baudenkmal ausgewiesen und kann nur im Rahmen von Führungen besichtigt werden. Auf dem Gelände befindet sich auch eine renommierte Schule für Architektur.
❶ Fountain Hills, via N. Frank Lloyd Wright Blvd., Tel. 1 480 6 27 53 40; Führungen tgl. 9.00 – 16.00 Uhr; www.franklloydwright.com

**\*\*Taliesin West**

Im Süden von Scottsdale zieht der McCormick-Stillman Railroad Park **Eisenbahnfans** in seinen Bann.
❶ 7301 E. Indian Bend Rd.; Mo. – Fr. 11.00 – 16.00 Uhr; Eintritt ab 2 $; www.therailroadpark.com.

**McCormick-Stillman Railroad Park**

## TEMPE

Südöstlich von Phoenix liegt die Vorstadt Tempe, die als Standort der namhaften Arizona State University bekannt ist. Den malerischen alten Siedlungskern erkundet man am besten zu Fuß. Beachtung verdient das **Tempe Historical Museum**. Es ist im Peterson House untergebracht, einem im Queen-Anne-Stil errichteten Gebäude, das heute unter Denkmalschutz steht.

**\*\*Nelson Fine Arts Center** **Architektonischer Höhepunkt** der renommiertes Arizona State University ist das Nelson Fine Arts Center, das 1986 bis 1989 nach den Entwürfen des Architekten Antoine Predock entstanden ist. Der vielgestaltige Gebäudekomplex mit kleinen, an Schießscharten erinnernde Fensteröffnungen erscheint wie ein organisch gewachsenes modernes Pueblo. Das Kulturzentrum beherbergt nicht nur die umfangreichen Kunstsammlungen der Universität, sondern auch ein Theater mit 500 Sitzplätzen sowie mehrere Tanz- und Theaterstudios.
❶ Mai–Aug. Di.–Sa. 11.00–17.00, sonst Di. bis 20.00 Uhr; Eintritt frei; http://asuartmuseum.asu.edu

**William Ross-Blakley Law Library** Ein zweites architektonisches Highlight auf dem Campus ist die Bibliothek der juristischen Fakultät, die 1991 bis 1993 nach Plänen von Marc Scogin, Merril Elam und Lloyd Bray entstanden ist. Die **Stahlskelett-Konstruktion** ist mit Metall und synthetischem Putz verkleidet. Die Farbgebung ist der Wüstenlandschaft angepasst.

**Museum of Geology** Natürlich kommen auf dem Universitätsgelände auch Freunde schöner Mineralien und spektakulärer Fossilien auf ihre Kosten. Im Geologischen Museum kann man sowohl gewaltige Saurierskelette als auch wunderschöne Edelsteine, Sandrosen etc. bestaunen.
❶ Palm Walk & University Dr.; vorübergehend wegen Renovierung geschl.

## MESA

**\*Arizona Museum of Natural History** In der östlich von Tempe auf einem Plateau gelegenen Vorstadt Mesa informiert Arizonas größtes Museum dieser Art in erster Linie über die Naturgeschichte Arizonas, befasst sich aber auch mit altindianischen Kulturen, deren Spuren im Wüstenstaat Arizona sehr zahlreich sind. Museumsbesucher können hier nicht nur Saurierskelette bestaunen, sondern sich auch über die Kulturleistungen der altindianischen **Hohokam** informieren, die in vorgeschichtlicher Zeit im Tal des Salt River gelebt haben. Optisches Highlight ist ein Wasserfall, der sich innerhalb des Museumsgebäudes über drei Stockwerke einen künstlichen Berg hinunterstürzt.
❶ 53 N. McDonald St.; Di.–Fr. 10.00–17.00, Sa. 11.00–17.00, So. 13.00–17.00 Uhr; Eintritt 12 \$; www.azmnh.org

**BAEDEKER TIPP**

### Warbird Rides

Auf dem Falcon Field Airport bei Mesa kommen Flugzeug-Fans auf ihre Kosten. Das dort angesiedelte Commemorative Air Force Arizona Wing Museum bietet Flüge mit Militärmaschinen an, die im Zweiten Weltkrieg im Einsatz waren, so etwa mit einer B-17 G Flying Fortress (Fliegende Festung), mit dem Truppentransporter C-\$/ oder dem Trainingsflugzeug T-6 SNJ (Infos: Tel. 1 602 4 48 23 50, Eintritt 15 \$, www.azcaf.org).

Im Museum der Mesa Historical Society wird an jene Zeit erinnert, als sich die ersten weißen Pioniere auf dem Plateau niederließen.

**Mesa Historical Society Museum**

❶ 51 E. Main St.; Mi.–Sa. 10.00–16.00, im Hochsommer nur bis 13.00 Uhr; Eintritt 5 $; www.mesamuseum.org

Das wohl spektakulärste Bauwerk in Mesa ist der Mormon Temple, der jedoch nicht öffentlich zugänglich ist. Im Visitor Center der Mormonen auf dem Tempelgelände kann man sich genauer über das Gotteshaus informieren.

**Mormon Temple**

❶ 101 S. LeSueur St., Tel. 1 480 8 33 12 11

## SEHENSWERTES IN DER UMGEBUNG

Ca. 3 mi/5 km nordwestlich von Phoenix beschäftigt sich diese Einrichtung der Arizona State University mit **Petroglyphen** (Felszeichnungen und -ritzungen) längst ausgestorbener altindianischer Kulturen. Besonders bemüht man sich hier um die Interpretation der Zeichen auf den Kuppen der Hedgepeth Hills.

**\*Deer Valley Rock Art Center**

❶ 3711 W. Deer Valley Rd.; Okt.–April Di.–Sa. 9.00–17.00, Mai–Sept. Di.–Sa. 8.00–14.00 Uhr; Eintritt 7 $; http://dvrac.asu.edu

Knapp 12 mi/20 km nordwestlich von Downtown Phoenix ist in den Sechzigerjahren die **Seniorenstadt** Sun City entstanden. Gleich in der Nachbarschaft wächst seit 1978 die Schwestersiedlung Sun City West heran. In der mit Abstand größten Seniorenkolonie der Vereinigten Staaten leben heute rund 70 000 überwiegend gut situierte Senioren. Sun City ist das Musterbeispiel einer Siedlungsform, die in den letzten Jahren ihren Siegeszug durch den sogenannten Sun Belt angetreten hat. Die Sun Cities sind wirklich nur zum Wohnen gedacht: Es gibt keine Kindergärten und Schulen, geschweige denn Industriebetriebe. Dafür kann man gleich um die Ecke Golf spielen oder sich an einem künstlich geschaffenen See sonnen.

**\*Sun City**

Ca. 40 mi/64 km nordwestlich von Phoenix ist der Agua Fria River zum Lake Pleasant aufgestaut. Im **zweitgrößten Stausee** von Arizona kann man Wassersport treiben und angeln oder mit dem Vergnügungsdampfer »Desert Princess« fahren.

**\*Lake Pleasant**

Über den US 60 erreicht man die 54 mi/87 km nordwestlich von Phoenix gelegene alte und recht fotogene **Goldgräbersiedlung** Wickenburg, die sich heute ganz und gar dem Tourismus verschrieben hat. Sie liegt im einigermaßen grünen Tal des Hassayampa River, das hier die Grenze zwischen dem Gebirge und der Sonora-Wüste markiert. Hübsch herausgeputzt ist die Frontier Street mit ihren zu Be-

**\*Wickenburg**

ginn des 20. Jh.s errichteten Gebäuden. Das Massacre Monument erinnert an blutige Auseinandersetzungen im Jahre 1871. Damals lieferten sich Apache-Indianer und US-Kavallerie Kämpfe, denen auf beiden Seiten zahlreiche Menschen zum Opfer fielen.

Hauptattraktion von Wickenburg ist das **Desert Caballeros Western Museum**, in dem man **Western-Atmosphäre** schnuppern kann. Saloon und General Store sind ebenso vorhanden wie eine alte Schmiede. Westlich außerhalb von Wickenburg kann man einige alte Goldminen besichtigen, u. a. die Vultur Mine.

Desert Caballeros Western Museum: 21 N. Frontier St.; Mo. – Sa. 10.00 – 17.00, So. 10.00 – 16.00 Uhr, Mai – Sept. Mo. geschl.; Eintritt 9 \$; www.westernmuseum.org

**Joshua Forest** Ca. 30 mi/48 km nordwestlich von Wickenburg trifft man auf einen der größten Bestände von uralten Joshua Trees, die gleichsam die **Charakterpflanzen** der Lower Sonoran Desert sind.

**\*Pioneer Living History Village** Eine halbe Stunde nördlich von Phoenix ist ein **Freilichtmuseum** mit zwei Dutzend historischen Gebäuden angelegt. Hier wird »Lebendige Geschichte« geboten und man erfährt hautnah, wie sich das Leben in der Pionierzeit abgespielt hat.

❶ Okt. – Mai Mi. – So. 9.00 – 16.00, Juni – Sept. Mi. – So. 8.00 – 14.00 Uhr; Eintritt 9 \$; www.pioneeraz.org

**\*Tonto National Forest** Etwa eine Autostunde nordöstlich und östlich von Phoenix bedeckt der Tonto National Forest das gebirgige Hinterland, das vom Rio Verde und vom Rio Tonto entwässert wird. Zwischen den beiden Flusstälern erheben sich die **Mazatzal Mountains**, die im 2405 m hohen Mazatzal Peak gipfeln. In den letzten Jahrzehnten hat man im Einzugsbereich der beiden genannten Flüsse ein ganzes System von Stauseen angelegt, um die Wasserversorgung der stürmisch wachsenden Phoenix Metropolitan Area sicherzustellen. Praktisch als Nebenprodukt dieser Maßnahmen ist ein Erholungsraum entstanden, in dem man nicht nur erlebnisreiche Bergwanderungen unternehmen, sondern auch Wassersport treiben kann.

**\*Canyon Lake** Die **beliebtesten Ausflugsziele** im Tonto National Forest erreicht man von Apache Junction aus über den AZ 88. Diese Straße führt als landschaftlich besonders reizvolle Strecke zunächst zur sehenswerten Goldfield Ghost Town und am Lost Dutchman State Park vorbei zum Canyon Lake, auf dem »Dolly's Steamboat« verkehrt, und weiter zum Apache Lake.

Nach 39 mi/62 km erreicht man den gewaltigen **Theodore Roosevelt Dam**, der bereits 1911 fertig gestellt worden ist. An seinem großen Stausee sind etliche Plätze für Wassersportler und Freizeitkapitäne ausgewiesen.

Felsbehausungen der Salado-Indianer im Tonto National Manument

Südlich oberhalb des Roosevelt-Stausees, abseits des AZ 88, findet man noch das **\*Tonto National Monument**, gut erhaltene **Felsbehausungen**, die von den Salado-Indianern Mitte des 12. Jh.s bezogen wurden. Sie stehen heute unter Denkmalschutz.

Von Tempe führt der Highway AZ 87 nordwärts über die Mazatzal Mountains zum Mogollon Rim. Eine knappe Autostunde nordöstlich von Mesa kann man zum Lake Saguaro abzweigen und dort einen Ausflug mit dem Schiff »Desert Belle« unternehmen. Der AZ 87 erreicht nach 78 mi/125 km den Fremdenverkehrsort Payson, der ein guter Ausgangspunkt für Erkundungen des jäh aufragenden **Mogollon Rim** ist.

**\*Saguaro Lake, Payson**

Der Highway US 60 führt von Phoenix bzw. Mesa als landschaftlich reizvolle Strecke ostwärts. Nach Florence Junction passiert man das Boyce Thompson Arboretum, in dem man einen Großteil der im Südwesten gedeihenden **Baumarten** studieren kann. Hinter Superior überwindet man die Pinal Mountains und erreicht nach 90 mi/145 km den Ort Globe.

**Boyce Thompson Arboretum**

**Globe**

Das alte **Silberbergbaustädtchen** Globe ist heute ein beliebter Ausgangspunkt für Erkundungen der landschaftlich reizvollen Umgebung. Im Ort sind das alte Gefängnis (Old West Jail) und die alte Sheriff's Office beachtenswert. Einen Besuch lohnen ferner das San Carlos Indian Cultural Center sowie das Cobre Valley Center for the Arts, das in einem alten Gerichtsgebäude untergebracht ist. Im Oktober ist Globe Schauplatz eines farbenprächtigen Festes der in der Umgebung lebenden Apache-Indianer.

Von Globe lohnt ein Ausflug in nordöstlicher Richtung ins Fort Apache Indian Reservation. Landschaftliche Höhepunkte sind der Seneca Lake und vor allem der **∗Salt River Canyon** . Auf dem Fluss selbst kann man abenteuerliche **Wildwasserfahrten** unternehmen.

**∗Casa Grande Ruins National Monument**

Etwa 50 mi/80 km südöstlich von Phoenix gelangt man zu den Ruinen einer altindianischen Kultstätte, die von den Hohokam wohl im 5. Jh. n. Chr. angelegt worden ist. Sie wurde Ende des 17. Jh.s von einem spanischen Geistlichen wiederentdeckt und Ende des 19. Jh.s restauriert. An dieser historisch bedeutsamen Stätte lassen sich sehr gut Aufstieg und Niedergang der Hohokam-Kultur studieren.

# ∗ Prescott

— ✳ **L 9**

**Region:** Central Territory
**Höhe:** 1636 m ü. d. M.
**Einwohnerzahl:** 40 000

**Telefonvorwahl:** 520

**Etwa zweieinhalb Autostunden nordwestlich von ▶Phoenix liegt die Stadt Prescott, hübsch umrahmt von den Wäldern des Prescott National Forest. Sie hat sich in den letzten Jahren zu einem beliebten Fremdenverkehrsort, aber auch zu einem Wirtschafts- und Kulturzentrum der Region entwickelt.**

## SEHENSWERTES IN PRESCOTT UND UMGEBUNG

**∗Downtown**

Der historische Stadtkern wird geprägt von den **viktorianischen Gebäuden**, von denen die meisten heute unter Denkmalschutz stehen. Besonders repräsentativ ist das mit weißem Granit verkleidete Gerichtsgebäude an der Courthouse Plaza.

**Whiskey Row**

In der Whiskey Row, wo einstmals Goldgräber und Revolverhelden aneinander gerieten, kann man heute flanieren und in einem der Geschäfte nach indianischem Kunsthandwerk, Silberschmuck, T-Shirts oder Westernkleidung stöbern.

## Prescott erleben

### AUSKUNFT
*The Prescott Chamber of Commerce*
117 W. Goodwin St.
Prescott, AZ 86302-1147
Tel. 1 928 4 45 20 00
www.prescott.org

### VERANSTALTUNGEN
Kultur- und Sportveranstaltungen finden das ganze Jahr über statt. Herausragende Events: Whiskey Row Marathon (Mai), Arizona Days (Juni) mit Bluegrass Festival und Indianer-Pow-Wow, Frontier Days (Juli) mit dem ältesten Rodeo in den Vereinigten Staaten.

### ÜBERNACHTEN
*Prescott Resort*
*Conference Center & Casino* ⊖⊖⊖
1500 Hwy 69
Tel. 1 928 7 76 16 66
www.prescottresort.com
Die Gäste können sich im Kasino amüsieren, im hoteleigenen Wellness-Bereich entspannen und sich im Beauty-Salon verschönern lassen oder das vielfältige Sportangebot wahrnehmen.

*Hotel Vendome* ⊖⊖
230 S. Cortez St.
Tel. 1 928 7 76 09 00
www.vendomehotel.com
Das Gebäude wurde 1917 im viktorianischen Stil erbaut. Die 16 Zimmer sind sehr gemütlich eingerichtet und entführen die Gäste in die Vergangenheit.

*Hotel St. Michael* ⊖
205 W. Gurley St.
Tel. 1 928 7 76 19 99
www.stmichaelhotel.com

Das 1901 eröffnete historische Hotel liegt mitten in der »Whiskey Row«. Die 72 Zimmer sind liebevoll renoviert. Man kann im zugehörigen Bistro St. Michael frühstücken.

### ESSEN
*Rosa´s Pizzeria* ⊖⊖
330 W. Gurley St.
Tel. 1 928 445 7400
www.rosaspizzeriaprescott.com
Traditioneller sizilianischer Familienbetrieb mit Patio und süditalienischen Spezialitäten wie »Godfather Pizza« und »Chicken Parmigiano«.

*Hassayampa Inn* ⊖⊖⊖
122 E. Gurley St.
Tel. 1 928 7 78 94 34
www.hassayampainn.com
Hier fühlt man sich noch wie im ausgehenden 19. Jh. In historischem Ambiente kommt vorwiegend Deftiges (Steaks, Chicken, Burger etc.) zu annehmbaren Preisen auf den Tisch.

*Palace Restaurant and Saloon* ⊖⊖
120 S. Montezuma
Tel. 1 928 5 41 19 96
www.historicpalace.com
1877 erbauter Saloon mit echtem Western-Feeling. Auf den Spuren von Wyatt Earp und Doc Holiday kann man ausgezeichnet essen.

*Raven Café* ⊖
142 N. Cortez St.
Tel. 1 928 7 17 00 09
www.ravencafe.com
Eine beliebte Lokalität, mit frisch zubereiteter US-Küche, riesiger Bierauswahl und live Blues und Bluegrass

**Eine Hütte aus der Pionierzeit im Sharlot Hall Museum**

**\*Sharlot Hall Museum**
Beim Besuch des Sharlot Hall Museums fühlt man sich in die **Gründerzeit** zurückversetzt. Das aus einem Dutzend Bauten bestehende Museum umfasst nicht nur das 1864 errichtete Haus des ersten Gouverneurs von Arizona, sondern auch das alte Schulhaus und die alte Schmiede.

❶ 415 W. Gurley St.; Mai – Sept. Mo. – Sa. 10.00 – 17.00, So. 12.00 – 16.00, Okt. – April Mo. – Sa. 10.00 – 16.00, So. 12.00 – 16.00 Uhr; Eintritt 5 $; www.sharlot.org

**\*Prescott National Forest**
Der Prescott National Forest ist mit vielen Freizeiteinrichtungen ein beliebtes **Naherholungsgebiet**. Camping, Angeln, Felsklettern, Wildniswandern, Westernreiten und Rafting auf dem Verde River sind in dieser waldreichen Mittelgebirgslandschaft möglich. Ausflugsziele im Prescott National Forest sind die Granite Mountain Wilderness bzw. das Granite Basin nordwestlich der Stadt Prescott, wo man viele seltene Tiere beobachten kann, sowie der Indian Creek und der Wolf Creek südlich von Prescott.

**\*Arcosanti**
36 mi/58 km südöstlich von Prescott haben der Architekt Paolo Soleri und seine Mitarbeiter eine **futuristische Siedlung** entworfen, die ihresgleichen sucht. Bewusst wurde dabei auf ökologische Zusammenhänge geachtet.

# ★★ Sedona · Red Rock Country

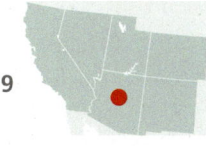

✦ **M 9**

**Region:** Central
**Höhe:** 1320 m ü. d. M.
**Einwohnerzahl:** 10 000                **Telefonvorwahl:** 928

**Eine der reizvollsten und spektakulärsten Landschaften des Südwestens ist das sogenannte Red Rock Country. In der Abendsonne leuchtende, rote Felsburgen und Tafelberge, wildromantische Canyons sowie eine überraschend artenreiche Pflanzen- und Tierwelt begeistern die Besucher. Inmitten dieser Landschaft ist Sedona zur Kultstadt für Künstler, Filmschaffende und Anhänger der New-Age-Bewegung geworden.**

Die weitläufige Siedlung Sedona zieht vor allem Kunstliebhaber und an alternativen Lebensweisen interessierte Besucher an. Zahlreiche Kunstgalerien, kunsthandwerkliche Geschäfte, Läden, in denen es heilsame Kräuter, Kraft spendende Steine, naturbelassene Nahrungsmittel etc. gibt, prägen die Szenerie. Auch die Bedeutung Sedonas als bevorzugter Siedlugsplatz von Rentnern und Pensionären findet ihren Ausdruck im Stadtbild. **Stadtbild**

An exponierter Stelle am südlichen Stadtrand fällt die Heilig-Kreuz-Kapelle ins Auge. Das **moderne Gotteshaus** wurde 1953 nach den Plänen von Marguerite Brunswig Staude erbaut. **Holy Cross Chapel**

Extra für Touristen hat man vor einiger Zeit das »Dorf« Tlaquepaque im Stil der **kolonialspanischen Architektur** des 18. Jh.s errichtet. Hübsche Plazas, plätschernde Brunnen, gemütliche Patios und Balkone laden zum Verweilen ein. Zahlreiche Kunstgalerien, Boutiquen, Restaurants und Straßencafés warten auf Besucher. Neuerdings gibt es hier auch eine ausgedehnte Outlet Mall. **Tlaquepaque**

## ★★ RED ROCK COUNTRY

Das mit durchschnittlich rund 1400 m ü. d. M. relativ hoch gelegene Red Rock Country, das ringsum von ebener und teils öder Wüste umgeben ist, wird dank seines **guten Klimas** auch als Erholungsraum sehr geschätzt. Im Sommer ist es hier oben relativ kühl, im Winter hingegen angenehm mild. **Erholungsraum**
Schon seit Urzeiten sprechen die Menschen den **rot leuchtenden Felsen** magische Kräfte zu. Das intensive Rot des Sedimentgesteins

## Sedona erleben

### AUSKUNFT
*Sedona Chamber of Commerce Tourism Bureau*
331 Forest Road, Sedona, AZ
Tel. 1 928 2 82 77 22
www.visitsedona.com

### VERANSTALTUNG
Im Litchfield Park findet im September das »Jazz on the Rocks Festival« statt.

### AUSFLÜGE
Im wahrsten Sinne ausfliegen kann man von Sedona aus per Helikopter oder Heißluftballon in die Zauberwelt der roten Felsen. Spaßig sind Geländetouren mit den berühmten Pink Jeeps, geführte Ausritte und Wanderungen. Auch Exkursionen mit thematischen Schwerpunkten werden angeboten: Power Points und altindianische Stätten stehen ebenso auf dem Programm wie Ausflüge, die sich mit ökologischen Problemen der Landschaft beschäftigen (www.sedona.net).

### ÜBERNACHTEN
*L'Auberge de Sedona* ●●●●
301 L'Auberge Lane
Tel. 1 928 2 82 16 61, www.lauberge.com
Im malerischen Oak Creek Canyon liegt diese außerordentlich komfortable Hotelanlage mit breit gefächertem Wellness-Angebot. Sie ist ein geradezu idealer Ort für Erkundungen der von vielen Sagen und Mythen umwobenen, von »New Agern« als Quell der Lebenskraft geschätzten Felslandschaft.

*Days Inn Kokopelli* ●●
6465 Highway 179
Tel. 1 928 2 84 11 00
www.daysinn.com

Günstig gelegene freundliche Unterkunft im typischen indianisch geprägten »Southwest Style«. Von vielen Zimmern hat man einen herrlichen Blick auf die rot leuchtende Felslandschaft.

*Baby Quail Inn* ●●
50 Willow Way
Tel. 1 928 2 82 28 35
www.babyquailinn.com
Recht zentral und dennoch ziemlich ruhig gelegene, schöne Anlage mit Rosengarten. Die Zimmer verfügen alle über Fernseher, Mikrowelle und Kühlschrank.

### ESSEN
*L'Auberge* ●●●●
301 L'Auberge Lane
Tel. 1 928 2 82 16 61
www.lauberge.com
Das Spitzenrestaurant in der gleichnamigen Luxus-Ferienanlage bietet in erster Linie Köstlichkeiten der französischen Küche. Dazu genießt man erlesene Weine.

*Rene at Tlaquepaque* ●●●●
336 Hwy 179 (Tlaquepaque)
Tel. 1 928 2 82 92 25
www.rene-sedona.com
Internationale Küche und ausgezeichnete Weinkarte im wunderschönen Künstlerviertel Tlaquepaque.

*El Rincon* ●●
Hwy. 179 at The Bridge
Tel. 1 928 2 82 46 48
www.elrinconrestaurant.com
Ebenfalls in Tlaquepaque liegt dieses oft gelobte Restaurant, das köstliche mexikanische Gerichte serviert.

ist ganz profan damit zu erklären, dass es relativ viel Eisenoxid enthält. Spätestens seit dem Aufblühen der New-Age-Bewegung ist das Red Rock Country bekannt geworden für seine **»Orte der Kraft«** (Power Points, Vortex Points). »New Ager« und andere Menschen tanken hier neue spirituelle Energie und Lebenskraft.

Westlich von Sedona verläuft der \***Boynton Canyon** mit seinen **Monolithen** und vom Wind geformten Felsskulpturen. Südlich von Sedona ist ein Schutzgebiet ausgewiesen, in dem man besonders imposante Felsbildungen aus rotem Sandstein sehen kann.

Die Staatsstraße AZ 89A führt als landschaftlich besonders **reizvolle Strecke** von Sedona in nordöstlicher Richtung durch den Oak Creek Canyon nach ▶Flagstaff. Die schönste Jahreszeit ist hier der Herbst, wenn sich nach ersten Nachtfrösten das Espenlaub gelb färbt und mit den roten Sandsteinfelsen kontrastiert. Entlang des Flusses gibt es zahlreiche schattige Plätze, die zum Picknick einladen. Die in allen Rottönen leuchtenden Sandsteinformationen bilden eine spektakuläre Kulisse.

**\*Oak Creek Canyon**

Im Slide Rock State Park verengt sich der Canyon dramatisch. Hier ist das tief eingeschnittene Flussbett des Oak Creek von roten Sandsteinwänden eingefasst. Das Flüsschen hat eine **natürliche Wasserrutsche** geschaffen, die im Sommer von Jung und Alt begeistert benutzt wird. Danach klettert die Straße in engen Serpentinen zum Viewpoint hinauf. Von oben genießt man einen großartigen Blick über die Schlucht.

**Slide Rock State Park**

Etwa eine halbe Autostunde (erreichbar über den AZ 89A South) südwestlich von Sedona erreicht man die Ortschaft Clarkdale. Ganz in der Nähe haben die Sinagua im 13. Jh. eine aus mehr als 80 Räumen bestehende Siedlung angelegt, die heute als **Tuzigoot National Monument** unter Denkmalschutz steht. Unweit nördlich kann man – am besten mit dem Jeep – die noch wenig berührte Wildnis des **Sycamore Canyon** mit ihren besonders spektakulären roten Gesteinsformationen aufsuchen.

**\*Tuzigoot N.M., Sycamore Canyon**

Wer von Sedona auf dem AZ 89A in südwestlicher Richtung weiterfährt, erreicht nach 32 mi/52 km **\*Jerome**, »the most unique city in the United States«. Die **Kupferbergbausiedlung** wurde am steilen Ostabfall der Mingus Mountains hoch über dem Verde Valley angelegt. Sehenswert

> **BAEDEKER TIPP**
>
> **!**
>
> ### Verde Canyon Railroad
>
> Ein unvergessliches Erlebnis ist die Fahrt auf der historischen Route der Verde Canyon Railroad ab Clarkdale. Der Zug mit Bordrestaurant tingelt gemächlich durch einen wildromantischen und bislang nur wenig berührten Teil des Red Rock Country (Reservierung: Tel. 1 800 5 82 72 45, www.verdecanyonrr.com).

**Spektakuläre Felslandschaft bei Sedona: der Oak Creek Canyon**

ist das Anwesen des Kupferbarons Jimmy Douglas, das heute als Historic State Park zugänglich ist. Das im Adobestil errichtete Herrenhaus mit Chemielabor, Bücherei und Mineraliensammlung blieb ebenso erhalten wie eine alte Stampfmühle. Sehenswert ist auch das **Mining Museum**, das über die Geschichte des Bergbaus in dieser Gegend informiert. Hübsch restaurierte historische Bauten kann man im Rahmen eines kurzen Stadtrundgangs kennenlernen.

Unbedingt besuchen sollte man die etwa eine Meile nördlich von Jerome gelegene **Gold King Mine**. Seit 1980 wird auf dem Gelände einer verlassenen Kupfermine eine **Geisterstadt** betrieben, die es in sich hat. Eine begehbare alte Schachtanlage, pittoreske Bauten aus der Gründerzeit sowie Hinterlassenschaften aus 100 Jahren amerikanischer Bergbau- und Industriegeschichte machen diesen Platz zum **Mekka für Technikfreaks**. Die typischen Geräusche eines altersschwachen Sägewerkes, der Lärm eines rostigen Baggers und der rasselnde Oldtimerlaster, mit dem die Erde abtransportiert wird, untermalen die Szenerie (www.goldkingmineghosttown.com).

**Out of Africa Wildlife Park**  Knapp 20 mi/32 km südlich von Jerome liegt der Out of Africa Wildlife Park. Er ist kein gewöhnlicher Tierpark, sondern hier werden richtige **Shows** mit Raubkatzen, Bären, Reptilien usw. geboten.

🕐 tgl. 9.30 – 17.00 Uhr; Eintritt 36 $; http://outofafricapark.com

# Tombstone

✦ **N 12**

**Region:** Old West Country
**Höhe:** 1383 m ü. d. M.
**Einwohnerzahl:** 1600          **Telefonvorwahl:** 520

**Das berühmte, heute als National Historic Site ausgewiesene Wildweststädtchen im äußersten Südosten des Bundesstaats Arizona ist erst 1877 gegründet worden. Da man in seiner Umgebung viel Silber fand, wurde es rasch zur »Boomtown«. Auf dem Höhepunkt des Silberbergbaus lebten hier mehrere tausend Menschen.**

## SEHENSWERTES IN TOMBSTONE

Am O. K. Corral fand am 26. Oktober 1881 eine wilde, jedoch nur 30 Sekunden dauernde **Schießerei** statt. Dabei gelang es **Wyatt Earp** (▶Berühmte Persönlichkeiten) und seinen Brüdern mit Unterstützung von Doc Holliday, Bill Clanton und die Brüder McLaury niederzustrecken. Dieses Ereignis sollte alsbald Stoff für Westernromane und Groschenheft-Serien bieten. Spannende Westernfilme, darunter »Law & Order« (1932; mit Harry Carey sen. und Walter Houston), »Tombstone« (mit Val Kilmer und Kurt Russell) »Gunfight at the O. K. Corral« (mit Burt Lancaster und Kirk Douglas) und »Wyatt Earp« (mit Kevin Costner und Dennis Quaid) hatten die Schießerei ebenso zum Thema wie zwei überaus erfolgreiche Fernsehserien, die in den 1950er- und in den 1990er-Jahren gezeigt wurden. Allerdings fand der wirkliche Schusswechsel nicht direkt am O. K. Corral in der Allen Street statt, sondern dahinter in der Fremont Street.

**\*O. K. Corral**

❶ tgl. 9.00 – 17.00 Uhr, Gunfight-Show alle 30 Min.; Eintritt 10 $; www.ok-corral.com

Was wäre ein Westernstädtchen ohne Spielsaloon und Bordell? Tombstone besaß seit 1881 sein **anrüchiges Etablissement**, das den beziehungsreichen Namen »Vogelkäfig-Theater« trug. Durch Vorhänge vom großen Saal abgeteilt waren 14 sogenannte Vogelkäfige (Bird cages), in denen sich Prostituierte präsentieren konnten. Heute kann man sich hier mit der Lokalhistorie vertraut machen.

**Bird Cage Theater**

❶ 535 E Allen St.; tgl. 8.00 – 18.00 Uhr; Eintritt 6 $; http://tombstonebirdcage.com

Auch im Crystal Palace Saloon ging es vermutlich manchmal hoch her, wenn sich hier schießwütige Cowboys, Goldgräber und Outlaws zum Pokerspiel trafen.

**\*Crystal Palace Saloon**

**Courthouse**
**State Historic**
**Park**

Im Courthouse State Historic Park zeigt eine Ausstellung im alten Gerichtsgebäude die Geschichte der »gesetzlosen« Stadt, inklusive der wiedererrichteten Galgenanlage.

❶ Allen St.; tgl. 9.00 – 17.00 Uhr; Eintritt 5 $; http://azstateparks.com

**\*Boot Hill**
**Graveyard**

Am nordwestlichen Stadtrand liegt der Boot Hill Graveyard, auf dem auch die Beteiligten des O. K. Corral beigesetzt sind. Insgesamt wur-

## Tombstone erleben

### AUSKUNFT
*City of Tombstone*
*Chamber of Commerce*
Fourth & Allen St.s
P. O. Box 1314
Tombstone, AZ 85638
Tel. 1 520 457 39 29
www.tombstone.org

### ÜBERNACHTEN
*Tombstone Grand Hotel* ⊖ ⊖
580 W. Randolph Way
Tel. 1 520 457 9507
www.tombstonegrand.com
Modernes Hotel mit komfortablen Zimmern, Whirlpool, High-Speed-Internet.

### ESSEN
*Crystal Palace Saloon &*
*Restaurant* ⊖ ⊖
436 E. Allen St.
Tel. 1 520 457 36 11
www.crystalpalacesaloon.com
Ein Saloon wie aus dem Western. Klassische amerikanische Küche und Livemusik.

*Big Nose Kate's Saloon* ⊖ ⊖
417 E. Allen St.
Tel. 1 520 457 31 07
www.bignosekates.info
Legendäre Adresse mit toller Atmosphäre. Hier gibt es leckere Steaks und Livemusik.

**High Noon in Tombstone – heute ein Touristenspektakel**

den hier 1878 – 1884 über 200 Menschen bestattet. Einige **Grabstein-aufschriften**, so z. B. »hanged by mistake«, künden vom schauerlichen Ableben einiger der hier Bestatteten.

## UMGEBUNG VON TOMBSTONE

Zu Füßen der Mule Mountains und nur wenige Meilen von der mexikanischen Grenze entfernt, empfängt auch das alte **Kupferberg-baustädtchen** Bisbee den Besucher mit Wildwest-Atmosphäre. Sehr belebt ist die **Brewery Gulch** genannte Hauptstraße, an der sich zu Bisbees Glanzzeit Spielsalons und Bordelle aneinander reihten. Heute kann man hier vor allem Westernkleidung und indianisches Kunsthandwerk kaufen. In einigen hübsch restaurierten Bauten der viktorianischen Zeit sind Hotels eingerichtet. **\*Bisbee**

Ein besonderes Erlebnis ist die Einfahrt mit dem Bergwerksbähnchen in die  **Queen Mine**. Erfahrene Bergleute informieren die Besucher über die Geschichte des hiesigen Kupferbergbaus.

Queen Mine: 478 N. Dart Rd.; Führungen tgl. 9.00, 10.30, 12.00, 14.00 u. 15.30 Uhr; Eintritt 13 $; www.queenminetour.com

Eine ganz besondere Attraktion des Bundesstaates Arizona sind die Kartchner Caverns mit ihren zauberhaften **Tropfsteinbildungen** **\*Kartchner Caverns State Park**

❶ Sommer 8.00 – 17.00, Winter 7.00 – 18.00 Uhr, Höhlentouren 9.00 – 15.00 Uhr; Tour 23 $; Reservierungen unter www.azstateparks.com/parks/kaca

# ✳ Tucson

✳ **M/N 11**

**Region:** Southeast Arizona
**Höhe:** 740 m ü. d. M.
**Einwohnerzahl:** 530 000
(Agglomeration: 1 Mio.)

**Telefonvorwahl:** 520

**Die Großstadt Tucson macht mit ihren durchschnittlich 350 Sonnentagen im Jahr ihrem Beinamen »City of Sunshine« alle Ehre. Im fruchtbaren, von den Santa Catalina Mountains geschützten Tal des Santa Cruz River genießt das Städtchen im Winter ein sehr mildes Klimas.**

Das Tal des Santa Cruz River war von dem altindianischen Stamm der Hohokam besiedelt, bevor sich hier Papago- und Pima-Indianer niederließen, deren Nachfahren auch heute noch anzutreffen sind. Im späten 17. Jh. erbauten spanische Jesuiten in dieser Gegend eine Missionsstation. Um ein Presidio, das die Spanier 1775 errichtet hat- **Geschichte** ten, wuchs in kurzer Zeit eine **spanisch-mexikanische Kolonial-stadt** heran. Tucson erlangte Bedeutung als Poststation an der vom kalifornischen ►San Diego nach San Antonio in Texas führenden Route. Von 1821 bis 1854 gehörte die Stadt zu Mexiko, das sich von Spanien losgesagt hatte, danach wurde Tucson amerikanisch. Von 1867 bis 1877 war das »Old Pueblo« Hauptstadt des Territoriums Arizona. Für einen starken wirtschaftlichen Aufschwung sorgte der Eisenbahnanschluss (Southern Pacific) im Jahre 1880. Auch Silber- und Kupferbergbau in der Umgebung trugen zur Entfaltung der Stadt bei.

Nach dem Zweiten Weltkrieg explodierte die Einwohnerzahl förmlich: Von 46 000 im Jahre 1950 stieg sie auf über 270 000 Mitte der 1970er-Jahre. In den letzten Jahrzehnten ist Tucson aber auch zu einem **wichtigen Standort der High-Tech-Industrie**, insbesondere der Luft- und Raumfahrt sowie der Elektronik, geworden. Geforscht und entwickelt wird u. a. für einen der wichtigsten Luftwaffenstützpunkte der USA, die nahe gelegene Davis-Monthan Air Force Base. Heute ist Tucson nach Phoenix die zweitgrößte Stadt Arizonas.

## SEHENSWERTES IN TUCSON

**\*El Presidio Historic District**
Das Quartier zwischen Church Avenue, Granada Avenue, Alameda Street und Washington Street ist der relativ kleine, ursprünglich befestigte **Stadtkern** aus der Zeit des spanischen Kolonialismus. Die dortigen Adobe-Häuser wurden in den letzten Jahren liebevoll restauriert.

**Tucson Museum of Art**
Wo sich einst das Presidio befand, lädt heute das Tucson Museum of Art zum Besuch ein. Zu sehen gibt es hier nicht nur **Kunsthandwerk** aus kolonialspanischer Zeit, sondern auch zeitgenössiche Kunst.
❶ Mi. – Sa. 10.00 – 17.00, Do. bis 20.00, So. 12.00 – 17.00 Uhr; Eintritt 12 $; www.tucsonmuseumofart.org

**\*Arizona Historical Society Museum**
Das um 1880 im Adobestil erbaute **Fremont House** beherbergt Ausstellungen, die sich mit der Siedlungsgeschichte von den prähistorischen Puebloindianern über das kolonialspanische und mexikanische Erbe bis hin zur Entwicklung der modernen amerikanischen Stadt befasst.
Wer noch mehr über die Geschichte Arizonas erfahren will, besucht die **Zweigstelle des Museums »downtown«** im Gebäude der Wells Fargo Bank. Hier ist auch das Leben des Verbrechers John Dillinger dokumentiert, der einmal in Tucson gefangen gesetzt wurde.
Fremont House: 949 E. 2nd St.; Mo. – Sa. 10.00 – 16.00 Uhr; Eintritt 5 $; www.arizonahistoricalsociety.org
Zweigstelle: 140 N. Stone Ave.; Mo. – Sa. 10.00 – 16.00 Uhr; Eintritt 5 $

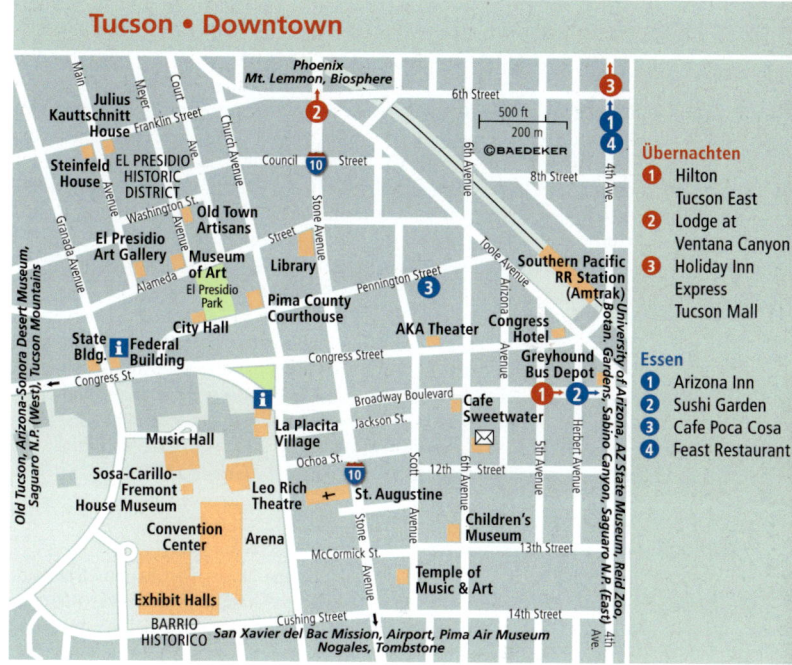

# Tucson • Downtown

Phoenix
Mt. Lemmon, Biosphere

Julius
Kauttschnitt
House

Steinfeld
House

EL PRESIDIO
HISTORIC
DISTRICT

Old Town
Artisans

El Presidio
Art Gallery

Museum
of Art

El Presidio
Park

Library

Pima County
Courthouse

City Hall

State
Bldg.

Federal
Building

Music Hall

La Placita
Village

Sosa-Carillo-
Fremont
House Museum

Leo Rich
Theatre

St. Augustine

Convention
Center

Arena

Exhibit Halls

BARRIO
HISTÓRICO

San Xavier del Bac Mission, Airport, Pima Air Museum
Nogales, Tombstone

6th Street

8th Street

Southern Pacific
RR Station
(Amtrak)

AKA Theater

Congress
Hotel

Greyhound
Bus Depot

Cafe
Sweetwater

Broadway Boulevard

Jackson St.

Ochoa St.

12th   Street

Children's
Museum

McCormick St.

Temple of
Music & Art

Cushing Street

14th Street

13th Street

Old Tucson, Arizona-Sonora Desert Museum,
Saguaro N.P. (West), Tucson Mountains

University of Arizona, AZ State Museum, Reid Zoo,
Botan. Gardens, Sabino Canyon, Saguaro N.P. (East)

500 ft
200 m
©BAEDEKER

**Übernachten**

❶ Hilton
Tucson East

❷ Lodge at
Ventana Canyon

❸ Holiday Inn
Express
Tucson Mall

**Essen**

❶ Arizona Inn

❷ Sushi Garden

❸ Cafe Poca Cosa

❹ Feast Restaurant

Südlich an das alte Zentrum von Tucson schließt das Barrio Histórico an, das **ehemalige Geschäftsviertel** der ursprünglich spanischen Stadt mit einigen sehr schönen Adobe-Bauten aus dem späten 19. Jahrhundert.

*Barrio
Histórico*

Östlich des Stadtzentrums erstreckt sich der Campus der renommierten, bereits 1891 gegründeten University of Arizona, an der zurzeit mehr als 30 000 Studenten eingeschrieben sind.

*University of
Arizona*

Auf dem Gelände der Universität befinden sich einige wichtige Museen, darunter auch das **Arizona State Museum** mit seiner reichhaltigen archäologischen Sammlung. Auch die Naturgeschichte des Wüstenstaates kommt in der Ausstellung nicht zu kurz .

Die sehenswerte Mineralien- und Edelsteinsammlung des **Mineralogical Museum** vereint hauptsächlich Fundstücke aus Arizona.

Kunstfreunde kommen im **Museum of Art**, den Kunstsammlungen der Universität, auf ihre Kosten. Zu sehen sind europäische Meisterwerke des 17. bis 20. Jh.s.

Im **Center for the Creative Photography** erfährt man Interessantes über die Entwicklungsgeschichte dieser jungen Kunstrichtung.

## Tucson erleben

### AUSKUNFT
**Metropolitan Tucson Convention &
Visitors Bureau**
100 S. Church Ave.
Tucson, Arizona 85701
Tel. 1 520 6 24 18 17
www.visittucson.org

### SHOPPING
Die beste Einkaufsadresse mit zahlreichen
Boutiquen und Galerien ist die 4th Avenue zwischen Stadtzentrum und Uni-
versitätsviertel. Neueste Designermode
gibt es hier ebenso wie Klamotten aus
der Hippiezeit. Zahlreiche Restaurants
sind an der Einkaufsmeile angesiedelt.

### ÜBERNACHTEN
❶ **Hilton Tucson East** ©©©©
7600 E. Broadway
Tel. 1 520 7 21 56 00
www.hilton.com
Im Osten der Stadt gelegenes modernes
Hotel mit ansprechender Architektur. Es
wird gern von Geschäftsreisenden fre-
quentiert und von Touristen als willkommene Oase nach einer staubigen Wüs-
tentour geschätzt.

❷ **Lodge at Ventana Canyon** ©©
6200 North Clubhouse Lane
Tel. 1 520 5 77 14 00
www.thelodgeatventanacanyon.com
Großzügiges Golf-Resort in wunderschöner Landschaft. Zwei 18-Loch-Golf-
plätze, Tennisplätze, Fitnesscenter und
Pool.

❸ **Holiday Inn Express
Tucson Mall** ©©

620 E. Wetmore Road
Tel. 1 520 2 02 50 00, www.hiexpress.com
Nagelneue und modern eingerichtete
Herberge mit Swimmingpool.

### ESSEN
❶ **Arizona Inn** ©©©©
2200 E. Elm St.
Tel. 1 520 3 25 15 47
www.arizonainn.com
Vornehmes Restaurant in einem Resort-
Hotel. Kontinentale Küche im eindrucksvollen Speisesaal. Danach bieten sich
Drinks in der eleganten Bar an.

❷ **Sushi Garden** ©©
3048 E. Broadway Blvd
Tel. 1 520 326 47 00
www.sushigarden.com
Unprätentiöses Nachbarschaftsrestau-
rant mit traditioneller japanischer und
koreanischer Küche. Helles, funktionales
Ambiente, Terrasse zum Leutegucken.

❸ **Cafe Poca Cosa** ©©©
110 E. Pennington St.
Tel. 1 520 6 22 64 00
www.cafepocacosatucson.com
Stylisch mexikanisch – so präsentiert sich
dieses Lokal, in dem man liebevoll zubereitete Kreationen jenseits üblicher Tex-
Mex-Kreationen genießen kann.

❹ **Feast Restaurant** ©©
4122 E. Speedway Blvd.
Tel. 1 520 3 26 93 63
www.eatatfeast.com
Für seine üppig belegten Sandwiches
und seine tolle Salate ist dieses legere,
unkomplizierte Restaurant bekannt.

In den **Botanical Gardens** lernt man auf engstem Raum die vielgestaltige Vegetation der Sonora-Wüste kennen.

**Arizona State Museum:** 1013 E. University Blvd., Tel. 1 52 06 21 63 02;
Mo. – Sa. 10.00 – 17.00 Uhr; Eintritt 5 $; www.statemuseum.arizona.edu

**Mineralogical Museum:** Mo. – Sa. 10.00 – 15.00, Sa. bis 21.00, So. 13.00 – 16.00 Uhr; Eintritt 7,50 $; www.usmineralmuseum.org

**Museum of Art:** Di. – Fr. 9.00 – 17.00, Sa., So. 12.00 – 17.00 Uhr; Eintritt 5 $; www.artmuseum.arizona.edu

**Center for the Creative Photography:** 1030 N. Olive Rd.; Mo. – Fr. 9.00 – 17.00, Sa., So. 13.00 - 16.00 Uhr; Eintritt frei; www.creativephotography.org

**Botanical Gardens:** tgl. 8.30 – 16.30 Uhr; Eintritt Okt. – April 13 $, Mai – Sept. 8 $; www.tucsonbotanical.org

> **!** **BAEDEKER TIPP**
>
> *Flandrau Planetarium*
>
> Wer nach den Sternen greifen will, sollte ins Flandrau Planetarium auf dem Campus kommen. Das Sternentheater und das angeschlossene astronomische Informationszentrum sind mit allen technischen Raffinessen ausgestattet. Neben diversen Teleskopen kann man hier auch Kleinsmeteoriten und Mondgestein betrachten (Eintritt 7,50 $).

**Fort Lowell Museum**

8 mi/13 km nordöstlich der Stadt besichtigt man den einstigen **Stützpunkt der US-Armee**. Während der blutigen Auseinandersetzungen 1873 – 1886 mit den von Häuptling Geronimo angeführten Apachen spielte der Stützpunkt eine entscheidende Rolle.
❶ Mo. – Sa. 10.00 – 16.00 Uhr; Eintritt 8 $; www.arizonahistoricalsociety.org

## NÄHERE UMGEBUNG VON TUCSON

**Sabino Canyon**

Nordöstlich der Stadt ist der Sabino Canyon ein beliebtes Ausflugsziel. Mehrere Wanderpfade führen zu einigen **wildromantischen Wasserfällen**. Zu den schönsten Aussichtspunkten gelangt man mit einer Panoramabahn.

**Mount Lemmon**

31 mi/50 km nördlich der Stadt erhebt sich der Mount Lemmon (2793 m) als höchstes Massiv der Catalina Mountains. Der **Catalina State Park** an seiner Westseite ist mit seinen Bergseen ein beliebtes Ziel. Es gibt hier auch Siedlungsreste der Hohokam. An der Ostseite des Massivs kann man den **Rose Canyon** und den **Spencer Canyon** erkunden. Die Bergstraße führt bis zum **Mount Lemmon Ski Valley** hinauf, dem südlichsten Skigebiet der USA. Per Sessellift gelangen im Winter Skiläufer und im Sommer Bergwanderer auf den Gipfel.

**Pima Air & Space Museum**

Die Attraktion im Pima Air & Space Museum wenige Meilen südöstlich der Stadt ist eine SR-71 »Blackbird«, der schnellste jemals produzierte **Düsenjet**. Ansonsten sind auf dem Areal rund 200 verschiedene Flugzeuge, Hubschrauber usw. zu sehen. Stark vertreten sind ausgemusterte Flugzeuge der US Air Force, unter denen sich auch Bombenflugzeuge aus dem Zweiten Weltkrieg befinden.

Gleich nebenan befindet sich eine der **größten Basen der US-Luftwaffe**. In langen Reihen stehen hier über 4200 eingemottete Militärmaschinen aller Art und 40 Weltraumfahrzeuge, die von der Aerospace Maintenance and Regeneration Group (AMARG) gewartet oder als Ersatzteillager genutzt werden. Auch aktive Einheiten sind hier stationiert.

❶ 6000 E. Valencia Rd.; tgl. 9.00 – 17.00 Uhr; Eintritt Juni – Okt. 13,75 $, Nov. – Mai 15,50 $; Führungen durch die Base n. V. Mo. – Fr.; Teilnahme 7 $; www.pimaair.org

**Titan Missile Museum**

Etwa 25 mi/40 km südlich vom Stadtzentrum, im Green Valley, kann man Raketentriebwerke und sogar ein Atomraketensilo mit einer Titan-II-Interkontinentalrakete aus der Zeit des Kalten Krieges besichtigen.

❶ tgl. 9.00 – 17.00 Uhr; Tour 8,50 $; www.titanmissilemuseum.org

**\*Saguaro National Park East**

Nördlich der Colossal Cave, in den Vorbergen der Rincon Mountains, erstreckt sich der Ostteil des Saguaro-Nationalparks, der nach den hier heimischen **Saguaro-Kakteen** (Armleuchterkakteen) benannt ist. Ein 8 mi/13 km langer Scenic Drive erschließt die schönsten Punkte. Am Morgen und in der Abenddämmerung kann man hier häufig Wild beobachten.

**Typisch für die Landschaft um Tucson: Armleuchterkakteen**

Der spanische Jesuitenpater Eusebio Kino gründete 10 mi/16 km südlich der Stadt im Jahre 1770 die Missionsstation San Xavier del Bac. Das Ensemble gilt als Musterbeispiel barocker kolonialer Baukunst. Die hell getünchte Missionskirche wird oft als »Weiße Taube der Wüste« bezeichnet.

**\*Mission San Xavier del Bac**

❶ 1950 W. Xavier Rd.; Kirche tgl. 7.00 – 17.00, Museum 8.30 – 17.00 Uhr; Eintritt frei, Spende erbeten; www.patronatosanxavier.orghr

Sozusagen als **»lebendes Museum«** präsentiert sich das sehenswerte **\*\*Arizona-Sonora Desert Museum**, das westlich der Filmstadt Old Tucson am Südrand des Saguaro National Park West eingerichtet ist. Hier kann man zahlreiche typische Wüstenpflanzen und Wüstentiere wie Pumas, Kojoten und Roadrunner in ihrem natürlichen Lebensraum studieren.

❶ März – Sept. tgl. 7.30 – 17.00, Okt. – Feb. tgl. 8.30 – 17.00 Uhr; Eintritt 19,50 $; www.desertmuseum.org

> **BAEDEKER TIPP !**
>
> *Wild wild West*
>
> Wollten Sie schon immer mal sehen, wo Little Joe, Adam und Hoss angeblich wirkten? Einige Folgen von Bonanza wurden in der legendären Westernstadt Old Tucson knapp 13 mi/20 km westlich der Stadt gedreht. Man kann das Gelände besichtigen, aber aufgepasst: Stuntmen liefern sich täglich wilde Schießereien (Tel. 1 52088301 00, www.oldtucson.com).

15 mi/24 km westlich von Tucson dehnt sich der Westteil des Saguaro National Park in der Sonora-Wüste aus. Trotz **Hitze und Trockenheit** gedeihen hier viele Pflanzen. Seinen Namen hat der Nationalpark von den hier in ganzen »Wäldern« vorkommenden Saguaro-Kakteen, die zu den größten Vertretern ihrer Art in Nordamerika gehören. Auf und von diesen Kakteen leben viele Vögel, darunter auch der Gila-Specht und der Kaktus-Zaunkönig. Allerdings wird der Nationalpark auch von Klapperschlangen, den hochgiftigen Gila-Krustenechsen und anderen Reptilien bevölkert.

**\*Saguaro National Park West**

## WEITERE UMGEBUNG VON TUCSON

Der AZ 77 führt von Tucson in nördlicher Richtung. Nach 32 mi/52 km erreicht man den Ort Oracle, in dessen Nähe das Projekt Biosphere 2 zu finden ist. Der **künstlich geschaffene und sich selbst erhaltende Lebensraum** ist durch eine riesige Glaskonstruktion von der Außenwelt abgeschlossen. Von 1991 bis 1993 haben im **»größten Reagenzglas« der Welt** vier Frauen und vier Männer abgeschirmt von der Außenwelt in Biosystemen wie tropischem Regenwald, Savanne oder Korallenriffen gelebt. Das Experiment wurde abgebrochen, als sich herausstellte, dass die künstlichen Biosysteme

**\*Biosphere 2**

**Im Biosphere 2 schufen Wissenschaftler eine künstliche Welt.**

nicht autark funktionierten. Heute dient Biosphere 2 als Öko-Labor und Info-Zentrum.

❶ tgl. 9.00 – 16.00 Uhr; Eintritt 20 $; www.b2science.org

**\*Kitt Peak National Observatory**
Etwa 45 mi/73 km südwestlich von Tucson erhebt sich der 2097 m hohe Kitt Peak aus der Sonora-Wüste. Auf dem Gipfel steht ein Observatorium, das zu den **bedeutendsten auf der Erde** gehört. Der Himmel wird durch ein Dutzend Teleskope beobachtet. Auch ein riesiges Sonnenteleskop steht den Forschern zur Verfügung. Im angeschlossenen Informationszentrum werden Besucher über die Geschichte und die Arbeit dieser Forschungsstation unterrichtet.

❶ tgl. 9.00 – 15.45; Führungen: tgl. 10.00, 11.30, 13.30 Uhr; Eintritt 9,75 $; www.noao.edu

**\*Tumacácori National Historical Park**
Rund 40 mi/60 km südlich von Tucson erreicht man den bereits 1908 als National Monument ausgewiesenen Tumacácori National Historical Park, der das Gelände der einstigen **spanischen Missionsstation** San José de Tumacácori umfasst. Die heutige Missionskirche wurde nie vollendet. In dem 1937 im Adobestil errichteten Besucherzentrum wird ein interessanter Film über das Alltagsleben der Mönche gezeigt. Auch kann man hier schönes indianisches Kunsthandwerk bestaunen.

❶ tgl. 9.00 – 17.00 Uhr; Eintritt 3 $; www.nps.gov/tuma

**\*Tubac**
1948 gründete Dale Nichols in Tubac, der **ältesten nichtindianischen Siedlung Arizonas**, seine Kunstschule. Dies war Startschuss für die Entwicklung der kolonialspanischen Siedlung zum viel besuchten Fremdenverkehrsort, in dem es heute mehr als vier Dutzend Kunstgalerien gibt. Im Februar findet das Tubac Festival of the Arts statt, im Mai die farbenprächtige Cinco de Mayo Fiesta.

Rund 62 mi/100 km südlich von Tucson liegt die Stadt Nogales (von span. »Walnüsse«) an der US-amerikanisch-mexikanischen Grenze. Auf beklemmende Weise beeindruckt der 3 – 5 m hohe **Metallgitterzaun**, der Nogales durchzieht und die US-amerikanische Stadt von ihrer mexikanischen Schwesterstadt trennt. Von Kameras und ständigen Patrouillen gesichert, ruft das Sperrwerk ungute Erinnerungen an das geteilte Berlin wach. Drogenkriminalität und die zunehmende Zahl illegaler Einwanderer werden als Begründung für die massive Grenzsicherung angeführt. Das US-amerikanische Nogales hat für Touristen wenig zu bieten – es sei denn als Ausgangspunkt für Shopping-Touren in die mexikanische Schwesterstadt. Man sollte jedoch sein Auto aus Sicherheitsgründen auf einem der gebührenpflichtigen und bewachten Parkplätze auf der amerikanischen Seite abstellen.

**Nogales**

»Land der aufrecht stehenden Felsen« nannten die Indianer die **Gebirgslandschaft** im äußersten Südosten von Arizona, etwa 100 mi/160 km östlich von Tucson. Bizarre Felsformationen inmitten von Eichen- und Kiefernwäldern prägen das Landschaftsbild dieses Gebirges. Im schönsten Teil der stark zerklüfteten Gebirgslandschaft, dem Chiricahua National Monument, finden Wanderer und Kletterer geradezu ideale Bedingungen vor.

**\*Chiricahua National Monument**

Durch den Chiricahua-Park schlängelt sich der **Bonita Canyon Scenic Drive** durch kühle Wälder und Felsformationen hinauf zum 2094 m hohen Massai Point. Von hier oben bietet sich ein atemberaubender Rundblick über die Gebirgslandschaft. Am Eingang des Parks kann man eine Ranch besichtigen und im Visitor Center Informationen einholen.

❶ Visitor Center tgl. 8.00 – 16.30 Uhr; Eintritt frei; www.nps.gov/chir

# Yuma

✈ **J 11**

**Region:** Southwest
**Höhe:** 49 m ü. d. M.
**Einwohnerzahl:** 93 000          **Telefonvorwahl:** 928

**Die Stadt im äußersten Südwesten von Arizona ist bekannt für ihr ungewöhnlich heißes und trockenes Klima. Das große Gefängnis, das anno 1876 in Yuma errichtet wurde, gehört heute zu den Hauptattraktionen der Stadt, in deren Umgebung modernster Bewässerungsfeldbau und extensive Viehzucht betrieben wird. Östlich der Stadt dehnt sich die trostlos wirkende Yuma Desert aus, die heute der US-Luftwaffe als Übungsgelände dient.**

**Yuma**
**Territorial**
**Prison State**
**Historic Park**
Vermutlich nicht ohne Grund wurde das berühmt-berüchtigte Ge-
fängnis »Hell Hole of Arizona« genannt. 33 Jahre, bis zu seiner
Schließung anno 1909, war es das Staatsgefängnis Arizonas, in dem
rund 3000 Gefangene bei **»mörderischen« Temperaturen** ihre Stra-

## Yuma erleben

### AUSKUNFT
*Yuma Convention &*
*Visitors Bureau*
201 N. 4th St.
Yuma, AZ 85364
Tel. 1 928 7 83 00 71
www.visityuma.com

### ÜBERNACHTEN
*Comfort Inn Yuma* ⊜
1691 S. Riley Ave.
Tel. 1 928 7 82 12 00
www.comfortinn.com
Recht geräumige Zimmer, Außenpool
und kostenloses kontinentales Frühstück.

*Yuma Cabana Motel* ⊜
2151 S. 4th Ave., Tel. 1 928 7 83 83 11
www.yumacabana.com

Freundliches Motel mit zweckmäßig
eingerichteten Zimmern.

### ESSEN
*Julieanna's Patio Cafe* ⊜⊜⊜
1951 W. 25th St.
Tel. 1 928 3 17 19 61
www.julieannaspatiocafe.com
Köstliche internationale Küche in sehr
schönem Ambiente.

*Yuma Landing*
*Restaurant* ⊜⊜
195 S. 4th Ave.
Tel. 1 928 7 82 74 27
www.yumalanding.com
Das Restaurant steht an der Stelle, an
der im Jahre 1911 das erste Flugzeug in
Arizona landete.

**Der Colorado River hat in Yuma schon fast das Meer erreicht.**

fe verbüßten. Nach seiner Stilllegung diente die heute denkmalgeschützte Anlage als Filmkulisse für etliche Hollywood-Streifen.

❶ Okt.–Mai tgl. 9.00–17.00 Uhr, Juni–Sept. Di., Mi. geschl.; Eintritt 6 $; www.azstateparks.com/parks/yute

In den 1860er-Jahren hat das US-Militär das große **Yuma Quartermaster Depot** aufgebaut, von dem aus die in Arizona stationierten US-Truppen versorgt wurden.

❶ 201 N. 4th Ave.; Di.–So. 9.00–17.00 Uhr; Eintritt 4 $; www.azstateparks.com/parks/yuqu

**Century House Museum**

Die Arizona Historical Society hat das frühere Anwesen eines Kaufmanns als Museum zugänglich gemacht. Das im Adobestil errichtete **Sanguinetti House** stammt aus den 1870er-Jahren.

❶ 240 Madison Ave.; Di.–Sa. 10.00–16.00 Uhr; Eintritt 3 $; www.yumalibrary.org/ahs

**Colorado King**

Spannend ist ein Ausflug mit der »Colorado King«. An Bord des Schiffes lernt man die interessante Flusslandschaft am unteren Colorado kennen.

❶ Tel. 1 9 28 7 83 44 00; Flusstouren ab 48 $; www.yumarivertours.com

**Fort Yuma Indian Reservation**

Nördlich der Stadt, am kalifornischen Ufer des Colorado, befindet sich die Fort Yuma Indian Reservation, ein **Reservat der Quechan-Indianer**. Alljährlich im März wird hier ein farbenprächtiges Pow Wow abgehalten, bei dem traditionelle indianische Tänze und zeremonielle Handlungen vorgeführt werden. Das Reservat ist im Bereich des einstigen Fort Yuma ausgewiesen, das Mitte des 19. Jh. zum Schutz des Flussübergangs angelegt wurde. In einem früheren Festungsgebäude ist ein kleines volkskundliches Museum untergebracht, das Einblicke in das Leben der Quechan gewährt.

**Gezähmter Colorado**

Im Raum Yuma hat man den Colorado ab 1909 in ein enges Betonkorsett mit mehreren Staustufen gezwängt. Bei Yuma wird fast das gesamte Flusswasser in den All American Canal geleitet, der von hier aus entlang der kalifornisch-mexikanischen Grenze ins Imperial Valley zieht. Dieser extrem trockene und heiße Landstrich konnte so zum »**Wintergarten der USA**« werden. Ganz nebenbei konnte man nicht nur an den Staustufen des Colorado, sondern auch am All American Canal eine ganze Treppe von Flusskraftwerken installieren, die Strom für die heimische Wirtschaft liefern.

# California (South)

# CALIFORNIA (SOUTH)

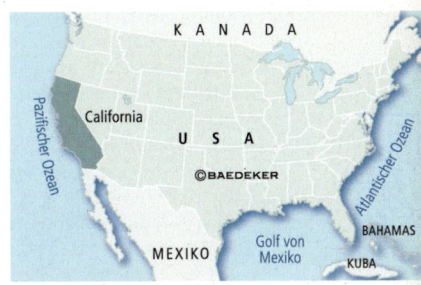

**Ganz Kalifornien:**
**Fläche:** 411 043 km²
**Einwohnerzahl:** 39 Mio.
**Hauptstadt:** Sacramento
**Beiname:** Golden State
**Zeitzone:** Pacific

**Kalifornien ist nach Alaska und Texas der drittgrößte Bundesstaat der USA und der südlichste der vier pazifischen Festlandstaaten. Das Landschaftsbild Kaliforniens zeigt sich äußerst vielfältig: Der reizvolle Küstensaum am Pazifik, das fruchtbare Kalifornische Längstal und die Sierra Nevada mit ihren schneebedeckten Gipfeln sorgen für Abwechslung.**

Im Süden hat Kalifornien Anteil an den großen Wüstenregionen des US-amerikanischen Südwestens. Im heißen und trockenen Death Valley befindet sich der 86 m unter dem Meeresspiegel liegende **tiefste Punkt der westlichen Hemisphäre**. Ferner gehören Teile der Mojave- und der Coloradowüste zu Südkalifornien. Trockene und warme Sommer sowie ergiebige Regenfälle im Winter sind die besonderen Merkmale des mediterran bis subtropisch geprägten kalifornischen Klimas. Östlich der Sierra Nevada und ihrer südlichen Ausläufer, also in deren Windschatten, sowie ganz im Süden ist es das ganze Jahr über recht trocken. Gelegentlich sind warme Wüstenwinde (Santa-Ana-Winde) auch an der Küste im Großraum Los Angeles zu spüren.

**Ausführlich beschrieben im »Baedeker Kalifornien«**

Schon lange vor der Landnahme durch Pioniere und Siedler aus Europa war Kalifornien von indianischen Ureinwohnern (u. a. Na-Dene, Hoka, Penuti, Aztek-Tano) besiedelt. Wohl als erster Europäer hat der **portugiesische Seefahrer Cabrilho** 1542 die kalifornische Pazifikküste erkundet. Ab 1769 setzten sich hier die Spanier fest, die entlang der Küste nicht weniger als 21 Missionsstationen einrichteten. 1821 wurde Kalifornien Provinz des inzwischen von Spanien unabhängigen Staates Mexiko. 1846, als Krieg zwischen den USA und Mexiko ausbrach, reklamierte Kalifornien für sich die Unabhängigkeit. Zwei Jahre später, im Frieden von Guadalupe Hidalgo, wurde das Gebiet des heutigen Bundesstaates Kalifornien den USA zugeschlagen und 1849 als 31. Unionsstaat aufgenommen. Von 1846 bis 1848 strömten rund 250 000 Neusiedler von Osten nach Kalifornien – die meisten waren auf der Suche nach Gold. Alsbald sollte der Bundesstaat zum **wirtschaftlichen Schwergewicht** des amerikanischen Westens werden.

**Geschichte**

**Wirtschaft**  Kalifornien ist nicht gerade arm an Bodenschätzen, denn die Vorkommen an Buntmetallen, Erdöl und Erdgas sind beachtlich. Eine tragende Rolle in der Wirtschaft des »Golden State« spielt auch das **Agro-Business**, das sich größtenteils auf den Bewässerungsfeldbau stützt. Angebaut werden u. a. Gemüse, Zitrusfrüchte, Weintrauben, Walnüsse und Baumwolle. Etwa 80 % der US-amerikanischen Weine werden in Kalifornien erzeugt. Spätestens seit den 1940er-Jahren kam die industrielle Entwicklung in Kalifornien in Gang, allen voran die Kriegswaffenproduktion und der Flugzeugbau (vor allem im Großraum Los Angeles), die ihrerseits die Entstehung der Computerindustrie beflügelten. Diese ist vor allem im sogenannten Silicon Valley südöstlich von San Francisco angesiedelt. Weitere wichtige Industriezweige sind der Fahrzeugbau und die Lebensmittelproduktion. Hollywood, heute mitten im Ballungsraum Los Angeles gelegen, entwickelte sich zum Zentrum der US-amerikanischen Filmindustrie.

## ✱✱ Big Sur

✦ B 7

**County:** Monterey
**Höhe:** 0 – ca. 800 m ü.d.M.

**Der Name Big Sur weckt Träume von einer großartigen Landschaft. Der California Highway 1 führt von ►Monterey nach Süden, etwa 100 km immer am Meer entlang. Erst in den 1930er-Jahren schlugen chinesische Arbeiter und Häftlinge aus St. Quentin die Strecke in die Ausläufer der Santa Lucia Mountains.**

**Traumhaftes Küstengebiet**  Big Sur ist eines der schönsten bewaldeten Küstengebiete in Kalifornien. Es erstreckt sich zwischen der Monterey-Halbinsel und ► San Simeon im Süden. Größere Teile stehen unter Naturschutz. Hier brüten auch wieder Kalifornische Kondore. Im Sommer 2008 wurde die herrliche Küstenlandschaft von verheerenden Wald- und Buschbränden heimgesucht, die über 200 km² Land verwüsteten.

### Big Sur erleben

**AUSKUNFT**
*Big Sur Chamber of Commerce*
Tel. 1 831 6 67 21 00
www.bigsurcalifornia.org

*Pfeiffer Big Sur State Park*
47225 Hwy. 1
Big Sur, CA 93920-9542
Tel. 1 831 6 67 23 15, www.parks.ca.gov

Der Name Big Sur ist mit zahlreichen **Künstlern** verbunden: Der Schriftsteller **Henry Miller** lebte in Big Sur zu einer Zeit, 1944, als es lediglich 60 Einwohner hatte. Ein Freund des

Herrlicher Ausblick auf die Pazifikküste vom California Highway 1

großen Literaten hat eine **Henry Miller Library** eingerichtet. **Jack Kerouac**, einer der Beat-Literaten, schrieb den Roman »Big Sur« über einen führenden Vertreter der Beatbewegung, der sich hier niederließ. Robinson Jeffers hat die Gegend in seinen Gedichten verewigt; **Joan Baez** organisierte hier das Festival »Celebration at Big Sur«.
Henry Miller Library: 49273 Hwy. 1; Mi – Mo. 11.00 – 18.00 Uhr; Eintritt frei, Spende erbeten; www.henrymiller.org,

Das **Café-Restaurant Nepenthe** direkt am California Highway 1 ist der ideale Ort für eine Rast. Traumhafte Ausblicke auf die Küste, und eine berührende Geschichte: Orson Welles und Rita Hayworth haben hier verliebte Stunden in einer Blockhütte verbracht, Henry Miller ließ an diesem Ort seine Schreibmaschine klappern.
**Aussichtspunkt**

❶ 48510 Hwy. 1, Tel. 1 831 6 67 23 45, www.nepenthebigsur.com

Vom Highway 1 bieten sich **herrliche Ausblicke** auf die malerische Pazifikküste. Landeinwärts erheben sich bewaldete und durch ein weitläufiges Wanderwegenetz erschlossene Bergrücken. Flüsse und Bäche haben tiefe Canyons in die Felslandschaft der Ventana Wilderness und der St. Lucia Mountains gegraben.
**Aussichtsreiche Wanderregion**

| | |
|---|---|
| **\*Pfeiffer Big Sur State Park** | Dieser 26 mi/42 km südlich von ►Carmel gelegene State Park schützt ein Stück Landschaft, in dem noch etliche mächtige Küstenmammutbäume (Redwood) stehen. Außerdem gibt es hier tolle Badeplätze am Meer. |

❶ 47555 Highway 1, Sycamore Canyon Rd. (nicht für größere Wohnmobile geeignet!); tgl. 8.00 bis Sonnenuntergang, Eintritt 5 $ pro Pkw; www.parks.ca.gov

## \*\* Death Valley National Park

✴ F/G 7/8

**Region:** Inyo
**Tiefster Punkt:** 85,5 m u. d. M.
**Fläche:** Fläche: 8367 km²
**Gründungsjahr:** 1933 (National Monument) bzw. 1994 (National Park)

**Oberflächlich gesehen hat das Death Valley ähnlich spektakuläre Ausmaße wie der ►Grand Canyon. Denn etwa ein Fünftel des Gebietes liegt in Meeresspiegelhöhe oder darunter, und im Westen wird die abflusslose Senke von der Panamint Range mit dem 3368 m hohen Telescope Peak und im Osten von der Amargosa Range mit dem 2664 m hohen Grapevine Peak begrenzt.**

**Entstehungsgeschichte**

Das Death Valley hat sich erst am Ende der Tertiärzeit, also vor rund einer Million Jahren, abgesenkt. Auch heute noch kommt es in dieser Gegend zu **tektonischen Bewegungen**. Am Ostrand des Death Valley, etwa am 1669 m hohen Dantes View und westlich des Telescope Peak verlaufen tektonische Linien, entlang derer sich einzelne Schollen der Erdkruste bewegen. Über Gesteinsschichten aus der Frühzeit der Erdgeschichte lagern Sedimente aus dem Erdaltertum, aus dem Erdmittelalter und aus dem Tertiär. Erst in geologisch sehr junger Zeit sind die Salztone, Süßwasserablagerungen und Sanddünen entstanden. Auch die **vulkanischen Erscheinungen** im Norden des Death Valley und an seinem Ostrand sind noch sehr jung. In der feuchten Periode nach dem Eiszeitalter erfüllte der Lake Manley

**? BAEDEKER WISSEN**

*Trockenes Land*

Das Death Valley erhält im Durchschnitt nur rund 40–100 mm Niederschlag pro Jahr. Angesichts des bis weit ins Frühjahr schneebedeckten und bewaldeten Telescope Peak kann man das kaum glauben. Doch während an der Panamint Range die Blitze zucken und sich heftige Gewitter entladen, brausen trockene Winde durch das Tal.

**Der tiefste Punkt im »Tal des Todes«**

das Death Valley, dessen Uferlinien und -terrassen etwa 120–150 m über dem heutigen Talboden erkennbar sind.

Das abflusslose Death Valley ist nicht nur das tiefste, sondern auch das **heißeste und trockenste Gebiet Nordamerikas**. Im Januar ist es hier tagsüber angenehme 20 °C warm. Bis zum Juli steigen die Tagestemperaturen allerdings weit über die 40 °C-Marke. Im Juli hat man schon ein Maximum von 57 °C gemessen! Fröste können gelegentlich von November bis März auftreten. Das Temperaturminimum liegt bei –10 °C. Am besten bereist man das Death Valley in der Zeit von Oktober bis Mai. Von Juni bis September kann es unerträglich heiß werden. In dieser Zeit kann eine Fahrt durch das Death Valley mit erheblichen Risiken verbunden sein. Dazu gehören nicht nur lokale »Dust Devils«, sondern auch heftige, hohe Sand- und Staubfahnen aufwirbelnde Stürme, die mehrere Stunden lang wehen können. Etwaige Fahrverbote sollte man unbedingt beachten!

Trotz extremer Lebensbedingungen gibt es dank einiger versteckter Quellen an manchen Stellen eine überraschend **artenreiche Flora** mit verschiedenen Gräsern, Wermutgebüsch und diversen Kakteen. Wo ein wenig Vegetation vorhanden ist, kann man mit Kleinechsen, Klapperschlangen und Skorpionen rechnen. Ziemlichen Schrecken können einem die **Chuckwallas** einjagen, jene dunkel gefärbten, bis zu 25 cm langen Echsen, die sich bei Gefahr bedrohlich aufplustern können. Selbst einige Kojoten kommen von den umliegenden Bergen ins Tal herunter.

Klima und Reisezeit

# Death Valley

Telescope Peak 11049 ft / 3368 m

**Panamint Range**

**Amargosa Range**

Death Valley

Meereshöhe

-282 ft / -86 m **Badwater**

Nationalpark- grenze

4 WD - Strecke

# Death Valley erleben

## AUSKUNFT
*Death Valley National Park*
P.O. Box 579
Death Valley, CA 92328
Tel. 1 760 7 86 32 00
www.nps.gov/deva

## ÜBERNACHTEN
**❶** *Furnace Creek Inn & Ranch Resort* ⦿⦿⦿⦿ & ⦿⦿⦿
Hwy 190, Tel. 1 760 7 86 23 45
www.furnacecreekresort.com
Das Resort besteht aus zwei Hotels, dem historischen, eleganten Furnace Creek Inn und der familienfreundlichen Furnace Creek Ranch. Das Inn ist von Oktober bis Mai geöffnet, die Ranch auch im Sommer.

**❷** *Stovepipe Wells Village* ⦿⦿
Hwy 190, Tel. 1 760 7 86 23 87
www.deathvalleyhotels.com
Geschmackvoll eingerichtete Zimmer mit wunderschönem Blick auf die Umgebung, teils mit Terrasse. Der Pool lädt nach einem heißen Tag zur Abkühlung ein.

**❸** *Stagecoach Hotel & Casino* ⦿⦿
900 East US Highway 95 North
Beatty, NV 89003
Tel. 1 775 5 53 24 19
www.stagecoachhotelcasino.com
Zum gut geführten Hotel gehören auch zwei Restaurants und Beattys größtes Casino.

**❹** *Saddle West Hotel & Casino* ⦿⦿
1220 S. Hwy. 160
Pahrump, NV
Tel. 1 775 7 27 11 11
www.saddlewest.com
Neben 158 Zimmern bietet das Hotel ein Kasino, einen Pool und ein Restaurant, das zu den jeweiligen Mahlzeiten entsprechende Buffets auffährt.

## ESSEN
*Furnace Creek Inn & Ranch Resort* ⦿⦿⦿⦿
▶
Der herrliche Panoramablick macht die exzellenten Speisen zu einem noch größeren Genuss. Das Furnace Creek Inn bietet einen Sonntagsbrunch und täglich Nachmittagstee.

*Toll Road Restaurant* ⦿⦿⦿
▶
Herzhafte Kost gibt es in diesem Restaurant auf dem Gelände des Stovepipe Wells Village.

Seinen bedrohlichen Namen hat das Death Valley 1849 erhalten. Damals verirrte sich eine Gruppe von **Goldgräbern**, die eine Abkürzung zu den damals bekannten kalifornischen Goldvorkommen suchte, im unwirtlichen und unübersichtlichen Grenzgebiet zwischen Nevada und Kalifornien. Etliche dieser Goldsucher kamen im heißen Death Valley um. Dennoch schwemmte der Goldrausch weitere Abenteurer und Prospektoren ins Tal des Todes. Neben einigen wenig ergiebigen Erzlagerstätten fand man hier vor allem **Borax**. Diesen Rohstoff benötigte man für die Herstellung von Waschmitteln ebenso wie für die industrielle Glasproduktion.

**Geschichte**

**\*Dante's View** Von Death Valley Junction zieht der CA 190 in nordwestlicher Richtung in die Amargosa Range hinauf. Nach 18 mi/29 km zweigt ein schmales Bergsträßchen zum 1664 m ü. d. M. gelegenen Dantes View ab. Von diesem **Aussichtspunkt** auf den vulkanischen Black Mountains hat man einen überwältigenden Blick ins Death Valley hinunter und hinüber zum 3368 m hohen Telescope Peak, dem höchsten Gipfel der Panamint Mountains.

**\*Zabriskie Point** Auf der Weiterfahrt ins Death Valley hinunter passiert man den Zabriskie Point inmitten der wild zerfurchten und entblößten Badlands aus lehmig-gelben bis dunkelbraunen Hügeln. Auch von hier bietet sich ein spektakulärer Blick ins Tal des Todes.

**Furnace Creek, Visitor Center** Wenige Minuten später erreicht man den Talgrund mit einer **grünen Oase** am Furnace Creek. Gleich neben der Furnace Creek Ranch befindet sich das Besucherzentrum der Nationalparkverwaltung, in dem man sich über die Landschafts- und Naturgeschichte und den Boraxabbau im Death Valley informieren kann. Von hier aus werden auch geführte Wanderungen angeboten. Vor dem Gebäude stehen einige gut hundert Jahre alte Gerätschaften zum Abbau der Boraxvorkommen.

❶ Sommer tgl. 8.00–17.00, Winter tgl. 8.00–19.00 Uhr; Eintritt 20 $ pro Fahrzeug; www.nps.gov/deva

**\*Golden Canyon, Artist's Drive** Vom Visitor Center führt der CA 178 in den südlichen Teil des Death Valley. Ein erster Abstecher führt zum **Golden Canyon**, der in die ockerfarbenen bis rostbraunen Badlands am Ostrand des Death Valley eingetieft ist. Der Canyon kann nur zu Fuß erkundet werden. Wenig später kann man den ca. 9 mi/14 km langen Artists Drive (Einbahnstraße) befahren. Hier sieht man in vielen Farben leuchtende Gesteinsbildungen. Aufsteigendes Thermalwasser hat mit dazu beigetragen, dass die im vulkanischen Gestein vorhandenen Mineralien in ihrer ganzen Buntheit schillern.

Ein Abstecher führt auf die **Devil's Golfcourse** (Golfplatz des Teufels) genannte Salzkruste, die sich als betonharte und scharfkantige, weißlich-graue Schicht über viele Quadratkilometer ausbreitet.

Schließlich kommt man zum **\*Badwater**, dem kümmerlichen und brackigen Überrest jenes großen eiszeitlichen Sees, der einstmals das Tal des Todes erfüllte. Hier befindet sich auch der **tiefste Punkt der Vereinigten Staaten**: 282 ft/86 m unter dem Meeresspiegel.

**\*Mosaic Canyon** Auch im nördlichen Teil des Death Valley gibt es einige hochinteressante Stellen zu besuchen. Südlich von Stovepipe Wells lohnt ein Abstecher vom CA 190 in den engen Mosaic Canyon. Hin und wieder auftretende **Wildwässer und Sturzfluten** haben die Wände geschliffen. An manchen Stellen glaubt man, von Menschenhand geschaffene

# Staubige Geister

*Wenn im Sommer über dem trockenen Südwesten der USA die Sonne aufgeht, wird es heiß, sehr heiß. Dann erwachen die »Dust Devils«, die teuflischen Geister der Wüste, zum Leben, beginnen ihren staubigen, wirbelnden Schleiertanz und wandern, einzeln oder in Gruppen, durch die ausgedörrte Landschaft: kilometerlang, minutenlang, bis etwas ihren Tanz stört, sie unruhig werden und kraftlos zu Boden sinken.*

Die Dust Devils, auch Wind- oder Staubhosen genannt, sind kleinräumige, wenige Meter hohe Luftwirbel der Wüstengebiete. Im Gegensatz zu den gefürchteten Tornados gehören sie zu den ungefährlichen sogenannten Kleintromben, die in heißen Sommern auch in Mitteleuropa zu beobachten sind. Voraussetzung für ihre **Enstehung** ist sonniges Hochdruckwetter mit intensiver Sonneneinstrahlung. Dann können sich von überhitzten Sandflächen erwärmte Luftpakete ablösen und plötzlich aufsteigen. Zum Ausgleich stürzt kühlere und damit schwerere Umgebungsluft nach unten. Sie gerät dabei, wie das Wasser über dem Abflusstrichter einer Badewanne, in eine Linksdrehung (Nordhalbkugel). In dem rotierenden Lufttrichter, der sich dabei bildet, wird aufgewirbelter Sand und Staub emporgerissen. Da die Bedingungen für den Erhalt der wandernden Wirbel im Allgemeinen nur kurze Zeit stimmen, hauchen die »staubigen Geister« ihr Leben schon bald wieder aus.

Eine **andere typische Wettererscheinung** der Wüstenregionen Arizonas und New Mexicos sind die vor allem im Winterhalbjahr auftretenden Sand- und Staubstürme. Sie verdunkeln die Sonne und können den Straßenverkehr völlig zum Erliegen bringen. Ursache dieser Stürme sind Tiefdruckgebiete, die aus ihrer üblichen Zugbahn entlang der kanadischen Grenze ausscheren und mit Regen und Schnee im Gepäck die Rocky Mountains mit Südostkurs überqueren. Dabei bringen sie gelegentlich auch dem ausgetrockneten Südwesten einige Regentropfen. Mit den heranziehenden Tiefausläufern frischt der Wind über dem ausgedörrten Land stark auf. Sand und Staub setzen sich in Bewegung und werden mehrerer hundert Meter emporgewirbelt. Dann liegt eine gelbliche **Dunstglocke** über dem Land, und der Staub, der durch alle Ritzen dringt, ist nicht nur zu riechen, sondern förmlich zu schmecken.

**Spektakuläre Windhose**

Marmor- und Mosaikwände vor sich zu haben. Weiter nördlich führt eine Wüstenpiste zu einem mehrere Quadratkilometer großen Sanddünenfeld. Die \***Sand Dunes**, die vom Wind ständig umgesetzt werden, bestehen großenteils aus feinem gelbbraunem Quarzsand.

**Scotty's Castle** Scotty's Castle, ein **schlossähnliches Wüstendomizil**, ist in den 1920er-Jahren im Auftrag eines exzentrischen Millionärs aus Chicago im schönsten spanischen Kolonialstil erbaut worden. Berühmt geworden ist das Anwesen durch Walter E. Scott, den Freund des Millionärs, der den Besuchern alle möglichen fantastischen Geschichten über die Frühzeit der bergbaulichen Exploration des Death Valley erzählt hat.
❶ Touren stündl. Sept.–Okt. 10.00–16.00, Nov.–April 9.00–16.00 Uhr; Eintritt 15 $; www.nps.gov/deva/historyculture/house-tour.htm

**Ubehebe Crater** Als besonderes geologisches Phänomen bietet sich der wenige Meilen westlich von Scotty's Castle gelegene Ubehebe Crater dar. Der **Trichter** hat einen Durchmesser von etwa 800 m und ist ca. 150 m tief. Er ist vor rund 1000 Jahren entstanden. Damals bewirkte aufsteigendes Magma eine heftige Wasserdampfexplosion, durch die der Ubehebe Crater ausgesprengt worden ist.

**\*Wildrose Road, Telescope Peak** Wenige Meilen südwestlich von Stovepipe Wells zweigt die landschaftlich reizvolle Wildrose Road vom CA 190 ab. Sie führt praktisch über alle Vegetationsstufen hinauf zu alten Holzkohlenmeilern (Charcoal Kilns) bzw. zum **Mahogany Flat**, wo einer der neun meist einfachen Campingplätz auf Besucher wartet. Von hier aus kann man zu Fuß den 3368 m hohen Telescope Peak erklimmen, der oft bis weit in den Mai hinein eine Schneehaube trägt. Besonders lohnend ist ein Ausflug auf der Wildrose Road im Frühling und Frühsommer, wenn die Gebirgsblumen blühen.

## ✶✶ Lake Tahoe · Squaw Valley

✦ C/D 4/5

**Region:** Sierra Nevada
**Höhe:** 1890 – 2758 m ü. d. M.

**Mit einer Fläche von 518 km² – das entspricht in etwa der Größe des Bodensees – gehört der Lake Tahoe zu den größten Seen Kaliforniens, und einer der saubersten ist er auch. Die Freizeitmöglichkeiten erschöpfen sich nicht nur in Wassersport, sondern man kann in der herrlichen Umgebung auch reiten, klettern, wandern, Golf spielen, Ski fahren und mehr.**

## Lake Tahoe

**Übernachten**
1. Tahoma Meadows B&B
2. Cottage Inn
3. Alpenrose Inn
4. Fireside Lodge
5. Olympic Village Inn
6. Tamarack Lodge
7. The Plaza Hotel

**Essen**
1. Wolfdale's
2. Soule Domain
3. Sunnyside
4. MacDuffs Pub
5. Sprouts Natural Foods Café

Zentraler Ort der Region ist South Lake Tahoe (24 000 Einw.). Mitten durch den Ort verläuft die **Grenze** der beiden US-Bundesstaaten Kalifornien und Nevada. Dementsprechend ändert sich die Szenerie von einer Straßenseite zur anderen. Hier, in Kalifornien, zahlreiche kleine Motels und Geschäfte, dort, jenseits der State Line in Nevada, wo das Glücksspiel erlaubt ist, luxuriöse Großhotels und Spielkasinos (u. a. »Caesar's«, »Harrah's«, »Harvey's«).

**South Lake Tahoe**

## AUSFLUGSZIELE IN DER UMGEBUNG

Südwestlich vom Lake Tahoe erstreckt sich die imposante Desolation Wilderness Area mit dem Emerald Bay State Park. In der von Seen aufgelockerten Landschaft kann man sich bestens erholen. Sehenswert ist das Vikingsholm, ein 38-Zimmer-Mansionhouse von 1929.
❶ Besichtigung Mai – Anf. Sept., Führungen 10.30 – 16.00 Uhr, 10 $; www.vikingsholm.org

**Desolation Wilderness Area**

Nordwestlich des Lake Tahoe, etwa 7 mi/11 km von Tahoe City entfernt, gelangt man in das landschaftlich überaus reizvolle Hochtal

**\*\*Squaw Valley**

## Lake Tahoe erleben

### AUSKUNFT

*Lake Tahoe*
*Visitors Information Center*
North Shore, 100 N. Lake Blvd.
Tahoe City, CA 96145
Tel. 1 530 5 81 69 00
www.gotahoenorth.com

*Lake Tahoe Visitors Authority*
South Shore, 3066 Lake Tahoe Blvd.
South Lake Tahoe, CA 96150
Tel. 1 530 5 44 50 50
www.tahoesouth.com

### SEERUNDFAHRTEN

Mit der »Tahoe Queen« von South
Lake Tahoe, mit dem Mississippi Schau-
felraddampfer »Tahoe Gal«, der in
Tahoe City anlegt, oder mit der »M.S.
Dixie II« von Zephyr Cove (Nevada) aus
kann man zu einer Rundfahrt auf dem
See starten.

### ÜBERNACHTEN

**❶ *Tahoma Meadows B&B* €€€**
6821 W. Lake Blvd.
Tahoma, CA 96142
Tel. 1 530 5 25 15 53
www.tahomameadows.com
Gemütliche Unterkunft mit Cabins, in
denen bis zu sechs Personen schlafen
können. Nettes Frühstück inklusive.
Das Seeufer liegt auf der anderen
Straßenseite.

**❷ *The Cottage Inn* €€€**
1690 W. Lake Blvd.
Tahoe City, CA 96145
Tel. 1 530 5 81 40 73
www.thecottageinn.com
Die Anlage verfügt neben einem Haupthaus über mehrere Hütten. Die Zimmer

sind mit allen Annehmlichkeiten ausgestattet und liebevoll nach verschiedenen
Themen dekoriert. Der in allen Zimmern
vorhandene Kamin unterstreicht noch
die gemütliche Atmosphäre.

**❸ *Alpenrose Inn* €€€**
4074 Pine Blvd.
South Lake Tahoe, CA 96150
Tel. 1 530 5 44 29 85
www.alpenroseinntahoe.com
Die Zimmer im Alpenrose Inn sind be-
haglich und geräumig. Das Hotel selbst
ist zentral gelegen, so dass man vieles
bequem zu Fuß erreichen kann.

**❹ *Fireside Lodge* €€€**
515 Emerald Bay Rd.
South Lake Tahoe, CA 96150
Tel. 1 530 5 44 55 15
www.tahoefiresidelodge.com
Neun Zimmer und Suiten, die rustikal
und gemütlich nach verschiedenen Themen eingerichtet sind. Alle Räume verfügen über einen Kamin.

**❺ *Olympic Village Inn*
*Resort Hotel* €€**
1909 Chamonix Place
Olympic Valley, Tel. 1 530 5 81 60 00
www.olympicvillageinn.com
Die Gestaltung der Hotelanlage im
Squaw Valley hatte Tiroler Dörfer zum
Vorbild. Rund um das Resort wurden
idyllische Gärten angelegt, die von klei-
nen Bächen durchzogen sind.

**❻ *Tamarack Lodge* €**
2311 N. Lake Blvd.
Tahoe City, CA 96145
Tel. 1 530 5 83 33 50
www.tamarackattahoe.com

Hier haben schon Gary Cooper und Clark Gable gewohnt. Altertümlich-gemütlich sind die einfachen alten Hütten sowie der »Poker Rooms«. WLAN und Kaffee/Tee inklusive.

### ❼ The Plaza Hotel ⓔ
801 South Carson St.
Carson City, Nevada
Tel. 1 775 883 95 00
www.carsoncityplaza.com
Das Hotel mit 148 Zimmern liegt zentral an der historischen Hauptstraße von Carson City in Nevada.

## ESSEN
### ❶ Wolfdale's ⓔⓔⓔⓔ
640 N. Lake Blvd.
Tahoe City, CA 96145
Tel. 1 530 583 57 00
www.wolfdales.com
Wolfdale's verbindet feine, klassische westliche Küche mit asiatischer und kreiert so eine »Cuisine Unique«. Das Weinangebot wurde als eines der besten der Welt ausgezeichnet.

### ❷ Soule Domaine ⓔⓔⓔ
9983 Cove St., Brockway, CA 96143
Tel. 1 530 546 75 29
www.souledomain.com

Ein rustikales Ambiente, mit langer Tradition in der Region. Amerikanische Küche und eine große Auswahl an Fisch und Meeresfrüchten.

### ❸ Sunnyside Restaurant & Lodge ⓔⓔⓔ
1850 W. Lake Blvd.
Tahoe City, CA 96145
Tel. 1 530 583 72 00
Die edlen Fisch- und Fleischgerichte des Restaurants im Stil der 1930er kann man im Sommer auf der größten Sonnenterrasse Tahoes genießen.

### ❹ MacDuffs Pub ⓔⓔ
1041 Fremont Ave.
South Lake Tahoe, CA 96150
Tel. 1 530 542 87 77
www.macduffspub.com
Hochwertige, klassische Pub-Kost. Hier wird man garantiert satt. Die Holzofenpizzas sind ein Highlight!

### ❺ Sprouts Natural Foods Café ⓔ
3123 Harrison Ave.
South Lake Tahoe, CA 96150
Tel. 1 530 541 69 69
Zu leckeren hausgemachten Vollwert-Gerichten (mehrere vegetarische Optionen) gibt es frisch gepresste Obstsäfte.

**Blick von der Emerald Bay am Südwest-Ende des Lake Tahoe**

von Squaw Valley, wo 1960 die **VIII. Olympischen Winterspiele** ausgetragen wurden. Hier haben Georg Thoma aus Hinterzarten in der Nordischen Kombination und Heidi Biebl aus Oberstaufen im Abfahrtslauf Goldmedaillen für Deutschland gewonnen.

**Weitere Wintersport-gebiete** Die Hochgebirgswelt um den Lake Tahoe ist für den Wintersport erschlossen. Neben Squaw Valley erfreuen sich die Skigebiete Mount Rose, Heavenley Valley und Alpine Meadows sowie die Tahoe Donner Ski Bowl und auch die Boreal Ski Area größter Beliebtheit.

**\*Donner Memorial State Park** Folgt man von Squaw Valley weiter der Straße CA 89, dann erreicht man nach etwa 8 mi/13 km den Donner Memorial State Park. Umgeben von Wäldern liegt der idyllische Donner Lake. See und Park wurden benannt nach den Brüdern Georg und Jacob Donner, die 1846 einen Treck von Farmern durch das Gebiet führten. Der verfrühte Wintereinbruch wurde der Gruppe zum Verhängnis – etwa die Hälfte von ihnen starb an Entkräftung oder erfror. An diese tragische Episode der amerikanischen Geschichte wird in einem kleinen **Museum** im Park erinnert.

Emigrant Trail Museum: 10.00 – 17.00 Uhr, Sept. – Mai Di., Mi. geschl.

## ✶✶ Los Angeles

✶ E/F 8/9

**Region:** Los Angeles
**Höhe:** 0 – 1530 m ü. d. M.
**Einwohnerzahl:** 3,9 Mio. (Stadt), 18 Mio. (Greater Metropolitan Area)

**Das am Stillen Ozean gelegene Los Angeles ist Zentrum des zweitgrößten Ballungsraums der USA. Der alte Stadtkern, die Filmstadt Hollywood und das Seebad Malibu sind die meist besuchten Ziele in der Westküsten-Metropole, die mittlerweile einen Durchmesser von mehr als 120 km hat.**

**Geschichte** Die ersten Siedler von »El Pueblo de Nuestra Señora La Reina de Los Angeles« waren Spanier, Mexikaner und Indianer. Beflügelt wurde die Entwicklung der Stadt durch die Goldfunde in der Sierra Nevada, die Fertigstellung der ersten transkontinentalen Eisenbahn (Southern Pacific Rail Road) sowie die Erdölfunde in der Region und die Anlage künstlicher Häfen in San Pedro und Long Beach. In den ersten Jahren des 20. Jh.s stieg die Einwohnerzahl auf 250 000. Für wirtschaftliche Dynamik sorgte auch die Filmindustrie seit Anfang des 20. Jh.s, 1930 produzierte man hier den ersten Tonfilm. In der Folgezeit wurde Los Angeles die **wichtigste Industrie- und Dienstleistungsmetropole** westlich des Mississippi (petrochemische Industrie und Automobil-

## Los Angeles Downtown

**Übernachten**

1 Millennium Biltmore
2 Hilton Checkers
3 Omni Los Angeles
4 Loews Hollywood Hotel
5 Andaz West Hollywood
6 Crowne Plaza Hollywood
7 Westin Bonaventure
8 The Concourse at Los Angeles Airport

**Essen**

1 Arnie Morton's Steakhouse
2 Campanile
3 Mélisse
4 Santa Monica Border Grill
5 India's Tandoori
6 Traxx

industrie, Luft- und Raumfahrttechnik, Maschinenbau, Elektronik). Auch der Tourismus gewann immer mehr an Bedeutung. Im Zuge der wirtschaftlichen Rezession seit den 1970er-Jahren haben sich die sozialen Spannungen zwischen Bevölkerungsgruppen verschärft. Nach der Misshandlung eines Afroamerikaners durch weiße Polizisten kam es 1992 zu schweren Rassenunruhen. Mit dem Ende des Kalten Krieges verlor die Luft- und Raumfahrtindustrie zunächst an Bedeutung. Dieser Wirtschaftszweig konnte sich aber nach den Terroranschlägen am 11. September 2001 aufgrund einer Neuausrichtung der US-Militärstrategie (Bekämpfung des Terrorismus) wieder rasch erholen.

## Los Angeles erleben

### AUSKUNFT

*LA Inc. The Convention &
Visitors Bureau*
333 South Hope St.
18th Floor
Los Angeles, CA 90071
Tel. 1 213 624 73 00
www.discoverlosangeles.com

*Visitor Information Centers*
Downtown, Union Station
800 N. Alameda St.
Tel. 1 213 689 88 22

Hollywood & Highlands
6801 Hollywood Blvd.
Tel. 1 323 467 64 12

Port of Los Angeles
Pacific Cruise Ship Terminal
Tel. 1 310 514 94 84

### SHOPPING

Große Einkaufsplätze sind das Beverly
Center in Beverly Hills und die Santa
Monica Place Mall. In Hollywood geht
man auf den Sunset Boulevard, in Santa
Monica in die Main Street. Ausgefallenes
gibt es in der Melrose Avenue in West
Hollywood. Wahrlich bunte Märkte sind
der Farmer's Market (W. 3rd St.) und der
Grand Central Market am Broadway in
Downtown, wo es ziemlich mexikanisch-
spanisch zugeht.

### ÜBERNACHTEN

**❶** *Millennium Biltmore* ©©©©
506 South Grand Ave.
Tel. 1 213 624 10 11
www.millenniumhotels.com
Hotel im Renaissance-Stil mit prachtvoll
ausgestatteten Zimmern und Suiten, wie

der zweistöckigen Präsidentensuite oder
der Musiker-Suite mit Flügel. Das Haus
beherbergte schon hohe Gäste, auch die
Academy Awards fanden hier einmal
statt.

**❷** *Hilton Checkers* ©©©©
535 South Grand Ave.
Tel. 1 213 624 00 00
www.hiltoncheckers.com
Das zwölfstöckige Gebäude besitzt als
Krönung (im wahrsten Sinne des Wor-
tes) eine Dachterrasse mit Pool und
atemberaubendem Blick über die Stadt.
Im Hotel befindet sich das Checkers
Downtown Restaurant, das zu den
Top 20 in Los Angeles zählt.

**❸** *Omni Los Angeles* ©©©©
251 South Olive St.
Tel. 1 213 617 33 00
www.omnihotels.com
Direkt am California Plaza. In den Zimmern und Suiten vermischen sich asiati-
sche und neoklassizistische Elemente zu
einer stilvollen Einheit.

**❹** *Loews Hollywood Hotel* ©©©©
1755 N. Highland Ave.
Tel. 1 323 856 12 00
www.loewshotel.com
Das Hotel besticht durch sein Design. Ein
weiteres Highlight ist die Suite im obersten Stockwerk mit 270°-Panoramablick
auf die Stadt.

**❺** *Andaz West Hollywood* ©©©©
8401 Sunset Blvd.
(West Hollywood)
Tel. 1 323 656 12 34
www.westhollywood.andaz.hyatt.com
Wer über eine gut gefüllte Geldbörse

verfügt, kann am weltberühmten Sunset Strip nächtigen, nur wenige Minuten entfernt von Beverly Hills, Universal Studios und Rodeo Drive. Das 2008 renovierte Haus wird auch »Rock'n'Roll Hotel« genannt, weil hier seit Jahrzehnten berühmte Musiker logieren.

### ❻ *Crowne Plaza* €€€€
5985 W. Century Blvd.
(Flughafen)
Tel. 1 310 6 42 75 00
www.ihg.com
Das luxuriös ausgestattete Großhotel liegt in der Nähe des Internationalen Flughafens von Los Angeles und verfügt über 613 Zimmer mit vielen Annehmlichkeiten, Pool, Sauna und Fitnesscenter.

### ❼ *Westin Bonaventure* €€€€
404 S Figueroa St
Tel. 1 213 6 24 10 00
www.thebonaventure.com
Das moderne Hotel mitten im Bankenviertel ist ein riesiger Komplex mit fünf Glastürmen, in denen 1354 Zimmer und Suiten untergebracht sind. Mit 42 Geschäften und Restaurants ist dieses größte Tagungszentrum von Los Angeles fast schon eine kleine Stadt. Der großzügige Fitnessbereich verfügt sogar über eine überdachte Jogging-Strecke.

### ❽ *The Concourse at Los Angeles Airport* €€€€
6225 W. Century Blvd.
Tel. 1 424 702 1234
www.concoursehotellax.hyatt.com
Das in Flughafennähe gelegene Concourse, ehemals das Radisson Hotel, ist etwas teurer als sein Vorgänger, wird aber gern als »Stopover« genutzt.

## ESSEN

### ❶ *Arnie Morton's Steakhouse* €€€€
735 S. Figueroa St.
Tel. 1 213 5 53 45 66
www.mortons.com
»Morton's« gilt nach wie vor als das beste Steakhouse in Downtown Los Angeles.

### ❷ *Campanile* €€€€
624 S. La Brea Ave.
(West Hollywood)
Tel. 1 323 9 38 14 47
www.campanilerestaurant.com
Dieses italienische Restaurant gehört in jeder Beziehung zu den Spitzenrestaurants im Großraum. Hollywoods zahlreiche Feinschmecker werden hier mit toskanisch inspirierter Kochkunst verwöhnt.

### ❸ *Mélisse* €€€€
1104 Wilshire Blvd.
(Santa Monica)
Tel. 1 310 3 95 08 81
www.melisse.com
Hier speist man fürstlich in edlem Ambiente. Wahrlich ein Genuss ist der »Lobster bolognese«. Zu den hervorragenden Menüs werden erstklassige Weine gereicht. Auch der Service ist erstklassig.

### ❹ *Santa Monica Border Grill* €€
1445 4th St.
(Santa Monica)
Tel. 1 310 4 51 16 55
www.bordergrill.com
Dieses nette Lokal ist bekannt für seine einfallsreichen und frisch zubereiteten Kreationen mexikanischer Kochkunst.

**⑤** *India's Tandoori* **ⓔⓔ**
5468 Wilshire Blvd.
Tel. 1 323 936 20 50
www.indiastandoori.net
Wie der Name schon sagt, gibt es hier raffiniert zubereitete Spezialitäten der nordindischen Küche. Das Lokal gehört nach wie vor zu den besten seiner Art in Los Angeles.

**⑥** *Traxx* **ⓔⓔ**
800 North Alameda St.
(Downtown)
Tel. 1 213 625 19 99
www.traxx.la
Das Restaurant mit feinen internationalen Gerichten befindet sich in der historischen Union Station, die allein schon den Weg lohnt.

**Smog und Autowahn**

Bis vor einigen Jahren glaubten die Stadtplaner von Los Angeles, nur mit Hilfe des **aufwendigsten Autobahn- und Schnellstraßennetzes der Erde** den Individualverkehr der Metropole am Pazifik in den Griff zu bekommen. 1993 wurde der 28 km lange, von Ost nach West führende achtspurige »Century Freeway« fertig gestellt, der die Zerstörung von Wohnraum für 26 000 Menschen erforderlich machte und über 3 Mrd. US-$ an Baukosten verschlang. Inzwischen wird fast die Hälfte der bebauten Zonen der Stadt von Verkehrsflächen beansprucht. Die beiden größten Verkehrsbauwerke der Stadt sind der weltberühmte »Stack« (hier kreuzen sich auf vier Ebenen der Santa Ana Freeway, der Hollywood Freeway, der Pasadena Freeway, der Harbor Freeway, die Temple Street und der Sunset Boulevard) sowie die Kreuzung von San Diego Freeway und Century Freeway mit elf Rampen und elf Brücken auf sage und schreibe sieben Ebenen. Ohne Auto ist man in Los Angeles praktisch verloren, da der Ausbau des öffentlichen **Personennahverkehrs** nur sehr zögerlich vorankommt. Weit über 4 Mio. Kraftfahrzeuge und natürlich auch der Flugverkehr der vier großen Airports sorgen dafür, dass der berühmt-berüchtigte Smog über Los Angeles zu einem beinahe alltäglichen Phänomen geworden ist.

## DOWNTOWN

**Zwei Zentren**

Die Innenstadt (Downtown) besteht aus zwei Zentren, die durch den Santa Ana Freeway getrennt sind: **El Pueblo** bildet den Kern der eigentlichen Altstadt, während rund um das **Civic Center** das moderne Zentrum liegt. Im Norden grenzt an die Innenstadt Chinatown, im Osten »Little Tokyo«, und im Süden schließt sich nach großflächigen Parkplatz-Arealen »South Central« an, ein Problemgebiet, das man als Tourist besser meiden sollte.

**\*El Pueblo de Los Angeles**

Westlich des 1939 eröffneten riesigen **Union Passenger Terminal** (Hauptbahnhof) erstreckt sich das denkmalgeschützte Pueblo de los Angeles, der 1781 gegründete **historische Stadtkern**. Den Mittelpunkt bildet die Plaza mit der alten **Missionskirche Nuestra Señora La Reina de los Angeles**, die 1822 von spanischen Franziskanern erbaut wurde. Nahebei steht das Fire House von 1884. Im **Sepulveda House** ist die **Touristeninformation** untergebracht. Ein touristischer Rummelplatz erster Güte ist die malerische **Olvera Street**, eine im mexikanischen Stil gehaltene Marktstraße mit vielen bunten Ständen, an denen man hübsche

**? BAEDEKER WISSEN**

*Se habla español*

Los Angeles wird auch als »die größte mexikanische Stadt außerhalb Mexikos« bezeichnet: Fast die Hälfte der Bevölkerung des Großraums Los Angeles stammt aus Lateinamerika. Und da die lateinamerikanischen Familien eine höhere Geburtenrate haben, wird prognostiziert, dass in wenigen Jahren mehr Einwohner Spanisch sprechen werden als Englisch.

Souvenirs (besonders Lederwaren) erwerben kann. Abends treten in Restaurants und Bars folkloristische Musikgruppen auf. Das 1818 errichtete **Avila Adobe House** ist das älteste Haus der Stadt und heute als Museum zugänglich.

**Avila Adobe House:** Tel. 1 21 36 28 12 74; tgl. 9.00 – 16.00 Uhr; www.elpueblo.lacity.org

Nördlich des Pueblo erreicht man die Chinatown. Lebhaft geht es in der Street of the Golden Palace sowie auf dem Gin Ling Way zu.

**Chinatown**

Westlich des Pueblo, an der Temple Street, fällt dieses vom spanischen Architekten **José Rafael Moneo** konzipierte hypermoderne Gotteshaus ins Auge. Die Hauptkirche des katholischen Erzbistums Los Angeles wurde 2002 geweiht. In ihr finden 3000 Gläubige Platz.
❶ tgl. 9.00 - 18.00 Uhr; Eintritt frei, Spende erbeten; www.olacathedral.org

**\*Cathedral of Our Lady of the Angels**

Südwestlich des Pueblo, jenseits des Santa Ana Freeway und der Temple Street, breiten sich Verwaltungsbauten aus. Mittelpunkt ist die 1928 erbaute 27-stöckige **City Hall** (Rathaus). Von der Aussichtsplattform bietet sich gelegentlich ein überwältigender Rundblick. Südwestlich der City Hall, am Broadway, steht der gewaltige Baukomplex der **Los Angeles Times**.
**City Hall:** 9.00 – 17.00 Uhr; Eintritt frei

**Civic Center**

Von der City Hall führt der Paseo de los Popladores als gepflegte Promenade hinauf zum **Music Center**, der Heimstatt des weltberühmten Los Angeles Philharmonic Orchestra. Benachbart sind der **Dorothy Chandler Pavilion** und das **Mark Taper Forum** mit dem **Ahmanson Theatre**. An der First Street steht die 2004 eröffnete **Walt Disney Concert Hall**, ein imposanter moderner Zweckbau, den der Stararchitekt Frank O. Gehry entworfen hat.

**\*Paseo de los Popladores**

**\*MOCA**

Weiter südlich, an der Grand Avenue, zieht das **Museum of Contemporary Art** (MOCA) Kunstinteressierte an. In dem vom japanischen Stararchitekten **Arata Isozaki** konzipierten Zweckbau aus rotem Sandstein sind u. a. wichtige Arbeiten von Andy Warhol, Claes Oldenbourg und Roy Lichtenstein zu sehen.
❶ Do.–Mo. 11.00–17.00, Do. bis 20.00, Sa., So. bis 18.00 Uhr; Eintritt 12 $; www.moca.org

**Grand Central Market**

Auf diesem mexikanisch geprägten Markt am Broadway gibt es alles für den verwöhnten Gaumen. Östlich gegenüber steht das 1893 errichtete **Bradbury Building** mit viktorianischer Innenarchitektur. Der Prachtbau ist Cineasten aus dem Streifen »Citizen Cane« bekannt.

**\*Pershing Square, Biltmore Hotel**

Belebter Mittelpunkt des Financial Districts ist der gärtnerisch recht hübsch gestaltete Pershing Square. Der Platz wird beherrscht vom noblen **Biltmore Hotel**, dessen großartige Lobby man aus manchem Spielfilm und vielen Fernsehnachrichten kennt.

**Central Library**

Schaut man sich die Architektur der imposanten Zentralbücherei zwischen 5th und 6th Street an, wird man an die ägyptische und römische Klassik erinnert (www.lapl.org).

**\*Bunker Hill**

Auf dem Bunker Hill beherrschen Bank- und Versicherungspaläste das Bild. Beachtung verdienen der **Security Pacific Plaza**, der **Arco Plaza** mit zwei 52-stöckigen Wolkenkratzern und einer vom Bauhaus-Künstler Herbert Bayer geschaffenen Brunnenskulptur sowie das bereits anno 1976 nach Plänen von John Portman fertiggestellte **Westin Bonaventure Hotel** mit riesigem Atrium und sich drehender Cocktail-Lounge, von der aus man einen schönen Blick über Downtown L. A. genießen kann. Städtebauliche Dominante ist das **First Interstate World Center**, mit 310 m das zweithöchste Gebäude im Weste der USA. Es trägt eine bemerkenswerte Dachbekrönung. Eine Treppe führt hinunter zur 5th Street.
Der schön gestaltete **Wells Fargo Court** wird von den Glasfassaden der **Wells Fargo Bank** und des **IBM Building** umrahmt. Jenseits der Grand Avenue gefällt die California Plaza. Die bereits 1901 in Betrieb genommene und in den 1960er-Jahren stillgelegte, liebevoll »**Angels Flight**« genannte Standseilbahn ist reaktiviert worden und steht wieder als Aufstiegshilfe am Bunker Hill zur Verfügung.

**Little Tokyo**

Besonders hübsch im japanischen Viertel ist die Noguchi Plaza, deren Blickfang eine Arbeit des Künstlers Isamo Noguchi ist. Den Platz flankieren das **American Cultural & Community Center** sowie das **Japan American Theatre**. Um die weiter nördlich gelegene Japanese Village Plaza gruppieren sich Geschäfte und Restaurants. Nordöstlich lädt das **Japanese American National Museum** zum Besuch ein.

## Highlights Los Angeles

▶ **El Pueblo de Los Angeles**
Bummeln Sie durch den historischen
Stadtkern im mexikanischem Stil
und gönnen Sie sich ein originelles
Souvenir an einem der zahlreichen
Stände.
▶Seite 224

▶ **Museum of Contemporary Art**
Das MOCA ist eine der bedeutends-
ten Sammlungen zeitgenössischer
Kunst in den USA mit Werken ameri-
kanischer und europäischer Künstler.
▶Seite 226

▶ **Hollywood**
Mal sehen, ob Sie Ihren Lieblings-
schauspieler am Fußabdruck erken-
nen im Hof des Grauman's Chinese
Theater, wo auch der weltberühmte
Walk of Fame beginnt.
▶Seite 228

▶ **Getty Center**
Manche kommen nur, um sich das
Gebäude anzuschauen. Doch im Inneren gibt es wertvolle Kunstschätze
zu sehen. Nicht verpassen sollte man
den »Alten Mann in Ritterrüstung«
von Rembrandt.
▶Seite 233

▶ **Universal Studios**
Hier gibt es jede Menge Nervenkitzel
für Jung und Alt, so auch Furcht ein-
flößende Dinosaurier im »Jurassic
Park«.
▶Seite 235

▶ **Disneyland in Anaheim**
Dieser Mega-Vergnügungspark feierte 2015 bereits seinen 60. Geburts-
tag – und ist jung geblieben wie eh
und je. Infos: www.disney
land.disney.go.com
▶Seite 238

Das »Messer-Schiff« von Claes Oldenburg ist Blickfang des MOCA.

**\*L. A. Live**  Im Süden von Downtown L. A. gehört zu diesem Vergnügungsviertel das **Nokia Theatre** (www.nokiatheatrelive.com), in dem Pop-Stars Konzerte geben und Musicals aufgeführt werden. Wenige Schritte weiter fasst das **Staples Center** rund 20 000 Zuschauer. Hier treten u a. die Los Angeles Lakers (NBA-Basketball-Truppe) zu ihren Heimspielen an. Darüber hinaus werden hier alljährlich die Grammy Awards vergeben. Und die Geschichte der Pop-Musik sowie der Grammy Awards erlebt man im modernen **Grammy Museum**.
**Grammy Museum:** 800 W. Olympic Blvd.; Mo. – Fr. 11.30 – 19.30, Sa., So. 10.00 – 19.30 Uhr; Eintritt 12,95 $; www.grammymuseum.org

## WILSHIRE BOULEVARD

**\*Miracle Mile**  Zwischen Highland Avenue und Fairfax Avenue verläuft die Miracle Mile (Wundermeile) des Wilshire Boulevard mit **Art-déco-Bauten** und eleganten Geschäften. Im **Petersen Automotive Museum** steht der »Mercury«, den Silvester Stallone im Streifen »Cobra« fuhr.
**Petersen Automotive Museum:** 6060 Wilshire Blvd.; Di. – So. 10.00 – 18.00 Uhr; Eintritt 15 $; www.petersen.org

**Rancho La Brea Tar Pits**  Vor der Fairfax Ave. öffnet sich der Hancock Park mit den Teergruben. Hier hat man Skelette von Tieren gefunden, die kurz nach der letzten Eiszeit gelebt haben, darunter auch Reste von **Mammuts**. Im angeschlossenen Museum kann man sich genauer informieren.
❶ tgl. 9.30 – 17.00 Uhr; Eintritt 16 $; www.tarpits.org

**\*L. A. County Museum of Art (LACMA)**  Im größten Kunstmuseum des amerikanischen Westens sind Werke von Rembrandt, Holbein, Canaletto, Cézanne, Kandinsky und Chagall zu sehen. Das angeschlossene, 2008 eröffnete und vom Stararchitekten Renzo Piano entworfene **Broad Contemporary Art Museum** zeigt moderne Kunst.
❶ Mo., Di., Do. 11.00 – 17.00, Fr. 11.00 – 20.00, Sa., So. 10.00 – 19.00 Uhr; Eintritt 15 $; www.lacma.org

**Farmers Market**  Genüsse aller Art, besonders fruchtige, kann man auf dem sehr belebten Farmers Market erstehen.
❶ Fairfax Ave. & 3rd Street; www.farmersmarketla.com

## HOLLYWOOD

**Filmstadt**  Die um die Jahrhundertwende gegründete, vom bäuerlichen Leben geprägte Siedlung Hollywood ist 1910 nach Los Angeles eingemeindet worden. 1911 entstand hier das **erste Filmstudio Kaliforniens**, die Keimzelle der weltberühmten Filmmetropole. Heute ist Hollywood nur noch ein Schatten seiner selbst. Es arbeiten nur noch wenige große Filmproduktionsgesellschaften neben einigen kleineren, die sich vor allem mit der Herstellung von Fernsehfilmen, Werbespots und audiovisuellen Unterrichtshilfen beschäftigen.

Stark befahrene Hauptstraße ist der in west-östlicher Richtung verlaufende **Hollywood Boulevard**. Er ist in den letzten Jahren mit viel Aufwand restauriert worden. Obdachlose wurden in entlegenere Regionen verbannt. Ein Highlight ist das von einem Drachen bewachte **\*Grauman's Chinese Theater**, das im Stil einer chinesischen Pagode erbaute und wohl **bekannteste Filmtheater der Welt** (www.chinesetheatres.com; Führung auf Nachfrage).

Beim Chinese Theater beginnt der wohl meistfotografierte Abschnitt des Hollywood Boulevard, der sogenannte Walk of Fame. In den schwarzen Terrazzo-Belag des Bürgersteigs sind die Messingschilder bzw. rosa Sterne aus Marmor mit den Namen berühmter Filmschauspieler eingelassen. Bis heute haben sich hier **1800 Hollywood-Größen** und solche, die dafür gehalten wurden, verewigen lassen. In der Nähe von Grauman's Chinese Theater warten **einige Museen und Ausstellungen**: das »Hollywood Wax Museum« mit Wachsfiguren von Filmschauspielern und Politikern, die »Guiness World of Records« und Ripley's »Believe It or Not!«; auch das **Egyptian Theater** wird gern besucht. Westlich kommt man zum Roosevelt Hotel (7000 Hollywood Blvd.), das 1927 als **»Home of the Stars«** eröffnet worden ist. Hier fand 1929 die erste Oscar-Verleihung statt.

**\*Walk of Fame**

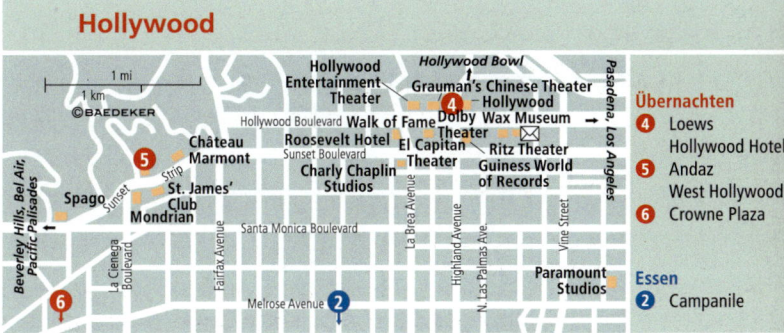

**Hollywood**

1 mi
1 km
©BAEDEKER

Hollywood Entertainment Theater
Hollywood Bowl
Grauman's Chinese Theater
Hollywood
Dolby Theater
Hollywood Wax Museum
Walk of Fame
Hollywood Boulevard
Roosevelt Hotel
Sunset Boulevard
El Capitan
Ritz Theater
Château Marmont
Charly Chaplin Studios
Guiness World of Records
St. James' Club
Spago
Mondrian
Sunset Strip
Santa Monica Boulevard
Beverley Hills, Bel Air, Pacific Palisades
La Cienega Boulevard
Fairfax Avenue
La Brea Avenue
Highland Avenue
N. Las Palmas Ave.
Vine Street
Pasadena, Los Angeles
Paramount Studios
Melrose Avenue

**Übernachten**
**4** Loews
Hollywood Hotel
**5** Andaz
West Hollywood
**6** Crowne Plaza

**Essen**
**2** Campanile

# Die Blockbuster aus der Traumfabrik

*1911 wurde das erste Filmstudio in Hollywood gegründet und schon 1915 wurden die meisten US-Filme in Hollywood gedreht. Seitdem ist viel Geld mit den Kassenknüllern verdient worden, aber auch manche Dollarmillion hat man verbrannt. Eine Liste der Tops und Flops:*

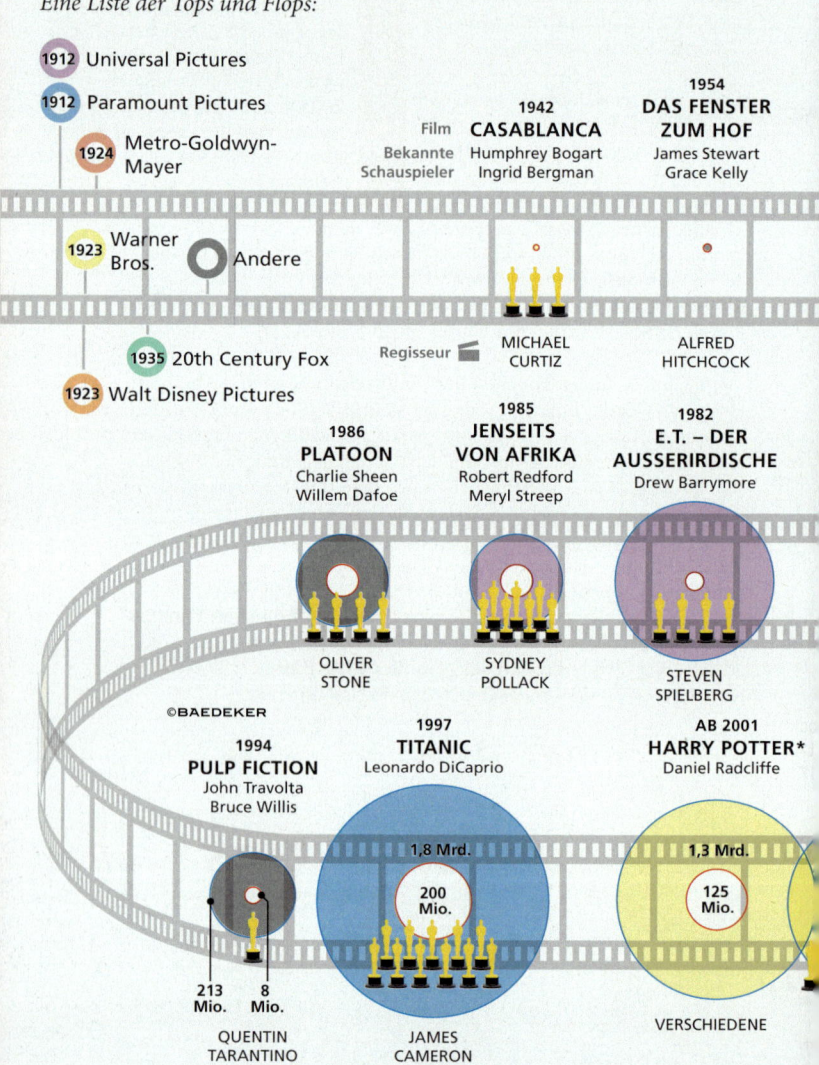

1912 Universal Pictures

1912 Paramount Pictures

1924 Metro-Goldwyn-Mayer

1923 Warner Bros.        Andere

1935 20th Century Fox

1923 Walt Disney Pictures

Film **CASABLANCA** 1942
Bekannte Humphrey Bogart
Schauspieler Ingrid Bergman

1954 **DAS FENSTER ZUM HOF**
James Stewart
Grace Kelly

Regisseur   MICHAEL CURTIZ

ALFRED HITCHCOCK

1986 **PLATOON**
Charlie Sheen
Willem Dafoe

1985 **JENSEITS VON AFRIKA**
Robert Redford
Meryl Streep

1982 **E.T. – DER AUSSERIRDISCHE**
Drew Barrymore

OLIVER STONE

SYDNEY POLLACK

STEVEN SPIELBERG

©BAEDEKER

1994 **PULP FICTION**
John Travolta
Bruce Willis

1997 **TITANIC**
Leonardo DiCaprio

AB 2001 **HARRY POTTER***
Daniel Radcliffe

1,8 Mrd.
200 Mio.

1,3 Mrd.
125 Mio.

213 Mio.    8 Mio.

QUENTIN TARANTINO

JAMES CAMERON

VERSCHIEDENE

**Weltweite Einnahmen in US $ (nur angezeigt wenn bekannt)**
*Kosten/Einnahmen des jeweils erfolg-reichsten Filmes der Serie; Oscars aller Filme der Serie insgesamt

3 Mrd.
1 Mrd.
500 Mio.
100 Mio.

**Produktionskosten in US $**

Alle Oscar-Gewinner auf:

http//oscar.go.com

rote Auszeichnung: Flops

**1959**
**MANCHE MÖGEN'S HEISS**
Marylin Monroe
Tony Curtis
Jack Lemmon

**1959**
**BEN-HUR**
Charlton Heston

**1960**
**SPARTACUS**
Kirk Douglas
Peter Ustinov
Tony Curtis

**1963**
**CLEOPATRA**
Elizabeth Taylor

**AB 1972**
**DER PATE**
Marlon Brando
Al Pacino

BILLY WILDER

WILLIAM WYLER

STANLEY KUBRICK

JOSEPH L. MANKIEWICZ

FRANCIS FORD COPPOLA

**1980**
**HEAVEN'S GATE**
Kris Kristofferson
Christopher Walken

**AB 1979**
**ALIEN***
Sigourney Weaver

**AB 1977**
**KRIEG DER STERNE***
Harrison Ford

**1974**
**CHINATOWN**
Jack Nicholson
Faye Dunaway

MICHAEL CIMINO

R. SCOTT/ J. CAMERON

GEORGE LUCAS

ROMAN POLANSKI

**001**
**DER**
**GE***

**AB 2003**
**FLUCH DER KARIBIK***
Johnny Depp

**2005**
**SAHARA**
Matthew McConaughey
Penelope Cruz

**2009**
**AVATAR**

**2015**
**JURASSIC WORLD**

rd.

1,1 Mrd.

225 Mio.

160 Mio.  68,7 Mio.

2,8 Mrd.

237 Mio.

1,6 Mrd.

150 Mio.

N

VERSCHIEDENE

BRECK EISNER

JAMES CAMERON

COLIN TREVORROW

Gegenüber liegt das **Dolby Theatre** (früher Kodak Theatre), wo seit einigen Jahren die Oscars verliehen werden.

Dolby Theatre: 6801 Hollywood Blvd.; Führungen Mo. – Fr. 10.30 – 16.00. Sa., So. 8.30 – 11.30 Uhr; Eintritt 15 $; www.dolbytheatre.com

**Sunset Boulevard (Sunset Strip)** Spätestens seit der TV-Serie »77 Sunset Strip« als Vergnügungszentrum bekannt ist dieser Straßenzug mit dem berühmten »Château Marmont«. Hier gibt es jede Menge Locations, wo man auch heute noch Hollywood-Filmsternchen oder Stars sehen kann. Dazu zählen z. B. »The Sky Bar« (im Mondrian Hotel, 8440 Sunset Strip) und auch der Club »The Roxy« (9009 Sunset).

Die Paramount Studios liegen neben dem **Friedhof**, auf dem etliche Hollywood-Berühmtheiten (darunter Rudolph Valentino und Douglas Fairbanks) beigesetzt sind. Am Friedhofseingang (6000 Santa Monica Blvd.) befindet sich ein Plan, auf dem die zum Teil recht eigenwillig gestalteten letzten Ruhestätten bekannter Filmstars zu finden sind.

**BAEDEKER TIPP**

*Studiobesuche*

Spazieren Sie doch mal in den Kulissen berühmter Hollywood-Produktionen oder erleben Sie mit, wie eine TV-Serie produziert wird. Paramount Pictures (5555 Melrose Ave., www.paramountstudiotour.com) bieten Führungen durch ihre Studios und im wahrsten Sinne des Wortes Blicke hinter die Kulissen an.

## WESTSIDE

**West Hollywood** Der Sunset Boulevard führt weiter durch West Hollywood, den ersten einer ganzen Reihe **berühmter Villenvororte** zwischen Los Angeles und Malibu an der Pazifikküste.

**\*Beverly Hills** Als nächstes folgt die ebenfalls vom Sunset Boulevard durchzogene **Villensiedlung** Beverly Hills, wo die Größen des Film- und Showbusiness ihre luxuriösen und oft recht extravaganten Wohnsitze haben. In Buchläden und an Zeitungsständen kann man einen Plan mit den Adressen berühmter Stars erwerben. Geradezu ein Muss für jeden Beverly-Hills-Besucher ist der **\*Rodeo Drive**, jene snobistisch anmutende **Flaniermeile** mit sündhaft teuren Geschäften. Die feinen Shopping-Adressen (Gucci, Hayman, Tiffany usw.) findet man in dem spitzen Dreieck, das die beiden aufeinander zulaufenden Magistralen Santa Monica Boulevard und Wilshire Boulevard einfassen.

**Century City** Am Südwestrand von Beverly Hills erstreckt sich Century City, wo auf dem Gelände des Filmatelierkomplexes der 20th Century Fox moderne Büro-, Geschäfts- und Apartmentbauten entstanden sind. In der Century City ist das moderne **\*Museum of Tolerance** mit

Die großen Filmlegenden sind in Hollywood allgegenwärtig.

dem Simon-Wiesenthal-Zentrum angesiedelt. Sehr eindringlich bekommt man hier vorgeführt, wie es zum Holocaust in Nazi-Deutschland gekommen ist.

**Museum of Tolerance:** 9760 W Pico Blvd.; Mo.–Fr. 10.00–17.00, So. 11.00–17.00 Uhr; Eintritt 15,50 $; www.mueumoftolerance.com

**Bel Air, Westwood**

Der Sunset Boulevard führt von Beverly Hills westwärts weiter durch das sehr vornehme Bel Air. Weiter südlich das kaum weniger **noble Villenviertel** Westwood. In den Hügeln von Brentwood, oberhalb vom San Diego Freeway, fällt das im Dezember 1997 eröffnete **\*\*Getty Center** ins Auge. Die moderne travertinverkleidete Zitadelle ist eine Schöpfung des berühmten New Yorker Architekten Richard Meier, der beispielsweise auch das neue Stadthaus auf dem Ulmer Münsterplatz konzipiert hat. Der aufwendige Museumskomplex des Getty Trust hat ca. 1 Mrd. US-$ an Baukosten verschlungen. Er beherbergt den größten Teil der Kunstschätze, die der **Ölmilliardär J. Paul Getty** (1872–1976) bzw. die von ihm ins Leben gerufene Stiftung (Stiftungsvermögen rund 3 Mrd. US-$!) erworben haben. Prunkstücke der Kollektion sind französische Rokoko-Möbel und vor allem eine bedeutende Gemäldesammlung Alter Meister. Unter diesen befinden sich auch der »Alte Mann in Ritterrüstung« von Rembrandt und eine »Kreuzabnahme« aus der Schule von Rogier van der Weyden. Daneben haben dekorative Kunst und Fotografie (u. a. Bilder von Man Ray und Cunningham) Platz gefunden. Der

Getty Trust unterhält zudem eine sehr umfangreiche **kunsthistorische Bibliothek**. Das Getty Center ist zu folgenden Zeiten geöffnet: Di. – Fr. 10.00 – 17.30, Sa. 10.00 – 21.00, So. 10.00 – 17.30 Uhr, Mo. u. Fei. geschlossen. Der Museumseingang befindet sich am Boulevard.

**Getty Center:** Eingang am Sepulveda Blvd.; Di. – Fr., So. 10.00 – 17.30, Sa. 10.00 – 21.00 Uhr; Eintritt frei; www.getty.edu

**University of California at Los Angeles (U.C.L.A.)** Zwischen Westwood und Bel Air dehnt sich der Campus der University of California at Los Angeles (33 000 Studierende) aus mit einem prachtvollen Botanischen Garten sowie dem Franklin Murphy Sculpture Garden mit Schöpfungen von Auguste Rodin, Henry Moore und anderen namhaften Künstlern. Studentisches Leben herrscht in **Westwood Village**, wo man noch einigermaßen ungestört spazieren gehen kann.

**Pacific Palisades** Am Pacific Coast Highway und nahe der Santa Monica Bay mit ihrem breiten Sandstrand liegt Pacific Palisades, ebenfalls ein **Wohnplatz Begüterter**, der im Herbst des Jahres 1993 von wahrscheinlich mutwillig entfachten Feuerwalzen getroffen wurde. Zahlreiche Villen fielen den Flammen zum Opfer. Während der Naziherrschaft in Deutschland lebten hier u. a. Thomas Mann und Bertolt Brecht in der Emigration. Brecht hat über den Villenvorort gesagt: »Hier kommt man sich vor wie Franz von Assisi im Aquarium, wie Lenin im Prater …«

**\*Malibu** Kommen Ihnen die originellen Stelzenhäuser, die sich am Strand aneinander drängen, bekannt vor? Genau, aus vielen Filmen und Fernsehserien kennt man den hübschen Strand von Malibu.

Auf einem Hügel oberhalb des Stillen Ozeans steht die **Villa** des Ölmagnaten J. Paul Getty (1892 – 1976). Sie ist eine **Rekonstruktion der antiken Villa dei Papiri**, die einstmals in Herculaneum am Fuße des Vesuvs gestanden hat. Hier kann man eine der wenigen erhaltenen Originalstatuen des antiken Bildhauers Lysipp (370 – 300 v. Chr.) sehen. Der größte Teil der Kunstsammlungen des Ölmilliardärs ist im 1997 eröffneten Getty Center (▶ S. 233) ausgestellt.

**Getty Villa:** 17985 Pacific Coast Hwy.; Mi. – Mo. 10.00 – 17.00 Uhr; Eintritt frei, terminiertes Ticket erforderlich, Tel. 1 310 4 40 73 00; www.getty.edu

**Santa Monica** Südlich von Pacific Palisades erstreckt sich die auch heute noch als Seebad geschätzte Vorstadt Santa Monica (100 000 Einw.). Hier enden der Santa Monica und der Wilshire Boulevard und damit auch die **legendäre Route 66**. Der Santa Monica Pier mit nostalgischem Karussell diente in dem Film »Der Clou« als Kulisse. Als 1977/1978 das **Privathaus für Frank O. Gehry** an der Ecke Washington & 22nd Street gebaut wurde, erregte seine Architektur öffentliches Aufsehen. Der Architekt umbaute ein altes Haus mit Hilfe von Wellblech. Heute gilt es als Musterbeispiel des **De-Konstruktivismus**.

Südlich von Santa Monica schließt die nach dem italienischen Original benannte und dicht bebaute Strandsiedlung Venice an. Wie in der Fernsehserie »Baywatch« kommt man sich am berühmten Venice Beach bzw. am Ocean Front Walk vor: Jugend, Fitness und schöne Körper bestimmen die Szenerie. Am Südrand von Venice ist die **Marina del Rey** angelegt. Sie ist einer der **größten Yachthäfen** an der Pazifikküste, hier dümpeln einige der größten und teuersten Yachten der Welt.

**Venice**

## NORTH HOLLYWOOD · GRIFFITH PARK

Im **größten Stadtpark der USA**, im Griffith Park, faszinieren besonders die »Travel Town« mit Verkehrs- und Feuerwehrmuseum, der Los Angeles Zoo, das Greek Theatre (Freilichtbühne), das Ferndell Nature Center und vor allem das Griffith Observatory, Planetarium & Hall of Science mit seiner hochinteressanten Raumfahrt-Ausstellung. Von hier oben genießt man an schönen Tagen einen herrlichen Blick auf die Stadtlandschaft Los Angeles.

**\*Griffith Park**

Einst wohnte im Hollyhock House, das der große **Architekt Frank Lloyd Wright** 1920 entworfen hat, die Millionenerbin Aline Barnsdall.
 4800 Hollywood Blvd.; wird z. Zt. renoviert, Infos: Tel. 1 323 6 44 62 69; www.hollyhockhouse.net

**Hollyhock House**

Hauptattraktion von North Hollywood sind die Universal Studios, eine **weiträumige Filmstadt** mit Ateliers, Wildwest-Kulissen, Wasserfällen, wo u. a. der Film »Back to Future« sowie Teile der Fernseh-

**\*\*Universal Studios**

**Feuchter Spaß im Vergnügungspark der Universal Studios**

serie »Columbo« entstanden sind. Der weiße Hai aus dem gleichnamigen Film, Western Stunt Shows und wilde Motorboot-Jagden sind Publikumsmagneten ebenso wie die Kulissen von »Jurassic Park«, »The Simpsons« oder ein 3-D-Abenteuer mit den »Transformers«.
❶ tgl. 10.00 – 17.00 Uhr, Schließzeiten variieren, nähere Infos unter: www.universalstudioshollywood.com; Eintritt 85 $

**\*Santa Monica Mountains, Mulholland Drive** Zwischen North Hollywood und Beverly Hills schieben sich die von vornehmen Villen besetzten und von zahlreichen tiefen Canyons zerteilten Santa Monica Mountains. Reizvoll ist eine Fahrt über den Mulholland Drive, von dem aus man in die gepflegten Garten- und Parkanlagen der Villen von Beverly Hills und Bel Air hinunterschaut.

## AUSFLUGSZIELE IM NORDEN VON LOS ANGELES

**\*Six Flags Magic Mountain** Wenige Autominuten nordwestlich von San Fernando, einem schönen Städtchen mit Kunstmuseum und exotisch bepflanztem Friedhof, wartet der Six Flags Magic Mountain auf nervenstarke Besucher. Hier sind mehrere **Achterbahnen** aufgebaut, die es wirklich in sich haben. Das verraten schon ihre Namen: »Batman's Ride«, »Revolution«, »Full Throttle« usw. Daneben gibt es noch zahlreiche weitere Attraktionen.
❶ 26101 Magic Mountain Pkwy. (I-5, Ausfahrt Valencia); Ende März – Anf. Sept. tgl. 10.30 – 18.00, an manchen Tagen bis 21.00 Uhr, sonst nur an Wochenenden; Tagesticket ab 72,99 $, www.sixflags.com/magicmountain

**Burbank** Südöstlich von San Fernando erreicht man die Vorstadt Burbank (100 000 Einw.); sie ist Standort der Lockheed Aircraft Co. (Flugzeugbau) und der National Broadcasting Corporation (NBC). An der Olive Avenue bzw. am Hollywood Way liegen die **\*Warner Brothers Studios**, die man im Rahmen einer **zweistündigen Studio-Tour** besichtigen kann. Mit etwas Glück sieht man hier Clint Eastwood oder Sharon Stone bei der Arbeit.
**Warner Brothers Studios:** Führungen: Mo. – Fr. 9.00 – 16.00, Uhr, Sa., So. online reservieren (Zeiten unterschiedl.); Eintritt 54 $; www.vipstudiotour.warnerbros.com

**Pasadena** Pasadena (125 000 Einw.) ist bekannt als Standort des **California Institute of Technology**. Das **\*Norton Simon Museum of Art** zeigt Werke von Paul Klee, Lionel Feininger, Wassily Kandinsky, Alexej Jawlensky und anderen. Einige Autominuten südöstlich von Pasadena sollte man die **\*Huntington Library & Art Gallery** besuchen. Hier kann man viele **wertvolle alte Bücher** (u. a. eine 1450 in Mainz gedruckte Gutenberg-Bibel) und großartige Gemälde (u. a. »Blue Boy« von Gainsborough) sowie ganz zauberhafte Gartenanlagen bewundern.

**Norton Simon Museum of Art:** 411 W. Colorado Blvd.;
Mi. – Mo. 12.00 – 16.00, Fr. bis 21 Uhr; Eintritt 12 $; www.nortonsimon.org
**Huntington Library & Art Gallery:** 1151 Oxford Rd., San Marino,
CA 91108; Mo., Mi. – Fr. 12.00 – 16.030, Sa., So 10.30 - 16.30 Uhr;
Eintritt 20 $; www.huntington.org

Von Pasadena windet sich der Highway CA 2 hinauf in die land- | **\*San Gabriel**
schaftlich überaus reizvolle **Hochgebirgswelt** der San Gabriel | **Mountains**
Mountains, deren Wälder Teil des Angeles National Forest sind. Hier
oben kann man bis weit in den April Ski laufen.

Die Kirche der 1771 gegründeten festungsartigen Mission San Gab- | **San Gabriel**
riel im gleichnamigen Vorort (40 000 Einw.) zählt zu den **schönsten
Sakralbauten** Kaliforniens.

# AUSFLUGSZIELE IM SÜDEN VON LOS ANGELES

Focus des Exposition Parks ist das Memorial Coliseum, das 100 000 | **Exposition**
Besuchern Platz bietet und das einer der Schauplätze der Olympi- | **Park**
schen Sommerspiele von 1932 und 1984 gewesen ist. Interesse verdient das dem Deutschen Museum nicht unähnliche **California Science Center**. Hier sieht man die technischen und wissenschaftlichen
Errungenschaften der »siebtgrößten Wirtschaftsmacht der Erde«,
wie Kalifornien oft großspurig bezeichnet wird. Dazu gehören auch
eine Hall of Health und eine Hall of Economics & Finance.
Benachbart ist das **California Afro-American Museum**, das den
Beitrag der Schwarzen zur Entwicklung Kaliforniens anhand von
Kunstsammlungen und einer Geschichtsausstellung aufzeigt.
Das sehr reichhaltige Los Angeles **County Museum of Natural Hi-
story** beleuchtet mit seinen geologischen und mineralogischen
Sammlungen (u. a. Fossilien der Rancho La Brea Tar Pits) die Natur-
geschichte Kaliforniens.
**California Science Center:** 700 Exposition Park Drive; tgl. 10.00–17.00
Uhr; Eintritt frei, IMAX 8,25 $; www.californiasciencecenter.org
**California Afro-American Museum:** 600 State Drive; Di. – Sa.
10.00 – 17.00, So. 11.00 – 17.00 Uhr; Eintritt frei; www.caamuseum.org
**County Museum of Natural History:** 900 Exposition Blvd.;
tgl. 9.30 – 17.00 Uhr; Eintritt 12 $; www.nhm.org

1921 begann Simon Rodia, ein italienischer Einwanderer, mit dem | **Watts Simon**
Bau seiner vier Türme aus Beton-, Glas-, Ton- und Spiegelscherben | **Rodia Towers**
in dem mehrfach von Rassenunruhen betroffenen Stadtteil Watts.
Nach 33 Jahren war dieses Musterbeispiel der Volkskunst vollendet.
Heute ist das Ensemble als besonderes Kulturgut geschützt (www.
wattstowers.com).

**Long Beach**

Etwa 30 km südlich von Downtown liegt die zwar seit vielen Jahren mit Los Angeles zusammengewachsene, aber immer noch selbständige Großstadt Long Beach (440 000 Einw.) an der San Pedro Bay des Pazifiks. Seit der Jahrhundertwende ist hier einer der **größten künstlich geschaffenen Häfen der Erde** entstanden. Hauptattraktion von Long Beach ist die am Pier J vertäute **\*Queen Mary**, eins der **größten jemals gebaute Passagierschiffe**. Es ist 1934 in England vom Stapel gelaufen und hat mehr als 80 000 Bruttoregistertonnen. Heute dient es als schwimmendes Hotel und Museum. Vor dem Bug liegt die »**Scorpion**«, ein sowjetisches U-Boot.

Queen Mary: Touren tgl. 10.00 – 18.30 Uhr; Eintritt 25 $;
www.queenmary.com
Scorpion: tgl. 10.00 – 18.00 Uhr; Eintritt 11 $

*Hafenrundfahrt*

Westlich von Long Beach erstrecken sich die weitläufigen Anlagen des Worldport L.A., wie der größte Hafen am Pazifischen Ozean genannt wird. Am besten lernt man das Gelände während einer Hafenrundfahrt kennen. Die Ausflugsschiffe starten täglich um 11.00, 13.00 und 16.00 Uhr am Pier J, wo auch die »Queen Mary« vertäut ist.

**\*\*Disneyland bei Anaheim**

Hauptattraktion von Anaheim, einer 1857 von deutschen Einwanderern gegründete Stadt, ist das in aller Welt bekannte Disneyland. Der viel besuchte **Vergnügungspark** ist 1955 vom Trickfilmzeichner und Filmproduzenten Walt Disney angelegt worden. Gleich nach dem Eingang gelangt man in die »Main Street USA«, die im Stil der Jahrhundertwende gestaltet ist. Geboten werden neben der allseits bekannten täglichen Parade u. a. Abenteuer mit Indiana Jones und interaktive Weltraumkämpfe gegen den bösen Diktator Zurg. Im **California Adventure Park** stürzt man in der »Twilight Zone« 13 Stockwerke in die Tiefe und kann sich an der Elektroparade ergötzen.

❶ Öffnungszeiten variieren je nach Saison, tgl. ab. 8.30 bis mindestens 17.00 Uhr; unter htt://disneyland.disney.go.com erfährt man die tagesaktuellen Zeiten und das Tagesprogramm. Tageskarte ab 99 $ je Park (günstiger sind Hopper Tickets für 2 bis 5 Tage)

## WEITERE ZIELE IN DER UMGEBUNG VON LOS ANGELES

**Crystal Cathedral**

Wenige Meilen südlich von Disneyland ragt die spiegelglasverkleidete Crystal Cathedral des Erweckungspredigers Robert Schuller auf, entworfen von Philip Johnson (www.crystalcathedral.org).

**Santa Catalina Island**

Etwa 40 km südlich vor San Pedro liegt die Santa Catalina Island im Stillen Ozean. Das felsige Eiland war früher ein berüchtigter Pira-

In Walt Disneys Wunderland sind alle glücklich ...

tenschlupfwinkel und wurde 1919 nach dem erklärten Willen des Kaugummikönigs Wrigley zum **zweiten Capri für den Tourismus**. Auf dem Südostende der Insel tummelt sich eine große Seehundkolonie.

Ein wildes und faszinierendes **Naturparadies** sind die nordwestlich von Los Angeles im Pazifik gelegenen Inseln des Channel Islands National Parks, zu dem außer Santa Cruz Island, Santa Rosa Island und San Miguel Island auch die kleine Inselgruppe Anacapa und das südlicher gelegene Eiland Santa Barbara Island gehören. Vor allem Taucher und Naturfreunde finden den Weg auf die Inseln, denn hier kann man eine artenreiche Unterwasserwelt, diverse Robbenarten (u. a. Seelöwen) und im Winter bzw. Frühling sogar Wale beobachten. Das **Visitor Center** des Nationalparks befindet sich in dem zwischen Malibu und Santa Barbara gelegenen Küstenstädtchen Ventura, von wo aus auch Ausflugsschiffe zu den Inseln fahren.

**Vitistor Center:** tgl. 8.30 – 17.00 Uhr; www.nps.gov/chis

**\*Channel Islands National Park**

San Bernardino ist ein Zentrum des **Zitrusfruchtanbaus**. Von hier führt der **Rim of the World Drive** (CA 18) als aussichtsreiche Panoramastraße in die großartige Hochgebirgslandschaft der San Bernardino Mountains. Die dortigen Seen – Lake Arrowhead, Big Bear Lake und Baldwin Lake – sind viel besuchte Ausflugsziele.

**San Bernardino**

# ✳ Mojave Desert

 E – H 8/9

**Region:** San Bernadino
**Höhe:** 600 – 3300 m ü. d. M.          **Fläche:** ca. 40 000 km²

**Meist ausgetrocknete Salzseen bzw. Salzsümpfe, weite Sanddünen, felsige Bergzüge, Trockenwälder mit riesigen Kakteen, zwergwüchsigen Bäumen und schier undurchdringlichem Buschwerk prägen das Landschaftsbild der Mojave-Wüste. Hin und wieder sticht das satte Grün bewässerter Oasen aus der zumeist von beigen bis braunen Farbtönen bestimmten Wüstenlandschaft hervor.**

**Trockenregion**

Wer von ▶Los Angeles auf dem I-15 nach ▶Las Vegas bzw. auf dem I-40 nach Kingman in ▶Arizona fährt oder gar der historischen Route 66 nach Osten folgt, muss die riesige abflusslose Mojave-Wüste durchqueren. Als Teil der Basin & Range Province dehnt sie sich von den südkalifornischen San Gabriel und San Bernardino Mountains bei ▶Los Angeles bzw. vom Südrand der Sierra Nevada ostwärts bis in den Westen des Bundesstaates ▶Nevada bzw. bis zum Coloradotal. Die nur sehr **spärlich besiedelte** Trockenregion wird oft als »Lonesome Triangle« bezeichnet. Die Niederschläge sind mit knapp 100 mm pro Jahr ausgesprochen gering. In den Senken sind **Hitzerekorde** an der Tagesordnung. Schon im April wird hier die 40 °C-Marke überschritten. Die Sonnenscheindauer beträgt über 3000 Stunden pro Jahr.

**Bergbau**

In der Vergangenheit spielte der Bergbau in einigen Gebieten der Mojave-Wüste eine herausragende Rolle, wie die zahlreichen aufgelassenen Bergwerksbetriebe zeigen. In erster Linie wurden Gold und

## Mojave Desert erleben

### AUSKUNFT
*Mojave National Preserve*
2701 Barstow Road
Barstow, CA 92311
Tel. 1 760 2 52 61 00, www.nps.gov/moja

*Kelso Depot Visitor Center*
Kelso Cima Road
Kelso, CA 92332
Tel. 1 760 2 52 61 08, www.nps.gov/moja

### ÜBERNACHTEN
*Camping*
Es gibt einige Campingplätze, etwa den Mid Hills Campground oder den Hole-in-the-Wall Campground. Beide bieten eine wundervolle Aussicht, sind aber sehr einfach.

Borax abgebaut. Heute baut man in der Mojave-Wüste größere Mengen **Salz** ab. Hauptabnehmer dieses Rohstoffs sind verschiedene Großunternehmen der Chemischen Industrie.

Größte Bedeutung hat der riesige Trockenraum für das Militär. Riesige Areale sind als militärische Sperrgebiete ausgewiesen. Hier wurden in der Vergangenheit und werden heute noch neu entwickelte Waffensysteme (früher auch Atomwaffen) getestet, neue Flugzeuge und Raketen ausprobiert und militärische Übungen für eventuelle Einsätze in Krisenregionen durchgeführt. Auch landeten in der Mojave-Wüste bei Edwards gelegentlich Space Shuttles, die von ihren Weltraummissionen zurückkehren.

**Militärische Sperrgebiete**

Wer durch die Mojave-Wüste fährt, dem bleibt nicht verborgen, dass hier allerlei **Wohlstandsschrott** deponiert wird. Riesige Autofriedhöfe, zahllose ausrangierte Eisenbahnwaggons und große Flugplätze, auf denen Hunderte alter Düsenjets »geparkt« sind, fallen besonders ins Auge.

**Die Wüste als Mülldeponie**

Gleichzeitig sind Ansätze einer zukunftweisenden Landnutzung nicht zu übersehen. Denn die Mojave-Wüste, in der häufig starke Winde wehen und in der die Sonne besonders lang scheint, bietet geradezu ideale Voraussetzungen für die alternative Energiegewinnung. Auf einigen Bergzügen hat man bereits ganze Wälder von **Windkraftanlagen** errichtet. Auch die Gewinnung von Solarenergie macht große Fortschritte, so beispielsweise im Raum Dagget und bei Kramer Junction.

**Alternative Energien**

## AUSFLUGSZIELE IN DER MOJAVE-WÜSTE

Wer von ►Los Angeles kommend auf dem Highway 14 von den San Gabriel Mountains herunterfährt, kann von einem Parkplatz kurz vor Palmdale einen Panoramablick über die westliche Mojave-Wüste genießen. Hier durchschneidet die Autobahn die San Andreas Fault, jene berühmt-berüchtigte **geologische Störungslinie**, entlang der es immer wieder zu heftigen Erdbeben kommt. Die Autobahn überquert auch den **Los Angeles Aqueduct**, über den Trinkwasser aus der Sierra Nevada in die südkalifornische Metropole geleitet wird.

**San Andreas Fault**

Etwa eine halbe Autostunde weiter nördlich erreicht man den kleinen Ort Mojave, wo sich wichtige Verkehrswege kreuzen. Im hiesigen Bahnhof wurden im späten 19. Jh. große Mengen Borax umgeladen, die aus dem ►Death Valley hierher gebracht wurden. Am nördlichen Ortsrand erstreckt sich ein Flugplatz, auf dem zahlreiche ausgemusterte Passagierflugzeuge stehen.

**Mojave**

Im Antelope Valley am Westrand der Wüste blüht der Goldmohn.

**Boron**  In Boron, östlich von Mojave gelegen, erinnert das **20 Mule Team Museum** an jene längst vergangenen Zeiten, als man mit Maultiergespannen den in dieser Gegend geförderten Borax abtransportierte.
🕐 tgl. 10.00 – 16.00 Uhr; Eintritt frei

**Randsburg**  Ca. 30 mi/48 km nördlich von Boron liegt die **Goldgräbersiedlung** Randsburg in den Red Mountains. Im hiesigen Desert Museum kann man sich nicht nur über die Naturgeschichte, sondern auch über die Geschichte des Bergbaus informieren.
🕐 161 Butte Ave.; Sa. – So. 10.00 – 16.00 Uhr; Eintritt frei; www.randdesertmuseum.com

**Barstow**  Etwa eine halbe Autostunde östlich der Edwards Air Force Base liegt das kalifornische Wüstenstädtchen Barstow (22 000 Einw.) an der Kreuzung dreier viel befahrener Highways. Es ist nicht nur ein stark frequentierter Rastplatz von Truckern und Touristen, sondern auch das Versorgungszentrum für ein riesiges, jedoch sehr dünn besiedeltes Umland. Im **Desert Discovery Center** bekommt man reichhaltiges Informationsmaterial über die Mojave-Wüste. Eine Ausstellung klärt über die schwierigen Lebensbedingungen in der Mojave-Wüste auf. Außerdem wird hier der zweitgrößte Meteorit der USA gezeigt.
**Desert Discovery Center:** 831 Barstow Rd.; Di. – Sa. 10.00 – 16.00 Uhr; Eintritt frei; www.desertdiscoverycenter.com

**\*Calico**  Östlich von Barstow erheben sich die Calico Mountains, in denen einst Abenteurer und Prospektoren nach wertvollen Edelmetallen suchten. Den Geist jener Zeit kann man noch in **Calico Ghost Town**

spüren. Die schon vor längerer Zeit von ihren Bewohnern verlassene Bergbausiedlung wurde authentisch restauriert.

Nördlich außerhalb von Calico hat man den **ältesten bislang bekannt gewordenen Siedlungsplatz** der westlichen Hemisphäre entdeckt und präsentiert ihn heute als **Calico Early Man Archeological Site**. Funde bezeugen, dass Vorfahren der Indianer hier bereits vor rund 200 000 Jahren primitive Werkzeuge hergestellt haben.

**Calico Early Man Archeological Site:** Touren Mi. 13.30, 15.30, Do. – Sa. 9.30, 11.30, 13.30, 15.30 Uhr; Eintritt 5 $; www.blm.gov/ca

## MOJAVE NATIONAL PRESERVE

Im gebirgigen und landschaftlich besonders reizvollen Osten der Mojave-Wüste ist seit 1994 ein 5670 km² großes **Naturschutzgebiet** ausgewiesen. Es erstreckt sich östlich und südöstlich von Baker zwischen den beiden Highways I-15 und I-40. In dem touristisch noch wenig erschlossenen Schutzgebiet findet man den **weltgrößten Bestand an Joshua Trees** und etliche recht spektakuläre Canyons, erloschene Vulkane und wie uneinnehmbare Festungen erscheinende Tafelberge.

Die Kelso Dunes, ein **riesiges Binnendünenfeld**, das sich über 100 km² ausbreitet, ist das größte seiner Art im amerikanischen Westen. Es wird gänzlich von höheren Bergzügen umrahmt. So kann praktisch aus allen Windrichtungen feiner Sand in die Senke geblasen werden.

Östlich der Kelso Dunes erheben sich die **Providence Mountains**, in denen ein kleines Erholungsgebiet (State Recreation Area) ausgewiesen ist.

**Cima Dome**

Etwa 21 mi/30 km nordöstlich von Kelso ragt der Cima Dome auf, dessen vulkanisches Gestein daran erinnert, dass es zumindest in diesem Teil der Mojave-Wüste sehr ungemütlich gewesen ist. Der ziemlich symmetrische vulkanische Felsdom ist ein **beliebtes Ziel von Kletterern**.

Etwa auf halbem Weg zwischen den Providence Mountains und den weiter nordöstlich aufragenden New York Mountains liegen die **Mid Hills**, von denen aus man einen schönen Panorama-Rundblick genießen kann. Eine etwa 12 mi/20 km

**? BAEDEKER WISSEN**

### *Versammlung der Joshua Trees*

Rund um den Cima Dome breitet sich der größte vornehmlich von Joshua Trees gebildete »Wald« der Erde aus. Die hiesigen für die Mojave-Wüste so typischen Gewächse sind bis zu 8 m hoch und in den meisten Fällen mehrere hundert Jahre alt. Sie bieten vielen Eidechsen einen Lebensraum.

lange Straße führt durch den ***Wildhorse Canyon*** hinüber zum Hole-in-the-Wall, einem sehr eindrucksvollen **Felsenirrgarten**, dessen rot leuchtendes Gestein vulkanischen Ursprungs ist.

## ** Monterey

B 7

**Region:** Monterey
**Höhe:** 0 – 245 m ü.d.M.
**Einwohnerzahl:** 28 000

**Monterey liegt nicht nur ausgesprochen schön an der gleichnamigen Bucht, sondern hat auch eine interessante Vergangenheit als Hauptstadt des spanischen Kolonialbezirks und der späteren mexikanischen Provinz California. Um das Bay Aquarium zu besuchen, reisen Besucher von weit her an.**

**Von der Fischindustrie zum Tourismus**
Nachdem die Fischkonservenindustrie nach dem Verschwinden der Sardinen aus den Gewässern Montereys schon vor vielen Jahren zum Erliegen kam, bildet jetzt der Fremdenverkehr die Haupterwerbsquelle. **John Steinbeck** hat in »Cannery Row« (»Die Straße der Ölsardinen«) der Stadt und seiner Fischindustrie ein Denkmal gesetzt.

### SEHENSWERTES IN MONTEREY

***Cannery Row***
Neben den Häusern aus der spanischen und mexikanischen Zeit im Monterey State Historic Park und dem verträumten Fischerhafen ist die Cannery Row die **Hauptattraktion** von Monterey. Diese einstige Industriestraße ist schon lange in einen Komplex von Restaurants, Geschäften, Cafés und Galerien umgebaut worden.

****Monterey Bay Aquarium***
In **einem der größten Meerwasseraquarien der Welt** lernt man die artenreiche Wassertierwelt der Pazifikküste im Allgemeinen und der Bucht von Monterey im besonderen kennen. Wolfsaale, Oktopusse und Otter bekommt man hier ebenso zu Gesicht wie diverse Haiarten. Ein weiteres Highlight ist ein drei Stockwerke hoher Algenwald. Im Hauptgeschoss führt ein »Habitat Path« an den Unterwasserwelten der Monterey Bay entlang, etwa an einem Tangwald und einem Gezeitenbecken. In der weiten »Marine Mammals Gallery« sind zahlreiche in der Bucht beheimatete Meeressäuger zu sehen, vor allem Wale, Delfine, Seelöwen und Seehunde. In einem doppelstöckigen Spezialaquarium tummeln sich vom Aussterben bedrohte **Seeotter**, die hier gezüchtet werden. Spektakulär ist die Präsentation **»The Secret Lives of Seahorses«**. Besucher erfahren hier alles über das Le-

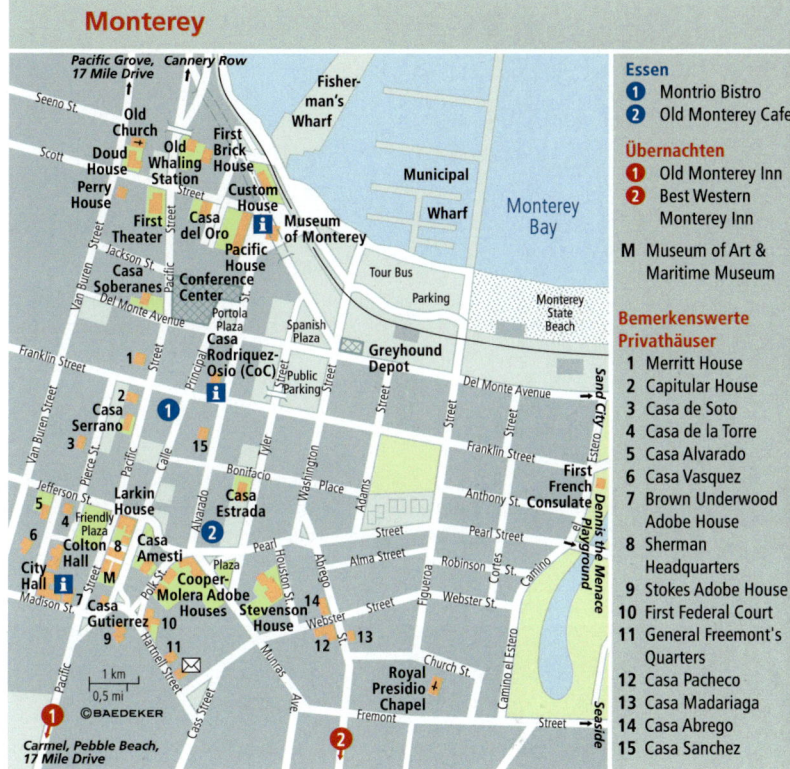

## Monterey

Pacific Grove, Cannery Row
17 Mile Drive

Seeno St.

Scott

Old Church

Doud House
Old Whaling Station
First Brick House

Perry House

First Theater
Casa del Oro

Custom House

Casa Soberanes
Pacific House Conference Center

Casa Serrano

Portola Plaza

Casa Rodriquez-Osio (CoC)

Del Monte Avenue

Franklin Street

Casa Serrano

Larkin House
Casa Estrada

Jefferson St.
Friendly Plaza

Colton Hall

City Hall
Casa Amesti

Casa Gutierrez

Cooper-Molera Adobe Houses
Stevenson House

Spanish Plaza

Greyhound Depot

Fisher-man's Wharf

Municipal Wharf

Museum of Monterey

Tour Bus

Parking

Monterey Bay

Monterey State Beach

Del Monte Avenue

Franklin Street

First French Consulate

Royal Presidio Chapel

Carmel, Pebble Beach,
17 Mile Drive

©BAEDEKER

1 km
0,5 mi

**Essen**
1 Montrio Bistro
2 Old Monterey Cafe

**Übernachten**
1 Old Monterey Inn
2 Best Western Monterey Inn

M Museum of Art & Maritime Museum

**Bemerkenswerte Privathäuser**
1 Merritt House
2 Capitular House
3 Casa de Soto
4 Casa de la Torre
5 Casa Alvarado
6 Casa Vasquez
7 Brown Underwood Adobe House
8 Sherman Headquarters
9 Stokes Adobe House
10 First Federal Court
11 General Freemont's Quarters
12 Casa Pacheco
13 Casa Madariaga
14 Casa Abrego
15 Casa Sanchez

ben der Seepferdchen. In **»Mission of the Deep«** sieht man zwei Riesenkraken aus dem Pazifik. Außerdem werden hier Ergebnisse der Tiefsee-Erkundung mit dem institutseigenen Tauchroboter gezeigt.
❶ 886 Cannery Row; tgl. 10.00 – 17.00 Uhr; Eintritt 39,95 $; www.montereybayaquarium.org

Dieser historische Park umfasst ein gutes Dutzend interessante Häuser aus dem 19. Jahrhundert. Sie sind alle auf dem mit gelben Fliesen markierten »Path of History« erreichbar.
**Monterey State Historic Park Office:** 20 Custom House Plaza; Eintritt frei; www.parks.ca.gov

**\*Monterey State Historic Park**

Die Royal Presidio Chapel (550 Church Street) ist die einzige in Kalifornien noch existierende Militärbasis-Kapelle. Sie wird seit 1794 ununterbrochen genutzt. Ihre Fassade ist reich verziert.

**Royal Presidio Chapel**

## Monterey erleben

### AUSKUNFT
*Monterey County CVB*
Maritime Museum Visitors Center
5 Custom House Plaza
Monterey, CA 93940
Tel. 1 831 6 57 64 21
www.seemonterey.com

### ÜBERNACHTEN
**❶** *Old Monterey Inn* ©©©©
500 Martin St.
Tel. 1 831 3 75 82 84
www.oldmontereyinn.com
Gepflegtes Bed & Breakfast in einer
alten Villa mit bestem Service

**❷** *Best Western Monterey Inn* ©©
825 Abrego St., Tel. 1 831 3 73 53 45
www.montereyinnca.com

Freundliches Motel in der Nähe von
Downtown.

### ESSEN
**❶** *Montrio Bistro* ©©©©
414 Calle Principal
Tel. 1 831 6 48 88 80
www.montrio.com
In der alten Feuerwehrstation gibt es
abends beste kalifornische Küche. Toll
angerichtete Desserts!

**❷** *Old Monterey Cafe* ©
489 Alvarado St.
Tel. 1 831 6 46 10 21
Frühstück gibt es bis zum frühen
Nachmittag, die Mittagskarte bietet
Suppen und Salate (geöffnet bis
14.30 Uhr).

**Wildromantisch: die Pazifikküste südlich von Monterey**

Im Museum von Monterey kann man eine umfangreiche Sammlung zur **Geschichte der Seefahrt** ebenso bewundern wie eine beachtliche Kollektion zeitgenössischer Kunst von der Pazifikküste.

❶ 5 Custom House Plaza; Di.–Sa. 10.00–17.00, So. 12.00–17.00 Uhr; Eintritt 10 $; http://museumofmonterey.org

**Museum of Monterey**

### ✳ MONTEREY PENINSULA

Die Nordspitze der Monterey-Halbinsel wird von der Siedlung Pacific Grove eingenommen, in der noch viele schöne viktorianische Häuser erhalten sind. Herrlich ist der 6 km lange **Ocean View Boulevard**, von dem aus man die wildromantische Küste überblickt.

**Pacific Grove**

Von Pacific Grove schlängelt sich der mautpflichtige 17 Mile Drive als Panoramastraße an der Pazifikküste mit ihren **herrlichen Stränden**, wilden Felsen, duftenden Pinienwäldchen und noblen Villen entlang südwärts nach Carmel.

**\*17 Mile Drive**

Carmel-by-the Sea wurde 1904 von Dichtern und anderen Künstlern als ländliche Idylle und Rückzugsort gegründet. Es hat sich seinen aparten **Charme** mit sichtlich von **englischer Dorfarchitektur** beeinflussten Häusern bewahrt. Größte Attraktion ist ein noch deutlich älteres Bauwerk: die **\*\*Carmel Mission** von 1771, in deren Kirche Pater **Junípero Serra** 1784 beigesetzt wurde. Die Anlage ist ein Musterbeispiel des kolonialspanischen Missionsstils. Ein reichhaltiges **Museum** informiert über die Geschichte der spanischen Missionskirchen.

**Carmel**

Carmel Mission: 3080 Rio Rd.; Mo.–Sa. 9.30–17.00, So. 10.30–17.00 Uhr, an kirchlichen Feiertagen geschl.; Eintritt 6,50 $; www.carmelmission.org

# Napa Valley · Sonoma Valley

✦ A 5

**Region:** Napa bzw. Sonoma County
**Höhe:** 6–26 m ü.d.M.

**Amerikanischer Wein kommt meist aus Kalifornien, und dort fast immer aus dem Napa Valley. Das eine Autostunde von San Francisco entfernte Napa Valley und das benachbarte Sonoma Valley sind Zentrum der amerikanischen Weinkultur.**

Seit ein gewisser George Yount im Jahr 1836 in dem klimatisch begünstigten Tal – kühle Vormittage und Abende, feuchter Nebel vom

**Gutes Klima**

**Kalifornische Kellerei in Schweizer Besitz: die Beringer Vineyards in St. Helena**

Pazifik – erstmals erfolgreich Weinreben anbaute, hat Napa Valley einen langen Weg zurückgelegt. Heute füllen in Napa und Sonoma rund 300 Weingüter jährlich 2 Mrd. Flaschen ab.

## NAPA VALLEY

Die Hauptorte im 50 km langen Napa Valley sind **Napa** (79 000 Einw.) am Süd- sowie **St. Helena** (6000 Einw.) und **Calistoga** (5200 Einw.) am Nordende. Allein im Napa Valley gibt es über 200 Winzer, die meisten an der SA-29. Mit Weinproben und Besichtigungsprogrammen locken sie jährlich Millionen Besucher an. Die beste Zeit sind Frühjahr und Herbst. Im Sommer fallen die Touristen wie Heuschrecken in das heiße Tal ein, das dann zum Themenpark mutiert.

## SONOMA VALLEY

**Koloniales Flair** Im benachbarten Sonoma Valley werden außer Wein auch Obst und Gemüse angebaut und man betreibt etwas Ackerbau. Das Tal wirkt daher bodenständiger und weniger elegant als das schicke Napa Valley. Mittelpunkt ist das 1823 von Mexikanern aus Monterey gegründete **Sonoma** (11 000 Einw.), ein hübsches, noch immer kolonialspanisch wirkendes Städtchen rund um eine schattige Plaza. Deutsche, elsässische, französische und italienische Winzer haben dem Weinbau im Sonoma Valley zur Blüte verholfen. Einige Winzereien zählen zu den besten des Landes, u. a. die Sebastiani Vineyards (389 4th St. E.) und die Buena Vista Winery (18000 Old Winery Rd.).

**Jack London State Historic Park** Nordwestlich von Sonoma liegt bei **Glen Ellen** die Ranch des Abenteuerschriftstellers Jack London (1876 – 1916). Der Jack London State Historic Park zeigt Londons Haus, das Grab und viele persönliche Gegenstände aus dem Leben des Verfassers von »Wolfsblut« und »Der Ruf der Wildnis«. Über das Gelände winden sich kilometerlange Wanderwege; einige sind auch für Mountainbikes zugelassen.

❶ 2400 London Ranch Rd.; Museum Do. – Mo. 10.00 – 17.00, London's Cottage 10.00 – 16.00 Uhr; Eintritt: 10 $; www.jacklondonpark.com

# Oakland

✦ **A 6**

**Region:** Alameda
**Höhe:** 0 – 13 m ü.d.M.
**Einwohnerzahl:** 407 000

**Die Großstadt Oakland liegt nur 8 mi/13 km östlich von ▸San Francisco, getrennt durch die San Francisco Bay und verbunden durch die Bay Bridge. Handel und Gewerbe sowie ihr bedeutender Hafen prägen die achtgrößte Stadt Kaliforniens.**

Die Rivalität der Städte San Francisco und Oakland ist groß und die Witze, die die Bewohner über die jeweils andere Stadt machen, sind nicht immer freundlich. Auch wenn Oakland im Schatten des für Touristen besonders attraktiven San Francisco steht, lohnt sich ein Ausflug in diese Stadt, vielleicht verbunden mit einer Fahrt auf der Fähre über die Bay.

**Im Schatten von San Francisco**

Nach dem verheerenden Erdbeben von 1906, von dem Oakland weitgehend verschont blieb, erhielt die Stadt starken Zuzug von Bewohnern San Franciscos. Von 1900 bis 1910 verdoppelte sich seine Einwohnerzahl. In den 1920er-Jahren fasste die Industrie Fuß, größere Bürogebäude entstanden. Der Zweite Weltkrieg brachte Veränderungen: Die Hafenanlagen wurden verbessert, die US-Marine erweiterte ihre Stützpunkte. Heute besitzt Oakland den größten Containerhafen an der Westküste. Im Herbst 1989 sorgte das Loma-Prieta-Erdbeben für einen wirtschaftlichen Rückschlag.

**Wirtschaft**

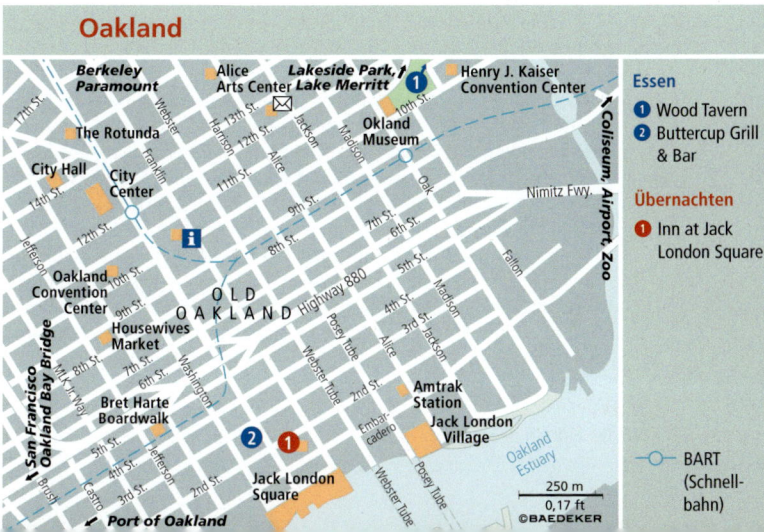

## Oakland

Berkeley Paramount · Alice Arts Center · Lakeside Park, Lake Merritt · Henry J. Kaiser Convention Center · The Rotunda · City Hall · City Center · Okland Museum · Oakland Convention Center · Housewives Market · OLD OAKLAND · Highway 880 · Nimitz Fwy. · Coliseum, Airport, Zoo · Bret Harte Boardwalk · San Francisco Oakland Bay Bridge · Amtrak Station · Jack London Village · Jack London Square · Port of Oakland · Posey Tube · Webster Tube · Oakland Estuary

**Essen**
❶ Wood Tavern
❷ Buttercup Grill & Bar

**Übernachten**
❶ Inn at Jack London Square

250 m
0,17 ft
©BAEDEKER

—○— BART (Schnellbahn)

## Oakland erleben

### AUSKUNFT
***Oakland Convention &
Visitors Bureau***
481 Water, Oakland, CA 94607
Tel. 1 510 8 39 90 00
www.visitoakland.org

### ÜBERNACHTEN
**❶** *Inn at Jack London Square* ⊜⊜⊜
233 Broadway
Tel. 1 510 4 52 45 65
www.innatthesquare.com
Modernes, gut geführtes Haus mit komfortablen Gästezimmern.

### ESSEN
**❶** *Wood Tavern* ⊜⊜⊜
6317 Collge Ave.
Tel. 1 510 6 54 66 07
www.woodtavern.net
Moderne kalifornische Küche und tolle Cocktails in stylishem, aber dennoch

bodenständigem Ambiente, nette Atmosphäre; Reservierung empfohlen!

**❷** *Buttercup Grill & Bar* ⊜⊜
229 Broadway
Tel. 1 510 4 44 29 76
buttercupgrillandbar.com
Lecker sind die hausgemachten Sandwiches, Hamburger, Suppen und Desserts.

### ZUSCHAUERSPORT
***Oakland-Alameda County Coliseum Complex & Oracle Arena***
7000 Coliseum Way
Exit Nimitz Freeway/I-880
www.coliseum.com
Hier spielen zwei der drei Profi-Teams von Oakland, die Athletics (A's; Baseball) und die Raiders (Football). Die Golden State Warriors (Basketball) spielen in der Oracle Arena (Exit Hegenberger Road).

## SEHENSWERTES IN OAKLAND

*Jack London Square
Nach dem Schriftsteller Jack London ist der Platz mit einer lebensgroßen Statue des Autors am Ende des Broadway benannt. An den berühmten Mann, der sich in Oakland erfolglos als Kandidat der Sozialistischen Partei um das Amt des Bürgermeisters beworben hat, erinnert auch **»Heinhold's First and Last Chance Saloon«**, die Kneipe, in der er nicht nur Whiskey trank, sondern auch viele Kurzgeschichten schrieb. Daneben steht die restaurierte Klondike-Hütte, in der London bei der Goldsuche im Hohen Norden einen Winter verbrachte. Im malerisch am Hafen gelegenen Freizeitkomplex mit Restaurants und Bistros kann man einen Caffe Latte genießen. Von hier aus hat man auch einen schönen Blick auf die gegenüber liegende Großstadt San Francisco. Und auf dem **Old Oakland Farmers Market** auf der 9th Street zwischen Broadway und Clay Street bieten Bauern aus dem Central Valley freitags ihre Erzeugnisse an.

USS
»Potomac«
Am FDR Pier (Jack London Square) liegt das **»Schwimmende Weiße Haus«** des von Franklin D. Roosevelt (1882 – 1945). Auf der 1934

gebauten Jacht USS »Potomac« empfing der an den Rollstuhl gefesselte US-Präsident Gäste zu politischen Gesprächen.

❶ 540 Water St.; Besichtigungen und Rundfahrten n. V., Tickets ab 55 $, Tel. 1 510 6 27 12 15; www.usspotomac.org

Die deutsch-jüdische Schriftstellerin **Gertrude Stein** (1874 – 1946) hat Jugendjahre in Oakland verbracht. Ihr Ausspruch »When you get there, there is no there there« sollte ihre Enttäuschung darüber ausdrücken, dass nach langer Abwesenheit in Europa das Haus ihrer Jugend nicht mehr bestand. Eine Skulptur von Roslyn Mazzilli in der City Center Shopping Area erinnert an die Literatin.

**»There« Sculpture**

In der Stadtmitte liegt der Lake Merritt, ein über 60 ha großer Salzwassersee, auf dem Bootsfahrten möglich sind. Um den See und seinen Lakeside Park wurden ein Märchenpark und ein Japanischer Garten angelegt. In der großen Parkanlage befinden sich auch ein Botanischer Garten, Picknickplätze und Wanderwege.

**Lake Merritt**

Der erste Themenpark der USA wurde 1950 gegründet und diente Walt Disney als Inspiration für seinen 1955 errichteten Vergnügungspark »Disneyland«. Im Children's Fairyland sind bekannte Märchen und Kindergeschichten fantasievoll nachempfunden.

**Children's Fairyland**

❶ 699 Bellevue Ave. (am Lake Merritt); Sommer Mo. – Fr. 10.00 – 16.00, Sa., So. 10.00 – 17.00, Frühling und Herbst Mi. – So. 10.00 – 16.00, Winter Sa., So. 10.00 – 16.00 Uhr; Eintritt 10 $; www.fairyland.org

Das südwestlich vom Lake Merritt gelegene Museum enthält sehenswerte Sammlungen zur **Naturgeschichte, Geschichte und Volkskunde Kaliforniens** (großes Freigelände). Es ist das einzige größere Museum, das ausschließlich der Geschichte und Kultur Kaliforniens gewidmet ist. Das heutige Museum wurde von Kevin Roche entworfen. Die oberste Etage – durch sie betritt man das Museum – ist den Werken kalifornischer Maler und Fotografen (u. a. Anselm Adams, Dorothea Lange, Edward Weston und Edward Muybridge) gewidmet. Unter der Galerie befindet sich ein großer Ausstellungsraum, in dem die Geschichte Kaliforniens ausgebreitet wird. Im untersten Stockwerk kann man einen Rundgang durch die verschiedenen Naturräume Kaliforniens unternehmen: Küste, Küstengebirge, Central Valley, Sierra Nevada, Wüste.

**\*Oakland Museum of California**

❶ 1000 Oak St.; Mi. – So. 11.00 – 17.00, Fr. bis 21.00 Uhr.; Eintritt 16 $ http://museumca.org

Verlässt man Oakland auf dem Highway 880 in Richtung Flughafen, so gelangt man zu diesem Luftfahrtmuseum mit zahlreichen **historischen Flugzeugen**. Es ist in einer 1939 gebauten Flugzeughalle am North Field untergebracht, die während des Zweiten Weltkriegs als

**Oakland Aviation Museum**

Ausbildungsstätte des Flugzeugunternehmens Boeing diente. Hauptattraktion ist eine »Short Solent Mark III«, ein 1946 gebautes viermo-
toriges britsches Wasserflugzeug.

❶ 8252 Earhart Rd.; Mi. – So. 10.00 – 16.00 Uhr; Eintritt 10 $;
www.oaklandaviationmuseum.org

# ✴ Palm Springs

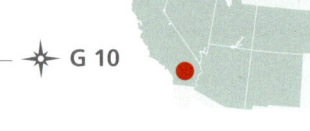

✴ G 10

**Region:** Riverside
**Höhe:** 142 m ü. d. M.
**Einwohnerzahl:** 47 000

**Die »Oase der Reichen«, wie der Thermalkurort Palm Springs
auch genannt wird, erfreut sich vor allem in den Wintermonaten größter Beliebtheit, denn zwischen Oktober und März
herrschen hier sehr angenehme Temperaturen.**

**Geschichte**  Die **heißen Quellen** von Palm Springs wurden im 18. Jh. von den
Spaniern entdeckt, die den Ort Agua Caliente (dt. = »heißes Wasser«)
nannten. Das Gebiet war ursprünglich von Cahuilla-Indianern bewohnt. Ihre Nachfahren leben heute in einem Reservat, das auch ein
Fünftel des Stadtgebiets von Palm Springs umfasst. Zum **Modekurort**
wurde Palm Springs, das aus ursprünglich sieben kleinen Ortschaften
zusammengewachsen ist, in den 1930er-Jahren, als die Hollywood-
Prominenz regelmäßig hierher kam. Seitdem gehört der Wüstenort zu
den bevorzugten Feriendomizilen der »oberen Zehntausend« in den
USA. In den letzten Jahrzehnten wurden in Palm Springs zahlreiche
Bewässerungskanäle angelegt und mehr als 50 000 Palmen gepflanzt.
Nördlich außerhalb von Palm Springs steht inzwischen ein ganzer
Wald von **Windkraftanlagen**, der die Stadt mit Strom versorgt.

**Kur, Sport**  **Golf** und **Tennis** sind die beiden Sportarten, die man hier wirklich
**und Freizeit**  exzessiv betreiben kann. Mit mehr als 80 Golfplätzen und Golf Resorts sind die Bedingungen für den Golfsport nahezu ideal. Auch
Klettertouren in den nahen Canyons, Radtouren sowie Exkursionen
in die Wüstenumgebung stehen zur Wahl. In vielen Hotels kann man
sich nach der sportlichen Betätigung mit einem Bad im sprudelnden
Quellwasser erholen. Vor allem die Nobelunterkünfte besitzen eigene
Kurbäder und Sporteinrichtungen.

**Moorten**  Reizvoll bietet sich Moorten Botanical Garden dar. Dieser farben-
**Botanical**  prächtige botanische Garten kann besichtigt werden
**Garden**  ❶ 1701 S. Palm Canyon; Do. – Di. 10.00 – 16.00 Uhr; Eintritt 4 $;
www.moortengarden.com

## Palm Springs erleben

### AUSKUNFT
**Palm Springs Bureau of Tourism**
2901 North Palm Canyon Drive
Palm Springs, CA 92262
Tel. 1 760 7 78 84 18
www.visitpalmsprings.com

### SHOPPING
Hauptflanierstraße ist der Palm Canyon Drive. Beste Einkaufsmöglichkeiten bieten sich außerdem im neuen Desert Fashion Plaza, an der Palm Springs Mall sowie am El Paseo Drive.

### ÜBERNACHTEN
**Parker Palm Springs** €€€€
4200 E. Palm Canyon Drive
Tel. 1 760 7 70 50 00
www.theparkerpalmsprings.com
Eines der luxuriösesten Häuser in Palm Springs.

**Ritz-Carlton Lodge
at Rancho Mirage** €€€€
68900 Frank Sinatra Drive
Tel. 1 760 3 21 82 82
www.ritzcarlton.com
Die Ultra-Luxus-Herberge inmitten einer Parkanlage auf einem aussichtsreichen Plateau in der Vorbergzone der Santa Rosa Mountains. Ein großer Wellnessbereich rundet das Angebot ab. Gern erholen sich hier bekannte Persönlichkeiten von ihrer anstrengenden Arbeit.

**Best Western Plus
Las Brisas Hotel** €€
222 S Indian Canyon Drive
Tel. 1 760 3 25 43 72
www.bestwestern.com
Das Hotel besticht durch mediterranes Flair. In jedem der 90 recht ge-

schmackvoll eingerichteten Zimmer befindet sich ein Fernseher.

**Days Inn Palm Springs** €€
1983 N. Palm Cyn Drive
Tel. 1 760 4 16 23 33
www.daysinnpalmsprings.com
Großzügige Anlage mit Swimming Pool und hübschem Garten. Die Zimmer sind geräumig und verfügen über Balkon oder Terrasse mit schönem Ausblick.

### ESSEN
**Melvyn's Restaurant** €€€€
200 West Ramon Road
Tel. 1 760 3 25 23 23
www.inglesideinn.com
Elegantes Ambiente und erlesene Speisen. Das Restaurant befindet sich im »Ingleside Inn«, das zwar zentral, aber dennoch ruhig gelegen ist.

**Johannes Restaurant** €€€€
196 S Indian Canyon Drive
Tel. 1 760 7 78 00 17
www.johannesrestaurant.com
Mehrfach für seine europäische Küche und erlesenen Weine ausgezeichnet.

**Murph's Gaslight** €€
79 – 860 Ave. 42
Tel. 1 760 3 45 62 42
www.murphsgaslight.com
Altmodisch, aber lecker; hier gibt's noch Backhähnchen mit Stampfkartoffeln und Fruchtsalat.

**Ruby's Diner** €€
155 South Palm Canyon Drive
Tel. 1 760 4 06 78 29, www.rubys.com
Klassisches American Diner mit reichhaltiger Karte.

**In Palms Springs fährt man ganz relaxt zum Golfen.**

**Palm Canyon**  Wenige Meilen südlich außerhalb von Palm Springs lädt der bereits auf Indianergebiet gelegene Palm Canyon zum Besuch ein. Bemerkenswert ist der Bestand von rund 3000 **Fächerpalmen** (www.indian-canyons.com).

**Living Desert Wildlife and Botanical Park**  Die »Lebende Wüste« (Living Desert) liegt ca. 13 mi/21 km südöstlich von Palm Springs bei dem Ort Palm Desert. In dem 480 ha großen Freigelände gedeihen vielerlei **Wüstenpflanzen**. Außerdem kann man hier typische Wüstentiere in ihrer natürlichen Umgebung beobachten.

❶ Juni – Sept. tgl. 8.00 – 13.30, Okt. – Mai tgl. 9.00 – 17.00 Uhr; Eintritt 20 $; www.livingdesert.com

**Salton Sea**  Mitten in der südkalifornischen Wüste, etwa 43 mi/70 km südöstlich von Palm Springs, wurde 1905 der Saltonsee mit zugeleitetem Colorado-Wasser geflutet. Sein Pegel liegt 72 m unter dem Meeresspiegel. Um ihn herum ist eine **Oase** entstanden, in der ganze Wälder von Dattelpalmen wachsen sowie Weintrauben und Zitrusfrüchte gedeihen.

Weiter südlich erstreckt sich das Imperial Valley, das sich mit dem Tal des Todes (▶Death Valley) den Ruf teilt, die **heißeste Region Nordamerikas** zu sein. Zwischen März und Oktober steigt die Quecksilbersäule häufig über die 40°C-Marke. Im Sommer werden hier Temperaturen bis zu 52 °C gemessen! Das extrem trocken Imperial Valley ist jedoch eine Landschaft, in der das ganze Jahr über bei entsprechender Bewässerung angebaut und geerntet werden kann, nicht nur Obst und Gemüse, sondern auch Baumwolle. Über den All-American-Kanal wird Wasser vom Unterlauf des Colorado River abgezweigt und über ein ganzes System kleinerer Kanäle und Bewässerungsanlagen auf die Felder des Imperial Valley geleitet. Die Erträge im **»Wintergarten der Vereinigten Staaten«**, wie das Imperial Valley inzwischen genannt wird, sind doppelt so hoch wie in den traditionellen Anbaugebieten.

**Imperial Valley**

> **!** BAEDEKER TIPP
>
> *Drahtseilbahn Mount Jacinto*
>
> Während einer Seilbahnfahrt (Aerial Tramway) auf den 2595 m hohen Mount San Jacinto kann man in exemplarischer Weise die einzelnen Höhenstufen der Vegetation in Augenschein nehmen. Vom Gipfel bietet sich vor allem gegen Abend ein überwältigender Ausblick. Der gesamte Gebirgsstock ist als Naturschutzgebiet ausgewiesen. Für passionierte Bergwanderer sind hier oben über 80 km Wege markiert (www.pstramway.com; Ticket 25 $).

Am Ostrand des Imperial Valley erstrecken sich die faszinierenden Imperial Sand Dunes, die oftmals als **»Amerikanische Sahara«** apostrophiert werden. Sie sind ein überaus empfindliches Ökosystem, in dem selten Pflanzen und Tiere leben. Leider werden diese Sanddünen von Sand-Buggy- und Jeep-Piloten förmlich umgepflügt und sind daher in ihrem Bestand stark bedroht.

**Imperial Sand Dunes**

❶ Visitor Center in El Centro, 1661 S. 4th St., Tel. 1 760 3 37 44 00; Mo. – Fr. 8.00 – 16.30 Uhr; www.blm.gov/ca/st/en/fo/elcentro

Östlich von Palm Springs breitet sich der Joshua Tree National Park aus. Aufgrund seiner Lage zwischen der im Norden angrenzenden, bis zu 1000 m höher gelegenen Mojave-Wüste und der Colorado-Wüste im Südosten vereint der Park **Merkmale beider Wüstengebiete**. Das bekannteste Charakteristikum des Nationalparks sind zwar die namensgebenden Joshua Trees, doch findet man auch Palmenhaine, Sanddünen und Kakteengärten. Die Joshua Trees haben ihren Namen wohl von Mormonen erhalten: Die Gläubigen fühlten sich beim Anblick der Äste an die erhobenen Arme des Propheten erinnert. Im Park gibt es keine Tankstellen oder Hotels. Zur Verfügung stehen nur einfache Campingplätze.

**\*Joshua Tree National Park**

**Visitor Center:** tgl. 8.00 – 17.00 Uhr; Parkeintritt 20 $ für 7 Tage gültig; www.nps.gov/jotr

# Palo Alto

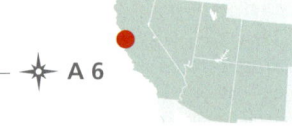

✳ A 6

**Region:** Santa Clara
**Höhe:** 7 m ü.d.M.
**Einwohnerzahl:** 67 000

**Der spanische Name bedeutet soviel wie »hoher Baum« und geht auf einen Jahrhunderte alten noch vorhandenen Küstenmammutbaum (Redwood) zurück, unter dem der spanische Gouverneur Gaspar de Portolà mit seiner Expedition auf der Suche nach der San-Francisco-Bucht lagerte.**

**Universitäts-und Elektronik-industrie**

Die Universitätsstadt Palo Alto liegt 60 km südlich von San Francisco am US 101. Vor allem dank der Universität wurde sie ein wichtiger Standort der Elektronikindustrie mit zahlreichen kleineren Betrieben, die von Absolventen der Universität gegründet wurden. Das größte der dort ansässigen Unternehmen ist **Hewlett-Packard**.

## STANFORD UNIVERSITY

**\*Campus**

Palo Alto ist durch die Stanford University geprägt. Der kalifornische Gouverneur **Leland Stanford**, früherer Eisenbahn-Tycoon und Mitbegründer der republikanischen Partei, gründete die Hochschule 1891 mit 559 Studenten. Einer von ihnen war der spätere US-Präsident **Herbert Hoover** (1874 – 1964).

Über den Palm Drive gelangt man in den auf einer Seite durch Arkaden, auf der anderen durch die Memorial Church gesäumten Innenhof; die architektonischen Vorbilder sind in der Romanik und im kalifornischen Missionsstil zu suchen. Obwohl das Erdbeben von 1906 dem langsam wachsenden Campus schwere Schaden zufügte (u. a. stürzte die erste Memorial Church ein), konnte dies die Entwicklung der Universität nicht aufhalten. Die heute 15 300 Studierenden werden von über 1800 Lehrkräften unterrichtet. Unter diesen befinden sich nicht weniger als **16 Nobelpreisträger** und 135 Mitglieder der National Academy of Science.

❶ Stanford Visitor Center, 295 Galvez St.; Mo. – Fr. 8.30 – 17.00, Sa., So. 10.00 – 17.00 Uhr, kostenlose Campus-Führungen tgl. 11.00 u. 15.15 Uhr, Tel. 1 650 7 25 33 35; www.stanford.edu/dept/visitorinfo/

**\*Cantor Arts Center**

Zum 32 km² großen Campus gehört das Iris & B. Gerald Cantor Center for Visual Arts. Es beherbergt die umfangreichen **archäologischen und Kunstsammlungen** der Universität. Das dem Nationalmuseum in Athen nachempfundene Gebäude wurde 1905 fertiggestellt. Von hervorragender Bedeutung sind die Orientalische

## Stanford University

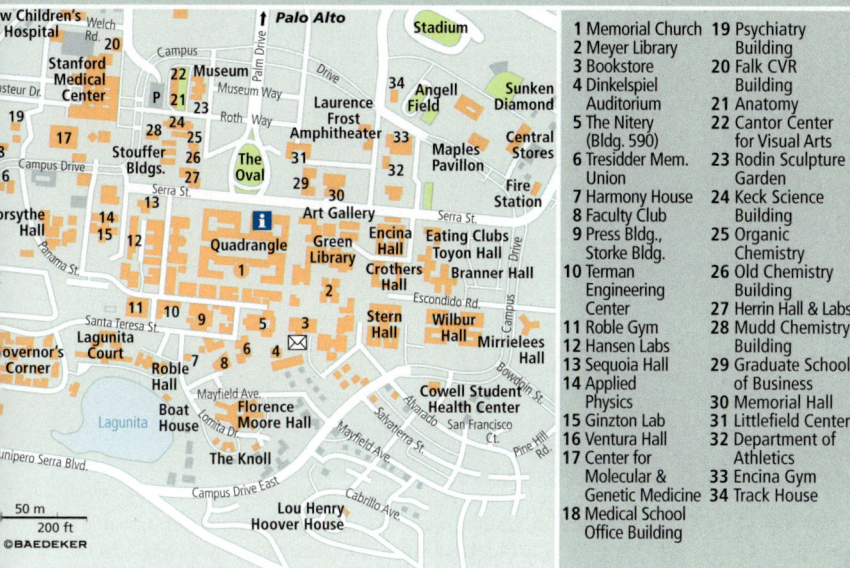

1 Memorial Church
2 Meyer Library
3 Bookstore
4 Dinkelspiel Auditorium
5 The Nitery (Bldg. 590)
6 Tresidder Mem. Union
7 Harmony House
8 Faculty Club
9 Press Bldg., Storke Bldg.
10 Terman Engineering Center
11 Roble Gym
12 Hansen Labs
13 Sequoia Hall
14 Applied Physics
15 Ginzton Lab
16 Ventura Hall
17 Center for Molecular & Genetic Medicine
18 Medical School Office Building
19 Psychiatry Building
20 Falk CVR Building
21 Anatomy
22 Cantor Center for Visual Arts
23 Rodin Sculpture Garden
24 Keck Science Building
25 Organic Chemistry
26 Old Chemistry Building
27 Herrin Hall & Labs
28 Mudd Chemistry Building
29 Graduate School of Business
30 Memorial Hall
31 Littlefield Center
32 Department of Athletics
33 Encina Gym
34 Track House

und die Ägyptische Abteilung. Auch zahlreiche antike zypriotische Skulpturen sind ausgestellt. Herausragend ist auch die Kollektion indianischer Grabbeigaben. Zu den Höhepunkten der Ausstellung gehören Kunstwerke des 19. und 20. Jh.s aus Europa. An der Südseite des Museums ist ein Skulpturengarten angelegt mit 20 Bronze-Arbeiten des französischen Bildhauers **Auguste Rodin**.

❶ Lomita Dr./Museum Way; Mi.–So. 11.00–17.00, Do. bis 20.00, Führungen Mi. 12.00, Sa., So. 13.00 Uhr; Eintritt frei; http://museum.stanford.edu

Eine weithin sichtbare Landmarke auf dem Campus ist der 87 m hohe Hoover Tower, der 1941 anlässlich des 50-jährigen Universitätsjubiläums fertiggestellt worden ist. Von seiner **Aussichtsplattform** hat man einen tollen Rundblick. Nebenan, im **Herbert Hoover Memorial Exhibit Pavilion** wird an den 31. Präsidenten der Vereinigten Staaten erinnert.

**Hoover Tower**

**Hoover Tower:** tgl. 10.00–16.00 Uhr (geschlossen Mitte Dez.–2. Jan), Eintritt 3 $, www.stanford.edu
**Herbert Hoover Memorial Exhibit Pavilion:** tgl. 11.00–16.00 Uhr, Eintritt frei, www.stanford.edu

## UMGEBUNG VON PALO ALTO

**Mountain View** Gleich südlich von Palo Alto und im Herzen des »Silicon Valley« erreicht man die 74 000-Einwohner-Stadt Mountain View, in der etliche namhafte Unternehmen der IT-Branche (bes. Software) ihren Sitz haben, darunter auch Google und Mozilla. Hier hat auch das **\*Computer History Museum** einen adäquaten Platz gefunden. Es präsentiert auf sehr anschauliche Art die noch junge Geschichte von Computern, Speichermedien, Internet sowie diversen Anwendungen. Auch die Entwicklung von Computerspielen lässt sich hier gut nachvollziehen.

❶ 1401 N. Shoreline Blvd.; Mi. – So. 10.00 – 17.00 Uhr; Eintritt 15 $; www.computerhistory.org

## ✶✶ Sacramento

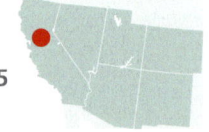

✦ B 5

**Region:** Sacramento
**Höhe:** 8 m ü.d.M.
**Einwohnerzahl:** 486 000

**Die Hauptstadt Kaliforniens ist wenig älter als der Bundesstaat selbst. Heute leben in ihrem Einzugsbereich über 2 Mio. Menschen. Sacramento hat sich in jüngerer Zeit auch zu einem wichtigen Handels- und Technologiezentrum entwickelt.**

**Geschichte** Sacramento liegt etwa 150 km nordöstlich von San Francisco an der Straße US 80. 1839 gründete Johann August Sutter die Stadt und benannte sie nach dem Fluss, an dessen Unterlauf sie liegt. Das alte **Sutter's Fort** wurde wieder aufgebaut und ist heute eine touristische Attraktion. Nicht nur mehrere Überschwemmungen, auch wiederholte Brände setzten der Stadt bis in die frühen 1950er-Jahre zu. Um 1980 restaurierte man den direkt am Sacramento River gelegenen alten Stadtkern **»Old Sacramento«**.
Nachdem 1848 am südlichen Arm des **American River** Gold gefunden wurde und kurz darauf eine wahre Völkerwanderung von Glückssuchern nach Kalifornien einsetzte, entwickelte sich Sacramento zu einer wichtigen Versorgungsstation für die Schürfgebiete. Und als 1854 nach mehreren Provisorien eine dauerhafte Hauptstadt für den jungen US-Bundesstaat Kalifornien gesucht wurde, konnte Sacramento gewichtige Konkurrenten wie Berkeley, San Jose und Monterey aus dem Feld schlagen. 1856 wurde zwischen Sacramento und Folsom die erste kalifornische Eisenbahnlinie eröffnet, die man 1869 an die transkontinentale Eisenbahnlinie zwischen Ost- und Westküste anschloss. Auch nach

dem Verebben des Goldrauschs blieb Sacramento ein wichtiger Handels- und Umschlagplatz, nun für die landwirtschaftlichen Produkte aus dem fruchtbaren Sacramento-Tal.

## SEHENSWERTES IN SACRAMENTO

Das alte neoklassizistische Capitol mit der 71 m hohen Kuppel entstand 1861 bis 1874, angelehnt an das Parlamentsgebäude in Washington D. C. Die glänzenden Mosaikfußböden aus Marmor und die vielen Kristallleuchter machen die Sitzungsräume zu einem beliebten Anziehungspunkt für Besucher. Im nordöstlichen Teil des Capitol Park (L und 15th Street) erhebt sich eine bronzene Skulpturengruppe (1988), das **Vietnam War Memorial**, das ausschließlich mit Hilfe von Spenden errichtet wurde und an die 5822 in diesem Krieg gefallenen und vermissten Kalifornier erinnert.

**\*California State Capitol**

❶ 10th St. & Capitol Mall; tgl. 9.00 – 17.00, Führungen stdl. 10.00 – 16.00 Uhr; Eintritt frei; http://capitolmuseum.ca.gov

Sacramento

**Essen**
❶ The Waterboy

**Übernachten**
❶ Sterling Hotel
❷ Best Western Sutter House

**\*California State Railroad Museum**
Mit einer Ausstellungsfläche von 10 000 m² ist das California State Railroad Museum **eines der größte Eisenbahnmuseem der Welt**. Hier kann man bestens gepflegte **Lokomotiven und Eisenbahnwaggons** bestaunen.

Mit der Eintrittskarte kann man auch die 1870 erbaute **Central Pacific Railroad Station** besichtigen. Hier fühlt man sich in die zweite Hälfte des 19. Jh.s zurückversetzt.

❶ 125 I St., Old Sacramento State Historic Park; tgl. 10.00 – 17.00 Uhr; Eintritt 9 \$; Museumsbahnfahrten Sa., So. stdl. 11.00 – 17.00 Uhr; Ticket 10 \$; www.csrmf.org

**Crocker Art Museum**
Ein restauriertes viktorianisches Gebäude und ein moderner Anbau beherbergen das Crocker Art Museum, das 1873 begründete älteste Kunstmuseum im Westen der Vereinigten Staaten. Unter den Exponaten befinden sich neben Gemälden und Zeichnungen kalifornischer Künstler auch Kunstwerke europäischer und ostasiatischer Herkunft sowie ansprechende Fotokunst.

❶ 216 O St.; Di. – So. 10.00 – 17.00, Do. bis 21.00 Uhr; Eintritt 10 \$; http://crockerartmuseum.org

**\*Old Sacramento**
Ein Teil der Altstadt – zwischen der I und M Street sowie zwischen 2nd und Front Street – präsentiert sich heute wieder wie in der zweiten Hälfte des 19. Jh.s, als man das Zentrum wegen immer wieder auftretender Überflutungen durch den Sacramento River erhöhen musste. Inzwischen sind über fünfzig historische Bauten restauriert bzw. nach alten Vorlagen wiederaufgebaut worden – einschließlich der Bordsteine und des Straßenpflasters, über das wieder Kutschen rollen.

**\*Discovery Museum Science & Space Center**
Die populärwissenschaftliche Einrichtung präsentiert die Themen Stadtgeschichte inklusive Goldrausch, Natur und Technik, Wissenschaft und Technologie. Im Planetarium erfährt man viel Interessantes über das Weltall bzw. den Sternenhimmel.

❶ 23615 Auburn Blvd.; Di. – Fr. 12.00 – 16.30, Sa., So. 10.00 – 16.30 Uhr; Eintritt 6 \$; www.thediscovery.org

**\*Sutter's Fort State Historic Park**
Das Fort war einst der **erste Vorposten europäischer Einwanderer im Innern Kaliforniens**, 1839 errichtet vom deutsch-schweizerischen Einwanderer Johann August Sutter. Nach der Entdeckung des Goldes wurde Sutter's Fort von Goldgräbern buchstäblich überrannt. Das **State Indian Museum**, das sich ebenfalls auf dem Gelände befindet, bietet hervorragende Einblicke in die Lebensweise der kalifornischen Ureinwohner.

**Sutter's Fort:** 2701 L St.; tgl. 10.00 – 17.00 Uhr; Eintritt 5 \$; www.parks.ca.gov
**State Indian Museum:** 2618 K St., tgl. 10.00 – 17.00 Uhr, Eintritt 3 \$, www.parks.ca.gov

## Sacramento erleben

### AUSKUNFT
*Sacramento Visitors Center*
1002 2nd St.
Old Sacramento, CA 95814
Tel. 1 916 4 42 76 44
www.visitsacramento.com

### STADTBESICHTIGUNG
*Downtown Sacramento
Walking Tours*
Tel. 1 916 4 42 85 75
www.sacramentoheritage.org/walking.
html
Tour-Ticket 10 $
Hier erfahren Besucher, wie die Hauptstadt Kaliforniens entstanden ist, warum die Bürgersteige hohl sind und wieso es im Crest Theatre spukt.

*Hornblower Old Sacramento*
1206 Front St.
Tel. 1 916 4 46 11 85
www.hornblower.com
River Cruise Tickets ab 20 $
Sightseeing-, Brunch-, Dinner- und abendliche Rundfahrten mit dem Ausflugsbooot auf dem Sacramento River mit den beiden Ausflugsschiffen »Empress Hornblower« und »Capitol Hornblower«.

### ÜBERNACHTEN · ESSEN
**❶** *Sterling Hotel* ⊖⊖⊖
1300 H St.
Sacramento, CA 95814
Tel. 1 916 4 48 13 00
http://sterlinghotelsacramento.com
Man übernachtet sehr komfortabel in einem gut restaurierten viktorianischen Gebäude. Bestens speist man im Chanterelle-Restaurant.

**❷** *Best Western Sutter House* ⊖⊖
1100 H St.
Sacramento, CA 95814
Tel. 1 916 4 41 13 14
www.thesutterhouse.com
Das Haus liegt nicht weit von den Sehenswürdigkeiten entfernt. Das gestylte Grapes-Restaurant serviert moderne kalifornische Küche.

### ESSEN
**❶** *The Waterboy* ⊖⊖⊖⊖
2000 Capitol Ave.
Tel. 1 916 4 98 98 91
In der Küche des eleganten Restaurants werden nicht nur Genüsse der amerikanischen, sondern auch der französischen Küche mit besten Zutaten kreiert.

---

Das 1987 gegründete Automuseum beherbergt eine Sammlung von 150 Ford-Wagen und historischen Modellen von Studebaker, Buick und Packard. **California Automobile Museum**

❶ 2200 Front St.; tgl. 10.00 – 18.00 Uhr; Eintritt 8 $;
www.calautomuseum.org

## UMGEBUNG VON SACRAMENTO

Placerville befindet sich nur wenige Meilen von der ersten Goldfundstelle in Coloma entfernt, 45 mi/70 km östlich von Sacramento. Der Ort mit gut 10 000 Einwohnern lässt heute aber nur noch wenig von **Placerville**

# *Plenty of Gold ... on the Banks of Sacramento*

*Am 24. Januar 1848 entdeckte James W. Marshall am American River nordöstlich von Sacramento Gold. Diese Nachricht löste 1849 einen bis dato beispiellosen Goldrausch aus, der Zehntausende Glücksritter in die Gegend lockte. Die Schürfer fanden pro Tag durchschnittlich 1 Unze (ca. 31 g) Gold und verdienten so über das 20-fache eines normalen Arbeiters. Ab 1853 wurden erstmals Wasserstrahlgeräte, Schwimmbagger etc. eingesetzt. Mit der bergmännischen Goldförderung begann man erst 1950.*

## ▶ Natürliche Goldvorkommen

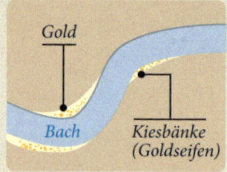

**Goldseifen**

**Nuggets**

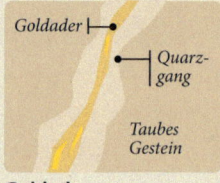

**Goldadern**

Gold führende Quarzgänge mit einer Gesamtlänge von 180 km machten die Sierra Nevada seinerzeit zum größten Gold-Abbaugebiet. Anfangs wurden Gold-Nuggets mit Waschpfannen aus den Goldseifen herausgewaschen. Mit der Zeit begann in der Region professioneller Bergbau. So konnte das Gold aus den Quarzadern in großen Mengen abgebaut werden.

## ▶ So wurde das Gold zu Beginn des Goldrauschs abgebaut

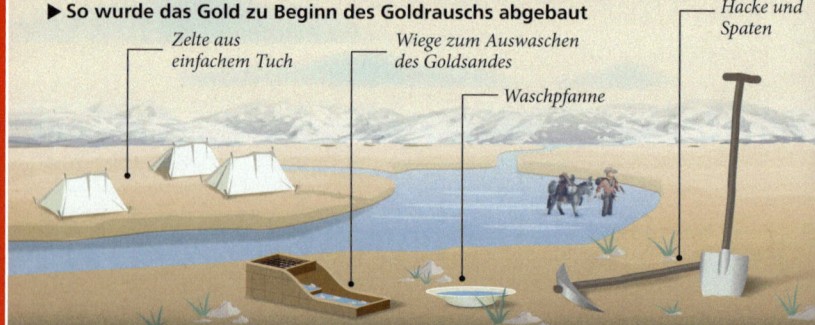

Zelte aus einfachem Tuch

Wiege zum Auswaschen des Goldsandes

Waschpfanne

Hacke und Spaten

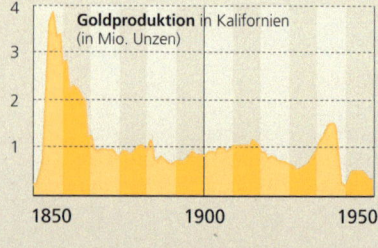

**Goldproduktion** in Kalifornien (in Mio. Unzen)

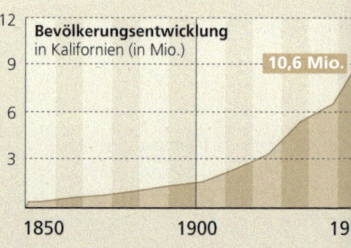

**Bevölkerungsentwicklung** in Kalifornien (in Mio.)

10,6 Mio.

USA
*Kalifornien*

Downieville
Sierra City
Camtonville
North San Juan
Nevada City
Grass Valley

KALIFORNIEN

Auburn
Pilot Hill
Coloma
Placerville
Diamond Spring
El Dorado

SACRAMENTO

Drytown
Amador City
Jackson
Mokelumne Hill
San Andreas

Angels Camp
Stockton
Jamestown
Montezuma

Coulterville

Bear Valley
Mt Ophir
Mariposa

Oakhurst

*Sierra Nevada Goldfelder*

*»Golden Chain« Highway*

CALIFORNIA
**49**

Aus vielen »Mining Camps« sind
heute kleinere Städte geworden.
Sie reihen sich auf 450 km
entlang des entlang des »Golden
Chain Highway 49« auf.

©BAEDEKER

**eförderte Goldmengen**
weltweit in Tonnen

2 000
1 500
1 000
500

900          2013

**Goldförderung nach Ländern**
2013 weltweit in Tonnen

| | |
|---|---|
| 480 | China |
| 255 | Australien |
| 227 | USA |
| 220 | Russland |
| 150 | Peru |
| 145 | Südafrika |
| 120 | Kanada |
| 93 | Usbekistan |
| 85 | Ghana |
| 60 | Indonesien |

seiner wilden Vergangenheit erkennen. Im Zentrum sind Häuser aus dem 19. Jh. restauriert und am früheren Hinrichtungsort in der Main Street hängt die lebensgroße Figur eines Delinquenten. Rund um Placerville erstreckt sich ein Obstanbaugebiets, in dem im Herbst die Apfelernte gebührend gefeiert wird.

**Kennedy Gold Mine**
Etwas weiter südlich, bei Jackson, können Besucher das Gelände und die Gebäude der 1942 stillgelegten Kennedy Gold Mine besichtigen. Hier wurde das Edelmetall aus bis zu 1802 m Tiefe gefördert. Besonders eindrucksvoll sind der alte Förderturm und das hübsch renovierte Gebäude der Grubenverwaltung.
❶ 12594 Kennedy Mine Rd.; Jackson, Führungen März – Okt. Sa., So., Fei.; Eintritt 10 $; http://kennedygoldmine.com/

**\*Marshall Gold Discovery Park**
An der CA 49 zwischen Auburn und Placerville liegt der kleine Ort **Coloma**. Hier entdeckte **James W. Marshall** 1848 das **erste Gold** im American River. Auf einer Anhöhe erinnert eine Statue an »Goldfinger« Marshall. Im Auftrag von **Johann August Sutter** sollte er hier – etwa 50 mi/80 km von Fort Sutter in entfernt – ein Sägewerk errichten. Im **Museum** wird die Zeit des Goldrauschs mit Fotos, Dokumenten, Videopräsentationen und interessanten Exponaten wieder lebendig.
❶ 310 Back St., Coloma; März – Okt. Di. – So. 10.00 – 16.00, Nov. – Feb. Di. – So. 10.00 – 15.00 Uhr; Eintritt 7 $; www.parks.ca.gov

# **\*\* San Diego**

✳ F 11

**Region:** San Diego
**Höhe:** 0 – 483 m ü. d. M.
**Einwohnerzahl:** 1,4 Mio. (Stadt), 5 Mio. (Greater Metropolitan Area)

**Vor allem als Hafenstadt und Flottenstützpunkt, aber auch als Forschungsstandort kommt San Diego eine hohe Bedeutung zu. Das warme und trockene Klima, die landschaftlich reizvolle Umgebung sowie die kilometerlangen Sandstrände bescherten der Stadt in den vergangenen Jahren einen sprunghaften Bevölkerungsanstieg.**

**Geschichte**
Die eigentliche Geburtsstunde der Hafenstadt schlug im Jahr 1769, als der Franziskanermönch Pater Junipero Serra hier mit dem Bau der ersten von ingesamt 21 **Missionsstationen** begann (die heutige Mission San Diego de Alcala befindet sich ca. 10 km landeinwärts von ihrem ursprünglichen Standort). Im 19. Jh. gehörte San Diego zu Mexiko und später zu den USA. Mit der Aufnahme des Bundesstaates Kalifornien in die Union wurde 1850 das **San Diego County** ins

## San Diego Downtown

1 Old Globe Theatre
2 Museum of Art
3 Botanical Building
4 Natural History Museum
5 Timken Museum of Art
6 Museum of Man
7 Mingei International Museum/ Museum of The Living Artist
8 Visitors Center
9 Reuben H. Fleet Science Center

10 Hall of Nations/United Nations Building
11 Organ Pavillon
12 House of Pacific Relations
13 Balboa Park Club
14 M. Hitchcock Puppet Theatre
15 Automotive Museum
16 Hall of Champions Sports Mus.
17 Municipal Gym
18 Starlight Bowl

**Essen**
❶ Cucina Urbana
❷ The Boathouse
❸ Hob Nob Hill
❹ The Coronado Brewing Company

**Übernachten**
❶ Westin San Diego
❷ Wyndham San Diego Bayside
❸ Blue Sea Beach Hotel

Leben gerufen. Der Aufschwung kam erst mit dem Anschluss der Santa Fe Rail Road, dem Ausbau des Hafens und der Verlegung des Flottenstützpunktes nach San Diego in der ersten Hälfte des 20. Jh.s. Neben dem Militär sind heute die **Luft- und Raumfahrtindustrie** sowie namhafte **Forschungszentren** wichtige wirtschaftliche Faktoren. Die Stadt umfasst gegenwärtig bereits ein Gebiet von 800 km². Ähnlich wie in Los Angeles wird auch für San Diego vieles von der Frage abhängen, inwieweit die Stadt der enormen Zersiedelung und der Entleerung des Stadtkerns Einhalt gebieten kann.

## San Diego erleben

### AUSKUNFT
*Visitors Information Center*
1140 N. Harbor Drive
San Diego, CA 92101
Tel. 1 6 19 2 36 12 12
www.sandiego.org

### SHOPPING
Zwischen 1st und 4th Avenue findet
man die Horton Plaza mit mehr als 100
Geschäften, Kaufhausfilialen, Restaurants, Kino und Theater.

### ESSEN
❶ *Cucina Urbana* ©©©©
505 Laurel St., Tel. 1 6 19 2 39 22 22
www.cucinaurbana.com
Eines der besten Restaurants in San
Diego bietet südfranzösische Küche mit
mediterranem Einfluss und ein erlesenes
Weinangebot.

❷ *The Boathouse* ©©©
2040 Harbour Island Drive
Tel. 1 6 19 2 91 80 11
www.boathouserestaurant.com
Am Hafen kann man in diesem gemütlichen Restaurant neben vielen verschiedenen Fischgerichten auch die herrliche
Aussicht genießen. Jeden Mittwoch ist
Hummer-Abend.

❸ *Hob Nob Hill* ©©
2271 1st Ave.
Tel. 1 6 19 2 39 81 76
www.hobnobhill.com
Einfallsreiche Fisch- und Fleischgerichte
bekommt man in der Nähe des

## DOWNTOWN

**\*Gaslamp Quarter**
Sowohl tagsüber als auch abends ist das Gaslamp Quarter ein einla-
dendes Viertel – hier gibt es viele Geschäfte, Restaurants, Theater und
Bars. In dem **historischen Viertel** zwischen Broadway und K Street
stehen noch 16 Häuserblocks mit viktorianischen Bauten aus der Zeit
zwischen 1880 und 1910. Sehenswert sind vor allem einige Häuser in
der Fifth Avenue, im Abschnitt zwischen E und F Street.

**Seaport Village**
In die San Diego Bay laufen täglich Hochsee-, Kreuzfahrtschiffe und
Jachten ein. Direkt am Ufer, durch den Harbor Drive von Downtown
getrennt, lädt Seaport Village, eine **Freizeitanlage** in Form eines gro-
ßen Dorfes, mit ihren Spezialitätengeschäften und Lokalen zum
Bummeln ein.

**\*Maritime Museum**
Die Schiffe des 1948 gegründeten San Diego Maritime Museum liegen am Harbor Drive zwischen Ash und Laurel Street. Der Dreimas-
ter **»Star of India«**, ein 1863 auf der Isle of Man (englisches Kron-
land) gebautes Segelschiff, das die Erde mehrmals umsegelte,
verkehrte zwischen England und Neuseeland als Passagier- und
Frachtschiff. Das immer noch seetüchtige Schiff fuhr anlässlich der
Zweihundertjahrfeier der amerikanischen Unabhängigkeit am 4. Juli

Balboa Park zu annehmbaren Preisen geboten.

**❹ The Coronado Brewing Company** ☺☺
170 Orange Avenue, Coronado
Tel. 1 619 437 44 52
Das CBC liegt auf der anderen Seite der Coronado Bridge. Zu deftigen Speisen gibt es Bier aus eigener Produktion.

### ÜBERNACHTEN
**❶ The Westin San Diego** ☺☺☺☺
400 W. Broadway
Tel. 1 619 239 45 00
www.westinsandiego.com
Hochmodernes Hotel mitten in Downtown. Hier verkehren in erster Linie Geschäftsreisende. Aber auch viele Touristen schätzen die zentrale Lage dieses Hauses.

**❷ Wyndham San Diego Bayside** ☺☺☺☺
1355 N. Harbor Drive
Tel. 619 232 38 61
www.wyndhamsandiegobay.com
Direkt am Hafen bzw. am Seaport Village liegt dieser riesige Hotelkomplex, dessen Zimmer den üblichen Holiday-Inn-Komfort aufweisen.

**❸ Blue Sea Beach Hotel** ☺☺☺☺
707 Pacific Beach Drive
Tel. 1 858 488 47 00
www.pacificahotels.com/blueseabeach-hotel
Liegt direkt am gut besuchten Pazifikstrand. In der Nähe gibt es hübsche Lokale und Shopping-Möglichkeiten. Nur wenige Minuten Weg bis zur »Sea World«, eine halbe Stunde ins Zentrum von San Diego.

1976 aus. Weitere Museumsschiffe sind: die Fähre **»Berkeley«** (1898), die zwischen San Francisco und Oakland eingesetzt war, die Motorjacht **»Medea«** von 1904, die heute noch gelegentlich Fahrten in die Bay unternimmt, das Lotsenschiff »Pilot« von 1914, ein B-39 U-Boot der Foxtrott-Klasse aus dem Bestand der sowjetischen Kriegsmarine und der Nachbau der britischen Fregatte **HMS »Surprise«** aus dem 18. Jh.
❶ 1492 N. Harbor Dr.; Sommer tgl. 9.00 – 21.00, sonst bis 20.00 Uhr; Eintritt 16 $; www.sdmaratime.org

Bei der Navy Pier liegt der **Flugzeugträger »Midway«** als Aircraft Carrier Museum dauerhaft vertäut. Brücke, Messen, ein F-4-Phantom-Kampfflugzeug und mehr können besichtigt werden. **Aircraft Carrier Museum**
❶ 910 N. Harbor Dr., tgl. 10.00 – 17.00 Uhr; Eintritt 20 $; www.midway.org

Das Museum für zeitgenössische Kunst war ursprünglich die **Villa von Ellen Browning Scripps**, einer wohlhabenden Mäzenin, die viel zur Entwicklung von La Jolla beigetragen hat. 1941 wurde das Gebäude in ein Zentrum für südkalifornische Künstler umgewandelt und später heutigen Bestimmung zugeführt. **Museum of Contemporary Art**
❶ 700 Prospect St.; Do. – Di. 11.00 – 17.00 Uhr; Eintritt 10 $; www.mcasd.org

# ✳ BALBOA PARK

**Die meisten Museen der Stadt** — Auf dem 565 ha großen Gelände des Balboa Parks, der für die **Panama-Pazifik-Ausstellung** 1915/1916 im spanisch-mexikanischen Stil angelegt wurde, befinden sich die meisten Museen der Stadt sowie Theater, Restaurants und diverse Freizeitmöglichkeiten. Es empfiehlt sich, das Auto auf dem großen Parkplatz vor dem Zoo abzustellen und von dort mit der Straßenbahn (kostenlos) oder zu Fuß die Sehenswürdigkeiten anzusteuern.

**Visitor Center:** 1549 El Prado, Balboa Park, Tel. 1 619 2 39 05 12; tgl. 9.30 – 16.30 Uhr; www.balboapark.org

**Botanical Building** — Im Botanical Building, vor dem sich ein hübscher Seerosenteich befindet, kann man vielerlei **tropische und subtropische Pflanzen** bewundern. Das Gebäude war ursprünglich Bahnhof der Santa Fe Railway.

❶ 1549 El Prado; Fr. – Mi. 10.00 – 16.00 Uhr; Eintritt frei

**House of Pacific Relations** — Die Ausstellung »House of Pacific Relations – International Cottages« besteht aus 32 »Häusern«, die Länder der ganzen Welt präsentieren, darunter auch Deutschland. Deutschstämmige Amerikaner organisieren den »Heimatklang Choir« und einen regelmäßigen »Kaffeeklatsch«

❶ 2125 Park Blvd.; So. 12.00 – 16.00, manche Häuser auch Di. 11.00 – 15.00 Uhr; www.sdhpr.org

**Museum of Man** — Dieses Museum beschäftigt sich schwerpunktmäßig mit der **Kulturgeschichte der Pueblo-Indianer**, wobei den Hopi besondere Aufmerksamkeit zuteil wird.

❶ 1350 El Prado; tgl. 10.00 – 16.30 Uhr; Eintritt 12,50 $; www.museumofman.org

**Museum of Photographic Arts** — Das Museum of Photographic Arts in den Arkaden der Casa de Balboa stellt **junge Fotografie** vor und präsentiert Fotoausstellungen sowie Video- und Filmprogramme aus eigenen Beständen.

❶ 1649 El Prado; Di. – So. 10.00 – 17.00, Sommer Do. bis 21 Uhr; Eintritt 8 $; www.mopa.org

**Reuben H. Fleet Space Theater & Science Center** — »Sterne gucken« kann man im populärwissenschaftlich ausgerichteten **Weltraum-Theater mit Planetarium** und Omnimax-Kino. Im angeschlossenen **Science Center** werden die Besucher auf spielerische Weise mit verschiedenen naturgesetzlichen Abläufen vertraut gemacht.

❶ 1875 El Prado; Mo. – Do. 10.00 – 17.00, Fr., Sa. 10.00 – 20.00, So. 10.00. – 18.00 Uhr; Eintritt 11,75 $; Vorführungen: tgl. 9.30 – 21.30 Uhr; www.rhfleet.org

Die spanisch-mexikanische Architektur im Balboa Park ist eine beliebte Kulisse für Hochzeitsbilder.

Das Aerospace Museum mit der angeschlossenen International **Aerospace Hall of Fame** und einigen Flugzeug-Oldtimern gehört zu den besten seiner Art in den USA. Hier steht auch ein Nachbau der »Spirit of St. Louis«, mit der Flug-Pionier Charles A. Lindbergh seinerzeit den ersten Transatlantik-Alleinflug unternommen hatte.

**\*San Diego Air & Space Museum**

❶ 2001 Pan American Plaza; tgl. 10.00 – 16.00 Uhr; Eintritt 18 $; www.sandiegoairandspace.org

Zu den Sammlungen des San Diego Museum of Art gehören Werke europäischer Meister von der Frührenaissance bis zum 20. Jh. sowie eine große Abteilung amerikanischer und asiatischer Kunst; im angrenzenden Skulpturengarten stehen u. a. Plastiken von Alexander Calder, Barbara Hepworth und Henry Moore (Öffnungszeiten: Di. bis Sa. 10.00 – 17.00, So. 10.00 – 17.00 Uhr).

**San Diego Museum of Art**

❶ 1450 El Prado; Do. – Di. 10.00 – 17.00, Fr. bis 19, So. ab 12 Uhr; Eintritt 12 $; www.sdmart.org

Das vor mehr als 100 Jahren gegründete Naturgeschichtliche Museum zeigt südkalifornische Fossilien, Vögel, Reptilien, Säugetiere, Insekten, Pflanzen sowie Meerestiere. Mehrere Dioramen in Lebensgröße sind der Fauna und Flora der kalifornischen Wüste gewidmet.

**San Diego Museum of Natural History**

❶ 1788 El Prado; tgl. 10.00 – 17.00 Uhr; Eintritt 17 $; www.sdnhm.org

**Spreckels-Orgel** Recht imposant ist die gewaltige, im Freien stehende Spreckels-Orgel mit 4400 Pfeifen, von denen die kleinste 4 cm und die größte fast 10 m lang ist. Die Orgel wurde der Stadt 1915 als Geschenk des deutschstämmigen Millionärs Adolph Spreckels übergeben.
❶ Eintritt frei; www.sosorgan.com

**\*\*San Diego Zoo** Der bereits in den 1920er-Jahren angelegte San Diego Zoo gehört zu den **besten seiner Art auf dem Globus** und wurde seither kontinuierlich erweitert, so um einen Regenwald am Tiger River. Viele exotische Pflanzen und über 4000 Tiere sieht man in naturnah gestalteten Lebensräumen, darunter Tiger aus Sumatra, Tapire aus Malaysia und chinesische Pandas. Im Kinderzoo dürfen die Jungtiere gestreichelt werden. Auf dem weitläufigen Gelände verkehren auch Busse sowie eine knapp über Baumwipfelhöhe konstruierte Schwebebahn. Bei einer Tour durch bzw. über dem Tierpark erfahren die Passagiere alles Wichtige über den San Diego Zoo.
❶ 2929 Zoo Drive; tgl. 9.00 – 17.00 Uhr, Frühling/Sommer länger; Eintritt 48 $; www.sandiegozoo.org

**Timken Museum of Art** Im 1965 erbauten Timken Museum of Art ist eine umfangreiche Sammlung russischer Ikonen (16.–19. Jh.) zu besichtigen sowie Werke europäischer und amerikanischer Maler.
❶ 1500 El Prado; Di – Sa. 10.00 – 16.30, So. 13.30 – 16.30 Uhr; Eintritt frei; www.timkenmuseum.org

## OLD TOWN

**\*Altstadt** Die nördlich von Downtown auf dem Presidio-Hügel am San Diego River gelegene sogenannte Altstadt, der Old Town San Diego State Historic Park, führt den Besucher in die **mexikanische und frühamerikanische Geschichte** der Stadt. Zu sehen sind einige **restaurierte Adobe-Häuser** – so zum Beispiel die Casa de Estudillo (Öffnungszeiten: ) in der San Diego Avenue – und **traditionelle Werkstätten**. Herzstück von Old Town San Diego und zugleich lebhafter Schauplatz von Konzerten und Folkloretänzen ist der farbenfrohe Arkadenbau um den **Bazaar del Mundo**.
**Casa de Estudillo:** tgl. 10.00–17.00 Uhr

## CORONADO

**Gartenstadt auf einer Halbinsel** Von Downtown führt eine Hochbrücke über die San Diego Bay zur Halbinsel Coronado. Sie ist nach den Baja California vorgelagerten Inseln Los Coronados benannt. Auch eine Fähre verbindet das Festland mit der Gartenstadt auf der Halbinsel, die wegen ihrer landschaftlichen Reize auch **Crown City** genannt wird. Glanzpunkt ist das 1888 im spanisch-mexikanischen Stil aus Holz erbaute höchst luxuriöse **Hotel Del Coronado** (1500 Orange Ave.), seinerzeit das größte Gebäude außerhalb New Yorks, das bereits völlig mit elektrischem Strom versorgt war. Zu den illustren Gästen des Hauses zählen gekrönte Häupter ebenso wie Schauspiel- und Politikprominenz, hier wurden Filme gedreht wie der unvergessliche Streifen »Some like it hot« mit Marilyn Monroe, Jack Lemmon und Tony Curtis.

Am Südende der Halbinsel Point Loma wird an die Entdeckung Kaliforniens durch den Portugiesen Juan Rodriguez Cabrillo im September 1542 gedacht. Von hier aus hat man bei klarer Sicht einen tollen Panoramablick auf die Stadt. Von Mitte Dezember bis Mitte Februar kann man von hier aus auch **Grauwale** auf ihrer Wanderung von der Bering-See nach Süden zu den warmen Buchten in Baja California beobachten. Spaziergänge führen zum alten Leuchtturm, über den Bayside Trail und die Sylvester Road mit einer bizarren Mischung aus Wüsten- und Küstenvegetation. Auf Point Loma befinden sich ferner ein Flottenübungsstützpunkt und einer der größten Flottenfriedhöfe des Landes, der Rosecrans National Cemetery.

**Point Loma, Cabrillo National Monument**

## MISSION BAY

Lange Sandstrände, viele hübsche kleine Buchten und gepflegte Grünanlagen zeichnen die Mission Bay aus. Inlineskater, Radfahrer, Jogger teilen sich mit Sonnenanbetern und Surfern den Strand, es gibt elegante Yachtklubs und Luxusherbergen.

**Paradies für Wassersportler**

Wer sich für Darbietungen dressierter Delfine, Seelöwen, Otter und Wale begeistert, sollte sich das Sea World nicht entgehen lassen. Zu den Attraktionen gehören ein **tropisches Spielparadies** für Kinder (Shamu's Happy Hour), eine Show mit Killerwalen, ein Delfinbecken und ein begehbarer, durchsichtiger Acryltunnel, der durch ein Aquarium mit Haien, Rochen und tropischen Fischen führt.
❶ 1720 South Shores Rd.; Öffnungszeiten variieren stark, auf der Website prüfen; Tagesticket 89 $; www.seaworld.com

**\*\*SeaWorld**

## LA JOLLA

Der idyllische Vorort La Jolla ist bekannt für seine ausgefallenen Designerboutiquen, für viele gemütliche Restaurants und sehenswerte Kunstgalerien im Bereich von Girard Avenue und Prospect Street. Das fast dörflich anmutende **»Juwel« San Diegos** ist durch die hier angesiedelte Universität und andere Forschungseinrichtungen zu ei-

**\*Mondäner Badeort**

Still ruht die San Diego Bay am Abend.

nem bevorzugten Wohnort von Akademikern, bildenden Künstlern und Literaten geworden. Sonnenanbeter bevölkern das ganze Jahr über den Sandstrand in der felsumrahmten **\*La Jolla Cove**. Hier tummeln sich auch Robben und Seevögel.

**University of California** Architektonisch Interessierte sollten sich die Gebäude auf dem Campus der 1912 gegründeten University of California at San Diego ansehen (Village Dr., N. Torrey Pines Rd., unweit US 5). Das 1903 eröffnete **Institute of Oceanography**, zu dem eine hervorragende Bibliothek gehört, gilt als das älteste und größte amerikanische Institut für Meereskunde. Im angeschlossenen **Birch Aquarium at Scripps** kann man die Unterwasserwelt des Pazifiks vor der kalifornischen Küste kennenlernen.

Birch Aquarium at Scripps: 2300 Expedition Way; tgl. 9.00 – 17.00 Uhr; Eintritt 14 $; 222.aquarium.ucsd.edu

## UMGEBUNG VON SAN DIEGO

**\*San Diego Zoo Safari Park** 31 mi/50 km nördlich von San Diego liegt der Safari Park des San Dieago Zoo, ein 700 ha großes Wildgehege für 300 in Afrika und Asien heimische Tiere. Die beste Möglichkeit, die Tiere aus der Nähe zu beobachten, bietet sich während einer Fahrt mit der Einschienenbahn. Der Park ist auch ein Pflanzenparadies. Hier gibt es auch eine große Bonsai-Anlage. Auf dem »Dinosaur Mountain« begegnet man mehreren rekonstruierten urzeitlichen Monstern.

❶ tgl. 9.00 – 17.00 Uhr, variable Schließzeiten; Eintritt 48 $; www.sdzsafaripark.com

Das am Rande der Coloradowüste gelegene Naturschutzgebiet umfasst eine der **imposantesten Wüstenlandschaften** im US-amerikanischen Südwesten. Von periodischen Flutwellen geschaffene Schwemmland- und Sandflächen, eindrucksvolle Sanddünen, wildromantische Canyons sowie eine überraschend vielgestaltige und daher hochinteressante Flora ziehen Besucher in ihren Bann. Achtung: Bevor man in den State Park hineinfährt, sollte man sich im westlich von Borrego Springs gelegenen Visitor Center über die Beschaffenheit der unbefestigten Pisten und eventuelle andere Gefährdungen erkundigen!

**\*Anza-Borrego Desert State Park**

❶ Tel. 1 760 7 67 53 11; Parkzugang Okt. – Mai Do. – Mo. 9.00 – 17.00, Juni – Sept. Sa., So., Fei. 9.00 – 17.00 Uhr; www.parks.ca.gov

| ! | *Blühende Pracht* |
| --- | --- |

**BAEDEKER TIPP**

Ein Besuch im Anza-Borrego Desert State Park ist besonders im Frühling zu empfehlen, wenn die Wüstenlandschaft erblüht. Bei der Wildflower Hotline unter Tel. 1 760 7 67 46 84 erfährt man, welche Pflanzen gerade in Blüte stehen.

Ca. 62 mi/100 km nördlich von San Diego erstreckt sich das Temecula Valley (indian. »te mec u la« = dt. »wo die Sonne durch den Nebel scheint«). Hier oben, ca. 430 m ü. d. M., wird **Weinbau** betrieben. Möglich wird die Kultivierung von Trauben in dieser heißen Landschaft durch eine feuchtkühle Brise, die vom Pazifik durch eine Lücke im Küstengebirge herauf wehen kann. Die Weine gehören zu den besten der USA.

**Temecula Valley**

Die **Temecula Old Town** ist ein **Paradies für Schnäppchenjäger**, die auf der Suche nach schönen Antiquitäten sind. Fündig wird man vor allem in Granny's Attic & Antiques, in der Chaparral Antique Mall und bei Grandpa's Antique Depot.

Auf dem 1706 m hohen Mount Palomar befindet sich das **\*Mount Palomar Observatory** mit dem weltberühmten und unter maßgeblicher Beteiligung von G. E. Hale konstruierten **Teleskop** mit einem Durchmesser von über 5 m. Es wurde 1948 in Betrieb genommen. Außerdem steht hier oben ein »Big Schmidt« genanntes Teleskop, mit dem man einen fotografischen »Himmelsatlas« (Palomar Observatory Sky Survey) erstellt hat. 1970 wurde noch ein großes fotometrisches Teleskop installiert.

**Mount Palomar Observatory:** Tel. 1 760 7 42 21 19; tgl. 9.00 – 15.00 Uhr, kann aufgrund schlechter Wetterbedingungen kurzfristig schließen; www.astro.caltech.edu/palomar

## San Francisco

Sausalito
↑
**Golden Gate Bridge**
Golden
Gate
**Fort Point**

1 km
1 mi
©BAEDEKER

101

**US Coast Guard**

Golden

Old Mason St.

Doyle Drive

Marina

**Exploratorium**

✉

**Palace of Fine Arts**

National Cemetery

**Pacific Ocean**

Gate Nat.
Recreation Area

Lincoln Blvd.

**PRESIDIO**

Presidio Golf Course

J. Kahn Playground

**COW HOLLOW**

Divisadero St.

Broadway

Land's End

China Beach

**Temple Emanu-El**

Washington

**California Palace of the Legion of Honor**

Lincoln Park

Presidio Blvd.

Pine St.

**Ocean Lookout**

**SEACLIFF**

California St.

California St.

Masonic

Geary Blvd.

**Fort Miley**

32nd
Av.

26th
Av.

19th
Av.

Park Presidio Blvd.

Geary Blvd.

Angelo Rossi Playground

Turk St.

Point Lobos Av.

**Cliff House**

Seal Rocks

Balboa St.

**RICHMOND**

Balboa St.

**University of San Francisco**

Fulton St.

Fulton St.

**Portals of the Past**

Fulton St.

**M. H. de Young Museum**

**Conservatory**

Fell St.
Oak St.

**ASH-BURY**

The Esplanade

**Dutch Windmill**

**Beach Chalet**

Golden

**Golden Gate Park Stadium**

Gate

**Japan. Tea Gardens**

**Cal. Acad. of Sciences**

Park

**Planetarium**

**Steinhart Aquarium**

**HAIGHT**

Masonic

Buena Vista Park

**Murphy Windmill**

Lincoln Way

Strybing Arboretum

Lincoln Way

**Hall of Flowers**

**Kezar Stadium**

**University of California Medical Center**

## ✹✹ San Francisco

✦ A 6

**Region:** San Francisco County
**Einwohnerzahl:** 854 000
(Metropolitan Area: 7,3 Mio.)

**Höhe:** 0 – 277 m ü. d. M.

San Francisco, »The City by the Bay« gehört zu den magischen Reisezielen der USA. Es ist ein Ort, an dem Besucher zu Fuß eine Reise durch die Kulturen der Welt unternehmen können, so dicht liegen die ethnisch geprägten Stadtteile beieinander. Vielleicht ist das beschwingte Lebensgefühl der Bewohner auch wie der Tanz auf einem Vulkan. Schließlich zieht sich der instabile San-Andreas-Graben quer unter San Francisco durch.

Sausalito, Tiburon

Alcatrez

Angel I., Tiburon   Sausalito

San Francisco Bay

45 Fisherman's Wharf   Pier 39
43 Pier
47   43½   41   35
The   Wax Museum
Cannery
North Point St.
29
Bay St.

Gas House Cove

Marina Green

Fort Mason
Aquatic Park
Nat. Marit. Museum
Ghiradelli Sq.

Alameda, Oakland

MARINA
Bay St.
Art Institute
Washington Sq.   Coit Tower
Lombard St.
Columbus Ave.
TELEGRAPH HILL
St. Peter & Paul
17
15
Berkeley

Funston Playground
Lombard   St.

Octagon House
RUSSIAN HILL
NORTH BEACH
Jackson St.
1
Union   St.
California Hist. Society Bldg.
Lilienthal House
Cable Car Mus.
Washington
CHINA TOWN
Broadway
Jackson Square
Ferry Terminal

PACIFIC
Alta Plaza
Grace Cathedral
California St.
Trans America Pyramid
Embarcadero Station

HEIGHTS
LaFayette Park
Wells Fargo Mus.
Folsom Station

Pacific Medical Center
Pine St.
Union Square
NOB HILL
Montgomery Station
Transbay Terminal

Winterland Auditorium
JAPAN-TOWN
Geary St.
Cartoon Art
MOMA Museum
Brannan Station

Japan Center
Federal Office Bldg.
Powell Station
Yerba Buena Ctr.
Moscone Convention Center

WESTERN ADDITION
State Bldg.
City Hall
Turk St.
Old Mint
Asian Art Mus.
Metreon
SOUTH OF MARKET
2nd&King Station

Alamo Square
Performing Art Center
Civic Center
Civic Center Station

Davies Symphony Hall
Southern Pacific Terminal
4th&King Station

Fell St.
Oak St.
Van Ness Station
Howard St.
Folsom St.

US Mint
Central
101 Frwy.
80 Hall of Justice

Church St. Station
Mex. Museum
16th St. Station
16th St.

Corona Heights

3rd Street

**Essen**
1 Gary Danko
2 Zuni Cafe
3 Fior d'Italia
4 Andale Taqueria

**Übernachten**
1 Intercontinental Mark Hopkins
2 Beresford Hotel
3 Hotel Triton

— BART (Schnellbahn)
•—• Cable Car
— Caltrain
— Mun Line

Kaum eine Stadt kann sich einer schöneren Lage rühmen als San Francisco: an der Spitze einer Halbinsel mit 40 Hügeln zwischen San Francisco Bay und Pazifik. Hinzu kommt ein unverwechselbares Klima, dessen sommerlicher Nachmittagsnebel die **Golden Gate Bridge** oft genug wie in Watte hüllt und die Touristen einmal mehr zur Kamera greifen lässt. Die San Franciscans danken es mit einer charmanten **»Laidbackness«**, die ansteckend wirkt.

San Francisco macht den Kopf frei. Kein Wunder, dass hier so manche nationale und internationale Bewegung begann. Die Fitness-Bewegung beispielsweise und Aerobic. Das Mountainbike wurde hier erfunden, und Kultmagazine wie »Rolling Stone« und »Wired« fanden hier ihre ersten Leser.

In San Francisco begann – und endete – der Dot.com-Goldrausch der 1990er-Jahre. In den 1950er-Jahren soffen und philosophierten die Beatniks in den Kneipen im Stadtteil North Beach, die Schriftsteller Allen Ginsberg, Jack Kerouac und William Burroughs waren ihre Fackelträger. Auch nahmen die Schwulen- und die Anti-Vietnambewegung in San Francisco ihren Anfang. Und – das weiß jedes Kind – hier fand im Jahr 1967 der legendäre **»Summer of Love«** statt mit Flower Power, Hippies und LSD, und Janis Joplin, Bob Dylan und Jefferson Airplane sangen gegen das Establishment an.

**Multikulturelle Stadt** Die Menschen hier kommen aus aller Herren Länder. Fast die Hälfte spricht zu Hause eine andere Sprache als Englisch, die hiesige Chinatown ist die zweitgrößte der USA. San Francisco ist entschieden multikulturell und toleriert alle Farben, Sprachen und Religionen. So hat sich »Frisco« zur »Hauptstadt der Homosexuellen« in den USA entwickelt und vor allem im Castro District sind die Regenbogenfarben der Schwulen- und Lesbenbewegung omnipräsent.

## SEHENSWERTES IN SAN FRANCISCO

**Downtown** Das Herz der Stadt ist ein kompaktes und leicht durchstreifbares Stück San Francisco – solange man gut zu Fuß ist! Der Stadtplan wurde damals nämlich ohne Rücksicht auf die 40 teils sehr steilen Hügel ausgelegt. So kam es zu jenen Straßen, die Hollywood in vielen rasanten Verfolgungsjagden verewigt hat.

**Union Square** Palmengeschmückt und stets von Touristen wie Einheimischen belebt, schlägt hier das Herz der Downtown. Saks Fifth Avenue und Neiman Marcus sowie das ehrwürdige Westin St. Francis Hotel, das erste Spitzenhotel der Stadt, dominieren diesen schönen Platz. Auf der Powell St. klappern die weltberühmten Cable Cars vorbei.

**Market Street in südwestlicher Richtung** Einen Block weiter mündet die Powell Street in die Market Street. Die Hauptverkehrsader und -geschäftsstraße führt diagonal durch das Schachbrettmuster der Downtown. In südwestlicher Richtung lohnt die **City Hall** mit ihrer 92 m hohen, dem Petersdom nachempfundenen Kuppel einen näheren Blick.
**City Hall:** Mo. – Fr. 8.00 – 20.00 Uhr

**\* South of Market, San Francisco Museum of Modern Art** South of Market, das südlich der Market Street anschließende Viertel, früher ein tristes Industriegebiet, lockt heute mit einigen der besten Museen und Galerien. Ein absolutes Muss ist hier das **San Francisco Museum of Modern Art**, ein von einem gewaltigen abgeschnittenen Zylinder dominiertes Gebäude, das hochkarätige Sammlungen von Werken amerikanischer und europäischer Künstler beherbergt und über einen erstklassigen Museumsshop verfügt. Installationen füllen hier das Atrium, im Dachgarten stehen Skulpturen und eine 480 Mio. Dollar teure Erweiterung ist im Bau; Letztere soll weitere 1100 wich-

## Highlights San Francisco

▶ **Chinatown**
Eine Stadt in der Stadt, selbst die Te-
lefonzellen gleichen kleinen Pagoden.
Und das ist nicht nur Folklore. Dies ist
die zweitgrößte Chinatown außer-
halb Chinas – gleich nach der in
New York.
▶Seite 279

▶ **Golden Gate Bridge**
Das Wahrzeichen der Stadt ist eine
der längsten und schönsten Hänge-
brücken, die jemals gebaut wurden.
Unter ihr können auch die größten
Ozeanriesen in die San Francisco Bay
einlaufen.
▶Seite 282

▶ **Fisherman's Wharf**
Frühmorgens werden hier Fische verkauft. Wenig später kommen die ersten Touristen, um zu shoppen, sich
zu amüsieren oder Kaffee zu trinken
mit Ausblick auf den Trubel oder auf
die Bay.
▶Seite 280

▶ **Alcatraz**
Auch Al Capone war hier. Allerdings
nicht freiwillig, genauso wenig wie
die anderen Insassen des ehemaligen
Gefängnisses in der Bay. Besucher
dürfen nach einigen Stunden wieder
gehen.
▶Seite 280

**Wandgemälde in Chinatown**

## San Francisco erleben

### AUSKUNFT
**San Francisco Travel**
900 Market St. San Francisco, CA 94102
Tel. 1 415 3 91 20 00
www.sanfrancisco.travel

### SHOPPING
Alles unter einem Dach bieten u. a. das
»Westfield San Francisco Shopping Centre« (5th u. Market Sts., www.wesffield.
com/sanfrancisco) und das »Embarcadero Center« (1 Embarcadero, www.
embarcaderocenter.com). Rund um den
Union Sq. befinden sich Kaufhäuser und
zahllose Geschäfte. Haight Ashbury ist
bekannt für seine Secondhandläden.

### MOBIL MIT DEM FAHRRAD
San Francisco hat zwar Berge, aber man
kann z. B. mit dem Rad über die Brücke
nach Sausalito fahren und mit der Fähre
zurück. Verleih und Infos (auch deutsch)
u. a. bei www.blazingsaddles.com.

### ÜBERNACHTEN
**❶ InterContinental Mark
Hopkins** €€€€
1 Nob Hill
Tel. 1 415 3 92 34 34
www.intercontinentalmarkhopkins.com
380 Zimmer. Hotelklassiker aus den
1920er-Jahren, aber immer noch spitze.
Im Top of the Mark kann man zur Bar-
musik mit seinem Cocktail der unterge-
henden Sonne zuprosten.

**❷ Beresford Hotel** €€
635 Sutter St., Tel. 1 415 6 73 99 00
www.beresford.com/beresford
114 Zimmer. Zentral unweit des Union
Square. Viktorianisch eingerichtete Zimmer mit Satelliten-TV, mit Restaurant.

**❸ Hotel Triton** €€€
342 Grant Ave. (beim Union Square)
Tel. 1 415 3 94 05 00
www.hoteltriton.com
140 Zimmer. Designerhotel mit individuell gestalteten Zimmern und ultraschi-
cker Lobby. Der Morgenkaffee und das
abendliche Glas Wein sind praktischerweise bereits inklusive.

### ESSEN
**❶ Gary Danko** €€€€
800 North Point St., Fisherman's Wharf
Tel. 1 415 7 49 20 60
www.garydanko.com
Vollendete französische Kochkunst, von
der hausgemachten Foie gras bis zur
Earl-Grey-Schokoladentarte. Nur Drei-
bis Fünf-Gänge-Menüs.

**❷ Zuni Café** €€€
1658 Market St., Civic Center
Tel. 1 415 5 52 25 22, www.zunicafé.com
Mo. geschl.
Immer voll, immer gut, immer bunt ge-
mischtes Publikum. Internationale Küche
mit mediterranen Anregungen.

**❸ Fior d'Italia** €€€
2237 Mason St.
Tel. 1 415 9 86 18 86, www.fior.com
Das 1886 gegründete »Fior d'Italia« ist
das älteste italienische Restaurant der
USA und es serviert klassische norditalie-
nische Küche – zwei gute Gründe, auch
hier »zum Italiener« zu gehen.

**❹ Andale Taqueria** €€
2150 Chestnut St., Marina District
Tel. 1 415 7 49 05 06
Mexikanische Küche mit tollen Salaten,
Mequite-Hähnchen und Riesenburritos.

tige Werke aufnehmen. Gegenüber repräsentiert das **Yerba Buena Center for the Arts** die kunstsinnige Stadtverwaltung, und zwar mit Theater- und Tanzveranstaltungen. Angeschlossen sind die mit zeitgenössischer Kunst dekorierten **Yerba Buena Gardens**.

San Francisco Museum of Modern Art: 151 Third St.; Mo., Di., Fr. – So. 11.00 – 17.45, Do. 11.00 – 20.45 Uhr; Eintritt 18 $

Yerba Buena Center for the Arts: 701 Mission St.; Do. – Sa. 12.00 – 20.00, So 12.00 – 18.00 Uhr; Eintritt 7 $

Yerba Buena Gardens: 701 Mission St.; tgl. 6.00 – 22.00 Uhr; Eintritt frei

Das von chinesischstämmigen Amerikanern bewohnte Viertel ist mit 80 000 Einwohnern eine der größten Chinatowns der USA (www.sanfranciscochinatown.com). Sie hat Erdbeben, Gangstern und den Versuchen von Politikern getrotzt, sie an die Küste umzusiedeln. Die Vorfahren der heutigen Bewohner kamen im 19. Jh. nach San Francisco, um in den Goldminen oder bei der Eisenbahn zu arbeiten. Begrenzt von Bush Street und Grant Avenue, konzentriert sich dieses Viertel rund um den Portsmouth Square. Die Hauptgeschäftsstraße ist die mit chinesischen Läden, Warenhäusern und Restaurants vollgestopfte **Stockton Street**. Die Hausnummer 855 in dieser Straße beherbergt den buddhistischen **Kong Chow Temple**.

**\*\*Chinatown**

Westlich von Union Square und Chinatown stellt sich der 124 m hohe Nob Hill dem Verkehr in den Weg. Bis 1906 war Nob Hill der Wohnbezirk der beim Goldrausch reich gewordenen Glücksritter, doch dann machte das Erdbeben der Pracht ein Ende. Heute präsentiert sich das Viertel mit den steilen Straßen im 1920er-Jahre-Look. Sehenswert: die grandiose **Grace Cathedral** am Huntington Park, wo auch die Luxushotels »Fairmont«l und »Mary Hopkins« stehen. Die unverwüstlichen **Cable Cars** erleichtern hier das Fortkommen. Bereits 1873 eingeführt, verkehren sie heute noch auf drei Strecken: »1« California Street Line, »2« Powell Mason Line und »3« Powell Hyde Line. Im **Cable Car Museum** kann man außer den ältesten Seilwagen auch die Motoren und Winden, die die Seile antreiben, in Aktion beobachten.

**Nob Hill**

Grace Cathedral: 1100 California St.; Mo – Fr. 7.00 – 18.00, Sa. 8.00 – 18.00. So. 8.00 – 19.00 Uhr; 90-minütige Führung Mi. – Fr. 10.00 Uhr, Ticket 25 $; www.gracecathedral.org

Cable Car Museum: 1201 Mason St.; tgl. 10.00 – 17.00, April – Sept. bis 18.00 Uhr; Eintritt frei; www.cablecarmuseum.org

An der Nordseite der Downtown erhebt sich der 90 m hohe Telegraph Hill, gekrönt vom 64 m hohen **Coit Tower**. Von dem 1934 zu Ehren der Feuerwehr errichteten Turm schweift der Blick über das Häusermeer zur Golden Gate Bridge und nach Alcatraz.

**Telegraph Hill**

Coit Tower: 1 Telegraph Hill Blvd., tgl. 10.00 – 17.00 Uhr; Eintritt 6 $

**North Beach**  Vom Telegraph Hill nach North Beach sind es gerade 20 Minuten zu Fuß. Das nördlich an Chinatown anschließende Viertel ist seit den 1880er-Jahren die Hochburg der Italiener der Stadt. Über 50 000 italienischstämmige San Franciscans leben rund um den Washington Square, das inoffizielle Zentrum des Viertels, und die Columbus Avenue, die Hauptgeschäftsstraße, säumen vor allem italienische Feinschmeckerläden und Restaurants. Der Kreuzungsbereich von Broadway und Columbus Avenue ist mit seinen Bars und schrägen Musikkneipen bis zum frühen Morgen belebt.

**Lombard Street**  Ein Abschnitt der auf dem Russian Hill westlich von North Beach gelegenen Lombard Street verläuft mit einem starken Gefälle in zehn mit Hortensien bepflanzten S-Kurven und ist zu einer touristischen Attraktion San Franciscos geworden.

**\*Waterfront**  Von North Beach sind es nur wenige Häuserblocks zum Wasser. Doch wo früher die Kutter der in North Beach ansässigen italienischen Fischer ankerten, ist heute viel geboten: Beiderseits von Jefferson Street und Embarcadero reihen sich Souvenirläden und Fast-Food-Kantinen aneinander. Einen Blick wert ist der **Maritime National Historic Park**. Dort zeigt das Maritime Museum historische Schwarzweißfotos vom Hafen vor 150 Jahren, während zwei Blocks weiter östlich fünf alte Schiffe am Hyde Street Pier liegen.
**Maritime National Historic Park:** 499 Jefferson Street; tgl. 10.00 – 17.00, Schiffe tgl. 9.30 – 17.30 Uhr; Eintritt 5 $; www.nps.gov/safr

**\*\*Fisher-man's Wharf**  Zehn Gehminuten östlich ragt Fisherman's Wharf in die Bay. San Franciscos beliebteste Touristenattraktion, früher Anlegestelle einer ganzen Fischfangflotte, hat mit T-Shirtläden und billigem Nepp längst auf Massentourismus umgestellt. Wer es bis zum Ende von Pier 39 schafft, wird mit dem Anblick mehrerer Dutzend Seelöwen belohnt, die die schwimmenden Docks unterhalb dem Pier zu ihrem Domizil auserkoren haben. Von hier aus ist auch die frühere Gefängnisinsel **Alcatraz** gut zu sehen. Alcatraz wurde von 1933 bis 1963 als Bundesgefängnis genutzt. Zahlreiche Ganoven saßen hier ein, darunter Al Capone und Machine Gun Kelly. Heute gehört Alcatraz zur Golden Gate National Recreation Area. Ausflugsboote dorthin starten von Pier 33.

**BAEDEKER TIPP**

**!**

*Publikumsmagnet Alcatraz*

Die Zuchthausinsel mag damals nicht gerade beliebt gewesen sein, erfreut sich heute als Touristenattraktion aber größter Popularität. Wer darauf vertraut, umgehend ein Ticket für die Überfahrt zu bekommen, wird wahrscheinlich enttäuscht werden: Die Touren sind meist zwei Wochen im Voraus ausgebucht. Man sollte besser reservieren (www.alcatrazcruises.com; Tickets ab 30 $).

Die »Painted Ladies« am Alamo Square sind echte Hingucker.

Südlich der City Hall schließt der Mission District an, das Wohngebiet der Latinos. Das Herz des Viertels schlägt an der 24th Street zwischen Potrero und Van Ness Avenues, hier frequentieren vor allem junge Leute die vielen preiswerten Restaurants und Kneipen. Tagsüber sehenswert sind die vielen »murales« genannten Wandbilder, die meist Themen der Lokalpolitik karikieren. Ein architektonisches Kleinod, zugleich eines der ältesten Gebäude der Stadt und ein Filmset, ist die im Jahr 1776 von Junipero Serra gegründete **Mission Dolores**; im Garten steht seine Statue. Die gedrungene, weiß getünchte Missionskirche ist mit einem schönen Barockaltar ausgestattet.

**\*Mission District**

**Mission Dolores:** 3321 16th u. Dolores Sts.; tgl. 9.00 – 16.00 Uhr; Eintritt 5 \$, www.missiondolores.org

Westlich an Mission grenzt der Bezirk Castro. Zwischen der Market Street und der 18th Street gelegen, ist dies die Heimat der Homosexuellenszene San Franciscos – was für den Besucher vor allem eine große Auswahl an hervorragenden Restaurants und Cafés sowie ein großartiges kulturelles Angebot bedeutet. Die meisten Restaurants reihen sich in der **Castro Street** auf. Hier befindet sich auch das 1922 gebaute, im spanischen Renaissancestil glänzende **Castro Theatre**, ein Programmkino, dessen plüschiges Innenleben den Filmen, die hier gezeigt werden, fast die Schau stiehlt.

**\*Castro District**

**Castro Theatre:** 429 Castro St.; Eintritt 11 \$; www.castrotheatre.com

# ★★ *Meisterwerk der Ingenieurskunst*

*Die Golden Gate Bridge überbrückt das Golden Gate (Goldenes Tor), die Meerenge zwischen der Halbinsel von San Francisco und der Marin Peninsula. Sie ist eine der größten, in dem prachtvollen Landschaftsrahmen wohl die schönste Brücke der Welt und das bekannteste Wahrzeichen San Franciscos. Jährlich pilgern 14 Mio. Touristen zur Golden Gate Bridge und 40 Mio. Autos überqueren sie – das sind etwa 38 000 täglich.*

❶ Brückenzoll wird nur in Nord-Süd-Richtung erhoben (zzt. 6 $)

**❶ Maße**
Die abends angestrahlte Brücke ist 2,7 km lang und über Mittelwasser 67 m hoch. Die Höhe der Pfeiler beträgt 227 m, die Spannweite 1280 m.

**❷ Pfeiler**
Während der Bauarbeiten schützte ein 47 m hoher Betonmantel die Basis der Pfeiler vor den Gezeiten. Das Wasser wurde abgepumpt, um einen riesigen wasserfreien Hohlraum zu schaffen. Die Stützpfeiler, die je einen 21 500 t schweren Turm tragen, müssen einen Gezeitendruck von 96 km/h aushalten.

**❸ Pfeilerfundamente**
Die Pfeilerfundamente sind 20 m dick. Sie wurden knapp 3 km von der Küste entfernt 30 m tief ins Meer eingelassen. Der Beton, der während des Baus in die Stützpfeiler und Verankerungen gegossen wurde, würde für einen 1,5 m breiten und 4000 km langen Weg, z. B. von New York bis San Francisco, reichen.

**❹ Fahrbahn**
Die Fahrbahn liegt 67 m über dem 97 m tiefen Wasser. Die stahlverstärkte Betonfahrbahn wurde gleichzeitig von beiden Pfeilern aus gebaut, damit der Zug auf die Stahlseile gleichmäßig verteilt war.

**Wegen der herrlichen weiten Aussicht ist trotz des überaus starken Autoverkehrs ein Spaziergang über die Brücke zu empfehlen.**

**Haight Ashbury**
Alt-68er und Blumenkinder von heute sollten diesen wiederum westlich anschließenden Bezirk besuchen. In den bunten viktorianischen Häusern fanden einst Janis Joplin, Jimi Hendrix, die Grateful Dead und ihr Blumenkinder-Gefolge Unterkunft. So manchen Buch-, Platten-, Second-Hand- und Müsliladen durchweht noch der Hauch des Summer of Love. Der **Buena Vista Park** sah etliche Happenings und »Be-Ins«. Je eine Gedenkminute vor dem Haus von Janis Joplin (112 Lyon St.) und dem der Grateful Dead (710 Ashbury St.) ist obligatorisch!

**\*\*Golden Gate Bridge**
Die Golden Gate Bridge ist die wohl meistfotografierte Brücke der Welt – und natürlich das Wahrzeichen San Franciscos. Das »Golden Gate«, die Meerenge zwischen der Halbinsel und der gegenüberliegenden Marin Peninsula, verbindend, wurde sie 1933 bis 1937 als damals längste Hängebrücke der Welt erbaut. Mit einer Gesamtlänge von 2800 m, einer Breite von 27,5 m, 227 m hohen Tragepfeilern und einer durchschnittlichen Höhe über Wasser von 67 m hat sie auch heute noch Gardemaß. Ihre Farbe heißt »International Orange« und schützt die Brücke vor Korrosion in der salzhaltigen Luft. Brückenzoll (zur Zeit 6 $ pro Auto) wird nur in Nord-Süd-Richtung verlangt, Fußgänger und Radfahrer dürfen die Brücke kostenlos benutzen. Vom nördlichen Brückenkopf in der Golden Gate National Recreation Area bietet sich ein fantastischer Blick auf Brücke und Stadt.

## UMGEBUNG VON SAN FRANCISCO

**Berkeley**
Die **Universitätsstadt** Berkeley liegt am nördlichen Ende der Bay Bridge von San Francisco nach Oakland. Ein Ausflug nach Berkeley vermittelt dem Besucher die ganz besondere Campus-Atmosphäre amerikanischer Universitäten. Die **\*University of California** (Telegraph Ave. und Bancroft Way) wurde 1873 gegründet und hat mittlerweile über sechzig Nobelpreisträger hervorgebracht. **Wahrzeichen** der Universität ist der Sather Tower oder Campanile genannte Glockenturm, eine 1914 errichtete Nachbildung des Markusturms von Venedig. Mit 94 m Höhe überragt er alle anderen Gebäude des parkähnlich angelegten Universitätsgeländes. Von oben (Fahrstuhl; Gebühr) bietet sich eine **herrliche Aussicht** auf den Campus der Universität, die San Francisco Bay und auch die Golden Gate Bridge. Das Glockenspiel (61 Glocken) ist mehrmals am Tag zu hören.
Sehenswert sind außerdem der Charles Lee Tilden Regional Park und der **Bancroft Way** mit vielen von Studenten bevorzugten Lokalen und Geschäften.
**Sather Tower:** Mo.–Fr. 10.00–15.45, Sa. 10.00–16.45, So. 10.00–13.30 u. 15.00–16.45 Uhr, Eintritt 2 $, http://visitors.berkeley.edu

Das ehemalige Fischerdorf an der San Francisco Bay am Nordende **Sausalito** der Golden Gate Bridge ist ebenfalls ein beliebtes Ausflugsziel. Die engen, verwinkelten Straßen sind teilweise durch Holztreppen miteinander verbunden und sorgen für eine schöne Atmosphäre. In der Flower-Power-Zeit der 1960er-Jahre haben Lebenskünstler den Ort entdeckt, aus dieser Zeit stammt auch die bunte Kolonie von **\*Hausboote** Hausbooten am Hafen, die heute weniger von Aussteigern als von Rechtsanwälten bewohnt werden. Dennoch, selbst die inzwischen komfortablen Wasserresidenzen verströmen noch einen Bohème-Charme, der sich wunderbar mit dem maritimen Flair Sausalitos mischt.

# \* San José

✳ **B 6**

**Region:** Santa Clara
**Höhe:** 0 – 1332 m ü.d.M.
**Einwohnerzahl:** 1 000 000

**Die »Hauptstadt des Silicon Valley« wurde schon 1777 von Spaniern gegründet, sie ist eine der ältesten Städte des Landes. Von 1849 bis 1851 war San José offiziell Hauptstadt des neuen US-Bundesstaates Kalifornien. Wo sich früher Rinderweiden und Gemüsefelder erstreckten, stehen heute Laboratorien von Technologieunternehmen. Einen eigentlichen Stadtkern gibt es nicht und auch das Kulturangebot ist mager.**

San José wurde 1777 als Pueblo de San Jose de Guadalupe gegründet; **Entstehung** die 20 Jahre später ins Leben gerufene Mission liegt heute außerhalb der Stadt in Fremont, während die Mission Santa Clara, die im Pueblo errichtet wurde, inzwischen zu der in der Goldrauschzeit gegründeten Stadt Santa Clara gehört.

## SEHENSWERTES IN SAN JOSÉ

In dem wie ein Freizeitpark für innovatives Denken gestalteten Muse- **\*Tech** um wird man mit den **neuesten Technologien** vertraut gemacht. Im **Museum** Digital Studio können Besucher eine Multi-Media-Erlebniswelt kreieren. In der Abteilung Life Tech kann man in die Rolle des Chirurgen schlüpfen und eine Laseroperation nachvollziehen. Im Exploratorium geht es um die Erforschung des Weltraums und der Ozeane und ein IMAX-Kino zeigt Filme zu naturwissenschaftlichen Themen.
❶ 201 S. Market St.; Mo. – Do. 10.00 – 17.00, Fr. – So. 10.00 – 21.00 Uhr, Eintritt 21 $ (Aufpreis für IMAX 5 $); www.thetech.org

**Winchester Mystery House** Das Winchester Mystery House, ein viktorianisches Herrenhaus mit 160 Räumen, ist wohl das seltsamste seiner Art. Als es 1884 im Auftrag von **Sarah Pardee Winchester**, der **Erbin der Gewehrfirma** Winchester, erbaut wurde, war es ein Bauernhaus mit acht Zimmern. Fast 40 Jahre lang arbeiteten Zimmerleute und andere Handwerker an dem Haus, das bis zum Tode von Frau Winchester gewaltig erweitert wurde und trotzdem nicht beendet war. Eine Wahrsagerin soll ihr nach dem Tode ihres Mannes geraten haben, mit dem Bau des Hauses nie aufzuhören, um sich vor den Geistern aller Toten zu schützen, die durch Winchester-Gewehre ums Leben kamen. Zu den **zahlreichen Kuriositäten** gehören Treppen, die ins Nichts oder an die Decke führen, Türen, die sich an glatten Wänden öffnen, oder Fenster, die keinen Blick nach außen gestatten. Die Eingangshalle ist so groß, dass die Kutsche der Besitzerin hineinpasste. Das Haus besitzt 160 Zimmer und über 10 000 Fenster. Frau Winchester kaufte so viele Möbel, dass die meisten unbenutzt in den Kellerräumen lagerten. Die Zahl 13 kommt auffällig oft in der Konstruktion des Hauses vor. So gibt es 13 Badezimmer; zahlreiche Räume haben 13 Fenster, mehrere Tiffany-Kunstglasfenster weisen 13 Juwelen auf; es gibt Zimmer mit 13 Täfelungen; eine ganze Reihe Treppenabsätze haben 13 Stufen und in Schlafzimmern kann man 13 Kleiderhaken zählen.

❶ 525 S. Winchester Blvd.; Führungen April – Sept. tgl. 8.00 – 17.00, im Sommer bis 19.00 Uhr, Okt. – März tgl. 9.00 – 15.00; Ticket 35 $; www.winchestermysteryhouse.com

## San Jose erleben

### AUSKUNFT
*San José CVB*
408 Almaden Blvd.
San Jose, CA 95110
Tel. 1 408 2 95 96 00
www.sanjose.org

### ESSEN · ÜBERNACHTEN
*Dolce Hayes Mansion* ❺❺❺❺
200 Edenvale Ave.
San Jose, CA 95136
Tel. 1 866 9 81 33 00
www.hayesmansion.com
Die noble Herberge besticht mit rund 200 gepflegten Zimmern und Suiten, diversen Veranstaltungsräumen und zwei vorzüglichen Restaurants.

**\*Rosicrucian Egyptian Museum** Das kunstvoll gestaltete **Museum** im im Rosicrucian Park ähnelt dem Amon-Tempel im ägyptischen Karnak. Es besitzt eine Sammlung ägyptischer, assyrischer und babylonischer Kunstwerke sowie die **Nachbildung eines ägyptischen Felsengrabs samt Mumien**. Im angrenzenden Gebäude befinden sich eine Kunstgalerie und ein Planetarium, die – wie die Ausstellungsgegenstände des Museums – Eigentum der Rosenkreuzer sind.

❶ 1660 Park Ave.; Mi. , Do. 9.00 – 17.00, Fr. 9.00 – 20.00, Sa., So. 10.00 – 18.00 Uhr; Eintritt 9 $; www.egyptianmuseum.org

Der San Jose History Park liegt im Kelley Park, nahe der US 280. 26 Originalbauten und Nachbildungen sollen ein **Bild des frühen San Jose von ca. 1880** vermitteln.

**San Jose History Park**

❶ 1650 Senter Rd.; Di. – So. 11.00 – 17.00 Uhr; Eintritt 8 $; www.historysanjose.org

Das Kunstmuseum konzentriert sich auf **zeitgenössische Kunst** des späten 20. Jh.s und die Kunst der Gegenwart. Die stets wachsende Sammlung umfasst bislang 1400 Exponate, Bilder, Skulpturen, Fotografien, Installationen und Arbeiten mit Neuen Medien.

**Museum of Art**

❶ 110 S. Market St.; Di. – So. 11.00 – 17.00 Uhr; Eintritt 8 $; www.sanjosemuseumofart.org

# San Luis Obispo

 C 8

**Region:** San Luis Obispo
**Höhe:** 91 m ü.d.M.
**Einwohnerzahl:** 47 000

**Die muntere, meistens einfach »SLO« genannte Stadt an der US 101 auf halbem Weg zwischen San Francisco und Los Angeles ist umgeben von einer hügeligen Landschaft und liegt nicht weit vom Pazifik entfernt. Dort locken breite Strände und Dünen, die auf ausgeschilderten Abschnitten auch mit Autos befahren werden dürfen.**

## San Luis Obispo erleben

### AUSKUNFT
*San Luis Obispo Visitor Center*
1039 Chorro St.
San Luis Obispo, CA 93401
Tel. 1 805 7 81 27 77
www.visitslo.com

### ESSEN · ÜBERNACHTEN
*The Madonna Inn* ❺❺❺❺
100 Madonna Rd.
San Luis Obispo, CA 93405
Tel. 1 805 5 43 30 00 od.
1 800 5 43 96 66 (Reservierungen)
www.madonnainn.com

Seit mehr als einem halben Jahrhundert ist The Madonna Inn touristisches Highlight an der zentralen Pazifikküste Kaliforniens. Jedes der 110 Zimmer ist sehr individuell (manchmal auch etwas kitschig – ganz in Pink) nach einem bestimmten Thema ausgestattet.
Ein Wellness-Bereich mit schönem Pool, Day Spa und Fitness-Center ist ebenso vorhanden wie ein (etwas groß geratenes) Konferenzzentrum.
Und im Restaurant des Hauses werden angeblich die besten Filets Mignon der Westküste serviert.

**Landwirt-schaftlich geprägt** Die Stadt diente anfangs als Umschlagplatz für die Produkte der umliegenden landwirtschaftlichen Betriebe. Die California Polytechnic State University besitzt bedeutende landwirtschaftliche und ingenieurwissenschaftliche Fakultäten.

### SEHENSWERTES IN SAN LUIS OBISPO

**\*Mission San Luis Obispo de Tolosa** Die nach dem Bischof von Toulouse benannte Mission San Luis Obispo de Tolosa wurde 1772 von **Pater Junípero Serra** als fünfte der 21 Missionskirchen Kaliforniens eingeweiht. Sie steht heute im Stadtzentrum und wird als Gemeindekirche genutzt. Die roten Dachziegel sollen als Schutz gegen Brandpfeile angreifender Indianer bei dieser Kirche erstmals die sonst üblichen Strohdächer ersetzt haben.

❶ 751 Palm St.; Kirche Mo.–Fr., Museum tgl. 9.00–17.00, im Winter nur bis 16.00 Uhr; Eintritt frei, Spende erbeten; www.missionsanluisobispo.org

**Historical Center** Das ehemalige Wohnhaus des Pfarrers beherbergt heute ein lokalhistorisches Museum. Es zeigt Artefakte der Chumash-Indianer, der Ranches und der viktorianischen Periode und besitzt eine Bibliothek zur County-Geschichte.

❶ 696 Monterey St.; tgl. 10.00–16.00 Uhr; Eintritt frei, Spende erbeten; http://historycenterslo.org

# San Simeon · Hearst Castle

B 8

**Region:** San Luis Obispo
**Höhe:** 0–457 m ü. d. M.    **Einwohnerzahl:** 100

**Wer auf dem berühmten Pacific Coast Highway 1 (Cabrillo Highway) entlangfährt, sieht in den Bergen bei San Simeon zwischen ▶Los Angeles und ▶San Francisco das 1922 fertiggestellte Schloss des Pressezaren und Industriemagnaten William Randolph Hearst.**

### ✶✶ HEARST CASTLE

**Hearst San Simeon State Historical Monument** Hearsts Vater George, selbst nicht gerade ein armer Mann, hinterließ bei seinem Tod 1891 ein Vermögen von mehr als 18 Mio. US-Dollar. Als seine Mutter 1919 starb, war **William Randolph Hearst** Alleinerbe, und er beschloss, sich auf dem Gelände eine prunkvolle Residenz

## San Simeon · Hearst Castle erleben

### AUSKUNFT
*San Simeon Chamber*
250 San Simeon Ave.
Suite 3A
San Simeon, CA 93452-9715,
Tel. 1 805 9 27 35 00
www.sansimeonchamber.org

### ÜBERNACHTEN
*Cambria Pines Lodge* ❸❸❸
2905 Burton Dr.
Cambria, CA
Tel. 1 805 9 27 42 00,
www.cambriapineslodge.com

Auf dem 10 ha großen Gelände gibt es rustikale Cottages, aber auch Suiten und Hotelzimmer. Das Frühstücksbuffet im Haupthaus ist im Übernachtungspreis enthalten. Wer will, kann im rustikalen Esszimmer auch zu Abend speisen.

### ESSEN
*Sow's Ear Café* ❸❸
2248 Main St., Cambria
Tel. 1 805 9 27 48 65
Das Lokal ist bekannt für seine gepflegte amerikanische Küche und leckere Fischgerichte

zu errichten. Er beauftragte die kalifornische Architektin **Julia Morgan**, auf einer Erhebung der Santa-Lucia-Berge ein Gebäude zu errichten, in dem außerdem genügend Platz für seine Kunstschätze sein sollte. 1922 wurde mit dem Bau begonnen, erst 1947 war der Komplex vollendet. Sieben Jahre nach Hearsts Tod überließ die Familienstiftung das Schloss gegen den Erlass erheblicher Steuerschulden dem Bundesstaat California, der hier das Hearst San Simeon State Historical Monument errichtete. Im Gegensatz zu vielen anderen historischen Bauten ist das **Schloss mitsamt seiner Inneneinrichtung im Originalzustand erhalten**. So bekommt man einen guten Einblick in das ehemals üppige Leben seiner Bewohner.

Im **Erdgeschoss** des Hauses befinden sich das Speisezimmer, der Empfangsraum, das Billardzimmer, Kino und Küche sowie die Anrichten. Im **Ersten Stock** sind die Hauptbibliothek und die Schlafzimmer untergebracht, eine halbe Etage tiefer liegt die **Dogen-Suite** im venezianischen Stil mit einem Wohnzimmerbalkon mit Vierblattbögen, wie sie am Dogenpalast in Venedig zu sehen sind. Im **Zweiten Stock** liegt Hearst's eigene Suite, auch Gotische Suite genannt. Die beiden Türme werden von der Himmlischen Suite eingenommen. Zwei **Schwimmbäder** gehören zum Schloss: Das eine, Neptunbad genannt, befindet sich im Freien. Eine griechisch-römische Tempelfassade bildet den Hintergrund, etruskische Säulen an beiden Enden und weiße Marmorstatuen runden das antik anmutende Bild ab. Die Anregung für das andere, ein römisches Bad, soll Hearst bei einem Besuch des aus dem 5. Jh. stammenden Galla-Placidia-Mausoleums in Ravenna bekommen haben.

**Raumaufteilung**

**Auch die Außenanlagen sind sehenswert.**

Natürlich gibt es noch viel mehr zu sehen: Bei den **Führungen** wird dem Besucher meist nicht genügend Zeit gelassen, um mehr als nur einen flüchtigen Eindruck zu erhalten von den zumeist aus Italien und Frankreich stammenden Möbeln, gotischen und Renaissance-Gobelins und gewaltigen Kamineinfassungen; ferner gibt es Perserteppiche, römische Mosaiken, geschnitzte Decken, eine fantastische Silbersammlung sowie viele Holz-, Marmor- und andere Skulpturen. Beim Visitor Center am Fuß des Hügels warten die Tourbusse für die Besichtigung. Die Touren dauern etwa zwei Stunden. Ein Film informiert mit Originalaufnahmen über den Bau, die Partys und die **illustre Gästeschar**, die oft an Wochenenden auf dem Privatflugplatz eingeflogen wurde. Zu ihnen gehörten auch Winston Churchill, George Bernard Shaw, Clark Gable und Carole Lombard, David Niven oder Charlie Chaplin.

❶ Touren ab 8.15 Uhr, Eintritt 25 $, Abendtouren im Frühling u. Herbst, Eintritt 36 $, Reservierung unter Tel. 1 800 4 44 44 45; www.hearstcastle.org

## ✶✶ Santa Barbara

✦ **D 9**

**County:** Santa Barbara
**Höhe:** 0 – 259 m ü.d.M.
**Einwohnerzahl:** 91 000

**Der gepflegte, in mediterranem Baustil errichtete Ort liegt zwischen Pazifikstränden und den Hängen der Santa Ynez Mountains. Von der Küste kann man bei gutem Wetter die Inseln des Channel Islands National Park im Meer ausmachen.**

Spanisch-mediterranes Stadtbild

Bei Santa Barbara mischt sich die kalte Meeresströmung von Norden mit einer wärmeren von Süden. Eine gute Nachricht für alle, die an den vier netten Stränden des Küstenortes baden möchten. Das spanisch-mediterrane Stadtbild, nette Geschäfte, dazu gute Restaurants und das Weinanbaugebiet des Santa Ynez Valley im Hinterland machen Santa Barbara zu einem bevorzugten Ausflugs- und Urlaubsziel an der »kalifornischen Riviera«, besonders für die zwei Autostunden entfernten Angeleños.

## Santa Barbara erleben

### AUSKUNFT
*Santa Barbara CVB*
500 E. Montecito St.
Santa Barbara, CA 93103
Tel. 1 805 9 66 92 22,
www.santabarbaraca.com

### ÖFFENTLICHER NAHVERKEHR
In den Sommermonaten pendeln ein
Downtown Shuttle auf der zentralen
State Street sowie ein Waterfront Shuttle
entlang dem Cabrillo Boulevard, Freitag
und Samstag sogar bis 22.00 Uhr.

### AKTIV AUF DEM WASSER
*Captain Jack's Tours*
415 E. Montecito St.
Tel. 1 805 5 64 18 19
www.captainjackstours.com
Captain Jack's Tours organisiert Küsten-
und Angeltouren. Von Dezember bis
März geht es zur Beobachtung der vor-
beiziehenden Grauwale; auch Stadt-
rundgänge und Weinproben

*Santa Barbara Sailing Center*
Tel. 1 805 9 62 28 26, www.sbsail.com
Das Santa Barbara Sailing Center vermie-
tet Segelboote mit und ohne Skipper und
veranstaltet Segeltouren vor der Küste.

### ÜBERNACHTEN
*The Upham* ● ● ● ●
1404 De La Vina St.
Tel. 1 805 9 62 00 58
www.uphamhotel.com

Bereits seit 1871 übernachten Gäste im
ältesten Bed & Breakfast von Südkalifornien. Alle Zimmer im Haupthaus und
den Nebengebäuden sind unterschiedlich eingerichtet. Das leckere Frühstück
ist inklusive, genauso wie Wein und
Käse am Nachmittag.

*Motel 6* ●
443 Corona Del Mar Dr.
Tel. 1 805 5 64 13 92
www.motel6.com
In einem der ersten Häuser dieser berühmten Budget-Hotelkette kann man
zu unschlagbaren Preisen nur einen
Block vom East Beach entfernt übernachten.

### ESSEN
*Roy* ● ●
7 W. Carrillo St.
Tel. 1 805 9 66 56 36
www.restauranttroy.com
In guter und kommunikativer Atmosphäre wird einfallsreiche amerikanische
Küche serviert. Der Service lässt manchmal zu wünschen übrig.

*La Super-Rica Taqueria* ●
622 N. Milpas St.
Tel. 1 805 9 63 49 40
Mi. geschl.
Hier gibt es die besten Tacos weit und
breit, dazu richtig gute mexikanische
Eintöpfe. Kreditkarten werden nicht
akzeptiert.

**Geschichte**

Santa Barbara entwickelte sich rund um die 1786 erbaute zehnte der
insgesamt 21 Missionsstationen und um einen hervorragenden Hafen. Ein schweres Erdbeben 1925 machte einen großen Teil Santa
Barbaras dem Erdboden gleich; auch die Missionskirche wurde
schwer beschädigt. Die weisen Stadtväter beschlossen, die zerstörten

Stadtteile in dem alten spanischen Missionsstil wieder aufzubauen und Bausünden mit strengen Vorschriften zu verhindern. Die wichtigsten öffentlichen Gebäude dieses Stils sind: El Paseo, um das alte de la Guerra Haus herumgebaut, das imposante County Court House und das Santa Barbara Museum of Art. Der kolonialspanische Charakter der Straßen wurde unterstrichen durch die mit iberischen Kacheln geschmückten Fontänen, Abfallkörbe und Briefkästen vor allem in der Hauptstraße der Stadt, der State Street.

### SEHENSWERTES IN SANTA BARBARA

**\*County Courthouse** Das Santa Barbara County Courthouse ist ein **palastartiger Bau im spanisch-maurischen Stil**, der nach dem großen Erdbeben fertiggestellt wurde. Die Kacheln im Treppenhaus stammen größtenteils aus Tunesien, die Bogenkacheln aus Kalifornien. Die Vorhalle im ersten Stock ziert ein Stilmix von orientalisch inspirierten Kacheln, das rosa Fenster ist romanisch und der mit Engeln verzierte Bogen byzantinisch. Die **Wandgemälde im Sitzungssaal** illustrieren die Geschichte des County, beginnend mit den Indianern, die die Ankunft der ersten Europäer unter der Führung Cabrillos beobachten. Mit dem Fahrstuhl gelangt man zum Glockenturm **El Mirador**, von dem aus man einen schönen Blick auf Santa Barbara genießen kann.

**An der Marina von Santa Barbara**

❶ 1110 Anacapa St.; Mo. – Fr. 8.30 – 16.30, Sa., So. 10.00 – 16.30 Uhr, Führungen Mo. – Sa. 14.00, Mo., Di., Fr. auch 10.30 Uhr; Eintritt frei; www.santabarbaracourthouse.org

Das 1782 von den Spaniern gegründete Presidio wurde durch mehrere Erdbeben schwer beschädigt. Einige der ursprünglichen Gebäude sind restauriert und als State Historic Park zu besichtigen, so z. B. El Cuartel, die Wohnungen der Soldaten und die vorderen Räume der Canedo Adobe, die Unterkunft des Padre und die Kapelle.
❶ 123 E. Canon Perdido St.; tgl. 10.30 – 16.30 Uhr; Eintritt 5 $; www.sbthp.org/presidio.htm

**\*El Presidio de Santa Barbara State Historic Park**

Das Kunstmuseum hat eine breit gefächerte Sammlung zusammengetragen. Die Palette reicht von ägyptischen Kunstwerken, römischen Skulpturen und einer bedeutenden Abteilung asiatischer Kunst bis hin zu Werken des französischen Impressionismus und zu Arbeiten amerikanischer Kunstschaffender des 20. Jahrhunderts.
❶ 1130 State St.; Di. – So. 11.00 – 17.00 Uhr; Eintritt 10 $;www.sbmuseart.org

**\*Museum of Art**

Die 1786 gegründete Missionsstation mit der **Königin unter den Missionskirchen** wird wie zu spanischen Kolonialzeiten von Franziskanern betreut. Nach großen Erdbebenschäden Anfang des 19. Jh.s erbauten die hier ansässigen Chumash-Indianer sie unter Anleitung des spanischen Paters Ripoli im heutigen Erscheinungsbild mit einer römischen Tempelfassade als Front. Ein **Museum** in den früheren Unterkünften für Missionare und Besucher stellt Kunstgegenstände der Kolonialzeit und des 19. Jh.s aus.
❶ E. Los Olivos St./Laguna St.; Führungen tgl. 9.00 – 17.00 Uhr; Eintritt 8 $; http://santabarbaramission.org

**\*Mission Santa Barbara**

Der Santa Barbara Zoo unweit der Küste östlich der Milpas Street befindet sich in einer schönen, 12 ha großen Parkanlage und bietet neben Elefanten, Löwen, Affen, Seelöwen und exotischen Vögeln auch einen Kinderzoo.
❶ 500 Ninos Dr., Ausfahrt Cabrillo Blvd.; tgl. 10.00 – 17.00 Uhr; Eintritt 14 $; www.sbzoo.org

**Santa Barbara Zoo**

## UMGEBUNG VON SANTA BARBARA

Das über 7500 km² große Wald- und Berggebiet umfasst das landschaftlich außerordentlich reizvolle bergige Hinterland nördlich und östlich von Santa Barbara. Die höchsten Erhebungen reichen bis 2692 m ü.d.M. hinauf. Seinen Namen erhielt das bereits 1903 etablierte und heute von Abenteuerurlaubern gern besuchten Schutzgebiet in Erinnerung an die Franziskanermönche, die in dieser Gegend

**Los Padres National Forest**

mehrere Missionsstationen gegründet hatten. Die wichtigsten Gewächse in den immer wieder von Feuersbrünsten heimgesuchten Wäldern sind Douglasie, Jeffrey-Kiefer, Coloradotanne (Grautanne) und Küstenmammutbaum (Redwood). Das Schutzgebiet ist auch Rückzugsraum für selten gewordene Tiere wie den Kalifornischen Maultierhirsch, das Dickhornschaf und den Kalifornischen Kondor.

❶ Eintritt 5 $ pro Pkw; www.fs.usda.gov/lpnf

**\*Solvang**

In Solvang, einem am Rande der Santa Ynez Mountains gelegenen und 33 mi/53 km von Santa Barbara entferntes Städtchen mit unübersehbar **dänischem Charakter**, boomt der Tourismus. In der 1911 von dänischen Pädagogen gegründeten Ortschaft gibt es eine ganze Reihe von Häusern in dänischem Stil, vier Windmühlen und dänisches Gebäck, das in mehreren Bäckereien und Konditoreien verkauft wird. Im **Elverhøj Museum** wird das dänische Erbe gepflegt: Ausstellungen zeigen die Entwicklung des Ortes und die kunsthandwerkliche Tradition im 18. und 19. Jahrhundert.

Die 1804 als 19. von 21 spanischen Missionskirchen gegründete **Mission Santa Inés** präsentiert sich im deutlichen Kontrast zum dänischen Ambiente. Von der einst großen Missionsstation mit verschiedenen Gebäuden sind der schöne Kirchenraum und der wieder aufgebaute Glockenturm übrig geblieben.

**Elverhøj Museum:** 1624 Elverhoy Way; Mi., Do. 13.00 – 16.00, Fr., Sa., So. 12.00 – 16.00 Uhr; Eintritt 3 $; www.elverhoj.org

**Mission Santa Inés:** 1760 Mission Dr.; Führungen tgl. 9.00 – 16.30 Uhr; Eintritt 5 $; www.missionsantaines.org

**Lompoc**

Nordöstlich von Solvang ebenfalls im Santa Ynez Valley liegt das 41 000 Einwohner zählende Städtchen Lompoc. Der Namen der Stadt geht auf die früher dort lebenden Chumash-Indianer zurück und bedeutet »Muschelberg«. Die **\*Mission La Purísima Concéption** wurde 1787 gegründet. Nach einem Erdbeben wurde sie um einige Meilen versetzt und am heutigen Standort neu aufgebaut.

❶ 2295 Purisima Rd.; Führungen tgl. 9.00 – 17.00 Uhr; Eintritt 6 $ pro Pkw; www.lapurisimamission.org

**Santa Ynez Valley**

Im Tal zwischen den Santa Ynez und den San Rafael Mountains herrscht ein für den Anbau von Wein ideales Mikroklima. Schon die spanischen Franziskanermönche zogen vor 200 Jahren hier ihren Messwein. Seit gut 20 Jahren werden im Valley auch beste Qualitäten hergestellt. Viele **Weingüter** lassen sich besichtigen, etwa The Gainey Vineyard (3950 East Highway 246, Santa Ynez) oder Firestone Vineyard (5000 Zaca Station Rd., Los Olivos). Wer sich einen Überblick verschaffen möchte, kann auch Los Olivos Tasting Room & Wine Shop (2905 Grand Ave., Los Olivos) aufsuchen, der die meisten Produzenten des Tales im Angebot führt.

# ✳ Santa Clara

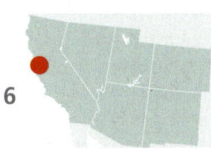

✦ **B 6**

**Region:** Santa Clara
**Höhe:** 27 m ü.d.M.
**Einwohnerzahl:** 121 000

**Die im Jahr 1852 südlich der San Francisco Bay gegründete Stadt war früher ein Zentrum des Obst- und Gemüseanbaus. Heute ist Santa Clara ein wirtschaftlicher Brennpunkt im »Silicon Valley« und Standort etlicher namhafter Firmen der IT-Industrie.**

Auch heute werden auf den Plantagen rund um die Stadt noch Aprikosen und Pflaumen angebaut, die meist als Trockenfrüchte exportiert werden. Für das rasante Wachstum des Ortes, der wie das benachbarte San José zu schnell gewachsen ist, um ein natürliches Zentrum zu entwickeln, sind jedoch die Siliziumchips verantwortlich, die hier entwickelt und mit denen leistungsfähige Rechner gebaut werden.

## SEHENSWERTES IN SANTA CLARA

Das Intel Museum auf dem Gelände der Intel-Konzernzentrale informiert auf spannende und anschauliche Weise über die **Entwicklung von Prozessoren und Platinen**, natürlich vor allem anhand der Entwicklungen der Intel-Produkte.

**\*Intel Museum**

❶ 2200 Mission College Blvd. (Abfahrt Montague Expressway, US 101); Mo.–Fr. 9.00–18.00, Sa. 10.00–17.00 Uhr; Eintritt frei; www.intel.com

## Santa Clara erleben

### AUSKUNFT
*Santa Clara Visitors Bureau*
1850 Warburton Ave.
Santa Clara, CA 95050
Tel. 1 408 244 96 60,
www.santaclara.org

### SHOPPEN
*Farmer's Market*
Jackson St./Homestead Rd.
ganzjährig Sa 9.00–13.00 Uhr

### ÜBERNACHTEN
*Madison Street Inn* ❸❸❸
1390 Madison St.
Santa Clara, CA 95050
Tel. 1 408 2 49 55 41
www.madisonstreetinn.com
Gemütliches Bed & Breakfast mit sechs geschmackvoll eingerichteten Gästezimmern, Pool und hübschem Garten. Besondere Leckerbissen gibt es zum Frühstück, Brunch und Lunch.

**\*Mission Santa Clara de Asis**
Die Missionsstation Santa Clara de Asis wurde im Januar 1777 von Franziskaner-Patres gegründet. Sie ist **Keimzelle der Stadt** und auch der ersten Hochschule Kaliforniens, denn 1851 wurde auf dem Gelände ein College gegründet, aus dem die heutige Universität erwuchs. Die heutige **Klosterkirche** wurde 1928 auf den Grundfesten eines zwei Jahre zuvor abgebrannten Vorgängerbaus errichtet.

❶ 500 El Camino Real; tgl. 8.00 – 18.00 Uhr; Eintritt frei, Spende erbeten; www.scu.edu/visitors/mission

**\*California's Great America**
Auch die südliche Bay Region verfügt über einen **Vergnügungspark** mit abenteuerlichen Achterbahnen, Gummifloßfahrten in künstlichem Wildwasser und anderen Nerven zerfetzenden Abenteuern. Konzerte und Bühnenshows gehören zu den ruhigeren Vergnügen.

❶ Great America Pwy.; tgl. ab 10.00 Uhr, Schließzeiten variieren (im Winter geschl.); Eintritt 56 $; www.cagreatamerica.com

# Santa Cruz

✦ A 7

**Region:** Santa Cruz
**Höhe:** 0 – 12 m ü.d.M.
**Einwohnerzahl:** 64 000

**Die südlich von ▸San Francisco am Pacific Coast Highway 1 zwischen der Monterey Bay und den Santa Cruz Mountains gelegene Stadt ist bekannt für ihre schönen Strände und ihren tollen Boardwalk.**

**Vom Hafen- zum Ferienort**
Die gleichnamige Mission wurde 1791 oberhalb der jetzigen Stadt gegründet. Die Kirche verfiel schon früh und wurde 1834 säkularisiert. Auf dem Gelände der Heilig-Kreuz-Kirche erinnert ein Modell

## Santa Cruz erleben

### AUSKUNFT
*Santa Cruz County Chamber Visitor Center*
303 Water St.
Suite 100
Santa Cruz, CA 95060
Tel. 1 831 4 25 12 34 od.
1 800 8 33 34 94
www.santacruz.org

### ÜBERNACHTEN
*Pacific Inn Santa Cruz* €€
330 Ocean St., Santa Cruz, CA 95060
Tel. 1 831 4 25 37 22
www.pacificinnsantacruz.com
Die freundliche Herberge mit 36 zeitgemäß eingerichteten Zimmern liegt nur wenige Gehminuten vom Strand und vielbesuchten Boardwalk entfernt.

Strandleben in Santa Cruz

im Verhältnis 1 : 2 an die historische Mission Santa Cruz. Die Siedlung war zunächst ein wichtiger Hafen, von dem aus die in der Nähe gefällten Redwoods in alle Welt verschifft wurden. Nach und nach wurde es zum Ferien- und Erholungsort.

## SEHENSWERTES IN SANTA CRUZ

Die lange städtische Pier ist neben jener in Santa Monica die einzige in Kalifornien mit einem **Vergnügungspark**. Hier herrscht immer Hochbetrieb. Der Santa Cruz Beach Boardwalk zählt jährlich mehr als 3 Mio. Besucher. Die nostalgischen Attraktionen, ein **Karussell von 1911** mit farbenfroh bemalten Holzpferdchen und melodisch tönenden Orgelpfeifen und eine auf einer Holzkonstruktion erbaute riesige Achterbahn von 1924, gehören noch immer zu den Publikumslieblingen.

**\*Boardwalk**

❶ Ende März – Anfang Sept. tgl. 11.00 – 19.00, im Sommer 23.00 Uhr; Tagesticket für alle Attraktionen 40,95 $; http://beachboardwalk.com

Das Wellenreiten hat in Santa Cruz schon eine längere Tradition. Und bei der Steamer Lane am West Cliff Drive kann man auch heute fast immer Surfer mit ihren Brettern im Wasser sehen. Das Santa Cruz Surfing Museum beim Leuchtturm erzählt mit alten Fotos und Brettern von der Entwicklung des Surfens in den vergangenen hundert Jahren.

**Surfing Museum**

❶ Do. – Mo. 12.00 – 16.00, Sommer 10.00 – 17.00 Uhr; Eintritt frei; www.santacruzsurfingmuseum.org

# ✳ Sequoia & Kings Canyon National Parks

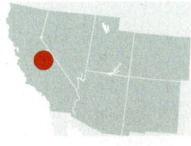

✳ E 6/7

**Gründungsjahr:** 1890 bzw. 1940
**Fläche:** 3494 km²

**Die beiden Nationalparks in der südlichen Sierra Nevada bieten großartige Natur: majestätische Viertausender, wilde Schluchten, imposante Höhlen und die höchsten Bäume der Erde.**

## SEHENSWERTES IN DEN NATIONAL PARKS

Dieser im Westen des Schutzgebietes gelegene Wald von mehreren tausend **Riesenmammutbäumen,** von denen einige weit über 3000 Jahre alt sind, ist der touristisch am besten erschlossene Teil des Nationalparks. Absoluter Star ist der **General Sherman Tree** mit einer Höhe von 84 m, einem Basisdurchmesser von knapp 31,1 m und einem Alter von rund 2200 Jahren. An seinem Fuß beginnt **Congress Trail,** der zu weiteren spektakulären Baumgiganten führt.

**\*\*Giant Forest**

Nordwestlich von Giant Forest ist die gut erschlossene **\*Crystal Cave** mit ihren wundervollen Tropfsteinbildungen ein Besuchermagnet.

> ## Sequoia & Kings Canyon National Parks erleben
>
> ### AUSKUNFT
> *Sequoia & Kings Canyon National Parks*
> 47050 Generals Highway
> Three Rivers, CA 93271-9700
> Visitor Information, Tel. 1 559 565 33 41
> Wilderness Travel, Tel. 1 559 565 33 41
> www.nps.gov/seki
> Eintritt 20 $ pro Pkw

Südlich vom Giant Forest bietet dieser 2060 m hohe **Granitgipfel** (Achtung: steiler Treppenaufgang!) eine herrliche Aussicht über die Hochgebirgswelt der Sierra Nevada.

**\*Moro Rock**

Nordwestlich vom Sequoia NP liegt dieser eindrucksvolle Wald aus gewaltigen **Sequoia gigantea.** Mit dem 82 m hohen **General Grant Tree** steht hier der dritthöchste Eisenmammutbaum der Erde.

**\*Grant Grove**

Dieser bis zu 2400 m tiefe Canyon nordöstlich vom Touristenzentrum Cedar Grove ist einer der tiefsten der Erde. Eiszeitliche Gletscher haben im hiesigen Granit zunächst ein Trogtal ausgehobelt, in

**\*Kings Canyon**

Riesenmammutbäume im Sequoia National Park

das sich der Kings River hineingefräst hat. Wanderpfade führen zu malerischen Plätzen, so zur Zumwalt Meadow sowie zu den wildromantischen Wasserfällen Roaring River Falls und Meadow Falls.

**Mount Whitney** Am Südostrand des Sequoia NP erhebt sich der 4418 m hohe Mount Whitney als höchster Berg der räumlich zusammenhängenden USA.

## ★★ Yosemite National Park ● ✦ D 5/6

**Region:** Tuolumne
**Fläche:** 3082 km²

**Der im Osten Kaliforniens gelegene Yosemite National Park umfasst einen landschaftlich besonders reizvollen Abschnitt der westlichen Sierra Nevada. Ganz typisch sind fast senkrecht aufragende Granitwände, imposante Wasserfälle, alpine Matten, Bergseen und Schneefelder.**

**Fauna und Flora** Im Park wachsen Mammutbäume, Weihrauchzedern, Lebenseichen, Lorbeerbäume, Azaleen und seltene Distelarten. Viele Tiere, darunter Grizzlybär (indian. »u-zu-ma-ta«), Schwarzbär, Mule Deer (Maultierhirsche) und Chipmunk (Streifenhörnchen), kann man beobachten, ferner über 200 Vogelarten und über zwei Dutzend Reptilienarten.

**Saison** Nur das besonders schöne Yosemite Valley ist ganzjährig zugänglich. Die durch die High Sierra führende Tioga Road ist nur im Sommer befahrbar. Beste Besuchszeit für den Park ist der **Frühling**, wenn die Wasserfälle – bedingt durch die Schneeschmelze – tosend zu Tal stürzen. In der sommerlichen Hochsaison wird der Individualverkehr wegen starken Besucherandrangs eingeschränkt. Dafür verkehren **Pendelbusse** zwischen den Parkeingängen und der Siedlung Yosemite Village. Da die Zahl der Unterkünfte im Park und vor dessen Eingängen beschränkt ist, empfiehlt sich eine rechtzeitige Reservierung.

## ★★ YOSEMITE VALLEY

Landschaftliches Highlight und stark frequentiertes Zentrum des Nationalparks ist das vom **Merced River** durchflossene Yosemite Valley, ein etwa 13 km langes und bis zu 3 km breites, etwa 1300 m hoch gelegenes Tal. Beiderseits des Tals ragen gewaltige Granitfelsen fast senkrecht bis zu 1400 m hoch auf. Besonders eindrucksvoll ist der 2307 m hohe **El Capitán**, ein mächtiger Felsblock, der den westlichen Eckpfeiler der Talschaft bildet. Auf der anderen Talseite sind die Drillingsspit-

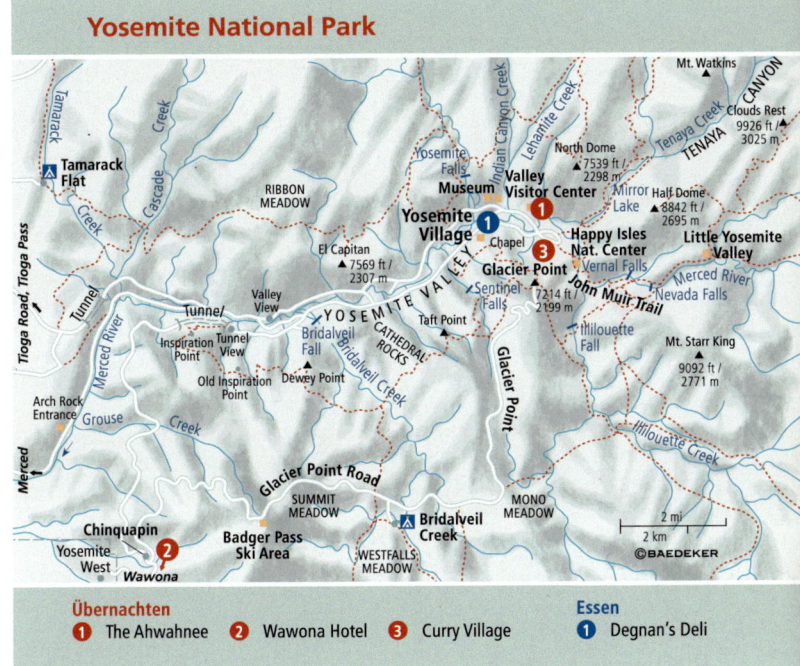

**Yosemite National Park**

Mt. Watkins

TENAYA CANYON

Clouds Rest
9926 ft /
3025 m

Tamarack Creek

Cascade Creek

Tamarack Flat

RIBBON MEADOW

Yosemite Falls

Indian Canyon Creek

Lehamite Creek

Tenaya Creek

North Dome
▲ 7539 ft /
2298 m

**Museum** Valley **Visitor Center**

Mirror Lake Half Dome
▲ 8842 ft /
2695 m

**Little Yosemite Valley**

Tioga Road, Tioga Pass

Tunnel

Merced River

**Yosemite Village** ❶

Chapel

**Happy Isles Nat. Center** ❸ **Glacier Point**

Vernal Falls

John Muir Trail

Merced River

Nevada Falls

El Capitan
▲ 7569 ft /
2307 m

Valley View

Tunnel

Sentinel
Falls

7214 ft /
2199 m

Taft Point

YOSEMITE VALLEY

CATHEDRAL ROCKS

Glacier Point

Illilouette Fall

Mt. Starr King
▲
9092 ft /
2771 m

Inspiration Point

Tunnel View

Bridalveil Fall

Dewey Point

Bridalveil Creek

Old Inspiration Point

Arch Rock Entrance

Grouse Creek

Merced

**Glacier Point Road**

SUMMIT MEADOW

▲ **Bridalveil Creek**

MONO MEADOW

Illilouette Creek

2 mi
2 km
©BAEDEKER

**Chinquapin**

Yosemite West ❷

**Badger Pass Ski Area**

WESTFALLS MEADOW

**Wawona**

**Übernachten**
❶ The Ahwahnee ❷ Wawona Hotel ❸ Curry Village

**Essen**
❶ Degnan's Deli

zen der Three Brothers markante Blickpunkte. Vom 2600 m hohen **Eagle Peak** (Adlerspitze) bietet sich ein herrlicher Blick über das Tal und zu den Yosemite Falls. Zahlreiche Fußwege und Bergpfade unterschiedlichen Schwierigkeitsgrads erschließen die schönsten Stellen des Yosemite Valley und seiner näheren Umgebung. Dem Verlauf des Merced River folgt die 27 km lange **Valley Loop Road**, von der im Osten eine Stichstraße zum Mirror Lake abzweigt.

Vor ca. 300 Mio. Jahren bildeten sich die Granitmassive der heutigen Sierra Nevada, deren Heraushebung vor etwa 150 Mio. Jahren begann und bis ins Tertiär anhielt. Eine Fluss bahnte sich seinen Weg durch das Gestein und schuf einen tiefen Canyon: das heutige Yosemite-Tal. Während der Eiszeiten hobelten Gletscher den Canyon u-förmig aus und modellierten die für das Tal so charakteristischen Felswände. Nach der letzten Eiszeit entstand ein See, der allmählich verlandete und nun den ebenen Talboden bildet. **Landschafts-geschichte**

Am Taleingang liegt die kleine Siedlung Yosemite Village. Hier sind die Parkverwaltung, das Besucherzentrum, der historische Friedhof, **Yosemite Village**

## Yosemite National Park erleben

### AUSKUNFT

**Yosemite National Park**
P.O. Box 577
Yosemite Village, CA 95389
Tel. 1 209 372 02 00, www.nps.gov/yose
Parkeintritt 30 $ pro Auto, 15 $ pro
Fußgänger

### ÜBERNACHTEN

**➊ The Ahwahnee** ⓔⓔⓔⓔ
Yosemite National Park, CA 95389
Tel. 1 801 5 59 48 84
www.yosemitepark.com
123 Zimmer und Suiten, einige in Blockhäusern. Das Hotel ist berühmt für seine
Granit-Fassade. Viele hohe Gäste, u. a.
Queen Elizabeth II. und John F. Kennedy,
haben hier übernachtet. In den Gemein-
schaftsräumen sorgen große Fenster, Kamine und Kronleuchter für luxuriöses
Ambiente. Ausgezeichnetes Restaurant.

**➋ Wawona Hotel** ⓔⓔⓔ
Wawona Road (5 mi/8 km vom Südeingang des Parks entfernt)

Yosemite National Park, CA 95389
Tel. 1 801 5 59 48 84
www.yosemitepark.com
Das altehrwürdige Resort umfasst sechs
viktorianische Gebäude (das älteste ist
von 1876) mit 104 Zimmern, von denen
die Hälfte kein eigenes Badezimmer hat.
Zur Anlage gehören ein Neun-Loch-
Golfplatz, ein Tennisplatz und ein Pool.

**➌ Curry Village** ⓔⓔ
Yosemite National Park, CA 95389
Tel. 1 801 5 59 48 84
www.yosemitepark.com
Blockhütten, nicht selten sehr komfortabel, gibt es am östlichen Ende des Yosemite Valley.

### ESSEN

**➊ Degnan's Deli** ⓔ
Yosemite Village,
www.yosemitepark.com
Das freundliche Deli bietet eine riesen-
große Auswahl an Sandwiches, Suppen
und Salaten. Kein Abendessen.

**Abendlicher Blick vom Aussichtspunkt Glacier Point auf den Half Dome**

die **Ansel Adams Gallery** sowie das **Yosemite Museum** angesiedelt. Letzteres informiert über die Kultur der hier heimischen Indianer. Von Yosemite Village fährt ein kostenloser Buspendeldienst ins Tal.

Ansel Adams Gallery: tgl. 9.00 – 18.00 Uhr; www.anseladams.com
Yosemite Museum: tgl. 9.00 – 17.00 Uhr; Eintritt frei

Die gerühmten Yosemite Falls stürzen etwa in der Mitte des Tals in drei Stufen insgesamt 739 m in die Tiefe. Die Wasserfälle bieten im Frühjahr ebenso wie die herrlichen Bridal Veil Falls (Brautschleier-Fälle) und die Vernal Falls (Bild ▶ S. 206) ein **tolles Naturschauspiel**.

**\*\*Yosemite Falls**

An seinem Ostende verzweigt sich das Yosemite Valley in die beiden Engtäler von Tenaya Creek und Merced River. Zwischen den beiden Felsquadern am Fuße der rechten Canyonwand des Tenaya Creek befinden sich die **Indian Caves**, ehemalige Höhlenwohnungen der Indianer. Etwa 2 km flussaufwärts liegt der romantische Mirror Lake (Spiegelsee), in dessen klarem Wasser sich – besonders morgens und abends – die Kuppeln des 2299 m hohen North Dome spiegeln. Der von Verlandung bedrohte See trocknet im Spätsommer fast völlig aus. Erst nach den herbstlichen Regenfällen füllt sich sein flaches Becken wieder auf. Um den See führt ein 5 km langer Spazierweg.

**\*Mirror Lake**

Der imposante Half Dome (2695 m) schließt das Tal im Osten ab und hat die Gestalt einer vertikal halbierten Kuppel. Ob die fehlende Hälfte je existiert hat, ist unklar. Man kann den Half Dome im Sommer von hinten erklimmen. El Capitan und Half Dome sind wohl die berühmtesten **Kletterfelsen** im Yosemite-Tal bzw. in ganz Kalifornien. An den beiden Felsmassiven wurde erstmals Free Climbing ausprobiert, das sich seither zu einer verbreiteten Sportart entwickelt hat.

**\*\*Half Dome**

An der Südostecke des Yosemite-Tals springt eine Felsnase mit dem 2199 m hohen Glacier Point vor, dem **schönsten Aussichtspunkt** in diesem Bereich des Parks. Vom Glacier Point nach Westen verläuft die Talwand etwa 2 km fast geradlinig. Sie wird vom Sentinel Dome (2476 m) überragt und endet am 2145 m hohen Sentinel Rock. Weiter westlich folgen die beiden schlanken Cathedral Spires (1800 m und 1865 m), an die sich die imposante Zwillingsgruppe der Cathedral Rocks (2021 m) gegenüber dem Capitán anschließt. Über die Westseite des unteren Teils dieser Felsen stürzt der 15 – 20 m breite **Bridal Veil Fall** fast 200 m senkrecht in die Tiefe.

**\*Glacier Point, Sentinel Rock, Cathedral Rock**

## ÜBRIGES NATIONALPARKGEBIET

2 mi/3 km nordöstlich vom Südeingang des Tals liegt der leicht zugängliche Mariposa Grove mit seinen **gigantischen Mammutbäu-**

**\*Mariposa Grove**

**men**. Auf dem 1 km² großen, zwischen 1670 und 2100 m hoch gelegenen Waldstück sind rund 500 dieser Riesenbäume versammelt. Der markanteste wurde auf den Namen **Giant Grizzly** getauft. Trotz seiner abgebrochenen Krone ist dieser Baum immer noch 64 m hoch. Einige Äste, die erst in 30 m Höhe beginnen, haben bereits einen Durchmesser von 2 m. Das Alter des Giant Grizzly wird auf rund 2700 Jahre geschätzt. Schwerer zugänglich als Mariposa Grove sind die Redwood-Bestände in den beiden abseits gelegenen, aber hochinteressanten Biotopen Merced Grove und Tuolumne Grove. Im **Mariposa Grove Museum** werden von Mai bis September Exponate zur Naturgeschichte und Entdeckung des Gebietes gezeigt.

**Wawona** Etwa 8 km nordwestlich vom Südeingang liegt an der Wawona Road das Touristenzentrum Wawona. Beiderseits des Merced River erstreckt sich das **Freilichtmuseum Pioneer Yosemite History Center**.

**\*Tioga Road** Den Nationalpark durchquert die 69 km lange Tioga Road von West nach Ost. Diese nur im Sommer befahrbare Straße führt über den gleichnamigen Pass in eine imposante Hochgebirgslandschaft, vorbei am stillen **Tenaya Lake** und durch die **Tuolumne Meadows**, idyllische alpine Matten (2713 m) mit Visitor Center, Lodge und Zeltplatz). Von dort brechen Wanderer in die noch kaum erschlossene Wildnis des nördlichen Nationalparks auf. Unbedingt sehenswert ist auch der benachbarte, etwa 250 m hoch gelegene **May Lake**.

## UMGEBUNG DES YOSEMITE NATIONAL PARK

**\*Mono Lake** Wer vom Yosemite National Park über den Tioga Pass in östlicher Richtung bergab fährt, erreicht schon nach kurzer Zeit den direkt am US 395 gelegenen und recht idyllisch wirkenden Mono Lake. Der See ist über 700 000 Jahre alt und vermutlich das Ergebnis vulkanischer Tätigkeit. Wegen seines ausgesprochen **hohen Salzgehalts** können in ihm nur verhältnismäßig wenige Lebewesen existieren. In erster Linie sind es einzellige Algen, die Myriaden von kleinen Salzfliegen und vielen kleinen Krebsen als Nahrung dienen. Im Frühjahr und Herbst bietet der Mono Lake ein fantastisches Naturschauspiel, denn zu diesen Zeiten rasten hier **Hunderttausende von Zugvögeln**. Viel beachtete Phänomene sind die eigentümlichen und bizarr geform-ten **Kalksintertürmchen** an seinem Südufer. Dabei handelt es sich um bis zu 13 000 Jahre alte Kalkablagerungen, die erst seit den 1960er-Jahren aus dem See ragen. Grund: Um den Ballungsraum Los Angeles besser mit Trinkwasser versorgen zu können, hat man einige Zuflüsse des Mono Lake angezapft. Der Seespiegel sinkt seither ständig ab. Nach und nach erscheinen immer mehr dieser Kalktürmchen an der Wasseroberfläche. Die Absenkung des Seespiegels führt aber auch dazu, dass der Salzgehalt des Seewassers tendenziell zunimmt. **Visitor Center:** Lee Vinig, CA 93541, Tel. 1 760 6 47 30 44; tgl. 8.00 – 17.00 Uhr; www.monolake.org

Ca. 20 mi / 32 km nördlich vom Mono Lake (via US 395 und CA 290) erreicht man **\*Bodie**, eine der tollsten Goldgräber-Geisterstädte der USA. Sie ist heute als Freilichtmuseum zugänglich ❶ Mai – Aug. tgl. 9.00 – 18.00, sonst 10.00 – 15.00 Uhr; www.bodie.com

**Bizarr: die Kalksintertürmchen im Mono Lake**

26 mi/42 km südlich vom Mono Lake erreicht man das Wintersportzentrum **Mammoth Lakes** am Ostabfall der Sierra Nevada. Im Sommer tummeln sich hier Bergwanderer und Mountainbiker.

**\*Devil's Postpile N. M.**

Weiter westlich lohnt diese ca. 20 m hohe »Teufelsklippe« einen Besuch. Sie besteht aus regelmäßig geformten **Basaltsäulen**, die sich nach einem Vulkanausbruch vor ca. 100 000 Jahren gebildet haben. Imposant sind auch die beiden bis zu 30 m hohen **Wasserfälle**. ❶ Juli – Okt. ganztägig; Ranger Station tgl. 9.00 – 17.00 Uhr; Eintritt 10 $ pro Auto, Shuttle-Bus 7 $; www.nps.gov/depo

**Fresno**

Fresno im fruchtbaren San-Joaquin-Tal eignet sich als Stützpunkt für Ausflüge in den etwa eine Autostunde entfernten Nationalpark. Hauptattraktion der Stadt ist das **Fresno Art Museum**, dessen Palette von Artefakten aus präkolumbischer Zeit bis zu moderner Kunst aus der Region reicht. Beachtung verdient auch die als Museum zugängliche historische **Kearny Mansion** am gleichnamigen Park. Bei Familien mit Kindern beliebt ist der **Chaffee Zoo**. Ebenfalls einen Besuch lohnen die eigentümlichen **Forestiere Underground Gardens**. Hier hat sich ein sizilianischer Einwanderer zwischen 1906 und 1946 ein privates unterirdisches Reich mit Dutzenden von Zimmern und einer eigenen Kapelle gegraben. **Fresno Art Museum:** 2233 N. 1st St.; Do. – So. 11.00 – 17.00 Uhr; Eintritt 5 $; www.fresnoartmuseum.org **Kearny Mansion:** Führungen n.V., Tel. 1 559 4 41 08 62 **Chaffee Zoo:** 894 W. Belmont Ave.; tgl. 9.00 – 18.00, im Winter nur bis 16.00 Uhr; Eintritt 7 $; www.fresnochaffeezoo.org **Forestiere Undeground Gardens:** 99 Shaw Ave.; Führungen Juni – Aug. Mi. – So. 10.00 – 16.00, April, Mai, Sept., Okt Mi. – Fr. 11.00 – 14.00, Sa., So. 10.00 – 13.00 Uhr; Eintritt 15 $; www.undergroundgardens.com

# Colorado

# COLORADO

**Fläche:** 270 000 km²
**Bevölkerungszahl:** 5,4 Mio.
**Hauptstadt:** Denver
**Zeitzone:** Mountain
**Beiname:** Centennial State

**Der Bundesstaat Colorado ist flächenmäßig der achtgrößte der USA. Die Bezeichnung »Colorado« kommt aus dem Spanischen und bedeutet so viel wie »farbig«. Diesen Namen gaben die Konquistadoren im 17. Jh. der Region, weil sie so beeindruckt von den bunt leuchtenden Gesteinen der Landschaft waren.**

**Der Farbenstaat**

Colorado grenzt im Süden an New Mexico, im Südosten an Oklahoma, im Osten an Kansas, im Nordosten an Nebraska, im Norden an Wyoming und im Westen an Utah. Der kleinere östliche Teil des Staatsgebiets gehört naturräumlich zu den **Großen Ebenen** (Great Plains), die sich hier in Höhen zwischen 1000 und 1800 m ü. d. M. ausdehnen. Vorherrschende Vegetationsform ist die Kurzgrassteppe. Die Böden dieses Naturraums liefern bei entsprechender Bewässerung gute Erträge. Die einzelnen Schichtstufen der Großen Ebenen sind durch breite Täler gegliedert. Der größere westliche Teil des Bundesstaates liegt im Bereich der **Rocky Mountains**. Besonders markant tritt die Front Range in Erscheinung, die sich ziemlich abrupt und örtlich als über 2000 m hohe Gebirgsmauer mit schmaler Vorbergzone aus dem Grasland der Great Plains erhebt. Im Westen von Colorado bildet die über 4000 m hohe Sawatch Range eine Wasserscheide zwischen dem zum Atlantik gehörenden Golf von Mexiko und dem Pazifischen Ozean. Westlich schließt das wüstenhafte, vom Colorado und seinen Nebenflüssen tief zerfurchte Tafelland des Coloradoplateaus an.

Der Süden Colorados war über Jahrhunderte geprägt von **präkolumbischen Indianerkulturen**, deren Lebensraum man als »Gran Chichimeca« bezeichnete. Im 17. Jh. durchstreiften spanische Konquistadoren das Gebiet, später kamen Kundschafter aus der französischen Besitzung Louisiana in den Osten Colorados. In der Folgezeit stritten sich Franzosen und Spanier um die Vorherrschaft. Zu einem Spottpreis erwarben die USA im Zuge des Louisiana Purchase 1803 den französischen Teil. Der spanische Teil ging 1821 an den neu gegründeten Staat Mexiko über. Nach dem Amerikanisch-Mexikanischen Krieg (1846–1848) wurde Mexiko durch den Frieden von Guadalupe Hidalgo gezwungen, das Gebiet an die Vereinigten Staaten abzutreten.

**Geschichte**

Der **Goldrausch** lockte ab 1858 viele Goldsucher und später zahlreiche Siedler in das Gebiet. Die meisten der damaligen Orte sind heute nicht mehr bevölkert, können aber teilweise noch als »ghost towns« besichtigt werden. Die weißen Siedler verdrängten viele Indianerstämme, beispielsweise auch die Ute-Indianer, die in Reservate umgesiedelt wurden. Seit 1861 selbständiges Territorium, wurde Colorado 1876 als 38. Bundesstaat in die Union aufgenommen.

**Bevölkerung** Colorado ist mit rund 19 Einw./km² relativ **dünn besiedelt**. Der größte Teil der Bevölkerung lebt in einem schmalen Band von Städten, die sich am Ostabfall der Rocky Mountains wie Perlen einer Kette von Norden nach Süden aneinander reihen. Die Einwohner Colorados sind überwiegend Nachkommen von europäischen Einwanderern; die indianische Urbevölkerung lebt mehr oder weniger unauffällig in den Städten oder ist in Reservate zurückgedrängt. Im Süden gibt es in manchen Countys einen beachtlich hohen spanisch-sprechenden Bevölkerungsanteil. Insgesamt ist er in Colorado auf ca. 14 % gestiegen. Diese Menschen sind meist aus Mexiko und werden »Hispanics« genannt. Der Anteil der Afroamerikaner liegt unter 5 %.

**Wirtschaft** Während in den Great Plains **Bewässerungsfeldbau** betrieben wird, ist im trockenen Westen nur extensive Weidewirtschaft möglich. Viehzucht und Feldbau bilden die Grundlage für die Nahrungs- und Genussmittelindustrie. Im östlichen Vorland der Rocky Mountains gibt es beachtliche Vorkommen an Kohle, Erdöl und Erdgas. Obwohl der Bergbau mit der Förderung von Gold begann, waren es die reichen Silbervorkommen, die Colorados Wohlstand begründeten. Im gebirgigen Westen findet man vielerlei Bodenschätze, darunter auch Vanadium, Uran und Zink. Die Molybdänvorkommen sind die bedeutendsten der USA. Traditionelle Industriezweige wie Stahlerzeugung, Metallverarbeitung und Waffenproduktion treten immer mehr in den Hintergrund. Dafür haben **High-Tech-Industrien** wie Raumfahrttechnik und Elektronik in den letzten Jahrzehnten immer mehr an Bedeutung gewonnen. Ebenfalls recht stark entwickelt hat sich der Dienstleistungssektor. Dies gilt insbesondere für das Städteband am Ostrand der Rocky Mountains und hier vor allem für das Verwaltungs-, Finanz- und Wirtschaftszentrum Denver.

Wirtschaftlich immer wichtiger wird der **Tourismus**. Mit großem Elan werden Wintersportgebiete, National und State Parks für den Fremdenverkehr erschlossen. Colorado bietet für Naturfreunde und **Aktivurlauber** vielerlei Möglichkeiten. Auch wird kaum ein Tourist es versäumen, die spektakulären Höhlenwohnungen bzw. Pueblos der Anasazi im Mesa Verde National Park oder anderswo zu besichtigen. Die Sportmöglichkeiten reichen von diversen Wassersportarten wie Rafting oder Kanu- bzw. Kajakfahren über Wandern und Klettern bis hin zu Golf.

# ✳ Aspen

✦ **R 4**

**Region:** North West
**Höhe:** 2410 m ü. d. M.
**Einwohnerzahl:** 6800

**Telefonvorwahl:** 970

**Die meisten Besucher von Aspen kommen wegen der schönen Skigebiete hierher. Der noble Wintersportort liegt rund 160 mi/260 km südwestlich von ▶Denver in den Rocky Mountains. In der näheren Umgebung kann man aber auch Geisterstädte anschauen.**

Der heute so exklusive Erholungsort ist aus einer 1879 gegründeten **Bergbausiedlung** hervorgegangen, die in den 1880er-Jahren einen wahren Silberboom erlebte. Mit dem Verfall der Silberpreise ein Jahrzehnt später endete die erste Blütezeit von Aspen. Dem Ort drohte das Schicksal einer Geisterstadt. Es dauerte bis zum Zweiten Weltkrieg, bis sich ein Aufschwung des idyllisch gelegenen Ortes zur Wintersportdestination andeutete. 1946 wurde die Aspen Skiing Company ins Leben gerufen, die es schaffte, den Ort bis 1950 so weit zu »trimmen«, dass hier **Weltmeisterschaften** im Alpinen Skilauf ausgetragen werden konnten. Danach wurde die ganze Umgebung von Aspen generalstabsmäßig für den Wintersport erschlossen, später sogar zum Ganzjahres-Erholungsort. Das Aspen Institute for Humanistic Studies wurde gegründet und das Aspen Music

**Geschichte**

**Am Aspen Mountain trifft sich in jedem Winter der Ski-Jet-Set.**

## Aspen erleben

### AUSKUNFT
*Aspen Chamber Resort Association*
425 Rio Grande Place
Aspen, CO 81611
Tel. 1 970 925 19 40
www.aspenchamber.org

### ÜBERNACHTEN
*Jerome* ⊖⊖⊖⊖
330 E Main St.
Tel. 1 970 920 10 00
http://hoteljerome.aubergeresorts.com
Das Hotel »Jerome« gehört zu den Top
100 in Nordamerika. Die Zimmer und
Suiten sind elegant und mit allem erdenklichen Luxus eingerichtet.

*The Little Nell* ⊖⊖⊖⊖
675 East Durant Ave.
Tel. 1 970 920 46 00
www.thelittlenell.com
»The Little Nell« gilt als das beste Luxus-
Resort Colorados. In allen Zimmern und
Suiten erwartet den Gast eine prachtvol-
le und gemütliche Einrichtung, u. a. ein
Kamin und marmorne Badezimmer.

*The Inn at Aspen* ⊖⊖⊖
38750 Highway 82
Tel. 1 970 925 39 00
www.wyndhamvacationrentals.com
Das komfortable Resort & Conference
Hotel steht zu Füßen des Buttermilk
Mountain. Es verkehrt ein kostenloser
Shuttle Bus zu den Bergbahnen und in
die nahen Skigebiete.

*St. Moritz Lodge &
Condominiums* ⊖⊖
334 W. Hyman Ave.
Tel. 1 970 925 32 20
www.stmoritzlodge.com

Das Hotel bietet zweckmäßig und gemütlich eingerichtete Zimmer und Apartments.

### ESSEN
*Piñons* ⊖⊖⊖⊖
105 S. Mill St.
Tel. 1 970 920 20 21
www.pinons.net
In elegant ausgestatteten Gasträumen
wird beste amerikanische Küche mit ita-
lienischem Akzent serviert. Die wunderbaren Desserts schmecken vorzüglich.

*Woody Creek Tavern* ⊖⊖⊖
2858 Upper River Rd.
Woody Creek
Tel. 1 970 923 45 85
www.woodycreektavern.com
Auch heute noch kann man in der ehemaligen Stammkneipe des legendären
Autors Hunter S. Thompson bestens entspannen sowie saftige Rindersteaks und
Kreationen der mexikanischen Küche genießen.

*L' Hostaria* ⊖⊖⊖
620 E. Hyman Ave.
Tel. 1 970 925 90 22
Rustikales Gebäude, schickes Interieur;
dazu selbstgemachte Pasta und italienische Kompositionen von Chefkoch Tizia-
no und ausgezeichnete Weine.

*Little Annie's Eating House* ⊖⊖
517 E. Hyman Ave.
Tel. 1 970 925 10 98
www.littleannies.com
Leckere Huhn- und Fischgerichte zu vernünftigen Preisen sowie »Annie's (riesiger) Hamburger« ziehen auch viele Einheimische an.

Festival etablierte sich. In den 1960er- und 1970er-Jahren setzte ein kaum zu bremsender Bauboom ein. Luxushotels und Shopping Malls schossen aus dem Boden.

Inzwischen ist Aspen zum **mondänen Erholungsort** herangewachsen, der einem Vergleich mit St. Moritz oder Kitzbühel durchaus standhält. Vor allem um Weihnachten und Neujahr ist Aspen überlaufen. Alles was Rang und Namen hat, schwebt mit dem Privatjet auf dem Flugplatz der Stadt ein. Hollywood-Stars feiern hier ihre Silvesterpartys, und alles ist furchtbar teuer.

> **? | BAEDEKER WISSEN**
>
> *An die Spitze*
>
> In Aspen wurde 1947 der damals längste Sessellift der Welt eröffnet. Der Industrielle Walter P. Paepcke aus Chicago veranlasste den Bau des Mammutwerks, das vom Tal aus mehr als 1 km auf den Gipfel des Aspen Mountain hinauffuhr. Paepcke gründete auch die Aspen Skiing Company.

## SEHENSWERTES IN ASPEN

**Downtown**

Das **historische Zentrum** der Stadt hat man schnell gesehen. Am Wagner Park steht das **Wheeler Opera House**, wo das ganze Jahr über, vor allem aber während des sommerlichen Musikfestivals, viele Darbietungen zu sehen sind (www.aspenmusicfestival.com). Im Westen des Stadtkerns lohnt das **Wheeler Stallard Museum** einen Besuch, wo man Interessantes über Aspen erfährt. Es ist in der Residenz des Silberbarons Wheeler untergebracht, die 1888 im viktorianischen Stil errichtet worden ist. Die im Nachbarhaus residierende Aspen Historical Society organisiert im Sommer Rundgänge durch die historischen Stadtbezirke. Im kleinen **Aspen Art Museum** sind Kunst-Wechselausstellungen zu sehen.

**Wheeler Opera House:** 320 E. Hyman Ave., Tel. 1 970 9 20 57 70; Kartenschalter Sommer tgl. 9.00 – 17.00, Winter tgl 11.00 – 19.00 Uhr; www.wheeleroperahouse.com
**Wheeler Stallard Museum:** 620 W. Bleeker St.; Di. – Sa. 13.00 – 17.00 Uhr, im Frühjahr geschl.; Eintritt 6 $; www.aspenhistorysociety.com
**Aspen Art Museum:** 590 N. Mill St.; Di. – Sa. 10.00 – 18.00, Do. bis 19.00, So. 12.00 – 18.00 Uhr; Eintritt frei; www.aspenartmuseum.org

**\*Anderson Ranch Arts Center**

Südwestlich außerhalb der Stadt, im Bush Creek Valley, kann man das Anderson Ranch Arts Center besuchen. Auf dem Gelände einer alten Schäferei werden im Sommer diverse **künstlerische Programme** angeboten, vom Töpfern über das Schnitzen bis zum Malen, Fotografieren und Computer-Imagination. Auf dem Gelände gibt es auch eine Kunstgalerie mit diversen Schätzen.

❶ 5263 Owl Creek Rd., Snowmass Village, Tel. 1 970 9 23 31 81; www.andersonranch.org

## ✳ SKIGEBIETE

**Aspen Mountain**

Das bekannteste Skigebiet ist der Aspen Mountain südlich der Stadt. Mit der **Silver-Queen-Seilschwebebahn** kommt man im Sommer auf den Berg, den Skizirkus im Winter erreicht man per Sessellift. Am Aspen Mountain finden alljährlich die Weltcup-Abfahrten statt. Für die Skitouristen werden über 76 Abfahrten aller Schwierigkeitsgrade präpariert.

**Silver Queen:** Mitte Juni–Aug. tgl. 10.00–16.00, Sept., Okt., Mai–Mitte Juni an ausgewählten Wochenenden; Ticket 26 $; www.aspensnowmass.com

**Aspen Highlands**

Ein weiteres großes Skigebiet sind die »Aspen Highlands« im White River National Forest südwestlich der Stadt. Hier werden auch zahlreiche **Langlaufloipen** gespurt. Man erreicht das Gebiet über die Maroon Creek Road.

**Buttermilk Mountains**

Die Buttermilk Mountains bieten mit ihren vielen weniger schweren Abfahrten geradezu ideale Verhältnisse für Anfänger.

**Snowmass**

Knapp 13 mi/20 km westlich von Aspen liegt das Wintersportgebiet der erst 1967 eröffneten Retortenstation Snowmass Village. In dem schneereichen Skigelände, das bis 3600 m ü. d. M. hinaufreicht, finden auch **Snowboarder** beste Voraussetzungen für ihren Sport vor (www.snowmassvillage.com).

## SEHENSWERTES IN DER UMGEBUNG

**✳Maroon Lake**

Der malerische Bergsee liegt zu Füßen der bis zu 4315 m ü.d.M. aufragenden Maroon Bells.

**Ashcroft Ghost Town**

Im Castle Creek Valley kann man die Geisterstadt Ashcroft besichtigen, wo in den 1880er-Jahren mehrere hundert Bergleute gelebt haben. Von Mitte Juni bis Mitte September werden geführte Touren angeboten.

❶ Eintritt frei, www.aspenhistorysociety.com/ashcroftmuseum.html

**✳Glenwood Springs**

41 mi/66 km nordwestlich von Aspen liegt der Thermalkurort Glenwood Springs (1757 m ü. d. M.; 9600 Einw.) am I-70. Die Grundlage für den Badebetrieb legte Walter Devereux, der u. a. die Vapor Caves entdeckte und 1893 das Colorado Hotel erbauen ließ. Bald fanden sich illustre Kurgäste ein, unter ihnen Präsident Theodore Roosevelt. Der **Glenwood Hot Springs Pool** gehört zu den größten Thermal-

**Die Maroon Bells spiegeln sich bei Sonnenaufgang im Maroon Lake.**

bädern der USA. Besondere Attraktion der **Yampah Hot Springs Spa & Vapor Caves** sind eine unterirdisch austretende Therme und die Dampfbäder. Im **Frontier Historical Museum** kann man sich über die Geschichte der Region informieren. Auf dem **Linwood Cemetery** (Ecke Bennett St./E. 13th St.) ist der berühmte Revolverheld Doc Holliday bestattet, der 1887 in Glenwood starb. Östlich der Kurstadt kommt man in den **Glenwood Canyon**, den der Colorado ausgefräst hat. Südlich des Kurortes führt der CO 133 im malerischen **Crystal River Valley** hinauf zum 2669 m hohen **Mc Clure Pass**.

**BAEDEKER TIPP**

**!**

*Independence Pass*

Ein unvergessliches Erlebnis ist eine Fahrt über den 3687 m hohen Independence Pass (Öffnungszeiten: Juni bis Oktober), über den man hinüber in das Tal des oberen Arkansas River gelangt. Nach der Passhöhe fährt man am Süd-hang des Mount Elbert entlang, der mit 4399 m der höchste Berg des Bundesstaates Colorado ist.

**Glenwood Hot Springs Pool:**
415 E. 6th St.; Ende Mai – Anf. Sept.
7.30 – 22.00, sonst ab 9.00 Uhr;
Eintritt im Sommer 18 $, sonst 14 $;
www.hotspringspool.com
**Yampah Hot Springs Spa &
Vapor Caves:** 709 E. 6th St.;
Mai – Sept. Mo. – Sa. 11.00 – 16.00,
Okt. – April 9.00 – 21.00 Uhr;
Tagespass 15 $; einzelne Anwendungen
unter www.yampahspa.com
**Frontier Historical Museum:** 1001
Colorado Ave.; Mo., Do., Fr., Sa.
13.00 – 16.00 Uhr; Eintritt 3 $;
www.glenwoodhistory.com

## * Colorado Springs

✳ T 5

**Region:** South Central
**Höhe:** 1831 m ü. d. M.
**Einwohnerzahl:** 440 000,
Ballungsraum 645 000

**Telefonvorwahl:** 719

**Die zentrale Lage, ein angenehmes Klima, reichhaltige Kulturangebote und die spektakuläre Landschaft machen Colorado Springs zum idealen Ausgangspunkt für Unternehmungen. In der aufstrebenden Stadt im Sun Belt sind hochkarätige Forschungsinstitute und High-Tech-Unternehmen angesiedelt.**

**Geschichte** Der Ort wurde 1871 unter dem Namen »Fountain Creek« von General William J. Palmer gegründet und fungierte zunächst als Erholungsort für die Angestellten der Denver & Rio Grande Railroad. In der Nähe bestand bereits die Ortschaft El Dorado City, die später in Colorado City umbenannt wurde. Sie war zeitweise sogar Hauptstadt von Colorado. Colorado Springs entwickelte sich rasch zu einem beliebten **Kurort für die Wohlhabenden** und dehnte sich immer weiter aus. 1917 wurde das verarmte Colorado City eingemeindet.

## SEHENSWERTES IN COLORADO SPRINGS

Wenige Meilen östlich der Nord-Süd-Achse I-25 liegt der kleine alte Kern von Colorado City. Man fühlt sich hier noch sehr an die Zeit des **Wilden Westens** erinnert, obwohl heute zahlreiche Restaurants und Souvenirläden in den alten Bauten untergebracht sind. Ende Mai ist das alte Colorado City Schauplatz der »Territory Days«.

**\*Old Colorado City**

Das Fine Arts Center zeigt Kunst der Indianer (u. a. Sandmalereien) und Arbeiten, die zu kolonialspanischer Zeit im Südwesten entstanden sind, darunter einige »Santos«, wunderschön geschnitzte Heili-

**\*Fine Arts Center**

**Colorado Springs**

**Übernachten**
1 The Broadmoor
2 Holden House 1902
3 Cheyenne Mountain Resort
4 Crowne Plaza
5 Hyatt House

**Essen**
1 Penrose Room
2 The Warehouse Restaurant
3 Uchenna
4 Adam's Mountain Cafe

## Colorado Springs erleben

### AUSKUNFT

***Colorado Springs Convention and Visitors Bureau***
515 S. Cascade Ave.
Colorado Springs, CO 80903
Tel. 1 719 635 75 06, www.visitcos.com
Mo. – Sa. 8.30 – 17.00
So. 9.00 – 14.00 Uhr

### ÜBERNACHTEN

**❶** ***The Broadmoor*** ❸❸❸❸
1 Lake Ave.
Tel. 1 719 634 77 11
www.broadmoor.com
Luxuriöses Fünf-Sterne-Hotel am Fuße der Rocky Mountains. Im Herzen der großzügigen Anlage befindet sich der Cheyenne Lake.

**❷** ***Holden House 1902 Bed & Breakfast Inn*** ❸❸❸
1102 W. Pikes Peak Ave.
Tel. 1 719 471 39 80
www.holdenhouse.com

Das 1902 erbaute Haus im viktorianischen Stil verfügt über fünf liebevoll eingerichtete Suiten.

**❸** ***Cheyenne Mountain Resort*** ❸❸
3225 Broadmoor Valley Rd.
Tel. 1 719 538 40 00
www.cheyennemountain.com
Das Resort bietet vielfältige Sportangebote, z. B. einen 18-Loch-Golfplatz oder Wassersport auf dem hoteleigenen See mit einem traumhaften Blick auf die Berge.

**❹** ***Crowne Plaza Colorado Springs*** ❸❸
2886 South Circle Drive
Tel. 1 719 576 59 00
www.cpcoloradosprings.com
Im Hotel am östlichen Rand der Colorado Rocky Mountains erwarten den Gast High-Speed-Internetanschluss in allen Zimmern, drei Restaurants, ein Fitnesscenter sowie Innen- und Außenpools.

genfiguren. Ferner sind Gemälde und Skulpturen von US-Künstlern des 19. und 20. Jh.s sowie Gegenwartskunst ausgestellt.
❶ 30 W. Dale St.; Di. – So. 10.00 – 17.00 Uhr; Eintritt ab 20 $; www.csfineartscenter.org

**Pikes Peak Center** Das Pikes Peak Center ist das **moderne Kulturzentrum** der Stadt und Heimstatt des berühmten Colorado Springs Dance Theater. Im August finden hier viel beachtete Aufführungen im Rahmen des Colorado Opera Festival statt.
❶ 190 S. Cascade Ave.; Kartenschalter Mo. – Fr. 10.00 – 16.00, Sa. 10.00 – 14.00 Uhr; www.pikespeakcenter.com

**McAllister House** In der Nähe kann man das 1873 fertiggestellte McAllister House besichtigen, dessen Räume mit wertvollem **viktorianischem Mobiliar** eingerichtet sind.
❶ 423 N. Cascade Ave.; Mai – Aug. Di. – Sa., Sept. – April Do. – Sa. 10.00 – 16.00 Uhr, Jan. geschl.; Eintritt 5 $; www.mcallisterhouse.org

**❺ Hyatt House** ©©
5805 Delmonico Drive
Tel. 17192689990
www.hsscoloradosprings.com
Die gemütlich eingerichteten Apartments sind u. a. mit Fernseher, komplett ausgestatteten Küchen und kostenlosem Internetzugang ausgestattet. Den Gästen stehen zudem ein rund um die Uhr zugängliches Fitnesscenter sowie ein Swimming Pool zur Verfügung.

**ESSEN**
**❶ Penrose Room** ©©©©
Tel. 17195775773
1 Lake Ave.
www.broadmoor.com
Aussichtsreich am Cheyenne Lake gelegenes Restaurant mit besten Fleischgerichten und exzellenter Fischküche (besondere Spezialität: Rocky-Mountain-Forelle).

**❷ The Warehouse Restaurant** ©©©
Palmer Lake Brewing Company
25 W Cimarron St.

Tel. 17194758880
www.thewarehouserestaurant.com
So. geschl.
Das Restaurant, zu dem auch eine Galerie und eine Brauerei gehören, befindet sich in einer 1900 erbauten ehemaligen Lagerhalle. Regionale und kontinentale Küche.

**❸ Uchenna** ©©
2501 W. Colorade Ave.
Tel. 17196345070
www.uchennalive.com
Sehr beliebtes Restaurant mit exotischer Küche und äthiopischen Gerichten. Exzellente Lammgerichte und Vegetarisches.

**❹ Adam's Mountain Cafe** ©©
934 Manitou Ave.
Tel. 17196851430
www.adamsmountain.com
Mo. geschl.
Frisch und lecker zubereitete Gerichte, darunter auch viele vegetarische aus biologisch erzeugten Gartenprodukten

Einige Schritte weiter zeigt das Museum of the American Numismatic Association eine der umfangreichsten Münzsammlungen der Welt, darunter auch viele ganz seltene Stücke.  **Numismatic Museum**
❶ 818 N. Cascade Ave.; Di. – Sa. 10.00 – 17.00 Uhr; Eintritt 5 $;
www.money.org

Im Süden der Stadt findet man dieses mit einem reichen Fundus ausgestattete Museum, das mit vielerlei Ausstellungsstücken an die **wilden Jahre des Goldrauschs** erinnert.  **Pioneers Museum**
❶ 215 S. Tejon St.; Di. – Sa. 10.00 – 17.00 Uhr; Eintritt frei; www.cspm.org

In der Pro Rodeo Hall of Fame sieht man alles, was irgendwie mit der **Geschichte des Rodeos** zusammenhängt. Interessant ist das Gegenüber von historischer und aktueller Cowboy-Ausrüstung. Rodeo »live« gibt's Anfang August beim »Pikes Peak or Bust Rodeo«.  **Pro Rodeo Hall of Fame**
❶ 101 Pro Rodeo Dr.; Mai – Aug. 9.00 – 17.00, Sept. – April Mi. – So.
9.00 – 17.00 Uhr; Eintritt 8 $; www.prorodeohalloffame.com

Der Garten der Götter mit seinen rot leuchtenden Sandsteinfelsen

## SEHENSWERTES IN DER UMGEBUNG

**\*Garden of the Gods**
Bizarre Formen aus rotem Sandstein, etwa die »Kissing Camels« oder der »Balanced Rock«, sowie uralte Zypressen machen den besonderen Reiz des Garden of the Gods aus. Eindrucksvoll bietet sich das rostrote Felsenlabyrinth vor allem bei **tief stehender Sonne** dar. Man kann durch den Park spazieren, radfahren und auch reiten – entsprechende Touren organisieren die **Academy Riding Stables**.

Im **Visitor & Nature Center** kann man sich über die Naturgeschichte dieser Landschaft informieren und hübsches Indianer-Kunsthandwerk (u. a. Sandmalereien, Kachinas, Töpferware, Türkisschmuck) erstehen.

Am Osteingang kann man in der im Jahre 1868 erbauten **Rock Ledge Ranch** sehen, wie sich das ländliche Leben im 19. Jh. abgespielt hat.

**Garden of the Gods:** Mai – Okt. 5.00 – 23.00, Nov. – April 5.00 – 21.00 Uhr; Eintritt frei; www.gardenofgods.com
**Academy Riding Stables:** 4 El Paso Blvd., Colorado Springs, Tel. 1 719 6 33 56 67; www.academyridingstables.com
**Rock Ledge Ranch:** 3202 Chambers Way; Juni – Mitte Aug. Mi. – Sa. 10.00 – 17.00 Uhr; Eintritt 8 $; www.rockledgeranch.com

Das **Pikes Peak Ghost Town Museum** ist in einem Eisenbahnergebäude von 1899 untergebracht. Hier sind Kutschen und Planwagen aus der **Pionierzeit** ausgestellt, und sogar ein Cadillac aus dem Jahr 1903 ist zu bestaunen. Im Sommer kann man auch Gold waschen.

❶ 400 S. 21st St.; Tel. 1 719 6 34 06 96; Juni – Aug. Mo. – Sa. 9.00 – 18.00, So. 10.00 – 18.00, Sept. – Mai tgl. 10.00 – 17.00 Uhr; Eintritt 7,50 $; www.ghosttownmuseum.com

**US Air Force Academy**

Wenn Sie eine Parade der US-Streitkräfte sehen möchten, sollten Sie zur Mittagszeit die US Air Force Academy zu Füßen der Rampart Range besuchen. Über 4000 Kadetten werden hier ausgebildet. Architektonisch bemerkenswert ist die **Chapel** (Kapelle) mit ihren raketenartigen spitzen Giebeln, in der katholische, protestantische und israelitische Gottesdienste abgehalten werden. Im **Visitor Center** informiert man sich über die Geschichte dieser renommierten Militärakademie.

Beim Nordtor der Air Force Academy kann man sich im dortigen **Western Museum of Mining & Industry** im Goldwaschen versuchen.

Chapel: Mo. – Sa. 9.00 – 17.00, So. 13.00 – 17.00 Uhr
Visitor Center: tgl. 9.00 – 17.00 Uhr; www.usafa.af.mil
Western Museum of Mining & Industry: Mo. – Sa. tgl. 9.00 – 16.00, Führungen 10.00 u. 13.00 Uhr (im Eintritt enthalten); Eintritt 8 $; www.wmmi.org

**Seven Falls**

Ca. 7 mi/11 km südwestlich oberhalb der Stadt stürzen sich die Seven Falls in den South Cheyenne Canyon. Per Aufzug oder zu Fuß gelangt man ins **»Adlernest«** (Eagle's Nest), von wo aus man einen großartigen Ausblick genießen kann.

❶ Juni – Aug. Canyon 8.30 – 23.00, Wanderwege 8.30 – 19.00, Sept. – Mitte Dez. Canyon 9.00 – 18.00, Wanderwege 8.30 – 15.00, Jan. – Mai Canyon 9.00 – 17.00 Uhr, Wanderwege geschl.; Eintritt 14 $; www.sevenfalls.com

**Manitou Springs**

Nicht erst mit dem Beginn des Badebetriebs 1872 wurden die Mineralquellen in dem heutigen **Kurort** Manitou Springs genutzt, die Indianer entdeckten ihre Heilkräfte schon viel früher. Sehenswert ist das als Museum zugängliche **Miramont Castle** auf dem **Capitol Hill**. Die 1895 erbaute viktorianische Villa beherbergt eine Feuerwehrausstellung, eine Landkarten- und eine Miniatursammlung. Am US

24 lohnen die **Manitou Cliff Dwellings** einen Besuch. Die gut erhaltene indianische Felswohnungen der Anasazi stammen aus dem 12. und 13. Jahrhundert.

**Miramont Castle:** Juni–Aug. tgl. 9.00–17.00, Sept.–Mai Di.–Sa. 10.00–16.00, So. 12.00–16.00 Uhr; Eintritt 8 $; www.miramontcastle.org

**Manitou Cliff Dwellings:** Mai–Sept. tgl. 9.00–18.00, März, April, Okt., Nov. tgl. 9.00–17.00, Jan., Feb. vorab anrufen (Tel. 1 800 3 54 99 71); Eintritt 10 $; www.cliffdwellingsmuseum.com

**\*Cave of the Winds**

Das stellenweise bis zu 200 Mio. Jahre alte Höhlensystem der Cave of the Winds wurde 1881 entdeckt. In der Höhle sieht man außergewöhnlich schöne **Sinter- und Tropfsteinbildungen.**

❶ Sommer tgl. 9.00–21.00, Winter tgl. 10.00–17.00 Uhr; Touren ab 18 $; www.caveofthewinds.com

**\*\*Pikes Peak**

Der markante, nach dem Naturforscher Zebulon Pike benannte Hausberg von Colorado Springs gehört zu den höchsten Erhebungen im Bereich der Front Range. Bei günstigen Witterungsverhältnissen reicht der Blick bis Denver im Norden und bis zu den 100 Meilen weiter südlich gelegenen Gipfeln der Sangre de Cristo Mountains. Nach Westen kann man gleich mehrere Ketten der Rocky Mountains identifizieren, und im Osten verliert sich der Blick in den unermesslichen Weiten der Great Plains.

Auf den Pikes Peak führt die **Pikes Peak Road**, eine Mautstraße. Sie zweigt 3 mi/5 km nordwestlich von Manitou Springs vom US 24 ab. Im August findet auf der Pikes Peak Road ein Auto-Bergrennen statt.

**Pikes Peak Road:** je nach Wetterlage befahrbar 7.00–ca. 20.00 Uhr (Infotelefon 1 719 3 85 73 25); Maut 12 $ pro Pers. oder 40 $ pro Auto inkl. 5 Pers.; www.pikespeak.us.com

> **! BAEDEKER TIPP**
>
> *Pikes Peak Cog Railway*
>
> Den umwerfenden Ausblick vom Pikes Peak kann man auch ganz bequem per Eisenbahn erreichen. Am südwestlichen Ortsrand von Manitou Springs befindet sich die Talstation der Pikes Peak Cog Railway (515 Ruxton Ave.; Ticket 37 $; www.cograilway.com). Die Bergbahn benötigt für ihre 14 km lange Fahrt auf den 4301 m hohen Pikes Peak ca. 75 Minuten. Eine Reservierung (Tel. 1 719 6 85 54 01) ist ratsam.

**Pikes Peak National Forest**

An den Flanken des Bergmassivs erstreckt sich der knapp 4500 km² große Pike National Forest Durch den **Hochgebirgsforst** schlängeln sich zahlreiche unbefestigte Forstwege und alte Goldgräberpfade. Am bekanntesten ist wohl die Gold Camp Road, die jedoch nur mit Jeep oder Mountainbike befahren werden kann. Sie führt von Colorado Springs südwärts durch das Gebirge nach Cripple Creek hinüber.

❶ Jan.–Mai, Okt.–Dez 9.00–15.00, Juni–Aug. 7.00–18.00, Sept. 7.30–17.00 Uhr, wetterbedingte Schließungen möglich

Einst strömten Goldgräber nach Cripple Creek – heute Touristen.

Bequemer erreicht man das **Goldgräberstädtchen** Cripple Creek über den gut ausgebauten CO 67. Ab 1891 war Cripple Creek für ca. zwei Jahrzehnte Schauplatz eines geradezu unglaublichen Goldrausches. Am Höhepunkt durchwühlten mehr als 18 000 Glücksritter die Erde. Sie förderten pro Jahr Gold im Wert von 25 Mio. US-$. 1896 vernichtete ein Großfeuer die Siedlung am Cripple Creek, die damals lediglich aus einfachen Bretterbuden bestand. Danach wurden solide Steinbauten errichtet, von denen noch etliche erhalten sind. Heute leben in Cripple Creek nur noch 1200 Menschen und der Goldabbau ist fast ganz zum Erliegen gekommen. Sein Überleben verdankt Cripple Creek vor allem dem seit 1991 legalisierten Glücksspiel.

Lohnend ist ein Spaziergang durch die **Bennett Avenue**. Das 1896 errichtete **Imperial Hotel** (123 N. 3rd St.) ist ein wunderschönes Baudenkmal der viktorianischen Zeit. Zum Dinner trifft man sich im stilvollen »Imperial Dining Room«. Wer sich für die Geschichte dieser Bergbauregion genauer interessiert, dem sei ein Besuch des **Cripple Creek District Museum** empfohlen. Es befindet sich im alten Midland Railroad Terminal im Osten der Stadt. Nördlich außerhalb von Cripple Creek kann man die **Mollie Kathleen Gold Mine** besichtigen.

**Cripple Creek District Museum:** Mitte Mai – Mitte Okt. tgl. 10.00 – 17.00, Mitte Okt. – Mitte Mai Sa., So. 10.00 – 16.00 Uhr; freiwillige Spende statt Eintritt; www.cripple-creek.org

**\*Cripple Creek**

*Verschenkt*

Der Finder des ersten Nugget bei Cripple Creek war ein ahnungsloser Farmer, der sein Land anschließend für läppische 500 $ verkaufte. Er dürfte sich dann mächtig geärgert haben: Seine Weide ging später als »300-Million-Dollar-Land« in die Geschichte ein.

**Mollie Kathleen Gold Mine:** Mai – Mitte Sept. tgl. 9.00 – 17.00, Mitte Sept. – Okt. tgl. 10.00 – 16.00 Uhr; Eintritt inkl. Führung 18 $; www.goldminetours.com

Ein ganz besonderes Erlebnis ist ein Ausflug mit einem Dampfzug der **\*Cripple Creek & Victor Narrow Gauge Railroad** in die geradezu atemberaubende Umgebung des Städtchens. Die **Schmalspurbahn** startet beim Cripple Creek District Museum und führt in auf einem 4 mi langen Rundtrip in 45 Minuten vorbei an aufgelassenen Goldminen und Geisterstädten.

❶ tgl. 10.00 – 17.00 Uhr alle 40 Min., wetterbedingte Ausfälle möglich; Ticket 13 $; www.cripplecreekrailroad.com

**\*Royal Gorge Bridge Park**

In der Nähe des Städtchens Cañon City hat der Arkansas River die stellenweise über 450 m tiefe und enge Royal Gorge ausgefräst. Um einen Blick in die Schlucht zu erhaschen, muss man allerdings eine hohe Eintrittsgebühr entrichten.

Zwischen Cañon City und der Schlucht verkehrt die fantasievoll zusammengestellte **Royal Gorge Scenic Railway**. Über die Schlucht spannt sich die **Royal Gorge Bridge**. Gleich daneben kann man mit der **Aerial Tramway** über den Abgrund schweben. In die hier bis zu 472 m tiefe Schlucht gelangt man mit der **Royal Gorge Incline Railway**.

**Royal Gorge Bridge:** Öffnung ab 10.00 Uhr, Schließzeiten unterschiedlich; Tagespass 26 $; www.royalgorgebridge.com

**\*Florissant Beds National Monument**

Ca. 37 mi/60 km westlich von Colorado Springs, erreichbar über den US 24 (Ute Pass), gelangt man zu den Florissant Beds. Dieser **Fossilienfundplatz** sucht seinesgleichen. Der Name »Florissant« bezieht sich auf die prachtvolle Wildblumenblüte, die man in der Gegend in jedem Frühling erleben kann. Fossilien von vielen tausend Pflanzen- und Tierarten findet man in einem Gebiet, in dem sich vor 38 – 26 Mio. Jahren ein tertiärzeitlicher See ausbreitete und wo sich vor Millionen Jahren heftige vulkanische Eruptionen ereigneten. Das Gebiet wurde von vulkanischen Aschen bedeckt und Schlammflüsse begruben alles, was sich ihnen in den Weg stellte. Anhand der Fossilien (u. a. Insekten, Palmenblätter, Baumstümpfe) erkennen Naturwissenschaftler, wie es hier in der **Tertiärzeit** ausgesehen hat.

❶ Sept. – Mai tgl. 9.00 – 17.00, sonst 8.00 – 18.00 Uhr; Eintritt 3 $; www.nps.gov/flfo

## ** Denver

✦ S/T 4

**Region:** Denver
**Höhe:** 1609 m ü. d. M.
**Einwohnerzahl:** 650 000
(Metropolitan Area: 2,6 Mio.)       **Telefonvorwahl:** 303

**Die »Mile High City«, wie Denver wegen der Höhenlage oft genannt wird, ist Colorados Hauptstadt und liegt im östlichen Vorland der zu den Rockies gehörenden Front Range. Das dynamische wirtschaftliche und kulturelle Zentrum hat ein angenehmes Klima mit viel Sonne und wenig Niederschlag.**

Denver ist ein bedeutender Verkehrsknotenpunkt am Schnittpunkt von I-70 und I-25 sowie am Kreuzungspunkt viel befahrener Eisenbahnlinien. Der futuristisch anmutende Denver **International Air-**

**Knotenpunkt**

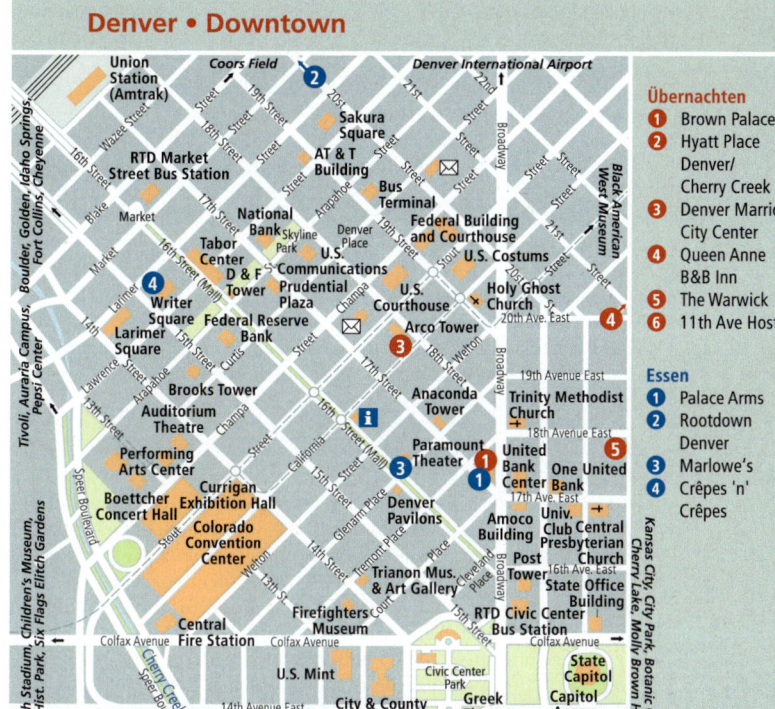

**Denver • Downtown**

Union Station (Amtrak)
Coors Field
Denver International Airport
Sakura Square
RTD Market Street Bus Station
AT & T Building
Bus Terminal
National Bank
Skyline Park
Denver Place
Federal Building and Courthouse
Tabor Center
U.S. Communications
U.S. Costums
D & F Tower
Prudential Plaza
U.S. Courthouse
Holy Ghost Church
Writer Square
Federal Reserve Bank
Arco Tower
Larimer Square
Brooks Tower
Anaconda Tower
Trinity Methodist Church
Auditorium Theatre
Paramount Theater
United Bank Center
One United Bank
Performing Arts Center
Currigan Exhibition Hall
Denver Pavilions
Amoco Building
Univ. Club Central Presbyterian Church
Boettcher Concert Hall
Colorado Convention Center
Trianon Mus. & Art Gallery
Post Tower
State Office Building
Firefighters Museum
RTD Civic Center Bus Station
Central Fire Station
Colfax Avenue
U.S. Mint
Civic Center Park
State Capitol
City & County Building
Greek Theater
Capitol Annex
Police Headquarters
Public Library
First Bapt. Ch.
Denver Art Museum
Denver History Museum
Colorado History Museum

**Übernachten**
1 Brown Palace
2 Hyatt Place Denver/ Cherry Creek
3 Denver Marriott City Center
4 Queen Anne B&B Inn
5 The Warwick
6 11th Ave Hostel

**Essen**
1 Palace Arms
2 Rootdown Denver
3 Marlowe's
4 Crêpes 'n' Crêpes

Light Rail

©BAEDEKER
0,15 mi
200 m

Colorado Springs, Pueblo

## Denver erleben

### AUSKUNFT
**Denver Visitor Information Center**
1600 California St, Suite 300
Denver, CO 80202
Tel. 1 303 892 11 12, www.denver.org

### VERANSTALTUNGEN
**Western Stock Show & Rodeo**
www.nationalwestern.com
Zweiwöchiges Landwirtschaftsfest Mitte
Januar im National Western Stock Show
Komplex und im Denver Coliseum; Hö-
hepunkt: das Rodeo.

**Great American Beer Festival**
www.greatamericanbeerfestival.com
Oktober, im Convention Center

### SHOPPING
Alles, was man sucht, gibt es in der 16th
St. Mall.

### ÜBERNACHTEN
**❶ Brown Palace** ⓔⓔⓔⓔ
321 17th St., Tel. 1 303 297 31 11
www.brownpalace.com
Das altehrwürdige Grandhotel ist 1892
eröffnet worden und ist seit längerem
als nationales Baudenkmal ausgewiesen.
Die Zimmer und Suiten sind geschmackvoll viktorianisch oder im Art-déco- Stil
eingerichtet. In den 1950er-Jahren resi-
dierte hier mehrere Male Präsident Eisenhower. Dann war das Brown Palace
Hotel praktisch das Machtzentrum der
westlichen Welt.

**❷ Hyatt Place Denver/
Cherry Creek** ⓔⓔⓔ
4150 E. Mississippi Ave.
Tel. 1 303 782 93 00
www.denvercherrycreek.place.hyatt.com
In dem ruhigen Nest Glendale, 10 Km
südlich von Downtown am Cherry
Creek, steht das luxeriöse Hotel, von
dessen nach Westen ausgerichteten Zimmern man einen wundervollen Blick auf
die »blaue Mauer« der Front Range genießen kann.

**❸ Denver Marriott
City Center** ⓔⓔⓔ
1701 California St., Tel. 1 303 297 13 00
www.marriott.com
Eines der besonders stattlichen Hochhäuser von Downtown ist das »Marriott
City«. Im modern ausgestatteten Haus
fühlen sich Geschäftsleute und Touristen
wohl.

**❹ Queen Anne B & B Inn** ⓔⓔⓔ
2147 Tremont Place
Tel. 1 303 2 96 66 66
www.queenannebnb.com

**port** nordöstlich außerhalb der Stadt gehört zu den bedeutenden
Luftdrehkreuz der USA. Denver ist das wirtschaftliche Zentrum der
gesamten Region, teilweise mit Bedeutung weit über die Grenzen des
Bundesstaats hinaus. Nahezu 200 Großfirmen, vor allem aus dem
Bereich der modernen Wachstumsindustrien (u. a. Elektrotechnik,
Energiewirtschaft, Luft- und Raumfahrttechnik, Mikroelektronik),
haben sich mittlerweile im Ballungsraum niedergelassen. Von Den-
vers Funktion als kulturelles Zentrum legen zahlreiche Museen, Galerien, Konzertsäle und Theater Zeugnis ab. Auch im Bildungswesen

Der kleine und deshalb sehr gemütliche Beherbergungsbetrieb ist in zwei liebevoll restaurierten Häusern der viktorianischen Zeit untergebracht, die in den 1880er-Jahren erbaut worden sind. Service (und Frühstück!) sind exzellent.

**❺ The Warwick** €€
1776 Grant St.
Tel. 1 303 861 20 00
www.warwickdenver.com
Dieses kleine, aber feine Mittelklassehotel liegt einigermaßen zentral. Obwohl hier in der Mehrzahl Geschäftsleute verkehren, hat man auch ein Herz für Familien mit Kindern.

**❻ 11th Ave Hostel** €
1112 BRd.way
Tel. 1 303 894 05 29
www.11thAve.hotelandhostel.com
Schlichtes, aber gut geführtes Hostel gleich südlich vom Kunstmuseum.

**ESSEN**
**❶ Palace Arms** €€€€
321 17th St.
Tel. 1 303 297 31 11
www.brownpalace.com
So., Mo. geschl.
Das Restaurant im Brown Palace Hotel gehört zu den besten der Stadt. Franzö-

sische Küche kann man hier ebenso genießen wie »New American Cuisine« oder »Southwestern Cuisine«. Der Weinkeller sucht seinesgleichen.

**❷ Rootdown Denver** €€
1600 W. 33rd Ave.
Tel. 1 303 993 42 00
www.rootdowndenver.com
Kreative Bio-Küche in modernem Ambiente, lecker sind die Mais-Gnocchi mit Ricotta, Erbsen und Tomaten-Mascarpone-Creme.

**❹ Marlowe's** €€
501 16th St.
Tel. 1 303 595 37 00
www.malowesdenver.com
In einem hübsch restaurierten, als Baudenkmal geschützten Gebäude aus dem Jahre 1891 ist eines der bestbesuchten Speiselokale untergebracht. Sommers kann man auch draußen sitzen. Ausgezeichnet schmecken die »Colorado Rainbow Trout« (Forelle) das »Pork Tenderloin« (Schweinefilet) und die Fish'n'Chips.

**❸ Crêpes 'n' Crêpes** €
1512 Larimer St.
Tel. 1 303 332 61 24
www.crepesncrepes.com
Am Writer Square bekommt man süße und herzhafte Crêpes in allen Variationen und netter Atmosphäre.

ist die Stadt mit ihren vielen Hochschulen und Forschungsinstituten von zentraler Bedeutung.

Das Gebiet war ursprünglich von den Arapahoe-Indianern besiedelt, die ihr Eigentumsrecht 1851 seitens der US-Regierung durch den Vertrag von Fort Laramie verbrieft bekamen. Als jedoch am Cherry Creek Gold entdeckt wurde, kamen Goldsucher hierher und ignorierten diese Rechte. Nachdem sich die Goldfunde im Cherry Creek als wenig ergiebig entpuppten, wuchs die Stadt zunächst durch den

**Geschichte**

Zuzug von erfolglosen Goldsuchern aus Cripple Creek (►Colorado Springs). In den 1870er-Jahren verhalfen **Silberfunde** in den Bergen der Umgebung der Stadt Denver zu einigem Wohlstand. Zur gleichen Zeit wurde die boomende Stadt auch an das Eisenbahnnetz angeschlossen. Nachdem Colorado 1876 als 38. Bundesstaat in die Union aufgenommen wurde, war es selbstverständlich, dass Denver Hauptstadt und damit Sitz des Capitols wurde. In der Folgezeit entwickelte sich die Stadt zum prosperierenden Standort von Handel und Industrie sowie zu einem wichtigen Verkehrsknotenpunkt. Heute ist Denver das immer noch dynamisch wachsende und florierende Zentrum eines städtischen Großraums, in dem mittlerweile rund 2,6 Mio. Menschen leben.

### CIVIC CENTER PARK · CAPITOL HILL

**Grüne Lunge von Denver**

Als grüne und im Sommer angenehm schattige Lunge von Denver bietet sich der Civic Center Park dar. Um die in klassischer Manier angelegte und mit einigen Denkmälern dekorierte Grünfläche gruppieren sich die wichtigsten **Verwaltungs- und Amtsgebäude** des Bundesstaats Colorado und der Stadt Denver. Die große und sehr gepflegte Grünanlage wird im Westen vom City & County Building begrenzt und im Osten vom State Capitol mit seiner leuchtenden goldenen Kuppel. Vor einem Stadtrundgang kann man sich im **Visitor Informations Center** aktuelles Informationsmaterial über die Stadt besorgen. Dort erhält man auch einen kostenlosen aktuellen Stadtplan.

**\*Colorado State Capitol**

Weithin sichtbar ist das Capitol des Bundesstaates Colorado mit seiner 83 m hohen, mit Blattgold belegten **Kuppel**. Das riesige Gebäude wurde ab 1886 nach dem Vorbild des Capitols in Washington errichtet. Der Grundriss lehnt sich an ein griechisches Kreuz an, dessen Ausmaße enorm sind: 117 x 96 m. Das Capitol ist Sitz des Repräsentantenhauses und des Senats von Colorado, deren Sitzungssäle besichtigt werden können. Auch der Gouverneur von Colorado hat seinen Amtssitz im Capitol. Über eine repräsentative Prunktreppe kommt man ins erste Obergeschoss. In der Rotunde sieht man Fenster mit Glasbildern der **sechzehn wichtigsten Pioniere** Colorados. Zu ihnen gehören auch Kit Carson und James W. Denver. Auch der Indianerhäuptling Ouray ist abgebildet. Sehr eindrucksvoll ist eine Begehung der Kuppel. Von der Aussichtsgalerie bietet sich ein geradezu überwältigender Blick auf die Skyline von Denver und auf die »blaue Mauer« der Front Range. Übrigens: Wenn man die Stufen des Capitols von der Westseite aus hinaufgeht, kommt man an einer Stufe vorbei mit der Inschrift »One mile above sea level«.

❶ Mo. – Fr. 7.30 – 17.00 Uhr; Eintritt frei, Führungen n. V., Tel. 1 303 8 66 26 04; www.colorado.gov/capitoltour

Südöstlich vom Capitol kommt man zum 2012 neu eröffneten History Colorado Center, das dem Besucher in äußerst anschaulicher Weise die **Geschichte der Pionierzeit** vermittelt. Besondere Beachtung verdienen die mit viel Liebe zum Detail erstellten Dioramen, die das Leben im alten Westen zeigen.

**\*History Colorado Center**

❶ 1200 Broadway; Mo.–Sa. 10.00–17.00, So. 12.00–17.00 Uhr; Eintritt 12 $; www.historycoloradocenter.org

Am südwestlichen Rand des Civic Center Park lädt das Denver Art Museum zum Besuch ein. Die bereits 1893 gegründete **Kunstsammlung**, die zu den größten ihrer Art im amerikanischen Westen gehört, ist in einem architektonisch bemerkenswerten burgartigen Neubau untergebracht. Während die Gemäldesammlung europäischer Maler zwar repräsentativ, aber nicht sehr umfangreich ist, liegen die Stärken des Museums eindeutig in der umfassenden Darstellung verschiedenster Kulturen des amerikanischen, afrikanischen und asiatischen Kontinents. Durch eine sehr geschickte und großflächige Präsentation kann man aber vor allem einen einmaligen Überblick über das künstlerische Schaffen diverser Indianerstämme Nordamerikas erhalten.

**\*Denver Art Museum**

❶ 100 W. 14th Ave. Parkway; Di.–So. 10.00–17.00, Fr. bis 20.00 Uhr; Eintritt 10 $; www.denverartmuseum.org

Das Byers-Evans House, Musterbeispiel viktorianischer Architektur, ist 1883 errichtet worden. Im Visitor Center werden wechselnde Ausstellungen über Denver, Colorado und die Rocky Mountains gezeigt.

**Byers-Evans House**

❶ 1310 Bannock St.; Hausführungen Mo.–Sa. stdl. 10.30–15.30 Uhr; Eintritt 6 $; Ausstellungen Mo.–Sa. 10.00–16.00 Uhr; Eintritt frei; www.historycolorado.org

Die 1862 gegründete United States Mint ist neben Philadelphia und San Francisco die dritte **Münzprägeanstalt** der USA. Hier werden vom Cent-Stück bis zum Dollar alle Arten von Münzen geschlagen, pro Jahr mehr als 5 Mrd. Stück! Der Buchstabe »D« auf den US-Münzen weist auf den Prägeort Denver hin. In dem stark gesicherten Gebäude wird ein Teil der US-Goldvorräte gelagert.

**United States Mint**

❶ 320 W. Colfax Ave.; Eingang Cherokee St.; Führungen nach Voranmeldung (Online-Reservierung) Mo.–Do. 8.00–11.00 und 13.00–16.00 Uhr; Eintritt frei; www.usmint.gov/mint_tours

Das im Stil der Gründerzeit eingerichtete Molly Brown House ist nach einer Überlebenden der **Titanic-Katastrophe** (1912) benannt, der man das Musical »Unsinkable Molly Brown« widmete. Sie feierte in ihrem Haus rauschende Feste.

**Molly Brown House**

❶ 1340 Pennsylvania St.; Führungen Di.–Fr. 10.30–15.30, Sa. 10.00–15.00, So. 12.00–15.30, Juni–Aug. auch Mo. 10.30–12.30 Uhr alle 30 Min.; Eintritt 8 $; www.mollybrown.org

Der Denver Clan lässt grüßen: die Skyline von Lower Downtown.

**\*Lower Downtown, Wolkenkratzer** Die eigentliche Downtown, kurz »LoDo« genannt, erstreckt sich nordwestlich unterhalb des Capitols. Eigentümlicherweise verlaufen die Straßen hier im 45°-Winkel zum sonstigen nord-südlich ausgerichteten Straßensystem. Hauptachse von »LoDo« ist die zur Mall ausgebaute **16th Street**. Die Tour durch »LoDo« beginnt am Capitol. Nach wenigen Schritten gelangt man in die Straßenschluchten zwischen den neuzeitlichen bis postmodernen Wolkenkratzern. Östlich des Broadway liegt das Finanzzentrum der Stadt mit den höchsten Bürohochhäusern wie dem 210 m hohe United Bank Center, dem Republic Plaza, dem Denver Post Tower und dem Amoco Building. Einen Kontrast zu den gigantischen Glaspalästen bildet das gegenüber dem Mile High Plaza Building gelegene, altehrwürdige Brown Palace Hotel (321 17th St.). In dem bereits 1892 eröffneten Luxushotel logierten schon viele berühmte Persönlichkeiten. Zur Zeit von US-Präsident Eisenhower, der hier öfters abstieg, wurde das Hotel als **»Weißes Haus des Westens«** bezeichnet.

**\*16th Street Mall** Seit vielen Jahren bemüht man sich, mehr Leben ins Stadtzentrum zu bringen. Dazu gehört die Umgestaltung der 16th Street zur **Shopping Mall** und Fußgängerzone mit Blumenrabatten, Schatten spendenden Bäumen und vielen Bänken. Beiderseits der Straße reihen sich viele gute Geschäfte, Kaufhausfilialen, Souvenirshops und diverse Lokale aneinander und verleihen der Straße nahezu europäisches Flair.

Vorbei am D & F Tower (Ecke 16th St./Arapahoe St.), der dem Markusturm in Venedig nachempfunden ist, und am Tabor Shopping Center gelangt man in den **ältesten Teil der Stadt**. Zwischen 14th St. und 20th St. breitet sich der LoDo **Historic District** in Richtung Union Station aus. Viele ältere Bauten sind geschmackvoll renoviert worden. Biegt man in die Larimer Street nach Südwesten ab, kann man zunächst am **Writer Square** mit seinen hübsch restaurierten alten Gebäuden verweilen. Hier hat man versucht, traditionelle Bauformen des Südwestens wiederzubeleben. Ein besonders malerisches Ensemble ist der *Larimer Square zwischen 14th und 15th Street. An der Stelle, an der sich 1858 die ersten Siedler niederließen, kann man heute an **anspruchsvollen Geschäften** vorbeischlendern. Gaslaternen sorgen abends für eine nostalgische Atmosphäre und es gibt viele nette Lokale.

**D & F Tower, Tabor Center**

Das zweitgrößte **Kulturzentrum** der Vereinigten Staaten, das riesige Denver Center for the Performing Arts, hat insgesamt mehr als 9000 Sitzplätze. Die einzelnen Einrichtungen sind durch einen »Skyway« miteinander verbunden. Das Temple Hoyne Buell Theatre ist mit 2800 Sitzplätzen das größte der neun Theater. Hier werden in erster Linie Opern, Ballett und auch moderne Broadway-Musicals aufgeführt. In der **Boettcher Concert Hall** tritt in regelmäßigen Abständen das Colorado Symphony Orchestra auf. Hier ist keiner der 2630 Sitzplätze mehr als 23 m von der Bühne entfernt.
❶ Ecke 14th St./Curtis St.; Kartenverkauf im Bonfils Theater Komplex Mo. – Sa. 10.00 – 18.00 Uhr; www.denvercenter.org

***Denver Center for Performing Arts**

Am Westufer des Cherry Creek erstreckt sich der weitläufige Komplex des Auraria Campus mit zahlreichen modernen Hochschulbauten. Hier befindet sich auch der Sitz der 1864 gegründeten **University of Colorado**. Auf dem Gelände sind noch mehrere historische Bauten aus der Zeit zwischen 1874 und 1903 erhalten, die als 9th Street Historic Park (Ecke 9th St./Colfax Ave.) bekannt sind.

**Auraria Campus**

Im Platte River Valley bietet der Vergnügungs- und Wasserpark Elitch Gardens ein abwechslungsreiches Unterhaltungsprogramm für Jung und Alt. In hübschen Parkanlagen und Blumengärten kann man ausruhen.
❶ Elith Circle, Tel. 1 303 5 95 43 86; Mai – Okt. wechselnde Öffnungszeiten; Eintritt 47 $; www.elithgardens.com

**Elitch Gardens**

Nicht weit von hier finden Kinder ihren Spaß an naturwissenschaftlichen Experimenten von der Botanik bis zur Mechanik. Sie können

**Childrens's Museum**

hier auch Feuerwehr spielen und in einem Supermarkt für Kinder einkaufen.

❶ 2121 Children's Museum Dr.; Mo. – Fr. 9.00 – 16.00, Mi. bis 19.30, Sa., So. 10.00 – 17.00 Uhr; Eintritt 9 $; http://mychildsmuseum.org

**Downtown Aquarium**

Gleich in der Nähe kann man in einem Großaquarium viele Bewohner der Weltmeere aus nächster Nähe beobachten.

❶ 700 Water St.; So. – Do. 10.00 – 21.00, Fr., Sa. bis 21.30 Uhr; Eintritt 19 $; www.aquariumrestaurants.com

**Forney Transportation Museum**

Nördlich vom Zentrum finden Fans von **Automobil-Oldtimern** im Forney Transportation Museum ihr Paradies vor. Außer alten Autos sind hier auch Kutschen, Schlitten und sogar Dampfloks zu sehen.

❶ 4303 Brighton Blvd.; Mo. – Sa. 10.00 – 16.00 Uhr; Eintritt 8 $; www.forneymuseum.org

**\*Denver Zoo**

Der Zoo im City Park, der unter den Top Ten in den USA rangiert, hat sich der **artgerechten Tierhaltung** verschrieben.

❶ 2300 Steele St., Eingang an der 23rd Ave. zwischen York St. und Colorado Blvd.; März – Okt. tgl. 9.00 – 17.00, Nov. – Feb. tgl. 10.00 – 16.00 Uhr; Eintritt 17 $; www.denverzoo.org

**\*\*Denver Museum of Nature & Science**

Im Ostteil des City Park ist das Denver Museum of Natural History angesiedelt. Dieses **naturkundliche Museum** gehört zu den weltweit führenden Einrichtungen seiner Art. Neben beeindruckenden Dinosaurier-Skeletten sind hier die Überreste von Tieren der Eiszeit sowie eine umfangreiche Mineraliensammlung zu sehen. Auch diverse Artefakte prähistorischer Indianer sind ausgestellt. Angeschlossen sind das **Phipps IMAX-Theater** und das **Charles C. Gates Planetarium**. Die mit modernster Technik ausgestatteten Einrichtungen werden besonders gern von Familien mit Kindern besucht, kosten aber extra.

❶ 2001 Colorado Blvd.; tgl. 9.00 – 17.00 Uhr; Eintritt 13 $; www.dmns.org

**\*Botanic Gardens**

Schwerpunkte der Botanic Gardens mit großen Gewächshäusern bilden die **Gebirgsflora** und die Pflanzenwelt der Trockenräume. Unter Glas kann man im Winter mehrere Hundert tropische und subtropische Pflanzenarten studieren.

❶ 1007 York St.; Mitte Mai – Sept. tgl. 9.00 – 20.00, Okt. – Mitte Mai tgl. 9.00 – 17.00 Uhr; Eintritt 12,50 $; www.botanicgardens.org

**Pearce-McAllister Cottage**

Am Westrand des City Park steht das Pearce-McAllister Cottage, ein schönes, 1899 im **Dutch Colonial Revival Style** errichtetes Wohnhaus, dessen ursprüngliche Innenausstattung erhalten ist. Im Obergeschoss gibt es eine Puppen- und Spielzeugsammlung zu sehen.

❶ 1880 N. Gaylord St.; Mi. – Sa. 10.00 – 16.00, So. 13.00 – 16.00 Uhr; Eintritt 5 $; www.dmmdt.org

**Nur wenige Autominuten außerhalb von Denver grasen Bisons.**

Östlich des Colorado Boulevard kann man im Four Mile House His-toric Park eine komplett eingerichtete Postkutschenstation aus dem 19. Jh. sowie das **älteste Gebäude** der Stadt besichtigen. Das Block-haus wurde 1859 aus behauenen Kiefernstämmen auf einem ca. 5 ha großen Farmgelände errichtet.

**\*Four Mile House Historic Parc**

❶ 715 S. Forest St.; April – Sept. Mi. – Fr. 12.00 – 16.00, Sa., So. 10.00 – 16.00, Okt. – März Mi. – So. 12.00 – 16.00 Uhr; Eintritt 5 $; www.fourmilepark.org

## UMGEBUNG VON DENVER

Im westlichen Vorort Lakewood zeigt das Heritage Center im schi-cken Stadtteil Belmar, wie schwierig das Leben der ersten weißen Siedler im Wilden Westen gewesen ist. Die Sammlung des Museums umfasst u. a. über 30 000 historische Objekte.

**Heritage Center at Belmar Park**

❶ 801 S. Yarrow Blvd.; Di. – Sa. 10.00 – 16.00 Uhr; Eintritt frei, Tour 5 $; www.lakewood.org/heritagecenter

**\*Denver Mountain Parks** Bereits 1913 hat man in der landschaftlich reizvollen Bergwelt westlich von Denver den Genesee Park als ersten von inzwischen über 30 Mountain Parks ausgewiesen. Hier gibt es vielerlei **Sport- und Freizeitmöglichkeiten**, Bison- und Rotwildgehege und vieles mehr. Zu den Denver Mountain Parks gehört auch der 19 km/30 km westlich von Denver gelegene **Genesee Park**, ebenso der idyllische **Echo Lake**. Dieser Bergsee liegt auf dem Weg zum ca. 20 mi/32 km westlich von Denver aufragenden höchsten Berg von Colorado, dem **Mount Evans** (▶Golden). Darüber hinaus umfassen die Denver Mountain Parks neben dem **Daniels Park** südlich von Colorados Metropole sowie den **Red Rocks Park** mit seinen malerisch-bunten Felsbildungen südwestlich von Denver.

**Golden** ▶dort

**\*Denver International Airport** Der etwa 23 mi/37 km nordöstlich der Stadt gelegene Flughafen ist mit einer Fläche von 137 km² einer der **größten der Welt**. Er hat sechs Start- und Landebahnen und drei geräumige Abfertigungshallen mit insgesamt 100 Flugsteigen. Höchst imposant ist die Zeltdach-Konstruktion mit ihren weiß leuchtenden Spitzen über dem riesigen Empfangsgebäude.

❶ http://flydenver.com

## BOULDER UND UMGEBUNG

**Universitätsstadt** Eine knappe Autostunde westlich von Denver liegt die Hochschulstadt Boulder (1660 m ü. d. M.; 97 000 Einw.) vor der imposanten Mauer den Flatiron-Gebirges . Seit 1877 ist sie Standort der University of Colorado und Sitz renommierter Forschungsinstitute sowie zahlreicher Hightech-Unternehmen. Das angenehme Klima, ein landschaftlich reizvolles Umland sowie ein reges kulturelles Leben (u. a. Colorado Music Festival, Colorado Shakespeare Festival) sind die Pluspunkte dieser Stadt.

**\*Downtown** Im historischen Stadtzentrum, zwischen der 11th Street und der 15th Street gelegen, sind noch einige Bauten aus dem 19. Jh. erhalten. Die belebte, nur Fußgängern vorbehaltene **Flaniermeile** ist die Pearl Street Mall, an der sich Modeboutiquen, Bildergalerien und Fachgeschäfte, Restaurants und Straßencafés wie Perlen aneinander reihen.

**University of Colorado (C. U.)** Südlich des Stadtzentrums erstreckt sich der Campus der University of Colorado. Hier lädt das **C. U. Art Museum** zum Besuch ein. Es zeigt nicht nur Werke amerikanischer Künstler, sondern auch bedeutender europäischer Maler (u. a. Carracci, Jan Brueghel d. J.,

Goya). Im **C. U. Museum of Natural History** bekommt man Einblicke in die **Natur- und Kulturgeschichte** Colorados. Fossilien (u. a. Saurierknochen) gehören ebenso dazu wie Artefakte der altindianischen Anasazi.

**C. U. Art Museum:** Mo. – Fr. 10.00 – 17.00, Di. bis 19, Sa. 12.00 – 16.00 Uhr; Eintritt frei (5 $ Spende erwünscht); http://cuartmuseum.colorado.edu
**C. U. Museum of Natural History:** Mo. – Fr. 9.00 – 17.00, Sa. 9.00 – 16.00, So. 10.00 – 16.00 Uhr; Eintritt frei (3 $ Spende erwünscht); http://cumuseum.colorado.edu

Südlich der Universität kann man dem höchst informativen Visitor Center dieses renommierten Atmosphärenforschungsinstituts einen Besuch abstatten — **National Center for Atmospheric Research**
❶ 1850 Table Mesa Dr.; Mo. – Fr. 8.00 – 17.00, Sa., So. 9.00 – 16.00 Uhr; Eintritt frei; https://spark.ucar.edu

Südwestlich der Universität steht eine schmucke, Ende des 19. Jh.s erbaute Villa mit schönen Möbeln und Textilien aus der Gründerzeit. — **Boulder History Museum**
❶ Di. – Fr. 10.00 – 17.00, Sa., So. 12.00 – 16.00 Uhr; Eintritt 6 $; http://boulderhistory.org

Aus einem Canyon im Westen der Stadt bricht der Boulder Creek hervor. Dieses gelegentlich ziemlich reißende Gebirgsflüsschen durchmisst die ganze Stadt. Ein **Uferweg**, auf dem sich tagsüber Jogger, Inlineskater und Biker tummeln, verbindet die entlang des Flusses angelegten hübschen Parks und Grünflächen miteinander. Für Wildwasserfahrer ist eine Slalom-Übungsstrecke hergerichtet. — **Boulder Creek Path**

Hier wird zeitgenössische Western-Kunst gezeigt. Zu sehen sind über 200 Gemälde und rund 150 Skulpturen. — **Leanin' Tree Museum**
❶ 6055 Longbow Dr.; Mo. – Fr. 8.00 – 17.00, Sa., So. 10.00 – 17.00 Uhr; Eintritt frei; www.leanintreemuseum.com

Beliebte Ausflugsziele sind der landschaftlich reizvolle Eldorado Canyon südlich von Boulder sowie der Ward-Roosevelt National Forest und der Wintersportplatz Eldora westlich von Boulder. — **Ausflugsziele**

## FORT COLLINS UND UMGEBUNG

Die erst 1864 gegründete Stadt Fort Collins (1525 m ü. d. M.; 144 000 Einw.) liegt eine gute Autostunde nördlich von Denver im erdölreichen Vorland der Front Range. Der alte Stadtkern zwischen Mountain Avenue, College Avenue, Remington Street und Jefferson Street ist vor einigen Jahren hübsch restauriert worden. In den alten Ziegelbauten sind nette Geschäfte und Lokale eingerichtet. — **\*Old Town**

Das ***Fort Collins Museum of Discovery** besitzt eindrucksvolle Kollektionen, darunter ist u. a. die Kollektion **indianischer Kulturzeugnisse** zu nennen; im neuen Museum verbinden sich die Naturwissenschaften mit Geschichte und Kultur.

Das **Avery House** ist 1879 für einen Bankier erbaut worden. Es ist ein typisches Beispiel für die Architektur der viktorianischen Zeit. Das Interieur des späten 19. Jh.s ist noch bestens erhalten.

Auf der Mountain Avenue verkehrt die **Fort Collins Municipal Railway**, eine restaurierte alte Straßenbahn aus dem Jahre 1919. Mit ihr gelangt man in den City Park mit seinen zahlreichen Erholungsmöglichkeiten.

**BAEDEKER TIPP**

*Anheuser-Busch Brewery*

Amerikanische Braukunst wird in Fort Collins im Rahmen einer Führung (ca. 1 Std.) durch diese Großbrauerei (2351 Busch Dr.) demonstriert. Anschließend kann man die kräftigen Clydesdale-Kaltblüter anschauen, die als Gespanne schwere Bierkutschen ziehen. Brauereibesichtigung: tgl. 10.00 – 16.00 Uhr; Okt. u. Mai Di. u. Mi. geschl.; Eintritt frei; www.budweisertours.com

**Fort Collins Museum:** 408 Mason Court; Di. – So. 10.00 – 17.00 Uhr; Eintritt 9,50 $; www.fcmod.org
**Avery House:** 328 W. Mountain Ave.; Sa., So. 13.00 – 16.00 Uhr; Eintritt frei; www.poudrelandmarks.org
Fort Collins Municipal Railway: Mai – Sept. 12.00 – 17.00 Uhr; Ticket 2 $; www.fortnet.org/trolley

**\*Roosevelt National Forest**

Westlich von Fort Collins nimmt der Roosevelt National Forest mehr als 3000 km² der Front Range ein. In dem Waldgebiet sind elf verschiedene **Scenic Circle Drives** ausgewiesen. Sie erschließen so idyllische Plätze wie den Poudre Canyon, den Sleeping Elephant Rock, die Red Feather Lakes und den 3135 m hohen Cameron Pass (www.fs.usda.gov/arp).

**Big Thompson Canyon**

Von Loveland führt der US 34 durch den wildromantischen Big Thompson Canyon westwärts zum Loveland Mountain Park und weiter hinauf nach Estes Park bzw. in den ▶Rocky Mountain National Park.

## ** Dinosaur National Monument

Das Naturschutzgebiet Dinosaur National Monument liegt im äußersten Nordwesten von Colorado und reicht mit seinen Hauptsehenswürdigkeiten in den Nachbarstaat Utah hinein. Deshalb ist das Stichwort »Dinosaur National Monument« bei den Reisezielen in Utah zu finden (▶S. 536).

# Durango

Q 6

**Region:** South West
**Höhe:** 1988 m ü. d. M.
**Einwohnerzahl:** 18 000    **Telefonvorwahl:** 970

**Die ehemalige Eisenbahnersiedlung Durango eignet sich bestens als Stützpunkt für Ausflüge in die landschaftlich überaus reizvolle Hochgebirgswelt der San Juan Mountains sowie in den nur eine Autostunde weiter westlich gelegenen Mesa Verde National Park. In der näheren Umgebung sind inzwischen auch einige Wintersportgebiete erschlossen worden.**

Die im Jahre 1879 von der Denver & Rio Grande Railroad am Südfuß der San Juan Mountains gegründete Eisenbahnersiedlung Durango war eine wichtige Station im äußersten Südwesten Colorados an der Bahnstrecke von ►Denver über Antonito nach Silverton. Heute fährt von Durango nach Silverton eine Schmalspurbahn. Seinen wirtschaftlichen Wohlstand verdankt Durango seiner Funktion als **Sammelplatz jener Gold- und Silberschätze**, die man über viele Jahrzehnte in den umliegenden Bergen gefunden hat. Durango liegt heute am Schnittpunkt der beiden von Touristen stark frequentierten Highways US 160 und US 550.

**Knotenpunkt**

## SEHENSWERTES IN DURANGO UND UMGEBUNG

Das hübsch herausgeputzte Stadtzentrum mit seinen vielen Bauten aus dem 19. Jh. ist als National Historic District ausgewiesen. Hauptachse ist die **Main Avenue** mit Geschäften, Restaurants und Bars. Im **Animas Museum** erfährt man viel Interessantes über die lange und bewegte Geschichte Südwest-Colorados.
Ein weiteres Highlight ist das **Strater Hotel** am Bahnhof. Es wurde 1882 im viktorianischen Stil erbaut. Wildwest-Atmosphäre verspürt man im »Diamond Belle Saloon«. Wer gerne Theaterstücke aus der Zeit der Jahrhundertwende sieht, sollte das **Henry Strater Theatre** besuchen.
**Animas Museum:** Ecke 31st/W. 2nd Ave.; Mai–Okt. Mo.–Sa. 10.00–17.00, Nov.–April Di.–Sa. 10.00–16.00 Uhr; Eintritt 4 $; www.animasmuseum.org
**Henry Strater Theatre:** 699 Main Ave.; Tickets unter Tel. 1 970 3 75 71 60; www.henrystratertheatre.com

**\*National Historic District**

Ca. 50 mi/80 km nördlich von Durango liegt die 1874 gegründete **Silberbergbausiedlung** Silverton (2840 m ü. d. M.; 640 Einw.) in-

**\*Silverton**

## Durango erleben

### AUSKUNFT
**Durango Area Tourism Office**
802 Main Ave., Durango, CO 81301
Tel. 1 970 2 47 35 00
www.durango.org

### VERANSTALTUNG
**Durango Beer Week**
http://durangooktoberfest.com
Mitte September dreht sich alles um das
Thema Bier. Nirgendwo sonst auf der
Welt kommen so viele verschiedene Bier-
sorten in Ausschank wie in Durango – so
steht es jedenfalls im Guiness-Buch der
Rekorde.

### ESSEN
**Palace Restaurant** ©©©
505 Main Ave.
Tel. 1 970 2 47 20 18
www.palacedurango.com
Das beste Restaurant der Stadt findet
man am nostalgischen Bahnhof der Du-
rango & Silverton Narrow Gauge RailRd..
Täglich werden vorzügliche Fleisch- und
Fischgerichte ange- boten.

**Lady Falconburgh's Barley
Exchange** ©©
640 Main Ave.
Tel. 1 970 3 82 96 64
www.ladyfalconburgh.biz
Gemütliche Atmosphäre, gute Fischgerichte und fantastische Sandwiches. 100
verschiedene Biersorten stehen zur Wahl.

**Gazpacho Restaurant** ©©
431 E. 2nd Ave.
Tel. 1 970 259 94 94
http://restaurantsdurango.com/
Seit langem Durango´s To-Go-Restaurant
für solide mexikanische Küche. Große
Portionen, Nachbarschaftsatmosphäre.

### ÜBERNACHTEN
**General Palmer Hotel** ©©©
567 Main Ave
Tel. 1 970 2 47 47 47
http://generalpalmer.com
Die Zimmer und Suiten des 1898 erbauten Luxushotels sind mit viktorianischen
Walnussholz-Möbeln und Stofftapeten
ausgestattet. Das Frühstück ist inklusive.

**Durango Downtown Inn** ©©
800 Camino del Rio
Tel. 1 970 2 47 53 93
www.durangodowntowninn.com
Das Hotel mit komfortabel eingerichteten Zimmern verfügt über Sauna,
Fitnesscenter, einen großzügigen Innenpool und Jacuzzis.

**Durango Lodge** ©©
150 East 5th
Tel. 1 970 2 47 09 55
www.durangolodge.com
Freundliche und saubere Zimmer, einige
mit Balkon. Im Sommer können sich die
Gäste im Pool erfrischen. Gute Lage!

mitten der landschaftlich sehr reizvollen San Juan Mountains. Dieser
Teil der Rocky Mountains stammt aus der jüngsten Faltungsperiode
und weist höchst bizarre Oberflächenformen auf. Der Ort mit seinen
berühmten Silberminen blickt auf eine glanzvolle Vergangenheit zurück. Die letzte Silbermine hat ihren Betrieb 1991 eingestellt. Die
farbenfrohen Holzhäuser mit den Fassaden der Jahrhundertwende

machen den besonderen Reiz von Silverton aus. Den **Historic District** kann man zu Fuß erkunden. Von Ende Mai bis Anfang September werden spektakuläre **Gunfights** (Pistolenkämpfe) geboten.

Im ehemaligen Gefängnis kann man sich über die turbulente Geschichte der Stadt und des San Juan County informieren. Schwerpunkte der Ausstellung des **San Juan County Historical Society Museum** sind der Silberbergbau und der Eisenbahnbau.

Gunfights: Ende Mai – Anf. Sept. Do. – Sa. 17.30 Uhr

San Juan County Historical Society Museum: 405 Price St.; Juni – Mitte Okt., aktuelle Öffnungszeiten unter Tel. 1 970 9 87 58 38; Eintritt 7 $; www. silvertonhistoricsociety.org

In der Umgebung von Silverton gibt es viele verlassene **Silberminen** und Ghost Towns, die häufig nur mit geländegängigen Fahrzeugen erreicht werden können. Von Silverton aus kann man auch an organisierten **Ghost-Town-Touren** teilnehmen. Ca. 5 mi/8 km östlich von Silverton kommt man zur **Old Hundred Gold Mine**, in die man mit einer Grubenbahn einfahren kann.

❶ 721 Country Rd. 4A; Touren: Mitte Mai – Sept. 10.00 – 16.00 Uhr zu jeder vollen Stunde; Eintritt 18 $; www.minetour.com

**!** BAEDEKER TIPP

*Museumsbahn*

Den Höhepunkt eines Besuches in Durango stellt eine Fahrt mit der Museumsbahn Durango & Silverton Narrow Gauge Railroad durch das enge Kerbtal des Animas River dar. Die Züge starten von Mai bis Oktober zwei- bis viermal täglich und brauchen von Durango nach Silverton ca. 3 ½ Stunden. Eine Reservierung wird empfohlen. Die Fahrt führt durch eine eindrucksvolle Landschaft mit zahlreichen Schluchten und Wasserfällen inmitten einer idyllischen Bergwelt. Preis pro Erw. 83 $; Tickets unter www.durango train.com oder Tel. 1 970 2 47 27 33

Wer von Silverton auf dem Million Dollar Highway (US 550) weiterfährt, erreicht nach 23 mi/37 km den 1876 gegründeten Bergbauort *Ouray. Dessen **Historic District** steht unter Denkmalschutz. Die Geschichte der Stadt wird den Gästen vor allem im **Ouray County Museum** nahegebracht. Eine besondere Attraktion ist der im Norden des Städtchens am US 550 gelegene **Ouray Hot Springs Pool & Park**. Hier kann man in der Halle und im Freien in Thermalmineralwasser baden. Ouray gilt neben ▶Moab, Utah als **Jeep-Hauptstadt** des Südwestens. In der Umgebung können sich 4WD-Fahrer austoben.

Im Südwesten der Stadt findet man die **\*Box Canyon Falls**, die zu den schönsten Wasserfällen im amerikanischen Südwesten gehören.

**Ouray County Museum:** 420 6th Ave.; Mitte April – Mitte Mai Do. – Sa. 13.00 – 16.30, Mitte Mai – Sept. Mo. – Sa. 10.00 – 16.30, So. 12.00 – 16.30, Okt. – Mitte Nov. Do. – Sa. 10.00 – 16.30 Uhr; Eintritt 5 $; www.ouraycountyhistoricalsociety.org

**Ouray Hot Springs Pool & Park:** Sommer tgl. 10.00 – 22.00, Winter Mo. – Fr. 12.00 – 21.00, Sa., So. 11.00 – 21.00 Uhr; Eintritt 12 $; www.ouraycolorado.com

**Chimney Rock Anasazi Ruins**

Einige Meilen östlich von Durango passiert man die Chimney Rock Anasazi Ruins, die 2012 von Präsident Obama zum National Monument erklärt wurden. Es sind die am weitesten im Norden gelegenen **Bauzeugnisse der Chaco-Kultur**.

❶ Mitte Mai – Sept. tgl. 9.00 – 16.30, Führungen tgl. 9.30, 10.30, 13.00 u. 14.00 Uhr; Eintritt inkl. Fürhung 12 $; www.chimneyrockco.org

**Ute-Reservat**

Die Reservation der wohlhabenden Southern Ute gut 30 Minuten südöstlich von Durango ist nicht nur wegen des Casinos einen Stopp wert. Das moderne, ausgezeichnete **Southern Ute Cultural Center & Museum** gibt einen tollen Überblick über Geschichte und Kultur der Ute Nation im Südwesten der USA.

❶ 77 County Rd. 517/SR 172, Ignacio; Di. – Fr. 9.00 – 16.30, Sa. 10.00 – 16.00 Uhr; Eintritt 7 $; www.succm.org

**\*Pagosa Springs**

Der 60 mi/97 km östlich von Durango an der US 160 gelegene **Thermalkurort** Pagosa Springs (2166 m ü. d. M.; 1700 Einw.) wurde 1880 am San Juan River gegründet und ist umgeben vom San Juan National Forest. Der Name Pagosa Springs deutet auf die heißen Mineralquellen hin, die nicht nur zum Baden, sondern sogar zum Heizen der Häuser genutzt werden. Die Heilkraft der Thermen war schon den Indianern bekannt. Heute können Touristen in den Pagosa Hot Springs Resort & Spa baden. Auch in einigen Hotels wird das heilkräftige Wasser angeboten.

Im am US 160 gelegenen **Fred Harman Art Museum** kann man Zeichnungen des **Cartoonisten** Fred Harman anschauen, der als Schöpfer der Comic-Figuren Red Ryder und Little Beaver bekannt geworden ist.

Nordöstlich von Pagosa Springs führt der 3309 m hohe Wolf Creek Pass ins Tal des jungen Rio Grande hinüber. Hier oben ist seit einigen

Jahren die variantenreiche **Wolf Creek Ski Area** mit zahlreichen Skipisten unterschiedlichster Schwierigkeitsgrade angelegt (www.wolfcreekski.com).

**Springs Resort & Spa:** Mitte Juni – Aug. tgl. 7.00 – 1.00, Sept. – Mitte Juni tgl. 7.00 – 23.00; Eintritt 43 $; www.pagosahotsprings.com

**Fred Harman Art Museum:** Sommer Mo. – Sa. 10.30 – 17.00, So. 12.00 – 16.00, Winter Mo. – Fr. 10.30 – 17.00 Uhr; Eintritt 4 $; www.harmanartmuseum.com

# \* Golden

✦ S 4

**Region:** Denver
**Höhe:** 1729 m ü. d. M.
**Einwohnerzahl:** 19 000          **Telefonvorwahl:** 303

**Das am Fuß der Front Range gelegene Städtchen ist heute ein westlicher Vorort von ▶Denver, mit dem es lange Zeit in scharfer Konkurrenz stand. Als Versorgungsstation der Goldsucher fungierte der Ort sogar zeitweise als Hauptstadt des Colorado Territory, was am gut erhaltenen historischen Stadtkern zu erkennen ist.**

## SEHENSWERTES IN GOLDEN

Das gut erhaltene historische Stadtzentrum verläuft entlang der 12th Street bzw. westlich der Washington Avenue. Das 1876 fertig gestellte **Astor House Hotel** ist heute als Museum zugänglich. Es war seinerzeit das erste aus Stein erbaute Hotel westlich des Mississippi. An der Ecke 12th Street/Washington Street steht das 1861 erbaute **Territorial Capitol**, von dem aus Colorado bis 1867 regiert worden ist. Heute beherbergt es ein beliebtes Restaurant. Im **Golden History Center** wird anhand einer wachsenden Sammlung eindrucksvoll die Stadtgeschichte illustriert.   **\*Historic District**

**Astor House Hotel:** 822 12th St.; Mai – Okt. Di. – Sa. 10.00 – 16.30, So. ab 12.00 Uhr; Eintritt 3 $; www.goldenhistory.org

**Golden History Center:** Öffnungszeiten, Eintritt und Website wie Astor House Hotel; Kombitickets erhältlich

Golden ist seit 1874 Sitz der **Colorado School of Mines** (Ecke 19th St./Elm St.), die zu den besonders renommierten **Bergbauakademien** der Welt gehört. Auf dem Campus dieser Hochschule befindet sich auch das Geology Museum mit seinen umfangreichen geologisch-paläontologischen und mineralogischen Sammlungen. Die   **\*Geology Museum**

## Golden erleben

### AUSKUNFT
*Golden Visitor Center*
Washington Ave. & 10th St.
Tel. 1 303 2 79 31 13
www.goldenvisitorsbureau.com

### ÜBERNACHTEN
*Denver Marriott West* ❸❸❸
1717 Denver West Blvd.
Tel. 1 303 2 79 91 00
www.marriott.com
Geräumige , geschmackvoll eingerichtete Zimmer und Suiten, Innen- und Außenpool, Fitnesscenter, zwei Restaurants
und ein Café im Haus.

*Hampton Inn Denver-West* ❸❸
17150 West Colfax Ave.
Tel. 1 303 2 78 66 00
www.hamptoninn.com
Das Hotel bietet modern eingerichtete
Zimmer mit Whirlpool-Badewannen,
Flatscreen, HD-Fernseher. Pool und Fit-
nessraum sind vorhanden.

*Days Inn Denver West* ❸
15059 West Colfax Ave.
Tel. 1 303 2 77 02 00
www.daysinn.com
Freundliche Zimmer und freie Unterkunft
für Kinder unter 17 Jahren in Begleitung

von Erwachsenen. In der Anlage gibt es
zudem eine Sauna, einen Whirlpool und
Swimmingpool.

### ESSEN
*Blue Canyon
Bar & Grill* ❸
1224 Washington Ave.
Tel. 1 303 271 07 30
http://bluecanyongrill.com
Eine hemdsärmelige Tex-Mex-Kantine,
in der sich die Menschen von nebenan
treffen. Hier bekommt man hervorragende Tacos und riesige Burger auf den
Tisch.

*Table Mountain
Inn & Restaurant* ❸❸
1310 Washington Ave.
Tel. 1 303 2 16 80 40
www.tablemountaininn.com
Köstliche Gerichte aus dem Westen und
Südwesten Amerikas in mexikanischer
Atmosphäre.

*Ali Baba Grill* ❸
109 N. Rubey Drive F
Tel. 1 303 2 79 22 28
Libanesische und mediterrane Spezialitä-
ten wie würziges Lamm, Hummus und
Gyros.

meisten Fundstücke stammen aus der näheren Umgebung und vermitteln einen hervorragenden Einblick in die Erdgeschichte der Rocky Mountains.
❶ 1310 Maple St.; Mo. – Sa. 9.00 – 16.00, So. 13.00 – 16.00 Uhr; Eintritt frei;
www.mines.edu/Geology_Museum

**Coors
Brewery** Golden ist auch Standort der wohlbekannten Brauerei Coors, die
1873 von dem deutschen Einwanderer **Adolf Hermann Joseph
Coors** gegründet worden ist. Er war 21-jährig als blinder Passagier
in die Neue Welt gekommen. Die Brauerei, seit 2008 Teil des Brau-

Imperiums **MillerCoors**, kann im Rahmen einer Führung besichtigt werden. Anschließend können sich Besucher bei einer **Kostprobe** von der Qualität des Gerstensaftes überzeugen.

❶ Ecke 13th/Ford St.; kostenlose Führungen: Sept. – Mai Mo., Do. – Sa. 10.00 – 16.00, So. 12.00 – 16.00, Juni – Aug. Mo. – Sa. 10.00 – 16.00, So. 12.00 – 16.00 Uhr; www.millercoors.com

Das sehenswerte, außerhalb gelegene Eisenbahnmuseum ist 1958 gegründet worden. Auf dem großen Freigelände stehen über 50 betagte Lokomotiven und Waggons. In der Halle ist eine große **Modelleisenbahnanlage** aufgebaut, die nicht nur Kindern viel Freude bereitet. **\*Colorado Railroad Museum**

❶ 17155 W. 44th St.; tgl. 9.00 – 17.00 Uhr; Eintritt 10 $; www.coloradorailroadmuseum.org

In der künstlichen Westernstadt mit vielerlei Shopping-Möglichkeiten werden täglich Theater- und Musikvorführungen geboten. Nach einem Abendessen im Western-Stil bekommen die Gäste noch eine actionreiche Western Country Show vorgeführt. **Heritage Square**

❶ 18301 Colfax Ave.; tgl. 10.00 – 20.00 Uhr; www.heritagesquare.info

Das Freilichtmuseum zeigt das entbehrungsreiche Leben der Pioniere sowei deren Wohnhäuser. **Clear Creek History Park**

❶ 11th u. Arapahoe; Di. – Sa. 10.00 – 17.00, So. 12.00 – 16.00 Uhr; Eintritt 5 $; www.goldenhistory.org

## SEHENSWERTES IN DER UMGEBUNG

Jeder hat seinen Namen schon mal gehört: **Buffalo Bill**, der große Westernheld, ist im Lookout Mountain Park beerdigt. Mehr über sein Leben erfährt man im Buffalo Bill Memorial Museum. Von der Dachterrasse des Museums hat man einen tollen Blick auf ▶Denver. Gleich nebenan weidet eine Bisonherde im Gehege (Anfahrt über die Lookout Rd. ab CO 93 oder CO 40; Öffnungszeiten: tgl. 8.00 Uhr bis Sonenuntergang). **Lookout Mountain Park**

**Buffalo Bill Memorial Museum:** 987½ Lookout Mountain Rd.; Mai – Okt. tgl. 9.00 – 17.00, Nov. – April Di. – So. 9.00 – 16.00 Uhr; Eintritt 5 $; www.buffalobill.org

Westlich außerhalb von Golden, im Clear Creek Valley, zweigt der CO 119 vom US 6 ab und führt auf den Spuren der Goldsucher früherer Tage in die zerklüftete Front Range hinein. Nach 20 mi/32 km erreicht man die beiden alten **Goldgräbersiedlungen** Central City und Black Hawk. Am 6. Mai 1859 hat man am North Clear Creek das erste Gold im damaligen Colorado Territory gefunden. Das Gebiet **Clear Creek Valley**

**Die Phoenix Gold Mine ist immer noch in Betrieb.**

um den Gregory Gulch wurde als »the richest square mile on earth«
weltberühmt.

Seit 1991, als auch in Colorado eine neue Gesetzgebung das Glücksspiel ermöglichte, erlebt *Central City seinen **zweiten Goldrausch**.
Hinter bunten Fassaden sind Western-Saloons eingerichtet, in denen
ganze Batterien von »einarmigen Banditen« stehen. Im alten Schulhaus befindet sich das **Gilpin County Historical Society Museum**,
in dem das 19. Jh. wiederauflebt. Die Historical Society unterhält
auch das **Thomas House Museum**. In dem 1874 erbauten Haus scheint
scheint die Zeit stehen geblieben zu sein.

Gleich in der Nachbarschaft kann man das in viktorianischem Stil
erbaute **Central City Opera House** besuchen. Im Sommer treten
hier viele bekannte Sänger und Schauspieler auf. Das **Teller House**
(120 Eureka St.) wurde 1872 als Hotelbetrieb eröffnet. Heute wird es
von der Oper für Kurzauftritte und Proben genutzt.

**Gilpin County Historical Society Museum:** 228 E. 1st High St.; Mai – Aug.
tgl 11.00 – 16.00 Uhr; Eintritt 5 $; www.gilpinhistory.org

**Thomas House Museum:** 209 Eureka St.; Ende Mai – Aug. Fr. – So.
11.00 – 16.00 Uhr; Eintritt 8 $

**Central City Opera House:** 124 Eureka St.; Tickets unter Tel.
1 303 2 92 67 00 oder an der Ticketkasse (400 S. Colorado Blvd., Suite 530);
www.centralcityopera.org

Der historische Kern der Goldgräbersiedlung Idaho Springs (2293 m ü. d. M.; 1700 Einw.) ist gut erhalten und gehört mit seinen zumeist im viktorianischen Stil errichteten Bauten zu den National Historic Landmarks. In der Soda Creek Road findet man die heilkräftigen Thermalquellen, denen der Ort seinen Namen verdankt. Wer sich für den Goldbergbau interessiert, kann die in Familienbesitz befindliche **Phoenix Gold Mine** besuchen. Die **Edgar Mine** an der 8th Street wurde 1921 in Betrieb genommen. Sie steht heute unter der Regie der in Golden ansässigen Colorado School of Mines. Hier kann man sich mit neuesten Methoden und Techniken der Goldgewinnung vertraut machen.

**Idaho Springs**

**Argo Town** ist eine nachgebaute **Bergwerkssiedlung**, in der man sich in die Zeit des Goldrauschs zurückversetzt fühlt. Auf dem Gelände steht die denkmalgeschützte **Argo Gold Mill** von 1913. Von hier aus hat man Zugang zur **Argo Gold Mine**, dem **Argo Tunnel** und dem **Argo Museum**. Es zeigt die Entwicklung des Goldbergbaus in dieser Gegend auf. Im Juli finden die Gold Rush Days mit buntem Rahmenprogramm statt.

**Phoenix Gold Mine:** erreichbar via Stanley Rd. und Trail Creek Rd.; tgl. 10.00 – 16.00 Uhr; Eintritt inkl. Führung 15 $; www.phoenixgoldmine.com

**Edgar Mine:** Führungen n. V., Tel. 1 303 5 67 29 11; Preis 10 $; www.mines.edu/EdgarMine

**Argo Mill, Mine & Museum:** 2317 Riverside Dr.; im Sommer tgl. 9.00 – 18.00, letzte Tour um 16.30 Uhr, im Winter wetterbedingte Öffnungszeiten unter Tel. 1 303 5 67 24 21; Eintritt 16 $; www.historicargotours.com

Im Arapahoe National Forest, wo noch im vorigen Jahrhundert Ute- und Arapahoe-Indianer auf die Jagd gingen, entstand kurz nach der Wende zum 20. Jh. die Eisenbahner- und Holzfällersiedlung Winter Park. 1905 wurden die Schienen über den Rollins Pass gelegt, und 1928 erfolgte der Durchstich des Moffat-Eisenbahntunnels. 1940 brachte der erste Ski Train **Wintersportler** aus der nahen Großstadt Denver nach Winter Park. Damit wurde die Entwicklung des Ortes zur viel besuchten Wintersport-Destination eingeleitet. Pro Jahr zählt man über 1 Mio. skibegeisterte Gäste. Mittlerweile gibt es in Winter Park vier große und miteinander verbundene Skigebiete, die 2743 – 3676 m ü. d. M. liegen und von 20 Liften erschlossen werden (www.winterparkresort.com).

**\*Winter Park**

> **!** BAEDEKER TIPP
>
> *Mount Evans*
>
> Ein besonderes Erlebnis ist die Fahrt hinauf auf den 4348 m hohen Mount Evans südlich von Idaho Springs. Die 27 mi/43 km lange und höchste Bergstraße der Vereinigten Staaten windet sich über alle Vegetationsstufen hinauf bis zu einem knapp unter dem Gipfel angelegten Parkplatz. Vom Gipfel selbst bietet sich ein geradezu überwältigender Rundblick.

# * Grand Junction · Colorado National Monument

---

✧ P 4

**Region:** North West
**Höhe:** 1401 m ü. d. M.
**Einwohnerzahl:** 45 000          **Telefonvorwahl:** 970

---

**Grand Junction ist Zentrum eines landwirtschaftlich geprägten Umlands, in dem dank eines besonders milden Klimas nicht nur Feldfrüchte, sondern auch Obst (besonders Pfirsiche und Birnen) sowie Weintrauben kultiviert werden. Vor allem Abenteurer schätzen Grand Junction als hervorragenden Stützpunkt für Ausflüge in West-Colorado und Ost-Utah.**

**Paradies der Abenteuertouristen**

Ähnlich wie ▶Moab in Utah ist Grand Junction ein Brennpunkt des Abenteuertourismus. Von hier aus brechen gut trainierte **Mountainbiker** zu schweißtreibenden Unternehmungen auf. Weltberühmt ist der 136 mi/219 km lange Kokopelli's Trail, der von Grand Junction durch eine grandios-urtümliche Landschaft in südwestlicher Richtung nach Moab führt. **Wildwasserfahrer** starten von Grand Junction aus zu halsbrecherischen Unternehmungen auf dem Colorado und auf dem Gunnison River. Bergwanderer erkunden die wilde Landschaft der Grand Mesa, und **Extrem-Kletterer** versuchen sich an zahlreichen steilen Felswänden und Felskaminen in der Umgebung. Darüber hinaus schätzen Jeep-Piloten Grand Junction als Ausgangspunkt für nervenstrapazierende Ausflüge in wilde Canyons, auf hohe Mesas und in tiefe Wälder. Auskünfte zu allen Freiluft-Aktivitäten erhält man im Visitor Center am Horizon Drive (I-70, Exit 31).

## SEHENSWERTES IN GRAND JUNCTION UND UMGEBUNG

**Historic Residential District**

Entlang der North 7th Street erstreckt sich das restaurierte untere Stadtzentrum, das man am besten zu Fuß erkundet. Die meisten der hiesigen Bauten stammen noch aus dem 19. und frühen 20. Jahrhundert. Im **Museum of the West** wird der Besucher in die Natur- und Kulturgeschichte der Region eingeführt.

**Museum of the West:** 462 Ute Ave.; Mai – Sept. Di. – Sa. 9.00 – 17.00, Okt. – April Di. – Sa. 10.00 – 15.00 Uhr; Eintritt 6,50 $;
www.museumofwesternco.com

## Grand Junction erleben

### AUSKUNFT
**Grand Junction Visitor & Convention Bureau**
740 Horizon Drive
Grand Junction, CO 81506
Tel. 1 970 2 44 14 80
www.visitgrandjunction.com

### VERANSTALTUNG
**Weinfest**
Alljährlich im September findet das »Colorado Mountain WineFest« in Palisade bei Grand Junction statt (Eintritt 43 $). Aber auch sonst kann man die Weine der Region probieren, beispielsweise in der ältesten Kellerei Colorados, der Colorado Cellars Winery (www.colorado cellars.com), in den Carlson Vineyards (www.carlsonvineyards.com) oder den Grande River Vineyards (www.grande riverwineyards.com).

### ÜBERNACHTEN
**La Quinta Inn & Suites** ❸❸
2761 CrossRd.s Boulevard
Tel. 1 970 2 41 29 29, www.lq.com
Das Hotel bietet elegante Zimmer in der Nähe des Walker Field Airport. Für das Wohlbefinden der Gäste stehen ein gut ausgestattetes Fitnesscenter, eine Sonnenterrasse, Pool und Spa zur Verfügung.

**Ramada Inn Junction** ❸
752 Horizon Drive
Tel. 1 970 2 43 51 50
www.ramada.com
Ein Highlight dieses Hotels ist die schöne und großzügige Pool-Anlage. Die meisten der gemütlich eingerichteten Zimmer haben Balkon oder Terrasse.

### ESSEN
**The Winery Restaurant** ❸❸❸
642 Main St.
Tel. 1 970 2 42 41 00
www.winery-restaurant.com
Das Restaurant serviert fangfrischen Fisch und leckere Steaks. Holz, Backstein, Grünpflanzen und viel Glas sorgen für eine angenehme Atmosphäre.

**Blue Moon Bar & Grill** ❸❸
120 N 7th St.
Tel. 1 970 2 42 45 06
www.bluemoongj.com
So. geschl.
Muntere Atmosphäre und leckere amerikanische Küche.

---

Am östlichen Stadtrand ist eine alte Farm als Freilichtmuseum zugänglich. Hier wird gezeigt, wie hier im frühen 20. Jh. **Landwirtschaft und Obstbau** betrieben worden ist.
❶ 3079 F Rd., Tel. 1 970 4 34 98 14; Mai – Okt. Do. – Sa. 9.00 – 16.00 Uhr; Eintritt 4 $; www.museumofwesternco.com

**Cross Orchards Historic Farm**

Bei Fruita sind zahlreiche Fossilienfunde aus der Region zu bestaunen, darunter natürlich auch die **Skelette mehrerer Saurierarten**. Besonders eindrucksvoll sind die im Maßstab 1 : 2 nachgebildeten Dinosaurier, die sich sogar bewegen und röhrende Laute von sich geben können, sowie ein kleiner Steinbruch, in dem Kinder echte Dino-Knochen freilegen können.

**\*Dinosaur Journey**

❶ Fruita, 550 Jurassic Court; Okt. – April Mo. – Sa. 10.00 – 16.00, So. ab 12.00, Mai – Sept. tgl. 9.00 – 17.00 Uhr; Eintritt 8,50 $; www.museumofwesternco.com

**Dinosaurier-Fundorte**

In der Umgebung von Grand Junction gibt es etliche sogenannte Dinosaur Quarries, d. h. Steinbrüche, in denen man versteinerte Überreste dieser urzeitlichen Tiere finden kann. Auf dem **Riggs Hill** (Ecke South Broadway/Meadows Way) im Westen der Stadt kann man den Fundort eines Brachiosaurus inspizieren.

Knapp 2 mi/3 km südlich von Fruita kommt man zum **Dinosaur Hill** (am CO 340). Hier hat man im Oberen Jura Überreste eines 20 m langen Diplodocus entdeckt. Von dieser Stelle hat man auch einen guten Blick auf das Colorado National Monument (s. unten).

Im **Rabbit Valley**, ca. 30 mi/48 km weiter westlich am I-70 bzw. an der Grenze zu Utah führt ein knapp 2 mi/3 km langer Trail in die Erdgeschichte. In diesem Steinbruch werden auch gegenwärtig noch Fossilien von Sauriern und anderen Lebewesen des Erdmittelalters geborgen.

**\*Colorado National Monument**

Das Colorado National Monument, ein 83 km² großes Naturschutzgebiet, ist durch seine großartigen **Felsformationen** bekannt geworden. Hierbei handelt es sich um ein Plateau, das von etlichen Canyons durchzogen ist. Wetter, Wind und Wasser haben bizarre Erosionsformen entstehen lassen, die man am bequemsten bei einer Fahrt über die 23 mi/ 37 km langen Rim Rock Drive kennenlernt. Unterwegs bieten sich unvergessliche Ausblicke auf rot leuchtende Felswände und turmhohe Monolithen. Wer sich zu längeren Wanderungen durch diese grandiose Landschaft entschließt, kann neben eindrucksvollen Felsbildungen auch versteinerte Saurierspuren bzw. -fossilien entdecken. An manchen Stellen sind noch Petroglyphen der Fremont-Indianer erhalten. Am Westeingang des Naturschutzgebietes erwartet das **Saddlehorn Visitor Center** neugierige Besucher. Hier erfährt man alles Wesentliche über die **Entstehung** dieser Landschaft und kann sich zu diversen von Parkrangern geführten Unternehmungen anmelden.

❶ Monument rund um die Uhr geöffnet; Eintritt 10 $ pro Fahrzeug, Fußgänger 5 $; www.nps.gov/colm

**\*Grand Mesa**

Östlich von Grand Junction erhebt sich die Grand Mesa als riesiger waldbestandener Tafelberg (Grand Mesa National Forest). Hier oben laden zahlreiche kleinere und größere Seen (u. a. das Vega Reservoir) zum **Baden** ein. Als landschaftlich besonders reizvolle Strecke führt der CO 65 vom I-70 südwärts hinauf auf die Grand Mesa bzw. zu den Grand Mesa Lakes. Wer die noch ziemlich urwüchsige Landschaft genauer erkunden will, kann dies mit einem Jeep, einem Mountainbike oder auch zu Fuß tun (www.fs.usda.gov/gmug).

Wintersportler kommen von Mitte Dezember bis Ende März im Powderhorn Mountain Resort auf ihre Kosten. Das Skigebiet liegt nur 20 mi/32 km östlich von Grand Junction.

**Powderhorn Mountain Resort**

# ✳ Great Sand Dunes National Park & Preserve

S 6

**Region:** South Central
**Höhe:** ca. 2500 m ü. d. M.

**In den letzten 15 000 Jahren hat der Wind gewaltige Mengen Sand aus dem trockenen San Luis Valley an den Westfuß der bis zu 4000 m ü. d. M. aufragenden Sangre de Cristo Mountains verfrachtet. Im Laufe der Zeit entstanden jene gewaltigen Sanddünen, die seit einiger Zeit als Great Sand Dunes National Park & Preserve unter Naturschutz stehen.**

Das Naturschutzgebiet ist das ganze Jahr über zugänglich. Das Visitor Center liegt am Südeingang.

**Zugang**

**Visitor Center:** im Sommer tgl. 8.30 – 18.00, im Herbst u. Frühling tgl. 9.00 – 17.00, im Winter tgl. 9.00 – 16.30 Uhr

## Great Sand Dunes erleben

### AUSKUNFT
**Great Sand Dunes National Park & Preserve**
11999 Highway 150, Mosca, CO 81146
Tel. 1 71 93 78 63 99, www.nps.gov/grsa
Eintritt für 7 Tage 3 $

### ÜBERNACHTEN
**Hi Express Hotel & Suites Alamosa** ⊕⊕
3418 Mariposa, Alamosa
Tel. 1 71 95 89 40 26, www.hiexpress.com
Sehr komfortable Zimmer, großzügiger Innenpool, Sauna, Whirlpool und Fitnesscenter.

**Ramada Almosa** ⊕
333 Sante Fe Drive, Alamosa
Tel. 1 71 95 89 58 33
www.ramada.com
Die Zimmer sind geschmackvoll eingerichtet. Das große Plus ist ein Schwimmbad im Hotel mit Riesenrutsche und Spielbereich für Kinder.

### ESSEN
**Calvillo's** ⊕⊕
400 Main St., Alamosa
Tel. 1 71 95 87 55 00
Hier gibt es gute mexikanische Küche und ein reichhaltiges Buffet.

**Entstehungs-geschichte**

Der Sand der Dünen stammt ursprünglich aus den westlich des San Luis Valley aufragenden San Juan Mountains und wurde vom Rio Grande und seinen Nebenflüssen ins San Luis Valley geschwemmt. Immer, wenn sich die Fluss- und Bachläufe durch starkes Mäandrieren verlegten, blieben Sandbänke zurück, die anschließend vom Wind weggeweht werden konnten.

Das Dünenfeld der Great Sand Dunes bedeckt gegenwärtig eine Fläche von **142 km²**. Einzelne Dünen sind über 200 m hoch und gehören damit zu den größten in ganz Nordamerika. Wegen des hohen Grundwasserstands und der relativ hohen Luftfeuchtigkeit am Hochgebirgsrand ist der Sand ebenfalls ziemlich feucht und daher schwer. Deswegen wandern die Dünen kaum noch.

\* **DÜNENWANDERUNGEN**

Von mehreren Stellen aus besteht die Möglichkeit zu Dünenwanderungen auf eigene Faust. Man sollte aber bedenken, dass man in den Dünen leicht die Orientierung verlieren kann! Schon im Frühling kann es sehr heiß werden. Zur Zeit der Schneeschmelze führen die beiden am Ostrand des Dünenfeldes mäandrierenden Bäche Medano Creek und Mosca Creek ziemlich viel Wasser. Den wohl spektakulärsten Blick auf die Dünen hat man vom **Medano Pass**. Von Mai bis

**Die Sanddünen sind ständig in Bewegung.**

Oktober werden ab Mosca (Great Sand Dunes Oasis) Geländewagentouren angeboten, die auf den Pass hinaufführen.

## SEHENSWERTES IN DER UMGEBUNG

Das ca. 130 km lange und bis zu 80 km breite San Luis Valley, das sich in nord-südlicher Richtung erstreckt, ist vor einigen Millionen Jahren entstanden. Es liegt im Schnitt 2000 m ü. d. M. und ist deswegen eines der **größten alpinen Hochtäler** der Erde. Bereits 1708 wurde es von Juan de Ulaterri für

Spanien in Besitz genommen. Zebulon Pike, der Erforscher Colorados, kam 1806 über den Mosca Pass in das San Luis Valley und wurde von den Spaniern festgenommen. 1848 führte John Fremont eine Expedition an, die jedoch wegen extrem schlechter Witterungsbedingungen misslang. Fremont galt seither als verschollen.

26 mi/42 km östlich von Alamosa liegt die Ortschaft Fort Garland. Das am CO 159 gelegene und 1858 im Adobe-Stil errichtete Fort ist als **Museum** zugänglich. Es sollte die Siedler im San Luis Valley vor Übergriffen der Indianer schützen. 1866 hatte Kit Carson (▶Berühmte Persönlichkeiten) hier sein letztes Kommando inne. 1883 wurde das Fort aufgelöst. **Fort Garland**

🛈 29477 Hwy 159; April–Okt. tgl. 9.00–17.00, Nov–März Do.–Mo. 10.00–16.00 Uhr; Eintritt 5 $

Nahe der Grenze zu New Mexiko verdient die **Our Lady of Guadelupe Church** in Antonito Beachtung. Sie wurde in kolonialspanischer Zeit errichtet und ist eines der **ältesten Gotteshäuser** Colorados. **Antonito**

An der Einmündung des CO 17 in den US 285 starten **Oldtimerzüge** der *Cumbres & Toltec Scenic Railway zu Ausflügen in die grandiose Hochgebirgswelt der San Juan Montains bzw. in den Rio Grande National Forest. Die Schmalspurbahn ist in den 1880er-Jahren gebaut worden. Sie führt über den 3054 m hohen Cumbres Pass hinüber in das bereits in New Mexico gelegene Städtchen Chama.

**Cumbres & Toltec Scenic Railway:** Ende Mai–Mitte Okt. tgl. 10.00–17.30 Uhr; Ticket ab 89 $: www.cumbrestoltec.com

# ✳ **Gunnison · Black Canyon of the Gunnison N. P.**

✦ **Q/R 5**

**Region:** South West
**Höhe:** 2348 m ü. d. M.
**Einwohnerzahl:** 5900

**Telefonvorwahl:** 970

**Die Stadt Gunnison, der Gunnison National Forest und der Nationalpark bieten zahlreiche Möglichkeiten vor allem für Sportbegeisterte. Man kann hier Ski laufen, angeln, Mountainbike fahren oder dem Wassersport frönen.**

## AUSFLUGSZIELE IN GUNNISON UND UMGEBUNG

**Gunnison Pioneer Museum**
Im Gunnison Pioneer Museum fühlt man sich wahrlich noch wie in der Pionierzeit. Besondere Aufmerksamkeit verdienen das alte Schulhaus von 1905, ein altes Postamt sowie eine Schmalspurbahn.
❶ Ende Mai – Ende Sept. tgl. 9.00 – 17.00 Uhr; Eintritt 10 $;
www.gunnisonpioneermuseum.com

**✳Gunnison National Forest**
Der über 6700 km² große Gunnison National Forest (www.fs.usda.gov/recarea/gmug) eignet sich für sportliche Aktivitäten aller Art, z. B. Wandern oder Jagen. Besonders schön ist es am **Taylor Park Reservoir** nordöstlich oberhalb der Stadt Gunnison. Eine Schotterpiste führt von Taylor Park Reservoir südwärts hinauf in die ehemalige **Bergarbeitersiedlung** Tincup, die sich heute als Ghost Town darbietet. Danach kommt man in die großartige Hochgebirgswelt am 3719 m hohen **Cumberland Pass**. Schließlich geht es hinunter in das tiefe Kerbtal des Quartz Creek und zurück nach Gunnison (Hinweis: Im Visitor Center bekommt man eine Ausflugskarte mit deren Hilfe man im Sommer über ein Dutzend Ghost Towns in der Umgebung aufsuchen kann).

**✳Crested Butte**
28 mi/45 km nördlich von Gunnison liegt das ehemalige Bergarbeiterstädtchen Crested Butte (2708 m ü. d. M.; 1500 Einw.) im Hochgebirge. Hier oben hat man im 19. Jh. nach Gold und Silber gesucht. Viel Geld wurde auch mit dem **Abbau von Steinkohle** verdient. Der Bergbau kam jedoch schon wenige Jahre nach dem Zweiten Weltkrieg zum Erliegen. In den 1960er-Jahren wurde der Crested Butte Mountain für den **alpinen Skisport** erschlossen. Einige Jahre später entschloss man sich, den alten viktorianischen Stadtkern zu restau-

## Gunnison erleben

### AUSKUNFT
**Black Canyon of the Gunnison Park Headquarters**
102 Elk Creek, Gunnison, CO 81230
Tel. 1 970 641 23 37, www.nps.gov/blca

### EVENT
Mitte Juli ist Gunnison Schauplatz der Cattlemen's Days. Besonders beliebt sind die Rodeos.

### ÜBERNACHTEN
**Water Wheel Inn** ⊜⊜
37478 W. Highway 50
Gunnison, CO
Tel. 1 970 641 16 50
www.waterwheelinnatgunnison.com
Älteres Hotel in schöner, ruhiger Landschaft, neben einem Golfplatz gelegen. Saubere, komfortable Zimmer. Das gute Restaurant »The Through« ist in der Nähe.

**Best Western Red Arrow** ⊜
1702 E. Main St., Montrose, CO
Tel. 1 970 249 96 41
www.bestwesterncolorado.com
Gemütliches, hell eingerichtetes Hotel in den westlichen Ausläufern der Rocky Mountains. Schöner Entspannungsbereich mit Jacuzzi und großem Pool.

### ESSEN
**Garlic Mike´s Italian Cuisine** ⊜⊜
2674 Colorado 135; Tel. 1 970 6 41 24 93
http://garlicmikes.com
Seit Jahren eine lokale Institution: Der beste Italiener weit und breit serviert unwiderstehliche Bistecca und Pollo!

**Daily Bread and Bakery Cafe** ⊜
346 E. Main St., Montrose
Tel. 1 970 249 84 44
Pizza, Quiche, Sandwiches und auch Suppen zum Lunch und Breakfast.

---

rieren. Heute bietet Crested Butte sportlich ambitionierten Gästen die besten Ski- und Mountainbike-Pisten weit und breit. Inzwischen gibt es sogar eine **Mountain Bike Hall of Fame**. Jedes Jahr im Juni findet die »Fat Tire Bike Week« statt, die Hunderte von Mountainbikefans anlockt (www.ftbw.com). Knapp 10 mi/16 km weiter nördlich kann man das **Rocky Mountain Biology Lab** besuchen, das zu den besonders renommierten Instituten seiner Art in den USA gehört. Ein Besucherzentrum wird gerade erbaut. Es soll 2013 eröffnet werden (www.rmbl.org).

**Mountain Bike Hall of Fame:** 331 Elk Ave.; Sommer tgl. 10.00 – 20.00, Winter tgl. 12.00 – 18.00 Uhr; Eintritt 3 $; http://mtnbikehalloffame.com

**Blue Mesa Reservoir**

Westlich unterhalb von Gunnison erfüllt das Blue Mesa Reservoir als **größter Stausee** des Bundesstaats Colorado das Tal des Gunnison River. Er hat eine Uferlänge von 155 km. An seinen Ufern ist die **Curecanti National Recreation Area** ausgewiesen. Hier kann man alle Arten von Wassersport treiben, campen oder sich einfach nur erholen.

**Visitor Center:** Tel. 1 641 23 37; Winter Mi. – So. 8.00 – 16.00, Frühling tgl. 8.30 – 16.00, Sommer tgl. 8.00 – 18.00 Uhr; www.nps.gov/cure

**Indian Summer am Gunnison River**

**\*\*Black Canyon of the Gunnison National Park**

Weiter talabwärts erreicht man den als Nationalpark ausgewiesenen Black Canyon of the Gunnison. Bereits ab 1909 wurde der Gunnison River in seinem Oberlauf zur **künstlichen Bewässerung** genutzt. 1933 stellte US-Präsident Hoover den Canyon unter Naturschutz. Die höchst imposante, insgesamt rund 80 km lange Schlucht hat der einstmals reißende Fluss in das durchschnittlich 2500 m ü. d. M. gelegene Uncompahgre Plateau gefräst. Der Gunnison River durchsägt schließlich eine aus dunklem Granit bestehende Kette der Rocky Mountains. Das dadurch zum Vorschein kommende Urgestein stammt aus dem Präkambrium und ist 1,7 Mrd. Jahre alt. Der 20 km lange Westabschnitt ist besonders spektakulär. Mehrere Stichstraßen führen zu Aussichtspunkten, von denen man in die bis zu 700 m tiefe Schlucht blicken kann. An ihrer engsten Stelle ist sie in Höhe der Abbruchkante nur 335 m breit, in Wasserspiegelhöhe sind es sogar nur 13 m.

**Visitor Center:** Sommer 8.00 – 18.00, sonst 8.30 – 16.00 Uhr; Eintritt 15 $ pro Pkw; www.nps.gov/blca

**\*Ute Indian Museum**

Südlich von Montrose liegt am US 550 das Ute Indian Museum mit dem Ouray Memorial Park. Hier wird gezeigt, wie die Ute-Indianer um die Jahrhundertwende gelebt haben. Auch an **Chief Ouray**, den letzten berühmten Häuptling der Ute-Indianer, und seine Frau Chipeta wird erinnert.

❶ 17253 Chipeta Rd.; Jan. – Juni Di. – Sa. 9.00 – 16.00, Juli – Okt. Mo. – Sa. 9.00 – 16.30, So. ab 11, Nov., Dez. Mo. – Sa. 9.00 – 16.30 Uhr; Eintritt 4,50 $; www.historycolorado.org

# Leadville

**R 4**

**Region:** South Central
**Höhe:** 3094 m ü.d.M.
**Einwohnerzahl:** 2700          **Telefonvorwahl:** 719

**Der alte Bergbauort Leadville, der heute zu den bekannten Skiorten Colorados gehört, liegt hoch in den Rocky Mountains im Quellgebiet des Arkansas River.**

In den 1860er-Jahren kamen mehrere tausend Menschen in diese unwirtliche Gegend, um mit wechselhaftem Erfolg nach Gold und Silber zu suchen. Leadville entwickelte sich zum verruchten Sündenpfuhl des Gold- und Silberrausches, in dem viele Leute zu Millionären wurden, viele ihr Glück aber auch in kürzester Zeit wieder verspielten. Wie andere Bergbauorte in den Rocky Mountains auch, erlebte Leadville nach dem Zerfall der Edelmetallpreise einen herben Niedergang und wurde fast zur Ghost Town. Nur noch ganz wenige Minen blieben in Betrieb. Die zweite Blütezeit des knapp unter der Baumgrenze gelegenen Städtchens kündigte sich bereits in den frühen 1950er-Jahren an, als Wintersportler die im Winter **schneereiche Landschaft** entdeckten. Leadville wurde nun für die Touristen herausgeputzt. Heute bietet es sich als wirklich schmuckes Städtchen dar, in dem mittlerweile das ganze Jahr über der Fremdenverkehr floriert.

*Ein Sündenpfuhl*

## SEHENSWERTES IN LEADVILLE

Wie es im 19. Jh. in Leadville zugegangen ist, kann man im Dexter Cabin State Historical Museum gut nachvollziehen. Das 1878 im viktorianischen Stil erbaute Healey House diente jahrzehntelang als Hotel. Vor einiger Zeit hat man es im **Stil der Jahrhundertwende** restauriert. Vor dem ehemaligen Hotel, das schon manch rauschende Festlichkeit erlebt hat, steht die ärmliche Holzhütte eines Goldgräbers mit nur zwei Wohnräumen.

*\*Healey House & Dexter Cabin*

❶ 912 Harrison Ave.; Ende Mai – Anf. Okt. tgl. 10.00 – 16.30 Uhr; Eintritt 6 $; www.historycolorado.org

Das im Jahr 1879 auf Veranlassung des wohlhabenden Minenbesitzers Horace A. W. Tabor erbaute Tabor Opera House ist heute ebenfalls als museale Einrichtung zugänglich. Hübsche alte Bühnenbilder und auch die mit sehr viel Liebe zum Detail hergerichteten Umkleideräume lassen noch ein wenig von der vergangenen Pracht erahnen.

*Tabor Opera House*

## Leadville erleben

**Leadville/Lake County Chamber of Commerce**
809 Harrison Ave., P. O. Box 861
Leadville, CO 80461
Tel. 1719 486 39 00
www.leadvilleusa.com

ÜBERNACHTEN ⊛⊛
**Delaware Hotel**
700 Harrison Ave.
Tel. 1719 486 14 18
www.delawarehotel.com
Das 1886 erbaute Hotel besitzt 36 Zimmer und Suiten. Die antiken Möbel in den liebevoll im viktorianischen Stil eingerichteten Räumen schaffen eine romantische Atmosphäre.

**Ice Palace Inn Bed & Breakfast** ⊛⊛
813 Spruce St.
Tel. 1719 486 82 72
www.icepalaceinn.com
In diesem Bed & Breakfast geht es recht gemütlich zu. Hier kann man in romantischen Himmelbetten träumen und ein wahres Gourmet-Frühstück genießen.

ESSEN
**Tennessee Pass Cookhouse** ⊛⊛⊛⊛
Tel. 1719 486 81 14
www.tennesseepass.com/the-cookhouse
geöffnet Nov. – Mitte April u.
Ende Juni – Ende Sept.
Um zum Cookhouse zu gelangen, muss man eine Meile zu Fuß, mit dem Fahrrad oder mit dem Jeep durch den Wald auf sich nehmen. Dafür wird man mit einer grandiosen Aussicht und einem Vier-Gänge-Gourmet-Menü belohnt, für das man sich vorher anmelden muss.

**The Golden Burro Café** ⊛⊛
710 Harrison Ave.
Tel. 1719 486 12 39
www.goldenburro.com
Seit 1938 wird den Gästen hier gute amerikanische Küche und ausgezeichnetes Frühstück mit Blick auf die Berge serviert.

Daneben steht das **Tabor Home**, das Wohnhaus des Minenbesitzers und Opernfinanziers. Es ist im Stil der Jahrhundertwende restauriert.
**Opera House:** 308 Harrison Ave.; Sommer Mo. – Sa. 10.00 – 17.00 Uhr; Eintritt inkl. Führung 5 $; www.taboroperahouse.net

**Leadville Heritage Museum**
Das Leadville Heritage Museum befasst sich ziemlich ausführlich mit der Geschichte des Gold- und Silberbergbaus im Raum Leadville. Ferner sind hier Wechselausstellungen amerikanischer Künstler zu sehen.
❶ 102 E. 9th St.; Sommer tgl. 10.00 – 18.00, Winter Sa., So. 12.00 – 16.00 Uhr; Eintritt 6 $

**\*National Mining Hall of Fame**
Die National Mining Hall of Fame ist in einem alten Schulgebäude im Westen der Stadt untergebracht. In sehr anschaulicher Weise werden dem Besucher nicht nur die **Geschichte des Goldbergbaus**, sondern auch die Entwicklung der **Bergbautechnologie** erläutert.

Die Ausstellung befasst sich darüber hinaus auch mit der Ausbeutung anderer Rohstofflagerstätten, beispielsweise mit den Kohlevorkommen.

❶ 120 W. 9th St.; Sommer tgl. 9.00 – 17.00, Winter tgl. 11.00 – 18.00 Uhr; Eintritt 7 $; www.mininghalloffame.org

## SEHENSWERTES IN DER UMGEBUNG

Im Sommer fahren **Museumszüge** der Leadville, Colorado & Southern Railroad vom alten Depot (326 E. 7th St) 23 mi/37 km bergauf in die grandiose Hochgebirgslandschaft von Climax, wo die Quellbäche des Arkansas River entspringen. **\*Leadville, Colorado & Southern Railroad**

❶ Abfahrten Ende Mai – Mitte Juni tgl. 13.00, Mitte Juni – Mitte Aug. tgl. 10.00 u. 14.00, Mitte Aug. – Anf. Okt. Mo. – Fr. 10.00 – 13.00, Sa., So. 10.00 u. 14.00 Uhr; Ticket 35 $; www.leadville-train.com

Südwestlich von Leadville erheben sich der 4395 m hohe **Mount Massive** und der 4399 m hohe Mount Elbert als **höchster Gebirgsstock** Colorados. Beide Gipfel können von erfahrenen Bergwanderern ohne größere Mühen bestiegen werden. Am Südfuß des Mount Elbert locken die schön gelegenen Twin Lakes Erholungssuchende, Angler oder Wassersportler an. **\*Mount Elbert, Twin Lakes**

Nördlich oberhalb von Leadville, am 3177 m hohen Tennessee Pass, haben während des Zweiten Weltkriegs schon Gebirgsjäger der US-Armee für ihre Einsätze in Europa trainiert. Heute ist hier oben ein **attraktives Skigebiet** mit dem Namen »Ski Cooper« erschlossen, das für seine lange Schneesicherheit bekannt ist. Außerdem kann man von hier oben einen fantastischen Blick über das »Summit Country« genießen. **\*Ski Cooper**

❶ aktuelle Infos: Tel. 1 486 22 77; www.skicooper.com

Von Leadville über Salida bis ▶Pueblo, also auf einer Länge von rund 150 mi/240 km, ist der Oberlauf des Arkansas River als **State Recreation Area** ausgewiesen. Wildwasserfahrer finden hier beste Verhältnisse vor. Alljährlich im Juni werden hier internationale Wildwasser-Wettbewerbe ausgetragen. **\*Arkansas Headwaters State Recreation Area**

In Buena Vista und Salida bieten etliche Veranstalter **Rafting- und Kajak-Touren** an.

**Rafting- und Kajakanbieter:** Noah's Ark Whitewater Rafting Company, Tel. 1 719 3 95 2 1 58, www.noahsark.com
Bill Dvorak's Kayak & Rafting Expeditions, Tel. 1 800 8 24 37 95, http://dvorakexpeditions.com
Arkansas River Adventure Tours, Tel. 1 800 3 70 05 81, www.coloradorafting.net

**Rafting auf dem Oberlauf des Arkansas River**

**Buena Vista**

35 mi/56 km südlich unterhalb von Leadville liegt die 1879 gegründete Ortschaft Buena Vista (2425 m ü. d. M./2000 Einw.) im Tal des jungen Arkansas Rivers. Sie ist die **Hauptstadt der Wildwasserfahrer** in den Rocky Mountains. Außerdem treffen sich hier in jedem Sommer und Herbst viele begeisterte Bergwanderer, denn in einem Umkreis von 30 km kann man über ein Dutzend Viertausender besteigen und sich an zahlreichen, oft traumhaft gelegene Bergseen erholen.

**\*Mount Princeton, Chalk Creek Canyon**

Südwestlich von Buena Vista erhebt sich der 4327 m hohe Mount Princeton, an dessen Südseite der Chalk Creek einen wildromantischen Canyon gegraben hat. Hier tritt auch heilkräftiges **Thermalwasser** aus, von dessen Güte man sich im luxuriösen Mount Princeton Hot Springs Resort überzeugen kann. Am Talschluss kann man eine verlassene Bergarbeitersiedlung inspizieren.

**Salida**

Der alte Stadtkern von Salida (2144 m ü. d. M.; 5500 Einw.) gilt als einer der größten und schönsten in Colorado. Im Stadtzentrum befindet sich der gut besuchte **Salida Hot Springs Pool**.
Salida Hot Springs Pool: 410 W. Rainbow Blvd.; Öffnungszeiten tgl. wechselnd, Eintritt 11 $; www.salidapool.com

**Monarch Ski Resort**

13 mi/21 km westlich oberhalb von Salida, am 3448 m hohen Monarch Pass des US 50, liegt das Monarch Ski Resort, dessen weit gefächertes Pistenangebot von Anfängern und Könnern geschätzt wird (http://skimonarch.com).

## ** Mesa Verde National Park

⟡ P 6

**Region:** South West
**Höhe:** 2124 m ü. d. M.
**Fläche:** 211 km²          **Telefonvorwahl:** 970

**Hier, im heutigen Mesa Verde National Park, haben präkolumbische Indianer Wohnungen gebaut, die wie Schwalbennester unter den Felsüberhängen der waldbedeckten Gebirgstafel (spanisch »Mesa Verde« = »Grüne Tafel«) kleben. Diese so genannten Cliff Dwellings sind von ihren Bewohnern aus bislang ungeklärten Gründen Ende des 13. Jh.s verlassen worden. Der kulturgeschichtlich bedeutsame Nationalpark wurde 1978 von der UNESCO als Weltkulturerbe deklariert.**

Der Nationalpark, der bereits 1906 als solcher ausgewiesen wurde, ist ganzjährig zugänglich. Das **Far View Visitor Center** und das **Chapin Mesa Archeological Museum** verschaffen einen guten Überblick. Der **Cliff Palace** bzw. das **Balcony House** können je nach Witterung nur im Rahmen einer Führung besichtigt werden. Eintrittskarten gibt es im Visitor Center.    **Zugang**

**Visitor Center u. Museum:** Mitte April – Mitte Okt. tgl. 8.00 – 17.00 Uhr, das Museum hat auch im Winter eingeschränkt geöffnet

## BESICHTIGUNG DER MESA VERDE

Die Mesa Verde wurde vor etwa 25 Mio. Jahren emporgehoben und schräggestellt. Ihr höchster Punkt (2614 m ü. d. M.) liegt am Rand des fruchtbaren Montezuma Valley. Bäche haben bis zu 300 m tiefe Canyons in die Gebirgstafel gegraben, Wind und Wetter modellierten den weichen Sandstein. Die entstandenen Felsüberhänge, -nischen und -grotten boten beste Voraussetzungen für die Anlage von **Höhlen- und Felswohnungen**.    **Entstehung**

Ab dem 2. Jh. v. Chr. streiften altindianische Jäger und Sammler durch die hiesigen Flusstäler und wurden allmählich **sesshaft**. Im 6. Jh. n. Chr. zogen sie sich auf das Plateau bzw. in die Canyons zurück. Auf der älteren Kulturstufe der Korbmacher (Basketmaker) lebten die Anasazi (in der Navajo-Sprache = »die Alten«) in Höhlen, Hütten und Grubenhäusern (Pit houses). Etwa ab der Mitte des 8. Jh.s reihten die Anasazi auf dem Plateau ebenerdige **Lehmbauten** aneinander. Die Pueblo-Phase begann. Man wohnte jetzt oberirdisch    **Siedlungsraum der Anasazi** und machte aus den Grubenhäusern Kultstätten (Kivas). Im 10. Jh. entstanden die ersten mehrstöckigen Pueblobauten. Zwischen 1100 und 1300 erlebte die Kultur der Anasazi ihre **große Blütezeit**. Sie entwickelten ausgeklügelte Bewässerungs- und Anbaumethoden; wichtige Nutzpflanzen waren Mais, Bohnen, Kürbisse und Baumwolle. Aber schon um das Jahr 1200 zogen sich einige Vorfahren der heutigen Pueblo-Indianer aus bislang unbekannten Gründen in die Canyons zurück. An schwer zugänglichen Felsüberhängen bauten sie jetzt ihre heute als »cliff dwellings« bezeichneten **Höhlenwohnungen**. Die hiesigen Anasazi waren nicht nur gute Baumeister, sondern auch hervorragende Töpfer. Die **Töpferware** von der Mesa Verde ist qualitativ durchaus vergleichbar mit jener aus dem Bereich des Chaco Canyon (▶S. 461), wo die Anasazi ihr zweites großes kulturelles Zentrum hatten. Den Grubenhäusern, Lehmbauten und Pueblos der Hochfläche wurden im Laufe der Zeit durch Wind und Wetter große Schäden zugefügt. Hingegen blieben die Behausungen unter den schützenden Felsvorsprüngen sehr gut erhalten.

Ende des 13. Jh.s wurden auch die Cliff Dwellings verlassen. Als Grund dafür wird eine **lange Dürreperiode** angenommen, von der damals der gesamte Südwesten betroffen war.

Die spanischen Kolonialherren des 17. und 18. Jh.s haben sich für die Mesa Verde nur wenig interessiert. 1874 haben amerikanische Land-

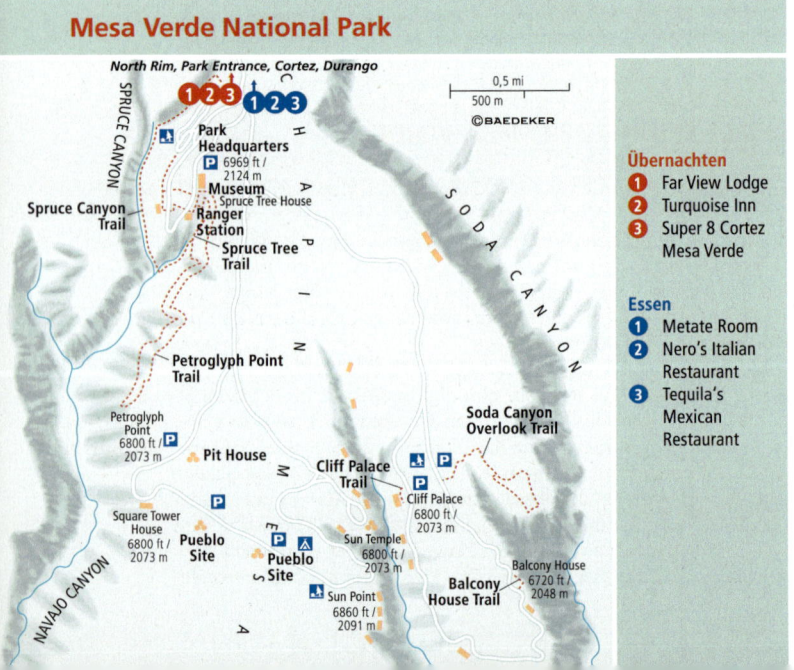

## Mesa Verde erleben

### AUSKUNFT
*Mesa Verde National Park*
P. O. Box 8, Mesa Verde, CO 81330-0008
Tel. 1 970 5 29 44 65, www.nps.gov/meve
www.visitmesaverde.com
Eintritt März – Mai, Sept. – Dez. 10 $ pro
Fahrzeug, Juni – Aug. 15 $, Jan., Feb. frei

### ÜBERNACHTEN
❶ *Far View Lodge* €€
im Nationalpark, Tel. 1 970 5 29 44 21
Mitte Okt. – Ende April geschl.
Von der Lodge aus hat man einen wundervollen Blick auf vier Staaten. Die Zimmer verfügen alle über einen Balkon.

❷ *Best Western Turquoise Inn & Suites* €€
535 E. Main St., Cortez, CO
Tel. 1 970 5 65 37 78
www.cortezbestwestern.com
Einige Zimmer bestehen aus je zwei Räumen. Frühstück im Frühstücksraum, im Garten oder auf der Terrasse.

❸ *Super 8 Motel Cortez Mesa Verde Area* €
505 E. Main St., Cortez, CO
Tel. 1 970 5 65 88 88, www.super8.com

Das Hotel liegt zentral an der Hauptstraße von Cortez und nur ca. 10 mi/15 km von Mesa Verde entfernt.

### ESSEN
❶ *Metate Room* €€€
im Nationalpark, Tel. 1 970 5 33 77 31
Mitte Okt. – Ende April geschl.
Die Speisen sind von den Rezepten der Ureinwohner dieser Gegend inspiriert. Besonders zu empfehlen ist das Vier-Gänge-Menü, zu dem jeweils ein passender Wein gereicht wird.

❷ *Nero's Italian Restaurant* €€€
303 W. Main St., Cortez
Tel. 1 (970) 565-73 66
Zu den Spezialitäten gehört Lamm mit Oliven-Kartoffelpüree, Gemüse und Rosmarin-Sambucca-Sauce. Die Werke verschiedener regionaler Künstler verleihen dem Lokal eine besondere Note.

❸ *Tequila's Mexican Restaurant* €€
1740 E. Main St., Cortez
Tel. 1 970 5 65 68 68
In dem beliebten Lokal gibt es die besten Margaritas weit und breit. Lecker sind auch die mexikanischen Spezialitäten.

vermesser die altindianischen Ruinen erstmals beschrieben. 1888 sorgten die **Gebrüder Wetherill** dafür, dass die Klippenhäuser als Sensation bekannt wurden. 1891 begann die wissenschaftliche Erforschung des Geländes unter Leitung des schwedischen Naturforschers Gustaf Nordenskjöld.

Kurz nach der Einfahrt in den Nationalpark passiert man den **Morfield Campground** und erreicht den 2614 m ü. d. M. gelegenen Montezuma Valley Overlook, wo man einen großartigen Blick über die Four Corner Region genießen kann. Auf der **Wetherill Mesa** verdient besonders das Step House mit Bauresten aus dem 7. und 13. Jh. Beachtung. Ferner findet man hier das zweitgrößte Pueblo des

**\*Montezuma Valley Overlook**

Nationalparks, das sogenannte Long House mit 150 Räumen und 21 Kivas. Der große Platz ist für traditionelle Tänze und Zeremonien angelegt.

**Chapin Mesa, Far View Ruins**

Vom Far View Visitor Center aus kann man mit dem eigenen Fahrzeug zur Chapin Mesa fahren. Man passiert dabei die Far View Ruins, zu denen eine Stichstraße führt. Hier ist auch der **Lake Mummy** als künstliches Wasserreservoir angelegt, der früher einmal rund 2 Mio. l Wasser fasste und mit dessen Wasser 16 Siedlungen versorgt werden konnten.

**\*National Park Headquarters und Umgebung**

Nach ca. 25 mi/40 km erreicht man die **Nationalparkverwaltung** und das **Chapin Mesa Museum**, wo sich Interessierte über den Stand der archäologischen Forschung und auch über die Entwicklung des Kunstgewerbes in dieser Gegend informieren können.

Von hier aus kann man das 1888 entdeckte \***Spruce Tree House** mit seinen 114 Räumlichkeiten und acht Kivas erforschen, in den Wintermonaten mit kostenlosen Führungen, sonst auf eigene Faust. Vermutlich haben hier 100 bis 150 Menschen gelebt. Dieses Pueblo wurde nach einer **markanten Fichte** benannt, die hier gegen die Klippe des Canyons wuchs.

**\*\*Ruins Road Drive**

Beim Chapin Mesa Museum beginnt auch der Ruins Road Drive. Seine südwestliche Schleife (Mesa Top Ruins zwischen Navajo Canyon und Cliff Canyon) berührt das vierstöckige **Square Tower House** und den auf D-förmigem Grundriss errichteten **Sun Temple** (Sonnentempel). Von hier hat man einen guten Blick auf den weltberühmten Cliff Palace. Von der Straße zweigen mehrere Fußwege zu alten Grubenhäusern (Pit houses) und Pueblo-Ruinen ab. Von einigen Aussichtspunkten bieten sich interessante Blicke in den Fewkes Canyon und in den Cliff Canyon.

**\*\*Cliff Palace**

Vom Sun Point View aus wurde 1888 der Cliff Palace entdeckt. Die südöstliche Schleife zwischen Cliff Canyon und Soda Canyon berührt den Cliff Palace, der mit mehr als 200 Räumen und 23 Kivas das größte und damit wohl **spektakulärste Cliff Dwelling** des Nationalparks ist. Vermutlich haben hier bis zu 250 Menschen gewohnt.
❶ Besichtigung nur im Rahmen einer geführten Tour: April, Mai, Sept. – Mitte Okt 9.00 – 17.00, Juni – Aug. 9.00 – 18.00, Mitte Okt – Anf. Nov. 9.00 – 16.00 Uhr jeweils zur vollen Stunde, witterungsbedingte Änderungen möglich, Anmeldung beim Visitor Center; Eintritt 3 $

**\*Balcony House**

Die Tour durch das Balcony House, das im Soda Canyon zu finden ist, führt über Leitern, über Felsen und durch Tunnel.
❶ Besichtigung nur im Rahmen einer geführten Tour, Anmeldung beim Visitor Center; Eintritt 3 $

Der Cliff Palace gehört zu den größten Attraktionen des Südwestens.

## SEHENSWERTES IN DER UMGEBUNG

Cortez ist der beste Ausgangspunkt für Ausflüge rund um den Nationalpark. Ca. 2 mi/3 km nordwestlich der Ortschaft Dolores lädt das 1987 am CO 184 errichtete Anasazi Heritage Center zum Besuch ein. Hier kann man sich über die Geschichte des auf rätselhafte Weise verschwundenen altindianischen Volkes informieren. In der Nähe findet man die Überreste des altindianischen **Dominguez Pueblo**. Auf einem Hügel hat man das 20 Wohnräume und eine Kiva umfassende **Escalante Pueblo** freigelegt.

**\*Anasazi Heritage Center**

❶ März – Okt. 9.00 – 17.00, Nov. – Feb. 10.00 – 16.00 Uhr; Eintritt 3 $, Nov. – Feb. Eintritt frei; www.blm.gov/co/st/en/fo/ahc.html

Ganz im Südwesten von Colorado erstreckt sich die **Ute Mountain Indian Reservation**. Ca. 15 mi/24 km südlich von Cortez gelangt man in den Ort **Towaoc**, den Hauptort der Reservation.

**?** **BAEDEKER WISSEN**

*In allen vier Ecken …*

Etwa 35 mi/56 km südwestlich von Cortez befindet sich die einzige Stelle in den USA, an der vier Bundesstaaten aneinanderstoßen. Auf der Bodenplatte des Four Corners National Monument sind die Wappen der vier aneinander angrenzenden Bundesstaaten (Colorado, New Mexico, Arizona und Utah) eingelassen.

| | |
|---|---|
| **\*Hovenweep National Monument** | 20 mi/32 km nordwestlich von Cortez, bei Pleasant View, zweigt eine schmale Straße ab, die in südwestlicher Richtung zum Hovenweep National Monument führt. In der Sprache der Ute-Indianer bedeutet »Hovenweep« so viel wie »wüste Schlucht« bzw. »verlassenes Tal«. Wie archäologische Forschungen ergeben haben, lebten hier ab dem 11. Jh. kleinere Gruppen altindianischer Anasazi in Pueblos. Wahrscheinlich zogen sie später wegen **Wassermangels** an die Ränder der Schluchten um. Wegen der Dürre im späten 13. Jh. wurde das Gebiet von den meisten Bewohnern verlassen. |

Eine besondere Attraktion des Schutzgebietes sind die zahlreichen **Turmbauten**. Ob es sich um Beobachtungstürme oder Bauten mit zeremonieller Bedeutung handelt, ist noch unklar.

**Visitor Center:** Mai – Sept. tgl. 8.00 – 18.00, sonst bis 17 Uhr; Eintritt frei; www.nps.gov/hove

**\*Square Tower Ruins**

Eindrucksvolle altindianische Bauzeugnisse sind die Square Tower Ruins des sogenannten Hovenweep Castle. Nördlich davon schließen weitere Ruinen an, die man teilweise auch zu Fuß erreichen kann. Dazu gehören die Holly Ruins, die Horseshoe Ruins, die Hackberry Ruins und schließlich die Gruppe der Cutthroat Ruins Group. Südwestlich der Square Tower Ruins sind noch Reste zweier Pueblos zu sehen.

**Lowry Ruins**

Ohne großen Aufwand sind die 9 mi/14 km westlich von Pleasant View gelegenen Lowry Ruins zu erreichen. In diesem Pueblo, das 24 Häuser mit mehr als 1000 Räumlichkeiten umfasste, lebten wahrscheinlich knapp 2000 Menschen. Mit dem Bau dieser Siedlung wurde um das Jahr 1090 begonnen. Der Ausbau erfolgte um 1120. Hier kann man eine gut erhaltene sogenannte **Painted Kiva** und eine große **Gemeinschafts-Kiva** besichtigen. Man nimmt an, dass ein Teil der Bevölkerung trotz anhaltender Dürre bis ins 16. Jh. in Lowry ausgehalten hat.

# **★ Pueblo**

T 5

**Region:** South East
**Höhe:** 1421 m ü. d. M.
**Einwohnerzahl:** 162 000
**Telefonvorwahl:** 719

**Die aufstrebende Stadt Pueblo liegt in der Übergangszone zwischen den Great Plains im Osten und den im Westen aufragenden Rocky Mountains, aus denen der Arkansas River hervorbricht. Die Industrie spielt in der drittgrößten Stadt des Bundesstaates Colorado eine überragende Rolle.**

## Pueblo erleben

### AUSKUNFT
**The Greater Pueblo Chamber**
302 N Santa Fe Ave.
Pueblo, CO 81003-4102
Tel. 1 719 542 17 04
www.pueblochamber.org

### VERANSTALTUNG
**Chili & Frijoles Festival**
Alljährlich im September findet das bunte Chili & Frijoles Festival statt. Indianer führen traditionelle Tänze vor, indianisch-mexikanische Musiker spielen. Ferner kann man hier auch Köstlichkeiten der »Southwestern Cuisine« probieren.

### ESSEN
**La Renaissance** ©©©
217 E Routt Ave., Tel. 1 719 543 63 67
Den Gast umgibt in hier eine ganz besondere Atmosphäre in einer 1880 erbauten Kirche.

**Hopscotch Bakery** ©
333 S. Union Ave
Tel. 1 719 542 44 67
Exzellente Panini, Salate und Desserts, auch zum Mitnehmen für ein Picknick am Flussufer. Nur Frühstück und Lunch.

**Cactus Flower Restaurant** ©
4610 N. Elisabeth St.
Tel. 1 719 545 82 18
Traditionelle mexikanische Küche. Respektable Auswahl an Margaritas.

### ÜBERNACHTEN
**Pueblo Marriott** ©©©
110 W First St.
Tel. 1 719 542 32 00
www.marriott.com
Luxuriöses Hotel, geschmackvolle Zimmer und Suiten, Pool, Fitnesscenter.

**Wingate Inn** ©©
4711 N. Elizabeth St.
Tel. 1 719 586 90 00
www.wingateinns.com
Komfortables Wyndham-Hotel mit geräumigen Zimmern, Fitnesscenter und Pool.

**Microtel Inn & Suites** ©
3343 Gateway Drive
Tel. 1 719 242 20 20
www.microtelinn.com
Freundliche Zimmer mit Fernseher, Mikrowelle und Kühlschrank.

**Geschichte**

Wegen seiner verkehrsgünstigen Lage war Pueblo schon vor der Ankunft der Europäer ein **wichtiger Handelsplatz**. Später tauschten hier Indianer, spanische Kolonisatoren sowie französisch- und englischsprachige Pelzhändler ihre Waren aus. Die Gründung der heutigen Stadt erfolgte 1842. Bereits drei Jahrzehnte später wurde Pueblo an das Streckennetz der Rio Grande Railroad angeschlossen. Danach siedelten sich hier zahlreiche Betriebe an. Lange Zeit war Pueblo der wichtigste **Schwerindustriestandort** westlich des Mississippi.

## SEHENSWERTES IN PUEBLO UND UMGEBUNG

**\*El Pueblo History Museum**

Im Zentrum ist der einstige befestigte **Handelsposten** nachgebaut, der von 1842 bis 1855 betrieben wurde und als Keimzelle der Stadt gilt. Hier wird nicht nur an jene Zeit erinnert, als spanische, mexikanische und US-amerikanische Händler bei Indianern und Fallenstellern Feuerwasser und Waffen gegen Pelze tauschten, sondern vor allem auch an den Eisenbahnbau und den Werdegang der hiesigen Industrie. Ein Ausstellungsschwerpunkt befasst sich mit der **Kultur der Anasazi**, die einstmals auch in der Umgebung von Pueblo heimisch waren

❶ Old Fort Pueblo Trading Post, 301 N. Union Ave.; Di. – Sa. 10.00 – 16.00 Uhr; Eintritt 5 $; www.historycolorado.org

**Union Avenue Historic District**

Nordöstlich des Stadtzentrums und in der Nähe des Arkansas River breitet sich der Union Avenue Historic District aus mit mehr als drei Dutzend ansehnlichen Bauten, die im späten 19. Jh. errichtet worden sind.

**\*Rosemount Museum**

Als **schönstes Baudenkmal der viktorianischen Zeit** im Südwesten der USA wird die 1891 erbaute Villa Rosemount gerühmt. Die wertvolle, zumeist noch original erhaltene Inneneinrichtung mit Mahagoni-Mobiliar, Tiffany-Leuchten, bemalten Decken etc. beeindruckt die Besucher.

❶ 419 W. 14th St.; Di. – Sa. 10.00 – 15.30 Uhr, Jan geschl.; Eintritt 6 $; www.rosemount.org

**Sangre de Cristo Arts & Conference Center**

Das Sangre de Cristo Arts & Conference Center, Kultur- und Kongresszentrum der Stadt, ist in einem architektonisch bemerkenswerten Gebäudekomplex untergebracht. Zu dem Zentrum gehören auch ein großer Theatersaal und ein Museum für Kinder. Außerdem sind hier Ausstellungen namhafter amerikanischer Künstler zu sehen.

❶ 210 N. Santa Fe Ave.; Di. – Sa. 11.00 – 16.00 Uhr; Eintritt 4 $; www.sdc-arts.org

**Nature & Raptor Center of Pueblo**

Westlich des Stadtzentrums ist das Nature & Raptor Center of Pueblo am Ufer des Arkansas River angelegt. Hier sind rund 60 km Spazier-, Wander- und Radwege ausgewiesen. Ein **Naturlehrpfad** und ein **naturkundliches Zentrum** geben Auskunft über die Flusslandschaft, ihre Pflanzen und ihre Tiere. Im Raptor Center werden ver-

letzte Greifvögel (Adler, Eulen usw.) gesund gepflegt und anschließend wieder in die Freiheit entlassen.

❶ 5200 Nature Center Rd.; wechselnde Öffnungszeiten; Eintritt 3 $;
www.natureandraptor.org

Wer sich für B-24-Bomber und ihre Rolle im Zweiten Weltkrieg und
für ca. 30 andere **Flugzeug-Oldtimer** interessiert, ist im Pueblo
Weisbrod International B-24 Memorial Museum richtig.

**Pueblo
Weisbrod
Aircraft
Museum**

❶ 31001 Magnuson Ave.; Mo. – Sa. 10.00 – 16.00, So. 13.00 – 16.00 Uhr;
Eintritt 7 $; www.pwam.org

Westlich außerhalb der Stadt ist der Lake Pueblo State Park ausgewiesen. Ein touristischer Brennpunkt ist der große Stausee, an dem
es eine Marina für Motorboot-Kapitäne gibt. Auch Paddler und Ru-
derer sind auf dem See unterwegs. Schwimmer sind am **Rock Canyon Beach** im östlichen Teil des Erholungsgebietes gut aufgehoben.

**Lake Pueblo
State Park**

In Trinidad (ungefähr 60 mi/100 km südlich von Pueblo), besonders
im Corazon de Trinidad Historic District und in der Main Street,
sind noch viele Bauten des 19. Jh.s erhalten. Zwei davon umfasst das
**Trinidad History Museum**. Das **A. R. Mitchell Memorial Museum
of Western Art** zeigt Werke des gleichnamigen Künstlers und anderer amerikanischer Kunstschaffender. Außerdem kann man das **alte
Feuerwehrhaus**, in dem ein Geschichtsmuseum für Kinder untergebracht ist, und das **Louden-Henritze Archaeology Museum** mit
Funden aus der Umgebung anschauen.

**Trinidad**

**Trinidad History Museum:** Mai – Sept. tgl. 10.00 – 16.00 Uhr;
Eintritt 8 $ mit Baca House, Bloom Mansion und Santa Fe Trail Museum;
www.coloradohistory.org
**A. R. Mitchell Memorial Museum of Western Art:** Mai – Sept. Di. – Sa.
10.00 – 16.00, So. 11.00 – 16.00 Uhr; Eintritt 3 $; www.armitchell.org
**Old Fire House Children's Museum:** 314 N. Commercial St.; Juni – Aug.
Do – Sa. 10.00 – 14.00 Uhr; Eintritt frei
**Louden-Henritze Archaeology Museum:** 600 Prospect St.; Mo. – Do.
10.00 – 15.00 Uhr; Eintritt frei

8 mi/13 km westlich von Trinidad liegt die 1906 gegründete Bergarbeitersiedlung Cokedale, in der bis zur Schließung des Kohleberg-
werks 1947 mehrere hundert Kumpel mit ihren Familien lebten. Die
Siedlung, in der heute nur noch ein paar Nachkommen der Bergarbeiter wohnen, steht unter **Denkmalschutz**.

**Cokedale**

Von Trinidad führt der CO 12 in einem weiten westlich gerichteten
Bogen nach Walsenburg. Nach knapp 30 mi/47 km erreicht man das
Stonewall Valley mit imposanten, fast senkrecht aufsteigenden Sand-
steinwänden. Als Nächstes folgen der Monument Lake, aus dem zwei

**\*Scenic
Highway of
Legends
(CO 12)**

wie Indianerhäuptlinge aussehende Felsbildungen herausragen, sowie der fischreiche North Lake. Vom 3030 m hohen Cucharas Pass hat man einen guten Blick auf die Spanish Peaks. Diese von Wind und Wetter herausmodellierten Überreste eines tertiärzeitlichen Vulkans waren den Arapahoe-Indianern heilig. Vom Cucharas Pass geht es hinunter ins Tal des Cucharas River und zum romantischen Blue Lake. Auf der Weiterfahrt nach Walsenburg passiert man **geologische Merkwürdigkeiten**, so etwa die Devil's Stairsteps (Teufelstreppe) genannte Abfolge besonders widerständiger Steintreppen, die Dakota Wall, eine fast senkrecht herausgepresste Sandsteinwand, sowie die so genannte Sore Thumb Butte, ein Vulkanberg, der wie ein wunder Daumen aus der Landschaft ragt. Schließlich erreicht man die hübsch gelegene, 1862 gegründete Ortschaft La Veta. Sehenswert ist hier das Fort Francisco Museum, das praktisch den historischen Ortskern umfasst. Kurz vor Walsenburg kann man den Lathrop State Park besuchen, der sich um zwei romantische Seen ausbreitet.

# ✴ Rocky Mountain National Park

✦ S 3

**Region:** Front Range
**Höhe:** 2400 – 4345 m ü. d. M.
**Fläche:** 1072 km²　　　**Gründungsjahr:** 1915

**Der zwei Autostunden nordwestlich von ▶Denver gelegene Nationalpark umfasst einen besonders reizvollen Teil der bis 4345 m hohen Front Range, die wie eine Mauer am Westrand der Großen Ebenen aufragt: scharfe Felsgrate, lehnstuhlartig ausgeräumte und von Seen erfüllte Kare, alpine Matten, bunte Bergblumenwiesen, wildromantische Täler und das Quellgebiet des Colorado River.**

**Pflanzen und Tiere**　Im Rocky Mountain National Park kann man weit **über 700 verschiedene Pflanzenarten** studieren. Sehr schön ausgebildet sind die einzelnen Stockwerke des Bergwalds. In tieferen Lagen dominieren Espen- und Pinienwälder. Je weiter man nach oben kommt, desto kleinwüchsiger und empfindlicher wird die Flora. Noch weit über der Baumgrenze, die in dieser Gegend bei 3000 m ü. d. M. liegt, trifft man auf windzerzauste Krüppelkiefern. Die Front Range ist ein bevorzugter Lebensraum der **Dickhornschafe**. In den Bergwäldern leben noch viele **Hirsche** und **Bären**. **Biber** haben an Bach- und Flussläufen ihre Dämme gebaut. Hoch in den Lüften kreisen Adler und andere **Greifvögel**.

## Rocky Mountain National Park erleben

### AUSKUNFT
**Rocky Mountain National Park**
1000 Highway 36
Estes Park, CO 80517-8397
Tel. 1 970 5 86 12 06, www.nps.gov/romo
Eintritt für 7 Tage 20 $ pro Auto

### ÜBERNACHTEN
**The Stanley Hotel €€€**
333 Wonderview Ave., Estes Park
Tel. 1 970 5 77 40 00
www.stanleyhotel.com
Luxuriöse Zimmer und Suiten in einem
mittlerweile 100 Jahre alten Gebäude
versetzen den Gast zurück in eine andere Zeit. Ein Spa und Gourmet-Restaurants komplettieren das noble Ambiente.

**Allenspark Lodge B&B €€**
184 Main St., Allenspark
Tel. 1 303 7 47 25 52
www.allenparklodge.com
Wuchtige Blockhauslodge von 1933 im
Südosten des Nationalparks mit Kamin,
gepflegtem Frühstück und Happy Hour
am Nachmittag.

**Moraine Park €**
Tel. 1 970 5 86 12 06, Tel. 1 800 3 65 22 67
Der Campingplatz ist 4 km vom Beaver
Meadows Visitor Center entfernt am Bear
Lake, mit Sicht über den Moraine Park.

**Timber Creek €**
Tel. 1 970 5 86 12 06
Vom Campingplatz im westlichen Teil
des Parks überblickt man das Kawunee-
che Valley und den Colorado River.
Ab und zu besuchen Elche und andere
Tiere das Tal.

### ESSEN
**The View €€**
300 Riverside Dr., Estes Park
Tel. 1 970 5 86 60 66
Der Name legt es nahe: Panoramablick
inklusive! Auf der Karte stehen köstliche
Forellen und Steaks. Zuweilen wird live
Jazz oder Folk gespielt.

**Mama Rose´s Restaurant €€**
339 E. Elkhorn Ave., Estes Park
Tel. 1 970 586 33 30
www.mamarosesrestaurant.com
Gemütlicher Italiener mit schönem Blick
auf den Big Thompson River. Hervorragend: die Polenta Puttanesca!

**The egg & I €**
393 E. Elkhorn, Estes Park
Tel. 1 970 5 86 11 73
In dem gemütlichen Lokal kann man
bis 14.00 Uhr opulent frühstücken und
lunchen. Es gibt tolle Sandwiches und
Suppen.

Südöstlich der Feriensiedlung Estes Park befindet sich die Nationalparkverwaltung, in deren **Besucherzentrum** man alles Wesentliche
über die hiesige Hochgebirgslandschaft erfährt. Von hier aus werden
auch vielerlei naturkundliche Aktivitäten im Bereich des Nationalparks angeboten.

**Rocky Mountain National Park Headquarters**

Lohnend ist eine Fahrt auf der ca. 50 mi/80 km langen Trail Ridge
Road (US 36, im Winter gesperrt), die den Kernbereich des Nationalparks von Ost nach West durchmisst. Ihr östlicher Ausgangspunkt ist

**\*Trail Ridge Road**

*Spät kehrt im Moraine Park der Frühling ein.*

der **Beaver Meadows Park Entrance** (Park Headquarters). Vorbei an tollen Ausblicken führt die Panoramastraße über den **»High Point«** (3713 m ü. d. M.) bis ins Kawuneeche Valley, wo sie am Grand Lake beim **Kawuneeche Visitor Center** endet.

Von Estes Park führt der US 34 nordwestlich bergan zum Parkeingang am Fall River und weiter hinauf auf die Deer Ridge. Unten im Horseshoe Park zweigt die alte, enge und kurvenreiche **Fall River Road** (im Winter gesperrt) ab, die **nur bergauf** benutzt werden darf. Das 11 mi/18 km lange Bergsträßchen mündet am Fall River Pass in die Trail Ridge Road ein. Am Südfuß des 3824 m hohen Mount Chapin passiert man die wilden Chasm Falls.

**\*Bear Lake Road**  Oberhalb der Park Headquarters, beim Beaver Meadow Entrance, zweigt die Bear Lake Road vom US 36 in südwestlicher Richtung ab. Die rund 10 mi/16 km lange Stichstraße führt durch den **Moraine Park** und am Glacier Basin vorbei zum malerischen Bear Lake. Von hier aus kann man herrliche **Bergwanderungen** unternehmen, u. a. zum traumhaft gelegenen Dream Lake, den Wild Gardens mit ihren Seen, dem Tyndall Glacier, dem Andrews Glacier sowie dem 4009 m hohen Taylor Peak, von dem der Taylor Glacier zu Tal fließt.

**\*Colorado 7 Scenic Byway**  Am Ostrand des Nationalparks zieht sich der CO 7 entlang. Er durchmisst die Bergwälder des Roosevelt National Forest und erreicht nördlich von Allenspark bzw. Meeker Park das hübsche Tahosa Valley, das von den 3478 m hohen Twin Peaks begrenzt wird. Westlich erhebt sich der 4345 m hohe **Longs Peak** als **höchster Gipfel** des Nationalparks. Vom CO 7 führt ein beschwerlicher, aber lohnender Wanderpfad auf diesen Gipfel sowie zum malerischen **Chasm Lake** hinauf. Weiter nördlich führt der CO 7 am **Lily Lake** vorbei. Auch hier unterhält die Nationalparkverwaltung ein **Visitor Center**.

**Estes Park**  Der CO 7 endet in **Estes Park**, das in erster Linie Aktivurlauber anzieht. Der Ort schmiegt sich in ein Hochtal, das der Big Thompson River ausgeräumt hat. Hier hat sich in den 1860er-Jahren eine Pionierfamilie angesiedelt, nach der der Ort benannt ist. Eine Luftseilbahn befördert Touristen auf den **Prospect Mountain**. Östlich von Estes Park hat man den Big Thompson River zum **Lake Estes** aufgestaut.

Ein wahres **Eldorado für Forellenfischer** ist der Big Thompson River unterhalb des Lake Estes. Einige Meilen nordöstlich von Estes Park zwängt sich der Fluss durch eine wilde Schlucht hinunter in Richtung Loveland. Dem Big Thompson Canyon folgt der US 34 als landschaftlich besonders schöne Strecke.

**\*Big Thompson Canyon**

Besonders reizvoll bieten sich die Wälder rund um den Rocky Mountain National Park im Herbst dar. Östlich der kontinentalen Wasserscheide sind die Waldgebiete dem Roosevelt National Forest zugeordnet, westlich der Wasserscheide zählt man sie zum Arapaho National Forest. In beiden sind aussichtsreiche Panoramastraßen angelegt, Camping- und Picknickplätze ausgewiesen, Wanderpfade markiert, und Skilifte sowie Bergbahnen stehen zur Verfügung.

**Roosevelt & Arapaho National Forest**

An den südwestlichen Rocky Mountain National Park schließt die Arapaho National Recreation Area an. Kerngebiet dieses Erholungsraums sind die **drei großen Stauseen** im Quellgebiet des Colorado, der Grand Lake, der Shadow Mountain Lake und der Granby Lake. An diesen »Great Lakes of Colorado« hat man Camping-, Picknick- und Badeplätze angelegt. Auch Angler kommen auf ihre Kosten.

**Arapaho National Recreation Area**

# \* Steamboat Springs

R 3

**Region:** North West
**Höhe:** 2051 m ü. d. M.
**Einwohnerzahl:** 12 100
**Telefonvorwahl:** 970

**Der leichte, trockene Schnee von Steamboat Springs ist seit den 1950er-Jahren unter dem Marketing-Namen »Champagne Powder« weltbekannt. In dieser Zeit wurde der Ort neben ▶Aspen und ▶Vail zum dritten bedeutenden Wintersportzentrum in Colorado ausgebaut.**

Die Landschaft, in der im Sommer Cowboys ihre Herden zusammentreiben und im Winter Großstadtmenschen die Berghänge hinunterwedeln, war vor der Ankunft des Weißen Mannes **Sommerquartier der Ute-Indianer**, die hier auf die Jagd gingen oder sich an den Quellen erholten. Mitte des 19. Jh.s tauchten die ersten Trapper auf. Sie gaben die Kunde von den Thermen weiter, die sich gelegentlich durch dumpfes Pfeifen bemerkbar machen. In den 1890er-Jahren wurden die Indianer zwangsumgesiedelt. Jetzt konnten sich Getreidebauern und Viehzüchter ansiedeln. Noch im 19. Jh. fand man in der Umgebung reiche **Kohlelagerstätten** und auch **Gold**, was der jungen Siedlung an den heißen Quellen zum rapiden Aufschwung verhalf.

**Geschichte**

## Steamboat Springs erleben

### AUSKUNFT
*Steamboat Springs Chamber Resort Association*
125 Anglers Drive
Steamboat Springs, CO 80477
Tel. 1 9708790880
www.steamboatchamber.com

### VERANSTALTUNG
*Winter Carnival*
Das wichtigste Ereignis im Festkalender wird seit 1914 alljährlich Ende Januar/ Anfang Februar abgehalten. Neben skisportlichen Wettbewerben gibt es ein buntes Rahmenprogramm mit Musik und Tanz. Im Vorfeld findet das »Cowboy Downhill« statt. Dann brettern verwegene Kuhhirten in flatternden Jeans und mit Stetson zu Tal.

### ÜBERNACHTEN
*Sheraton Steamboat Resort* ❸❸❸❸
2200 Village Inn Court
Tel. 1 9708792220
www.sheratonsteamboatresort.com
Alle Zimmer und Suiten mit Balkon. Die Anlage hat ein Fitnesscenter, einen Pool, ein Spa, einen 18-Loch-Golfplatz und einen Whirlpool auf der Dachterrasse mit Aussicht auf die Berge.

*The Lodge at Steamboat* ❸❸❸
2700 Village Drive
Tel. 1 9708796000
www.steamboatresorts.com
Die modernen und sehr komfortablen Apartments am Fuße des Mount Werner

liegen nur wenige Schritte von der Talstation der Luftseilbahn entfernt.

*Western Lodge* ❸❸
1122 Lincoln Ave.
Tel. 1 9708791050
www.western-lodge.com
Einfaches, ordentlich geführtes Motel in Downtown Steamboat Springs.

### ESSEN
*Hazie's* ❸❸❸
2305 Mt. Werner Circle
Silver Bullet Gondola
Tel. 1 9708715150
Grandiose Aussicht auf halber Höhe zum Mount Werner, dazu ein exzellentes Drei-Gänge-Menü, mittags auch für Skifahrer.

*Cafe Diva* ❸❸❸
1855 Ski Time Square Drive
Tel. 1 9708710508
www.cafediva.com
Hier wird nach bester französischer Tradition gekocht. Die Fischgerichte sind wunderbar. Das Lokal hat auch einen gut sortierten Weinkeller.

*Eureka* ❸❸
700 Yampa Ave.
Tel. 1 9707612061
www.eurekasteamboat.com
Saisonale, vom Wirt »Streetfood« genannte mediterrane Küche. Gleichzeitig auch ein beliebter Treff der Skifahrer und Hiker.

**Wiege des Skisports in Colorado** Bereits in den 1880er-Jahren bewegten sich Bergleute, Cowboys, Postboten usw. im Winter wegen der gewaltigen Schneemassen auf Schneeschuhen und Holzkufen fort. 1914 baute der norwegische Skispringer Carl Howelsen eine Schanze, über deren Tisch alsbald auch mutige Cowboys sprangen. Der Entwicklung von Steamboat Springs zum Wintersportort stand nichts mehr im Wege. Mit **Buddy Werner** brachte der Ort Steamboat Springs einen bedeutenden Winter-Olympioniken hervor, nach dem in den 1960er-Jahren das neue Skigebiet am Storm Mountain benannt wurde.

## SEHENSWERTES IN STEAMBOAT SPRINGS

In einem historischen Gebäude wird besonders an die Zeit erinnert, als die ersten weißen Siedler an den Yampa River kamen. Aber auch die Geschichte der Ute-Indianer findet Beachtung. Natürlich darf eine Kollektion **alter Ski-Ausrüstungen** nicht fehlen.
**Tread of Pioneers Museum**
❶ Ecke 8th St./Oak St.; Di. – Sa. 11.00 – 17.00 Uhr; Eintritt 5 $; www.treadofpioneers.org

Wer die Thermalquellen genießen will, besucht das **Kur- und Erlebnisbad** »Steamboat Health & Recreation Hot Springs«. Drei große Becken werden mit heilkräftigem Wasser gespeist. Zum Kurzentrum gehören ein Wellenbad, eine Riesenwasserrutsche und eine Sauna.
**Steamboat Health & Recreation Hot Springs**
❶ 136 Lincoln Ave.; Mo. – Fr. 5.30 – 21.45, Sa., So. 8.00 – 20.45 Uhr; Eintritt 17,50 $; http://steamboathotsprings.org

Etwas weniger turbulent geht's in den 7 mi/11 km weiter nördlich an der CR 36 gelegenen Thermalquellen zu. Hier wird das ursprünglich 71 °C heiße und stark mineralisierte Wasser in vier **Becken mit Natursandsteinboden** auf erträgliche Werte abgekühlt.
**Strawberry Park Natural Hot Springs**
❶ 44200 County Road 36; So. – Do. 10.00 – 22.30, Fr., Sa. nur 10.00 – 12.00 Uhr; Eintritt 10 $; www.strawberryhotsprings.com

In den Sommermonaten lohnt sich ein Spaziergang durch diesen Botanischen Garten besonders. Von Ende Juni bis August können Besucher donnerstagvormittags kostenlos einem Konzert im Rahemn des Mountain Music Festivals zuhören.
**Yampa River Botanic Park**
❶ Mai – Okt. bei Tageslicht; Eintritt frei; www.yampariverbotanicpark.org

Das **älteste Skigebiet** der Stadt ist jener Hügel, an dem der **Norweger Carl Howelsen** 1914 seine Schanze errichtet hat. Am Howelsen Hill gibt es heute fünf Sprungschanzen, mehrere Abfahrtspisten, eine Rodelbahn und eine Eislauf-Arena. Doch nicht nur im Winter wird am Howelsen Hill einiges geboten. Man kann Tennis spielen, reiten sowie bei Pferderennen und Rodeos zuschauen.
**Howelsen Hill Ski Complex**

Der **attraktivste Skizirkus** von Colorado ist am Mount Werner entstanden. An dem 3221 m hohen Skiberg werden weit über 100 Pisten aller Schwierigkeitsgrade gepflegt. Als Aufstiegshilfen stehen
**\*Mount Werner Ski Area**

eine Gondelbahn, 16 Sessellifte und vier Schlepplifte zur Verfügung. Die Skisaison dauert von Dezember bis März (weitere Infos: www.steamboat.com).

## UMGEBUNG VON STEAMBOAT SPRINGS

**Pearl Lake, Steamboat Lake**
Der Steamboat Lake und der kleinere Pearl Lake sind in die Bergwelt der Medicine Bow Range bzw. des Routt National Forest eingebettet. Ein **Badestrand** und eine **Marina** finden sich am größeren Steamboat Lake.

**Hahns Peak**
Nördlich der beiden Seen, am Hahns Peak, hat man im 19. Jh. Gold gefunden. Zu Fuß oder mit dem Geländefahrzeug gelangt man in den 3304 m hoch gelegenen und 1860 gegründeten **Goldgräberort Hahns Peak Village**.

**Routt National Forest**
Die schönsten Ausflugsziele im Routt National Forest sind der Mount Zirkel, die Flat Tops Wilderness Area sowie der 3103 m hohe Buffalo Pass und der 2950 m hohe Rabbit Ears Pass.

**Craig**
Folgt man dem US 40 in westlicher Richtung, erreicht man nach 42 mi/68 km das Städtchen Craig. Beachtenswert ist das in einem ehemaligen Rüstungsbetrieb untergebrachte **Museum of Northwest Colorado**, das sich mit der Wirtschaftsgeschichte dieser Gegend befasst.
Wenige Meilen südlich außerhalb von Craig kann man werktags den Kohletagebau der **Trapper Mining, Inc.** besichtigen.

**Heißluftballon über Steamboat Springs**

**Museum of Northwest Colorado:**
590 Yampa Ave.; Mo. – Fr.
9.00 – 17.00, Sa. 10.00 – 16.00 Uhr;
Eintritt frei; www.museumnwco.org
**Trapper Mining, Inc.:** 25910 S
Highway 13, Tel. 1 970 8 24 44 01

Von Craig führt der CO 318 zum Dinosaur National Monument (►Reiseziele in Utah) und in die **\*Brown's Park Scenic & Historic Area**. Besonders schön sind hier das Sand Wash Basin, die Vermillion Cliffs und die Gates of Lodore. Auch zu diversen **vorgeschichtlichen Siedlungsplätzen** bzw. Petroglyphen der Fremont-Indianer wird man hingeführt.

# * Telluride

**Q 6**

**Region:** Southwest
**Höhe:** 2682 m ü. d. M.
**Einwohnerzahl:** 2500          **Telefonvorwahl:** 970

**Wen wundert's, dass Telluride ausgerechnet nach den Salzen benannt ist, auf die man des Öfteren in Gold- und Silbervorkommen trifft? Waren es doch die Gold- und Silberfunde, die das Bergbaustädtchen einst zu einem der reichsten Orte im Wilden Westen machten. Davon zeugen noch heute das luxuriöse »Sheridan Hotel« und das geradezu pompöse Opernhaus.**

Die im 19. Jh. gegründete Bergarbeitersiedlung liegt in einem landschaftlich sehr reizvollen, vom San Miguel River durchflossenen Talkessel der Uncompahgre Range. Graue Granit- und rote Sandsteinfelsen verleihen dem Gebiet seinen unverwechselbaren Charakter. In den 1870er-Jahren hat man hier oben Gold und Silber gefunden. Zunächst hieß der Ort Columbia, was aber ständig zu Verwechslungen mit anderen Bergbausiedlungen gleichen Namens führte. Man benannte das hiesige Columbia um in Telluride. Das Städtchen erlebte eine geradezu phänomenale Entwicklung und war eines der reichsten im Wilden Westen. Im örtlichen Opernhaus trat Sarah Bernhardt auf, der **Rotlichtbezirk** der Stadt war seinerzeit in weitem Umkreis bekannt und die meisten Menschen kennen Telluride, weil 1889 Butch Cassidy mit seiner Bande die hiesige San Miguel National Bank um 30 000 $ erleichterte. Als ab 1893 die Preise für Silber verfielen, ging auch die erste Blütezeit der Stadt rasch zu Ende. Dennoch wurde Telluride im Unterschied zu vielen anderen Bergbauorten nie zur Geisterstadt, denn man hatte früh eine neue Goldgrube entdeckt: den Tourismus. Immer mehr naturbegeisterte **Aktivurlauber** kamen in die grandiose Bergwelt. Der Historic District wurde herausgeputzt, und schließlich hat man noch ein Skigebiet erschlossen.

**Eine Bergbausiedlung wird Touristenort**

## SEHENSWERTES IN TELLURIDE UND UMGEBUNG

Der alte Stadtkern mit seinen **viktorianischen Bauten** ist bereits seit 1964 als National Historic Landmark ausgewiesen und kann im Rahmen von Führungen besichtigt werden. Highlights sind das 1887 erbaute San Miguel County Courthouse, das 1895 errichtete und sehr vornehme Sheridan Hotel sowie das 1914 erbaute Opera House. In

**\*National Historic District**

## Telluride erleben

### AUSKUNFT
**Telluride Tourism Board**
630 W. Colorado Ave.
P.O. Box 1009
Telluride, CO 81435
Tel. 1 970 728 30 41
www.visittelluride.com

### FESTIVALS
Einen besonderen Ruf verschaffte sich Telluride mit hochkarätigen Musikfestivals. Bekannt sind das »Telluride Bluegrass Festival« (Mitte Juni), die »Telluride Jazz Celebration« (Anfang August) und das »Telluride Chamber Music Festival« (Mitte August). Starke Beachtung finden auch die Streifen, die im Mai im Rahmen des »Telluride Mountain Film Festival« gezeigt werden.

### ESSEN
**La Marmotte** ●●●
150 W. San Juan Ave.
Tel. 1 970 728 62 32
www.lamarmotte.com
Kleines, aber feines Bistro-Restaurant, das im ehemaligen Eishaus der Stadt eingerichtet ist. Hier gibt es beste französische Küche.

**Sofio's Mexican Cafe** ●●
110 E Colorado Ave.
Tel. 1 970 728 48 82
»Sofio's« wurde zum besten mexikanischen Restaurant in Telluride gewählt. Für Kinder gibt es ein separates Spielzimmer.

**Maggie's Bakery & Cafe** ●
217 E. Colorado Ave.
Tel. 1 970 728 33 34

Recht bodenständig und rustikal geht es bei Maggie's zu, wo man eine wunderbare Pizza, ausgezeichnete Omeletts bzw. Pfannkuchen und fantasievoll zubereitete fleischlose Gerichte probieren kann. In dem Lokal werden jedoch nur Frühstück und Lunch serviert.

### ÜBERNACHTEN
**The Mountain Lodge** ●●●
457 Mountain Village Blvd
Tel. 1 970 369 50 00
www.mountainlodgetelluride.com
Die Hotelanlage in Tellurines Mountain Village bietet 90 luxuriöse Zimmer und Apartments sowie zehn ebenso edel eingerichtete Hütten. Umgeben von einer traumhaften Bergwelt kann man sich im beheizten Außenpool erholen oder man entspannt sich vor dem Kamin.

**New Sheridan Hotel** ●●
231 W. Colorado Ave.
Tel. 1 970 728 43 51
www.newsheridan.com
Die renovierten Zimmer in dem Boutiquehotel sind prachtvoll im viktorianischen Stil ausgestattet. Für das leibliche Wohl wird im hoteleigenen Chop-House und in der Bar gesorgt.

**The Victorian Inn** ●●
401 W. Pacific Ave.
Tel. 1 970 728 66 01
www.victorianinntelluride.com
Das Haus mit seinen 32 geräumigen Gästezimmern, Suiten und Apartments wird sehr gut geführt. Ein kleines Frühstück ist inklusive.

der St. Patrick's Catholic Church stammen die Figuren des Kreuzwegs von Tiroler Holzschnitzern.

Wer sich für die Geschichte von Telluride und Umgebung interessiert, sollte einen Blick in das 1997 wiedereröffnete **\*Historical Museum** werfen. Hier wird der Wilden Westens wieder lebendig, als Butch Cassidy durch die Straßen schritt und die Gegend unsicher machte. Ein weiterer Ausstellungsschwerpunkt befasst sich mit der Geschichte des Bergbaus. Ferner sind interessante Kulturzeugnisse der Anasazi zu sehen.

**Szenerie an der Main Street von Telluride**

❶ 201 W. Gregory Ave.; Mai – Okt. Di. – Sa. 11.00 – 17.00, Do. bis 19.00, So. 13.00 – 17.00, Nov. – April Di. – Sa. 11.00 – 17.00 Uhr; Eintritt 5 $; www.telluridemuseum.org

Die höchsten Wasserfälle in Colorado sind die Bridal Veil Falls (Brautschleier-Fälle) ca. 3 mi/5 km östlich von Telluride, die über eine 111 m hohe Felsstufe stürzen. Im Winter gefriert das Wasser. Besonders Wagemutige versuchen sich dann im **Eisklettern**. Bei den Wasserfällen hat der Ingenieur L. L. Nunn im späten 19. Jh. das **erste Wechselstrom-Kraftwerk der Welt** gebaut. Mit dem hier erzeugten Strom wurden die Bergwerke der Umgebung versorgt. Das Kraftwerk steht unter Denkmalschutz, ist aber nicht zu besichtigen. **\*Bridal Veil Falls**

Seit den frühen 1970er-Jahren gehört Telluride zu den **Top-Wintersport-Zielen** im Südwesten. Von Ende November bis Mitte April kann man auf mehr als 60 Pisten unterschiedlicher Schwierigkeitsgrade abfahren. Das Skigebiet mit dem größten Snowboard-Park des Südwestens liegt 2660 – 3735 m ü. d. M. und wird von einer Gondelbahn und elf Liftanlagen erschlossen. Darüber hinaus gibt es Langlaufloipen, Eislaufbahnen und Rodelpisten (http://tellurideskiresort.com). **\*Telluride Ski Resort**

In der Umgebung von Telluride gibt es Hunderte von **verlassenen Gold- und Silberminen**. Etliche Bergwerke können zu Fuß oder per Jeep erreicht werden. Inzwischen werden aber wieder einige dieser Erzvorkommen von der Idarado Mining Company ausgebeutet. **Telluride Mining District**

13 mi/21 km südlich von Telluride zweigt ein Fahrweg nach Alta Lakes ab, wo man campen und angeln kann. Auch hier gibt es eine Ghost Town, in der im 19. Jh. einige hundert Bergleute lebten. **Alta Lakes**

# ✳ Vail

✦ **R 4**

**Region:** North West
**Höhe:** 2487 m ü. d. M.
**Einwohnerzahl:** 5300          **Telefonvorwahl:** 970

**Wegen seiner verkehrsgünstigen Lage und seiner vielen, allen Ansprüchen genügenden Pisten liegt Vail in der Gunst der US-amerikanischen Wintersportler weit vorn. In dem verhältnismäßig kleinen Ort gibt es über 100 Restaurants und Bars und mehr als 300 Geschäfte! In den Jahren 1989 und 1999 wurden in Vail die Alpinen Skiweltmeisterschaften ausgetragen.**

**Berühmter Wintersportplatz**
Der bekannte Wintersportort Vail liegt nur zwei Autostunden westlich von ▶Denver in den Rocky Mountains, die hier vom White River National Forest bedeckt sind. Die Entwicklung des nach dem Ingenieur Charlie Vail benannten Ortes zum **meistbesuchten Wintersportplatz** in Colorado begann nach dem Zweiten Weltkrieg. Treibende Kraft ist bis heute die Vail Resorts, Inc., der es 1997 gelang, auch die etwas weiter abseits gelegenen und zuvor selbständigen Skigebiete Breckenridge, Keystone und Beaver Creek zu übernehmen. In Vail sind mehr als 5000 ständige Einwohner registriert. Daneben gibt es über 5000 Zweitwohnsitze. Während der winterlichen Hochsaison halten sich hier im Durchschnitt mehr als 30 000 Gäste auf, die in zahlreichen Hotels und Motels Unterkunft finden.

**Nicht nur Wintersport**
Vail hat sich in den letzten Jahren zu einem Ganzjahresreiseziel entwickelt. Vor allem **Aktivurlauber** wie Bergwanderer, Wildwasserfahrer, Mountainbiker, Golf- und Tennisspieler kommen hier auf ihre Kosten. Die tonangebende Vail Resorts, Inc. baut das Freizeit- und Sportangebot für die warme Jahreszeit weiter aus.

**Festivals**
Von Juni bis August findet das **»Bravo! Colorado Vail Valley Music Festival«** statt. Alles, was in der Musikszene Rang und Namen hat, sei es Klassik, Jazz, Rock oder Pop, findet sich in Vail ein. Darüber hinaus versammelt das **»Vail International DanceFest«** im August Ballettensembles vom Bolschoi Theater bis zum New York City Ballet.

## SEHENSWERTES IN VAIL

**✳Ski & Snowboard Museum**
Die **Geschichte des Skisports** in Vail und Umgebung wird in diesem im Vail Village angesiedelten Museum in sehr anschaulicher Weise dokumentiert. Das Wintertraining der legendären 10th Moun-

# Vail erleben

## AUSKUNFT
### Vail Valley Visitor Information
101 Fawcett Rd., Suite 240
Avon, CO 81620
Tel. 1 970 476 47 90
www.visitvailvalley.com

## ÜBERNACHTEN
### Gasthof Gramshammer ⊖⊖⊖⊖
231 E. Gore Creek Drive
Tel. 1 970 476 56 26
www.pepis.com
Berühmter Gasthof des Tiroler Skirenn-
läufers Pepi Gramshammer, ohne den
Vail heute nicht das wäre, was es ist.

### Lodge at Cordillera ⊖⊖⊖
2 mi/3 km südlich abseits der
Squaw Creek Rd.
2205 Cordillera Way
Tel. 1 970 926 22 00
www.cordilleralodge.com
Traumhafte Berglage im Schweizer Stil.
Bergwanderer und Skiläufer sind hier
bestens aufgehoben. Toller Wellness-
Bereich.

### Evergreen Lodge ⊖⊖⊖
250 S. Frontage Rd.
Tel. 1 970 476 78 10
www.evergreenvail.com

Die moderne Anlage liegt etwas außerhalb von Vail, in der Nähe der Skigebiete. In der Bar laufen TV-Übertragungen
von Sportereignissen.

## ESSEN
### Kelly Liken Restaurant ⊖⊖⊖⊖
12 Vail Rd., Tel. 1 970 476 01 75
www.kellyliken.com
Moderne und abwechslungsreiche amerikanische Gourmet-Küche mit mediterranen Einflüssen – einfach köstlich!

### Red Lion ⊖⊖
304 Bridge St.
Tel. 1 970 476 76 76
www.theredlion.com
Nach wie vor zu den besonders beliebten Adressen gehört der »Red Lion«, der
bereits seit der Gründerzeit besteht. Deftige amerikanische Küche und mehrere
Dutzend Biersorten locken die Gäste an.
Die Preise sind eher moderat.

### Alpenrose Restaurant ⊖⊖
100 E. Meadow Drive
Tel. 1 970 476 31 94
Wie der Name schon andeutet: Hier gibt
es süddeutsche Küche in bester Qualität
– vom Gulasch mit Spätzle bis zur
Schwarzwälder Kirschtorte.

tain Division wird hier ebenso dargestellt wie die rasante Entwicklung des Wintersports nach dem Zweiten Weltkrieg.
❶ tgl. 10.00 – 18.00, in der Wintersaison bis 20.00 Uhr; Eintritt frei;
www.skimuseum.net

Oberhalb von Vail Village hat die einstige First Lady einen wunderschönen **Alpengarten** anlegen lassen. Im höchstgelegenen öffentlich zugänglichen botanischen Garten der USA kann man von
Frühling bis Herbst ca. 2000 verschiedene Pflanzenarten studieren.
❶ Ford Park, 530 S. Frontage Rd.; Eintritt frei; www.bettyfordalpinegardens.org

**Betty Ford
Alpine
Gardens**

! *Eagle's Nest*

Wem Ski fahren allein im Winter nicht genügt, der kann mit der Gondel zum 3050 m hohen Ort Eagle's Nest hochfahren. Von hier oben bietet sich ein atemberaubender Rundblick auf die Gipfelflur der Rockies. Man kann Snowmobil-Touren unternehmen. Für Schlittschuhläufer hat man eine Eisbahn angelegt, und Snowboarder können sich in einem ganzen Park mit Flutlichtbeleuchtung und Halfpipe austoben.

## SKIGEBIETE IN VAIL UND UMGEBUNG

In Vail und Umgebung kann man i.d.R. von Ende November bis Mitte April auf **unzähligen Pisten** unterschiedlicher Schwierigkeitsgrade Ski laufen: in Vail Mountain, Adventure Ridge, Eagle's Nest und Copper Mountain.

Seit der Verbindung der Skigebiete von **Beaver Creek**, Bachelor Gulch und Arrowhead können Skiläufer und Snowboarder zwischen den einzelnen Hängen ausgiebig hin- und herpendeln. In Beaver Creek, genauer auf dem **Birds of Prey Downhill Course**, wurden im Jahr 1999 die Alpinen Skiweltmeisterschaften ausgetragen.

**Summit County**

Der Begriff »Summit County« wird nicht nur auf einen Verwaltungsraum in den Bergen von Colorado angewendet, sondern vor allem auch auf das **höchstgelegene Skigebiet** der Vereinigten Staaten. »Ski the Summit« heißt es schon eine Autostunde westlich oberhalb von Denver in der Ortschaft Loveland. Die bekanntesten Skidestinationen des Summit County, deren Gipfelstationen fast 4000 m ü. d. M. liegen, sind Breckenridge, Keystone, Copper Mountain und Arapahoe Basin.

**\*Breckenridge**

Etwa eine Autostunde östlich von Vail liegt das Städtchen Breckenridge (2927 m ü. d. M.; 1300 Einw.) ca. 10 mi/16 km südlich oberhalb vom I-70 (Exit 203, Dillon Reservoir). 1859 hat man hier oben am Blue River Gold gefunden, was einen regelrechten Goldrausch auslöste. Binnen Kurzem entstand die lebhafte Bergbausiedlung Breckenridge, die heutzutage zur **zweitgrößten Wintersport-Destination** Nordamerikas nach dem benachbarten Vail herangewachsen ist. Noch sehr gut erhalten ist der alte Siedlungskern des einstigen Bergbaustädtchens. Er wurde vor einiger Zeit zum National Historic District erhoben. Viele Bauten zeigen eine vollkommen intakte viktorianische Architektur. Einige beherbergen heute hübsche Restaurants und nette Geschäfte. Die **Summit County Historical Society** bietet Rundgänge durch das historische Zentrum an.

Ferner organisiert die Summit Historical Society Besichtigungen **alter Goldminen** in der Umgebung (u. a. Washington Gold Mine, Lomax Placer Gulch) und der interessantesten **Ghost Towns**. Oft besucht werden Lincoln City, Swandyke und Dyersville. Zu anderen gelangt man nur per Jeep und über abenteuerliche Gebirgspisten.

Westlich des Städtchens erstreckt sich die **Breckenridge Ski Area** mit mehr als 100 Abfahrten aller Schwierigkeitsgrade. Bei einem Viertel der Pisten können die Schneeverhältnisse durch Kunstschnee verbessert werden. Auch **Tourengeher** und **Langläufer** kommen hier auf ihre Kosten, und sogar **Heli-Skiing** steht auf dem Programm.

**Summit County Historical Society:** 309 N Main St.; Tel. 1 453 60 18; www. summithistorical.org

**Breckenridge Ski Area:** Wintersportsaison Mitte Nov. – Mitte April; Snow Hotline Tel. 1 453 61 18; www.breckenridge com

5 mi/8 km östlich oberhalb des in den 1960er-Jahren aufgestauten Dillon Reservoir erreicht man das Keystone Resort, das als einer der schönsten und bestausgestatteten Wintersportplätze der Vereinigten Staaten gilt. Das Skigebiet am Keystone Mountain reicht von 2835 m ü. d. M. bis 3719 m ü. d. M. hinauf. Deshalb dauert die Skisaison hier besonders lang, nämlich von Mitte November bis Mitte Mai. Zwei Gondelbahnen und 19 Sessel- bzw. Schlepplifte stehen als Aufstiegshilfen bereit. Schöne Abfahrten gibt es nicht nur am Keystone Mountain, sondern auch am North Peak und im besonders schneesicheren Arapahoe Basin. In Keystone gibt es ferner die meisten von Flutlicht erhellten **Nachtskipisten**.

**\*Keystone Resort**

**Vail ist das größte Wintersportgebiet der USA.**

# Nevada

# NEVADA

**Fläche:** 286 353 km²
**Bevölkerungszahl:** 2,9 Mio.
**Hauptstadt:** Carson City
**Zeitzone:** Pacific Time
**Beiname:** Silver State

**Meist wird der flächenmäßig siebt-
größte Bundesstaat der USA mit Las
Vegas, der Glücksspielhauptstadt
ganz in seinem Süden, gleichgesetzt. Dabei wird die Landschaft zum größten Teil von zwei großen steppen- bzw. wüstenhaften Großräumen geprägt, im Süden von der Mojave-
Wüste und im Norden vom Great Basin.**

Etwa zwei Drittel der Staatsfläche von Nevada erstrecken sich im ab-
flusslosen Großen Becken zwischen den Rocky Mountains im Osten
und der Sierra Nevada im Westen. Das Gebiet wird von vielen kur-
zen, teilweise bewaldeten und in manchen Fällen über 3000 m hohen
**Gebirgsketten** durchzogen. Höchste Erhebung ist der Boundary
Peak (4007 m), der an der Grenze zu Kalifornien in den White
Mountains aufragt. Charakteristisch für die Landschaften im Großen
Becken sind Salztonebenen und viele kleinere Gewässer. Sie sind die
Relikte eines prähistorischen, 50 000 km² großen Sees, der vor
100 000 Jahren auszutrocknen begann. Die Mojave-Wüste, in der
Baumyuccas und Sukkulenten das Vegetationsbild bestimmen, reicht
weit ins südliche Staatsgebiet von Nevada hinein.

*Steppe und Wüste*

Die ältesten Siedlungsspuren sind im Moapa Valley nachgewiesen,
wo wahrscheinlich ab dem **2. Jh. n. Chr.** präkolumbische Indianerstämme lebten. Später entwickelten sich hier Kulturen, die mit jenen
der Anasazi und Fremont verwandt waren. Ihnen folgten die Paiute,
Shoshone und Washoe. Die raue und abweisende Landschaft war der
Grund, warum sich europäische Einwanderer hier erst ziemlich spät
ansiedelten. Die ersten weißen Siedler in Nevada waren Mormonen,
die ab 1851 ins Land kamen. Als Ende der 1850er-Jahre auch in Nevada **Gold und Silber** entdeckt wurden, kamen zahlreiche Zuwan-
derer aus Kalifornien. Siedlungen schossen wie Pilze aus dem Boden,
Städte vergrößerten sich rasant. Eine zweite Einwanderungswelle
setzte zu Beginn des 20. Jh.s ein, als neue Edelmetall-Lagerstätten bei
Tonopah und Goldfield entdeckt wurden. 1861 wurde das »Sierra
Nevada Territory« von Utah abgetrennt und bereits drei Jahre später
als 36. Staat in die Union der Vereinigten Staaten von Amerika aufgenommen. Mit der endgültigen Legalisierung des Glücksspiels 1931

*Geschichte*

Für frühe Pioniere eine Strapaze: der Weg durch die Wüsten Nevadas

setzte in Nevada ein wirtschaftlicher Aufschwung ein. Nach dem Zweiten Weltkrieg wurden Wüstenregionen Nevadas zum **Atomwaffen-Testgelände**. Auch heute noch werden in riesigen Sperrgebieten neue militärische Entwicklungen erprobt.

**Bevölkerung**  Von 1980 bis 1990 verzeichnete der Bundesstaat den stärksten Bevölkerungszuwachs in den USA. Die Millionengrenze wurde allerdings erst 1986 überschritten. Heute zählt man bereits 2,7 Mio. Eiwohner. Mit knapp 10 Einw./km² ist Nevada jedoch nach wie vor einer der am **dünnsten besiedelten** US-Bundesstaaten. Größtes Ballungszentrum ist der Raum Las Vegas mit rund 2 Mio. Einwohnern, gefolgt vom Raum Reno/Sparks/Tahoe mit ca. 210 000 Einwohnern. Alle anderen Städte Nevadas sind wesentlich kleiner. Die überwiegende Mehrheit der Bevölkerung ist europäischer Abstammung. In den letzten Jahren hat die Latino-Bevölkerung massiv zugenommen und macht jetzt ein Viertel der Einwohner aus. Eine Besonderheit sind die im 19. Jh. zugewanderten Basken. Noch heute werden in einigen Orten baskische Feste abgehalten.

**Wirtschaft**  Las Vegas, Reno und Laughlin sind weltbekannte **Metropolen des Glücksspiels**. Allein in Las Vegas zählt man pro Jahr bis zu 30 Mio. Besucher. Hier gibt es inzwischen mehr als 100 000 Fremdenzimmer. Der Hotel- und Kasino-Bauboom ist jedoch im Verlauf der von 2007 bis 2012 während **Immobilien- und Finanzkrise** ins Stocken geraten, Häuser werden heute zu Schnäppchenpreisen angeboten. Die Wirtschaftskrise hat zu einem Emporschnellen der Arbeitslosenquote und zu einer Vertiefung der sozialen Spaltung in einstigen Boom-Städten wie Las Vegas geführt. Dennoch macht das Steueraufkommen aus dem Glücksspiel immer noch etwa die Hälfte der Einnahmen des Bundesstaates Nevada aus. Mit dem **Bergbau** (Gold, Silber, Kupfer Eisen) erwirtschaftet Nevada pro Jahr etwa 3 Mrd. Dollar. Die Landwirtschaft erbringt nur einen recht geringen Anteil am Bruttosozialprodukt Nevadas. Charakteristisch ist die **extensive Weidewirtschaft**.

Tourismusmagnet Nummer eins ist natürlich die Glücksspiel-Metropole Las Vegas. Dort ist sozusagen das ganze Jahr über Saison, und an manchen Wochenenden kann es schon schwierig werden, eines der über 10 000 Hotelzimmer zu ergattern. An zweiter Stelle der touristischen Attraktionen Nevadas stehen Naturschönheiten wie der Death Valley National Park an der Grenze zu Kalifornien, der Valley of Fire State Park nordöstlich von Las Vegas oder der Great Basin National Park mit den Lehman Caves an der Grenze zu Utah. Viel besuchte Erholungsgebiete mit nahezu unbegrenzten Freizeitmöglichkeiten sind der Lake Tahoe und der Lake Mead. **Tourismus**

# Carson City

**D 4**

**Region:** Reno-Tahoe-Territory
**Höhe:** 1429 m ü. d. M.
**Einwohnerzahl:** 55 000          **Telefonvorwahl:** 702

**Carson City, die Hauptstadt von Nevada, liegt im Eagle Valley, das sich in der östlichen Vorbergzone der Sierra Nevada erstreckt. Schon während der Blütezeit des Gold- und Silberbergbaus im 19. Jh. entwickelte sich die Stadt zum wirtschaftlichen Zentrum. Heute ist sie ein wichtiger Verkehrsknotenpunkt.**

Hervorgegangen ist die Siedlung aus dem 1851 etablierten Eagle Station Trading Post. Die eigentliche Stadtgründung erfolgte durch den Pionier Abraham Curry. Die neue Siedlung wurde nach dem berühmten Scout **Kit Carson** (▸Berühmte Persönlichkeiten) benannt, der 1843/1844 an der Expedition von John C. Fremont teilgenommen hatte. Die **Blütezeit** von Carson City hatte 1859 begonnen, als man in der nahen Comstock Lode Gold und Silber fand. Fünf Jahre später, als Nevada US-Bundesstaat wurde, erklärte man Carson City zu seiner Hauptstadt. Auch die reichen Lagerstätten von Virginia City, Gold Hill und Silver City beflügelten die Entwicklung von Carson City. 1869 wurde die Stadt Sitz einer Münzprägeanstalt der Bundesregierung. Carson City war Ende des 19. Jh.s die mit weitem Abstand bedeutendste Stadt in Nevada. **Geschichte**

**Stadtbild** Im alten Stadtzentrum sind noch viele Bauten aus der Gründerzeit erhalten. Die interessantesten kann man im Rahmen einer Historic District Walking Tour in Augenschein nehmen.

## SEHENSWERTES IN CARSON CITY

**Capitol** Das Capitol ist 1871 als markanter Sandsteinbau errichtet worden. Weithin leuchtet seine **silberne Kuppel**, die in Anspielung an die Bezeichnung »Silver State« so gestaltet worden ist. Dorische Säulen

## Carson City erleben

### AUSKUNFT
*Carson City CVB*
716 N Carson St.
Carson City, NV 89701
Tel. 1 775 687 74 10
www.visitcarsoncity.com

### ÜBERNACHTEN
*Bliss Bungalow Inn* ©©
608 Elizabeth St.
Tel. 1 775 883 61 29
www.blissbungalow.com
Geschmackvoll eingerichtet sind die Zimmer in einem 1914 errichteten Gebäude.

*Wyndham Garden Carson City Max Casino* ©©
900 S. Carson St.
Tel. 1 775 883 09 00
www.carsonstation.com
Das ehemalige Best Western Hotel hat 91 geräumige Zimmer. Es gibt mehrere Restaurants und ein Spielkasino.

*Hampton Inn & Suites Carson City* ©©
10 Hospitality Way
Tel. 1 775 885 88 00
www.hamtoninn.com
In dem freundlichen Hotel herrscht eine angenehme Atmosphäre.

### ESSEN
*Adele's* ©©©©
1112 N. Carson St.
Tel. 1 775 882 33 53
www.adelesrestaurantandlounge.com
Vorzüglich speist man im historischen Ambiente des 18. Jahrhunderts.

*Carson Nugget Steak House* ©©©
507 N. Carson St.
Tel. 1 775 882 16 26
www.ccnugget.com
Das Restaurant im Carson Nugget Casino ist eines der besten der Stadt. Außer tollen Steaks gibt es hier auch noch hervorragende Fischgerichte.

*The Basil Restarant* ©©
311 N. Carson St.
Tel. 1 775 841 61 00
www.thebasilrestaurant.com
Thai-Restaurant in zentraler Lage. Kreative, frische Speisen zu vernünftigen Preisen, freundliche, entspannte Atmosphäre.

### HINWEIS
Weitere Restaurants und Übernachtungsmöglichkeiten finden Sie unter ►Lake Tahoe (South California).

und Marmor, der für viel Geld aus Alaska herbeigeschafft worden ist, verleihen dem repräsentativen Gebäudekomplex Würde.

❶ Ecke Musser & Carson St.; Mo. – Fr. 8.00 – 17.00 Uhr; Eintritt frei; Führungen n.V., Tel. 1 775 6 87 48 10, http://nv.gov

In der früheren Münzprägeanstalt ist das Nevada State Museum untergebracht mit dem Schwerpunkt auf der **Geschichte des Gold- und Silberbergbaus**. Ein weiteres wichtiges Thema sind die Lebensverhältnisse der indianischen Ureinwohner des Wüstenstaats Nevada.

❶ 600 N. Carson St.; Mi. – Sa. 8.30 – 16.30 Uhr; Eintritt 8 $

**Nevada State Museum**

Einst zogen sie Waggons, heute ziehen sie die Besucher an: drei betagte Dampflokomotiven im Eisenbahnmuseum. Ferner kann man auf dem Gelände etwa zwei Dutzend verschiedene Waggons inspizieren, die noch vor wenigen Jahrzehnten im Güter- und Passagierverkehr eingesetzt worden sind. In der sommerlichen Hauptreisezeit werden Fahrten mit **Museumszügen** angeboten.

❶ 2180 S. Carson St.; Fr. – Mo. 9.00 – 17.00 Uhr; Eintritt 6 $; http://museums.nevadaculture.org

**Nevada State Railroad Museum**

Eine interessante Spezialsammlung ist The Warren Engine Company No. 1 Fire Museum. Hier kann man vielerlei alte Gerätschaften sehen, die in der Vergangenheit bei der Brandbekämpfung zum Einsatz kamen.

❶ 777 S. Stewart St., Tel. 1 775 8 87 22 10

**Warren Engine Company No. 1 Museum**

Diverse Funde aus prähistorischer und historischer Zeit (u. a. Pfeilspitzen, Steinwerkzeuge, Körbe) illustrieren in dieser Schule die wechselvolle **Geschichte der indianischen Ureinwohner**. Alljährlich im Juni finden hier ein viel besuchter kunsthandwerklicher Markt sowie ein großes Indianer-Pow-Wow statt.

❶ 5500 Snyder Ave.; tgl. Touren mit Audio Guide; www.stewartindianschool.com

**\*Stewart Indian School**

## UMGEBUNG VON CARSON CITY

Bowers Mansion, der Landsitz eines Bergwerksbesitzers 11 mi/18 km nördlich von Carson City, wurde 1864 errichtet und sehr luxuriös ausgestattet. Nachdem die Silbermine erschöpft war, verarmten deren Besitzer.

❶ 4005 SR 49, New Washoe City; z. Zt. wegen Renovierung geschl. (aktuelle Informationen unter Tel. 1 775-849-0201)

**Bowers Mansion**

Der größte Ort im Carson Valley ist Gardnerville (1447 m ü. d. M.; 2200 Einw.), wo Landwirtschaft eine wichtige Rolle spielt. Ungewöhn-

**Gardnerville**

lich ist, dass man in einigen der hiesigen Restaurants Spezialitäten der **baskischen Küche** probieren kann. In Gardnerville befindet sich das **Carson Valley Museum & Cultural Center**, in dem man sich über die Siedlungsgeschichte der Gegend informieren kann.

Carson Valley Museum & Cultural Center: 1477 Hwy. 395 N.; Mo. – Sa. 10.00 – 16.00 Uhr; Eintritt 3 $; www.historicnevada.com

**Genoa**    Die älteste von Weißen gegründete Siedlung Nevadas ist Genoa. 1851 errichteten Mormonen eine kleine Handelsniederlassung. Deren restauriertes Blockhaus bildet heute den Kern des **Mormon Station Historic Park**. Ende September wird auf dem Gelände die **Genoa Candy Dance Fair** veranstaltet.

1853 wurde in Genoa der erste Saloon Nevadas eröffnet. Das 1865 erbaute **Courthouse** ist seit einiger Zeit als Museum zugänglich.

Gleich in der Nähe kann man sich im Thermalbad **Walley's Hot Springs** erholen, dessen als **besonders heilkräftig** geschätzte heiße Quellen bereits seit 1862 zu Kurzwecken genutzt werden.

Mormon Station Historic Park: Mai – Okt. Mi. – So. 10.00 – 16.00 Uhr; Eintritt 2 $

Courthouse: Ecke Main St./5th St.; Mai – Okt. tgl. 10.00 – 16.30 Uhr; Eintritt 3 $; www.historicnevada.org

Walley's Hot Springs: tgl. 9.00 – 21.30 Uhr; Tagespass 20 $; www.davidwalleys-resort.com

**Lahontan Reservoir**    Ca. 40 mi/65 km nordöstlich von ▶Carson City erreicht man den landschaftlich reizvollen Lahontan-Stausee, an dessen westlicher Bucht ein Erholungsgelände mit Zeltplatz ausgewiesen ist.

**Virginia City**    ▶dort

# Elko

H 3

**Region:** Cowboy Country
**Höhe:** 1544 m ü. d. M.
**Einwohnerzahl:** 20 100     **Telefonvorwahl:** 702

**Der Humboldt River ermöglicht Landwirtschaft und Viehzucht in einem weiten Umkreis von Elko. Besonders der Humboldt National Forest bietet hier zahlreiche Möglichkeiten für einen Sporturlaub, z. B. Reiten, Jagen oder Angeln.**

**Kultur**    Schwerpunkte im **Northeastern Nevada Museum** sind der Bergbau und die Viehzucht. Vor dem Museum hat man einen Planwagen der ersten Pioniere und eine Hütte des Pony Express wiederaufgebaut.

## Elko erleben

### AUSKUNFT
*Elko Convention & Visitors*
*Authority*
700 Moren Way
Tel. 1 775 7 38 40 91
www.exploreelko.com

### ÜBERNACHTEN
*Red Lion Hotel & Casino* ⓔⓔ
2065 Idaho St.
Tel. 1 775 7 38 21 11
www.redlionhotelelko.com
Das beliebte Spielkasino ist durchgehend geöffnet. Den Gästen stehen zwei Restaurants, ein Club, Pool und über 200 recht komfortabel eingerichtete Zimmer zur Verfügung.

*Days Inn Elko* ⓔ
1500 Idaho St.
Tel. 1 775 7 38 72 45, www.daysinn.com
Ein solides Hotel mit günstigen Zimmerpreisen. Kabelloses Internet kostenlos.

### ESSEN
*Star Hotel* ⓔⓔⓔ
246 Silver St.
Tel. 1 775 7 38 99 25
www.elkostarhotel.com
Hier bekommt man exzellente baskische Küche, die einst von Einwanderern aus der Alten Welt nach Nevada gebracht wurde.

*La Fiesta* ⓔⓔ
780 Commercial St.
Tel. 1 775 7 38 16 22
Hier werden leckere Gerichte der mexikanischen Küche aufgetragen.

*Cowboy Joe* ⓔ
376 5th St.
Tel. 1 775 7 53 56 12
In dem Lokal gibt es herzhafte und typische Gerichte der Region. Es herrscht eine recht lockere Atmosphäre. Kein Abendessen!

Im **Western Folklife Center** finden Ausstellungen statt, die sich mit dem Leben und der Tradition der Cowboys befassen. Außerdem kann man hier Arbeiten zeitgenössischer Kunsthandwerker bewundern, die im Raum Elko leben. In dem Kulturzentrum steht alljährlich am letzten Januarwochenende das **»National Cowboy Poetry Gathering«** mit Vorträgen, Dichterlesungen und diversen musikalischen Darbietungen auf dem Programm.
**Northeastern Nevada Museum:** 1515 Idaho St.; Di. – Sa. 9.00 – 17.00, So. 13.00–17.00 Uhr; Eintritt 5 $; www.museumelko.org
**Western Folklife Center:** 501 Railroad St.; Mo. – Fr. 10.00 – 17.30, Sa. 10.00 – 17.00 Uhr; Eintritt frei, Spende erbeten; www.westernfolklife.org

**! BAEDEKER TIPP**

*National Basque Festival*

Alljährlich am ersten Juliwochenende findet in Elko dieses Festival statt. Dann treffen sich die besten Holzhacker, Schafscherer usw., um in viel bejubelten Wettbewerben ihre Champions zu ermitteln. Und beim Picknick auf dem Festgelände gibt's allerhand baskische Spezialitäten. (www.elkobasqueclub.com)

## SEHENSWERTES IN DER UMGEBUNG

**Lamoille Canyon**
25 mi/40 km südöstlich von Elko, in den bis zu 3740 m hohen Ruby Mountains, ist diese wildromantische Schlucht eingetieft. Hier kann man Dickhornschafe, Bergziegen, Schneehühner etc. beobachten.

**Humboldt-Toiyabe National Forest**
Wenig erschlossen sind die **riesigen Areale** des Humboldt-Toiyabe National Forest, der alle wichtigen Höhenzüge im Norden und Osten Nevadas bedeckt. Hier kann man reiten, jagen, angeln, campen, wilde Canyons erkunden oder verlassene Goldgräbersiedlungen aufsuchen. Auskünfte über mögliche Touren in diese Gebiete sind bei der staatlichen Forstbehörde (www.fs.usda.gov/htnf) zu erhalten.

**Scenic Drive**
Von Elko führt der NV 225 als landschaftlich besonders **reizvolle Strecke** nach Norden. Die 128 mi/206 km lange Straße zieht am Oberlauf des nördlichen Quellflusses des Humboldt River entlang bis zum Wild Horse Reservoir. An diesem Stausee in waldreicher Umgebung ist ein Erholungsgelände ausgewiesen. Auf der Weiterfahrt durch die Berge kommt man in die Duck Valley Indian Reservation und schließlich an die Grenze der Bundesstaaten Nevada und Idaho.

Die Landschaft um Elko ist »Cowboy Country«.

Von Elko folgt der I-80 dem Humboldt River in westlicher Richtung. Nach 125 mi/201 km erreicht man das Städtchen Winnemucca (1310 m ü. d. M.; 7400 Einw.), den Hauptort des Humboldt County. Der seit 1850 von Einwanderern aus dem französischen Baskenland besiedelte Ort hieß zunächst French Fort und wurde erst später nach dem letzten großen Häuptling der Paiute-Indianer benannt. In der Umgebung leben auch heute noch viele Menschen baskischer Abstammung. Wer sich für die Besiedlungs- und Wirtschaftsgeschichte dieser Region interessiert, sollte das **Humboldt Museum** besuchen, das in drei Gebäuden der Jahrhundertwende untergebracht ist.

**Humboldt Valley, Winnemucca**

**Humboldt Museum:** 175 New Jungo Rd.; Mo. – Fr. 9.00 – 16.00, Sa. 13.00 – 16.00 Uhr; Eintritt frei; http://humboldtmuseum.org

# *Ely

**Region:** Pony Express Territory
**Höhe:** 1959 m ü. d. M.
**Einwohnerzahl:** 4200                    **Telefonvorwahl:** 775

✧ **J 4**

**Das relativ hoch gelegene Städtchen Ely fügt sich in die landschaftlich reizvolle Gebirgslandschaft Ostnevadas. Der Hauptort des White Pine County ist heute ein wichtiger Straßenknotenpunkt, von dem aus man die interessante Umgebung gut erkunden kann.**

## SEHENSWERTES IN ELY UND UMGEBUNG

Hauptattraktion ist das alte Eisenbahndepot, das heute als Nevada Northern Railway Museum zugänglich ist. Die Nevada Northern Railway war von 1906 bis 1983 in Betrieb. In dieser Zeit wurde kaum etwas verändert. Dies gilt auch für den alten Bahnhof, von dem aus gelegentlich Museumsdampfzüge zu **Sonderfahrten** aufbrechen.

**Nevada Northern Railway Museum**

❶ 1100 Avenue A; Mi. – Mo. 8.00 – 17.00, So. 8.00 – 16.00 Uhr; Eintritt 4 $; www.nnry.com

Auch im hiesigen regionalhistorischen Museum des White Pine County spielt die **Eisenbahn** eine herausragende Rolle. Dies zeigen zwei alte Dampfloks aus den Jahren 1909 und 1917 sowie ein betagter Waggon von 1905. Doch auch die Besiedlung des Raumes Ely durch Einwanderer aus Europa wird ausführlich erläutert. Ferner beherbergt das Museum eine Kollektion von mehreren hundert **Puppen**.

**\*White Pine County Museum**

❶ 2000 Aultman St.; Öffnungszeiten saisonal unterschiedlich, Tel. 1 775 2 89 47 10; Eintritt frei; www.wpmuseum.org

## Ely erleben

**AUSKUNFT**
*Bristlecone Convention Center*
150 6th St.
Ely, NV 89301
Tel. 1 775 2 89 37 20
www.elynevada.net

**ESSEN · ÜBERNACHTEN**
*All Aboard Cafe & Inn* ➌➌
220 E. 11th St. Ely
Tel. 1 775 2 89 69 91
www.allaboardcafeandinn.com

Das ursprünglich als Lebensmittelladen erbaute viktorianische Haus wurde liebevoll renoviert und zu einem Hotel umgebaut.

*Hotel Nevada* ➌
501 Aultman St.
Tel. 1 775 2 37 66 65
Das 1929 erbaute Hotel war einmal das höchste Gebäude in Nevada. Die Zimmer tragen Namen altbekannter Hollywood-Größen und Politiker.

---

**\*Ward Charcoal Ovens**  Sechs Hochöfen, die wie überdimensionale Bienenkörbe aussehen, sind in der Ward Charcoal Ovens State Historic Site als **Industriedenkmal** ausgewiesen. Sie wurden in den 1870er-Jahren errichtet und mit Holzkohle betrieben. Man verhüttete hier Edelmetalle aus den Lagerstätten der Umgebung.

## LAKE VALLEY · PIONEER TERRITORY

**Lage**  27 mi/43 km südöstlich von Ely, bei Majors Place, zweigt der US 93 vom US 50 in südlicher Richtung ab und erschließt als landschaftlich ausgesprochen **reizvolle Strecke** das Lake Valley, das sich nahe der Grenze zu Utah in nord-südlicher Richtung erstreckt. Es ist ein Teil jener Region, die als Pioneer Territory bekannt geworden ist.

**Pioche**  Nach rund 80 mi/128 km Fahrt auf dem US 93 erreicht man Pioche, eine **Bergbausiedlung**, die in den 1860er-Jahren Blütezeit erlebt hat. Sie galt seinerzeit als eine der wildesten Städte des Wilden Westens. Man leistete sich 1872 ein Gerichtsgebäude, das als Million Dollar Courthouse in die Annalen eingegangen ist. Im **Lincoln County Historical Museum** kann man sich nicht nur über die turbulente Geschichte der Stadt und ihrer Umgebung, sondern auch über die Naturgeschichte der Gegend informieren.
Lincoln County Historical Museum: tgl. 10.00 – 13.00 u. 14.00 – 16.00 Uhr; Eintritt gegen Spende

**\*Cathedral Gorge State Park**  Etwa 10 mi/16 km südlich von Pioche erreicht man den Cathedral Gorge State Park, der nur von April bis Oktober zugänglich ist. Wind und Wetter haben aus dem Gestein mächtige Dome, Felskamine und

Felsnadeln herausmodelliert sowie gewaltige Grotten und Höhlen ausgeräumt. Den **besten Überblick** hat man vom Miller Point am Nordende des Naturparks.

Von Pioche lohnen ferner Abstecher in zwei wenige Meilen weiter östlich und nahe an der Grenze zu Utah gelegene State Parks: der wildromantische Echo Canyon sowie das landschaftlich sehr reizvolle Spring Valley. In beiden Erholungsgebieten kann man das ganze Jahr über vielen **Freiluft-Aktivitäten** nachgehen.

**Echo Canyon State Park, Spring Valley State Park**

Nur über eine 28 mi/45 km lange Staubstraße kann man den östlich von Caliente gelegenen Beaver Dam State Park erreichen, der nur von April bis Oktober zugänglich ist. Hier, nahe an der Grenze zu Utah, kann man sich zwischen erhabenen Felsformationen und in Pinienwäldern erholen.

**Beaver Dam State Park**

## ∗ GREAT BASIN NATIONAL PARK

Das große, 1500 bis 3981 m ü. d. M. gelegene Naturschutzgebiet östlich von Ely entstand 1986 nach der Zusammenlegung der Wheeler Peak Scenic Area und des bereits 1922 gegründeten Lehman Caves National Monument. So umfasst es höchst **abwechslungsreiche Landschaftsformen**. Eine alpin anmutende Hochgebirgslandschaft mit schroffen Gipfeln, im Sonnenlicht gleißenden Gletschern und idyllischen Karseen erhebt sich mit ihren uralten Borstenkieferbeständen und Douglasienwäldern aus der eher lebensfeindlichen, le-

**Hochgebirge und Tropfsteine**

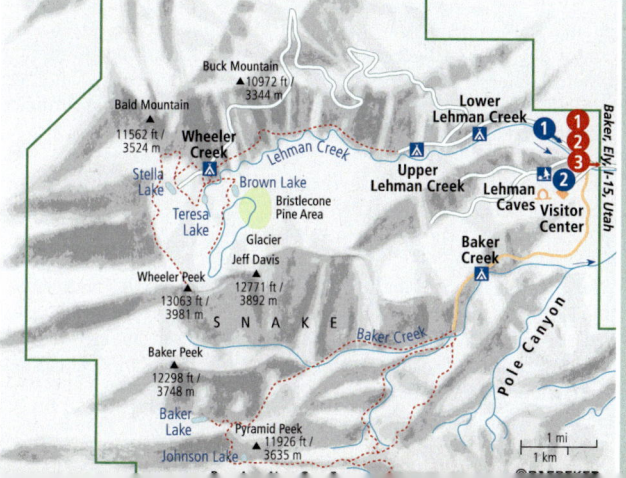

**Great Basin National Park**

Buck Mountain
▲10972 ft /
3344 m

Bald Mountain
11562 ft /
3524 m

**Wheeler Creek**

Lehman Creek

Lower Lehman Creek

Stella Lake

Brown Lake

Bristlecone Pine Area

Teresa Lake

Upper Lehman Creek

Lehman Caves Visitor Center

Glacier

Jeff Davis

Wheeler Peak
13063 ft /
3981 m

12771 ft /
3892 m

Baker Creek

S N A K E

Baker Creek

Baker Peek
12298 ft /
3748 m

Pole Canyon

Baker Lake

Pyramid Peak
▲ 11926 ft /
3635 m

Johnson Lake

Baker, Ely, I-15, Utah

1 mi
1 km

**Übernachten**
❶ Silverjack Inn
❷ Best Western Park Vue
❸ Bristlecone Motel

**Essen**
❶ Cell Block Steak House
❷ Lehman Caves Café

## Great Basin National Park erleben

### AUSKUNFT
**Great Basin National Park**
100 Great Basin National Park
Baker, NV 89311
Tel. 1 775 234 73 31
www.nps.gov/grba
Eintritt in den Park frei

### ÜBERNACHTEN
**❶ Silverjack Inn** Ⓔ
P.O. Box 69, Baker
Tel. 1 775 234 73 23
www.silverjackinn.com
Das Motel mit Blick über das Snake Valley verfügt über sieben Zimmer und drei Apartments mit Küche. Die freundliche Herberge liegt am Rande des weiten Snake Valley.

**❷ Best Western Park Vue** Ⓔ
930 Aultman St., Ely
Tel. 1 775 289 44 97
www.bestwesternnevada.com/ely-hotels
Freundliche und saubere Zimmer zu günstigen Preisen.

**❸ Bristlecone Motel** Ⓔ
700 Avenue I, Ely
Tel. 1 775 289 88 38
www.bristleconemotelelynv.com
Das adrette Motel mit 31 Zimmern liegt am Highway 50, der Straße zum Great Basin National Park.

### ESSEN
**❶ Cell Block Steak House** ⒺⒺⒺ
211 5th Street, Ely
Tel. 1 800 841 54 30
www.jailhousecasino.com
In dem recht gepflegten Casino-Restaurant werden leckere Steaks serviert. Dazu kann man passende Weine auswählen.

**❷ Lehman Caves Café** ⒺⒺ
im Gebäude des Lehman Caves Visitor Center
Tel. 1 775 234 72 21
Nov. – April geschl.
Das Café ist berühmt für seine Eiscreme. Außerdem stehen Suppen, Sandwiches und Desserts auf der Speisekarte.

diglich von Wermutsträuchern und Mormonentee besetzten Felswüste des Großen Beckens. Darüber hinaus kann man unter Tage eine märchenhafte Tropfsteinwelt bewundern. Besonders schön erschließt sich der Park auf der Panoramastraße **Mount Wheeler Scenic Drive**, die am Wheeler Campground endet.

**Visitor Center**　Das Visitor Center liegt am Parkeingang, der von Baker aus angefahren wird, bei den Lehman Caves.
❶ tgl. 8.00 – 16.30 Uhr, im Sommer länger

**\*Lehman Caves**　1885 hat der Farmer Absalom Lehman die heute nach ihm benannten Höhlen entdeckt. Obwohl das Höhlensystem nicht so groß ist wie manch anderes im Südwesten, kann es doch mit außerordentlich **vielgestaltigen Tropfsteinbildungen** aufwarten. In den Höhlen herrscht eine konstante Temperatur von 10 °C.

Am Südende des Parks befindet sich der Lexington Arch. Dieser
Sandsteinbogen ist ein viel beachtetes Naturwunder.

**Lexington
Arch**

# Eureka

✦ **H 4**

**Region:** Pony Express Territory
**Höhe:** 1980 m ü. d. M.
**Einwohnerzahl:** 610      **Telefonvorwahl:** 775

**Eureka war im 19. Jh. durch den Silberbergbau eine der
reichsten Siedlungen in Nevada. Da man in der Stadt viel
Geld verdienen konnte, ist es nicht verwunderlich, dass hier
stattliche viktorianische Bauten entstehen konnten. Heute
wird Eureka von vielen Besuchern als eines der besterhalte-
nen historischen Bergbaustädtchen im amerikanischen Westen gerühmt.**

Der Hauptort des gleichnamigen County erlebte seine Blütezeit in
den 1870er- und 1880er-Jahren. Für Wohlstand sorgte in erster Linie
der Silberbergbau. Auf dem Höhepunkt des Silberbooms lebten 9000
Menschen in der Stadt, in der es damals über 100 Saloons, Dutzende
von Spielhöllen und mehrere Hotels gab. Danach fiel sie in einen
Dornröschenschlaf und wurde erst vor einigen Jahren von Touristen
wachgeküsst, die auf der Suche nach **authentischer Western-Atmosphäre** waren. Auch der Bergbau hat inzwischen wieder an Bedeutung gewonnen. In der Umgebung wurden in den letzten Jahren neue
Minen in Betrieb genommen.

**Silberboom**

## Eureka erleben

**AUSKUNFT**
*Eureka Chamber of Commerce*
115 Main St.
Eureka, NV 89316
Tel. 1 775 2 37 54 84
www.co.eureka.nv.us

**ÜBERNACHTEN**
*Best Western Eureka Inn* ● ●
251 N. Main St.
Tel. 1 775 2 37 52 47
www.bestwestern.com

Die 42 Zimmer und Suiten sind geschmackvoll eingerichtet. Das Hotel verfügt über ein Spa, in jedem Zimmer gibt
es einen Whirlpool und einen Fernseher.

**ESSEN**
*Owl Club Bar & Steakhouse* ● ●
61 N. Main St.
Tel. 1 775 2 37 52 80
Der Club besitzt auch ein kleines Casino,
in dem man nach dem Essen sein Glück
versucht.

**Sehenswertes** Im vornehmen, 1880 fertig gestellten **Courthouse** tagt auch heute noch das Gericht des Eureka County. Das **historische Museum** der Stadt befindet sich im **Eureka Sentinel Building**, wo seit mehr als 100 Jahren Zeitungen und viele andere Drucksachen hergestellt werden. Im Museum sind noch einige alte Druckerpressen zu sehen. Neben der Stadtgeschichte nimmt die Geschichte des Silber- und Bleibergbaus breiten Raum ein.

**Historisches Museum:** Ecke Bateman/ Monroe St.; Mai – Okt. tgl. 10.00 – 18.00, Nov. – April Di. – Sa. 10.00 – 18.00 Uhr

**BAEDEKER WISSEN**

### ? Große Kunst

In seiner Blütezeit konnte sich Eureka sogar den Bau eines Opernhauses leisten. Es wurde 1880 im Herz des Zentrums errichtet (31 S. Main St.) und 1993 mit großem Aufwand restauriert. Ein kunsthandwerkliches Kleinod ist der handbemalte Bühnenvorhang aus dem Jahre 1924.

## SEHENSWERTES IN DER UMGEBUNG

**Diamond Mountains** Östlich und nordöstlich von Eureka kann man die wildromantische Berglandschaft der Diamond Mountains erkunden, um die mehrere Schotterpisten führen. Unweit östlich von Eureka erhebt sich der Diamond Peak (3235 m) als **höchster Gipfel** des Gebirges.

**Hickison Petroglyph Recreation Site** Ca. 50 mi/80 km westlich von Eureka überwindet der US 50 den 2000 m hohen Hickison Summit. Wenige Meilen nördlich davon kann man Zeichen und Figuren bestaunen, die Ureinwohner vom 10. bis zum 15. Jh. in den Fels geritzt haben. Im Bereich dieser **historischen Stätte** ist heute ein kleiner Park mit Campingplatz ausgewiesen.

**Toiyabe National Forest** Westlich vom Hickison Summit durchmisst der US 50 die landschaftlich sehr reizvolle, aber wenig besiedelte **Toiyabe Range**, deren höchster Gipfel 3588 m hoch aufragt. Dieser und die benachbarten Gebirgszüge sind von **Wäldern** bedeckt, die insgesamt als Toiyabe National Forest ausgewiesen sind.

**\*Berlin-Ichthyosaur State Park** Können Sie sich Berlin als Geisterstadt vorstellen? Nein? Dann sollten Sie in den südlichen Toyabe National Forest. Dort liegt sie nämlich, eine Geisterstadt namens Berlin und einige Meilen südlich des Ortes der Berlin-Ichthyosaur State Park. Hier kann man **Fossilien** von Lebewesen bestaunen, die im Erdmittelalter das Jurameer bevölkerten. Eindrucksvoll sind die versteinerten Ichthyosaurier, jene Fischechsen, die bis zu 15 m lang werden konnten.

❶ Zugang: tgl. 8.00 – 16.30 Uhr, geführte Tour (40 Min.) Juni – Aug. tgl. 10.00 u. 14.00, Sa., So. auch 12.00, sonst Sa., So nur 10.00 u. 14.00 Uhr; http://parks.nv.gov/parks/bi

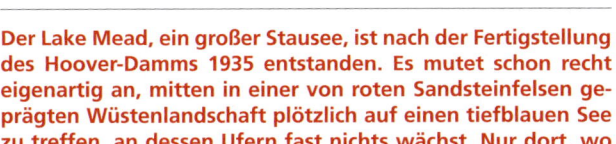

**Schmuckstück in der Main Street: das Opernhaus von Eureka**

# ✳ Lake Mead

✳ **J 7**

**Region:** Clark County (Grenzraum Nevada/Arizona)
**Höhe:** 372 m ü. d. M.

**Der Lake Mead, ein großer Stausee, ist nach der Fertigstellung des Hoover-Damms 1935 entstanden. Es mutet schon recht eigenartig an, mitten in einer von roten Sandsteinfelsen geprägten Wüstenlandschaft plötzlich auf einen tiefblauen See zu treffen, an dessen Ufern fast nichts wächst. Nur dort, wo künstlich bewässert wird, grünt und blüht es.**

Der See übt eine große Anziehungskraft auf Wassersportler und Urlauber aus. Hier kann man schwimmen, Wasserski laufen, segeln und angeln. Die als National Recreation Area ausgewiesene **Erholungslandschaft** zieht jährlich über 9 Mio. Urlauber an. In kleinen Yachthafen kann man Hausboote mieten und tagelang alle Winkel des buchtenreichen Stausees erkunden. Allerdings gab es in den letzten Jahrzehnten immer wieder Dürreperioden, die den Wasserspiegel bedenklich absinken ließen. Der Lake Mead dient nicht nur

**\*Feriengebiet**

## Lake Mead erleben

### AUSKUNFT

**Alan Bible Visitor Center**
601 Nevada Way
Boulder City, NV 89005
Tel. 1 702 2 93 89 90
www.nps.gov/lame

### ÜBERNACHTEN

**The Westin Lake Las Vegas
Resort & Spa** ⊖⊖⊖
101 Montelago Blvd.
Henderson, NV 89011
Tel. 1 702 5 67 60 00
www.starwoodhotels.com

Das luxuriös-gediegene Resort mit seinem von Palmen umstandenen Pool – es ist bei Flitterwöchnern ausgesprochen beliebt – liegt wunderschön am Lake Las Vegas, der hier in den Lake Mead übergeht.

**Temple Bar Resort** ⊖⊖
31409 Temple Bar Rd.
Temple Bar Marina, AZ 86443
Tel. 1 928 7 67 32 11
www.templebarlakemead.com
Freundliches Motel mit Marina direkt am See.

als Wasserspeicher für die am Fuß des Hoover-Staudamms installierten Wasserkraftwerke, sondern vor allem als **Trink- und Brauchwasserreservoir** für die inzwischen aus allen Nähten platzende Wüstengroßstadt ▶Las Vegas und auch als Wasserreservoir für den Bewässerungsfeldbau, der weiter flussabwärts im kalifornischen Imperial Valley betrieben wird.

Am Highway 93 unterhalb von Boulder City ist das **Alan Bible Visitor Center** für die Lake Mead National Recreation Area eingerichtet, in dem man sich über die **Geologie und Geografie** sowie über die Pflanzen- und Tierwelt der Erholungslandschaft erkundigen kann.

**Visitor Center:** tgl. 8.30 – 16.30 Uhr; Eintritt in die Recreation Area 10 $ pro Fahrzeug; www.nps.gov/lake

**\*\*Hoover Dam**
34 mi/55 km südöstlich von Las Vegas, wo der Colorado im Laufe von Jahrmillionen den Black Canyon ausgefräst hat und heute die Grenzlinie zwischen Nevada und Arizona markiert, hat man von 1931 bis 1935 den **seinerzeit größten Staudamm der Welt** konstruiert. Am Bau des 221,28 m hohen, 379,20 m langen (Krone) und an seinem Fuß 201,2 m dicken Betonwalls waren zeitweise bis zu 5000 Arbeiter beschäftigt. Auf beiden Seiten des Staudamms sind Wasserkraftwerke mit gewaltigen Turbinen installiert. Die 17 Generatoren erbringen eine Leistung von 1 920 000 Kilowatt. Ein beachtlicher Teil des hier erzeugten elektrischen Stroms wird vom Energie fressenden Moloch Las Vegas verbraucht.

Auf der Nevada-Seite des Staudamms ist vor wenigen Jahren ein hochmodernes **Visitor Center** eingerichtet worden. Hier beginnen auch die **Führungen**. In einer sehr gut gemachten **Multivisions-schau** wird die Entstehungsgeschichte des technischen Wunder-werks nachgezeichnet. Auch wird erklärt, warum man sich seinerzeit für einen solch folgenschweren Eingriff in das ökologische Gleichge-wicht des Coloradotales entschlossen hat.

❶ Führungen im Sommer Mo.–Do. 9.30–16.00, Fr.–So. bis 16.30, im Winter tgl. 9.30–15.30 Uhr; Eintritt 15 \$; www.usbr.gov/lc/hooverdam

In Boulder City (762 m ü. d. M.; 15 000 Einw.) haben zunächst die am Bau des Staudamms und der beiden Großkraftwerke beteiligten Ar-beitskräfte gewohnt. Heute ist das Städtchen ein bevorzugter Aufent-haltsort von sogenannten Snowbirds: Rentner und Pensionäre, die das **ganzjährig sonnige Wüstenklima**, die vielen Erholungsmög-lichkeiten am Lake Mead sowie das immense Unterhaltungsangebot der nahen Spielermetropole ▶Las Vegas schätzen.

**Boulder City**

Sehr schön ist eine Fahrt auf der Northshore Road, die das zu Neva-da gehörige Ufer des Lake Mead erschließt. Die Straße führt von Boulder City zum Boulder Beach, dann weiter zur Las Vegas Bay und zur Callville Bay. Es folgen die Echo Bay, der Overton Beach und schließlich der Ort Overton. Hier gibt es mehrere **Campingplätze** und **Marinas**.

**North Shore Road**

**Lake Mead: Lebensspender mitten in der Wüste**

**\*Valley of Fire State Park** Nur eine Autostunde (52 mi/84 km) nordöstlich von Las Vegas, am Westufer des Lake Mead, erreicht man das Valley of Fire mit seinen im Sonnenlicht glühenden roten **Sandsteinfelsen**. Der rote Sandstein sowie die hellen Kalk- und Mergelbänder dieser großartigen Landschaft sind in der Jurazeit vor etwa 150 Mio. Jahren entstanden. Die abtragenden Kräfte von Wind und Wetter haben seither wahrlich einen Irrgarten mit vielerlei bizarren Felsbildungen geschaffen. Vor allem bei tief stehender Sonne bietet sich eine höchst imposante Szenerie, die schon so manchen Hollywood-Regisseur inspiriert hat. Vom **Visitor Center** führt ein kurzer Wanderpfad in das rote Sandsteinlabyrinth hinein. Unterwegs kann man Felszeichnungen prähistorischer Indianer studieren. Ebenfalls beim Visitor Center beginnt ein mehrere Meilen langer **Scenic Drive**, der zu den schönsten Aussichtspunkten in diesem Felsirrgarten führt.

**Visitor Center:** tgl. 9.00 – 16.30 Uhr; Eintritt in den Park 10 $ pro Fahrzeug; http://parks.nv.gov/parks/valley-of-fire-state-park

**Overton Beach** Unterhalb vom Valley of Fire State Park erstreckt sich der von Badegästen gern besuchte Overton Beach am Ufer des Lake Mead. Weiter nördlich, nahe der Mündung des Virgin River in den Lake Mead, liegt **Overton** (3000 Einw.), ein Ortsteil von Las Vegas, wo sich die Lake-Mead-Urlauber mit allen Dingen des täglichen Bedarfs versorgen können.

**Lost City Museum** Beachtung verdient das an der Straße ins Moapa Valley gelegene Lost City Museum of Archaeology. Hier hat man Teile eines **altindianischen Pueblo** restauriert, das vor etwa 1500 Jahren bewohnt war. Neben Artefakten der indianischen Ureinwohner kann man hier eine größere Kollektion von (Halb-) Edelsteinen und diversen Fossilien bestaunen, die man in dieser Gegend gefunden hat.

❶ Do. – So. 8.00 – 16.30 Uhr; Eintritt 5 $; http://museums.nevadaculture.org

> **!** BAEDEKER TIPP
>
> *Rafting*
>
> Verschiedene Anbieter organisieren Rafting-Touren in unterschiedlichen Schwierigkeitsstufen auf dem Colorado River. Wer den besonderen Kick sucht, dem sei eine Rafting-Tour von der Willow Beach Marina unterhalb des Hoover Dam durch den Black Canyon empfohlen.

Nördlich von Overton erstreckt sich das sehr fruchtbare **Moapa Valley,** das zu den am längsten besiedelten Landstrichen in Nevada gehört. Hier befand sich einstmals ein riesiges Pueblo der Anasazi, die jedoch schon Mitte des 12. Jh.s aus dieser Gegend abwanderten.

**Lake Mohave** Talabwärts wird der Colorado zum Lake Mohave (▶Laughlin) aufgestaut, dessen Uferzonen Teil der Lake Mead N. R. A. sind.

Lake Tahoe: für Mark Twain die schönste Landschaft der Welt

# Lake Tahoe (Ostufer)

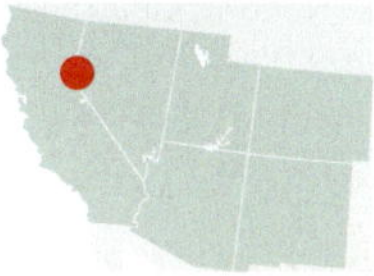

**★★**

✳ D 4/5

**Region:** Lake Tahoe
**Höhe:** 1897 m ü. d. M.

**Die Landschaft am Lake Tahoe, die für Mark Twain die schönste der Welt war, ist ein Ganzjahresferienparadies. Im Winter kann man hier oben dank beträchtlicher Schneemengen alle Formen von Wintersport treiben. Und im Sommer tummeln sich hier Badeurlauber, die die spektakuläre Natur genießen.**

Der Lake Tahoe, eines der schönsten Reiseziele im amerikanischen Westen, liegt im Grenzgebiet der beiden US-Bundesstaaten Nevada und Kalifornien. Er füllt eine tektonische Mulde, die zwischen die Dreitausender der Sierra Nevada im Westen und die weniger hohe Carson Range im Osten eingetieft ist. Der See hat eine Fläche von 518 km² und ist damit ähnlich groß wie der Bodensee. Die mittlere Seespiegelhöhe des Lake Tahoe liegt bei 1900 m ü. d. M.; der See ist knapp 35 km lang, bis zu 19 km breit und bis zu 500 m tief. Das von zahlreichen Gebirgsbächen gespeiste Gewässer ist umrahmt von

**Amerikanischer Bodensee**

## Lake Tahoe erleben

### HINWEIS

Weitere Übernachtungsmöglichkeiten
gibt es in Carson City, NV (▶S. 384) und
auf der kalifornischen Seeseite (▶S. 218).

### ÜBERNACHTEN

*Hyatt Regency*
*Lake Tahoe Resort* 🟢🟢🟢🟢
111 Country Club Drive
Incline Village, NV
Tel. 1 775 832 12 34
www.laketahoe.hyatt.com
Das direkt am See gelegene Hotel zieht
vor allem sportlich ambitionierte Gäste
an. Die großzügig konzipierten Räumlichkeiten kommen den Bedürfnissen
von Urlaubern sehr entgegen.

*Harrah's Hotel & Casino* 🟢🟢
Stateline
Tel. 1 775 588 66 11
www.harrahs.com
Das moderne und gut ausgestattete
Hotel gehört zu den besten Adressen am
Lake Tahoe.

*Harvey's* 🟢🟢
Stateline
Tel. 1 702 588 24 11
www.harveystahoe.com
Das 1944 eröffnete »Erste Haus am
Platz« gibt bis heute den Ton an. Hier
kann man nicht nur übernachten, sondern auch Shows erleben und von leger
bis fein dinieren.

zauberhaften **Gebirgswäldern**, deren beherrschende Gewächse
Ponderosakiefern und Weißtannen sind. Zahlreiche Hotels, Motels
und Ferienhäuser umrahmen den See. Leider sind aus diesem
Grund nur wenige Stellen des Seeufers für die Allgemeinheit zugänglich.

## ✳ SCENIC DRIVE

Der gesamte See kann auf sehr gut ausgebauten Straßen mit dem
Auto umrundet werden. Unterwegs bieten sich an vielen Stellen
**spektakuläre Ausblicke** auf den See und auf die dahinter majestätisch aufragenden schneebedeckten Gipfel. Im Folgenden sind nur
jene Orte beschrieben, die auf dem Gebiet des Bundesstaats Nevada
liegen.

**Stateline**  Ganz im Südwesten des Lake Tahoe, wo die US 50 die Grenze nach
Kalifornien überschreitet, liegt der 1500-Seelen-Grenzort Stateline,
der nahezu ganz und gar von seinen **zahlreichen Spielkasinos** lebt.
Die meisten Gäste kommen aus Kalifornien bzw. sind Touristen, die
sich gerade in dieser Gegend aufhalten. Natürlich gibt es hier – ähnlich wie in ▶Las Vegas und ▶Reno – jene ziemlich kitschig wirkenden
Hochzeitskapellen, in denen eine schnelle und unkomplizierte Eheschließung möglich ist.

Unmittelbar nördlich von Stateline trifft man auf **Friday's Station**, die ihre große Zeit längst hinter sich hat. Hier wechselten einst die schnellen Reiter des Pony Express ihre Pferde.

Vom Top of Ski Run Boulevard kann man täglich von 10.00 bis 21.00 Uhr mit der Luftseilbahn ins Heavenly Ski Area hinaufschweben (www.skiheavenly.com). Vom 2515 m ü. d. M. gelegenen Top of the Tram bietet sich ein traumhaft schöner Blick auf den Lake Tahoe und die dahinter aufragende Hochgebirgskulisse der Sierra Nevada. In der kalten Jahreszeit herrschen hier oben geradezu ideale Bedingungen für den **alpinen Skisport**.

**Heavenly Aerial Tram**

4 mi/6 km nördlich von Stateline erreicht man die Zephyr Cove (www.zephyrcove.com). In der warmen Jahreszeit legt hier mehrmals täglich der **Schaufelraddampfer** MS »Dixie II« zu Rundfahrten auf dem Lake Tahoe ab. Während der Fahrt kann man an Bord eine köstlich zubereitete Mahlzeit genießen.

**Zephyr Cove**

Auf der NV 28 gelangt man wenig später in den Lake Tahoe Nevada State Park, wo man im Sommer alle Arten von Wassersport (inklusive Tretbootfahren) betreiben kann. Es gibt eine Bootsrampe für Freizeitkapitäne und einen schönen Badestrand an der Crystal Bay, wo sich an heißen Sommertagen besonders viele Badegäste tummeln. Ferner sind in dem Naturschutzgebiet mehrere idyllische **Spazier- und Wanderwege** angelegt.

**Lake Tahoe Nevada State Park**

Im Nordosten des Lake Tahoe, wenige Meilen vor der kalifornischen Grenze, liegt Incline Village (9000 Einw.) vor der **spektakulären Hochgebirgskulisse** der Sierra Nevada. Zahlreiche mehr oder weniger geschmackvoll eingerichtete Spielkasinos, Hochzeitskapellen etc. versprechen hier, zum schnellen Glück zu verhelfen. Viele Besucher kommen vor allem wegen der Kasinos nach Incline Village.
Einen Besuch lohnt aber auch die in den 1930er-Jahren erbaute exklusive **\*Thunderbird Lodge**. Sie ist ein Musterbeispiel für den Baustil der sogenannten Tahoe Society, zu der illustre und vor allem finanziell gut gestellte Persönlichkeiten gehört haben.
Östlich und nordöstlich von Incline Village gibt es drei sehr gut erschlossene **Skigebiete**, wo sich schon mehrfach die besten Abfahrtsläuferinnen und -läufer der Welt gemessen haben: die **Diamond Peak Ski Area**, die **Mount Rose Ski Area** und das große **Skigelände am Slide Mountain**, der mit 2955 m fast so hoch wie Deutschlands höchster Berg, die Zugspitze, ist.

**\*Incline Village**

**Thunderbird Lodge:** Führungen: Juni – Okt. Di. – Sa., nur mit Reservierung (Tel. 1 800 4 68 24 63); Eintritt 39 $; www.thunderbirdtahoe.org

►California (South), Lake Tahoe

**Kalif. Ufer**

## ✳✳ **Las Vegas**

✦ H 7

**Region:** Las Vegas Territory
**Höhe:** 616 m ü. d. M.
**Einwohnerzahl:** 604 000 (Greater
Metropolitan Area: 1,9 Mio.)　　**Telefonvorwahl:** 702

**Las Vegas gehört zu den bekanntesten Touristenzielen der Welt. In der Stadt, die niemals schläft, zählt man in guten Jahren rund 36 Mio. Besucher. Erst am Abend, wenn alle Lichtreklamen leuchten, entwickelt die Welthauptstadt des Glücksspiels ihr eigentliches Flair, besonders am Strip. Hier reihen sich Resorthotels und Unterhaltungspaläste mit Kasinos, Hochzeitskapellen, Restaurants und Bars aneinander.**

**Wüstenoase**　Die weltbekannte Spielermetropole Las Vegas liegt in einer fahlbraunen, von weitgehend kahlen Bergen umgebenen Wüstenlandschaft. Im Osten erheben sich die Muddy Mountains, hinter denen sich der Lake Mead verbirgt, im Westen ragen die Spring Mountains auf, die oft bis weit in den Frühling Hauben aus Schnee tragen. Im Hochsommer steigen die Tagestemperaturen in der Wüstenoase häufig über die 40 °C-Marke und sinken nachts kaum unter 24 °C. Auch im Winter ist es ziemlich warm. Im Januar steigt das Thermometer immerhin auf 13 °C; das Minimum liegt knapp über der 0°-Grenze. Stärkere Fröste sind sehr selten.

**Am Anfang war die Eisenbahn**　1905, als die Union Pacific Railroad die Oase Las Vegas erreichte, entstand eine Eisenbahnersiedlung mit Geschäften, Saloons und damals noch illegalen Spielhallen. Der große Aufschwung setzte Anfang der 1930er-Jahre ein, als das **Glücksspiel** in Nevada legalisiert und mit dem Bau des **Hoover-Staudamms** (▸Lake Mead) begonnen wurde. Tausende fanden damals an der Großbaustelle und in Las Vegas Arbeit. Nach der Fertigstellung des Staudamms und der Inbetriebnahme der Turbinenkraftwerke wurde Las Vegas als Lichterstadt weltbekannt. Die Lockerung der Heirats- und Scheidungsgesetze in Nevada verstärkte den Zuzug nach Las Vegas. 1941 wurde das erste Großhotel mit Spielhalle erbaut: »El Rancho«. Es wurde zur Keimzelle des »Strip«, an dem fünf Jahre danach die Mafiagröße »Bugsy« Siegel das Fla-

**?** **BAEDEKER WISSEN**

*Jahr der Superlative*

2014 war für Las Vegas ein großartiges Jahr. 41.126.512 Gäste kamen in die Entertainment-Metropole (Rekord!). An Wochenenden lag die Bettenauslastung bei mehr als 93 % (Rekord!). Das neue Riesenrad »The High Roller« wurde eröffnet (Rekord! Es ist mit einer Höhe von 167 Metern das derzeit höchste Riesenrad der Welt!)

# Las Vegas

**Springs Preserve**

Alta Drive

1 km
1 mi
©BAEDEKER

West Charleston Boulevard

West Oakey Boulevard

**Bob Baskin Park**

West Sahara Avenue

**Palace Station**

**Stardust**

**Riviera**

**Frontier**

**Fashion Show Mall**

**Treasure Island**

**Palazzo**

**Venetian**
**Harrah's**
**The LINQ**
**Flamingo**

**Barbary Coast**

**Caesars Palace**

**Bellagio**

**Holiday Inn**
**Boardwalk**

**L.V. CityCenter**
a The Crystals
b Vdara
c Aria
d Mandarin Oriental

**Monte Carlo**

**New York New York**

**Mandalay Bay**

**Rio Suites**

**Forum Shops**

**Le Reve**

**Golf Club**

Sands Ave.

**High Roller**

Flamingo/ Caesars Palace

**Bally's**
**Paris-Las Vegas**
Bally's/ Paris

**Planet Hollywood**

**Polo Towers**

**MGM Grand**
MGM Grand

**San Remo**

**Tropicana**

S. Grand Cen.

Main Street

Parkway

**Las Vegas Premium Outlet**

2 City Hall
1
5
4
3
**DOWN-TOWN**

**County Courthouse**

East Bonanza Road
**Old Mormon Fort**

East Charleston Boulevard

**Clark County Library**

**Stratosphere Tower & Casino**

**Circusland RV Park**

**Wynn**

Sahara

**Las Vegas Hilton**
L.V. Hilton

**Convention Center**

L.V. Convention Center

Riviera Ave.
Convent Ctr. Dr.

Karen Avenue

**Las Vegas Country Club**

East Oakey Boulevard

**Baker Park**

East Sahara Avenue

Karen Avenue

**Valley High School**

St. Louis Avenue

**Canosa Park**

**Jaycee Park**

Desert Inn Road

**Commanche Park**

East Twain Avenue

**Harrah's/ The LINQ**

**Quality Inn**

**Days Inn**

**Crowne Plaza**

**Hard Rock Hotel**

**University of Nevada Las Vegas**

**Hofbräuhaus**

**Amerisuites**

**Thomas & Mack Center**

East Tropicana Avenue

**Mc Carran International Airport**

Maryland Parkway
Fremont Street
Eastern Avenue
515

Paradise Road
Swenson Street
Spencer Street
Koval Lane
Paradise Road

Valley View Boulevard
South Highland Drive
Industrial
Western
Las Vegas Boulevard
15

## Las Vegas erleben

### AUSKUNFT
*Las Vegas Convention & Visitors Authority (LACVA)*
3150 Paradise Rd.
Las Vegas, NV 89109
Tel. 1 702 8 92 75 75
www.visitlasvegas.com

*LACVA (in Deutschland)*
c/o Aviareps Mangum
Sonnenstraße 9, 80331 München
Tel. 0 89 23 66 21 30
www.visitlasvegas.de

### SHOPPING
*Las Vegas Premium Outlet South*
▶ S. 417

### ÜBERNACHTEN
**❶** *Bellagio* ⊜⊜⊜
3600 S. Las Vegas Blvd.
Tel. 1 702 6 93 71 11
www.bellagio.com

Die gigantische Nobelherberge mit dem größten künstlichen See der Stadt, illustren Wasserspielen und dem nachgebauten Dorf aus den italienischen Alpen gehört zu den angesagtesten Adressen in Las Vegas.

**❷** *The Mirage* ⊜⊜⊜
3400 Las Vegas Blvd.
Tel. 1 702 7 91 71 11
www.mirage.com
Eines der schönsten Hotels ist »The Mirage«: allabendlich werden künstliche Vulkanausbrüche geboten.

**❸** *Golden Nugget* ⊜⊜
129 E. Fremont St.
Tel. 1 702 3 85 71 11
www.goldennugget.com
Eines der ältesten Häuser seiner Art ist das »Golden Nugget«, wenige Kilometer abseits vom Strip im alten Zentrum von Las Vegas. Vor dem Haus gibt es

**Das Luxor: ägyptisches Flair seit 1993**

abends stündlich die »Fremont Street Experience Light Show«.

### ❹ *Paris – Las Vegas* €€
3655 Las Vegas Blvd.
Tel. 1 702 96 77 00 00
www.caesars.com/paris-las-vegas
Komfortables Hotel mit geschrumpftem Eiffelturm und Mini-Louvre.

### ❺ *Luxor* €€
3900 Las Vegas Blvd.
Tel. 1 702 2 62 40 00
www.luxor.com
Rund um den Pyramiden-Gebäudekomplex fühlt man sich wie am Nil, und auch in seinem Inneren geht es sehr ägyptisch zu.

### ❻ *Excalibur* €
3850 Las Vegas Blvd.
Tel. 1 702 5 97 77 00
www.excalibur.com
Die Zimmer diese Märchenschlosses sind geräumig und mit dem üblichen Komfort ausgestattet. Das familienfreundliche Hotel bietet auch allerlei Attraktionen für Kinder.

### ❼ *Circus Circus* €
2880 Las Vegas Blvd.
Tel. 1 702 7 34 04 10
www.circuscircus.com
Am nördlichen Strip steht dieser Hotel- und Spielkasino-Komplex, dessen Motto die Welt des Zirkus ist. Man kann hier preiswert übernachten.

## ESSEN
### ❶ *Benihana* €€€
3000 Paradise Rd.
Tel. 1 702 7 32 53 34
www.benihana.com
Abseits der Spielhöllen bietet sich die Gelegenheit, beste japanische Küche zu genießen. Geboten werden u.a. ausgesprochen leckere Teppanyaki-Spezialitäten und vielerlei köstliche Sushi-Variationen.

### ❷ *Wolfgang Puck Bar & Grill* €€
3799 Las Vegas Blvd.
Tel. 1 702 8 91 73 37
www.wolfgangpuck.com
Auch in Las Vegas, im MGM Grand, unterhält der österreichische Meisterkoch eine Niederlassung. Schöne Salate bekommt man hier ebenso wie »Designer«-Pizza.

### ❸ *Bougainvillea Café* €€
4100 Paradise Rd
(im »Terribles«)
www.terriblescasinos.com/dining
Im täglich rund um die Uhr geöffneten Diner etwas abseits vom Strip gibt es durchgehend Frühstück, aber auch Herzhafteres wie Spare Ribs, chinesische Spezialitäten und Suppen – meist erstaunlich günstig.

mingo eröffnete und dann ein Vergnügungspalast nach dem anderen aus dem Wüsten wuchs. Trotz kleinerer Rückschläge hielt der Bauboom in Las Vegas bis 2006 an. Die Stadt breitete sich immer weiter in die Fläche aus.

Mittlerweile steht die »Welthauptstadt der Zocker« vor ernsten Entwicklungsproblemen. Dies gilt besonders für die **Wasserversorgung**, zumal die Region immer häufiger unter Dürre leidet. Der

**Entwicklungsprobleme**

# Viva Las Vegas!

*Atombomben, Wassermangel, Korruption: Das Zockerparadies in der Wüste beherrscht alle Überlebenstechniken. Und ist ein Paradebeispiel für Kapitalismus pur.*

Am besten kommt man in den Abend- oder Nachtstunden an. Die Lichtglocke der **Zocker-Welthauptstadt** ist schon aus 20 km Entfernung zu sehen, vom Highway 15 aus hört man bei heruntergelassenen Fenstern sogar das Partygewummer. Im Autoradio singt das Tourismusbüro das übliche Hosianna: Las Vegas sei die am schnellsten wachsende Stadt der USA, derzeit hat sie 1,2, in drei, vier Jahren wohl 2 Mio. Einwohner! Und der Airport zählt mit 800 Starts und Landungen täglich zu den zehn geschäftigsten Flughäfen der Welt! Rund 37 Mio. Besucher zählt die Stadt derzeit im Jahresdurchschnitt.

## A-Bomben in der Einöde

Wahnsinnsdaten. Las Vegas liegt in der **Mojave-Wüste**, mitten im gelbbraunen Nichts, »in the middle of nowhere«, wie die Amerikaner so schön sagen. Und es liegt nur eine Autostunde südwestlich von **Yucca Mountain**, dem größten Müllplatz für radioaktive Abfälle der Welt. Yucca Mountain ist Teil der Nevada Test Site. Von 1951 bis 1962 wurden in dem hermetisch abgeriegelten Sperrgebiet etwa einhundert Atombomben überirdisch gezündet. Bis 1988 wurden weitere 900 nukleare Sprengsätze unterirdisch zur Detonation gebracht. Die Frage drängt sich auf: Welches Marketing-Genie schaffte es, jahraus jahrein Abermillionen Menschen nach Las Vegas, diesen auch ver-

kehrstechnisch entlegensten Punkt der »Lower 48«, zu locken? Wer überredete sie dazu, gleich neben dem weltweit größten Testgelände für A-Bomben, von wo aus bis in die 1960er-Jahre hinein radioaktiv verseuchte Wolken nach Osten trieben und in St. George in Süd-Utah die Zahl der Krebstoten explodieren ließen, bis zum Morgen durchzutanzen?

Nevada hieß die Atomic Energy Commission (AEC) damals mit offenen Armen willkommen. Am 27. Januar 1951, der **Kalte Krieg** war in vollem Gange, wurde die erste Bombe gezündet. Gouverneur Charles Russell verkündete stolz, das wertlose Terrain sei nun endlich einem guten Zweck zugeführt. Wie naiv man damals war, zeigt das im Februar 2005 in Las Vegas unweit vom Strip eröffnete Atomic Testing Museum: Man glaubte einer Zeichentrick-Schildkröte, die Schulkindern **»duck and cover«** unter Schreibtischen empfahl, das gewähre hinreichend Schutz gegen 10-Megatonnen-Bomben. Und man träumte von einer friedlichen Nutzung. So sollte eine Testreihe sogar erkunden, ob quer über den Isthmus verteilte nukleare Sprengsätze einen zweiten Panama-Kanal freisprengen konnte. Die Atombombe, hoffte man, würde den Krieg eliminieren. Jede Detonation wurde wie ein Sieg über die ihrerseits Atombomben testende Sowjetunion gefeiert. So wusste der Bürger, dass die nationale Sicherheit in guten Händen war.

### *Explosion als Sensation*

Nach Glücksspiel und liberalem Scheidungsrecht verhieß der **Nevada Test Site Boom** für Las Vegas einen neuerlichen Aufschwung. »Atom Bomb Test Watching« war ein neues Produkt, das vermarktet werden wollte. Jede Explosion, von den Medien angekündigt, lockte mehr Schaulustige an. Man reiste nach Las Vegas, um das Vibrieren unter den Füßen zu spüren, um zu erleben, wie die Druckwelle Scheiben eindrückte, und um den Pilz zu sehen, der sich in 70 Meilen Entfernung in die Stratosphäre schraubte. Hotels boten termingerecht Pauschalarrangements an.

Ladenbesitzer lockten am Tag der Explosion mit saftigen Nachlässen, die Preise wurden »nuked«, »vaporized«, »smashed«, »blasted« oder »detonated«. Die Eröffnung neuer Kasinos und Hotels wurde auf Testtage gelegt. Restaurants setzten »Atom-Burger« auf ihre Speisenkarte. Aus Showgirls und Atombomben, Las Vegas' größten Attraktionen, kreierten findige Unternehmer eine neue Attraktion: Im Mai 1952 kürten Soldaten, die an Tests in Yucca Flats teilgenommen hatten, im Last Frontier Hotel eine Tänzerin zur ersten **»Miss Atomic Blast«**.

Andere Hotels folgten, bald gab es auch eine »Miss A-Bomb« und eine »Miss Big Bang«. Die letzte Sex-Bombe wurde die bekannteste.

**So verlassen präsentiert sich der Strip nur in den frühen Morgenstunden.**

## Highlights Las Vegas

▶ **Stratosphere Tower**
Vom höchsten frei stehenden Turm der USA hat man eine atemberaubende Rundsicht.
▶Seite 412

▶ **The Mirage**
Das 1989 eröffnete Megaresort ist nach wie vor eine der schönsten Hotelanlagen der Stadt.
▶Seite 411

▶ **Venetian**
Zauberhaft: Venedig in der Wüste
▶Seite 414

▶ **Bellagio**
Fantastische Wasserspiele!
▶Seite 414

▶ **Las Vegas CityCenter**
Ein architektonisches Highlight
▶Seite 415

Grundwasserspiegel ist gesunken. An manchen Stellen in der Stadt ist es aus diesem Grund bereits zu Bodenabsenkungen um 2 m gekommen. Eine erhöhte Wasserentnahme aus dem Lake Mead würde zu schweren Beeinträchtigungen in anderen Städten und Regionen des Südwestens führen, die ebenfalls von der Wasserzufuhr des Colorado und seiner Nebenflüsse abhängig sind. Ein sinnvolleres »Water Management« ist das Gebot der Stunde.

Neben dem Wasserproblem bereiten die immens gewachsenen **Müllmengen** sowie das ständig steigende **Verkehrsaufkommen** zu Lande und in der Luft erhebliche Sorgen. Und noch wenig beschäftigt hat man sich mit der **Luftverschmutzung**, die sich an vielen Tagen im Jahr als diffuse Dunstglocke bemerkbar macht.

Seit 2007 sind Auswirkungen der **Finanz- und Immobilienkrise** unübersehbar: Rund 100 000 Eigenheime stehen leer und Bauvorhaben in einem Gesamtwert von vielen Milliarden US-Dollar sind aufgeschoben. Die Zahl der Obdachlosen ist auf 14 000 emporgeschnellt.

**Aufenthalt in Las Vegas** Das Angebot an Hotelbetten ist enorm. Derzeit stehen rund 150 000 Zimmer zur Verfügung, wobei die Palette von der sündhaft teuren Luxussuite bis zum einfachen Motelzimmer reicht. Am Strip und in Downtown stehen **einige der größten Hotels der Welt**, darunter das 2009 eröffnete Hotel-Kasino »Aria« mit 4000 Zimmern und Suiten. Besonders kostspielig sind Übernachtungen an Wochenenden, d.h. von Freitag bis Sonntag. Hingegen kann man von Sonntag bis Donnerstag – sofern keine Messen oder andere Großveranstaltungen stattfinden – in den Genuss von **Sonderangeboten** kommen. Da die Hotels aber vor allem mit ihren Spielkasinos und sonstigen Vergnügungseinrichtungen locken, bewegen sich die Übernachtungspreise für »normale« Besucher nie in schwindelnden Höhen. Ähnliches gilt für die Verköstigung. Zu den Tischzeiten werden in den Speisesälen einiger Kasinohotels üppige Buffets aufgebaut, andere locken mit Gourmet-Restaurants berühmter Sterneköche, die allerdings ihren Preis haben.

In den großen Kasinohotels finden täglich mehrere varietéähnliche Shows statt. Im Rahmen von Show-Programmen der Spitzenklasse treten weltbekannte Stars auf.     **Shows**

In den riesigen Spielhallen kann man (fast) alle Arten von Glücksspiel ausprobieren. Schnelles Geld versprechen die sogenannten **Einarmigen Banditen** (Slot Machines), von denen Hundertschaften zu ganzen Labyrinthen angeordnet sind. Nebenan kann man an Spieltischen **»Black Jack«, »Roulette«** und **»Baccarat«** spielen oder um größere Beträge pokern. Beliebte Zahlenlottos sind **»Keno«** (amerikanische Variante eines beliebten chinesischen Spiels) und **»Bingo«**. Vor allem bei Letzterem geht es oft ziemlich lautstark zu.     **Spielkasinos**

Die gesetzlichen Rahmenbedingungen des Staates Nevada lassen eine unkomplizierte Eheschließung zu. Aus diesem Grunde gibt es in Las Vegas zahlreiche Wedding Chapels (Hochzeitskapellen), in denen jährlich mehrere Zehntausend Paare getraut werden. Jedes größere Kasinohotel besitzt eine solche Institution. Für eine Heirat in Las Vegas braucht man nicht einmal sein Hochzeitsauto zu verlassen. Beim sogenannten **»drive-through service«** werden die Paare quasi im Vorbeifahren getraut.     **Hochzeitsparadies**

## DOWNTOWN CASINO CENTER • FREMONT STREET

Las Vegas Downtown, wie das alte Zentrum der Spielerstadt heißt, hat in den letzten Jahrzehnten im Vergleich zum ausbaufähigen Strip an Bedeutung verloren, obwohl es die Keimzelle des hiesigen Glücksspiels ist. Daran haben auch zig Millionen Dollar teure Modernisierungsmaßnahmen bislang nicht viel ändern können. Nach wie vor ist in Downtown alles etwas billiger als am Strip.     **Downtown**

Lediglich im Bereich Union Pacific Station–Fremont Street, wo der weltbekannte Neon-Cowboy namens Vegas Vic seit dem Jahre 1951 grüßt und Sassy Sally (alias Vegas Vicky) als weibliches Pendant ihr Neon-Bein schwingt, ist es gelun-

**? Fiat lux!**

**BAEDEKER WISSEN**

Für die Fremont Street Experience wurden 12,5 Mio. LEDs (Leuchtdioden) installiert, die mehr als 60 000 Farbtöne erzeugen können. Die Menge an Strom, die hier für die spektakulären, bunten Lichteffekte verbraucht werden, würde für mehr als 1700 Einfamilienhäuser ausreichen!

gen, der Szenerie wieder zu etwas mehr Glamour zu verhelfen. Über die Fremont Street hat man einen **Multi-Media-High-Tech-Sternen-himmel** mit vielen phonstarken Lautsprecherboxen gespannt, der eindrucksvolle computergesteuerte Laser-Licht- und Schallgewitter ermöglicht. Diese **\*Fremont Street Experience** findet abends von 18.00 bis 23.00 Uhr zu jeder vollen Stunde statt. Nicht weit westlich lockt das **Las Vegas Premium Outlet** mit besonders günstigen Preisen in über 100 Designer-Läden.

**Las Vegas Premium Outlet:** 705 S. Grand Central Parkway; www.premiumoutlets.com

## **\*\* THE STRIP (LAS VEGAS BOULEVARD)**

**\*\*Stratosphere Tower**
Einen herrlichen Ausblick auf den Strip und das Downtown Casino Center hat man von diesem 350 m hohen Turm. Oben kann man **die höchstgelegenen »Thrill Rides« der Welt** ausprobieren: Freifallturm und zwei weitere, bei denen man jeweils über den Abgrund geschwenkt wird – atemberaubender Spaß! (▶Baedeker Wissen S. 412).

**\*Palazzo Las Vegas**
Das Palazzo ist das **derzeit höchste Kasinohotel der Stadt** (53 Stockwerke, 3066 Zimmer und Suiten). Hier gibt es nicht weniger als 120 Spieltische und 1400 Einarmige Banditen. Mehrere Feinschmecker-Restaurants, luxuriöse Boutiquen, eine Wellness-Oase und ein Musical-Theater ziehen weitere Gäste an.

❶ 3325 Las Vegas Blvd.; Tel. 1 607 77 77; www.palazzo.com

**\*Wynn Las Vegas**
I50 Stockwerke mit 2716 Zimmern und Suiten umfasst das Wynn mit Spielkasino, Konferenzzentrum, 18 Restaurants und Bars, diversen Geschäften, Golfplatz, künstlichem See, riesigem Wellness-Bereich und zwei Hochzeitskapellen. In der hauseigenen **Kunstgalerie** sind Arbeiten u. a. von Manet, Van Gogh, Gauguin und Picasso zu sehen.

❶ 3131 S. Las Vegas Blvd.; Tel. 1 702 7 70 70 00; www.wynnlasvegas.com

**Circus Circus**
Zu den vor allem bei Familien beliebten und preiswerteren Adressen gehört das »Circus Circus« mit 3770 Zimmern und allabendlichen artistischen Darbietungen. Das Circusland RV Park liegt direkt dahinter.

❶ 2880 S. Las Vegas Blvd.; Tel. 1 877 4 34 91 75; www.circuscircus.com

**\*Las Vegas Hilton**
Folgt man dem Riviera Boulevard in östlicher Richtung, so kommt man zum »Las Vegas Hilton«, das mit 3174 Zimmern und Suiten zu den größten und luxuriösesten Hotels in Las Vegas zählt.

❶ 3000 Paradise Rd.; Tel. 1 702 7 32 51 11; www.thelvh.com

**Convention Center**
Weiter östlich kommt man zu dem mit modernster Tagungstechnik ausgestatteten Las Vegas Convention Center.

Rechts und links vom Strip leuchtet und glitzert es in allen Farben.

Südwestlich gegenüber liegt die Fashion Show Mall, in der über 250 Boutiquen mit klangvollen Namen (u.a. Lillie Rubin, Ann Taylor, Louis Vuitton) angesiedelt sind.

**Fashion Show Mall**

❶ Mo. – Fr. 10.00 – 21.00, Sa. 10.00 – 19.00, So. 13.00 – 18.00 Uhr; www.thefashionshow.com

Im 36 Stockwerke hohen »Treasure Island« gibt es rund 2900 Gästezimmer. In der vor dem Hotel angelegten künstlichen Lagune wird täglich um 17.30, 19.00, 20.30 und 22.00 Uhr die (kostenlose) halbstündige Show »The Sirens of Treasure Island« mit allerlei Tricks der modernen Pyrotechnik dargeboten. Und drinnen zeigen derweil die Artisten des Cirque du Soleil ihr Programm »Le Mystère«.

**\*Treasure Island**

❶ 3300 Las Vegas Blvd.; Tel. 1 702 8 94 71 11; www.treasureisland.com

»The Mirage«, ein 30-stöckiger Gebäudekomplex mit mehr als 3000 zumeist sehr luxuriös ausgestatteten Zimmern und Suiten, gehört zu den eher teuren Adressen von Las Vegas. Vor dem Haus bricht jede Viertelstunde ein künstlicher Vulkan aus. Drinnen zeigt eine Truppe des Cirque du Soleil jeden Abend ihre **»Love«-Show** vor ausverkauften Reihen. Im Mirage traten Siegfried & Roy mit ihren weltberühmten **weißen Tigern** auf bis 2004, als Roy von einem der weißen Tiger schwer verletzt wurde. Sozusagen als Erinnerung hat man beim Mirage ein **White Tiger Habitat** angelegt.

**\*\*The Mirage**

# ** *Action unter den Wolken*

*Der Eiffelturm wirkt fast winzig gegen den Stratosphere Tower, den höchsten frei stehenden Aussichtsturm Amerikas. Der 350 m hohe Vergnügungsturm ist seit 1996 die unübersehbare Landmarke der Stadt. Umwerfend sind nicht nur die Ausblicke über Stadt und Umland, sondern auch – manchmal wahrscheinlich im wahrsten Sinne des Wortes – die diversen Fahrgeschäfte in luftiger Höhe.*

So. – Do. 10.00 – 1.00,
Fr., Sa., Fei. 10.00 – 2.00 Uhr
Eintritt 18 $, Thrill Ride Ticket 15 $,
www.stratospherehotel.com

**❶ Hotel**
Am Fuß des Turms befindet sich das Mittelklassehotel Stratosphere Las Vegas. Mehrere Hundert Zimmer und luxuriöse Suiten stehen zur Verfügung, dazu Pools und Badelandschaften, Wellness, Fitnesscenter und mehr.

**❷ Kasino**
Im weitläufigen Kasinobereich können Gutbetuchte ihr Geld an mehr als 50 Spieltischen oder an einem der 1500 Automaten aufs Spiel setzen.

**❸ Konferenzräume**
Im 103. und 104. Stock können Räume für Konferenzen gebucht werden. Falls man sich bei der Aussicht noch auf die Tagung konzentrieren kann …

**❹ Restaurants**
Ob Roxy's Diner, Fellini's Ristorante, McCall's Heartlang Grill oder das Top of the World Restaurant – im Tower wird für jeden Geschmack etwas geboten.

**❺ Lifte**
Eine Reihe von Fahrstühlen bringt Sie in rasanter Geschwindigkeit zur Kuppel. Insgesamt dauert die Fahrt nur 30 Sekunden.

**❻ Thrill Rides**
Für Nervenkitzel pur sorgen »Big Shot«, »X Scream« und »Insanity the Ride«. Eine adrenalinlastige Attraktion ist auch der »Skyjump«, bei dem man sich 260 m in die Tiefe stürzt.

**❼ Aussichtsplattform**
Wer keine Lust hat auf Nervenkitzel, der kann einfach nur die Panorama-Aussicht rund um den Turm herum genießen.

**Die Stadt zu Füßen: nächtliches Lichtermeer unter dem Tower**

Die ganz
»Insanity
lassen sic
schaukeln

e Achterb
urde 2006

Wer keine Raubkatze zu Gesicht bekommt, geht weiter zum **Dolphin Habitat** . Die Meeressäuger sind nicht so scheu wie die Tiger.

❶ 3400 Las Vegas Blvd.; Tel. 1 702 7 91 71 11; www.mirage.com

**✶✶Venetian**  Venedig in der Wüste: Mit Wiedererkennungswert stehen im Venetian u. a. der Campanile, der Dogen-Palast und die Rialto-Brücke in kleinerem Nachbau. Der luxuriöse **Riesenkomplex** hat über 4000 Suiten, 17 Gourmet-Restaurants und natürlich einen ausgedehnten Kasinobereich. Am Canale Grande kann man exquisit shoppen.

**The LINQ Hotel & Casino**  The Linq Hotel & Casino, (vorher »The Quad«, ehemals »Imperial Palace«) bietet modern eingerichtete Zimmer. Attraktiv ist die **Imperial Palace Auto Collection** mit etwa 200 Oldtimern auf der 5. Etage des Hotels. Zu sehen sind u. a. Autos, die einmal Adolf Hitler, der amerikanischen Präsidentengattin Eleanor Roosevelt, dem Gangsterboss Al Capone und anderen Berühmtheiten gehört haben.

❶ 3535 Las Vegas Blvd.; Tel. 1 702 7 31 33 11; Auto Collection tgl. 10.00 – 17.00 Uhr, So. geschl.; Eintritt 9 $; http://autocollections.com

**Bally's**  Ziemlich nobel und doch preisgünstig ist das »Bally's«. Es verfügt über 2800 Zimmer und Suiten auf 26 Etagen. Hier findet die Show **»Jubilee!«** statt mit mehr als 100 Tänzerinnen und Tänzern.

❶ 3645 Las Vegas Blvd.; Tel. 1 702 9 67 41 11; www.harrahs.com

**✶Caesar's Palace**  Einem römischen Palast ist »Caesar's Palace« nachempfunden. Die Frontseite des luxuriösen Hotels wird gesäumt von Statuen und Wasserspielen. Im Unterhaltungspalast Collossum mit 4000 Sitzplätzen treten von Zeit zu Zeit bekannte Pop-Stars auf.
Die **Caesar's Forum Shops** umfassen 160 Boutiquen international renommierter Modefabrikanten sowie eine Video-Galerie.

❶ 3570 Las Vegas Blvd.; Tel. 1 702 7 31 71 10; www.caesarspalace.com

**The LINQ**  Neuester Komplex am Strip ist »The LINQ«, gegenüber dem Caesar's Palace, das mit Bars, Clubs, Restaurants und noblen Boutiquen für reichlich Entertainment sorgt. Flaggschiff ist das derzeit größte Riesenrad der Welt, der **✶High Roller**, mit einer Höhe von 167 Metern. In der rund 30 minütigen Runde genießt man einen grandiosen Ausblick auf Strip, Stadt, Wüste und Berge.

**Planet Hollywood**  Im Bereich der Forum Shops befindet sich auch das »Planet Hollywood« mit delikaten Snacks und Burgern, in dem allerlei Memorabilien (Gitarren, Kostüme usw.) an Hollywood-Größen erinnern.

❶ 3500 S. Las Vegas Blvd.; tgl. 9.00 – 23.00, Fr., Sa. bis 24.00 Uhr

**✶✶Bellagio**  Südlich der Flamingo Road ist 1999 das »Bellagio« eröffnet worden, eines der besten Großhotels der Welt. Hier gibt es auch einen künst-

Das Las Vegas CityCenter mit dem Shopping-Palast »Crystals«

lichen »**Comer See**« mit 60 m hohen Fontänen und regelmäßigem Wasserballett. In der **Shopping Arcade** kann man Edles von Armani, Gucci, Chanel, Tiffany usw. erwerben. In der hoteleigenen **Galerie** sind Werke von Renoir, Modigliani, Picasso u. a. zu bewundern. Der Cirque du Soleil präsentiert hier seine fantastische Wassershow »**O**«. Wer sich von den Strapazen des Glücksspiels rasch erholen will, kann dies in den hoteleigenen botanischen Gärten bzw. im Wellnessbereich »**Spa Bellagio**« tun.

🛈 3600 S. Las Vegas Blvd.; Tel. 1 702 693 71 11; www.bellagio.com

Gleich gegenüber sind Nachbauten des Eiffelturms sowie des Arc de Triomphe Blickfänge des Themenhotels »Paris – Las Vegas«. **Paris – Las Vegas**

🛈 3655 Las Vegas Blvd.; Tel. 1 702 967 70 00; www.harrahs.com

Zu der riesigen Anlage gehören u.a. ein Wellnessbereich, eine Hochzeitskapelle und ein Theater mit mehreren Tausend Sitzplätzen, in dem jeden Abend **abwechslungsreiche Shows** geboten werden. **Planet Hollywood Resort**

🛈 3667 Las Vegas Blvd.; Tel. 1 702 7 85 55 55; www.planethollywoodresort.com

Eine weitere Attraktion der US-Spielermetropole ist das an der Westseite des südlichen »Strip« (zwischen West Harmony Avenue und Rue de Monte Carlo) gelegene »CityCenter« mit mehreren luxuriös ausgestatteten Hotels (u. a. Aria, Vdara, Mandarin Oriental), Apartment-Türmen (Veer Towers), Spielkasinos, »Entertainment District« sowie hypermodernem Shopping- und Entertainment-Areal auf rund 30 ha Fläche. **\*\*Las Vegas CityCenter**

Am Entstehen des geradezu futuristisch wirkenden »CityCenter« waren namhafte Architekten beteiligt. So zeichnet **Helmut Jahn** verantwortlich für die **Veer Towers**, zwei spektakulär gegeneinander positionierte Hochhäuser mit 37 Stockwerken.

Den imposanten Shopping-Palast **Crystals** haben **Daniel Libeskind** und **David Rockwell** gestaltet. Hier gibt es »haute couture« vom Feinsten und edle Markenprodukte aus aller Welt. Es versteht sich von selbst, dass man hier auch fein dinieren kann.

In der **Fine Arts Collection** findet man Arbeiten so bekannter Künstler wie **Maya Lin** (spektakulär ihr »Silver River« in der Lobby des Hotels Aria), **Jenny Holzer**, **Frank Stella** und **Henry Moore**.

❶ 3730 S. Las Vegas Blvd.; Tel. 1 866 7 22 71 71; www.citycenter.com

**\*MGM Grand** Mit 5785 Zimmern ist das MGM Grand eines der größten Hotels in Las Vegas und auf der Welt. Sein Wahrzeichen ist ein gigantischer goldener Löwe, der die Anlage bewacht. Der **Mammutkomplex** umfasst nicht nur den riesigen Hotelbetrieb, sondern auch ein Spielkasino und eine **Garden Arena** mit knapp 17 000 Sitzplätzen.

❶ 3799 Las Vegas Blvd.; Tel. 1 702 891 77 77; www.mgmgrand.com

**\*New York, New York** Ende der 1990er ist »New York, New York« mit 2035 Zimmern eröffnet worden. Vor dem Haus steht eine verkleinerte **Kopie der New Yorker Freiheitsstatue**. Die Kulisse des Vergnügungsparks Coney Island mit Achterbahn empfinden die Brooklyn Bridge und die weltberühmten Wolkenkratzer-Skyline von New York nach.

❶ 3790 S. Las Vegas Blvd.; Tel. 1 866 8 15 43 65; www.nynyhotelcasino.com

**Monte Carlo** Das »Monte Carlo« ist – mit der Las Vegas eigenen Fantasie – dem berühmten Vorbild an der Riviera nachempfunden. Mit rund 3000 nobel ausgestatteten Zimmern und Suiten gehört es zu den eher teuren Kasinohotels in der Wüstenstadt. Im hoteleigenen Theater läuft die fantastische MTV-Tanz- und Hip-Hop-Show namens **»Jabba-WockeeZ«**.

❶ 3770 S. Las Vegas Blvd.; Tel. 1 702 7 30 77 77; www.montecarlo.com

**Showcase Mall** Viele Las-Vegas-Besucher zieht es in die Showcase Mall, ein Einkaufszentrum mit diversen Restaurants und den von **Steven Spielberg** produzierten »GameWorks«. Allein dieser Unterhaltungskomplex umfasst weit über 200 verschiedene Spiele, die vom klassischen Brettspiel bis zur Hightech-Animation reicht. Außerdem gibt es hier eine Kletterwand sowie eine große Internet Lounge.

❶ 3769 Las Vegas Blvd.; tgl. 9.00 – 24.00 Uhr

**Excalibur** Das »Excalibur Hotel & Casino« bietet sich als märchenhafte, kitschige, bunt angestrahlte **Ritterburg** dar, in der rund 4000 Gästezimmer, ein großes Spielkasino und natürlich auch ein Vergnügungspark eingerichtet sind. Zweimal täglich wird im »Excalibur« ein Ritterturnier geboten. Abends zeigt eine der Bühnen »Thunder from Down Under«, eine Strip-Show mit Männern.

❶ 3850 S. Las Vegas Blvd.; Tel. 1 702 5 97 77 77; www.excalibur.com

Eine nicht zu übersehende Landmarke ist das **\*»Luxor Hotel & Casino«**, eine 30-stöckige dunkle **Pyramide**, an deren Eingang eine Sphinx wacht. Zur Anlage gehören ein überdachter Wasserpark, eine originelle Shopping-Arkade und die **Criss Angel-Believe Show** eines bekannten Illusionis-

In dieser Kapelle wird Heiraten leicht gemacht.

ten zusammen mit dem Cirque de Soleil. Im Amusement Park kann man eine Zeitreise durch das alte Ägypten unternehmen.

❶ 3900 Las Vegas Blvd. S.; Tel. 1 702 2 62 40 00; www.luxor.com

Eine der nobelsten Adressen der Neon- und Glitzermetropole im amerikanischen Südwesten heißt »Mandalay Bay«. Die Hotelanlage mit spektakulärer Lobby verfügt nicht nur über ein Spielkasino und mehr als ein Dutzend Restaurants für die unterschiedlichsten Geschmäcker, sondern auch über eine Arena, in der 12 000 Zuschauer Platz finden und sich Konzerte und Tennismatches von Weltstars sowie Boxkämpfe anschauen können. Absoluter Höhepunkt der Anlage ist eine von üppigem Grün umrahmte **Surf-Bucht** mit Südsee-Feeling. Hier werden gelegentlich auch Surf-Wettbewerbe ausgetragen.

**\*Mandalay Bay**

❶ 3950 Las Vegas Blvd.; Tel. 1 702 6 32 77 77; www.mandalaybay.com

Die Little Church of the West ist im Jahre 1942 als erste Hochzeitskapelle von Las Vegas entstanden. In der bereits seit einiger Zeit als **National Historic Site** ausgewiesenen Kapelle haben sich schon zahlreiche Berühmtheiten trauen lassen, so z. B. Cindy Crawford und Richard Gere.

**Little Church of the West**

❶ 4617 S. Las Vegas Blvd.; www.littlechurchlv.com

Wenige Autominuten südlich vom »Luxor« erreicht man das Las Vegas Premium Outlet South mit mehr als 150 Fabrikverkaufsstellen. Viele Markenprodukte (u. a »Nike«, »Tommy Hilfiger«, »Calvin Klein«) bekommt man hier zu sehr günstigen Preisen.

**Las Vegas Premium Outlet South**

❶ 7400 S. Las Vegas Blvd. S.; Mo. – Sa. 10.00 – 21.00, So. 10.00 – 18.00 Uhr; www.premiumoutlets.com

# Welthauptstadt des Glücksspiels

*Fast 40 Millionen Besucher zählte man 2011 in Las Vegas, der Welthauptstadt des Glücksspiels. Und nirgendwo sonst lassen sie so viel Geld fürs Glücksspiel liegen wie hier: 2014 gab jeder Las Vegas-Besucher durchschnittlich 530 US$ an den einarmigen Banditen und Spieltischen von »Sin City« (Stadt der Sünde) aus.*

▶ **Die wichtigsten Spielkasinostandorte im Südwesten der USA**
Eine Vielzahl von Spielkasinos aller Preiskategorien findet man im Südwesten der USA. Lediglich in Utah ist das Glücksspiel noch verpönt.

🎰 Privates Kasino
🎰 »Indianer Kasino«

COLORADO

Reno 🎰
🎰 Carson City
NEVADA

Black Hawk 🎰

River Rock 🎰
🎰 Sacramento
UTAH

San Francisco ●

Cripple Creek 🎰

KALIFORNIEN

Las Vegas 🎰

Laughlin 🎰
ARIZONA
NEW MEXICO

🎰 Santa Clarita

🎰 Camp Verde
Isleta 🎰

Los Angeles ●

Phoenix ● 🎰 Apache Junction
Inn of the Mountain Gods 🎰

▶ **Kasinos in Indianer-Reservaten**
Seit 1988 ist es den Ureinwohnern Amerikas erlaubt, auf Stammesterritorium Spielkasinos unabhängig von der Kontrolle der Regierung zu betreiben.

Tucson 🎰

©BAEDEKER

▶ **Die drei umsatzstärksten Spielkasinostandorte der Welt 2014**

**Las Vegas, Nev., USA**
US$ 10,4 Milliarden

**Singapur**
US$ 5,8 Milliarden

**Macao, China**
US$ 44,1 Milliarden

*USA*
○ Las Vegas

Singapur
○

*CHINA*
Macao ○

▶ **Slot Machines**
An »einarmigen Banditen« wird am häufigsten gespielt.

# 41 Mio.
**Besucher, 2014**

# 65 253
**Slot machines, 2014**

# 100 000
**Angestellte, 2014
(Kasinos, Gastronomie,
Hotellerie)**

**10,4 Mrd.**
Glücksspiel

**4,25 Mrd.**
Hotels

**3,7 Mrd.**
Restaurants
und Bars

**Einnahmen 2014 in US$**

▶ **Beliebte Spiele**

**Blackjack**
Ziel des Spiels ist es, mit
Kartenwerten näher an 21
Punkte heranzukommen
als der Croupier, ohne diesen
Wert zu überschreiten.

**Roulette**
Beim Roulette versucht der Spieler, die Zahl bzw.
Gruppe von Zahlen vorherzusagen, welche durch
den Wurf einer Kugel bestimmt wird.

**Poker**
Nicht nur Glück, sondern auch
Psychologie und Mathematik
helfen dem Spieler beim Pokern
um den eingesetzten Pot.

## WEITERE SEHENSWÜRDIGKEITEN

**University of Nevada Las Vegas (UNLV)**
Diese Universität, deren großer Campus sich nordöstlich vom Flughafen erstreckt, ist erst 1957 ins Leben gerufen worden. Ihr Wahrzeichen ist die 12 m hohe Stahlskulptur **»The Flashlight«**, die Claes Oldenbourg und Coosje van Bruggen geschaffen haben.

Das **Marjorie Barrick Museum of Natural History** der Universität befasst sich mit den Themen aus der Geologie sowie mit der Pflanzen- und Tierwelt der Landschaft um Las Vegas. Auch archäologische Themen werden beleuchtet.

In der **Artemus W. Ham Concert Hall** (1700 Sitzplätze) finden hochrangige musikalische Darbietungen aller Gattungen statt. Gleiches gilt für das **Judy Bayley Theatre**, wo man ganzjährig Bühnenstücke aller Stilrichtungen sehen kann. Arbeiten zeitgenössischer Kunstschaffender sind hauptsächlich in der **Donna Beam Fine Art Gallery** ausgestellt.

**Campus:** 4505 Maryland Ave.; Touren Sept. – Mai Mo. – Fr. 10.00 u. 14.00 Uhr; www.unlv.edu

**Marjorie Barrick Museum of Natural History:** Mo. – Fr. 9.00 – 17.00, Do. bis 20.00, Sa. 12.00 – 17.00 Uhr; Eintritt frei, 5 $ Spende erwünscht; http://barrickmuseum.unlv.edu

**Thomas & Mack Center**
Im knapp 20 000 Zuschauer fassenden Thomas & Mack Center der Universität finden **Großveranstaltungen** aller Art statt, etwa spektakuläre Boxkämpfe, die National Rodeo Finals (erste Dezemberhälfte) oder NBA-Basketballspiele.

❶ 4475 Paradise Rd.; www.thomasandmack.com

**\*Rio All Suite Hotel & Casino**
Wenige Minuten westlich vom Strip sieht man nachts die in rotes Neonlicht getauchte Fassade des Rio All Suite Hotel & Casino. Der Komplex, der ganz unter dem Motto »Carneval do Brasil« steht, umfasst über 2500 Suiten, ein Spielkasino, 14 Restaurants und einen riesigen Pool mit Badestrand.

❶ 3700 W. Flamingo Rd.; Tel. 1 702 2 52 77 77; www.caesars.com

**Old Las Vegas Mormon Fort Historic Park**
Nördlich von Downtown, wo die Washington Avenue den nördlichen Las Vegas Boulevard kreuzt, haben die Mormonen 1855 ein kleines Adobe-Fort errichtet, das teilweise rekonstruiert ist und besichtigt werden kann.

500 E. Washington Ave.; Di. – Sa. 8.00 – 16.30 Uhr; Eintritt 1 $; http://parks.nv.gov/parks/old-las-vegas-mormon-fort

**Las Vegas Natural History Museum**
Gleich in der Nähe lädt das Las Vegas Natural History Museum zum Besuch ein. Hier sind u. a. **Fossilien urzeitlicher Lebewesen** zu sehen, darunter auch Saurierskelette.

❶ 900 Las Vegas Blvd. N.; tgl. 9.00 – 16.00 Uhr; Eintritt 10 $; www.lvnhm.org

Im Nordwesten der Stadt (Nähe US 95) erstrecken sich die Feuchtwiesen (span. »las vegas«), in denen die Entwicklung der Spielermetropole ihren Anfang nahm, denn hier gab es Wasser. Auf dem Gelände sind noch Baureste aus dem 19. Jh. zu finden. Heute ist das Gelände mit seinen Gartenanlagen und Lehrpfaden als Freilichtmuseum begehbar. In der **ORIGEN Experience** sind eine **Natural Mojave Gallery** und eine **New Frontier Gallery** eingerichtet. Im **Desert Living Center** kann man sich über nachhaltiges Wirtschaften informieren. Das moderne **Nevada State Museum & Historical Society** befasst sich mithilfe interaktiver Exponate mit der **Siedlungs- und Kulturgeschichte** Südnevadas. Die ältesten Exponate belegen, dass schon vor 10 000 Jahren Menschen die damals noch nicht so wüstenhafte Landschaft durchstreiften. Natürlich werden auch die Indianer, der Eisenbahnbau, der Bergbau, die Entstehung von Las Vegas und sogar die Atombombentests der letzten Jahrzehnte dokumentiert.

**\*Spring Preserve**

**Spring Preserve:** 333 S. Valley View Blvd.; tgl. 10.00 – 18.00 Uhr; Eintritt 20 $; www.springpreserve.org
**Nevada State Museum & Historical Society:** 309 S. Valley View Blvd.; Fr. – Mo. 10.00 – 16.00 Uhr; Eintritt 19 $; http://museums.nevadaculture.org

In North Las Vegas hat das brandneue Neon Museum mit angeschlossenem Neonschilder-Friedhof eröffnet, indem zahllose einst am Strip blinkende Markenzeichen abgestellt sind.

**Neon Museum**

❶ 770 N. Las Vegas Blvd.; Touren Mo. – Sa. 10.00 Uhr; Eintritt 18 $; www.neonmuseum.org

## UMGEBUNG VON LAS VEGAS

An der südöstlichen Peripherie von Las Vegas breitet sich Nevadas drittgrößte Stadt (258 000 Einw.) aus. Hauptsehenswürdigkeit von Henderson ist das **Clark County Heritage Museum**. Es informiert über die Geschichte der Stadt Henderson und des gesamten Clark County von den Dinosauriern bis heute. Familien mit Kindern besuchen sehr gerne die **Ethel M. Chocolate Factory & Cactus Garden**.

**Henderson**

**Clark County Heritage Museum:** 1830 S. Boulder Hwy.; tgl. 9.00 – 16.30 Uhr; Eintritt 2 $; www.clarkcountynv.gov/depts/parks/pages/clark-county-museum.aspx
**Ethel M. Chocolate Factory & Cactus Garden:** 2 Cactus Garden Drive; Touren 8.30 – 16.30 Uhr; Eintritt frei; www.ethelm.com

Eine halbe Autostunde weiter südöstlich breitet sich der von Wassersportlern und Urlaubern gern besuchte ▶Lake Mead aus, der vom in den 1930er-Jahren errichteten Hoover Dam aufgestaut wird. Oberhalb des Staudamms liegt das aus einem Bauarbeiter-Camp hervorgegangene Städtchen Boulder City.

**\*Lake Mead, Boulder City, Hoover Dam**

**\*Valley of Fire State Park**

Eine Autostunde nordöstlich von Las Vegas erreicht man das wahrlich spektakuläre Valley of Fire (►Lake Mead) mit seinen bei tief stehender Sonne **feuerrot leuchtenden Sandsteinfelsen**. Auf dem Weg dorthin gibt es auch mancherlei indianische Felszeichnungen zu bestaunen.

**\*Spring Mountain Range**

Westlich von Las Vegas erhebt sich die Spring Mountain Range, deren höchster Gipfel der 3633 m hohe **Mount Charleston** ist. Der landschaftlich schöne **Gebirgszug** ist nicht nur ein beliebtes Naherholungsgebiet für die Bevölkerung des Ballungsraumes Las Vegas, sondern auch ein gern besuchtes Ausflugsziel von Touristen, die sich vom aufregenden Spielkasinobetrieb erholen möchten.

Die roten und weißen Sandsteinfelsen des wildromantischen **\*Red Rock Canyon** leuchten in der Sonne. Eine 13 mi/21 km lange **Loop Road** erschließt alle spektakulären Aussichtspunkte. In dem Canyon

**Im Valley of Fire betätigt sich die Natur als Bildhauerin.**

kann man mit etwas Glück Kojoten, Wüstendickhornschafe, Wild-
pferde und etliche andere Wildtiere beobachten.

Am Fuß der Wilson Range erstreckt sich der **Spring Mountain
Ranch State Park**. Die Ranch gehörte einstmals dem Milliardär
Howard Hughes. Das Hauptgebäude, das in den 1960er-Jahren errichtet worden ist und bereits unter Denkmalschutz steht, beherbergt
heute das **Visitor Center** des State Park.

Ca. 20 mi/32 km westlich von Las Vegas erreicht man via NV 159
bzw. NV 160 den Touristenort **\*Old Nevada** . Auf dem Gelände der
**Bonnie Springs Ranch** ist ein altes Westernstädtchen nachgebaut.
Mehrmals täglich wird hier »Living History« geboten. Im Saloon treten Revue-Girls auf, drinnen und vor der Tür liefern sich Revolverhelden Duelle mit dem Sheriff und seinen Gehilfen. Und gelegentlich
sieht man eine Verbrecher-Puppe am Galgen baumeln.

16 mi/26 km nordwestlich von Las Vegas zweigt der NV 157 vom
US 95 ab. Er führt hinauf auf den 3633 m hohen **Mount Charleston**,
auf dem man bis weit ins Frühjahr hinein Ski laufen kann (www.
mtcharlestonresort.com). Im Sommer sind in dem Berggebiet Wanderer, Reiter und Planwagenfahrer unterwegs.

Am Westabfall der Spring Mountain Range liegt die via NV 160 er-
reichbare kleine Ortschaft **Pahrump**, die durch ihren Weinbau bekannt geworden ist. Zur kostenlosen Weinprobe oder eine gepflegte
Mahlzeit im Restaurant kann man sich in der **Pahrump Winery**
einfinden.

**Loop Road:** im Sommer tgl. 6.00 – 20.00, sonst bis 19.00 oder 17.00 Uhr;
Eintritt 10 $ pro Fahrzeug
**Bonnie Springs Ranch:** tgl. 10.00 – 18.00, im Winter bis 17.00 Uhr;
Eintritt 10 $; www.bonniesprings.com
**Pahrump Winery:** 3810 Winery Rd, Tel. 1 775 7 51 78 00;
tgl. 10.30 – ca. 20.00 Uhr, kostenlose Touren tgl. 11.30, 13.30 u. 15.30 Uhr;
www.pahrumpwinery.com

Ca. 115 mi/185 km nördlich von Las Vegas erreicht man via US 95
die Ortschaft Beatty, von der aus man über den NV 374 weiter zur
**Rhyolite State Historic Site** gelangt. Wegen ihrer Lage an einer
Hauptzufahrt zum ▶Death Valley ist dies eine der meistbesuchten
Geisterstädte des Wüstenstaats Nevada, in der heute immerhin wie-
der 1000 Menschen wohnen.

**Beatty,
Rhyolite
State Historic
Site**

Das **Goldwell Open Air Museum** 4 km westlich von Beatty zeigt
mächtige Werke des belgischen Bildhauers Albert Szukalski. Seine
gespensterhaft anmutenden Skulpturen erheben sich mitten in der
Mojave-Wüste.

**Rhyolite State Historic Site:** Mo. – Fr. 8.00 – 16.00 Uhr;
www.rhyolitesite.com
**Goldwell Open Air Museum:** Zugang rund um die Uhr; Eintritt frei;
http://goldwellmuseum.org

# ✴ Laughlin

✦ **J 8**

**Region:** Las Vegas Territory
**Höhe:** 163 m ü. d. M.
**Einwohnerzahl:** 7300

**Telefonvorwahl:** 702

**Im südlichsten Zipfel des Bundesstaats Nevada hat der Unternehmer Don Laughlin in den 1960er-Jahren den Grundstein für die heute nach ihm benannte Spielerstadt gelegt, die inzwischen zur drittgrößten in Nevada herangewachsen ist. Unterhalb des Davis Dam reihen sich etliche größere Hotel- und Spielkasinopaläste aneinander. Außerdem kann man in nächster Umgebung fast alle Arten von Wassersport betreiben.**

**Las-Vegas-Filiale**
Neben den vielfältigen Unterhaltungsmöglichkeiten ziehen vor allem die komfortablen und dennoch sehr preiswerten Hotels Besucher nach Laughlin. Viele großen Spielkasino-Unternehmen der Metropole Las Vegas unterhalten hier Dependancen.

Die in jeder Beziehung preiswerte Spielerstadt Laughlin ist das Paradies der **Wohnmobil-Urlauber**, für die hier bestens gesorgt wird. Es gibt mehrere hundert Stellplätze, außerdem dürfen die »RVler« auf den Parkplätzen der Spielkasinos unentgeltlich parken.

## SEHENSWERTES IN LAUGHLIN UND UMGEBUNG

**River Walk**
Der etwa 4 km lange River Walk führt am Ufer des **Colorado** entlang, vorbei an den bei Nacht in allen Farben leuchtenden Hotel- und Kasinokomplexen. An der Uferpromenade kann man sich auf vielfältigste Art und Weise vergnügen, shoppen, schlemmen oder einfach nur schauen.

Früher war das inzwischen geschlossene »Flamingo Hilton« das erste Haus am Platz. Heute unterscheiden sich die hiesigen **Hotelanlagen** in ihrem Angebot kaum. Auf jeden Fall kann man hier deutlich günstiger übernachten als in Las Vegas.

> **! BAEDEKER TIPP**
>
> *Water Taxis*
>
> Was für Venedig die Gondeln, sind für Laughlin die Water Taxis, die zu Dutzenden auf dem Colorado herumschippern. Besonders lohnend ist eine Fahrt im Dunkeln. Dann hat man einen wunderschönen Blick auf die von bunten Neonleuchten markierte Silhouette von Laughlin.

**Riverside Resort & Casino**
Eine Welt für sich ist das »Riverside Resort & Casino« des Stadtgründers Don Laughlin. Außer 1400 Zimmern und Suiten sowie sechs Restaurants hat die Anlage zwei Oldtimer-Automobilausstellungen

## Laughlin erleben

### AUSKUNFT

*Laughlin Visitor Information Center*
1555 Casino Drive
Laughlin, NV 89029
Tel. 1 702 2 98 33 21
www.visitlaughlin.com

### ÜBERNACHTEN

*Colorado Belle* ☺
2100 S. Casino Drive, Tel. 1 702 2 98 40 00
www.coloradobelle.com
Der Nachbau eines Mississippi-Schaufel-
raddampfers aus dem 19. Jh. beherbergt
1173 modern ausgestatteten Zimmer
und Suiten, einen Fitnessraum, Swimmingpools und mehrere Restaurants.

*Golden Nugget Hotel & Casino* ☺
2300 S. Casino Drive
Tel. 1 702 2 98 71 11
www.goldennugget.com/laughlin
Die Einrichtung der 300 Zimmer, wahlweise mit Blick auf den Colorado River,
den Pool oder den Garten, ist tropisch
inspiriert. Gästen stehen zudem ein Pool
und ein Golfplatz zur Verfügung.

*Pioneer Hotel & Gambling Hall* ☺
2200 S. Casino Drive
Tel. 1 702 2 98 24 42
www.pioneerlaughlin.com
Die 416 Zimmer und Suiten sind im
Western-Stil gehalten und bieten teils
schöne Ausblicke auf den Fluss.

### ESSEN

*The Gourmet Room* ☺☺☺☺
1650 S. Casino Drive
Tel. 1 702 2 98 25 35
www.riversideresort.com
Das französische Feinschmecker-
restaurant im Riverside Resort Hotel
bietet eine schöne Aussicht auf den
Colorado River.

*The Range Steakhouse* ☺☺☺☺
2900 S. Casino Drive
Tel. 1 702 2 98 46 00
www.harrahslaughlin.com
Das Steakhouse befindet sich in Harrah's
Laughlin Casino & Hotel. Neben saftigen
Steaks werden auch Fischgerichte und
Geflügel serviert.

*Hickory Pit Steakhouse* ☺☺☺
2200 S. Casino Drive
Tel. 1 702 2 98 24 53
www.edgewater-casino.com
In elegantem Ambiente werden wunderbare Steaks und Prime Ribs und auch leckere Fischgerichte serviert, auch Hummer und Langusten.

*Joe's Crab Shack* ☺☺
2300 South Casino Drive
Tel. 1 702 2 98 71 11
www.goldennugget.com/laughlin
Das beliebte Restaurant im Golden Nugget Casino bietet eine große Auswahl an
leckeren Speisen zu günstigen Preisen.

zu bieten. Wer Glück hat, der trifft sogar manch international bekannten Showstar im Riverside Resort.

➊ 1650 S. Casino Dr.; www.riversideresort.com

Das Wahrzeichen von Laughlin ist das im Stil eines Mississippi-
Dampfers gestaltete »Colorado Belle Hotel & Casino« mit einer eige-          **\*Colorado
Belle**

Die »Colorado Belle« ist das Wahrzeichen der Spielerstadt Laughlin.

nen **Gasthausbrauerei** (Pints Brewery & Sportsbar). Einmal im Jahr findet hier das Blues-und-Brauerei-Festival statt.

ⓘ 2100 S. Casino Dr.; www.coloradobelle.com

**Tropicana Express**

Auch das »Tropicana Express Hotel & Casino« erfreut sich guten Zuspruchs. Thematisch orientiert man sich hier am frühen amerikanischen **Eisenbahnzeitalter**.

ⓘ 2121 S. Casino Dr., www.tropicanax.com

**Pioneer Hotel & Gambling Hall**

Recht munter geht es im »Pioneer Hotel & Gambling Hall« zu. Ein Hauch Pionierzeit bzw. Wild-West-Atmosphäre ist in den Räumen gut zu spüren.

ⓘ 2200 S. Casino Dr.; www.pioneerlaughlin.com

**Golden Nugget**

Elegant ist auch das »Golden Nugget Hotel & Casino«. Mitten in der Wüste hat man ein **künstliches tropisches Paradies** geschaffen.

ⓘ 2300 S. Casino Dr.; www.goldennugget.com/laughlin

**Harrah's**

Die besondere Attraktion von »Harrah's Casino & Hotel« ist der feinsandige Hotelstrand am Colorado. Außerdem hat man hier ein romantisches **mexikanisches Dorf** aufgebaut mit allem, was dazugehört: Tortillas, Tequila, Mariachi usw.

ⓘ 2900 S. Casino Dr.; www.harrahslaughlin.com

4 mi/6 km nördlich von Laughlin staut der Davis Dam den **Lake Mohave**
20 mi/32 km langen Lake Mohave auf. Der See und seine Uferzonen
sind Teil der **Lake Mead National Recreation Area**. Am Lake Mohave kann man angeln, baden, schwimmen und Bootfahren. Erho-
lungseinrichtungen gibt es u. a. am Willow Beach (Norden), an der
Cottonwood Cove (Mitte) und bei Katherine nahe am **Davis Dam**.
Dieser 61 m hohe und 488 m breite Erddamm ist 1953 fertig gestellt
worden. Über den Damm gelangt man mit dem Auto in einer halben
Stunde nach Kingman, AZ, an der historischen Route 66.

Reiseziele in ►Arizona       **Lake Havasu**

# Reno

————————————————— ✦ **D 4**

**Region:** Reno-Tahoe-Territory
**Höhe:** 1371 m ü. d. M.
**Einwohnerzahl:** 226 000      **Telefonvorwahl:** 775

**Reno ist die zweitgrößte Stadt Nevadas, die als »Biggest Little
City in the World« in allen Belangen dem großen Vorbild Las
Vegas nacheifert. Außer durch seine Spielkasinos ist Reno als
Heirats- und Scheidungsparadies bekannt geworden, wobei
von offizieller Seite immer wieder betont wird, dass hier be-
deutend mehr Ehen geschlossen als geschieden würden.**

Die Entwicklung der kleinen Siedlung am Truckee River wurde    **Geschichte**
durch den Bau der Central Pacific Railroad stark vorangetrieben. Einen wahren Boom erlebte sie in den 1860er und -70er-Jahren, als die
**Gold- und Silbervorkommen** der Comstock Lode bekannt wurden.
Nach dem Verfall der Silberpreise und der Ausbeutung etlicher Minen verließen einige tausend Einwohner den Ort.
1903 wurde die Siedlung am Truckee River zur Stadt erhoben und
nach dem **Bürgerkriegsgeneral Jesse Lee Reno** benannt. Zehn Jahre später wurde der Ort als »Divorce Capital« bekannt, in der man
sich besonders schnell scheiden lassen konnte. Auch das Glücksspiel
war zunächst bis 1910 ein wichtiger Wirtschaftsfaktor. Durch eine
auf mehr Moral bedachte Gesetzgebung wurde dieser Geschäftszweig
für zwei Jahrzehnte in den Untergrund verbannt. Glücksspiele wurden in sogenannten **Cigar Store Casinos** betrieben, die äußerlich
Tabakwarengeschäfte waren und in deren Hinterzimmern die Spieler
»zockten«. In dieser Zeit konnte das organisierte Verbrechen in Reno
Fuß fassen. Erst nach der erneuten Freigabe des Glücksspiels durch
den Gesetzgeber entspannte sich die Situation. 1935 eröffnete
»Harold's Club« als Spielkasino neuen Typs. In den 1990er-Jahren hat

## Reno erleben

### AUSKUNFT
**Reno/Sparks CVA**
135 N. Sierra St., Reno, NV 89501
Tel. 1 775 6 82 38 00
www.visitrenotahoe.com

### EVENT
**Reno Air Races & Air Show**
www.airrace.org
Eintritt ab 24 $
Diese flugsportliche Großveranstaltung, die alljährlich im September gut 200 000 Schaulustige anlockt, ist eine der letzten ihrer Art. Gestartet wird in sechs Klassen, vom Doppeldecker bis zum Jet. Tollkühne Männer zeigen dann atemberaubende Überholmanöver mit ihren fliegenden Kisten.

### ÜBERNACHTEN
**Siena Hotel Spa Casino** ⓔⓔ
One South Lake St.
Tel. 1 775 3 27 43 62
www.caesars.com

**»Größte Kleinstadt der Welt«: das Spielerparadies Reno**

Luxuriöses Hotel mit Kasino, Restaurants und Spa im toskanischen Stil. Die Anlage mit ihren 200 Zimmern und Suiten ist elegant eingerichtet.

**Best Western Airport Plaza Hotel** ⓔⓔ
1981 Terminal Way
Tel. 1 775 3 48 63 70
www.bestwestern.com
270 komfortable Zimmer mit Fernseher nahe am Flugplatz. Auf dem Gelände gibt es Spa und Sauna sowie einen Garten mit Pool.

**Harrah's** ⓔ
210 N. Center St.
Tel. 1 775 7 86 32 32
www.harrahsreno.com
Das Kasinohotel ist geschmackvoll eingerichtet. Von allen Zimmern kann man einen schönen Blick auf die imposante Gebirgskulisse genießen.

### ESSEN
**Rapscallion** ⓔⓔⓔ
1555 S. Wells Ave.
Tel. 1 775 3 23 12 11
www.rapscallion.com
Das »Rapscallion« gehört zu den besten Restaurants der Stadt und ist bekannt für seine kalifornisch-pazifische Küche mit ausgezeichneten Fischgerichten.

**Ichiban** ⓔⓔⓔ
206 N. Virginia St.
Tel. 1 775 3 23 55 50
www.ichibanreno.com
Wer japanische Kochkunst schätzt, ist hier gut aufgehoben. Außer Sushi und Teriyaki kann man hier auch Steaks und gute Fischgerichte genießen.

der Bergbau wieder an Bedeutung gewonnen, nachdem man in der wüstenhaften Umgebung auf begehrte Rohstoffe (diverse Mineralien und Erdöl) gestoßen ist.

## SEHENSWERTES IN RENO

Die lebhafte **Hauptstraße** der Stadt ist die Virginia Street. Ihr mehrere hundert Meter langes Herzstück wird als Casino Row bezeichnet, denn hier reihen sich etliche größere Hotel- und Spielkasinobetriebe aneinander, die auch in die Nebenstraßen hineinreichen.

**Virginia Street (Casino Row)**

Einmal die »Corvette« sehen, in der John Wayne gefahren ist oder den Cadillac »Eldorado« von Elvis Presley bestaunen? Kein Problem: im Automuseum sind über **220 Oldtimer** ausgestellt, die der Spielkasinokönig William Harrah seit den 1940er-Jahren gesammelt hat.
❶ Ecke Mill St./Lake St.; Mo. – Sa. 9.30 – 17.30, So. 10.00 – 16.00 Uhr; Eintritt 10 $; www.automuseum.org

**National Automobile Museum**

Im **Rancho San Rafael Park** kann man nach nervenaufreibendem Spiel im Kasino wieder auf andere Gedanken kommen. Denn hier sind ein Arboretum und ein hübscher botanischer Garten mit verschiedenen Themenbereichen angelegt.
❶ 1502 Washington St.; tgl. 9.00 – 18.00 Uhr; Eintritt frei; www.mayarboretumsociety.org

**Wilbur D. May Arboretum & Botanical Garden**

Bereits 1874 ist in Reno eine Hochschule gegründet worden, die heute zur University of Nevada gehört. Auf dem Campus befindet sich das **Fleischmann Planetarium** mit Skydome und Riesenleinwand.
**Fleischmann Planetarium:** 900 N. Virginia St.; Vorführungen tgl. 11.30 – 19.00 Uhr, wochenends länger; Eintritt 7 $; www.planetarium.unr.edu

**University of Nevada at Reno**

Das **älteste Museum** des Bundesstaates Nevada ist das 1904 gegründete Nevada Historical Society Museum. Außer vielen beachtenswerten Artefakten der indianischen Urbevölkerung zeigt es eine umfangreiche Kollektion naturgeschichtlich interessanter Fundstücke.
❶ 1650 N. Virginia St.; Mi. – Sa. 10.00 – 17.00 Uhr; Eintritt 5 $; http://museums.nevadaculture.org

**Nevada Historical Society Museum**

Was viele nicht wissen: Reno ist das **Weltzentrum des Bowling-Sports**. Diese Position unterstreicht das National Bowling Stadium, wo fast ständig nationale und internationale Wettbewerbe stattfinden. Als zusätzliche Attraktion hat man hier ein IMAX-Kino eröffnet, in dem besonders spektakuläre Filme gezeigt werden können.
❶ 300 N. Center St.; Bowling rund um die Uhr; Eintritt 15 $; www.visitrenotahoe.com

**National Bowling Stadium**

**Sparks** Als besondere Kuriosität wird in Sparks, einer Vorstadt von Reno, alljährlich am Labor Day Weekend das »Best in the West Nugget Rib Cook-Off« veranstaltet, wo die angeblich **besten Spare Ribs der Welt** probiert werden können (www.nuggetribcookoff.com). Den **alten Stadtkern** von Sparks mit seinen viktorianischen Bauten hat man restauriert. Es gibt jetzt etliche nette Lokale und viele hübsche Geschäfte.

Das **Sparks Heritage Museum** lässt die Geschichte der Stadt wieder lebendig werden.

Für Familien mit Kindern ist der große Vergnügungspark **\*Wild Island** die wichtigste Attraktion von Reno bzw. Sparks. Im Sommer vergnügt man sich hier in einem Aquapark mit Riesenwasserrutschen und Wellenbad.

Sparks Heritage Museum: 814 Victorian Ave.; Di. – Fr. 11.00 – 16.00, Sa., So. 13.00 – 16.00 Uhr; Eintritt 5 $; www.sparksmuseum.org

Wild Island: 250 Wild Island Court; Mai – Anf. Sept. tgl. 11.00 – 17.00 Uhr; Eintritt 29 $; www.wildisland.com

## UMGEBUNG VON RENO

**\*Pyramid Lake** 36 mi/58 km nördlich von Reno erreicht man via NV 445 den abflusslosen Pyramid Lake, der vom Truckee River gespeist wird (www.pyramidlake.us). Er liegt mitten im **Reservat der Paiute-Indianer**. Lediglich sein West- und sein Südufer sind für Touristen zugänglich. Die Bezeichnung »Pyramid Lake« rührt von einer Felspyramide her, die aus dem türkisblauen Wasser ragt. Der 44 km lange, fast 15 km breite und bis zu 113 m tiefe See erstreckt sich in 1155 m Meereshöhe. Viele Globetrotter halten ihn für den **schönsten Wüstensee der Welt**, ist er doch von sehr malerischen Sandstein-Höhenzügen umrahmt. Der Pyramid Lake ist das Überbleibsel des wesentlich größeren prähistorischen Lake Lahontan, der einstmals eine Fläche von 20 000 km² bedeckte und weit nach Kalifornien hineinreichte.

**Fallon** Wer das Städtchen Fallon besucht, tut gut daran Anfang August zum **Oasis Stampede & Country Fair** mit Rodeo zu kommen. Viele andere Events in Fallon findet man auf der Website www.visitfallonnevada.com.

**Sand Mountain** 25 mi/40 km östlich von Fallon trifft man auf den Sand Mountain, dessen Sanddünen ein wirklich einmaliges Phänomen in dieser Landschaft sind.

**Lahontan Reservoir** 44 mi/71 km südöstlich von Reno (via US 95 ALT) ist der Carson River vom Lahontan Dam aufgestaut. Der Stausee ist heute Mittelpunkt eines gern besuchten **Erholungsgebietes** (www.parks.nv.gov/parks).

Westlich oberhalb des Stausees ist das in den 1860er-Jahren angelegte Fort Churchill (State Historic Site) zu besichtigen. Die Soldaten, die hier stationiert waren, hatten die Aufgabe, die Bergarbeiter auf der nahen Comstock Lode vor Übergriffen der Paiute-Indianer zu schützen.

❶ rund um die Uhr zugänglich; Eintritt frei; www.parks.nv.gov/parks

25 mi/40 km weiter südlich erreicht man den 1336 m ü. d. M. gelegenen Ort **Yerington** mit dem Lyon County Museum. Von hier lohnt ein Abstecher in den

**Der Pyramid Lake ist von karger Schönheit.**

**Humboldt-Toiyabe National Forest**, wo noch viele Wildtiere beobachtet werden können (www.fs.usda.gov/htnf).

**Walker Lake**

Von Yerington führt der US 95 ALT ostwärts in die Walker River Indian Reservation und dann südwärts zum 24 km langen und 8 km breiten Walker Lake. Am See sind zwei hübsche Rastplätze angelegt.

**Hawthorne**

Hawthorne (3300 Einw.) ist die »Metropole« des Mineral County. In der Wüstensiedlung lädt das **Mineral County Historical Museum** zum Besuch ein. Schwerpunkt der Ausstellung ist die Entwicklung des Bergbaus in der an Rohstoffen sehr reichen Umgebung der Stadt.

**Mineral County Historical Museum:** 400 10th St.; April–Okt. Di.–Sa. 11.00–17.00, Nov.–März Di.–Sa. 12.00–16.00 Uhr; Eintritt frei, Spende willkommen; http://web2.greatbasin.net/~mcmuseum

# Tonopah

✴ **F 5**

**Region:** Central
**Höhe:** 1838 m ü. d. M.
**Einwohnerzahl:** 2500　　　　**Telefonvorwahl:** 775

**Etwa auf halber Strecke zwischen ▶Las Vegas und ▶Reno liegt das Bergbaustädtchen Tonopah, das um 1900 vom Goldgräber Jim Butler gegründet worden ist. Von hier aus kann man den Toyabe National Forest mit seinen Wildtieren besuchen oder auf dem weltberühmten Extraterrestrial Highway (NV 375) Richtung Las Vegas fahren.**

## Tonopah erleben

### AUSKUNFT
*Tonopah Convention Center &*
*Visitors Authority*
102 Burro Ave.
P. O. Box 151
Tonopah, NV 89049
Tel. 1 775 482 63 36
www.tonopahnevada.com
Mo. – Fr. 8.00 – 12.00, 13.00 – 17.00 Uhr

### ÜBERNACHTEN
*Mizpah Hotel* ●●
100 Main St., Tel. 1 775 482 30 30
www.mizpahhotel.net
Historisches Hotel in guter Lage. Wunderschönes Dekor und zwei Saloons sorgen für eine gute Atmosphäre.

*Best Western Hi-Desert Inn* ●●
320 Main St.
Tel. 1 775 482 35 11
www.bestwestern.com
Zweckmäßig eingerichtete Zimmer mit TV in zentraler Lage. Das Hotel bietet täglich frisches Gebäck sowie Spa und Pool. Ein Airport-Shuttle ist zwischen 6.00 und 21.00 Uhr verfügbar.

### ESSEN
*El Marques Restaurant* ●●
348 N. Main St., Tel. 1 775 482 38 85
In diesem ordentlich geführten Lokal gibt es nicht nur mexikanische Gerichte, sondern auch leckere Steaks und frische Salate.

## SEHENSWERTES IN TONOPAH UND UMGEBUNG

**Central Nevada Museum, Mizpah Hotel**

Beachtung verdient das Central Nevada Museum, das die **Natur- und Kulturgeschichte** dieser Gegend erläutert. Ein Blick lohnt sich auch auf das Mizpah Hotel, das 1907 erbaut worden ist und heute wie ein Relikt aus längst vergangenen Zeiten wirkt.
**Central Nevada Museum:** 1900 Logan Field Rd.; Di. – Sa. 9.00 – 17.00 Uhr; Eintritt frei; www.tonopahnevada.com

**Humboldt-Toiyabe National Forest**

6 mi/10 km östlich von Tonopah zweigt der NV 376 vom US 6 in nördlicher Richtung ab. Der NV 376 erschließt den Humboldt-Toiyabe National Forest, der östlich der Straße die Höhen der Toiyabe Mountains und die Berge der Toquima Range bedeckt. Die Landschaft ist **wild und kaum erschlossen.** Mit ein wenig Glück und Geduld kann man hier anderswo selten gewordene Wildtiere beobachten. Wer die Gegend genauer erkunden möchte, sollte sich zuvor in der National Forest Ranger Station bzw. im **BLM Office in Tonopah** informieren.
**BLM Office:** 1553 S. Main St.; Mo. – Fr. 7.30 – 16.30 Uhr; Tel. 1 775 482 78 00; www.blm.gov/nv

**Lunar Crater**

Etwa 20 mi/32 km nordwestlich von Warm Springs kommt man über den US 6 in die von vulkanischen Auswürfen, erstarrten Lavaströmen und Schlackekegeln geprägte **»Mondlandschaft«** rund um den Lunar Crater. Dieser 128 m tiefe und über 1200 m weite Krater ist vor einigen tausend Jahren nach einem Vulkanausbruch entstanden. 1973 wurde er zum National Natural Landmark erklärt.

Von Warm Springs verläuft der eher unscheinbare, aber weltberühmte Extraterrestrial Highway (NV 375) in südöstlicher Richtung nach ▶Las Vegas. Der 116 mi/187 km lange Highway führt am weiträumigen Gelände der Nellis Air Force Range bzw. der Nevada Test Site entlang, die mit einer Fläche von 16 000 km² das **größte militärische Testgelände der USA** ist. Dieses streng bewachte Sperrgebiet wird von mehreren über 2700 m hohen Bergketten durchzogen. Hier hat sich die US-Luftwaffe während des Kalten Krieges mit scharfer Munition auf etwaige Auseinandersetzungen mit dem »Reich des Bösen« vorbereitet, hier wurden auch zahlreiche **unterirdische Atombombentests** vorgenommen. Hier befindet sich das Tonopah-Testgelände, wo seit den 1950er-Jahren die Qualitäten neuartiger Fluggeräte bzw. sogenannter Geheimwaffen ausprobiert werden. Das Spionage-Flugzeug »U 2« wurde hier ebenso getestet wie der Tarnkappen-Bomber »Stealth Fighter«.

Südlich des 300-Seelen-Ortes Rachel, im Bereich des zumeist ausgetrockneten Groom Lake, befindet sich die Geheimbasis **Area 51** mit der **längsten Start- und Landebahn der Welt**. Bis vor wenigen Jahren haben die Militärs die Existenz dieser Anlage, ja sogar die des Groom Lake geleugnet. Dem Vernehmen nach werden hier neuartige Antriebssysteme, Flugkörper usw. getestet. Da niemand genau weiß, was sich auf der »Area 51« wirklich abspielt, verwundert es nicht, dass hier immer wieder vermeintliche UFOs gesichtet werden (▶Baedeker Wissen S. 480): Aus keinem anderen Gebiet der Erde gibt es so viele **UFO-Meldungen** wie vom NV 375 bei Rachel. So war es nur noch eine Frage der Zeit, bis diese Straße zum »Extraterrestrial Highway« avancierte. Im April 1996 hat man mit Unterstützung des Gouverneurs von Nevada entsprechende Straßenschilder aufgestellt. Und die Snackbar, die früher einfach »Rachel Bar & Grill« hieß, nennt sich heute **»Little A'Le'Inn«**. Sie ist zum Treffpunkt und Informationsbörse aller Ufologen geworden (www.littlealeinn.com).

*Extraterrestrial Highway (NV 375)*

Bergbau ist für Tonopah immer noch wichtig.

# ✳ Virginia City

✦ **D 4**

**Region:** Reno-Tahoe Territory
**Höhe:** 1896 m ü. d. M.
**Einwohnerzahl:** 850      **Telefonvorwahl:** 775

**In Virginia City wird das Geisterstadt-Image mit besonderer Inbrunst gepflegt. Fast die ganze Stadt steht als Historic District unter Denkmalschutz. Viele Häuser sind im Stil der viktorianischen Epoche restauriert worden. Verschiedentlich gibt es noch hölzerne Gehsteige, die von Saloon zu Saloon und von Souvenirshop zu Souvenirshop führen.**

**Geschichte** Virginia City wurde 1859 im Bereich der Comstock Lode gegründet. Diese **Gold- und Silbermine** am Mount Davidson war seinerzeit die reichste in ganz Nordamerika. Während eines halben Jahrhunderts wurden hier Edelmetalle im Wert von einer halben Milliarde US-Dollar abgebaut. Mitte der 1870er-Jahre war Virginia City mit knapp 30 000 Einwohnern die größte Stadt zwischen Chicago und San Francisco. Schon ein Jahr nach Gründung der Stadt erschien hier die Zeitung »Territorial Enterprise«, in der auch Berichte des jungen Mark Twain über das Leben der Minenarbeiter erschienen. In der Blütezeit gab es in Virginia City über 100 Saloons, mehrere Theater, ein Opernhaus, vier Banken und sechs Kirchen. Sechzehn Jahre nach ihrer fielen große Teile der Stadt einem **verheerenden Brand** zum Opfer. Der rapide **Preisverfall** für Silber tat ein Übriges. Ab 1878 verlor Virginia City rasch an Bedeutung.

**Kamelrennen** 1861 brachte man Kamele nach Virginia City. Ganze Karawanen transportierten einige Jahre lang **Salz** aus den weit entfernt gelegenen Salzpfannen Nevadas nach Virginia City, wo man diesen Rohstoff als Hilfsmittel bei der Gold- und Silbergewinnung benötigte. Als der Bergbauboom zu Ende ging, brauchte man auch keine Kamele mehr. Geblieben sind jedoch die **Kamelrennen**, die alljährlich im September in einer richtigen Arena vonstatten gehen.

**Comstock Weekend** Jeden Mai findet das »Comstock Preservation Weekend« statt. Dann präsentiert sich Virginia City wieder wie in vergangenen Zeiten.

**Stadtführungen** Während einer zweistündigen Führung (Historic Walking Tour; Reservierung über das Visitor Center) lernt man die alte Bergbausiedlung bestens kennen. Es werden auch **Kutschfahrten** sowie eine **»Tram Tour«** mit einem nostalgischen Bus durch Virginia City angeboten.

**Kutschfahrten:** tgl. 10.00 – 17.00 Uhr; ab 20 $; www.visitvirginiacitynv.com

## SEHENSWERTES IN VIRGINIA CITY

*Saloons

An der Hauptstraße C Street und in einigen Seitensträßchen sind noch einige Saloons zu sehen, die man im Stil des 19. Jh.s restauriert hat. Fast wie im Wilden Westen fühlt man sich im »Bucket of Blood Saloon« (1 S. C St.), im gegenüberliegenden »Delta Saloon« mit Spielkasino (18 S. C St.) und im »Ponderosa Saloon« (106 S. C St.). Vom letztgenannten führt eine Treppe in die **Best & Belcher Mine** hinunter. Eine besondere Attraktion ist der einstige Saloon der edlen Prostituierten Julia Bulette, die sich um die Armen der Stadt kümmerte. Der Saloon zieht heute als **Red Light Museum** viele Besucher an.

**Best & Belcher Mine:** Führungen tgl. 10.00 – 18.00 Uhr
**Red Light Museum:** 5 N. C St.; Mo. – Fr. 12.00 – 20.00, Sa., So. bis 19.00 Uhr

**Mark-Twain-Ausstellung**

Im 1876 errichteten Gebäude der Zeitung »Territorial Enterprise« wird an Samuel Langhorn Clemens alias **Mark Twain** (1835 – 1910) erinnert, der als junger Mann mit spitzer Feder für die hiesige Zeitung arbeitete. Prunkstück der Ausstellung ist sein altes Schreibpult. Nebenbei erfährt man auch viel über die Geschichte von Virginia City.

❶ 35 S. C St.; tgl. 10.00 – 17.00 Uhr; Eintritt 5 $

**Virginia City war einst die größte Stadt des Wilden Westens.**

## Virginia City erleben

### AUSKUNFT
**Virginia City Convention &
Tourism Authority**
86 South C St.
P.O. Box 920
Virginia City, NV 89440
Tel. 1 775 847 43 86
www.visitvirginiacitynv.com

### ÜBERNACHTEN
**Tahoe House Hotel** €€€
162 S. C. St.
Tel. 1 775 847 52 64
www.tahoehousehotel.com
Wunderschön eingerichtetes Hotel an
der historischen Hauptstraße. Frühstück
inklusive.

**Edith Palmer's Country Inn** €€
416 S. B. St.
Tel. 1 775 847 70 70
www.edithpalmers.com
Drei Gasthäuser im viktorianischen Stil
beherbergen insgesamt acht gemütliche
Zimmer und zwei Familiensuiten. Hier

befindet sich das Zimmer, in dem die
Schauspielerin Marilyn Monroe während
der Dreharbeiten zu »Misfits – Nicht ge-
sellschaftsfähig« gewohnt hat.

### ESSEN
**The Crown Point Restaurant** €€
1540 Main St.
Virginia City, NV 89440
1 mi südlich von Virginia City
am Hwy. 342
Tel. 1 775 847 01 11
www.goldhillhotel.net
Internationale Küche auf hohem Niveau.
Das Restaurant befindet sich im Gold Hill
Hotel, in dem auch Lesungen und Thea-
teraufführungen veranstaltet werden.

**Cafe del Rio** €€
394 S. C. St.
Tel. 1 775 847 51 51
www.cafedelriovc.com
Southwest- und Text-Mex-Gerichte:
beispielsweise leckere Tortillas, Hähnchen und Steak.

**Kaum Geister in Virginia City**

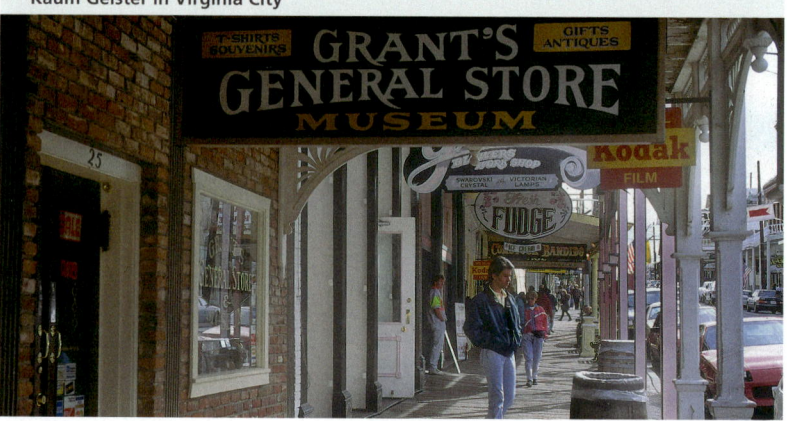

Weiter nördlich erreicht man das The Way It Was Museum, wo die Geschichte des Bergbaus im Bereich der Comstock Lode detailliert und mit vielen Exponaten veranschaulicht wird. **The Way It Was Museum**

❶ 113 N. C St.; tgl. 10.00 – 18.00 Uhr; Eintritt 3 $

Im Piper's Opera House sind viele bekannte Sänger und Schauspieler aufgetreten. Die Oper wurde 1868 im viktorianischen Stil erbaut und steht heute wieder für Kulturveranstaltungen zur Verfügung. **Piper's Opera House**

❶ Ecke B St./Union St.; Sommer tgl. 11.00 – 18.00, sonst n. V., Touren Mi. – Mo. 12.00 – 17.00 Uhr; Eintritt 5 $; www.piperslive.com

Ein wahres Schmuckstück ist das so genannte Castle. Die **Villa** wurde 1868 errichtet. Sie ist auch heute noch prachtvoll. **\*Castle**

❶ Ecke 70 S. B St./Taylor St.

Im Südosten der Stadt, an der Kreuzung von F Street und Washington Street, fahren die **Oldtimer-Dampfzüge** der Virginia & Truckee Railroad ab. Während einer halbstündigen Fahrt lernt man die von Goldgräbern durchwühlte Landschaft kennen. **\*Virginia & Truckee Railroad**

❶ Juni – Sept. tgl. 10.00 – 17.00 Uhr; ab 10 $; www.virginiatruckee.com

Weiter südlich kommt man zu einem **Herrensitz**, den sich John Mackay, ungekrönter König des Comstock, 1860 errichten ließ. Das noble Gebäude ist heute als Museum (und Hochzeitslocation) zugänglich. Das Interieur samt Tiffany-Raumschmuck und Tafelsilber ist noch original, ferner sind Bergbau-Gerätschaften ausgestellt. **Mackay Mansion**

❶ 291 S. D St.; Sommer tgl. 10.00 – 18.00 Uhr; Eintritt frei; www.mackaymansion.com

Noch weiter südlich steht die 1876 erbaute Fourth Ward School, die 1936 ihre letzten Schüler entlassen hat. Hier kann man sich über den **Schulbetrieb vergangener Zeiten** informieren und sich mit dem Gold- und Silberbergbau in der Comstock Lode vertraut machen. **Fourth Ward School**

❶ 537 S. C St.; Mai – Okt. tgl. 10.00 – 17.00 Uhr; Eintritt 5 $; www.fourthwardschool.org

Etwas außerhalb der Stadt befindet sich der Eingang in die Chollar Silver Mine. Während einer Führung erfährt man, auf welche Art und Weise im 19. Jh. **Silberbergbau** betrieben wurde. **Chollar Mine**

❶ 615 South F St.; Führungen Ostern – Okt. tgl. 13.00 – 17.00 Uhr; Tour 7 $; www.chollarmine.com

Viele interessante alte Geräte und Fahrzeuge zeigt das Feuerwehrmuseum, das in einem historischen Gebäude von 1876 untergebracht ist. **Comstock Firemen's Museum**

❶ 1217 S. C St.; Ende Mai – Okt. tgl. 10.00 – 17.00 Uhr; Eintritt gegen Spende; www.comstockfiremuseum.com

# New Mexico

# NEW MEXICO

**Fläche:** 314 925 km²
**Bevölkerungszahl:** 2,1 Mio.
**Hauptstadt:** Santa Fe
**Zeitzone:** Mountain
**Beiname:** Land of Enchantment

**Mit einer Fläche von über 300 000 km² ist New Mexico der fünftgrößte Bundesstaat der Vereinigten Staaten. Der gesamte Bundesstaat hat steppen- bzw. wüstenhaften Charakter mit karger Vegetation. Im Osten ziehen sich die Ausläufer der Rocky Mountains von Nord nach Süd. Zahlreiche Pueblos zeugen vom indianischen Erbe. Und für die würzige Südwesteküste wachsen hier die besten Chili.**

Im Wesentlichen kann man New Mexico in drei landschaftliche Großräume einteilen: die Great Plains im Osten mit den Flüssen Rio Grande und Pecos sowie der Wüste Llano Estacado, die von kurzen Bergketten durchzogene Hochfläche im Westen mit den Ausläufern des Colorado Plateaus im Nordwesten sowie die südlichen Ausläufer der Rocky Mountains. Diese schieben sich von Norden wie ein Keil zwischen Great Plains und Colorado Plateau. Ihre Hauptkette sind die Sangre de Cristo Mountains mit dem 4011 m hohen Wheeler Peak als höchstem Punkt New Mexicos, westlich davon verlaufen parallel dazu die San Juan Mountains als Teil der Hauptwasserscheide zwischen Atlantik und Pazifik. Zwischen diesen beiden Gebirgsketten liegt das Flusstal des Rio Grande, der in Colorado entspringt und dann von Norden nach Süden durch ganz New Mexico fließt und ab El Paso (Texas) die Grenze zu Mexiko bildet.

**Drei landschaftliche Großräume**

New Mexico, das »Indian Land«, hat von allen Bundesstaaten des Südwestens wohl die bewegteste Geschichte. Schon vor über 10 000 Jahren sind indianische Kulturen wie die Clovis- und Folsom-Kultur nachgewiesen.
Auf der Suche nach Gold betrat 1539 der Spanier Francisco Marcos de Niza als **erster Europäer** New Mexico. 1598 gründeten über 100 Kolonisten und deren Familien sowie einige Franziskaner die erste spanische Siedlung namens San Gabriel und reklamierten das Land für die spanische Krone als »Neu-Mexiko«. Mit der fortschreitenden Kolonisierung zu Beginn des 17. Jh.s folgten weitere Siedlungen und Missionsstationen, so dass 1625 im Tal des Rio Grande bereits rund 50 Kirchen gezählt wurden. Der Konflikt mit den Indianern brach aus, als die Spanier deren Naturreligion zu

**Geschichte**

unterdrücken versuchten. Während der Großen Pueblo-Revolte von 1680 stürmten die Indianer unter Führung des Schamanen Po-Pé Santa Fe und vertrieben mit Hilfe der Apachen die Spanier aus Neu-Mexiko. Erst 1692 konnte Don Diego de Vargas die Gebiete zurückerobern. Im 18. Jh. kämpften die Pueblo-Indianer teilweise an der Seite der Spanier gegen Apachen, Ute, Comanchen und Navajos.

1821 fiel die spanische Kolonie an Mexiko. Die Vereinigten Staaten annektierten 1846 bei Ausbruch des **Amerikanisch-Mexikanischen Krieges** das Gebiet, und ein Jahr später fiel New Mexico durch den Vertrag von Guadalupe Hidalgo auch offiziell an die USA. Zusammen mit Arizona, das 1863 abgetrennt wurde, bildete New Mexico ab 1850 ein selbständiges Territorium. Aus dem Osten strömten Siedler über den **Santa Fe Trail** ins Land. Den Navajos wurde 1864 das Bosque Redondo Reservat am Pecos River bei Fort Sumner zugewiesen. Die Apachen leisteten noch ein paar Jahre länger Widerstand, doch nach langen, verlustreichen Kämpfen gab 1886 auch der Apachenhäuptling Geronimo auf, der 1908 in Florida in der Verbannung starb. Die verbliebenen Indianer wurden in kleine Reservate gepfercht, wo sie ihr bisheriges Leben total verändern mussten. Währenddessen hatte der Anschluss an das Eisenbahnnetz der Vereinigten Staaten 1879 eine weitere Besiedlungswelle ausgelöst. Am 6. Januar 1912 schließlich fand New Mexico als **47. Bundesstaat** Aufnahme in die Union. Seither hat der Staat noch einmal weltweites Aufsehen erregt: Am 16. Juli 1945 wurde in der Wüste von White Sands bei Alamogordo die erste Atombombe als Test gezündet.

**Bevölkerung** New Mexico ist heute mit rund 2 Mio. Menschen, was etwa sechs Einwohnern pro km² entspricht, **relativ dünn besiedelt**, obwohl seit dem Zweiten Weltkrieg die Bevölkerungszahl geradezu sprunghaft angestiegen war. Nach der Volkszählung von 2010 leben 193 000 Indianer im Bundesstaat, was einem Anteil von 9,4 % an der Gesamtbevölkerung entspricht. Abgesehen von Alaska ist dies die höchste Quote innerhalb der USA. Die Indianer leben verteilt auf 19 Pueblos und fünf weitere Reservationen von Nicht-Pueblo-Indianern. Daneben gehört New Mexico bis auf wenige Randgebiete im Osten zum Hauptverbreitungsgebiet der Mexiko-Amerikaner im Südwesten der USA. Mit fast 50 % Anteil an der Bevölkerung ist die Latino-Bevölkerung die größte ethnische Minderheit. Die afro-amerikanische Minderheit spielt in New Mexico ähnlich wie in den benachbarten Bundesstaaten eine sehr geringe Rolle.

**Wirtschaft** In New Mexico, **einem der ärmsten Bundesstaaten der USA**, nimmt die Erdöl- und Erdgasförderung die führende Position ein, und auch der Bergbau, vor allem von Kupfer und Uranerz – New

Mexico besitzt die größten Vorkommen des Landes – ist von einiger Bedeutung. Die im Navajoreservat abgebaute Kohle liefert 71 % des Strombedarfs von ganz New Mexico. Die Navajos können den gewonnenen Strom sogar bis nach Phoenix und Los Angeles verkaufen. Die Landwirtschaft konzentriert sich auf die **Viehzucht** (Rinder und Schafe) und auf den Anbau von **Chilischoten**, deren mit Abstand größter Produzent der Bundesstaat ist. Wie Arizona profitierte auch New Mexico von der Lage im Sun Belt und konnte in den vergangenen Jahrzehnten einen Zuwachs im industriellen Sektor verzeichnen, insbesondere in der Elektronikbranche, und hier wiederum dank der militärischen Forschung in Albuquerque, Alamogordo und Los Alamos. Wichtig sind außerdem die chemische Industrie, die Nahrungsmittelindustrie und auch der Maschinenbau.

**Indianerkinder im Acoma Pueblo**

Der Bundesstaat ist das ganze Jahr über ein beliebtes Reiseziel. Neben **Tourismus** den als Nationalpark ausgewiesenen Carlsbad Caverns, einem einzigartigen, riesigen Höhlensystem, gibt es noch zahlreiche hochinteressante National Monuments. In vielen, wie etwa im Bandelier, Aztec Ruins oder Gila Cliffs Dwellings National Monument, kann man Wohnstätten der früheren Indianerkulturen besichtigen. Von herausragender Bedeutung ist der **Chaco Culture National Historical Park**, dessen ausgedehnte Pueblobauten einen Schwerpunkt der Anasazikultur markieren. Ein Bild vom heutigen Leben der Indianer kann man sich in den 19 nach wie vor bewohnten Pueblo-Reservaten machen, in denen Besucher willkommen sind.

Da das Glücksspiel in den Indianerreservaten als Einkommensquelle vom Staat legalisiert wurde, verdienen einige der Pueblos durch den Betrieb von Spielkasinos. Zu den Freizeitaktivitäten in New Mexico gehören u. a. Fischen und Jagen sowie in den Bergregionen der Skisport. Sehenswerte Städte sind Santa Fe, Taos und Albuquerque; in vielen Orten haben berühmt-berüchtigte Wildwest- und Revolverhelden, vor allem Billy the Kid, ihre Spuren hinterlassen.

# * Albuquerque

⚹ R 8

**Region:** Central
**Höhe:** 1619 m ü. d. M.
**Einwohnerzahl:** 557 000          **Telefonvorwahl:** 505

**Das vom Rio Grande durchflossene Albuquerque ist die größte und wirtschaftlich bedeutendste Stadt New Mexicos. Der Interstate 40 folgt hier der berühmten Route 66. Nostalgikern wird die immer noch spürbare kolonialspanische und Wildwest-Atmosphäre in der Old Town gefallen, gegen die auch die Stahl- und Glasfassaden der Downtown nicht ankommen.**

**Wirtschaft**  Wegen ihrer verkehrsgünstigen Lage am Knotenpunkt zweier Autobahnen wird die Stadt als Industriestandort sehr geschätzt. Vor allem in den zukunftsträchtigen Branchen der High-Tech-Industrien (besonders Elektronik) wurden zahlreiche Arbeitsplätze geschaffen. Bedingt durch die Nähe der Uranbergwerke spielt auch die Atomforschung eine wichtige Rolle im Wirtschaftsleben der Stadt.

**Geschichte**  Albuquerque entstand 1706 mit der Ansiedlung von dreißig Familien. Die Siedlung, die 1790 bereits 6000 Einwohner zählte, war zwischen 1846 und 1870 ein **wichtiger Militärposten** auf dem Old Chihuahua Trail, der Fortsetzung des Santa Fe Trails von Santa Fe nach Ciudad de Mexico. Als sich 1880 ein Landbesitzer weigerte, sein Land an die Eisenbahngesellschaft zu verkaufen, verlegte man die Bahntrasse 3 km von der Stadt entfernt. An der neuen Bahnstrecke entstand New Albuquerque, das der Old Town sehr schnell den Rang ablief. Der heutige Besucher profitiert von dieser Entwicklung, denn so blieb die Old Town weitgehend erhalten.

**Name**  Die Stadt wurde nach dem Vizekönig von Neu-Spanien, Herzog Felipe de Alburquerque, benannt. Das erste »r« im Namen des Herzogs verlor sich im Laufe des 19. Jh.s.

## OLD TOWN UND UMGEBUNG

**\*Old Town, Plaza**  Besonders die Plaza von 1780 vermittelt noch spanisches Flair, die meisten Gebäude hier sind in der **Adobe-Bauweise** errichtet worden. Hier lag der politische und wirtschaftliche Mittelpunkt der Stadt, bis mit der Verlegung der Eisenbahn 1880 auch die Geschäfte wegzogen und das gesamte Viertel in einen jahrzehntelangen Dornröschenschlaf fiel. Erst seit den 1930er-Jahren, als sich hier Künstler niederließen, erwachte es zu neuem Leben. Seit den 1950er-Jahren wurden

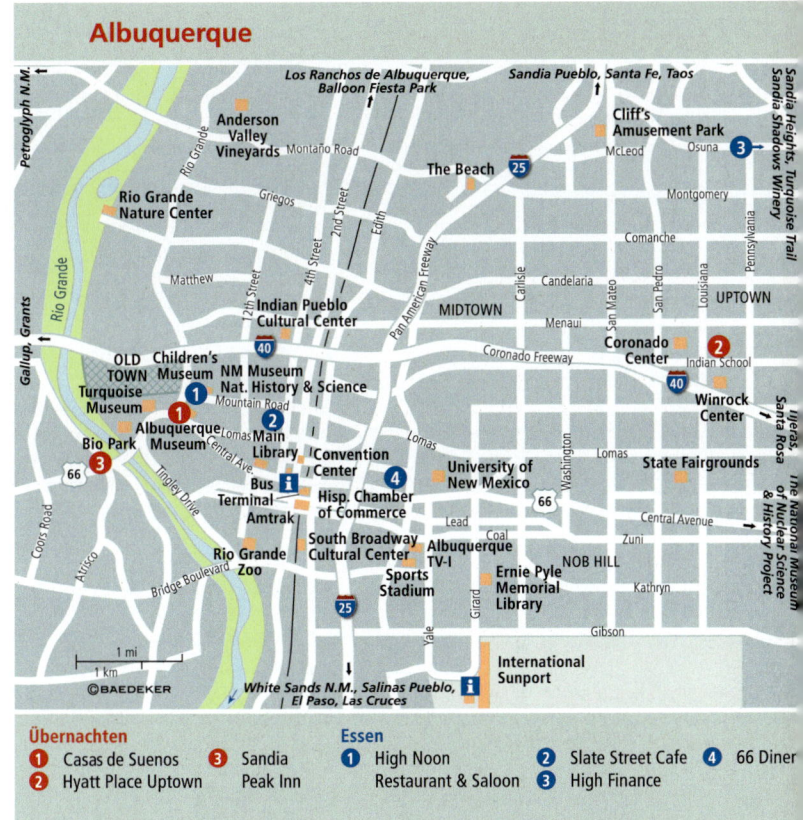

## Albuquerque

Los Ranchos de Albuquerque, Balloon Fiesta Park

Sandia Pueblo, Santa Fe, Taos

Petroglyph N.M.

Anderson Valley Vineyards

Montaño Road

Cliff's Amusement Park

McLeod

Osuna

❸

Rio Grande

Rio Grande Nature Center

Griegos

The Beach

25

Montgomery

Sandia Heights, Turquoise Trail
Sandia Shadows Winery

Rio Grande

Gallup, Grants

Matthew

12th Street

4th Street

2nd Street

Edith

Pan American Freeway

Carlisle

Candelaria

Comanche

San Mateo

San Pedro

Louisiana

Pennsylvania

Indian Pueblo Cultural Center

MIDTOWN

Menaul

UPTOWN

OLD
TOWN

Children's
Museum

NM Museum
Nat. History & Science

40

Coronado Freeway

Coronado Center

❷

Indian School

Turquoise
Museum

❶

Mountain Road

Winrock
Center

40

Albuquerque
Bio Park

❶

❷

Museum

Lomas
Central Ave.

Main
Library

Lomas

Washington

Lomas

State Fairgrounds

Tijeras, Santa Rosa
& History Project

66

❸

Tingley Drive

Bus
Terminal

i

Convention
/ Center

❹

Hisp. Chamber
of Commerce

University of
New Mexico

66

Central Avenue

The National Museum
or Nuclear Science

Coors Road

Atrisco

Amtrak

Lead

Coal

Zuni

Bridge Boulevard

Rio Grande
Zoo

South Broadway
Cultural Center

Albuquerque
TV-1

NOB HILL

Sports
Stadium

Ernie Pyle
Memorial
Library

Girard

Kathryn

25

Yale

Gibson

1 mi
1 km
©BAEDEKER

White Sands N.M., Salinas Pueblo,
El Paso, Las Cruces

International
Sunport

i

**Übernachten**
❶ Casas de Suenos    ❸ Sandia
❷ Hyatt Place Uptown      Peak Inn

**Essen**
❶ High Noon       ❷ Slate Street Cafe   ❹ 66 Diner
   Restaurant & Saloon   ❸ High Finance

viele Gebäude im Pueblo Revival Style restauriert, und heute reihen sich rund um den malerischen Platz wieder zahlreiche Geschäfte, Galerien und Lokale aneinander. Auch kunsthandwerkliche Gegenstände werden zum Verkauf angeboten. An der Nordseite des Platzes befindet sich die Hauptsehenswürdigkeit, die vollkommen aus Lehmziegeln erbaute Kirche **San Felipe de Neri** von 1706. Wegen der Anfälligkeit dieses Baumaterials musste sie bereits mehrere Male wiederaufgebaut werden. Eine Broschüre mit einem **empfohlenen Rundgang** durch die Old Town und Hinweisen zu allen historischen Gebäuden erhält man im Albuquerque Museum of Art and History. Dort beginnen auch **geführte Touren** durch das alte Viertel.

Geführte Touren: Infos unter Tel. 1 505 2 43 72 55; Mitte März – Mitte Dez. Di. – So. 11.00 Uhr

## Albuquerque erleben

### AUSKUNFT

**Albuquerque Convention &**
**Visitors Bureau**
20 First Plaza NW, Suite 601
Tel. 1 505 842 99 18
www.visitalbuquerque.org

### VERANSTALTUNG

**International Balloon Fiesta**
www.balloonfiesta.com
Anfang Oktober findet jedes Jahr ein
Heißluftballonfestival statt.

### SHOPPING

Bestens und teilweise auch ziemlich
günstig einkaufen kann man in der Old
Town.

### ÜBERNACHTEN

❶ **Casas de Suenos** ⓖⓖ
310 Rio Grande Blvd.
Tel. 1 505 247 45 60
www.casasdesuenos.com

Die bezaubernde, romantische Anlage
wurde in den 1930er- und 1940er-Jah-
ren erbaut. Man wohnt in einer der 21
geräumigen, rustikal und gemütlich
eingerichteten Casitas, die gleichzeitig
mit allem Komfort ausgestattet sind. Der
begrünte Hof ist zauberhaft.

❷ **Hyatt Place Uptown** ⓖⓖ
6901 Arvada Ave.
Tel. 1 505 872 90 00
www.hyatt.com
Gute Lage gegenüber der Uptown Shopping Mall und in der Nähe von Theater
und Museen. Bequeme, moderne Zimmer, kostenloses WLAN und kleine Gäs-
teküche zum Zubereiten von Waffeln
und Pancakes.

❸ **Sandia Peak Inn** ⓖ
4614 Central Ave. SW
Tel. 1 505 831 50 36
www.sandiapeakinnmotel.com

| | |
|---|---|
| **Albuquerque Museum of Art and History** | Auf eindrucksvolle Weise vermittelt im Albuquerque Museum die Ausstellung »Vier Jahrhunderte – Die Geschichte von Albuquerque« die Entwicklung der Stadt im Zusammenhang mit der Besiedlung des Südwestens und der Indianergeschichte. Das Museum besitzt die **größte Sammlung kolonialspanischer Gegenstände und Kunst** in den USA. |

❶ 2000 Mountain Rd. NW; Di. – So. 9.00 – 17.00 Uhr; Eintritt 3 $;
www.albuquerquemuseum.org

| | |
|---|---|
| **\*New Mexico Museum of Natural History** | Gegenüber vom Albuquerque Museum liegt das New Mexico Muse-um of Natural History. Thema der anschaulich aufbereiteten und deshalb für Kinder besonders spannenden Ausstellung ist die **Naturgeschichte des Südwestens** von der Urzeit bis heute – u. a. mit einer lebensgroßen Nachbildung eines Dinosauriers, einem begeh-baren künstlichen Vulkan sowie einem eiszeitlichen Höhlenwohn-platz. |

❶ 1801 Mountain Rd. NW; tgl. 9.00 – 17.00 Uhr; Eintritt 7 $;
www.nmnaturalhistory.org

Einfaches Motel mit sauberen Zimmern nahe der Route 66, dem Botanischen Garten und dem Rio Grande Zoo. Whirlpool und Frühstück inklusive.

## ESSEN

### ❶ *High Noon Restaurant & Saloon* ⓔⓔⓔⓔ
425 San Felipe St. NW
Tel. 1 505 7 65 14 55
www.highnoonrestaurant.com
Im historischen Stadtzentrum ist eine ehemalige Schreinerei aus dem späten 18. Jh. in ein stimmungsvolles Restaurant umgebaut worden. Besonders gut sind die Steaks.

### ❷ *Slate Street Cafe* ⓔⓔⓔ
515 Slate St. NW
Tel. 1 505 2 43 22 10
www.slatestreetcafe.com
In ausgesprochen coolem Ambiente werden vorzüglich zubereitete Kreationen einer neuen amerikanischen Küche serviert.

### ❸ *High Finance* ⓔⓔⓔ
40 Tramway Rd.
Tel. 1 505 2 43 97 42
www.sandiapeakrestaurants.com
Mo., Di. nur Dinner
Um zu diesem Restaurant auf dem Sandia Peak zu gelangen, überquert man mit der längsten Gondel der Welt den Cibola National Forest. Genießen Sie internationale Speisen bei einem grandiosen Ausblick!

### ❹ *66 Diner* ⓔ
1405 Central Ave.
Tel. 1 505 2 47 14 21
http://66diner.com
In diesem Lokal fühlt man sich in die 1950er-Jahre zurückversetzt. Alles erinnert an jene Zeit, als die Route 66 als viel befahrene Hauptstraße mitten durch die Stadt führte. Sandwiches, Speck und Eier, Hamburger in allen Variationen sowie gegrillte Leber mit Zwiebeln stehen auf der Speisekarte. Samstags und Sonntags gibt's Frühstück bis 12.00 Uhr.

---

Weltweit einzigartig ist das südöstlich der Plaza gelegene **Klapperschlangen-Museum**, das nicht nur die am häufigsten vorkommende einheimische Klapperschlange, sondern auch über 20 seltenere Arten zeigt. Aufmerksamkeit verdienen vor allem Kuriositäten wie Albinos oder Schlangen ohne Muster.

**American International Rattlesnake Museum**

❿ 202 San Felipe St. NW; Sept. – Mai Mo. – Fr. 11.30 – 17.30, Sa. 10.00 – 18.00, So. 13.00 – 17.00, Juni – Aug. Mo. – Sa. 10.00 – 18.00, So. 13.00 – 17.00 Uhr; Eintritt 5 $; www.rattlesnakes.com

## SEHENSWERTES IM ÜBRIGEN STADTGEBIET

Das von den 19 Pueblos von New Mexico betriebene Zentrum ist ihrer Geschichte und dem Leben in den einzelnen Pueblos gewidmet. Zu den Exponaten gehören auch kunsthandwerkliche Stücke, vor allem Keramik, Schmuck und Webereien, die im Übrigen auch zum Verkauf angeboten werden. In den Pueblos selbst kann man vieles aber günstiger erwerben. Im Innenhof des Museums werden

**Indian Pueblo Cultural Center**

**!**

*Emmy-Gewinner »Breaking Bad«*

Diese Fernsehserie ist düster, und ihr Humor ist rabenschwarz: Ein an Krebs erkrankter Chemielehrer beginnt, das Rauschmittel Meth herzustellen und zu verkaufen, um seine Familie nach seinem Tod finanziell abzusichern. Schauplatz der Handlung und Drehort ist Albuquerque – aber nicht die schönen Seiten der Stadt. Dennoch faszinieren die Orte die Fans der Serie, die auch schon im deutschen und Schweizer Fernsehen ausgestrahlt wurde. ABQ Trolley Co. bietet eine dreistündige Tour zu 13 der Schauplätzen an, die allesamt morbiden Charme versprühen (www.abqtrolley.com, 65 $).

an den Wochenenden **Tänze und andere künstlerische Darbietungen** veranstaltet.

❶ 2401 12th St. NW; tgl. 9.00 – 17.30 Uhr; Eintritt 6 $; www.indianpueblo.org

Im **ABQ BioPark Zoo** leben über 1000 exotische Tiere in einer naturnahen Umgebung, beispielsweise in einem nachempfundenen Amazonas-Regenwald oder in einer Landschaft, die der afrikanischen Savanne nahe kommt. Eine Seltenheit sind die **Schneeleoparden** und die Tasmanischen Wombats – die einzigen in ganz Nordamerika.

❶ 903 10th St. SW; tgl. 9.00 – 17.00, im Sommer Sa., So. bis 18 Uhr; Eintritt 16 $ Uhr; www.cabq.gov/biopark

**University of New Mexico**

Die 1889 gegründete Universität am Fuße der Sandia Mountains zählt heute über 35 000 Studenten. Ein Ausflug zum Campus lohnt sich vor allem wegen der dortigen Museen und wegen der Gebäude im Adobe-Stil; nähere Informationen erteilt das **Welcome Center** der Universität.

Die wohl interessanteste Sammlung hat das **\*Maxwell Museum of Anthropology**. Es richtet sein Hauptaugenmerk auf die letzten 10 000 ahre der Menschheitsgeschichte im Südwesten, vor allem auf die Anasazi und ihre indianischen Nachfahren.

Die Augen von professionellen und Hobby-Geologen beginnen zu leuchten, wenn sie einen Blick auf die Sammlungen des **Museum of Geology** werfen. Besondere Highlights sind **Saurierknochen**, die man in der weiteren Umgebung gefunden hat, sowie **Gesteinsproben vom Mond**.

**Welcome Center:** Ecke Las Lomas/Redondo St.; Mo. – Fr. 8.00 – 17.00 Uhr; www.unm.edu/welcome/welcome-center.html

**Maxwell Museum of Anthropology: Ecke** M. L. King Jr. Ave./Redondo Dr.; Di. – Sa. 10.00 – 16.00 Uhr; Eintritt frei; www.unm.edu/~maxwell

**Museum of Geology:** Northrop Hall, Raum 124; Mo. – Fr. 7.30 – 12.00 u. 13.00 – 16.30 Uhr; Eintritt frei; http://epswww.unm.edu/museum.htm

**Nuklear-museum**

Im Frühling 2009 wurde das neue **National Museum of Nuclear Science & History** unweit der historischen Route 66 eröffnet. Es befasst sich mit der Geschichte der Nukleartechnik und zeigt auch die

Entwicklung der Atomwaffen seit den 1940er-Jahren auf. Zu den Exponaten gehören maßstabsgetreue Modelle der auf Hiroshima bzw. Nagasaki abgeworfenen Atombomben »Little Boy« und »Fat Man«. Auch der Film »Ten Seconds That Shock the World« wird vorgeführt.

❶ Eubank & Southern Blvds.; tgl. 9.00–17.00 Uhr; Eintritt 8 $; www.nuclearmuseum.org

Das Anderson-Abruzzo International Balloon Museum zeigt auch mithilfe interaktiver Exponate die Geschichte der Ballonfahrt der letzten 300 Jahre – als Fortbewegungsmittel, zu wissenschaftlichen und militärischen Zwecken oder zum Vergnügen.

**Anderson-Abruzzo International Balloon Museum**

❶ 9201 Balloon Museum Dr. NE; Di. – So. 9.00 – 17.00 Uhr; Eintritt 4 $; www.balloonmuseum.com

## UMGEBUNG VON ALBUQUERQUE

Im Nordwesten der Stadt entstand 1990 aus der Zusammenlegung dreier State Parks das Petroglyph National Monument, eine 17 km lange **Kette aus fünf erloschenen Vulkanen** am Westufer des Rio Grande. Das dunkle Basaltgestein verzierten die Indianer in der Zeit zwischen 1300 und 1650 mit Felsmalereien, die als »Rio Grande Style Rock Art« bekannt wurden. Zum National Monument gehören der Boca Negra Canyon, der südlich davon gelegene Rinconada Canyon und der nördlich davon verlaufende Piedras Marcadas Canyon mit einem riesigen, bislang nicht ausgegrabenen Pueblo. Man vermutet, dass es alleine im Erdgeschoss bereits mehr als 1000 Räume hatte.

**\*Petroglyph National Monument**

❶ I-40 über Unser Blvd, Exit 154, 3 mi bis Western Trail, dann rechts der Straße folgen; tgl. 8.00 – 17.00 Uhr; Eintritt frei, 2 $ Parkgebühr; www.nps.gov/petr

Nordöstlich von Albuquerque erheben sich die bis zu 3255 m hohen Sandia Mountains (I-25 nach Osten, dann 10 Tramway Loop NE). Sie liegen im Bereich des Cibola National Forest und kön7nen über eine kurvenreiche Bergstraße oder per Luftseilbahn erreicht werden. Die **Sandia Peak Ski Area** ist eines der beliebtesten Skigebiete im Südwesten. Spektakuläre Ausblicke eröffnet die **Sandia Crest Road**.

**\*Sandia Mountains**

Mit der **Sandia Peak Aerial Tramway**, einer über 4 km langen Luftseilbahn, kommt man hinauf auf den 2957 m hohen **\*Sandia Peak**. Unterwegs bieten sich spektakuläre Panorama-Ausblicke, was in der abendlichen Dämmerung ein besonderes Erlebnis ist.

**Sandia Peak Aerial Tramway:** Sommer tgl. 9.00 – 21.00, Winter Mi. – Mo. 9.00 – 20.00, Di. 17.00 – 20.00 Uhr; Hin- und Rückfahrt 20 $; www.sandiapeak.com

**\*Coronado State Monument**

In der Nähe von Bernalillo liegt das große **Anasazi-Pueblo »Kuaua«**, an dem Francisco Vásquez de Coronado bei seiner Expedition im Jahr 1540 gelagert haben soll. Hunderte von Räumen können besichtigt werden; auch in eine rekonstruierte Kiva kann man hineinklettern. Das Visitor Center informiert über die Indianerkulturen des Südwestens und den spanischen Einfluss. Unter den Exponaten sieht man auch farbige Wandmalereien, die man in den Kivas gefunden hat.

❶ am NM 55; Mi. – Mo. 8.30 – 17.00 Uhr; Eintritt 3 $; www.nmmonuments.org

## PUEBLOS IN DER UMGEBUNG VON ALBUQUERQUE

**Puebloqultur erleben**

Die meisten der 19 Pueblo-Reservate New Mexicos findet man in der Umgebung von Albuquerque und hier wiederum bei Bernalillo. Besuche sind nur tagsüber möglich und besonders an solchen Tagen zu empfehlen, an denen zeremonielle Tänze aufgeführt werden, etwa der **Mais-**, der **Büffel-** oder der **Regentanz**. Achtung: In Pueblos ist das **Fotografieren** nur bei ausdrücklicher Erlaubnis gestattet, und es wird ein Honorar erwartet! Alle Pueblos betreiben Verkaufsstellen ihres Kunsthandwerks. Nachfolgend werden einige der Pueblos vorgestellt (Auskunft im Indian Pueblo Cultural Center in Albuquerque, ▶S. 445).

**Das Acoma Pueblo ist seit fast 1200 Jahren ununterbrochen bewohnt.**

Die meisten der 550 Keres sprechenden Einwohner von **Santa Ana** (8 mi/13 km nordwestlich von Bernalillo am NM 44) wohnen heute nicht mehr im Pueblo, sondern in Ranchos de Santa Ana. Gäste im alten Dorf sind nur bei den Stammeszeremonien willkommen (www.santaana.org).

**Santa Ana Pueblo**

Ebenfalls am NM 44, 8 mi/13 km nordwestlich des Santa Ana Pueblos, liegt das Zia Pueblo, das sich der Landschaft bestens anpasst. Das von 720 Menschen bewohnte Pueblo ist für sein **Sonnensymbol** bekannt, das zum offiziellen Wappen von New Mexico wurde. Ursprünglich wurde dieses Zeichen häufig auf Töpferwaren verwendet.

**Zia Pueblo**

Das 10 mi/16 km nördlich von Bernalillo am I-25 gelegene, sehr auf seine Traditionen bedachte San Felipe Pueblo ist bekannt für seine **besonders schönen Tänze**. Durch die ständige Benutzung hat der Tanzplatz inzwischen die Form einer Schüssel. Die 2400 Bewohner von San Felipe Pueblo werden der Keresan-Gruppe zugeordnet.

**San Felipe Pueblo**

Etwas weiter im Norden, 37 mi/60 km nördlich von Albuquerque (vom I-25 auf den NM 22), liegt Santo Domingo, mit 3500 Einwohnern eines der **größten Pueblos**. Die Bewohner fertigen Halsketten aus Muschelfragmenten und einzigartigen Silberschmuck.

**Santo Domingo**

Legenden besagen, dass auf dem heutigen Gelände des Asoma Pueblo bereits vor 2000 Jahren eine Siedlung gewesen sein soll. Seit 1150 Jahren ist der Ort mit Sicherheit ununterbrochen besiedelt und gilt somit als eine der am längsten dauerhaft bewohnten Siedlungen in den USA. In der Keres-Sprache bedeutet »Acoma« so viel wie »Leute auf dem weißen Felsen«, womit bereits angedeutet ist, dass das **Dorf auf einem Felsplateau** 112 m über der Ebene liegt. Von dort oben hat man eine atemberaubende Sicht auf die Umgebung.

**\*Acoma Pueblo (Sky City)**

Die 1640 vollendete Kirche **San Esteban del Rey** überragt das Dorf, dessen Häuser teils aus Stein, teils aus Lehmziegeln erbaut sind. Die meisten der 4400 Acoma-Indianer leben inzwischen nicht mehr auf dem Plateau, sondern in Orten wie Acomita, Anzac oder McCarty's innerhalb der Reservatsgrenzen. Das **Sky City Cultural Center und Haak'u Museum** veranstaltet Touren, informiert über die Geschichte und verkauft indianisches Kunsthandwerk. Von hier aus bietet sich auch ein Ausflug zum ▶El Malpais National Monument an.

> **?** **BAEDEKER WISSEN** *Kletterübung*
>
> Als es noch keine Straße auf das Felsplateau von Acoma gab, musste man den beschwerlichen Weg hinauf zum Dorf auf Leitern zurücklegen. Im Jahr 1540 kam der Spanier Coronado in das Pueblo und bezeichnete es aufgrund dieser Tatsache als »beste Festung der Welt«.

# Adobe-Architektur

*Etwa ab dem 8. Jh. begannen die sesshaften Indianer auf dem Colorado-Plateau,
im Einzugsbereich des Rio Grande, in Arizona und auch im Norden Mexikos
mehrstöckige Siedlungen zu bauen, einerseits aus Stein, andererseits aus »Adobe«
genannten Lehmziegeln, deren Herstellung den Pyramiden bauenden Bewohnern
Mittel- und Südamerikas bereits Jahrhunderte zuvor geläufig war.*

▶ **San Miguel Church**
Die 1626 von spanischen
Kolonisten in Santa Fe,
NM im Adobestil
erbaute Kirche ist eine
der ältesten der USA.

©BAEDEKER

▶ **Stilmerkmale**

Zwischendecken werden
mit Holzbalken verstärkt,
die aus den Außenwänden
herausragen.

Typisch für den Adobe-Stil ist
das Verputzen mit Lehm, wodurch
die Abrundungen entstehen.

Wandfarben sind oft in
warmen Erdfarbtönen ge-
wählt und teilweise sogar
baurechtlich vorgeschrieben.

## Verbreitung

Die Adobe-Baukunst, die in Amerika spätestens seit dem 1. Jh. n. Chr. bekannt ist, erreichte zwischen dem 9. und 13. Jh. ihre erste Blüte im Südwesten der heutigen USA. Etliche der damals entstandenen Pueblos sind erhalten.

**KALIFORNIEN**

**ARIZONA**

● Sedona

**NEW MEXICO**

**Taos Pueblo** ●

**Santa Fe** ●

Albuquerque

● Las Cruces

## Santa Fe, Albuquerque

Die spanischen Kolonisten des frühen 17. Jh.s übernahmen und verbesserten die Adobe-Architektur der Pueblo-Indianer aus der Umgebung. Bis heute kann man in den beiden Städten zahlreiche Adobe-Baudenkmäler bewundern.

**Noch existierende Pueblos:**

www.desertusa.com

INSTITUTE OF AMERICAN INDIAN ARTS MUSEUM

## Adobe

Mit dem spanischen Ausdruck »adobe« werden luftgetrocknete und nicht gebrannte Lehmziegel bezeichnet. Sie werden in Trockengebieten zum Hausbau verwendet.

Ein Gemisch aus Lehm und Sand wird in eine hölzerne Form eingebracht.

Danach wird der rechteckige Rahmen entfernt. Der Adobe-Ziegel wird im Schatten luftgetrocknet.

dicke Lehmwände speichern Wärme

Nachts wird die Wärme nach außen abgegeben

**Sky City Cultural Center:** Tel. 1 800 7 47 01 81; im Sommer tgl. bis 19.00, im Winter Sa., So. 9.00–17 Uhr, Besichtigung des Pueblos nur im Rahmen einer geführten Tour; Eintritt 23 $; www.acomaskycity.org

**\*Salinas Pueblo Missions National Monument**

Ein Tagesausflug zum Salinas Pueblo Missions National Monument sollte beim **Visitor Center in Mountainair** beginnen. Hier kann man sich ein Bild von den drei räumlich getrennten Teilen des National Monuments machen.

Das Salz, das die Indianer aus den **Salzseen** gewannen, verlieh der Region bereits im 17. Jh. Bedeutung. Die Franziskaner bauten im Umfeld der Pueblos einige Missionskirchen, doch der gesamte Raum wurde vermutlich ab 1670 wegen der vordringenden Apachen verlassen.

Im seit 1622 christianisierten **Abo**, 9 mi/14 km westlich von Mountainair am US 60, kann man die Ruinen der Mission San Gregorio de Abo besichtigen.

In **Quarai**, 9 mi/14 km nördlich von Mountainair am NM 55, stößt man auf die großzügige und sehr gut erhaltene Anlage der Mission La Purisima Concepción de Cuarac von 1626.

In **Gran Quivira**, dem spanischen Las Humanes, gibt es ein großes, um 1300 entstandenes Pueblo mit einstmals 300 Räumen und Kivas zu besichtigen, in dem ungefähr 1500 Menschen gewohnt haben könnten. In der Umgebung stehen die Ruinen zweier barocker Missionskirchen aus der Zeit um 1629.

**Visitor Center in Mountainair:** im Sommer 9.00 – 18.00. im Winter 9.00 – 17.00 Uhr; Eintritt frei; www.nps.gov/sapu

# \*\* Aztec Ruins National Monument

Q 7

**Region:** Northwest
**Höhe:** 1733 m ü. d. M.

**Die erhaltenen Ruinen der Anasazi-Siedlung am Animas-River, die im 12. und 13. Jh. bewohnt waren, gelten als eine der großen präkolumbischen indianischen Städte. Die Bauten sind ein Beispiel einer zu verschiedenen Zeiten errichteten Doppelsiedlung, deren Teile im Erscheinungsbild voneinander abgesetzt werden können.**

**Geschichte**

Das gesamte Gebiet des San-Juan-Beckens ist jahrhundertelang von einer Gruppe der Anasazi besiedelt gewesen, die hier einen **Außenposten ihres Zentrums** im Chaco Canyon gründete. Die Menschen

## Aztec Ruins erleben

### AUSKUNFT

*Aztec Ruins National Monument Visitor Center*

Ruins Rd.,
84 CR 2900
(nördlich von Aztec)
Tel. 1 505 3 34 61 74
www.nps.gov/azru
Sommer tgl. 8.00 – 18.00
Winter bis 17.00 Uhr
Eintritt 5 $

### ÜBERNACHTEN

*La Quinta Inn* ⊜⊜

675 Scott Ave, Farmington
Tel. 1 505 3 27 47 06
www.lq.com
Das Hotel liegt in 15 mi/24 km Entfernung von den Aztec Ruins im schönen San Juan River Valley und bietet

106 Zimmer und einen beheizten Pool. WLAN und kleines Frühstück sind im Preis inbegriffen.

*Courtyard by Marriott* ⊜⊜

560 Scott Ave., Farmington
Tel. 1 505 3 25 51 11
www.marriott.com
In dem gut geführten Hotel mit seinen 125 geräumigen und freundlichen Zimmern befinden sich ein Fitnesscenter, ein Swimmingpool und zwei Cafés.

### ESSEN

*The Main Street Bistro* ⊜⊜

122 N. Main St., Aztec
Tel. 1 505 3 34 01 09
Munteres Café mit leckeren Suppen, Sandwiches und Salaten. Entspannte Atmosphäre.

lebten zunächst in Grubenhäusern, später in kleineren, oberirdischen Lehmbauten. Ausgrabungen haben zwei Schichten mit unterschiedlichen Überresten von Töpferwaren freigelegt, die durch eine Schicht aus Sand und Erde horizontal voneinander getrennt waren. Man hat festgestellt, dass ab 1110 Leute aus dem Chaco Canyon die Pueblo-Bauten errichteten, sie ungefähr 40 bis 50 Jahre später aber wieder verließen. Um das Jahr 1225 kamen dann Anasazi aus dem Nordwesten, der Mesa Verde Region, in die inzwischen verfallene Siedlung. Sie veränderten und erweiterten die Bauten nach ihrem persönlichen Geschmack. Das Pueblo wurde dann ab 1276, dem Beginn einer großen Dürre, wieder verlassen.

Als die Ruinen im 18. Jh. von den Spaniern entdeckt wurden, hat man sie zuerst fälschlicherweise den Azteken Mittelamerikas zugeschrieben – daher rührt ihr heutiger Name.    **Name**

Von den **drei Siedlungsschwerpunkten** auf dem Gelände ist nur einer ausgegraben, zwei weitere liegen einige hundert Meter weiter östlich. Sämtliche Gräber mit Grabbeigaben wurden geleert. Die heute zu besichtigende Ruinenanlage umfasst nahezu 450 Räume. Der Hauptplatz wird dominiert von der einzigartigen **\*\*Great Kiva**,    **Rundgang** die 1921 freigelegt und später rekonstruiert wurde. Sie ist die **einzige vollständig rekonstruierte Kiva** innerhalb der Vereinigten Staaten. Die Kiva ist 2,5 m in den Plazaboden versenkt und hat einen Durchmesser von fast 15 m. Das aus über 20 Baumstämmen in radialer Anordnung bestehende Flachdach wiegt knapp 100 t und wird von vier Säulen getragen, die auf in den Boden eingelassenen Kalksteinscheiben gelagert sind. Die Raumausstattung besteht aus zwei gemauerten Wannen, einem Feuerloch mit Windschutzwand und einem steinernen Altarblock. Rund um den Raum liegen vierzehn kleinere Räume. Der erhöhte große Raum an der Nordseite war besonders privilegierten Personen vorbehalten. Heute wird per Tonband versucht, die Atmosphäre bei Kulthandlungen innerhalb einer Kiva aufleben zu lassen, obwohl das konkrete Geschehen dort bis heute letztlich ungeklärt ist.

Die **Wohnräume** der E-förmigen Ruinenanlage, die aus drei Stockwerken besteht und in die kleinere Kivas integriert sind, können ebenfalls auf eigene Faust besichtigt werden. Von der Parkverwaltung werden auch geführte Touren angeboten. Einen guten Einblick vermittelt auch das Museum, wo viele Fundstücke vom Gelände, insbesondere bedeutende Keramikgegenstände, ausgestellt sind.

## SEHENSWERTES IN DER UMGEBUNG

**Aztec Museum Pioneer Village**

In Aztec ist vor allem das Aztec Museum mit dem Pioneer Village einen Besuch wert. Die Ausstellung gibt Auskunft über die Pionierzeit anhand vieler authentischer Exponate. Das angeschlossene **Oil Field Museum** zeigt die Nutzung der reichlichen Erdölvorkommen dieses Gebiets. U. a. kann eine Pumpstation besichtigt werden. Im Pioneer Village sind **typische Gebäude der Gründerzeit** rekonstruiert, etwa ein Büro des Sheriffs, eine Arztpraxis, eine Hütte der Pioniere von 1880, eine Poststation sowie ein Tante-Emma-Laden.

❶ 125 N. Main St.; Di. – Sa. 10.00 – 17.00 Uhr, im Winter geschl.; Eintritt gegen Spende; www.aztecmuseum.org

**Salmon Ruins**

Bei Bloomfield gibt es eine der jüngsten **Anasazi-Ausgrabungen** im Südwesten zu besichtigen. Die hufeisenförmige Anlage der Salmon Ruins steht über dem San Juan River und wurde im 11. Jh. erbaut. Zu ihr gehören u. a. eine zentrale Kiva und ein hoch aufgerichteter Zeremonialbau.

❶ 6131 US 64; tgl. 9.00 – 17.00 Uhr; Eintritt 3$, www.salmonruins.com

**\*Shiprock**

Ca. 40 mi/65 km südwestlich vom Aztec National Monument ragt der geheimnisumwitterte Shiprock als weithin sichtbares Felsgebilde über 500 m hoch aus der wüsten Ebene auf. Der »Tse be dahi« (dt. = »Fels mit Flügeln«) ist ein **heiliger Berg** der Navajo. Aus der Sicht

**Den Navajo ist der Shiprock heilig.**

des Erdwissenschaftlers handelt es sich bei diesem Felsmassiv um den Stumpf eines Vulkans, von dessen Basis lange, dünne und mehrere Meter hohe Basaltrippen wie Flügel ausstrahlen.

## ** Carlsbad Caverns National Park

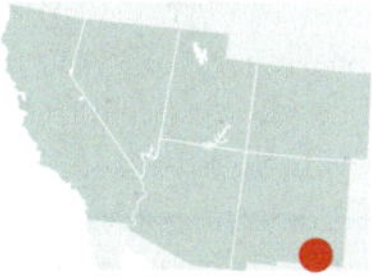

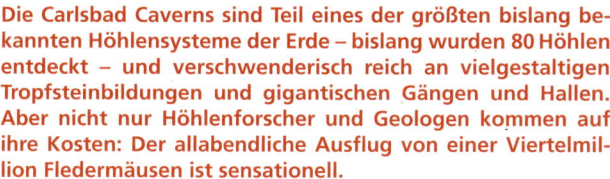

✦ **T 11**

**Region:** Southeast
**Höhe:** 948 m ü. d. M. (Carlsbad)
**Fläche:** 190 km²

**Gründungsjahr:** 1930

**Die Carlsbad Caverns sind Teil eines der größten bislang bekannten Höhlensysteme der Erde – bislang wurden 80 Höhlen entdeckt – und verschwenderisch reich an vielgestaltigen Tropfsteinbildungen und gigantischen Gängen und Hallen. Aber nicht nur Höhlenforscher und Geologen kommen auf ihre Kosten: Der allabendliche Ausflug von einer Viertelmillion Fledermäusen ist sensationell.**

Die 230–250 m tiefen Carlsbad Caverns liegen ganz im Südosten von New Mexico am Nordrand der Chihuahua-Wüste nahe der Guadalupe Mountains. Der Parkeingang befindet sich rund 20 mi/32 km südwestlich von Carlsbad am US 62/US 180.

**Lage und Anreise**

**Besichtigung**   Die Höhlen können das ganze Jahr über besichtigt werden. Sehr schön ist in dieser Gegend der Frühling, wenn die Wüste blüht. Die meisten Besucher kommen jedoch im Juli und August, denn dann ist es zumindest in den Höhlen angenehm kühl. In den Höhlen ist es **ganzjährig 13 °C kühl**, die Luftfeuchtigkeit beträgt nahezu konstant 90 %. Für den Besuch empfiehlt sich entsprechende Kleidung.

**Visitor Center**   Im Besucherzentrum kann man sich umfassend über die **Natur- und Landschaftsgeschichte** dieses Raumes informieren. Ausstellungen, audiovisuelle Programme und Vorträge können von Interessenten besucht werden. Durch die Carlsbad Cavern führen zwei ausgeschilderte Touren, darüber hinaus werden sechs verschieden lange Führungen mit unterschiedlichen thematischen Schwerpunkten in Begleitung von Rangern angeboten.

## Carlsbad Caverns erleben

### AUSKUNFT
***Carlsbad Caverns National Park***
3225 National Parks Hwy, Carlsbad
Tel. 1 575 7 85 22 32
Höhlentour Tel. 1 877 4 44 67 77
www.nps.gov./cave

❶ Gelände tgl. 8.00 – 17.30 (im Sommer bis 19.00), Carlsbad Cavern und Slaughter Canyon Cave tgl. 8.30–15.30 Uhr; Parkgelände und Visitor Center Eintritt frei, Höhleneingang und Big Room 5 $, Rangertouren 7 – 20 $

**Entstehung des Höhlensystems**   Vor etwa 250 Mio. Jahren, im Perm, entstand im seichten Randbereich eines tropischen Meeres ein mächtiges Kalkriff. Als sich das Meer vor 230 Mio. Jahren allmählich zurückzog, wurde der Küstenraum und mit ihm auch das Riff trocken. In den folgenden 150 Mio. Jahren schafften Wasser und Wind **riesige Mengen Sand und Kies** heran, die die flache Landschaft unter sich begruben, und durch die enorme Last der Ablagerungen bildeten sich im Riff Risse und Klüfte. Erst im Verlauf der durch Spannungen in der Erdkruste verursachten Heraushebung der Guadalupe Mountains vor ca. 20–40 Mio. Jahren entstanden nach und nach Höhlen. Kohlensäurereiches Grundwasser drang in das Gestein ein, löste den Kalk und weitete die vorhandenen Kluftsysteme zu Hohlräumen und Gängen. Beschleunigt wurde die Kalklösung durch **schwefelige Säuren**, die aus nahe gelegenen Erdöl- und Erdgaslagerstätten einsickerten – dies unterscheidet die Carlsbad Caverns von den meisten anderen Höhlen. Vor 2 – 4 Mio. Jahren hob sich das Riff erneut. Gleichzeitig sank der Grundwasserspiegel ab, die Gangstrecken fielen trocken. Vor etwa 1 Mio. Jahren drang kalkhaltiges Sickerwasser ein. Im Lauf der Zeit bildeten sich Stalaktiten (Deckentropfsteine), denen vom Höhlenboden her Stalagmiten (Bodentropfsteine) entgegenwuchsen. Viele dieser Tropfsteine wuchsen zu Säulen zusammen, es entstanden steinerne Wasserfälle, ganze Dämme und Vorhänge aus Sinterkalk. Höhlenbäche gab es nie, lediglich einige Sickerwasserteiche.

Nutzung

Bereits im 10./11. Jh. war ein Teil des Höhlensystems den indianischen Ureinwohnern dieser Gegend bekannt, wie Felszeichnungen
am Höhleneingang beweisen. Erste schriftliche Hinweise auf die
Höhle stammen von 1883, doch erst 1903 begann man mit dem Abbau des in der Höhle reichlichen vorhandenen und als Dünger geschätzten **Fledermausguano** im großen Stil. Binnen zweier Jahrzehnte wurden etwa 100 000 t Guano gefördert. Dadurch wurde der
Höhlenboden um bis zu 15 m tiefer gelegt. 1911 konnten erstmals
interessierte Besucher in die Höhlen hinuntersteigen. Seit 1931 ist ein
Aufzug installiert.

Höhlentouren

Alle Höhlentouren beginnen im Visitor Center. Wer wenig Zeit hat,
sollte aber auf jeden Fall an der **»Kings Palace Tour«** teilnehmen,
die per Lift vom Visitor Center in die Tiefe geht und in die schönsten
Säle der Höhle führt. Hobbyhöhlenforschern werden auch Führungen in abgelegenere Bereiche des Höhlensystems angeboten. Wer es
ganz schwierig will, der kann an der 4,5-stündigen **»Hall of the
White Giants Tour«** teilnehmen, Klettern und Kriechen inklusive.
Eine der interessantesten Touren durch die Carlsbad Caverns ist jedoch die zweistündige **»Left Hand Tunnel Tour«**. Mit Grubenlam-

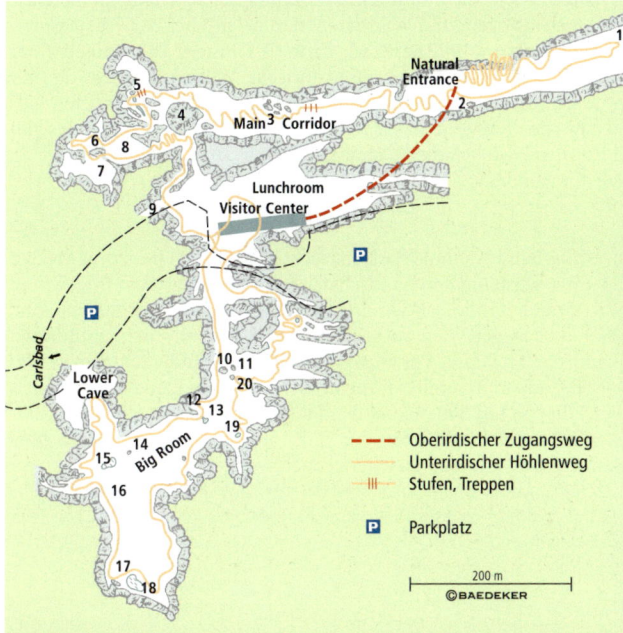

**Carlsbad Cavern**

Natural
Entrance

Main Corridor

Lunchroom
Visitor Center

Carlsbad

Lower
Cave

Big Room

1 Bat Cave
2 Devil's Spring
3 Baby Hippo
4 Iceberg
5 Green Lake
6 Queen's Chamber
7 Papoose Room
8 King's Palace
9 Boneyard
10 Giant Dome
11 Twin Domes
12 Fairyland
13 Temple of the
   Sun
14 Totem Pole
15 Pits
16 Lily Pads
17 Mirror Lake
18 »Bottomless« Pit
19 Crystal Spring
   Dome
20 Rock of Ages

- - - Oberirdischer Zugangsweg
—— Unterirdischer Höhlenweg
|||  Stufen, Treppen

P  Parkplatz

200 m

©BAEDEKER

pen geht man durch Höhlen und an Becken und Fossilien entlang. Gutes Schuhwerk ist unbedingt erforderlich!

**Fledermäuse** In den Höhlen leben etwa 1 Mio. Fledermäuse. Ein Schauspiel ist der Ein- und Ausflug von ca. 250 000 von ihnen von Mai bis Oktober. Sie verlassen die Höhle abends, um auf Insektenfang zu gehen, und kehren am Morgen zurück. Vom Natural Entrance kann man sie gut sehen.

## ÜBER DIE GRENZE NACH TEXAS

**\*Guadalupe Mountains National Park** Von den Carlsbad Caverns bietet sich ein Abstecher zum Guadalupe Mountains National Park jenseits der Grenze in Texas an. Der Park umfasst den zentralen Teil des gleichnamigen Gebirges mit dem 2667 m hohen Guadalupe Peak, der höchsten Erhebung von Texas, und den grandiosen Felsklotz des El Capitán (2462 m ü. d. M.). Die weit sichtbaren Kalktürme und -felsen des Parks gelten als eines der **weltweit besten Beispiele für ein fossiles Riff.**
Allein die Fahrt auf dem Highway hält schon beeindruckende Ausblicke bereit. Ansonsten ist die Landschaft nur per Fuß oder mit dem **Allradfahrzeug** zu erkunden. Ein 130 km langes Wanderwegenetz erschließt den Parks. Besonders lohnend sind ein Halbtagestrip durch den McKittrick Canyon mit seinem vielfältigen Tier- und Pflanzenleben, die Smith und Manzanita Springs, eine kleine Oase mit vielen Vögeln und Wildtieren, der 800 m über der Wüste gedeihende Kiefernwald The Bowl, dann The Pinery, die Ruinen einer Postkutschenstation, und die historische Williams Ranch, die nur mit Allradfahrzeugen erreichbar ist. Wanderungen und Fahrten sollten mit den Rangern im Visitor Center abgesprochen werden. Es gibt hier einen sehr schönen Campingplatz.
**Visitor Center:** 400 Pine Canyon Rd., Salt Flat, TX; tgl. 8.00–16.30 Uhr, im Sommer länger; Eintritt 5 $; www.nps.gov/gumo

**\*\*Big Bend National Park** Der Big Bend National Park erstreckt sich an der Grenze zu Mexiko in einer wüstenhaften Landschaft, die in einem großen Bogen vom Rio Grande umflossen wird. Dieser Bogen wird Big Bend genannt. Wer den langen Weg auf sich nimmt, wird mit einer grandiosen Landschaft belohnt. Vor allem die drei Rio-Grande-Schluchten Mariscal Canyon, Boquillas Canyon und der Santa Elena Canyon, dessen Klippen fast 500 m über den Fluss hinausragen, sollte man gesehen haben. **Bootsfahrten** durch die atemberaubenden Schluchten können im Parkhauptquartier gebucht werden.
**Visitor Center:** Panther Junction an der Kreuzung US 385 und TX 118; Eintritt 25 $ pro Fahrzeug für 7 Tage; www.nps.gov/bibe
**Übernachten:** Chisos Basin, 72 Zimmer, www.chisosmountainslodge.com, Reservierungen nötig!

# ** Chaco Culture National Historical Park

✳ P/Q 7

**Region:** Northwest
**Höhe:** ca. 1900 m ü. d. M          **Gründungsjahr:** 1980

**Der Chaco Culture National Historical Park ist für jeden, der an präkolumbischen Kulturen interessiert ist, ein Höhepunkt einer Reise durch New Mexico, denn hier hat sich wie sonst nirgends die Kultur der Anasazi zwischen 900 und 1200 manifestiert und bis heute erhalten: Chaco Canyon war das geistige und kulturelle Zentrum der Anasazi.**

Der Chaco Culture National Historical Park liegt im äußersten Nordosten von New Mexico zwischen ▶Gallup im Südwesten und Farmington im Norden. Die Anfahrt gestaltet sich etwas umständlich: Auf dem I-40 via Gallup bzw. Grants bis Thoreau, dann 28 mi/45 km auf dem NM 371 in Richtung Farmington und ab Crownpoint

**Lage und Anreise**

## Chaco Culture erleben

### AUSKUNFT
*Chaco Culture*
*National Historical Park*
P.O. Box 220
Nageezi, NM 87037
Tel. 1 505 7 86 70 14
www.nps.gov/chcu

### ÜBERNACHTEN
*Courtyard by Marriott* ❸❸
560 Scott Ave, Farmington
Tel. 1 505 3 25 51 11
www.marriott.com
Modernes Hotel, im Adobe-Stil erbaut und auch eingerichtet, mit Bar, Pool und Fitnesscenter

*Step Back Inn* ❸❸
103 W. Aztec Blvd., Aztec
Tel. 1 505 3 34 12 00

Jedes der 39 Zimmer ist nach einer Pionier-Familie aus Aztec benannt, über die im jeweiligen Zimmer auch eine kleine Informationsbroschüre ausliegt. Das relativ neue Motel ist im viktorianischen Stil ausgestattet.

*Gallo Campground* ❸
Der Campingplatz mit 35 Einheiten befindet sich 1 mi östlich vom Visitor Center.

### ESSEN
*3 Rivers Eatery & Brewhouse* ❸❸
101 E. Main St., Farmington
Tel. 1 505 3 24 21 87
Das muntere Restaurant mit großem Bierangebot ist mit Gegenständen dekoriert, die man während der Renovierung des 1912 erbauten Gebäudes entdeckte.

**Die Bauruinen im Chaco Canyon sind als Weltkulturerbe geschützt.**

schließlich 33 mi/53 km auf dem NM 57 bis zum Visitor Center; die letzten 20 mi/32 km sind Staubstraße! Alternativroute ab Farmington: US 64 und NM 44 bis zur Blanco Trading Post, von dort rund 30 mi/48 km Staubstraße NM 57 zum Visitor Center.
Visitor Center: tgl. 8.00 – 17.00 Uhr; Eintritt 8 $ pro Fahrzeug; www.nps.gov/chcu

**Saison** Das Schutzgebiet ist ganzjährig zugänglich. Gelegentlich machen heftige Niederschläge die Straßen in dieser Gegend unpassierbar. Das Ruinengelände darf von Sonnenauf- bis Sonnenuntergang betreten werden. Es gibt keine Einkaufsmöglichkeiten, der vorhandene Campground ist sehr einfach.

**Naturraum** Der Chaco Canyon, auf einer steppenhaften Hochfläche im Chaco Basin gelegen, ist keine richtige Schlucht, sondern eine 15 km lange und 3 km breite **Mulde**, die vom Chaco Wash ausgewaschen worden ist. Seine Nordflanke bilden ca. 50 m hohe Wände aus Sandstein.

**Besiedelung** Im gesamten Gebiet findet man Kulturzeugnisse, die bis ins 9. Jt. v. Chr. zurückreichen. Gut belegt ist die Anwesenheit einer altindianischen

Kultur, die hier vor etwa 1500 Jahren einfache Landwirtschaft betrieb und die ersten Grubenhäuser anlegte. Ab dem 7. Jh. n. Chr. entstanden die ersten Lehmbauten. Spätestens im 11. Jh. entwickelte sich der Chaco Canyon zum politischen, geistigen und verkehrstechnischen **Zentrum der Anasazi**.

Mitte des 13. Jh.s verließen die Anasazi infolge einer lang anhaltenden Dürreperiode den Canyon nach und nach in Richtung Rio Grande, wo neue Pueblos entstanden, in denen heute noch die Nachfahren der Anasazi wohnen. Letztendlich herrscht aber nach wie vor Unklarheit über den Niedergang der Chaco-Kultur. Im späten 16. Jh. besiedelten die Navajo das Gebiet.

1896 nahm Richard Wetherill im Rahmen der Hyde Exploring Expedition **erste Grabungen** vor. Bis 1899 wurde das Pueblo Bonito freigelegt. Bereits 1907 wurde das Gebiet als National Monument eingestuft. Nachdem man sich der enormen Bedeutung der Chaco-Kultur bewusst wurde, kam es zu einer Ausweitung des Schutzgebietes, das seit 1980 als Chaco Culture National Historical Park ausgewiesen ist.

**BAEDEKER WISSEN**

**?** *Untergegangene Kultur*

Der Ausdruck Anasazi bedeutet »die einst Gewesenen«. Diesen Namen gaben die Navajo den Anasazi, nachdem sie ihr Gebiet im Chaco Canyon besiedelten. Einer anderen Theorie zufolge steckt »die alten Feinde« in dem Begriff, womit Streitigkeiten mit den Hopi gemeint sein könnten.

**Kulturelle Leistungen**

Auf Luftaufnahmen ist noch heute das Hunderte von Kilometern lange **Straßensystem** gut auszumachen, in dessen Zentrum der Chaco Canyon liegt. Die Straßen waren durchschnittlich 9 m breit und in einigem Abstand von Steinen gesäumt. Die längste heute bekannte Straße führt über 40 mi/65 km geradeaus nach Norden in Richtung ▶Aztec Ruins und Salmon Ruin. Um in den Chaco Canyon hineinzukommen, wurden an der Nordwand **Treppen** wie die Jackson Stairway in das relativ weiche Gestein hineingehauen. Über ein ausgereiftes Kommunikationssystem mit Feuer- und Rauchzeichen tauschte man Nachrichten aus. Die Beschäftigung mit der Astronomie ist ebenfalls nachgewiesen, wodurch die These gestützt wird, dass hier eine Art Kaste von Medizinmännern herrschte. Am Fajada Butte wurden neben dem so genannten Sun Dagger (Markierung der Sommersonnenwende) weitere astronomisch bedeutsame Zeichen gefunden.

Die Bevölkerung des Chaco Canyon war auf Lieferungen von außerhalb angewiesen, da sie sich trotz ausgeklügelter Bewässerungstechniken nicht selbst versorgen konnte. Neben Nahrungsmitteln mussten auch Baumaterial für die Pueblos sowie Grundstoffe für das Kunsthandwerk beschafft werden. Allmählich entstand ein **reger Tauschhandel**, wobei die Lieferanten mit hochwertigem Schmuck oder feinster Keramik ausbezahlt wurden. Handelsbeziehungen bis nach Mexiko sind durch diverse Funde nachgewiesen.

**Baukunst**  Als Baumeister haben die Anasazi im Chaco Canyon Großartiges geleistet. Grundsätzlich besteht das Mauerwerk aus aufeinander geschichteten Sandsteinplatten oder -blöcken, deren Zwischenräume mit kleinen Steinen bzw. mit Schlickmörtel ausgefüllt sind. Im Mauerwerk selbst sind unterschiedliche Stilrichtungen erkennbar, nach denen man die Gebäudeteile datieren kann. Die Decken konstruierte man aus dem Holz von Ponderosakiefern, ein Geflecht aus Weidenruten und Wacholderzweigen und gestampfte Erde bildete den Fußboden des darüber liegenden Stockwerks. Das gesamte Holz musste von weit entfernten Wäldern angeliefert werden. Die Baumeister waren **hervorragende Statiker** und erkannten rasch, dass sich das Mauerwerk mit zunehmender Höhe verjüngen müsse. Die Leistung ist umso größer, wenn man bedenkt, dass die Handwerker ohne Metallwerkzeuge arbeiteten.

**Bevölkerung**  Zu Beginn der Forschung ging man davon aus, dass im Chaco Canyon weit mehr als 10 000 Menschen gewohnt haben. Die relativ kleine Zahl von Feuerstellen zeigt jedoch, dass dauerhaft nur eine kleine Elite von etwa 2000 Personen hier gelebt haben dürfte. Die große Zahl der Kivas im Park lässt auf die überregionale kulturelle Bedeutung des Chaco Canyon für alle Anasazi schließen. Vermutlich sind die meisten Indianer nur vorübergehend und zur **Ausübung von kultischen Handlungen** in den Canyon gekommen. Die moderne Archäologie vertritt die Meinung, dass sich zu Spitzenzeiten bis zu 6000 Menschen hier aufgehalten haben könnten.

## RUNDFAHRT

**Erste Anlaufstelle: Visitor Center**  Ein als **Einbahnstraße** angelegter Rundkurs führt an allen wichtigen Sehenswürdigkeiten vorbei. Ferner können im Park fünf weitere Touren auf eigene Faust unternommen werden. Vier Trails für Wanderer und ein Trail für Mountainbiker sind – zumindest auf im Visitor Center erhältlichen Karten – ausgewiesen. Im Visitor Center sollte man Wetterprognosen einholen, denn Regenfluten können die Wege rasch unpassierbar machen.

**Pueblo Uno Vida**  Beim Visitor Center steht das Pueblo Uno Vida, eine Art **Prototyp eines Pueblos** aus dem Jahr 930. Die 150 Räume und fünf Kivas sind nur teilweise ausgegraben. Danach passiert man das **Pueblo Chetro Ketl**, um 1020 mit 500 Räumen E-förmig angelegt.

**\*\*Pueblo Bonito**  Die eindrucksvollste Anlage im Chaco Canyon ist das Pueblo Bonito. Es umschließt halbkreisförmig einen Platz mit drei großen und mehreren kleinen Kivas. Nach dem Pueblo Bonito hat man inzwischen eine ganze Epoche altindianischer Baukunst benannt. Viele Generationen

**Die Ruinen des Pueblo Bonito**

von Steinmetzen und Maurern haben ab dem 9. Jh. an dieser Stelle gebaut. Im Endausbau, d. h. in der Zeit zwischen 1020 und 1120, hatte das Pueblo 12 000 m² Nutzfläche. Auf fünf Stockwerken gab es insgesamt 600 bis 800 Räume für etwa 1200 Menschen. Man geht heute davon aus, dass das Pueblo Bonito eine Art **»Hotel« für Pilger** gewesen ist. In seiner Endphase hatte das Pueblo nur noch einen Zugang, alle anderen waren zugemauert und auch viele Räume wurden verschlossen, wohl aus Angst vor einer Bedrohung von außen.

Ein weiterer Höhepunkt ist die Casa Rinconada. Dieses um 1100 errichtete Bauwerk ist mit einem Durchmesser von 20 m eine der **größten Kivas** im gesamten Südwesten der USA. Sie liegt außerhalb einer geschlossenen Siedlung, da sie wahrscheinlich als zentrale Kultstätte verschiedener kleinerer Ansiedlungen diente. Das Flachdach wurde von vier Baumstämmen getragen, die Fundamente waren gemauert. Der Zugang durch einen Vorbau befindet sich an der Nordseite. Ein unterirdischer Gang führt in die Kiva, die wahrscheinlich nur vom Medizinmann benutzt werden durfte. 28 Wandnischen waren für Opfergaben vorgesehen, sechs Löcher hatten wohl Bedeutung für die Astronomen bzw. für die Zeitmessung. Analog zu anderen Kivas findet man auch hier eine Feuerstelle mit Reflektor.

**\*Casa Rinconada**

Ein kleiner Abstecher führt auf die Mesa über dem südlichen Canyon hinauf zu den Ruinen von Tsin Kletsin im Süden des Canyons. Von hier hat man einen **sehr guten Ausblick**. Hier können auch Signalstationen des Kommunikationssystems der Anasazi erahnt werden.

**Ruinen von Tsin Kletsin**

# El Malpais National Monument

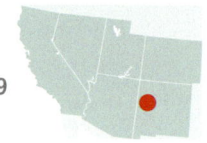

※ P/Q 8/9

**Region:** Northwest
**Höhe:** 1969 m ü. d. M. (Grants)
**Fläche:** 457 km² (Conservation
Area: 1050 km²)

**Gründungsjahr:** 1987

**Die karge Gegend im El Malpais National Monument bietet fantastische Landschaftsbilder von bizarren vulkanischen Formationen und tief in die Sandsteinschichten eingegrabenen Canyons. Das Gebiet, in dem schon vor 10 000 Jahren Menschen lebten, umfasst einen Teil der Hochlandwüste mit Vulkanbergen, Lavaströmen und monumentalen Sandsteinklippen.**

**Saison** Das Naturschutzgebiet kann das ganze Jahr über besucht werden. Allerdings sind viele Pisten nach sommerlichen Gewitterregen und winterlichen Schneefällen nicht passierbar. Ein **Visitor Center** gibt es in Grants. Dort wird auch über Möglichkeiten zum Wandern in-

Sandsteinformationen von El Malpais

## El Malpais erleben

### AUSKUNFT
*El Malpais National Monument*
123 E. Roosevelt Ave.
Grants, NM 87020-2017
Tel. 1 505 8 76 27 83
www.nps.gov/elma

### ÜBERNACHTEN • ESSEN
*Holiday Inn Express* ●●●
1512 E. Santa Fe Ave.
Grants, NM 87020

Tel. 1 505 2 87 95 52
www.hiexpress.com
Moderne Herberge mit Pool, kostenlosem Internet und Frühstück.

*The Narrows* ●
Tel. 1 505 2 80 29 18
Ein sehr einfacher Campingplatz am
NM 117 im Osten des Schutzgebiets.
Check-in ist am NM 117 bei der BLM
Ranger Station.

formiert, wofür Frühjahr und Herbst die besten Zeiten sind. Stabiles Schuhwerk, lange Hosen und Lederhandschuhe (die Lava hat scharfe Kanten!) sind Voraussetzung für eine Wanderung. Zelten ist mit einer Erlaubnis (im Visitor Center zu haben) gestattet. **Achtung:** Die Höhlen von El Malpais sind momentan nicht zugänglich, da eine Krankheit unter der Fledermauspopulation grassiert und weil ein Weg gesucht wird, empfindliche geologische Phänomene zu schützen und zu erhalten.

**Visitor Center:** tgl. 8.30 – 16.30 Uhr; Eintritt frei; www.nps.gov/elma

Vor etwa 4 Mio. Jahren setzte im Bereich des Colorado-Plateaus **Entstehung** **starker Vulkanismus** ein. In mehreren Ausbruchserien wurden giftige Gase ausgehaucht sowie heiße Aschen, glühende Schlacke, vulkanische Bomben und Blöcke emporgeschleudert und über das Land verteilt. Gewaltige Lavaströme wälzten sich zu Tal, gleichzeitig schichtete sich auch der über 3000 m hohe Mount Taylor auf. Die alsbald einsetzende Erosion grub die heutigen Canyons in die Hochflächen. Eine zweite Phase starker vulkanischer Aktivität begann vor etwa 3 Mio. Jahren und betraf auch jenes Gebiet, in dem heute das El-Malpais-Schutzgebiet liegt. Die heute hier vorzufindende Lava rührt zumeist aus dem sogenannten **McCarty Flow** her, dem jüngsten von insgesamt fünf Lavaströmen, die sich in dieser Gegend ergossen. Er ist erst ca. 1000 Jahre alt und deshalb auch in den Erzählungen der Indianer dokumentiert. Diese jungen Lavaformationen bilden spektakuläre Landschaftsformen in der Kombination von dunklem vulkanischem Gestein mit roten Sandsteinfelsen.

»El Malpais« kommt aus dem Spanischen und bedeutet »schlechtes Land«. Tatsächlich gedeiht in dieser kargen Gegend im Nordwesten New Mexicos wenig mehr als Buschvegetation. Aber man zählt immerhin mehr als 150 verschiedene Vogelarten, zu denen auch der

Präriefalke und der Rotschwanzadler gehören. Selbst einige Berglöwen sind hier heimisch. In den Lavahöhlen leben auch so sonderbare Lebensformen wie blinde Insekten.

## FAHRT ZU DEN SCHÖNSTEN PUNKTEN

**Über El Morro**
Falls man keine große Eile hat, bietet es sich an, nicht den I-40 von Grants nach Gallup zu nehmen, sondern den NM 53, und die Erkundung dieses Schutzgebietes am besten mit dem Besuch des El Morro National Monuments (▶Gallup, Umgebung) zu verbinden. Auf dieser Strecke passiert man den **Zuni–Acoma Trail** (18 mi/29 km südlich des I-40), einen alten Handelsweg der Indianer durch die Lavawüste. Anschließend durchfährt man ein bewaldetes Gebiet, wo man u. a. die **Junction Cave**, den Lavafluss der **Twin Craters** und den Sinterkegel **El Calderon** bewundern kann.

**Ice Caves**
Wenig später kommt man zum 25 mi/40 km südlich des I-40 gelegenen **Bandera Crater**, einem der **Höhepunkte** im Naturschutzgebiet. An diesem Vulkankrater gibt es mehrere Eishöhlen, von denen die Candeleria Cave besonders eindrucksvoll ist. Das Eis in ihrer Lavahöhle schmilzt praktisch nie.
❶ Nov. – Feb. 9.00 – 16.00, März – Okt. 9.00 – 17.00 Uhr; 11 $ Extra-Eintritt, da privat geführt; www.icecaves.com

**\*Big Tubes**
Vom NM 53 zweigt die County Road 42 ab. Nach ca. 10 mi/16 km erreicht man die Big Tubes genannten **größten Lavatunnels der USA**. Das Sträßchen führt auch zur West Malpais Wilderness, wo man in einer von Ponderosa-Kiefern umgebenen, urwüchsigen Lavalandschaft herrliche Wanderungen unternehmen kann. Eine Besonderheit sind die »Kukupas« genannten Vegetationsinseln: Hier haben Ökosysteme überdauert, die bereits vor den Lavaausbrüchen bestanden.

**Sandstone Bluffs Overlook**
Wer von Grants aus auf dem NM 117 nach Süden fährt, kann vom Sandstone Bluffs Overlook (10 mi/16 km südlich des I-40) einen ausgezeichneten Blick auf das mit Lava gefüllte Tal genießen. Bald kommt man zum **La Ventana Natural Arch** (17 mi/27 km südlich des I-40), einem der größten **freistehenden Natursteinbögen** der USA. Er ist der von den Kräften der Erosion herausmodellierte Überrest einer versteinerten Sanddüne, die vor ca. 150 Mio. Jahren aufgeweht worden ist. Auf der Weiterfahrt passiert man die sogenannten **Narrows**. Diese markante Engstelle ist entstanden, als sich der Lavafluss durch eine 150 m hohe Sandsteinformation zwängte.

# Gallup

✦ P 8

**Region:** Northwest
**Höhe:** 2012 m ü. d. M.
**Einwohnerzahl:** 22 000

**Telefonvorwahl:** 505

**Gallup ist der südöstliche Eckpunkt des großen Navajo-Reservats und gleichzeitig Haupthandelsort des südlich sich erstreckenden Zuni-Reservats. An keinem anderen Ort im Südwesten kann man indianischen Schmuck und Kunstgewerbe so günstig erstehen wie in Gallup. Außerdem ist Gallup eine stark frequentierte Zwischenstation für Touristen, die den Südwesten erkunden, und nennt sich deshalb auch »Gateway to Indian Country«.**

## SEHENSWERTES IN GALLUP UND UMGEBUNG

**Downtown**

Im wenig spektakulären Zentrum sind etwa zwei Dutzend Gebäude als **»Historic Places«** unter Denkmalschutz gestellt, darunter das 1895 erbaute Kitchen's Opera House, das 1923 fertig gestellte Santa Fe Railroad Depot oder das C. N. Cotton Warehouse von 1897 mit einem Denkmal von Manuelito davor, der sich als letzter Navajo den Weißen ergab.

**Kunsthandwerk des Südwestens: Webteppiche und Töpfereien**

## Gallup erleben

### AUSKUNFT

**Gallup Visitor Information Center**
106 W. Highway 66 (Aztec Ave.)
Gallup, NM 87301
Tel. 1 505 7 22 22 28
www.thegallupchamber.com

### SHOPPING

Schmuck, Korbwaren, Puppen und mehr
gibt es in über einem Dutzend sogenannter Indian Pawn Shops.

Alles, was der Westmann braucht, gibt
es bei der Ellis Tanner Trading Company
(Munoz Ave., zwischen I-40, Exit 20,
und Zuni Rd.; www.etanner.com).

### EVENTS

Ecke 66 Avenue und First Street werden
im Sommer jeden Abend um 19.00 Uhr
indianische Tänze aufgeführt. Ebenfalls
nur im Sommer findet die Intertribal Ceremonial ▶ S. 469 statt.

### ÜBERNACHTEN

**La Quinta Inn & Suites** ⊖⊖
3880 E. Highway 66
Tel. 1 505 7 22 28 85
www.lq.com
Beliebte Unterkunft mit Pool; wird gern
von Reisenden als Zwischenstation genutzt, die auf der legendären Route 66
unterwegs sind. Das Frühstück ist im
Übernachtungspreis eingeschlossen,
ebenso WLAN.

**El Rancho** ⊖⊖
1000 E . 66 Ave, Tel. 1 505 8 63 93 11
www.elranchohotel.com
Spencer Tracy, Katherine Hepburn, Burt
Lancaster, die Marx Brothers und auch
Ronald Reagan haben bei Dreharbeiten
hier schon gewohnt. Die Zimmer sind
nach den Filmstars benannt und entsprechend dekoriert.

**Days Inn & Suits** ⊖⊖
3010 E. Highway 66, Tel. 1 505 7 22 76 00
www.daysinn.com
Dieses Haus befindet sich nicht weit vom
Red Rock State Park, der Painted Desert
und einigen weiteren Attraktionen. Kostenloses Internet und Frühstück.

### ESSEN

**El Sombrero** ⊖⊖
1201 W. Highway 66, Tel. 1 505 8 63 45 54
Entspannte Südwestatmosphäre und
empfehlenswerte mexikanische Küche.

**Jerry's Cafe** ⊖
406 W. Coal Ave., Tel. 1 505 7 72 67 75
Herzhafte Südwestküche, morgens mit
Chili-Omeletts, mittags mit Enchilladas,
abends Rindfleisch mit Chili-Bohnen.
Eine Spezialität sind gefüllte Sopaipillas.

**The Coffee House** ⊖
203 W. Coal Ave., Tel. 1 505 7 26 02 91
Hier gibt's zum Frühstück und mittags
Snacks, Kaffee und feines Gebäck.

**Navajo Code Talkers Room** — Eine besondere Episode aus der Geschichte der Navajo wird im Gebäude der Gallup/McKinley Chamber of Commerce lebendig: Im
dortigen Navajo Code Talkers Room werden Erinnerungen an die
**indianischen Code-Experten** gezeigt, die die US-Marine im Zweiten Weltkrieg im Pazifik einsetzte.
❶ 106 W. Historic Rt. 66; Mo.–Fr. 8.30–17.00 Uhr; Eintritt frei

6 mi/10 km östlich der Stadt liegt der Red Rock State Park, dessen rote Sandstein-Formationen in der Sonne glühen. Im Auditorium findet jedes Jahr am zweiten August-Wochenende das **Inter-Tribal Ceremonial** statt, eines der **größten indianischen Feste** in den USA, das zum ersten Mal 1922 veranstaltet wurde. Mehrere Dutzend Stämme nehmen daran teil. Sie führen traditionelle Tänze auf, Rodeos werden vorgeführt, und auf dem kunsthandwerklichen Markt kann man traditionellen Schmuck, Webarbeiten und Keramik erwerben. Rechtzeitige Reservierung von Zimmern und Eintrittskarten ist angeraten!

**\*\*Red Rock State Park**

Ceremonial Office: 206 Coal Ave.; Tel. 1 505 8 63 38 96; http://theceremonial.com

Die Geschichte der Indianer des Südwestens wird im Kulturzentrum im restaurierten Santa Fe Railroad Depot erzählt. Tonbandaufnahmen von Zeitzeugen, historische Fotografien, Sandmalereien und Töpferarbeiten veranschaulichen das Thema.

**Gallup Cultural Center**

❶ 201 US 66 E., Tel. 1 505 8 63 41 31; Mo.–Fr. 9.00–17.00, im Sommer auch Sa. 9.00–16.00 Uhr; Eintritt frei

Innerhalb der Familie der Pueblo-Indianer haben die Zuni ihre eigene Sprache entwickelt. Sie sind eher mit den Hopi verwandt als mit den anderen Pueblo-Indianern. Der Stamm ist berühmt für seinen Türkis-Silberschmuck und seine Keramik. Im Pueblo leben heute etwa 10 000 Menschen. Damit ist es das **größte noch bewohnte Pueblo** der Vereinigten Staaten. Das Pueblo ist streng nach Klan-Gemeinschaften bzw. Bruderschaften gegliedert. Innerhalb eines Klans darf nicht geheiratet werden, und der Mann zieht zur Familie der Frau. Der größte Teil der Bevölkerung wohnt heute allerdings nicht mehr in den traditionellen Behausungen des Pueblo, sondern in der benachbarten modernen Siedlung Black Rock. Die alten Steinhäuser sind meist nur ebenerdig. Die restaurierte **Missionskirche** (17. Jh.) ist mit Wandgemälden ausgeschmückt, die die Geschichte der Zuni zeigen. Ein Besuch des Pueblos lohnt sich vor allem wegen der Einkaufsmöglichkeiten für Schmuck und Kunsthandwerk und wegen der Tanzzeremonien der Zunis. Am berühmtesten ist der **\*\*Shalako-Tanz**, der Ende November bzw. Anfang Dezember abgehalten wird.

**\*Zuni Pueblo**

**? BAEDEKER WISSEN**

*Goldiger Mythos*

Das Zuni Pueblo zählt zu den legendären »Sieben Städten von Cibola«. Diese Städte durchsuchte Francisco Vásquez de Coronado im 16. Jh. nach Gold, weil ihm der Franziskanermönch Marcos de Niza berichtet hatte, dass sie aus purem Gold erbaut seien.

❶ Besucher müssen sich im Visitor Center anmelden und erhalten dort weitere Instruktionen (Fotografierverbote etc.); www.zunitourism.com

*El Morro
National
Monument
Etwa 30 mi/50 km südöstlich von Gallup liegt in einer von Grassteppe und lichten Baumbeständen geprägten Landschaft das El Morro National Monument. Seit über 700 Jahren wird dieses 61 m hohe Kliff aus Zuni-Sandstein als **Rastplatz** aufgesucht, da sich an seinem Fuß eine Wasserstelle befindet. Schon die Anasazi benutzten diesen Naturbrunnen und ritzten ihre Zeichen in das weiche Gestein, als erster Europäer tat es ihnen Don Juan de Oñate im Jahr 1605 nach. Viele andere folgten, so u. a. Don Diego de Vargas, der Neu-Mexiko 1692 nach der Pueblo-Revolte zurückeroberte. An der Felswand des »Inscription Rock« kann man also die ganze Eroberungsgeschichte des Südwestens nachvollziehen. Im Bereich des Sandsteinkliffs findet man noch Reste zweier Pueblos der Anasazi aus dem 13. Jahrhundert. Auch einige Felszeichnungen aus präkolumbischer Zeit sind zu erkennen.

❶ tgl. 9.00 – 17.00, Sommer bis 18.00 Uhr; Eintritt 3 $; www.nps.gov/elmo

# Las Cruces

———————— ✳ R 11

**Region:** Southwest
**Höhe:** 1187 m ü. d. M.
**Einwohnerzahl:** 102 000

**Telefonvorwahl:** 575

**Las Cruces ist die zweitgrößte Stadt von New Mexico, Hauptort des mehrheitlich von Hispanics bewohnten County Doña Ana, Universitätssitz und Zentrum eines Agrargebiets, in dem vor allem Pecannüsse, Baumwolle und Chili (►Baedeker Wissen S. 471) angebaut wird. Sie bietet sich als Ausgangspunkt für einen Besuch des ►White Sands National Monuments und für Ausflüge nach Texas und Mexiko an.**

**?**

**BAEDEKER WISSEN**

*Schauriger Name*

Die im Jahr 1849 nahe der texanischen Grenze gegründete Stadt verdankt ihren Namen Las Cruces (dt. »die Kreuze«) den vielen hier aufgestellten Grabkreuzen für Siedler, die auf dem Camino Real nach Santa Fe unterwegs waren und von Apachen getötet wurden.

## SEHENSWERTES IN LAS CRUCES UND UMGEBUNG

Downtown Las Cruces hat einige **Bauten aus der Pionierzeit** zu bieten wie das Old Armijo House von 1860, das man besichtigen kann, und das Amador Hotel, in dem schon Billy the Kid, Pat Garrett und der mexikanische Präsident Benito

## Las Cruces erleben

### AUSKUNFT
**Greater Las Cruces Chamber of Commerce**
760 W. Picacho Ave.
Las Cruces, NM 88005-2142
Tel. 1 5 7 5 5 2 4 1 9 6 8
www.lascruces.org

### ÜBERNACHTEN
**Best Western Mission Inn** ©©
1765 S. Main St., Tel. 1 5 7 5 5 2 4 8 5 9 1
www.bestwestern.com
Ruhiges Haus mit 58 geräumigen Zimmern und Suiten in einer gepflegten Gartenanlage mit schönem Pool.

**Holiday Inn Express & Suites** ©©
2142 Telshor Court
Tel. 1 5 7 5 5 2 7 9 9 4 7
www.hiexpress.com

Dieses moderne Haus liegt sehr verkehrsgünstig an zwei Interstates. Die Zimmer und Suiten sind zeitgemäß eingerichtet, der Service ist freundlich.

### ESSEN
**La Nueva Casita Café** ©
195 N. Mesquite St.
Tel. 1 5 7 5 5 2 7 1 2 2 5
Authentische mexikanische Küche wird im Zentrum von Las Cruces geboten. Sonntags und Montags kein Dinner!

**Nellie's Cafe** ©
1226 W. Hadley Ave
Tel. 1 5 7 5 5 2 4 9 9 8 2
Auch hier wird mexikanisch inspirierte Kochkunst gepflegt, wobei vorwiegend Erzeugnisse aus der Region verwendet werden.

---

Juarez abgestiegen sind. Es ist heute Verwaltungssitz des County Doña Ana.

Der südwestliche Vorort Mesilla wurde Ende des 16. Jh.s von mexikanischen Siedlern gegründet. 1853 sind seine Bewohner plötzlich zu US-Bürgern geworden, denn Mesilla liegt in dem Gebietsstreifen, der im Gadsden Purchase an die USA verkauft wurde. Das Abkommen ist in Mesilla abgeschlossen worden. In Mesilla ist auch Wildwestgeschichte geschrieben worden, denn im örtlichen Gerichtsgebäude wurde Billy the Kid zum Tode verurteilt – er floh allerdings kurz darauf. **Mesilla**

Das empfehlenswerte New Mexico Farm & Ranch Heritage Museum illustriert 3000 Jahre Landwirtschaftsgeschichte der Region. Hier werden Kühe gemolken, Pferde beschlagen, Nüsse und Äpfel angebaut. **New Mexico Farm & Ranch Heritage Museum**
❶ 4100 Dripping Springs Rd., Tel. 1 5 7 5 5 2 2 4 1 0 0; Mo. – Sa. 9.00 – 17.00, So. 12.00 – 17.00 Uhr; Eintritt 5 $; www.nmfarmandranchmuseum.org

In Fort Selden State Monument, 15 mi/24 km nördlich von Las Cruces, war die – ausgenommen die Offiziere – ausschließlich aus schwarzen Soldaten bestehende Black Cavalry stationiert. Die be- **Fort Selden State Memorial**

# Chilis

*Seit Jahrhunderten werden in New Mexico Chilis angebaut.*
*Sie gehören zu den wichtigsten »Cash Crops« des*
*US-Bundesstaates. Je nach Reifegrad und Verwendungszweck*
*betrachtet man die mehr oder weniger scharfen Paprika- und*
*Pfefferschoten als Gemüse oder Gewürz.*

▶ **Anatomie der Chili**

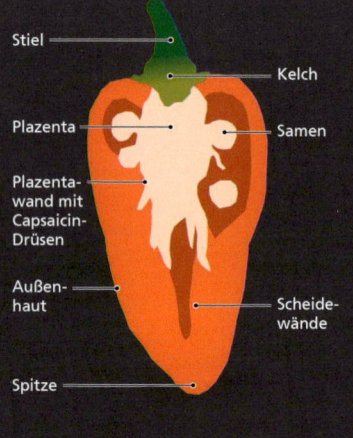

Stiel

Kelch

Plazenta

Samen

Plazenta-
wand mit
Capsaicin-
Drüsen

Außen-
haut

Scheide-
wände

Spitze

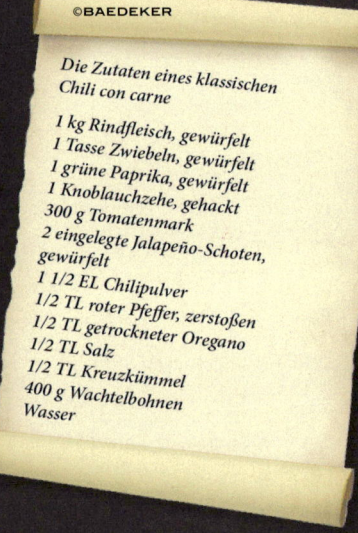

©BAEDEKER

Die Zutaten eines klassischen
Chili con carne

1 kg Rindfleisch, gewürfelt
1 Tasse Zwiebeln, gewürfelt
1 grüne Paprika, gewürfelt
1 Knoblauchzehe, gehackt
300 g Tomatenmark
2 eingelegte Jalapeño-Schoten,
gewürfelt
1 1/2 EL Chilipulver
1/2 TL roter Pfeffer, zerstoßen
1/2 TL getrockneter Oregano
1/2 TL Salz
1/2 TL Kreuzkümmel
400 g Wachtelbohnen
Wasser

▶ **Die Chilipflanze**
Chilis und Paprikas sind eigentlich
Beeren. Sie gehören zu den Nacht-
schattengewächsen und sind mit
Tomaten sowie Kartoffeln verwandt.

▶ **Chilianbau in den USA**
Mit Chili bepflanzte Fläche
in Quadratkilometern

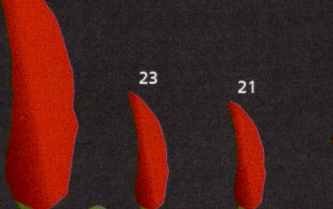

49

23

21

14

New Mexico    Kalifornien    Texas    Arizona

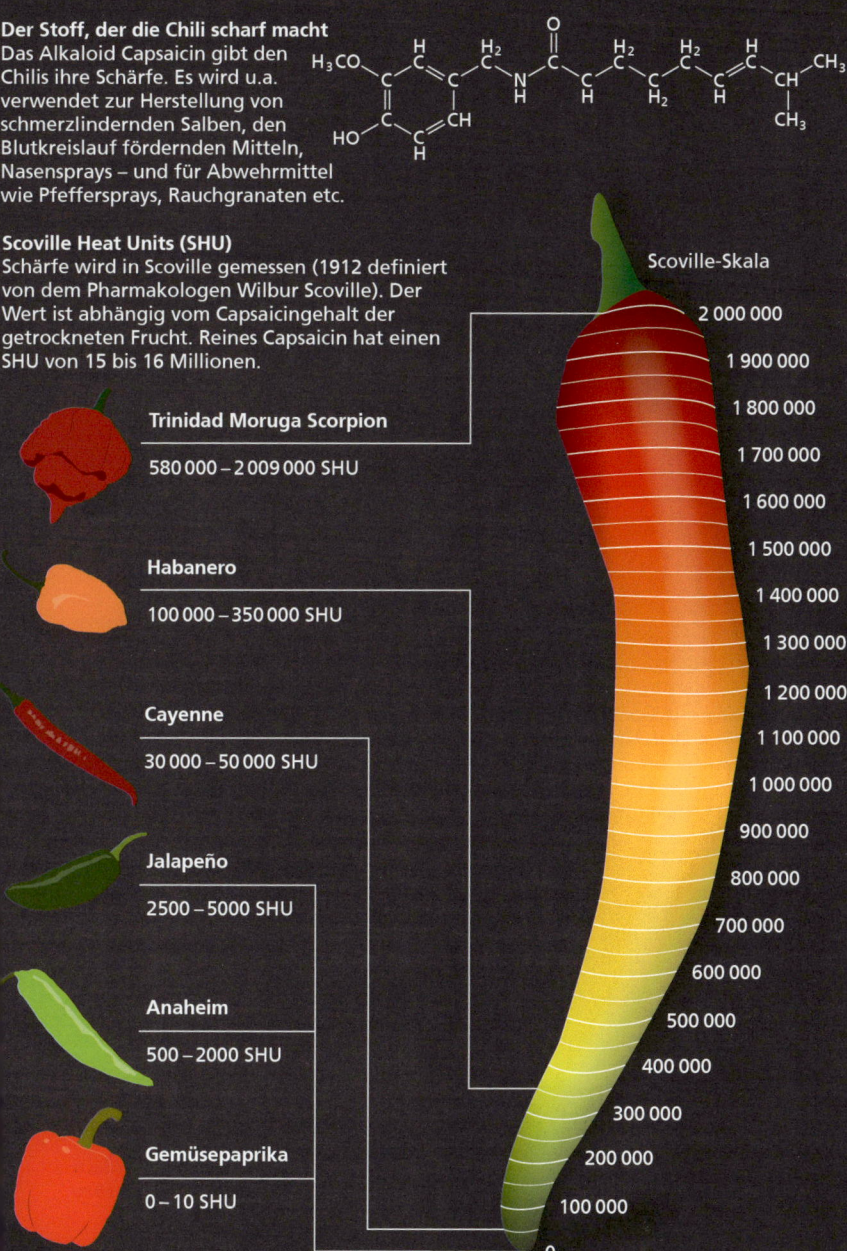

**Der Stoff, der die Chili scharf macht**
Das Alkaloid Capsaicin gibt den
Chilis ihre Schärfe. Es wird u.a.
verwendet zur Herstellung von
schmerzlindernden Salben, den
Blutkreislauf fördernden Mitteln,
Nasensprays – und für Abwehrmittel
wie Pfeffersprays, Rauchgranaten etc.

**Scoville Heat Units (SHU)**
Schärfe wird in Scoville gemessen (1912 definiert
von dem Pharmakologen Wilbur Scoville). Der
Wert ist abhängig vom Capsaicingehalt der
getrockneten Frucht. Reines Capsaicin hat einen
SHU von 15 bis 16 Millionen.

Scoville-Skala

2 000 000
1 900 000
1 800 000
1 700 000
1 600 000
1 500 000
1 400 000
1 300 000
1 200 000
1 100 000
1 000 000
900 000
800 000
700 000
600 000
500 000
400 000
300 000
200 000
100 000
0

**Trinidad Moruga Scorpion**

580 000 – 2 009 000 SHU

**Habanero**

100 000 – 350 000 SHU

**Cayenne**

30 000 – 50 000 SHU

**Jalapeño**

2500 – 5000 SHU

**Anaheim**

500 – 2000 SHU

**Gemüsepaprika**

0 – 10 SHU

rühmten **»Buffalo Soldiers«** patroullierten in den 1880er-Jahren entlang der mexikanischen Grenze.

**War Eagles Air Museum**

Das War Eagles Air Museum liegt 35 mi/56 km südlich von Las Cruces (via I-10) auf dem Santa Teresa Airfield. Es zeigt über 20 **Militärflugzeuge** aus dem Zweiten Weltkrieg und dem Koreakrieg.

❶ 8012 Airport Rd.; Di. – So. 10.00 – 16.00 Uhr; Eintritt 5 $; www.war-eagles-air-museum.com

**Spaceport America**

Der Spaceport America wächst auf dem Gelände eines früheren Regionalflughafens in der Nähe der Stadt. Von hier sollen die Flugzeuge von Virgin Galactic des Milliardärs Richard Branson in naher Zukunft zu Trips in die Erdumlaufbahn abheben.

❶ 901 E. University Ave.; Bustouren Fr. – Sa. 9.00 u. 13.00, So. 9.00 Uhr, 3,5 Std, 59 $, Reservierung unter Tel. 1 575 7 40 68 94; www.spaceportamerica.com

**El Paso**

Nach Texas führt ein Ausflug in die 42 mi/67 km südlich von Las Cruces liegende, 649 000 Einwohner zählende Großstadt El Paso. Hier, im äußersten westlichen Zipfel des Staates Texas, bildet der Rio Grande seit 1848 die Grenze zwischen den USA und Mexiko. Mit Fort Bliss erstreckt sich einer der **größten Luftwaffenstützpunkte der Erde** vor den Toren der Stadt. Das **El Paso Museum of Art** besitzt eine interessante Sammlung präkolumbischer und indianischer Kunst sowie die Kress Collection mit Werken der italienischen Renaissance. Das **Chamizal National Memorial**, ein hübscher Park am Rio Grande, ist der Beilegung des jahrzehntelangen Streits um den Grenzverlauf zwischen den USA und Mexiko gewidmet. Über die Geschichte von Fort Bliss informiert sehr ausführlich das dortige Museum.

**El Paso Museum of Art:** 1211 Montana Ave.; Di. – Sa. 9.00 – 17.00, Do. bis 21, So. 12.00 – 17.00 Uhr; Eintritt frei; www.elpasoartmuseum.org

**Ciudad Juárez**

Die auf mexikanischer Seite liegende Schwesterstadt von El Paso, Ciudad Juárez (1,32 Mio. Einw.), hieß früher Paso del Norte und wurde 1888 zu Ehren von Benito Juárez umgetauft, der hier 1865/1866 während des Interventionskrieges sein Hauptquartier hatte. Während der Revolutionskriege (1910 – 1921) war die Stadt Standquartier des Revolutionshelden und Banditenführers Francisco (»Pancho«) Villa. Sehenswert sind die 1668 geweihte **barocke Mis-**

**sionskirche** Guadalupe aus der Mitte des 17. Jh.s. Vor allem aber bietet Ciudad Juárez günstige Einkaufsmöglichkeiten für indianisch-mexikanisches Kunsthandwerk, Textilien und Lederwaren (zu Ein- und Ausreiseformalitäten, Zollbestimmungen ▶Praktische Informationen, Anreise, S. 594). Ciudad Juárez gilt als einer der wichtigsten Umschlagplätze für den Drogenschmuggel in die USA mit entsprechender Kriminalitätsrate.

# \* Los Alamos

✳ **R 8**

**Region:** North Central
**Höhe:** 2225 m ü. d. M.
**Einwohnerzahl:** 12 000    **Telefonvorwahl:** 505

**In Los Alamos treffen technische Entwicklungen und kulturelle Traditionen aufeinander: Die Stadt ist berühmt für die Entwicklung der Atombombe, und im Bandelier National Monument südlich von Los Alamos sind 1000 Jahre alte kulturgeschichtliche Stätten ersten Ranges erhalten.**

## Los Alamos erleben

### AUSKUNFT
*Los Alamos Meeting & Visitors Bureau*
109 Central Park Square
Los Alamos Downtown
Tel. 1 505 6 62 81 05
www.visit.losalamos.com
Mo.–Sa. 9.00–17.00
So. 10.00–15.00 Uhr

### ÜBERNACHTEN
*Holiday Inn Express Hotel & Suites Los Alamos Entrada Park* ⓔⓔ
60 Entrada Drive
Tel. 1 505 6 61 26 46
www.hixpress.com
Neues und gepflegtes Hotel im Osten der Stadt mit Health Club und Fitness Center. Von hier hat man auch einen schönen Blick in den Alamo Canyon.

*Adobe Pines B&B* ⓔⓔ
2101 Loma Linda Drive
Tel. 1 505 6 61 88 28
www.losalamoslodging.com
Ruhig gelegene und gemütliche Frühstückspension mit hübsch eingerichteten Gästezimmern. Tolle Aussicht auf die Stadt und die Jemez Mountains.

### ESSEN
*Los Alamos Cooperative Market* ⓔⓔⓔ
95 Entrada Drive
Tel. 1 505 6 95 15 79
http://losalamos.coop
tgl. geöffnet
Angesagter Bio-Lebensmittel-Supermarkt im Osten der Stadt; hier kann man sich vielerlei leckere regionale Gerichte schmecken lassen.

Einstieg in eine Kiva im Frijoles Canyon

**»Atomic City«** In Los Alamos wurde **Weltgeschichte** geschrieben: Hier, etwa eine Autostunde nordwestlich von ►Santa Fe in der Einsamkeit der Mesas des Pajarito-Plateaus, wurden seit 1940 Wissenschaftler aus den USA und Emigranten aus Europa zusammengezogen, um unter der Leitung von Robert J. Oppenheimer (►Berühmte Persönlichkeiten) im sogenannten Manhattan Project die Atombombe zu bauen. Diese wurde am 16. Juli 1945 in der Wüstenlandschaft von White Sands im Süden von New Mexico erstmals gezündet. In der Folgezeit entwickelte man hier den größten Teil der amerikanischen Atomwaffen, und noch heute sind in den mehr als zwei Dutzend Instituten des **Los Alamos National Laboratory** rund 6000 Mitarbeiter beschäftigt, die physikalisch-technische Forschung betreiben.

## SEHENSWERTES IN LOS ALAMOS

**\*Bradbury Science Museum** Einen guten Einblick in die Arbeit des Los Alamos National Laboratory erhält man im Bradbury Science Museum. Schwerpunkte der Ausstellung sind die **Entstehungsgeschichte der Forschungseinrichtung** und der Fortgang der Kernwaffenentwicklung. Natürlich wird auch an Albert Einstein erinnert, der sich 1939 bei Präsident Roosevelt für die Erforschung der Kernenergie einsetzte (und dies später bereut hat). Neben der Kern(waffen)forschung finden aber auch neueste Erkenntnisse der Biomedizin, der Umweltforschung sowie der Laser- und Computertechnologie Beachtung.

❶ 1350 Central Ave.; Di. – Sa. 10.00 – 17.00, So., Mo. 13.00 – 17.00 Uhr; Eintritt frei; www.lanl.gov

Der heute denkmalgeschützte Holzbau beherbergte einst den Speisesaal eines 1928 bis 1943 betriebenen Internats und dient nun als Kunstgalerie Der Schwerpunkt liegt auf Arbeiten zeitgenössischer Künstler aus New Mexico und Umgebung. **Fuller Lodge Art Center**

❶ 2132 Central Ave.; Mo.– Sa. 10.00 – 16.00 Uhr; Eintritt frei; www.fullerlodgeartcenter.com

## ✴ BANDELIER NATIONAL MONUMENT · FRIJOLES CANYON

Knapp 15 mi/24 km südlich von Los Alamos hat der Frijoles Creek eine wildromantische Canyonlandschaft geschaffen, in der vom 11. bis zum 16. Jh. Anasazi gelebt haben. Die Vorfahren der heutigen Indianer haben in den leicht zu bearbeitenden Tuffstein einzelne Kammern, ganze Wohnungen und Kultstätten (Kivas) gegraben. An einigen Felswänden bzw. -überhängen errichteten sie mehrstöckige, »Talus« genannte Behausungen, die lediglich über schwindelerregende Holzleitern erreicht werden konnten. Das nach dem schweizerischen Archäologen A. F. Bandelier benannte National Monument ist heute durch ein fast 100 km langes **Wanderwegenetz** erschlossen. **Entstehung und Geschichte**

❶ SR 4, 15 Entrance Rd.; Eintritt 12 $ pro Fahrzeug für 7 Tage; www.nps.gov/band

> **! BAEDEKER TIPP**
>
> *Wanderung zum Yapashi Pueblo*
>
> Wer ein bisschen mehr Zeit für die Erkundung des Bandelier National Monuments hat, dem sei die Tageswanderung (knapp 20 km) ab dem Visitor Center empfohlen. Diese führt zu den Überresten des mehrstöckigen Yapashi Pueblo und ist mit einigen steilen Anstiegen verbunden.

Vom Visitor Center im Frijoles Canyon wandert man etwas mehr als 2 km zu den Ruinen des Tuyonyi Pueblo, das wohl im 14. Jh. angelegt worden ist. Es umfasste rund 400 Wohn- und Vorratsräume sowie mehrere Kivas. Einige Minuten weiter nördlich erreicht man die **Ceremonial Cave**. Diese große **Wohnhöhle** mit restaurierter Kiva liegt mehr als 40 m hoch über dem Talboden und ist nur über Leitern zugänglich. **Tuyonyi Pueblo**

Valle Grande — Etwa 15 mi/24 km westlich von Los Alamos kommt man über den NM 4 ins Valle Grande. Mit einem Durchmesser von etwa 25 km ist es **die größte bislang bekannte Caldera eines Vulkans** und bei einem Ausbruch vor rund 1 Mio. Jahren entstanden.

# Roswell

— ✦ T 10

**Region:** Southeast
**Höhe:** 1089 m ü. d. M.
**Einwohnerzahl:** 48 000     **Telefonvorwahl:** 505

**In Roswell dreht sich fast alles um Außerirdische. Denn hier ist angeblich am 4. Juli 1947 ein Ufo abgestürzt. Ob man das nun glaubt oder nicht, der Ort lebt mittlerweile nicht schlecht vom UFO-Rummel, und kurios und spaßig anzuschauen ist das allemal, besonders beim alljährlich UFO-Festival in der ersten Juliwoche.**

The Roswell Incident — Für alle Ufomanen und -logen ist Roswell zum Kultort und zum Ursprung all jener Theorien geworden, die die US-Regierung der Verschwörung mit den Außerirdischen bezichtigen und in den vergangenen Jahren Stoff für Filme und TV-Serien geliefert haben. Nach Überzeugung der Ufo-Gläubigen hat man nicht nur ein fast **intaktes Raumschiff**, sondern auch vier außerirdische Raumfahrer gefunden, von denen einer noch gelebt haben soll. Die Aliens und ihre Ausrüstung seien aber rasch weggeschafft und schließlich in die geheimnisvolle Area 51 am Groom Lake in Nevada (►S. 433) gebracht worden.

> **! BAEDEKER TIPP**
>
> *Eindeutige Beweise*
>
> Wer selbst ein Ufo filmen will, findet sich 9 mi/14 km südöstlich von Roswell auf dem NM 9 an der Abzweigung nach Dexter ein: Dort, an der Midway Sightings Location Site, wo regelmäßig Ufos vorbeikommen, warten die Geschwister Escamilla und verleihen Videokameras. Bei Erfolg ist auch eine Analyse des Filmmaterials im Preis von 10 $ eingeschlossen.

## SEHENSWERTES IN ROSWELL UND UMGEBUNG

International UFO Museum — Wer die Wahrheit (?) über die Aliens erfahren will, muss zuerst das **International UFO Museum and Research Center** im Old Plains Theater an der Main Street ansteuern. Hier trifft sich fachkundiges Publikum und diskutiert über die »garantiert« echten Ausstellungsstücke.

## Roswell erleben

### AUSKUNFT
**Chamber of Commerce**
131 W. 2nd St., Roswell, NM 88201
Tel. 15756235695
www.toswellnm.org

### ÜBERNACHTEN
**Comfort Inn** ⊝⊝
3595 N. Main St., Tel. 15756234567
www.comfortinn.com
Hier erwarten den Gast schöne, geräumige Zimmer, Indoorpool und Fitnesscenter. Die Lage am Hwy 285 und Hwy 70 bietet die optimale Basis, um die malerische Umgebung zu erkunden.

**Fairfield Inn & Suites** ⊝⊝
1201 N. Main St.
Tel. 15756241300
www.mariott.com
Die Gästezimmer verfügen über alle erdenklichen Annehmlichkeiten. Dazu gibt es einen Außenpool und einen Whirlpool, ausgezeichnetes Frühstück und sehr freundlichen Service.

**Country Club B&B** ⊝
400 E. Country Club Rd.
Tel. 15756241794
www.countryclubbnb.com

Restauriertes Haus im Queen-Anne-Stil mit zwei Gästezimmern. Nicht weit vom Ufomuseum entfernt.

### ESSEN
**Cattleman's Steak House** ⊝⊝⊝
2010 S. Main St.
Tel. 15756233500
Hier kann man leckere Steaks, andere Fleischvarianten sowie Suppen und Salate genießen.

**Tinnie Mercantile Store & Deli** ⊝⊝
412 W. 2nd St.
Tel. 15756222031
http://tinniemercantile.com
Di. – Sa. 10.00 – 17.00 Uhr
Hier gibt es Gourmet-Sandwiches, leckere Salate, Suppen und Desserts zum Brunch oder Lunch.

**Tia Juana's Mexican Grille & Cantina** ⊝⊝
3601 N. Main St.
Tel. 15756276113
www.tiajuanas.net
Hier gibt es nicht nur leckere mexikanische Gerichte, sondern auch Steaks und Fisch in lebhafter Atmosphäre.

❶ 114 N. Main St.; tgl. 9.00 – 17.00 Uhr; Eintritt 5 $;
www.roswellufomuseum.com

Für irdische Dinge zuständig ist das in den Dreißigerjahren gegründete Roswell Museum. Es zeigt hochinteressante **indianische Artefakte** aus präkolumbischer Zeit und ausgesprochen schönes Kunsthandwerk aus der kolonialspanischen Periode. Ein Schwerpunkt der Sammlung sind Arbeiten, die in den Zwanzigerjahren in den Künstlerkolonien von Taos und Santa Fe angefertigt worden sind. Georgia O'Keeffe und Henriette Wyeth sind hier ebenso vertreten wie Peter Hurd und Ernest Blumenschein. Eine Abteilung des Museums ist

**\*Roswell Museum & Art Center**

# Die Alien Connection

*Was wäre Roswell ohne die Aliens? Ein Wüstenkaff, das keinen Menschen interessiert. Was ist Roswell dank der Aliens? Ein Wüstenkaff, das zum Wallfahrtsort der Ufo-Enthusiasten geworden ist.*

Alles hat vor über 50 Jahren angefangen. Am 24. Juni 1947 begann für die USA offiziell das **Ufo-Zeitalter**. An diesem Tag machte Kenneth Arnold am Mount Rainier im Bundesstaat Washington aus seinem Sportflugzeug heraus eine geheimnisvolle Beobachtung: Neun leuchtende, ovale Objekte flitzten mit unwahrscheinlicher Geschwindigkeit an ihm vorbei. Ihre seltsamen Manöver erinnerten ihn »an über Wasser hüpfende Untertassen«. Das Wort von den **fliegenden Untertassen** war geboren, und siehe da, innerhalb weniger Tage häuften sich die Meldungen über große leuchtende Untertassen, die gar in Scharen und nächtelang für jedermann sichtbar über den Himmel hüpften. Bereits am 8. Juli 1847 erreichte die Ufo-Welle ihren Höhepunkt.

Ort des Geschehens war Roswell, New Mexico, das als größte Attraktion bis dato mit der **509. Bombergruppe** der US Army Air Force aufwarten konnte. Am 8. Juli aber meldete sich – auf Befehl seines Vorgesetzten Col. Blanchard – Presseoffizier Lt. Walter G. Haut aus eben dieser Einheit mit einem Statement zu Wort: » … dank der Zusammenarbeit mit einem ortsansässigen Rancher und dem Sheriff von Chaves County ist es dem Sicherheitsdienst der 509. Bombergruppe gelungen, in den Besitz einer fliegenden Scheibe zu gelangen … In einer sofortigen Aktion wurde die Scheibe geborgen und im Roswell Army Airfield untersucht. Anschließend wurde sie dann an höhere Dienststellen weitergeleitet.« Damit war die **Lawine** losgetreten, und es nützte auch nichts mehr, dass Lt. Haut kurz nach seinem Statement zum Schweigen verurteilt wurde.

## Reste eines Ufos

Was war nun geschehen? Verlässliche Zeugen, die durch noch verlässlichere Zeugen von der Sache wussten, rekonstruieren heute Folgendes:

Am 5. Juli 1947 findet der Rancher William MacBrazel in Begleitung des Nachbarsohns Timothy Proctor auf seinem Grund einen mehrere Hundert Meter langen und ebenso breiten **Streifen**, übersät mit Trümmern, die ihn an ein in der Luft explodiertes Flugzeug denken lassen. Er sammelt einige Stücke ein und zeigt sie zu Hause seinen Nachbarn. Diese informieren Sheriff Wilcox, der wiederum die Roswell Army Air Force Base alarmiert. Von dort aus macht sich Sicherheitsoffizier Jesse A. Marcel auf, um die Trümmer zu untersuchen. Er findet ihm unbekanntes, balsaholz-, folien- und pergamentartiges Material und bringt es zur Basis. Die dort versammelten Offiziere, gestandene Experten in Materialkunde, erheben die Trümmer zu den Resten eines abgestürzten Raumschiffs – wo doch gerade so viele herumschwirrten.

Treffpunkt für Ufologen: das Little A'le'Inn in Rachel, Nevada

## Das Ufo verschwindet

Wo aber war es bloß geblieben? Auch diese Frage kann schlüssig beantwortet werden – jedenfalls von **Ufo-Forschern**. Sie wissen genau, dass der Absturz schon am 4. Juli am Radar verfolgt worden ist. Nachdem das Ufo in der Luft explodiert war und seine Trümmer auf MacBrazels Ranch verteilt hatte, krachte es hundert Kilometer weiter in die Wüste, wo es die Army – **inklusive vier Mann (?) Besetzung** – am 7. Juli barg. Zufällig anwesende Archäologen seien unter Gewaltandrohung zum Schweigen verpflichtet, das Ufo mitsamt Besatzung (tot, 90–120 cm groß, grau) nach Roswell geschafft und zwischengelagert worden. Zur weiteren Untersuchung habe man alles zur **Luftwaffenbasis Wright Field** in Ohio gebracht, wo der außerirdische Ursprung eindeutig ve-

rifiziert worden sei. Diese Geschichte wird nur unwesentlich getrübt durch die Abwesenheit von untermauernden Fakten – kein Wunder, schließlich ist die ganze Sache supergeheim.

## Presseoffensive

Deshalb musste auch Lt. Hauts Statement vom 8. Juli relativiert werden. Die Air Force trat zur Presseoffensive an. Noch am selben Tag führte sie Reportern die **Reste eines Wetterballons** vor und vermied peinlichst die Rede von einer fliegenden Untertasse. Dummerweise wog ein solcher Ballon nur ca. 1 kg, selbst für Aliens von 90–120 cm Größe eine recht enge Unterkunft. Flugs bezeichnete man die Teile als Reste einer wesentlich größeren, sogenannten Rawin-Wetterbeobachtungssonde. Ein solches Gerät hatte die passenden Maße und konnte viel eher für ein Ufo gehalten werden.

## Offizielle Erklärungen

Eine derart professionelle Pressearbeit stiftete natürlich mehr Verwirrung als Klarheit und gibt noch heute ein gefundenes Fressen für alle Ufologen ab. Tatsächlich tut sich die US-Regierung nicht unbedingt leicht mit ihren Roswell-Erklärungen: 1994 deklarierte sie die Trümmer als Reste des streng geheimen **Mogul-Projekts**, bei dem es sich um riesige Ballons gehandelt hat, mit denen man in großen Höhen nach Spuren sowjetischer Nukleartests forschte. Damit nicht genug, schob die Regierung 1997, zum 50. Jahrestag des Roswell Incident, die bislang kurioseste Version nach: Demnach habe die Luftwaffe in dieser Gegend **Fallschirmversuche** mit Testpuppen durchgeführt, die natürlich nicht unbedingt wie Menschen ausgesehen hätten. Später hätten sich Mutige selbst an Fallschirmen in die Tiefe gestürzt und seien dabei etwas ramponiert worden – so jemanden könne man doch leicht für einen Ufonauten halten.

## Verschwörungstheorie

Jedenfalls glaubt kein ernsthafter Ufo-Forscher diese Geschichten. Vielmehr weiß er, dass eine ungeheuerliche Verschwörung im Gange ist, gesteuert von **Majestic 12**, einer direkt dem Präsidenten unterstellten Gruppe hochrangiger Militärs, Wissenschaftler und Politiker, die bereits am 29. September 1949 gegründet wurde und seitdem die Forschung über und die Zusammenarbeit mit den Aliens koordiniert und vor dem Rest der Welt geheim hält. So geheim ist diese Gruppe, dass man nur weiß, wo sie im Geheimen wirkt, nämlich 130 km nördlich von Las Vegas in der zur Nellis Air Force Base gehörenden Area 51 am ausgetrockneten **Groom Lake**. Dort werkeln Majestic 12, tote und lebende Aliens zusammen und lassen ab und zu eine fliegende Untertasse los, was von den wachsamen Ufo-Forschern natürlich sofort registriert wird. Ihr Stützpunkt ist das Little A'le'Inn in Rachel, wenige Kilometer von der Basis am **Extraterrestrial Highway**. Die Wirtsleute Pat und Joe Travis geben gern Auskunft über die genauen Abflugzeiten und die besten Beobachtungsplätze.

## Der Beweis

Was immer man davon halten mag: Es gibt tatsächlich einen unumstößlichen Beweis für die **Alien Connection**, und jeder Tourist kann sie vor Ort überprüfen. Ob in Roswell im Ufo-Museum oder im Little A'le'Inn – irgendwie schaffen es die Männchen aus dem Weltall, viele Dollar in die Kassen zu zaubern. An der Gegend kann es ja schließlich nicht liegen.

Schlagzeile am 4. Juli 1947

dem Raketenbauer **Robert Hutchins Goddard** (1882 – 1945) gewidmet, der in den 1930er-Jahren in Roswell gearbeitet hat. Eine Son-
derausstellung befasst sich mit dem 1972 erfolgreich durchgeführten
und bislang letzten Mondlandeunternehmen »Apollo 17«.

❶ 100 W. 11th St.; Mo – Sa. 9.00 – 17.00, So. 13.00 – 17.00 Uhr;
Eintritt frei; www.roswellmuseum.org

In dem 1912 fertig gestellten repräsentativen Wohnhaus eines wohlhabenden Viehzüchters ist heute ein **regionalhistorisches Museum**
untergebracht. Das Gebäude selbst ist vom berühmten Architekten
Frank Lloyd Wright entworfen worden und inzwischen als nationales
Baudenkmal ausgewiesen. Die Räumlichkeiten sind restauriert und
mit gründerzeitlichem Mobiliar ausgestattet worden.
**S. E. New Mexico Historical Center**

❶ 200 N. Lea Ave.; tgl. 13.00 – 16.00 Uhr; Eintritt frei; http://hssnm.net

Das New Mexico Military Institute gehört zu den **namhaften Aus-
bildungsstätten der US Army**, aus der schon so mancher berühm-
te Militär hervorgegangen ist. Auf dem Gelände dokumentiert das
General Douglas L. McBride Military Museum die Militärgeschichte
New Mexicos.
**New Mexico Military Institute**

❶ 101 W. College Blvd.; Mo. – Fr. 8.00 – 16.00 Uhr; Eintritt frei;
www.nmmi.edu

Naturliebhaber sollten einen Ausflug in das **Flussniederungsgebiet**
am Pecos 15 mi/24 km nordöstlich von Roswell machen. Im Bitter
Lake National Wildlife Refuge überwintern zahllose Wasservögel wie
Reiher, Kormorane, Pelikane und Schneegänse.
**Bitter Lake National Wildlife Refuge**

❶ bei Tageslicht; Visitor Center Mo. – Sa. 8.00 – 16.00 Uhr; Eintritt frei;
www.fws.gov/refuge/Bitter_Lake

Fort Sumner liegt 84 mi/134 km nördlich von Roswell (via US 285/
NM 20). Es war und ist der Ort des Schreckens für die Navajo. Hierher wurden sie 1864 auf dem Langen Marsch getrieben, um im Wüs-
tenreservat fast zu Grunde zu gehen. Daran wird im zum Memorial
gehörenden Museum **Bosque Redondo Memorial** erinnert.
In Fort Summer wurde auch der legendäre **Billy the Kid** im Alter von
nur 21 Jahren erschossen. Er war wegen etlichen Morden zum Tod
verurteilt worden und dann geflohen. Sein Grab befindet sich hinter
dem Old Fort Sumner Museum, und an sein Andenken erinnert
ebenfalls ein **Museum**.
**Fort Sumner State Monument**

**Bosque Redondo Memorial:** 3647 Billy the Kid Rd.;
Mi. – Mo. 8.30 – 16.30 Uhr; Eintritt 3 $;
www.bosqueredondomemorial.com
**Billy the Kid Museum:** 1435 E. Sumner Ave.; Mitte Mai – Sept.
tgl. 8.30 – 17.00, sonst So. geschl.; Eintritt 5 $;
www.billythekidmuseumfortsumner.com

## ** **Santa Fe**

✦ S 8

**Region:** North Central
**Höhe:** 2130 m ü. d. M.
**Einwohnerzahl:** 70 000
**Telefonvorwahl:** 505

**Keine andere Stadt im Südwesten ist so intensiv von indianischer und spanischer Kultur geprägt wie Santa Fe. Mit mehreren Museen und zahlreichen Kunstgalerien gehört die über 400 Jahre alte Stadt (1610 gegründet) zu den führenden Kunstzentren der USA. Aber auch das angenehme Höhenklima sowie die herrliche Umgebung mit einigen interessanten Indianer-Pueblos machen den Besuch von Santa Fe zu einem besonderen Erlebnis.**

**Ski laufen**  Santa Fe, zweitälteste von europäischen Einwanderern gegründete Stadt der USA (die älteste ist St. Augustine, Florida) und Hauptstadt des Bundesstaates New Mexico, liegt am Santa Fe River, einem Zufluss des Rio Grande, am Südwestabfall der Sangre de Cristo Mountains, an dessen Hängen Wintersport möglich ist.

**Geschichte**  Bereits vor Ankunft der Spanier im Jahr 1542 existierte eine stattliche Siedlung der Pueblo-Indianer. 1609 gründete der spanische Gouver-

**Santa Fe**

**Übernachten**
1. Rosewood Inn of the Anasazi
2. Eldorado Hotel & Spa
3. Inn of the Governors
4. Fairfield Inn

**Essen**
1. La Casa Sena
2. The Pink Adobe
3. Santacafe
4. Guadalupe Cafe

neur Don Pedro de Peralta die Stadt Santa Fe de San Francisco de Asis, die 1610 das geistliche und weltliche Zentrum der spanischen Kolonie Neu-Mexiko wurde. Auch nach der Loslösung Mexikos von Spanien 1821 blieb Santa Fe weiterhin die Kapitale von Neu-Mexiko und entwickelte sich zum bedeutenden Handelsstützpunkt und Verkehrsknoten. Sie war Endpunkt des **Santa Fe Trail**, der vom Missouri River bei Kansas City ins Tal des Rio Grande führte, und Ausgangspunkt des Old Spanish Trail, auf dem Siedler nach Los Angeles zogen. Während des Amerikanisch-Mexikanischen Krieges fiel Santa Fe praktisch kampflos an die Vereinigten Staaten von Amerika und wurde sogleich zum Hauptort des neu geschaffenen US-Territoriums New Mexico. Die Eröffnung der Santa Fe Railroad 1880 beflügelte die wirtschaftliche Entwicklung der Stadt und ihres Umlandes erheblich. In den ersten Jahren des 20. Jh.s entdeckten Künstler und Schriftsteller Santa Fe. Danach erfasste der Tourismus die Stadt, und es entstanden zahlreiche neue Hotels, Restaurants und Galerien.

Indianische, anglo-amerikanische, vor allem aber die Einflüsse der spanisch-mexikanischen Kultur geben Santa Fe noch heute eine einzigartige Atmosphäre. Wunderschön anzusehen ist der **vorbildlich erhaltene und restaurierte Stadtkern**: Malerische Straßen und Gässchen, niedrige Adobebauten aus gelbbraunem Lehm, ausgesprochen schöne Sakralbauten der spanischen Kolonialzeit prägen sein Bild. Außerhalb des Zentrums gibt es auch das Amerika mit Fast-Food-Stationen, neonbunten Hotels, Motels und riesigen Shopping-Malls.

**Einzigartige Atmosphäre**

In erster Linie ist Santa Fe aber das Zentrum kolonialspanischer Kultur in Nordamerika schlechthin. Die massive **Adobe-Missionskirche San Miguel** steht als Symbol für den Einfluss der spanischen Architektur auf den Baustil Neu-Mexikos. Viele spanische Siedlungen und indianische Pueblos wurden seither nach ihrem Vorbild errichtet. Dabei verwendete man Adobe-Ziegel, sonnengetrocknete Backsteine aus Lehm und Stroh. Dieser Baustoff gab einem ganzen Baustil den Namen, der sich durch eine gedrungene Bauweise und abgerundete Formelemente auszeichnet. Andererseits übernahmen die Indianer auch architektonische Elemente von den Spaniern, vor allem den »**horno**«, einen im Freien stehenden Lehmbackofen maurischen Ursprungs, der wie ein zu groß geratener Bienenstock aussieht.

**Zentrum kolonialspanischer Kultur**

**?** *Archaische Klimaanlage*

**BAEDEKER WISSEN**

Adobeziegel, aus denen die meisten Häuser in der Innenstadt von Santa Fe gebaut sind, gleichen Temperaturgegensätze aus und sorgen für eine hervorragende Wärmeisolierung. Diese Eigenschaft ist im Höhenklima von Neu-Mexiko mit seinen extremen Temperaturschwankungen besonders günstig.

## Santa Fe erleben

### AUSKUNFT
*Santa Fe CVB*
201 W. Marcy St.
Santa Fe, NM 87504-0909
Tel. 1 505 9 55 62 00
www.santafe.org

### KUNSTHANDWERK
Die meisten Galerien konzentrieren sich
um die Plaza, in der Canyon Road und
im Bereich der Guadalupe Street. Gute
Adressen:

*Nedra Matteucci's Galleries*
1075 Paseo de Peralta
Tel. 1 505 9 82 46 31
www.matteucci.com
Mo. – Sa. 9.00 – 17.00 Uhr
Arbeiten bedeutender Künstler New
Mexicos sowie Werken der Taos-Künst-
lerkolonie

*Adieb Khadoure Fine Art*
613 Canyon Rd.
Tel. 1 505 8 20 26 66
www.akhadourefineart.com
tgl. 10.00 – 18.00 Uhr
Zeitgenössische Kunst

*Wiford Gallery*
403 Canyon Rd.
Tel. 1 866 5 94 65 54
http://wifordgallery.com
tgl. 8.30 – 17.30 Uhr
Windskulpturen und Plastiken aus glän-
zendem Stahl

*Morning Star Gallery*
513 Canyon Rd.
Tel. 1 505 9 82 81 87
www.morningstargallery.com
Mo. – Sa. 9.00 – 17.00 Uhr
Indianische Kunst

**Santa Fe gilt als Stadt der Künstler.**

## VERANSTALTUNGEN

Drei jährliche Höhepunkte finden auf der Plaza statt: der Spanish Market (mexikanischer Kunst- und Handwerksmarkt; Ende Juli), der Indian Market (u. a. Keramik, Schmuck, Webereien, Schnitzkunst; 3. Augustwochenende und an Thanksgiving) und La Fiesta de Santa Fe, das spektakulärste Ereignis, das zum Gedenken an die Rückeroberung der Stadt von den Indianern im Jahre 1692 mit Musik, Tanz, Paraden und Kostümen begangen wird (1. Montag im September).

## ÜBERNACHTEN

### ❶ *Rosewood Inn of the Anasazi* ❺❺❺❺

113 Washington Ave.
Tel. 1 505 9 88 30 30
www.rosewoodhotels.com
Das unweit der Plaza gelegene Hotel im Adobe-Stil ist sehr geschmackvoll eingerichtet und bietet exzellenten Service. Eine besondere Note erhält das Haus durch die wunderschönen Arbeiten lokaler Künstler bzw. indianischer Kunsthandwerker.

### ❷ *Eldorado Hotel & Spa* ❺❺❺

309 W. San Francisco St.
Tel. 1 505 9 88 44 55
www.eldoradohotel.com
Die Nobelherberge gehört zu den besten Adressen im amerikanischen Südwesten und ist ein Musterbeispiel des Pueblo-Revival-Stils.

### ❸ *Inn of the Governors* ❺❺❺

101 West Alameda
Tel. 1 505 9 82 43 33
www.innofthegovernors.com
Das elegante Hotel besticht durch edel eingerichtete Zimmer mit indianischen Akzenten und Kiva-Kamin in einigen

Suiten. Fantastisches Frühstück und Nachmittagssherry inklusive.

### ❹ *Fairfield Inn* ❺❺

4150 Cerrillos Road
Tel. 1 505 4 74 44 42, www.marriott.com
Das Hotel liegt in der Nähe des Flughafens. Saubere, freundliche Zimmer sowie kleiner Innenpool und Fitnessraum.

## ESSEN

### ❶ *La Casa Sena* ❺❺❺❺

125 E. Palace Ave.
Tel. 1 505 9 88 92 32
www.lacasasena.com
Im wunderschönen Innenhof werden kreativ zubereitete Gerichte der Südwestbzw. mexikanischen Küche serviert.

### ❷ *The Pink Adobe* ❺❺❺

406 Old Santa Fe Trail
Tel. 1 505 9 83 77 12
www.thepinkadobe.com
Nobelrestaurant in einem rund 400 Jahre alten Adobe-Bauwerk. In gemütlichem Ambiente genießt man »Steak Dunnigan«, »Poulet Marengo« oder Kreationen der Southwestern Cuisine.

### ❸ *Santacafe* ❺❺❺

231 Washington Ave.
Tel. 1 505 9 84 17 88, www.santacafe.com
Elegantes Restaurant, das Fleisch- und Fischgerichte in historischem Ambiente serviert.

### ❹ *Guadalupe Cafe* ❺❺

422 Old Santa Fe Trail
Tel. 1 505 9 82 97 62
So., Mo. geschl.
Mexikanische und Südwestküche, unverfälscht und günstig; wunderbare Saucen und Salate.

Auch die Formen, Farben und Motive des Kunsthandwerks lassen indianische und spanische Einflüsse erkennen. Doch im Laufe der Zeit entwickelten die hiesigen Kunstschaffenden auch eigene Stile und Techniken. Besonders gut lässt sich dies in der Schnitzkunst, bei der Gestaltung von Möbeln, bei Textilien, Flechtwerk und natürlich auch beim Schmuck nachvollziehen. Die Arbeiten sind heute der lebendige Beleg für die Bedeutung und Eigenständigkeit der modernen Kunst des amerikanischen Südwestens.

## PLAZA UND UMGEBUNG

**\*Plaza** Der historische und **geschäftige Mittelpunkt** von Santa Fe ist die 1610 angelegte Plaza. Hier endete einst der berühmte Santa Fe Trail, was ein Denkmal an der Südostecke des Platzes markiert. Das Soldiers Monument (1867) in der Platzmitte erinnert an die im amerikanischen Bürgerkrieg gefallenen Soldaten. Die Plaza bietet das ganze Jahr über ein buntes Bild, besonders festlich und lebendig geht es beim Indian Market, beim Spanish Market und bei der Fiesta de Santa Fe zu.

**\*Palace of the Governors** Die Nordseite der Plaza beherrscht der festungsartige Palace of the Governors, der 1610 begonnen und 1614 fertig gestellt worden ist. Er ist damit das **älteste Regierungsgebäude** Nordamerikas. Hier walteten die spanischen und später mexikanischen Gouverneure von Neu-Mexiko ihres Amtes, und natürlich zog auch der oberste Regierungsvertreter der USA hier ein, bis ein neues Kapitol gebaut war. 1880 verfasste Gouverneur Lewis Wallace hier einen Teil seines berühmten Romans »Ben Hur«. Vor dem Portal bieten bunt gekleidete Indianer aus umliegenden Pueblos ihre Handwerksprodukte an. Heute gehört der Gouverneurspalast zum **\*New Mexico History Museum**. Eine umfangreiche Ausstellung beleuchtet die Geschichte Neu-Mexikos von der prähistorischen Zeit bis zur Gegenwart. Außer Gegenständen aus indianischer, spanischer oder der Zeit der Cowboys und Postkutschen können auch die ehemaligen Amtszimmer der spanischen und US-Gouverneure besichtigt werden.
➊ 113 Lincoln Ave.; Di.–So. 10.00–17.00, Juni–Aug. tgl. 10.00–17.00, Fr. bis 20.00 Uhr; Eintritt 9 $; www.nmhistorymuseum.org

**\*New Mexico Museum of Arts** Das Museum einen Block von der Plaza entfernt ist schon als Gebäude eine Sehenswürdigkeit für sich, denn es ist das erste im sogenannten **Pueblo Revival Style** errichtete Bauwerk der Stadt und wurde 1917 fertiggestellt. Die Sammlung umfasst mehrere tausend Arbeiten von Künstlern, die sehr mit dem amerikanischen Südwesten verbunden waren bzw. noch sind. Darunter befinden sich natürlich auch Werke von Amado Peña, R. C. Gorman und Georgia O'Keeffe. Ferner sind

Moderne Adobe-Architektur des Inn at Loretto (211 Old Santa Fe Trail)

Meisterwerke der Fotografie des 20. Jh.s zu bewundern, u. a. von Ansel Adams. Zwei Skulpturengärten zeigen Arbeiten moderner Künstler.
❶ 107 W. Palace Ave.; Di.–So. 10.00–17.00, Fr. bis 20.00, Juni–Aug. auch Mo. 10.00–17.00 Uhr; Eintritt 9 $; www.nmartmuseum.org

An der Südostecke der Plaza, am Ende des Santa Fe Trail, steht das La Fonda Hotel. Als 1821 die ersten amerikanischen Pioniere nach Santa Fe kamen, fanden sie hier ein kleines Gasthaus, das alsbald um einen Saloon und ein Spielkasino erweitert wurde. Wichtige **Militärs der damaligen Zeit** wie General Ulysses S. Grant und General William Tecumseh Sherman logierten im La Fonda. 1920 wurde das alte Gasthaus durch einen imposanten großen Gebäudekomplex im Pueblo Revival Style ersetzt (www.lafondasantafe.com). **\*La Fonda Hotel**

1997 wurde in Santa Fe das Georgia O'Keeffe Museum zu Ehren der großen Künstlerin (►Berühmte Persönlichkeiten) eröffnet. Über hundert wichtige Arbeiten der Malerin sind hier zu sehen. Georgia O'Keeffe kam 1917 das erste Mal nach New Mexico und ließ sich 1949 endgültig im **»Land des Lichts«** nieder. Die Kunstsammlung ist in einem bemerkenswerten, vom New Yorker Architekten Gluckman umgestalteten Lehmziegelbau unweit nordwestlich der Plaza untergebracht. **\*Georgia O'Keeffe Museum**
❶ 217 Johnson St.; tgl. 10.00–17.00, Fr. bis 19.00 Uhr; Eintritt 12 $; www.okeeffemuseum.org

Rund um die Plaza wird Kunsthandwerk verkauft.

**Palace Avenue**

Von der Plaza führt die Palace Avenue nach Südosten. Sie ist gesäumt von einigen eindrucksvollen Bauten, so beispielsweise die 1840 errichtete **Prince Plaza**, die seinerzeit der Mittelpunkt des gesellschaftlichen Lebens der Stadt gewesen ist. Die schmucke Sena Plaza, die sich ein Bürgerkriegsmajor erbauen ließ, beherbergt heute Boutiquen und kunsthandwerkliche Galerien.

**\*Cathedral Basilica of St. Francis of Assisi**

Auf der Palace Ave. kommt man zur nach dem Schutzheiligen von Santa Fe benannten Kathedrale. Sie ist 1869 – 1884 an der Stelle mehrerer Vorgängerbauten in **neoromanischem Stil** errichtet worden. In der nördlichen Seitenkapelle befindet sich »La Conquistadora«, eine schöne Marienstatue, die wohl um 1625 entstanden ist und seit 1992, als die 500. Wiederkehr der Entdeckung Amerikas durch Kolumbus gefeiert wurde, den Beinamen »Our Lady of Peace« trägt. Vor dem Hauptportal erinnert ein Standbild an Erzbischof Jean Baptiste Lamy, auf dessen Anregung das heutige Gotteshaus errichtet worden ist.

❶ 131 Cathedral Place; tgl. 7.00 – 17.15 Uhr außerhalb der Gottesdienstzeiten; Eintritt frei, Spende erbeten; www.cbsfa.org

## SÜDLICH DER PLAZA

**Loretto Chapel**

Von der Plaza führt der Old Santa Fe Trail nach Süden. Gleich hinter dem La Fonda Hotel steht die kleine, 1878 in **neugotischem Stil** erbaute Loretto Chapel. Auf die Empore führt die spiralförmige »Miraculous Staircase« (dt. = wunderbare Treppe), eine hölzerne Wendeltreppe ohne jegliche Stützen mit 33 Stufen und zwei kompletten Drehungen.

❶ 207 Old Santa Fe Trail; Tel.
1 505 9 82 00 92; Mo. – Sa. 9.00 – 17.00,
So. 10.30 – 17.00 Uhr, im Winter
variierend; Eintritt 3 $;
www.lorettochapel.com

Nach dem Überqueren des meist einem Rinnsal ähnelnden Santa Fe River kommt man ins *Barrio de
Analco, das im 17. Jh. aufgebaut worden ist. Einige der alten Bauten hat
man in den letzten Jahren liebevoll
restauriert. Links sieht man bald einen Lehmziegelbau, der angeblich
schon im frühen 13. Jh. errichtet worden ist. Er gilt bis zur Stunde als **ältestes Haus der USA** und beherbergt heute einige Souvenirgeschäfte
und ein Restaurant.
Südlich gegenüber steht eines der **ältesten Gotteshäuser der USA**. Die

*Mission of San Miguel wurde ab 1610 von mexikanischen Tlaxcala-
Indianern, die mit den Spaniern hierher kamen, über alten indianischen Felsbehausungen errichtet. Das Gebäude wurde während der
Revolte der Puebloindianer 1680 zerstört, aber 1710 wieder aufgebaut.
Der Hochaltar ist Ende des 18. Jh.s entstanden. Er zeigt u. a. ein Bildnis
der hl. Gertrud (1256 – 1302), Mystikerin und Äbtissin des Benediktinerinnenklosters in Eisleben. Andere Schätze der Kirche sind die San
Jose Bell, 1356 in Spanien gegossen, sowie Büffellederhäute mit biblischen Szenen.
❶ 401 Old Santa Fe Trail, Tel. 1 505 9 83 39 74; wechselnde Öffnungszeiten;
Eintritt 1 $; http://santafe.org

Unweit südwestlich von San Miguel erreicht man das im Jahr 1966
fertiggestellte State Capitol. Die Architekten dieses **bemerkenswerten Rundbaus** ließen sich von den Kivas der Pueblo-Indianer
inspirieren.   **State Capitol**

## WESTLICH DER PLAZA

Im Westen des Stadtzentrums verläuft die Guadalupe Street. Noch
Ende des 19. Jh.s befand sich hier das wirtschaftliche Zentrum der
Stadt: Hier endete der **Camino Real**, der Mexiko-Stadt mit Santa Fe
verband, und hier endet auch heute noch die Haupttrasse der Santa
Fe Railroad.   **Guadalupe Street**

| | |
|---|---|
| **\*Santuario de Nuestra Señora de Guadalupe** | Das Gotteshaus Santuario de Nuestra Señora de Guadalupe mit schönem Hochaltar und beachtenswerten Gemälden wurde 1796 zu Ehren der **Schutzpatronin von Mexiko** errichtet. Sie ist in einem 1783 vom mexikanischen Künstler José de Alzibar geschaffenen Wandgemälde dargestellt. Die Kirche ist der älteste Ort in Nordamerika, an dem die mexikanische Nationalheilige verehrt wird. |

❶ 100 S. Guadalupe St.; Sommer 9.00 – 18.00, sonst bis 16.00 Uhr

| | |
|---|---|
| **Old Railroad Depot** | Im alten Eisenbahndepot, heute Teil eines vorbildlichen Stadtsanierungsprojektes, wird die ruhmreiche Geschichte der Santa Fe Railroad wieder lebendig. Es gibt Restaurants, Cafés und einen Bauernmarkt. |

❶ 410 S. Guadalupe St.; www.nmrailrunner.com

## IM OSTEN UND SÜDOSTEN

| | |
|---|---|
| **Canyon Road** | Die östlich abseits des Stadtzentrums verlaufende Canyon Road ist bereits vor der Ankunft der Europäer eine wichtige Pueblo-Indianer-Route über die Berge gewesen. Mit über 100 Galerien und Geschäften ist sie heute das **Herzstück der Künstlerkolonie** von Santa Fe. Die Gypse Alley ist eine anheimelnde Handwerksgasse, deren bunte Geschäfte europäischen Charme verströmen. Ganz am Ende der Canyon Road erreicht man die Cristo-Rey-Gedächtniskirche, die 1940 aus 200 000 Adobe-Ziegeln errichtet wurde. |

| | |
|---|---|
| **Museum Plaza am Camino Lejo** | Wer an indianischer Kultur interessiert ist, sollte die drei als Museum Plaza zusammengefassten Museen am Camino Lejo aufsuchen. Das hochinteressante **\*Museum of Indian Arts and Culture** befasst sich mit den Stämmen New Mexicos und zeigt zahlreiche Stücke der Navajo, Apachen, Hopi und Pueblo-Indianer. Laufend demonstrieren Stammesangehörige **handwerkliche Techniken**. Das **\*Museum of International Folk Art** gehört zu den größten **ethnografischen Museen** der USA, und entsprechend ist die Bandbreite der ausgestellten Objekte, wobei der Schwerpunkt auf dem amerikanischen Doppelkontinent liegt. Sehr ausgefallen und selten in dieser Vielfalt ist die Sammlung von Spielzeug aus aller Welt. Das ursprünglich nur als Museum für die Navajo-Kultur gedachte und deswegen in Form eines Navajo-Hogans erbaute **Wheelwright Museum of the American Indian** widmet sich mittlerweile sämtlichen indianischen Kulturen Nordamerikas. |

**Museum of Indian Arts and Culture:** 710 Camino Lejo; Di. – So. 10.00 – 17.00 Uhr; Eintritt 9 $; www.miaclab.org

**Museum of International Folk Art:** 706 Camino Lejo; Sommer tgl. 10.00 – 17.00 Uhr, Winter Mo. geschl.; Eintritt 8 $; www.internationalfolkart.org

**Wheelwright Museum of the American Indian:** 704 Camino Lejo; Mo bis Sa. 10.00 – 17.00, So. 13.00 – 17.00 Uhr; Eintritt: 5 €; www.wheelwright.org

## UMGEBUNG VON SANTA FE

Wie es auf einer kolonialspanischen Hacienda im 18. und 19. Jh. zu- **El Rancho**
ging, erlebt man im **Freilichtmuseum** Las Golondrinas. Es gehört **de las**
zwar noch zum Stadtgebiet, liegt aber 15 mi/24 km südlich vom Zen- **Golondrinas**
trum. Zu sehen gibt es u. a. einen alten Laden, ein Schulhaus und eine
Melassemühle.

❶ 334 Los Pinos Rd.; Juni – Sept. Mi. – So. 10.00 – 16.00 Uhr; Eintritt 5 $;
www.golondrinas.org

Der NM 14, der bei Exit 278 vom I-25 Richtung ▶Albuquerque ab- **\*Turquoise**
zweigt, ist als Turquoise Trail bekannt. Man passiert die rostigen Mi- **Trail**
nenstädtchen Cerrillos und Madrid, wo man im Old Coal Mine Museum erfährt, wie hart das Leben der Bergleute war und gleich
nebenan in der Madrid's Mine Shaft Tavern noch **Wildwestatmo-**
**sphäre** schnuppern kann. Über San Antonio und den NM 536 gelangt man zum 3100 m hohen Sandia Crest. Vom Gipfel bietet sich
ein atemberaubender Rundblick.

❶ www.turquoisetrail.org

15 mi/24 km östlich von Santa Fe erreicht man via I-25 das Pecos **Pecos**
National Monument, die Reste eines im 14. Jh. erbauten **Pueblos**, das **National**
schon der Spanier Vásquez de Coronado beschrieben hat. **Monument**

❶ Sommer 8.00 – 18.00, Winter 8.00 – 17.00 Uhr; Eintritt 3 $ für 7 Tage;
www.nps.gov/peco

Von den Pueblos im Norden von Santa Fe (über US 84/285, Exit Es- **Pueblos**
pañola) sind das **San Ildefonso Pueblo**, wo die Black-on-Black-
Keramik entwickelt wurde, und das **Ohkay Owingeh Pueblo** (bsi
2005 bekannt als San Juan Pueblo) am interessantesten. Letzteres ist
der Hauptort der acht Tiwa sprechenden Pueblos und liegt genau
gegenüber der ersten spanischen Gründung in Neu-Mexiko, San Gabriel. Hier wird rote Keramik hergestellt. Zum Gebiet des Santa Clara Pueblo gehören auch die **Puye Cliff Dwellings** 11 mi/18 km westlich der Ortschaft. Hier erhebt sich 60 m über dem Santa Clara
Canyon die Ruine eines Anasazi-Pueblos mit 740 Räumen, das vom
14. bis zum 16. Jh. bewohnt war.

❶ www.indianpueblo.org, www.puyecliffs.com

Nordöstlich von Santa Fe erstreckt sich die Northeast Region mit **Northeast**
dem größten Ort Las Vegas, Namensschwester der weltbekannten **Region**
Spielermetropole in Nevada. Von hier aus kann man auf den Spuren
des Santa Fe Trail die **kargen Prärien** im Nordosten von New Mexico erkunden. Ein geschichtsträchtiger Ort am Trail ist das **Fort Uni-**
**on National Monument**, die im 19. Jh. größte Militäranlage im
Südwesten nahe dem Örtchen Watrous. Das Fort wurde 1851 zum

Schutz des Santa Fe Trail erbaut und 1861 während des Bürgerkriegs erheblich erweitert.

**Fort Union National Monument:** Sommer tgl. 8.00 – 18.00, Winter bis 16 Uhr; Eintritt frei; www.nps.gov/foun

**\*Madrid**

Ca, 16 mi / 25 km südwestlich von Santa Fe liegt das malerische alte **Bergbaustädtchen** Madrid am Turquoise Trail (Hwy.14) in einem Engtal der rohstoffreichen Ortiz Mountains. Von 1893 bis in die 1950er-Jahre wurde hier wertvolle Anthrazitkohle abgebaut. Schon recht früh wurde elektrisches Licht installiert, und so konnte man das Städtchen besonders in der Weihnachtszeit – und das bis heute – effektvoll illuminieren.

**\*Cimarron**

»Cimarron« ist spanisch und bedeutet »wild und ungezähmt« – und genau so ging es zu im **Wildweststädtchen** 41 mi/65 km südwestlich von Raton am US 64: Cimarron war nicht nur eine wichtige Zwischenstation auf dem Santa Fe Trail, sondern einer der berüchtigsten Orte des Wilden Westens. Alles was im Westen Rang und Namen hatte – Buffalo Bill, Annie Oakley, Wyatt Earp, Kit Carson oder Jesse James – hat schon am Tresen des heute noch existierenden **St. James Hotel** gelehnt. Im **Old Mill Museum** lebt diese unruhige Zeit wieder auf. Die Mühle ließ der Rinderbaron Lucien Maxwell bauen, dem damals praktisch der ganze Nordosten New Mexicos gehörte. Unweit westlich der Stadt kann man den wildromantischen und ziemlich engen Cimarron Canyon erkunden.

Wenige Autominuten südlich von Cimarron liegt die Philmont Scout Ranch, auf der sich jedes Jahr viele amerikanische Pfadfinder treffen. Das Herrenhaus der Ranch und das **Philmont Museum** informieren über den Gründer der Boy Scouts of America.

Auf die Spuren Kit Carsons (►Berühmte Persönlichkeiten) begibt man sich 7 mi/11 km weiter südlich der Pfadfinderranch im **Kit Carson Museum** von Rayado.

**St. James Hotel:** 617 S. Collison Ave, Tel. 1 575 376 2664; www.exstjames.com

**Old Mill Museum:** an der SR 21; Juni – Anf. Sept. Fr. – Mi. 10.00 – 12.00 u. 13.00 – 17.00 Uhr; Eintritt gegen Spende

**Philmont Museum:** Juni – Aug. tgl. 8.00 – 17.00 Uhr, sonst Sa., So. geschl.; www.philmontscoutranch.org

**Kit Carson Museum:** Mitte Juni – Aug. 8.00 – 17.00 Uhr

---

**BAEDEKER TIPP**

*Capulin Volcano N. M.*

Trauen Sie sich, in einen Vulkankrater hinabzusteigen? Im Capulin Volcano National Monument, 28 mi/45 km östlich von Raton, können Sie es probieren. Vom Visitor Center unterhalb des Kraters führt eine gewundene, manchmal nicht passierbare Straße hinauf zum 2500 m hoch liegenden Kraterrand, von dem aus man ca. 30 m tief in den Schlund des Vulkans hinabklettern darf. Ganz nebenbei: Das letzte Mal ist er vor 10 000 Jahren ausgebrochen.

# ★ Silver City

─────────────────────── ✦ **P 11**

**Region:** Southwest
**Höhe:** 1797 m ü. d. M.
**Einwohnerzahl:** 10 300          **Telefonvorwahl:** 575

**Wer nach Silver City kommt, spürt noch ein wenig Wildwest-Atmosphäre. Sorgfältig restaurierte viktorianische Ziegelbauten im Stadtzentrum erinnern noch an den Silberboom des 19. Jh.s. Die Stadt ist ein guter Ausgangspunkt für Ausflüge in die Umgebung.**

Das alte Bergbaustädtchen Silver City liegt an den Hängen der von Pinienwald bedeckten Pinos Altos Range. Schon lange vor der Ankunft der Europäer haben die Indianer in der Umgebung der heutigen Stadt erfolgreich nach **Türkis** gesucht, im frühen 19. Jh. stießen spanische Siedler auf reiche **Kupfervorkommen. Silberfunde** führten 1870 zu einem enormen Aufschwung. Man leistete sich unverzüglich neueste technische Erungenschaften wie Telefon und elektrisches Licht. Der jähe Absturz des Silberpreises 1893 wirkte sich vorübergehend lähmend auf die Entwicklung aus, doch die Stadt erholte sich. Heute ist Silver City Mittelpunkt einer Kupfer-, Silber-, Gold- und Zinkerz-Bergbauregion. Das **angenehm trockene Klima** hat auch viele Ruheständler nach Silver City gebracht. Seinerzeit zog der Silberboom auch zwielichtige und sonderbare Gestalten an, so etwa den Outlaw Butch Cassidy (▸Berühmte Persönlichkeiten) und den Richter Roy Bean. Der später weithin gefürchtete Bandit Billy the Kid (▸Berühmte Persönlichkeiten) ist hier aufgewachsen. | **Geschichte**

## SEHENSWERTES IN SILVER CITY

In Downtown Silver City ist eine hübsche Ansammlung von Backsteinbauten aus den 1870er- und 1880er-Jahren konzentriert. Mitten durch zieht sich der Big Ditch: 1895 hat eine verheerende Flutwelle die Hauptstraße ausgespült und einen mehrere Meter tiefen Graben geschaffen, der später als Parkanlage gestaltet worden ist. An seiner Ostseite steht noch die **Hütte von Billy the Kid**. Auf dem Friedhof der Stadt ist seine Mutter Catherine McCarty begraben. | **Historic Downtown**

Im Silver City Museum, in einem stattlichen Gebäude aus dem 19. Jh. untergebracht, kann man sich mit der **Geschichte der Stadt** und ihrer Umgebung vertraut machen. Die breite Palette der ausgestellten Gegenstände reicht von Töpferware indianischer Ureinwohner bis zu | **Silver City Museum**

## Silver City erleben

### AUSKUNFT

*Silver City/Grant County Chamber of Commerce*
P.O. Box 1028
Silver City, NM 88062
Tel. 1 575 5 38 37 85
www.silvercity.org

### ÜBERNACHTEN

*Bear Creek Motel & Cabins* ⊜⊜
88 Main St., Pinos Altos
Tel. 1 575 3 88 45 01
www.bearcreekcabins.com
Natur pur! Das bekommen die Gäste der Bear Creek Cabins zu spüren. Diese gemütlichen Holzhäuschen liegen etwa 12 km nördlich von Silver City direkt im Wald. Hier wird jeder Besucher wie ein besonderer Gast behandelt und kann statt der üblichen Hotelunterkünfte einmal etwas Anderes ausprobieren.

*Palace Hotel* ⊜
106 W. Broadway
Tel. 1 575 3 88 18 11
www.silvercitypalacehotel.com
Das Palace Hotel ist ein freundlicher Platz im Herzen von Silver City, wo man seit 1882 in reizenden Räumen schlafen

kann. Der Stil entspricht ganz dem eines kleinen Hotels in europäischer Tradition.

### ESSEN
*Buckhorn Saloon* ⊜⊜⊜
32 Main St., Pinos Altos
Tel. 1 575 5 38 99 11
Wenige Autominuten nördlich von Silver City, in Pinos Altos, lädt der Buckhorn Saloon ein. Hier verspürt man noch ein wenig Wild-West-Romantik. Dies gilt nicht nur für das Ambiente, sondern auch für die Speisekarte, auf der man selbstverständlich Steaks und Bohnen findet. Allerdings sind die Preise ziemlich gesalzen.

*Diane's Restaurant* ⊜⊜
510 N. Bullard St.
Tel. 1 575 5 38 87 22
www.dianesrestaurant.com
Diane's Restaurant ist bekannt für frisches, hausgemachtes Essen. Leckere Salate, Sandwiches, Omelettes und Pasta kann man hier in familiärem Südwest-Ambiente genießen. Zu dem Restaurant gehört auch eine Backstube, in der Diane Barrett hervorragende Kuchen und Brote fertigt. Samstag und Sonntag gibt es einen Brunch.

Bergbau-Utensilien und zu Wohnungseinrichtungen aus viktorianischer Zeit.
❶ 312 W. Broadway; Di.–Fr. 9.00–16.30, Sa., So. 10.00–16.00 Uhr; Eintritt 3 $; www.silvercitymuseum.org

**University Museum** Das Museum der 1893 gegründeten kleinen Western New Mexico University ist bekannt für seine großartige Kollektion **altindianischer Töpferware** der Mogollon-Kultur, die bis ins 8. Jh. zurückreicht.
❶ Fleming Hall; Mo.–Fr. 9.00–16.30, Sa., So. 10.00–16.00 Uhr; Eintritt frei; www.wnmumuseum.org

## NÖRDLICH VON SILVER CITY

Nördlich von Silver City bedeckt der urwüchsige Gila National Forest die bis 3320 m ü. d. M aufragenden Berge der Mogollon Mountains und Elk Mountains. In dieser **kaum berührten Landschaft** leben noch zahlreiche Berglöwen, Bären und Hirsche, und an den Flussläufen sind Biber aktiv.

**Gila National Forest**

Gut 5 mi/8 km nördlich von Silver City liegt die teilweise restaurierte Geisterstadt Pinos Altos, die in der Blütezeit des Silberbooms gegründet worden ist. Die Mainstreet macht den Eindruck, als sei sie einem Western entsprungen (www.pinosaltos.org).

**Pinos Altos**

Besonders aber lohnt sich die Weiterfahrt auf der NM 15 in nördlicher Richtung durch die herrliche Gebirgslandschaft und vorbei an den Thermalquellen von Gila Hot Springs. Wenig später erreicht man nach 45 mi/72 km Fahrt von Silver City das Gila Cliff Dwellings National Monument, die hervorragend erhaltenen **einstigen Behausungen** einer Gruppe von Mogollon. Dieser altindianische Volksstamm hat vom 1. Jh. n. Chr. bis im 13. Jh. in dieser Gegend gelebt. Gleich neben dem Visitor Center sind noch Reste von Grubenwohnungen aus dem 1. – 4. Jh. sowie Ruinen adobeähnlicher Bauten aus der Zeit bis zum 10. Jh. zu sehen. Vom Center führt ein Rundweg zu den hoch über der Schlucht des Gila River klebenden Wohnbauten, die bis ins 13. Jh. bewohnt waren. Das gesamte Mauerwerk wird mit Kalkmörtel zusammengehalten.
**Visitor Center:** im Sommer tgl. 8.30–17.00, im Winter 9.00–16.00 Uhr; Eintritt 3 $; www.nps.gov/gicl

**\*Gila Cliff Dwellings**

> **!** **BAEDEKER TIPP**
>
> ### Catwalk Trail
>
> Wer gut zu Fuß ist und sich auch den einen oder anderen Klettersteig zutraut, kann die wunderschöne Hochgebirgswelt der Mogollon und San Juan Mountains auf dem Catwalk Trail erkunden. Der Wanderpfad in den Whitewater Canyon ist von Glenwood, ca. 68 mi/110 km von Silver City, aus zu erreichen. Wer nicht schwindelfrei ist, sollte ihn allerdings meiden.

## ÖSTLICH UND SÜDLICH VON SILVER CITY

Etwa 15 mi/24 km östlich von Silver City befindet sich einer der **größten Kupfertagebaue Nordamerikas**. Bereits vor der Ankunft der Europäer gruben die Apachen nach dem Edelmetall. Um 1800 schafften Maultier-Karawanen das kupferhaltige Gestein nach Chihuahua in Mexiko. Noch vor dem Ersten Weltkrieg begann man mit großem Gerät das heute ca. 1600 m weite und mehrere hundert Meter tiefe Loch zu graben. Von einer Aussichtsplattform kann man

**\*Santa Rita Copper Mine**

**Felswohnungen der altindianischen Mogollon-Kultur**

einen Blick in die Tiefe werfen. Im **Visitor Center** der Chino Mines Co. wird die Geschichte dieses Kupfertagebaus erläutert.

**\*City of Rocks State Park**

Knapp 31 mi/50 km südöstlich von Silver City erreicht man diese **bizarre »Stadt«** aus dunklen Felsgebilden. Sie bestehen aus vulkanischem Tuffgestein, das Wind und Wetter modelliert haben.

**Phelps Dodge Copper Mine**

Einen weiteren großen terrassenförmigen Kupfertagebau kann man 12 mi/20 km südlich von Silver City besichtigen. Hier wurden jährlich etwa 80 Mio. t erzhaltiges Gestein abgebaut.
Für die Arbeiter der Mine hat während des Ersten Weltkrieges die Bergbaugesellschaft die Siedlung **Tyrone** im Stil der Mittelmeer-Architektur errichten lassen, die allerdings bald zur Geisterstadt wurde. Heute sind nur noch wenige Bauten erhalten.

**Steins**

Kurz vor der Grenze zu Arizona und nur wenige Minuten abseits des I-10, liegt der kleine Ort Steins auf einer Passhöhe. Im 19. Jh. gab es hier eine Postkutschenstation. Der nach einem Offizier der US-Armee benannte Ort erhielt alsbald eine Telegrafenstation und wurde schließlich zur Eisenbahnersiedlung. Nach dem Zweiten Weltkrieg zogen die meisten Einwohner weg, und so ist das abgelegene Steins heute eine Geisterstadt.

In Deming, 44 mi/70 km südöstlich von Silver City, ist die zweite **Deming** transkontinentale Bahnlinie der USA vollendet worden. Daran und an andere Ereignisse der Lokalgeschichte erinnert das **Deming Luna Mimbres Museum** plus eine Puppensammlung, Mineralien und eine Sammlung von über 2000 Glocken.

❶ 301 Silver Ave.; Sommer Mo. – Sa. 9.00 – 16.00, So. 13.30 – 16.00, sonst Mo. – Sa. 9.00 – 16.00 Uhr; Eintritt gegen Spende

# ✶ Socorro

✦ **R 9**

**Region:** Southwest
**Höhe:** 1408 m ü. d. M.
**Einwohnerzahl:** 9000 　　　　**Telefonvorwahl:** 575

**Die im Tal des Rio Grande gelegene Stadt Socorro war eine der ältesten spanischen Niederlassungen im Südwesten der USA. Heute hat Socorro Bedeutung als Sitz des New Mexico Institute of Mining & Technology, das zu den besten Lehr- und Forschungseinrichtungen seiner Art in den USA gehört. Die Stadt eignet sich gut als Ausgangspunkt für Ausflüge in die Naturschönheiten der Umgebung.**

Um 1615 gründeten Franziskanermönche hier eine Missionsstation **Geschichte** und begannen mit der Nutzung des fruchtbaren Talbodens. Während des Aufstands der Pueblo-Indianer wurde Socorro zerstört und von den meisten seiner Bewohner verlassen. Erst im frühen 19. Jh. erholte sich der Ort wieder. Der **ertragreiche Bergbau** in der näheren Umgebung sowie der Eisenbahnbau verursachten ein enormes Wachstum.

## SEHENSWERTES IN SOCORRO UND UMGEBUNG

**Wahrzeichen** von Socorro ist natürlich die Old San Miguel Mission, **Old San Miguel Mission** die 1615 von den Franziskanern errichtet worden ist. Die in typischer Adobebauweise gebaute Missionskirche ist ein kunsthistorisches Kleinod, in dem auch heute noch Messen gefeiert werden.

❶ 403 El Camino Real; Sommer Mo. – Fr. 8.00 – 19.30, Winter bis 16.30 Uhr; Eintritt frei

Das Institute of Mining & Technology im Mineral Museum zeigt eine **Mineral Museum** umfangreiche **Gesteinssammlung**. Hier kann man Edelsteine in allen Farben, schöne Kristalle und auch vielerlei Fossilien bestaunen.

❶ 801 Leroy Pl.; Mo. – Fr. 8.00 – 17.00, Sa., So. 10.00 – 15.00 Uhr; Eintritt frei; http://geoinfo.nmt.edu/museum

## Socorro erleben

### AUSKUNFT

**Socorro County Chamber of Commerce**
101 Plaza, Socorro, NM 87801
Tel. 1 575 8 35 04 24
www.socorronm.org

### ÜBERNACHTEN

**Best Western Socorro Hotel & Suites** ⓔ ⓔ
1100 N. California St.
Tel. 1 575 8 38 05 56
www.bestwestern.com
In dem kleinen und familiären Motel herrscht eine angenehme Atmosphäre. Kleines Frühstück und Internet sind inklusive.

**Fite Ranch Bed and Breakfast** ⓔ ⓔ
P.O. Box 205
San Antonio, NM 87832
Tel. 1 575 8 38 09 58
www.fiteranchbedandbreakfast.com

Bodenständige Gastfreundlichkeit im urigen Westernstil. Jedes der vier Zimmer verfügt über Bad, Wohnzimmer, Schlafzimmer und Küche.

### ESSEN

**El Camino** ⓔ ⓔ
707 California Ave.
Tel. 1 575 8 35 11 80
www.socorro-nm.com/elcamino.htm
Familienfreundliches Restaurant mit Südwestküche. Schon die Omeletts mit Chorizo zum Frühstück haben es in sich. Rund um die Uhr geöffnet.

**Socorro Springs Brewing** ⓔ ⓔ
1012 California St.
Tel. 1 575 8 38 06 50
http://socorrosprings.com
Brew Pub mit selbstgebrautem Ale und Lager, serviert aber auch Kaffee. Dazu gibt es Sandwiches, Pizza oder Steaks mit Salat.

**El Camino Real Heritage Center**    Das El Camino Real Heritage Center 30 mi/48 km nördlich von Socorro erzählt die Geschichte des rund 2400 km langen spanischen Handelswegs zwischen Mexiko und Santa Fe.
     ❶ CR 1598; Mi. – So. 8.30 – 17.00 Uhr; Eintritt 5 $;
     www.caminorealheritage.org

**\*Bosque del Apache National Wildlife Refuge**    Ca. 15 mi/24 km südlich von Socorro erstreckt sich ein großes und dicht bewaldetes Feuchtgebiet, das vom Rio Grande durchflossen wird und das schon seit vielen Jahren als Wild- und Vogelschutzgebiet ausgewiesen ist. Hier, im Schatten der wilden und durch vulkanische Tätigkeit entstandenen Chupadera Range, halten sich im Spätherbst und Winter riesige Schwärme verschiedener Vogelarten auf.

Durch das Bosque del Apache National Wildlife Refuge führt ein schöner Rundweg. Entlang des 15 mi/24 km langen **Bosque del Apache Loop** sind Aussichtstürme aufgestellt, von denen aus man Weißwedelhirsche, Kojoten, Kraniche, Reiher, Gänse, Adler und vielerlei andere Tiere beobachten kann.

Westlich von Socorro erheben sich die bis zu 3286 m hohen Magdalena Mountains, wo in der Vergangenheit größere Mengen Silber,
Kupfer, Blei und Zink abgebaut worden sind. Hier kommt man
27 mi/44 km nordwestlich von Socorro ins Städtchen Magdalena,
einst Bahnverladestation für das Vieh der Umgebung. Ein wenig von
der Cowboyatmosphäre kann man noch erschnuppern, beispielsweise auf der **Historic Walking Tour**, die zu den bedeutendsten historischen Plätzen führt.

**Magdalena Mountains**

Wenige Autominuten südlich von Magdalena liegt die **Geisterstadt
Kelly**, die im 19. und frühen 20. Jh. vom Bergbau gelebt hat.

Magdalena Historic Walking Tour: www.magdalena-nm.com
Kelly: Mitte Mai – Mitte Okt.

Noch einmal 27 mi/44 km weiter westlich verteilen sich auf den
Plains of San Agustin die 27 gewaltigen Parabolantennen des Very
Large Array National Radio Astronomy Observatory. Alle zusammen bilden ein **riesiges Radioteleskop**, mit dem ganze Galaxien
erforscht werden. Im Visitor Center kann man sich sehr ausführlich
über die Anlage und über die hier betriebene radioastronomische
Forschung informieren.

**\*VLA National Radio Astronomy Observatory**

❶ Gelände tgl. 9.00 Uhr – Sonnenuntergang, Führungen am 1. Sa. im Monat
11.00 – 13.00 Uhr, Eintritt frei; www.aoc.nrao.edu

Der Kur- und Erholungsort Truth or Consequences, 73 mi/118 km
südlich von Socorro, hieß bis 1950 »Hot Springs«. Das 36 – 47 °C
warme **Thermalwasser** zieht besonders im Winter Langzeitgäste aus
dem Norden an. Ein sehr prominenter Badegast früherer Zeiten soll
Apachenhäuptling Geronimo gewesen sein, der seine und die Wun-
den seiner Krieger in den heilenden Wassern kurierte. Davon wird
im **Geronimo Springs Museum** berichtet.

**Truth or Conse- quences**

Geronimo Springs Museum:
211 Main St., Tel. 1 5 7 5 8 94 66 00;
Mo. – Sa. 9.00 – 17.00,
So. 12.00 – 16.00 Uhr; Eintritt 6 $;
http://geronimospringsmuseum.com

Nördlich von Truth or Consequences ist der Rio Grande zum über
70 km langen **Elephant Butte Lake**
aufgestaut, dem größten und beliebtesten See des Bundesstaats, an dessen Westufer man einen State Park
ausgewiesen hat, ein gut besuchtes
**Erholungsgelände** mit Badebucht,
Marina, Angelmöglichkeiten und
Campingplätzen.

---

**?** **BAEDEKER WISSEN**

*Ein merkwürdiger Name*

Die Stadt Truth or Consequences
ist nach der gleichnamigen Radio-
sendung benannt. Der Moderator
dieser Sendung begann seine
Show immer mit den Worten: »Ich
wünsche, irgendeine Stadt in den
USA würde meine Sendung so
mögen, dass sie sich nach ihr be-
nennen würde.« Keine Frage für
die Stadtväter: Hot Springs gibt es
viele, Truth or Consequences, kurz
»T o C«, nur eines.

## ** **Taos**

✦ S 7

**Region:** North Central
**Höhe:** 2118 m ü. d. M.
**Einwohnerzahl:** 6200

**Telefonvorwahl:** 575

**»Soul of the Southwest«, die Seele des Südwestens, wird Taos auch genannt. So klein dieses Städtchen auch ist, es ist einer der Haupttouristenorte in New Mexico. Das liegt an seiner indianisch und mexikanisch bestimmten Stadtkultur und an seinem Ruf als Künstlerkolonie.**

**Touristischer Rummelplatz**

Das hat nicht unbedingt nur Vorteile, denn leider hat sich Taos nicht zuletzt deshalb auch zu einem touristischen Hotspot mit entsprechendem Autoverkehr entwickelt. Im Winter kommen Skifahrer, denn Taos ist von einem der beliebtesten **Skigebiete** des Südwestens umgeben. Dennoch nicht abschrecken lassen: Taos muss man allein wegen des großartigen Taos Pueblo gesehen haben.

**Geschichte**

Etwa 900 n. Chr. entstand hier oben ein fester Siedlungsplatz der Tiwa, den 1540 auch der spanische Conquistador Hernando de Alvarado fand und eroberte. 1615 gründeten die Spanier eine Siedlung als **nördlichsten Außenposten Neu-Mexikos**. Der Pueblo-Aufstand des Jahres 1680 ging von Taos aus, doch kehrten die Spanier wieder zurück. Taos entwickelte sich zu einer der wichtigsten Stationen für den Handel zwischen den spanischen Kolonien in Nord- und Mittelamerika. Nach der Abspaltung Mexikos von Spanien 1821 blühte in Taos vor allem der Pelzhandel. Taos wehrte sich im Amerikanisch-Mexikanischen Krieg heftig gegen die US-Truppen, wurde im Frieden von Guadalupe Hidalogo aber trotzdem den USA zugeschlagen.

Die Entwicklung von Taos zur Künstlerkolonie begann am Ende des 19. Jh.s. Viele Künstler, darunter auch Georgia O'Keeffe und D. H. Lawrence (▶Berühmte Persönlichkeiten), siedelten sich hier an und gründeten 1912 die Taos Artist Society. In den 1960er- und 1970er-Jahren kamen Hippies und Aussteiger und bereicherten die ohnehin schon recht bunte Szene.

**BAEDEKER WISSEN**

**?**

*Wegweisende Panne*

Die Entwicklung Taos' zur Künstlerkolonie kam durch einen eher unglücklichen Zufall in Gang: 1898 mussten die Künstler Bert Phillips und Ernest Blumenschein wegen eines gebrochenen Wagenrades in Taos Station machen. Die spektakuläre Landschaft und die bemerkenswerte kulturelle Vielfalt dieser Gegend faszinierte die beiden derart, dass sie sich hier endgültig niederließen.

## Taos erleben

### AUSKUNFT
**Taos Visitor Center**
1139 Paseo del Pueblo Sur
Taos, NM 87571, Tel. 1 575 7 58 38 73
http://taos.org/visitor-center

### VERANSTALTUNGEN
Zu den herausragenden Ereignissen gehören das Kurzfilmfestival Taos Shortz Film Fest (http://taosshortz.com) im März/April, die Tänze zu Ehren der Maisfrucht (Corn Dance) im Taos Pueblo (Juni, Juli), das Taos Rodeo (Juni), das Taos Pueblo Pow-Wow (Indianerfest, Juli), die Fiesta de Taos (spanisches Volksfest, Juli), der San Geronimo Feast Day (Indianermarkt und Festtage im Taos Pueblo, Ende Sept.), das Taos Fall Arts Festival (www.taosfallarts.com, Sept./Okt.) und die Taos Mountain Balloon Rally (www.taosballoonrally.com, Okt.)

### ÜBERNACHTEN
**Hacienda del Sol B & B** 🅔🅔🅔
109 Mable Dodge Lane
Tel. 1 575 7 58 02 87
www.taoshaciendadelsol.com
Gasthof mit elf individuell dekorierten und bestens ausgestatteten Zimmern, netter Atmosphäre, Gourmetfrühstück und Blick auf den Taos Mountain.

**El Pueblo Lodge** 🅔🅔
412 Paseo del Pueblo Norte
Tel. 1 575 7 58 87 00
http://elpueblolodge.com
Wer es gern rustikal und trotzdem einigermaßen hat, ist hier gut aufgehoben. In den Wintermonaten quartieren sich Wintersportler ein, die in den nahen Bergen Ski laufen.

### ESSEN
**Guadalajara Grill** 🅔🅔
1384 Paseo del Pueblo Sur
Tel. 1 575 7 51 00 63
http://guadalajaragrilltaos.com
Mexikanische und Südwestküche, gute Shrimps.

**Orlando´s New Mexican Café** 🅔🅔
1114 Don Juan Valdez Lane
Tel. 1 575 7 51 14 50
Mexikanische Küche wie südlich der Grenze, die Enchilladas sind besonders lecker!

## CENTRAL TAOS

Mittelpunkt der Stadt ist die **malerische kolonialspanische Plaza**, auf der die Flagge der Vereinigten Staaten von Amerika 24 Stunden am Tag im Wind flattert – durchaus etwas Besonderes, denn dieses Privileg genießt nicht jede US-Stadt. Taos verdankt diese Ehre Kit Carson (▶Berühmte Persönlichkeiten), der von 1826 bis 1868 in Taos lebte. Er und zwei seiner Gefährten zogen im Bürgerkrieg nach kurzer Besetzung durch die Konföderierten die Unionsflagge auf und bewachten sie rund um die Uhr. Die Plaza ist umrahmt von hübschen Geschäften, bunten Galerien und freundlichen Lokalen, die selten einmal leer anzutreffen sind.

**Plaza**

**Farbenfrohe Bilder zieren die Adobe-Bauten.**

Südlich der Plaza verläuft die Ledoux Street, an der einige der ältesten Adobebauten der Stadt stehen. Im Haus 222 wohnte und arbeitete der Maler **Ernest Blumenschein** (1874–1960), der die Künstlerkolonie Taos gründete. Hier ist ein Querschnitt seines künstlerischen Schaffens ebenso zu sehen wie Bilder aus kolonialspanischer Zeit und Werke einheimischer Künstler.

❶ Tel. 1 575 7 58 05 05; Mo.–Sa. 10.00–17.00, So. 12.00–17.00 Uhr, im Winter n. V.; Eintritt 8 $; www.taoshistoricmuseums.org

**Harwood Museum of Art**

Die 1923 gegründete Institution ist das **zweitälteste Museum** von New Mexico. Es zeigt Gemälde, Zeichnungen und Skulpturen, die seit den 1880er-Jahren vor allem von Künstlern aus Taos geschaffen worden sind. Herausragend sind die »Santos«, geschnitzte Heiligenfiguren, und auch Altarbilder.

❶ 238 Ledoux St.; Mo.–Sa. 10.00–17.00, So. 12.00–17.00 Uhr; Eintritt 10 $; www.harwoodmuseum.org

**Lady of Guadalupe Church**

Nahe der Plaza, an der Don Fernando St., beeindruckt die Lady of Guadalupe Church aus dem 18. Jh. mit ihrem herrlichen kolonialspanischen **Adobestil**.

**Kit Carson Home and Museum**

Östlich der Plaza kommt man an der East Kit Carson Rd. zum einstigen Wohnhaus des **legendären Pioniers** Kit Carson. In dem 1825 erbauten Adobe-Haus wird die Lebensgeschichte dieses Wildwesthelden in allen Facetten erzählt, das Pionierleben überhaupt nachgezeichnet und manches aus Carsons persönlichem Besitz ausgestellt.

❶ 113 Kit Carson Rd.; tgl. 11.00–17.00 Uhr; Eintritt 7 $; www.kitcarsonhomeandmuseum.com

**Taos Art Museum**

In diesem erst 1994 eröffneten Museum im Fechin House sind Kunstwerke aus der Privatsammlung von Edwin C. Lineberry und vor allem auch Werke seiner ersten Frau Duane Van Vechten zu sehen, beide bekannte Größen der **Taos Artist Society**.

❶ 227 Paseo del Pueblo Norte, Tel. 1 575 7 58 26 90; Mi.–So. 10.00–17.00 Uhr, im Winter n. V.; Eintritt 8 $; www.taosartmuseum.org

**The Fechin Institute**

Der russische Emigrant Mikolai Fechin hat sich als Mitglied der Taos Artist Society am Paseo del Pueblo Norte selbst ein Denkmal gesetzt.

Er lebte von 1927 bis 1933 in Taos und baute sich das wohl **außergewöhnlichste Adobe-Gebäude** der Stadt. Türen, Fenster und viele Einrichtungsgegenstände hat er selbst entworfen und geschnitzt

## ** TAOS PUEBLO

Das Taos Pueblo liegt knapp 3 mi/5 km nordöstlich außerhalb. Hier leben etwa 1500 Angehörige des Tiwa-Stammes, die sehr traditionsbewusst sind. Das Pueblo ist seit dem 12. Jh. ständig und ausschließlich von Indianern bewohnt und noch in sehr **ursprünglicher Form** erhalten. Um die Plaza, durch die ein Bach fließt, gruppieren sich die erdbraunen mehrstöckigen Gemeinschaftshäuser, deren dicke Wände aus Lehm und Stroh bestehen. Gebackene Ziegel haben hier noch keine Verwendung gefunden, viele Türen sind himmelblau gestrichen. Natürlich gibt es auch mehrere Kivas – die nicht betreten werden dürfen – und die typischen eiförmigen Backöfen. In diesen »hornos« wird Brot gebacken, das man auch probieren kann. Mancher indianische Künstler gestattet einen Blick in sein Atelier und verkauft seine Ware.

**Älteste durchgängig bewohnte Siedlung der USA**

❶ Mo.–Sa. 8.00–16.30, So. ab 8.30 Uhr; Eintritt 16 $; www.taospueblo.com

Im Taos Pueblo leben traditionsbewusste Angehörige des Tiwa-Stammes. Das Pueblo ist bei religiösen Zeremonien für Touristen nicht zugänglich. Die Mitnahme von **Kameras** wird nur gegen eine Gebühr von 6 $ erlaubt, und man sollte unbedingt fragen, bevor man Menschen fotografieren will. Wer das Pueblo besuchen möchte, sollte sich zuvor im Taos Visitor Center über die genauen Verhaltensregeln erkundigen!

**Verhaltensregeln**

## UMGEBUNG VON TAOS

Das Millicent Rogers Museum 4 mi/6,5 km nördlich von Taos setzt seinen Schwerpunkt auf **indianisches Kunsthandwerk** wie Textilien, Korbwaren, Jade- und Silberschmuck. Ferner kann man hier Sakralkunst aus kolonialspanischer Zeit bewundern. Zuletzt wurde die Sammlung durch traditionelle und zeitgenössische spanische Sakralkunst, Töpferarbeiten der Künstlerin Maria Martinez sowie zeitgenössische Kunst aus dem Norden New Mexicos ergänzt.

**\*Millicent Rogers Museum**

❶ 1504 Millicent Rogers Rd.; tgl. 10.00–17.00 Uhr, Nov.–März Mo. geschl.; Eintritt 10 $; www.millicentrogers.org

Westlich vom Taos Airport hat der Rio Grande eine atemberaubende, 200 m tiefe **Schlucht** gegraben, die von einer 390 m weiten Brückenkonstruktion überspannt wird. Sie zählt zu den höchsten in den USA.

**Rio Grande Gorge**

**\*San Francis-co de Asis**

Die Kirche in der kleinen Ortschaft Ranchos de Taos knapp 4 mi/6,5 km südlich von Taos gilt als eines der großartigsten Beispiele kolonialspanischer Adobe-Baukunst und ist eines der **Wahrzeichen des Südwestens**. Von der schlichten Eleganz des im 18. Jh. errichteten Bauwerks haben sich viele Künstler inspirieren lassen.

**\*Hacienda de los Martínez**

Eine der letzten noch bestehenden Haciendas aus kolonialspanischer Zeit erreicht man wenig südwestlich von Taos an der Lower Ranchitos Rd. bzw. dem NM 240. Das zum Schutz vor Indianerangriffen festungsartig gebaute Anwesen gehörte seit 1804 dem Händler Don Antonio Severino Martínez. Die Hacienda wird heute als **»Living History Museum«** mit vielen Vorführungen betrieben; die meisten der im Stil der Zeit ausgestatteten Räume können besichtigt werden.

❶ Tel. 1 575 758 05 05; Mo. – Sa. 10.00 – 17.00, So. ab 12.00 Uhr, Winter unterschiedl. Öffnungszeiten; Eintritt 8 $; www.taoshistoricmuseum.com

**\*Taos Ski Valley**

Nordöstlich von Taos erheben sich die 2700 bis 3800 m ü. d. M. aufragenden Sangre de Cristo Mountains. In dieser alpin anmutenden **Hochgebirgswelt** wurde bereits 1955 das Wintersportgebiet Taos Ski Valley eröffnet. In der Skiarena kann man von Ende November bis Anfang April Wintersport treiben. Es sind 71 Abfahrtspisten für Skiläufer aller Kategorien erschlossen. Ein Dutzend Ski- und Sessellifte stehen zur Verfügung. Bayerische Skitouristen werden heimatliche Gefühle entwickeln, denn etliche Skilehrer geben hier ihre Kommandos mit stark süddeutsch gefärbtem Akzent.

Vom Taos Ski Valley aus können erfahrene Bergwanderer an einem Tag den **höchsten Gipfel New Mexicos** erklimmen: den 13161 ft/4011 m hohen **Wheeler Peak**.

❶ aktuelle Liftzeiten und Preise: www.skitaos.org

# ✳ White Sands National Monument

—✦— R 11

**Region:** Southeast
**Höhe:** 1220 m ü. d. M
**Fläche:** 596 km²                    **Gründungsjahr:** 1933

**Die gleißend-weiße Gipsdünenlandschaft des White Sands National Monument erstreckt sich als nördlicher Ausläufer der Chihuahua-Wüste im Tularosa-Becken. Das Gebiet mit seinen bis zu 18 m hohen Dünen gehört zu den Höhepunkten einer Reise durch New Mexico – auch wenn es ringsum von einem riesigen Raketentestgelände umgeben ist.**

## White Sands erleben

**AUSKUNFT**
*White Sands National Monument*
P.O. Box 1086
Holloman AFB, NM 88330
Tel. 1 575 679 25 99
www.nps.gov/whsa
ganzjährig geöffnet
Eintritt 3 $ für 7 Tage

Hinweis: Das Besucherzentrum liegt
etwa 15 mi/24 km südwestlich von
Alamogordo am US 70.

**ESSEN · ÜBERNACHTEN**
Die nächsten Restaurants und
Übernachtungsmöglichkeiten findet
man in ▶Las Cruces.

**Entstehung**

Vor etwa 250 Mio. Jahren hat sich in dieser Gegend ein seichtes Meer ausgebreitet, auf dessen Grund sich Gips und Anhydrit ablagerten. Im Laufe von Jahrmillionen hoben sich diese Sedimente empor. Die Erdkruste wurde auseinandergezerrt, was zur Bildung von Bruchschollen führte: Einerseits brach das Tularosa-Becken ein, andererseits wurden östlich davon die bis zu 2700 m hohen San Andres Mountains herausgehoben, die besonders viel Gips enthalten. Niederschläge und Schmelzwässer lösten den im nahen Gebirge anstehenden Gips aus dem Gestein und spülten ihn ins abflusslose Tularosa-Becken bzw. in den Lake Lucero. Dieser wiederum trocknete immer wieder aus, wodurch der gelöste Gips auskristallisierte. Die nunmehr entstandenen kleinen Gipskristalle und Gipskörnchen wurden und werden vom Wind verfrachtet und zu hohen **Gipssanddünen** aufgeweht.

**Pflanzen und Tiere**

Nur stark angepasste Lebensformen trotzen den **Extrembedingungen** dieser trockenen und in steter Bewegung befindlichen Landschaft. Einige der hitzebeständigen Pflanzen wie der Salt Bush, der Rabbit Bush und die Soaptree Yucca haben mehrere Meter lange Wurzeln entwickelt, um Halt in den Dünen zu finden bzw. an das Grundwasser heranzukommen. Am Rand des Naturschutzgebietes kann man Antilopen, Kojoten, Wüstenfüchse, Wüstenmäuse und auch Rennkuckucks (Roadrunner) beobachten. Im Dünengebiet selbst sieht man tagsüber nur wenige Tiere. Frühmorgens und gegen Abend aber lebt die Gipswüste: Dann muss man sich vor Klapperschlangen, Skorpionen und Taranteln in Acht nehmen.

**Achtung!**

Beim Wandern durch die Dünen besteht die Gefahr, dass man die **Orientierung verliert**. Mitunter, besonders im Frühjahr, brechen heftige Sandstürme los, die viele Stunden anhalten können. Am Abend sammeln die Ranger verirrte Touristen im Park ein.

**\*Heart of Sands Drive**

Der 8 mi/13 km lange Heart of Sands Drive führt mitten in die Gipsdünenlandschaft hinein. Der Eindruck ist überwältigend. Ein **beson-**

Die gleißend weißen Gipssanddünen werden bis zu 18 m hoch.

**deres Erlebnis** ist es, in dem trotz sengender Hitze relativ kühlen und weichen Sand eine Düne zu erklimmen. Wegen Tests auf dem Raketenversuchsgelände ist die Parkstraße oft für einige Stunden gesperrt.

**\*Big Dune Nature Trail**
Etwa 3 mi/5 km nach dem Beginn des Dunes Drive zweigt der Big Dune Nature Trail ab. Auf diesem Weg kann man alle **typischen Lebensformen** der außergewöhnlichen Landschaft kennen lernen. Der Weg endet auf dem Kamm einer 18 m hohen Düne.

**Lake Lucero**
In dem normalerweise für den Besucherverkehr gesperrten Südwestteil des Naturschutzgebietes dehnt sich der etwa 50 km² große Lake Lucero aus. Vom Visitor Center aus werden gelegentlich geführte Halbtagstouren zu diesem interessanten **Biotop** angeboten.

**White Sands Missile Range**
Das Naturschutzgebiet ist rundum von einem militärischen Sperrgebiet umgeben, in dem seit dem Zweiten Weltkrieg Raketen und andere Waffen getestet werden, so z. B. im Zweiten Weltkrieg erbeutete deutsche Raketentriebwerke. Am 16. Juli 1945 wurde an der im Norden gelegenen »Trinity Site« die **allererste Atombombe gezündet**. Besucher können östlich von ▶Las Cruces ein vom Militär eingerichtetes Visitor Center besuchen, in dessen kleinem Museum die Geschichte dieses Testgebietes dokumentiert ist. Vor dem Museum sind mehrere Dutzend Raketen aufgestellt, die hier ausprobiert wurden.
Visitor Center: Mo. – Fr. 8.00 – 16.00, Sa. 10.00 – 15.00 Uhr; Eintritt frei; www.wsmr-history.org

## SEHENSWERTES IN DER UMGEBUNG

**Alamogordo**
Wie ▶Los Alamos ist auch Alamogordo eng verbunden mit der Geschichte der ersten Atombombe und noch heute eine der wichtigsten

Standorte für die Rüstungs- und Raumfahrttechnologie der USA. Hauptsehenswürdigkeit der Stadt ist die **\*International Space Hall of Fame** im **Museum of Space History** am Fuß der Sacramento Mountains. Hier wird die Geschichte der bemannten US-Raumfahrt von »Mercury« bis »Apollo«; aufgerollt, ebenso frühe sowjetische Raummissionen und die Entwicklungsgeschichte von einfachen Raketen bis hin zu Raumstationen wie »Skylab« und »Saljut«. Im Tombaugh Theater kann man eine virtuelle Reise ins Aall unternehmen. Das Herz eines jeden Modelleisenbahnfans wird angesichts der recht großen Anlage im **Toy Train Depot** höher schlagen.

**Museum of Space History:** 3198 State Route 2001; tgl. 9.00 – 17.00 Uhr; Eintritt 6 $; www.nmspacemuseum.org

**Toy Train Depot:** 1991 N. White Sands Blvd.; Mi. – So. 12.00 – 16.30 Uhr; Eintritt 4 $; http://toytraindepot.homestead.com

Nur 20 mi/32 km östlich von Alamogordo liegt in den Sacramento Mountains der Erholungsort Cloudcroft. Hierher kommt, wer Natur pur im umgebenden Lincoln National Forest genießen will.

**Lincoln National Forest**

**Übernachten:** The Lodge at Cloudcroft, 601 Corona Pl., Tel. 1 800 3 95 63 43, www.thelodgeresort.com

Ruidoso, 42 mi/67 km nordöstlich von Alamogordo, kennt jeder Fan von Quarterhorses. Hier findet jedes Jahr am Labor Day das mit 2,5 Mio. US-$ höchstdotierte **Rennen für die wendigen Cowboypferde** statt, das All-American Futurity (www.raceruidoso.com). Um Pferde und Cowboys, um indianische, spanische und Pioniergeschichte geht es im **Hubbard Museum of the American West**.

**Ruidoso**

**Hubbard Museum:** 26301 Hwy 70 West; tgl. 9.00 – 16.30 Uhr; Eintritt 6 $; www.hubbardmuseum.org

Nicht ganz 3000 Menschen leben in der Mescalero Apache Reservation südlich und westlich von Ruidoso. Im Cultural Center am US 70 erzählt der Stamm seine Geschichte und von seiner Kultur, im luxuriösen Inn of the Mountain Gods zeigt er seine Gastfreundlichkeit.

**Mescalero Apache Reservation**

Kein Wildwestfan sollte Lincoln auslassen, denn hier hat der wohl berühmteste Revolverheld, Billy the Kid, seine Spuren hinterlassen. Zwar leben keine hundert Menschen mehr hier, doch gerade diesem Umstand ist es wohl zu verdanken, dass das Städtchen, 37 mi/59 km nordöstlich von Ruidoso, noch fast so aussieht wie zu Zeiten des Lincoln County War und zum **State Monument** erklärt worden ist. Im Old Courthouse wurde Billy zum Tode verurteilt, aber er schoss sich den Weg frei – in seiner Zelle steckt noch eine Kugel aus seinem Revolver. Jedes erste Augustwochenende lebt die alte Zeit in den Old Lincoln Days wieder auf.

**\*Lincoln State Monument**

❶ tgl. 8.30 – 16.30 Uhr; Eintritt 5 $; www.nmmonuments.org/lincoln

# Utah

# UTAH

**Fläche:** 219 888 km²
**Bevölkerungszahl:** 3 Mio.
**Hauptstadt:** Salt Lake City
**Zeitzone:** Mountain
**Beiname:** Beehive State

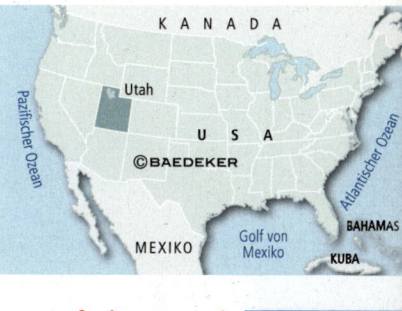

**Zahlreiche attraktive Nationalparks und Naturdenkmäler zeichnen den dünn besiedelten Bundesstaat Utah aus. Einzige Metropole des von Mormonen aufgebauten und zu einem Drittel mit Wüste bedeckten Staates ist Salt Lake City, die Hauptstadt, die 1847 am Ostufer des Großen Salzsees gegründet wurde.**

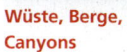

Der Bundesstaat wurde nach dem Indianerstamm der Ute benannt. Er misst von Nord nach Süd 555 km. Das westliche Drittel ist wüstenhaft und gehört zum ca. 1500 m hoch gelegenen **Großen Becken**, das von einigen von Nord nach Süd streichenden Hochgebirgsketten durchzogen wird. Zentrum des Großen Beckens ist die **Große Salzwüste** mit dem Großen Salzsee und unfruchtbaren Salztonebenen. Dieser Naturraum entstand nach der allmählichen Austrocknung des Lake Bonneville, der einst etwa die Hälfte des Gebiets bedeckte. Zu Zeiten seiner größten Ausdehnung, d. h. vor mehr als 100 000 Jahren, breitete er sich bis weit in den heutigen Bundesstaat Nevada aus. Der See war über 300 m tief, etwa 230 km breit und ca. 560 km lang.

Im Osten wird diese Region begrenzt durch die stellenweise über 3000 m hohen **Wasatch Mountains**, die als Teil der Rocky Mountains von Nord nach Süd verlaufen.

Den Nordosten Utahs begrenzen die **Uinta Mountains**. Hier erhebt sich der 4123 m hohe King's Peak als höchster Berg des Bundesstaats. Die Uintas sind das einzige große nordamerikanische Gebirge, das in west-östlicher Richtung verläuft.

**Wüste, Berge, Canyons**

Der Süden und Südosten des Bundesstaates gehört zum wüstenhaften und trockenen Colorado-Plateau, das mitunter auch als **»Red Rock Country«** bezeichnet wird. In diese bemerkenswerte Schichtstufenlandschaft haben der Colorado, der Green River, der Virgin River, der Escalante und der San Juan River tiefe Canyons gegraben.

**? BAEDEKER WISSEN**

*Geflutete Schluchten*

Seit der Fertigstellung des Staudamms am Ausgang des Glen Canyon ist ein Teil der Schluchten in den Fluten des Lake Powell ertrunken. Umweltschützer plädieren für den Abriss des Staudamms, um die Canyons wieder in ihrer alten Pracht erscheinen zu lassen.

**Road Train auf dem Interstate Highway 80**

**Geschichte** Ab dem 1. Jh. v. Chr. siedelten **altindianische Anasazi** im Gebiet des heutigen Bundesstaats Utah. Nach deren Verschwinden im 13. Jh. traten nomadisierende Indianerstämme auf den Plan. In der ersten Hälfte des 16. Jh.s wagten sich **spanische Kolonisatoren** in das Siedlungsgebiet der Ute, Paiute, Shoshone und Navajo vor. Ab 1819 kamen **Pelztierjäger und Fallensteller** ins heutige Utah. Nach der Ermordung ihres Kirchengründers in Carthage, Illinois, 1844 brachen 15 000 **Mormonen** auf, um eine neue Heimat im fernen Westen des nordamerikanischen Subkontinents zu suchen. Rund 1700 von ihnen erreichten unter Führung von Brigham Young im Juli 1847 den großen Salzsee und ließen sich hier nieder. Für starke Irritation sorgte das **Massaker von Mountain Meadow**. 1858 überfielen Mormonen einen Siedlertreck von Nicht-Mormonen und ermordeten alle Personen bis auf 17 Kinder. Daraufhin besetzten Unionstruppen Salt Lake City. Erst 1890 schafften die Mormonen die Polygamie ab und sicherten Glaubensfreiheit sowie die Trennung von Kirche und Staat zu. Erst 1896, also lange nach den heutigen Nachbarstaaten Nevada (1864), Colorado (1876), Idaho (1890) und Wyoming (1890), wurde Utah als **45. Bundesstaat der USA** aufgenommen.

**Bevölkerung** Bis 1869 – damals wurde die erste transkontinentale Eisenbahnstrecke fertiggestellt – waren bereits 60 000 **Mormonen** nach Utah gekommen. Für einen Zustrom von Neusiedlern sorgte der Bergbauboom der 1870er- und 1880er-Jahre. Um die Jahrhundertwende zählte man in Utah 277 000 Einwohner. Von 1980 bis 1990 wuchs die Bevölkerung um stolze 18,3 %. Heute leben in diesem US-Bundesstaat knapp 2,8 Mio. Menschen, die meisten davon (ca. 75 %) innerhalb einer 50-Meilen-Zone um die Hauptstadt Salt Lake City. Die **Bevölkerungsdichte** beträgt lediglich 12,6 Einw./km², da weite Gebiete des Bundesstaats nicht bewohnbar sind. Über 60 % der Einwohner Utahs sind Mormonen. Im Gegensatz zu vielen anderen US-Bundesstaaten gibt es in Utah nur wenige **Afro-Amerikaner**. Ihr Anteil beträgt etwa 1 %. Den **Nachkommen der indianischen Ureinwohner** hat man knapp ein Zehntel des Staatsgebiets überlassen.

Den im 19. Jh. ins Land kommenden Mormonen gelang es, einen lukrativen **Bewässerungsfeldbau** zu etablieren. Auch mit der **Viehzucht** hatten sie Erfolg. Somit waren die Voraussetzungen für eine florierende Nahrungsmittelindustrie gegeben. Ein bedeutender Wirtschaftsfaktor ist aber auch der **Bergbau** (u. a. Kupfer und Kohle). Der Rohstoffreichtum hat die frühe Industrialisierung des Ballungsraumes Salt Lake City begünstigt. Mehrere Jahrzehnte lang trugen die Erzverhüttung und die Metallindustrie wesentlich zum Wohlergehen des Mormonenstaates bei. Hohe Wachstumsraten weist seit Jahren die **High-Tech-Industrie** auf. Nicht zu unterschätzen ist die wirtschaftliche Bedeutung der Mormonenkirche. Von Salt Lake City, wo alle Zuwendungen an die Glaubensgemeinschaft zusammenfließen, werden diese Mittel neu verteilt.

*Wirtschaft*

Gut entwickelt hat sich in den letzten Jahren der Fremdenverkehr mit Wintersport in den Rocky Mountains und Sommerbesuchern in den südlichen Nationalparks. Weitere Impulse für den Tourismus brachten die **Olympischen Winterspielen** im Jahr 2002 in Salt Lake City und Umgebung.
Seit 1999 ist der Highway US 89 als **Heritage Highway** ausgewiesen. Er führt von Provo aus südwärts nach Arizona und durchmisst natur- und kulturhistorisch gleichermaßen interessante Landschaften.

*Tourismus*

# ✶✶ Arches National Park

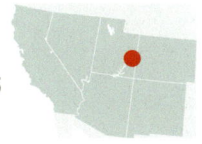

✦ O 5

**Region:** Canyonlands
**Höhe:** 1200 – 1700 m ü. d. M.

**Wenige Meilen nördlich von ▶Moab erreicht man den berühmten Arches National Park (seit 1929), der mit seinen rostrot leuchtenden Sandsteinbögen zu den Top-Sehenswürdigkeiten im Südwesten zählt. Das 310 km² große Naturschutzgebiet erstreckt sich auf einer wüstenhaften, ungefähr 1200 – 1700 m ü. d. Meer gelegenen Geländestufe.**

Vor etwa 300 Mio. Jahren hat sich hier ein abflussloser See ausgedehnt. Nach dessen Verschwinden blieb ein Salzbett erhalten. Im Verlauf von Jahrmillionen wurden **Sedimentschichten** abgelagert,

*Blick in die Erdgeschichte*

## Arches National Park

EAGLE PARK

DEVIL'S GARDEN

KLONDIKE BLUFFS

Fin Canyon

5450 ft/ 1661 m
Dark Angel
Devil's Garden Trail

**Double-O Arch**
**Wall Arch**
Navajo Arch
**Partition Arch** **Pine Tree Arch**
Tower Arch
**Landscape Arch** **Tunnel Arch**
Marching Men

Sand Dune-, Broken-, Tapestry Arches Trail

Tower Arch Trail

**Skyline Arch**
5355 ft/ 1632 m
**Broken Arch**

SALT VALLEY WASH

Delicate Arch Trail

Fiery Furnace Viewpoint
Salt Valley Overlook
Wolfe Ranch

**Delicate Arch**
4829 ft/ 1472 m
Delicate Arch Viewpoint
**Viewpoints**

SALT VALLEY

I-70, Crescent Junction, Green River, Dead Horse Pointe S.P., Canyonlands N.P.

HERDINA PARK
Eye of the Whale

Panorama Point

THE WINDOW DISTRICT

DRY MESA

Rock Pinnacles
Balanced Rock 5120 ft/ 1560 m

Garden of Eden
**Cove Arch**
**Cove of Caves**
**Double Arch**
**North Window**
Double Arch Trail
**South Window**

Fisher Towers, Castle Valley

**191**

**Turret Arch**
5280 ft/ 1609 m
Turret Arch und The Spectacles Trail

128

Sheep Rock
Tower of Babel
4537 ft/ 1383 m
The Organ

**COURTHOUSE TOWERS**

Park Avenue Trail
Three Penguins
Park Avenue
La Sal Mountains Viewpoint

Colorado River

MOAB CANYON

**Visitor Center**

❶ ❶ ❷

*Moab*

2 mi
3 km
©BAEDEKER

**Übernachten**

❶ Red Cliffs Lodge
❷ Aarchway Inn

**Essen**

❶ Desert Bistro
❷ Eklecticafe

---

die schließlich über 1500 m mächtig wurden. Unter dem Druck des Deckgebirges verformte sich die darunter liegende Salzschicht. Salzdome hoben das Deckgestein heraus, das Deckmaterial stürzte in dadurch entstandene Hohlräume. Die im Erdmittelalter abgelagerten Schichten wurden in der Tertiärzeit von Kräften aus dem Erdinnern erfasst. Dabei wurde die Erdkruste sowohl abgesenkt und zusammengepresst als auch angehoben und auseinandergezerrt. Es entstanden **Risse**, an denen die Verwitterung ansetzen konnte. Die Beanspruchung des Gesteins durch den tages- und jahreszeitlichen

Temperaturwechsel bewirkt eine weitere Zersetzung des Sandsteins. Im Sockelbereich der Felswände bilden sich **Hohlkehlen**. Manchmal ist der Wind so stark, dass er wie ein Sandstrahlgebläse wirkt und vor allem bodennahes kantiges Gestein zu weichen und runden Formen abschleift. Ähnlich ist die Wirkung von Wildwässern, die gelegentlich von Gewittern verursacht werden. So werden die Hohlkehlen immer größer. Am stärksten wirkt die Gesteinszersetzung an den Schattenseiten der Felswände. Dort kann sich Feuchtigkeit länger halten.

Schließlich kann eine schon ziemlich dünn gewordene Sandsteinwand durchbrechen. Ein natürliches **Fenster** (Window) bildet sich. Bei anhaltender Erosion entsteht aus solch einem Fenster ein **Felsbogen** (Arch). Die »Bridges« genannten **Natursteinbrücken** verdanken ihre Entstehung den abtragenden Kräften des fließenden Wassers, das saisonal oder periodisch durch einen ansonsten trockenen »Wash« (Flusslauf) tost. Dabei höhlen die Wassermassen den Sandstein aus. Ist ein Durchbruch entstanden, so setzen Wind und Wetter ihre abtragende Arbeit fort. Begünstigt wird die Entstehung von Fenstern, Bögen und Brücken durch den Wechsel von unterschiedlich harten Gesteinsschichten.

Neben den Hohlformen sieht man **Pilzfelsen**, **Erdpyramiden** und **balancierende Felsen**. Ihre Decksteine sind Überbleibsel einer widerständigen Gesteinsschicht. Sie schützen den Untergrund vor **Verwitterung**. So kann es sein, dass die Umgebung eines zur Skulptur geformten Decksteins abgetragen wird und er etwas verloren aus der Landschaft ragt. Ein solcher Deckstein kann auch eine Verfestigung des Untergrunds bewirken, was seinen Unterbau gegenüber den Kräften der Erosion widerständiger macht.

**Pflanzen**

Das Grün von Fichten, Kiefern und Wacholderbäumen bildet einen starken Kontrast zum roten Sandstein. Von April bis Juli, wenn öfter Gewitter niedergehen, zeigt sich an vielen Stellen der Steinwüste eine **unerwartete Blütenpracht**. Sehr schön ausgebildet ist auch die »kryptobiotische Kruste«. Sie besteht aus einem dünnen und fragilen Geflecht kleinwüchsiger und wenig temperaturempfindlicher Pflanzen, das von Pilzen, Algen und Bakterienkulturen durchsetzt ist. Diese durch Fußtritte leicht zerstörbare Kruste ist unentbehrlich für das Wachstum vieler größerer Pflanzen und zudem ein Schutz gegen die Erosion.

**Tiere**

Wegen der tagsüber herrschenden hohen Temperaturen sind die meisten Tiere **nachts aktiv**. Dennoch kann man gelegentlich Maultierhirsche, Kojoten, Rotfüchse, Wüstenhasen, Stachelschweine und vielerlei kleine Reptilien beobachten. Raben, Häher und Bluebirds sind Vögel, die man häufig zu Gesicht bekommt. Hoch in den Lüften schweben bisweilen Goldadler.

## Arches erleben

### AUSKUNFT
**Arches National Park Visitor Center**
Arches N. P., N. Hwy 191
Moab, UT 84532
Tel. 1 435 7 19 22 99, www.nps.gov/arch
Sommer 7.30 – 18.30
Winter 8.30 – 16.00 Uhr
Der Nationalpark ist ganzjährig
zugänglich.

### ÜBERNACHTEN
❶ **Red Cliffs Lodge** ©©©
Mile Post 14, Hwy 128, Moab, UT
Tel. 1 435 2 59 20 02
www.redclifflodge.com
Rustikale Lodge mit 70 Zimmern und
Blick auf den Colorado River. Diverse
Sport- und Ausflugmöglichkeiten, Res-
taurant, Bar, Westernmuseum.

❷ **Aarchway Inn** ©©
1551 N. Hwy 191, Moab, UT
Tel. 1 435 2 59 25 99

www.aarchwayinn.com
Rund 100 geräumige Zimmer und Suiten. Nach einem Tag im Nationalpark
kann man im großzügigen Pool oder in
einer heißen Wanne entspannen.

### ESSEN
❶ **Desert Bistro** ©©©
36 S. 100 West, Moab, UT
Tel. 1 435 259 0756
www.desertbistro.com
Das erwartet man nicht in Moab: Geho-
benes Fine Dining mit hervorragender
Weinkarte!

❷ **Eklecticafe** ©
352 N. Main St., Moab, UT
Tel. 1 435 2 59 68 96
Gesunde leckere Gerichte, überwiegend
von Bio-Produkten, zum Frühstück und
Lunch. Pfannkuchen, Tofu, Granola, aber
auch Curry Wraps und indonesisches
Satay.

**Der Delicate Arch ist eines der bekanntesten Wahrzeichen des Südwestens.**

# FAHRT DURCH DEN NATIONALPARK

Fährt man den Scenic Drive entlang, kommt man zuerst zu den rot leuchtenden »Courthouse Towers«. Von hier bietet sich ein schöner Blick nach Osten zu den La Sal Mountains. Lohnend ist eine kurze Wanderung in die von hohen Felsen umfasste **»Park Avenue«**. Beiderseits der Straße sieht man Felsskulpturen mit Namen wie »The Organ«, »Tower of Babel«, »Sheep Rock« und »Three Gossips«. Durch das Tal des Courthouse Wash gelangt man nordwärts zur »Great Wall«. Vom Parkplatz sieht man in südöstlicher Richtung versteinerte Sanddünen, die sich als hellere Hügel abheben.

**BAEDEKER TIPP** !

*Fahren und wandern*

Die meisten Naturspektakel des Arches Nationalparks sieht man, wenn man den 19 mi/30 km langen Scenic Drive entlangfährt. Es gibt immer wieder Parkplätze, von denen aus man kurze oder längere Wanderungen unternehmen kann. Besonders lohnend ist ein Abendspaziergang auf dem 5 km langen Pfad zur Delicate Arch von der Wolfe Ranch aus.

Wenige Meilen weiter erreicht man den »Balanced Rock«. Diese 3500 t schwere Felskugel ruht scheinbar wackelig auf einem hohen Sockel. Wer mit einem Allradfahrzeug unterwegs ist, kann die 9 mi/14,5 km lange Piste befahren, die vom Balanced Rock in nordwestlicher Richtung zum **»Eye of the Whale Arch«** und zu den schroffen **»Klondike Bluffs«** führt. Hier sind der »Tower Arch« und die »Marching Men« besonders eindrucksvolle Felsskulpturen.

**Balanced Rock**

Gleich danach zweigt eine Stichstraße zu den in der Abendsonne leuchtenden Felskuppen, Fenstern und Steinbögen ab. Man passiert den »Ham Rock«, sieht in den »Garden of Eden«, kann zu »Cove Arch«, »Double Arch« und zur »Cove of Caves« hinaufklettern oder sich von der »Elephant Butte« und von der »Parade of Elephants« beeindrucken lassen.

**\*\*Windows Section**

Am Salt Valley Wash, etwa 2,5 mi/4 km nach der Straßenabzweigung zur Windows Section, biegt eine Stichstraße ab, die zu den Überresten der über 100 Jahre alten Wolfe Ranch und weiter zum Delicate Arch Viewpoint führt. Von hier steigt ein knapp 3 mi/5 km langer und steiler Pfad etwa 150 Höhenmeter bergan zum »Delicate Arch«, einem der **Wahrzeichen** des amerikanischen Südwestens. Am stärksten beeindruckt dieser rostrote Felsbogen abends, wenn er – von der tief stehenden Sonne angestrahlt – zum tiefblauen Firmament kontrastiert.

**\*\*Wolfe Ranch, Delicate Arch**

Der Scenic Drive führt auf der Nordseite des Salt Valley Wash hinauf zum »**Fiery Furnace**«, einem besonders in der Abendsonne **glühen-**

**Fiery Furnace**

**den Felsofen**, den einer Sage nach Riesen erbaut haben. Von hier oben bietet sich ein schöner Blick hinunter ins Salt Valley.

**Devil's Garden**

Der Scenic Drive endet am »Devil's Garden«, wo auch ein **Campingplatz** angelegt ist. Ein Wanderweg führt in südöstlicher Richtung nacheinander zum »Skyline Arch«, zum »Broken Arch« und zum »Sand Dune Arch«. Ein schwieriger, aber lohnender Rundweg (ca. 10 mi/16 km) erschließt den eigentlichen Devil's Garden. Zunächst passiert man den »Tunnel Arch«, dann kommt man am »Pine Tree Arch« vorbei und erreicht den **✶✶»Landscape Arch«**, der mit 93 m Spannweite nach dem »Kolob Arch« (▶Zion National Park) der **zweitgrößte natürliche Steinbogen der Erde** ist. Hinter dem Landscape Arch folgt der rund 20 m weite »Wall Arch«, von dem aus Seitenpfade zum »Navajo Arch« und zum »Partition Arch« führen. Ein letztes schwieriges Wegstück führt zum »Double O Arch«, der von weitem wie eine riesige steinerne Brille aussieht. Von hier kann man noch bis zum »Dark Angel« und zum »Private Arch« weitergehen.

# ✶✶ Bryce Canyon National Park

✦ L 6

**Region:** Color Country
**Höhe:** 2000 – 2800 m ü. d. M.

**Der 145 km² große Bryce Canyon National Park umfasst mehrere hufeisenförmig oder amphitheaterartig ausgeräumte Talbuchten, in denen rostrote bis gelblich-weiße Felsnadeln und Felstürme wie zu Stein gewordene menschliche Lebewesen stehen. Das Wunderland aus filigranen Felsgebilden, lichten Bergwäldern und alpinen Matten liegt etwa 2000 – 2800 m ü. d. M. und ist Heimat bzw. Rückzugsgebiet etlicher Pflanzen- und Tierarten.**

**Landschaftsgeschichte**

Vor etwa 144 Mio. Jahren, also im Erdmittelalter, drang das Meer vom Golf von Mexiko kommend nach Norden vor und bedeckte auch jenes Gebiet, in dem heute der Bryce Canyon liegt. Im Laufe von 60 Mio. Jahren wurden verschieden mächtige **Sedimentschichten** abgelagert. Zeugen dieser Epoche sind die untersten graubraunen Sandsteine. Im Tertiär, also vor 63 – 40 Mio. Jahren, schwemmten Flüsse und Ströme eisen- und kalkhaltige Sedimente aus den umliegenden Gebirgen in eine urzeitliche Seenplatte. An diese erdgeschichtliche Periode erinnern die rosa leuchtenden Klippen im Bryce Canyon. Im Zuge der gleichfalls im Tertiär erfolgten Heraushebung der Rocky Mountains

## Bryce Canyon

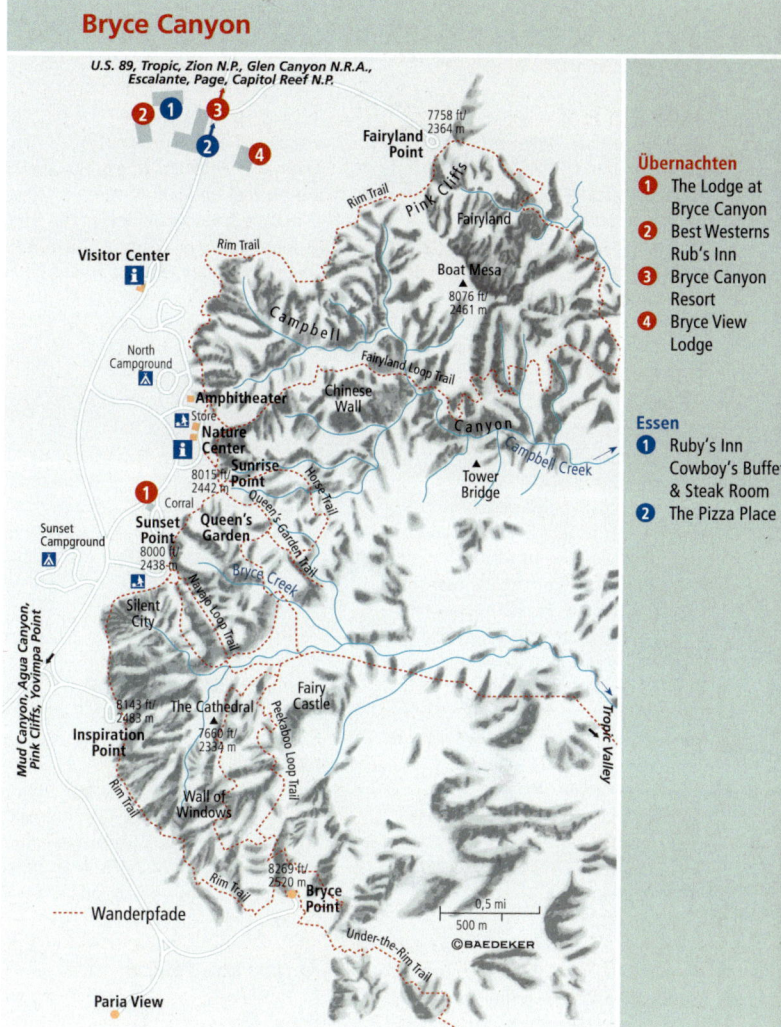

U.S. 89, Tropic, Zion N.P., Glen Canyon N.R.A.,
Escalante, Page, Capitol Reef N.P.

Fairland
Point

7758 ft/
2364 m

Rim Trail

Pink Cliffs

Fairyland

Visitor Center

Rim Trail

Boat Mesa
8076 ft/
2461 m

Campbell

North
Campground

Fairyland Loop Trail

Amphitheater

Store.

Chinese
Wall

Canyon

Campbell Creek

Nature
Center

Sunrise
Point
8015 ft/
2442 m

Horse Trail

Tower
Bridge

Corral

Queen's Garden Trail

Sunset
Campground

Sunset
Point
8000 ft/
2438 m

Queen's
Garden

Bryce Creek

Silent
City

Navajo Loop Trail

Mud Canyon, Agua Canyon, Pink Cliffs, Yovimpa Point

Fairy
Castle

8143 ft/
2483 m

The Cathedral

Peekaboo Loop Trail

Inspiration
Point

7660 ft/
2334 m

Rim Trail

Wall of
Windows

Tropic Valley

8269 ft/
2520 m

Bryce
Point

Rim Trail

Wanderpfade

Under-the-Rim Trail

0,5 mi

500 m

©BAEDEKER

Paria View

**Übernachten**

❶ The Lodge at
Bryce Canyon
❷ Best Westerns
Rub's Inn
❸ Bryce Canyon
Resort
❹ Bryce View
Lodge

**Essen**

❶ Ruby's Inn
Cowboy's Buffet
& Steak Room
❷ The Pizza Place

wurde weiteres Material abgelagert. Vor etwa 10 Mio. Jahren bewirkten Kräfte aus dem Erdinnern eine Dehnung und Zerrung der Erdkruste, die schließlich entlang von Störungslinien in einzelne Schollen zerbrach. Gesteinsschichten, die zuvor verbunden waren, wurden gegeneinander verschoben und etwa 3000 m über den Meeresspiegel

## Bryce Canyon erleben

### AUSKUNFT
**Bryce Canyon National Park**
Bryce Canyon, UT 84717
Tel. 1 435 83 45 32 22
www.nps.gov/brca
Mai – Sept. 8.00 – 20.00, April, Okt.
8.00 – 18.00, sonst 8.00 – 16.30 Uhr
Der Nationalpark ist ganzjährig zu-
gänglich.

### ÜBERNACHTEN
**❶ The Lodge
at Bryce Canyon** ⒺⒺⒺ
im Bryce Canyon National Park
Tel. 1 435 83 48 87 00
www.brycecanyonforever.com
Die 1924 eröffnete Bryce Canyon Lodge
liegt direkt im Bryce Canyon National
Park. Hier gibt es ein Restaurant mit
vielen Gerichten aus Bio-Produkten.
110 Zimmer befinden sich in Lodge und
Blockhäusern, deren Ausstattung von
einfach bis luxuriös reicht. Aufgrund
der idealen Lage sollte man zwischen
vier und sechs Monaten im Voraus reservieren.

**❷ Best Western Ruby's Inn** ⒺⒺ
26 S. Main St.
Bryce Canyon (am US 63)
Tel. 1 435 83 45 53 41
www.rubysinn.com
Die große Hotelanlage erstreckt sich
vor der Einfahrt in den Bryce Canyon
National Park. Die Zimmer sind recht
geräumig und sehr zweckmäßig eingerichtet.

**❸ Bryce Canyon Resorts** ⒺⒺ
13500 E. Hwy. 12
Bryce Canyon

Tel. 1 435 83 45 33 51
www.brycecanyonresort.com
Insgesamt bietet das Resort 70 gemütliche Zimmer und Suiten, die sich teilweise in Blockhäusern befinden. Zur Anlage
gehören ferner ein Campingplatz, ein
überdachter Pool, ein Restaurant und ein
Volleyballplatz.

**❹ Bryce View Lodge** Ⓔ
105 E. Center St.
Tel. 1 435 83 45 51 80
www.bryceviewlodge.com
Die Lodge gleich beim Zugang zum Nationalpark liegt auf einem Plateau und ist
ein guter Stützpunkt für Erkundungen
des Bryce Canyons. Hotelgäste können
in Swimmingpool und Spa von »Ruby's
Inn« entspannen.

### ESSEN
**❶ Ruby's Inn Cowboy's
Buffet & Steak Room** ⒺⒺ
am Nordeingang zum Bryce Canyon
National Park
Tel. 1 801 83 45 53 41
www.rubysinn.com/restaurants.html
In der warmen Jahreszeit ist hier
immer sehr viel los. Zu moderaten
Preisen bekommt man alle Mahlzeiten,
darunter mittags und abends diverse
Grillgerichte.

**❷ The Pizza Place** Ⓔ
21 N. Main St.
Tropic, UT
Tel. 1 435 6 79 88 88
Freundlicher Service, leckere Pizza mit
dickem Teigboden und üppige Portionen
zu günstigen Preisen. Es gibt auch ein
Salatbuffet.

angehoben. Die entstandenen Ablagerungen aus dem Erdmittelalter befanden sich nun Seite an Seite mit solchen aus der Erdneuzeit. Flüsse und Ströme trugen eine Schicht nach der anderen ab, und es bildeten sich Schichtstufen, wie man sie auch aus Süddeutschland kennt.

An den einzelnen Stufen kann die Erosion besonders gut ansetzen. Frost und Hitze sprengen das Gestein. Schmelzwasser und Regenfluten räumen weicheres Material schnell ab und erweitern die Klüfte in den härteren Schichten. Schließlich bleiben nur noch Felsnadeln, Felswände und Felsbrücken stehen, wie man sie heute im Bryce Canyon sehen kann. Doch auch diese fallen nach einiger Zeit zusammen und werden abgetragen.

> **? BAEDEKER WISSEN**
>
> ### Rosarot
>
> Im Bryce Canyon Nationalpark wurden etwa 60 verschiedene Tönungen von Rot, Rosa und ihren Nuancen gezählt. Die Mineralien Mangan und Eisen sind hauptsächlich für die Färbung der Felsen verantwortlich, die sich je nach Lichteinfall und Tageszeit permanent ändert.

**Pflanzen und Tiere**

Im Bryce Canyon lassen sich einzelne **Höhenstufen des Bergwaldes** gut ausmachen. In tieferen Lagen herrschen buschartige Wacholder- und Kieferngewächse (besonders Utah Juniper und Pinyon Pine) vor. Auch Eichen haben sich dazugesellt. Leitpflanze des nächsten Stockwerks ist die Ponderosa-Pinie. Ganz oben treten Tannen, Fichten und Espen hervor. Imposant sind die Limber Pines, die sich mit starken Wurzeln auch an rutschungsgefährdeten Stellen festhalten. Ferner gibt es hier oben noch einige Bristlecone Pines, die bis zu 1700 Jahre alt sind und damit zu den am längsten lebenden Organismen auf dem Globus gehören.

In den Felslabyrinthen und Wäldern beobachtet man Maultierhirsche, Erdhörnchen und Murmeltiere. Luchse, Füchse und Kojoten machen ebenso Jagd auf Kleintiere wie einige in den Lüften schwebende Adler, Habichte und Falken.

## FAHRT DURCH DEN NATIONALPARK

**\*Fairyland Point**

Eine knapp 19 mi/30 km lange Panoramastraße erschließt den Park. Kurz nach der Einfahrt erreicht man den 2365 m hohen Fairyland Point. Von hier bietet sich ein großartiger Blick auf das erste von bizarren Felsbildungen erfüllte Halbrund. In der Ferne bilden das Aquarius Plateau und der Navajo Mountain die Kulisse. Etwa 1,5 mi/2 km nach dem Parkeingang erreicht man das **Visitor Center**.

**\*\*Bryce Amphitheater**

Der eindrucksvollste Felsengarten des Nationalparks befindet sich im hufeisenförmig ausgeräumten eigentlichen Bryce Canyon. Spektakuläre Ausblicke bieten sich hier am Sunrise Point und am Sunset Point,

**Wind und Wetter schufen das Amphitheater im Bryce Canyon.**

wenn die tief stehende Sonne die bunten Felsen und Gesteinsbänder anstrahlt.

Vom Sunrise Point steigt man in den **»Queens Garden«** hinunter und lässt sich von zerbrechlich wirkenden Felsfiguren wie der »Queen Victoria« beeindrucken. Vom Sunset Point kann man zu **»Thor's Hammer«** und in die **»Wall Street«** wandern. Vom Inspiration Point blickt man hinunter in die steinerne Welt der »Silent City« bzw. hinüber zur »Cathedral« und zum »Fairy Castle«.

Vom weiter südlich, knapp 2500 m ü. d. M. gelegenen Aussichtspunkt Paria View schaut man auf die vielgestaltigen Figuren in dem vom Yellow Creek ausgeräumten Fels-Amphitheater. Als Nächstes folgen der **Inspiration Point** und der **Swamp Canyon**.

Nach dem Swamp Canyon erklimmt der Scenic Drive jene Höhenstufe, auf der Tannen und Fichten die Ponderosa Pine ablösen. Vom knapp 2700 m hohen **Farview Point** und vom einige Schritte abseits gelegenen Piracy Point hat man eine **ausgezeichnete Fernsicht**, die in südöstlicher Richtung bis zum Kaibab-Plateau (Nordrand des Grand Canyon) reicht.

**Agua Canyon**  Weiter südlich, im Agua Canyon, leuchten Klippen und Felstürme bei tief stehender Sonne in allen Rottönen. Einige der Felsnadeln sind noch so stabil, dass sie Bäume tragen können. Wenige hundert Meter weiter kommt man zum knapp 2700 m hohen Aussichtspunkt am **Ponderosa Canyon**. Bunt gebänderte Felskappen und Felsnadeln werden von Ponderosa-Pinien umrahmt.

****Rainbow & Yovimpa Point**

Der Scenic Drive endet am Rainbow Point bzw. am Yovimpa Point, wo das Paunsaugunt Plateau in Gestalt der Pink Cliffs jäh nach Südosten abbricht. Von dieser 2748 m hohen Felsbastion kann man wegen der in dieser Höhenlage besonders reinen Luft einen wirklich einmaligen Fernblick genießen, der nach Süden bis zu den Hochgebirgsstöcken der Bundesstaaten Arizona und New Mexico reicht. Hier oben stehen auch noch einige bis zu 1700 Jahre alte Bristlecone Pines. Sehr lohnend ist eine Begehung des **Bristlecone Loop Trail**. Ein weiterer Rundweg führt in die wilde Felslandschaft unter dem Yovimpa Point.

! BAEDEKER TIPP

*Scenic Drive & Rim Trail*

Eine knapp 19 mi/30 km lange Panoramastraße erschließt überwältigende Ausblicke in die Fels-Amphitheater und auch mindestens 150 km weit hinaus ins Land. Passionierte Bergwanderer sollten eine Begehung des Rim Trail entlang der Abbruchkante nicht versäumen!

# ** Canyonlands National Park

N/O 5/6

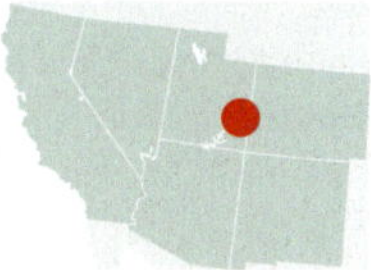

**Region:** Canyonlands, Panoramaland
**Höhe:** 1150 – 1850 m ü. d. M.

**Der mit einer Fläche von 1366 km² geradezu riesige Canyonlands National Park umfasst den wüstenhaften Kernraum des Colorado-Plateaus. Der Colorado und der Green River haben im Laufe von Jahrmillionen eine tiefe Schluchtenlandschaft ausgespült, die ihresgleichen sucht. In allen Rot- und Beigetönen leuchten die Sedimentschichten der Tafelberge, Berghalbinseln und Schluchten.**

**Drei landschaftliche Einheiten**

Der Nationalpark ist in drei Einheiten gegliedert. Das Gebiet zwischen dem Green River und dem Colorado wird als **»Island in the Sky«** bezeichnet und ist quasi die Aussichtsplattform des Nationalparks. **»The Needles«** heißt das Areal südlich des Colorado. Hier prägen Felsnadeln, -türme und -bögen das Landschaftsbild. Außerdem findet man hier noch zahlreiche paläoindianische Siedlungsreste. Westlich des Green River erstreckt sich **»The Maze«**, ein wahrer Irrgarten aus bunt gestreiften Felsvorsprüngen und tiefen Schluchten, der nur sehr schwer zugänglich ist.

## Canyonlands erleben

### AUSKUNFT
**Canyonlands National Park Headquarters**
2282 SW Resource Blvd.
Moab, UT 84532
Tel. 1 435 7 19 23 13
www.nps.gov/cany/
Visitor Center im Island in the Sky District und im Needles District tgl. 9.00 – 16.30, im Maze District 8.00 – 16.30 Uhr
Der Nationalpark ist ganzjährig zugänglich.

### ÜBERNACHTEN
**❶ Desert Hills Bed & Breakfast ©©**
1989 S. Desert Hills Lane, Moab
Tel. 1 435 2 59 35 68
www.deserthillsbnb.com
Das Haus bietet drei hübsche Zimmer und eine Suite. Alle Räumlichkeiten sind mit rustikalem Mobiliar eingerichtet und haben Blick auf die herrliche Umgebung des Spanish Valley.

**❷ Best Western Plus Canyonlands Inn ©©**
16 S. Main St., Moab
Tel. 1 435 2 59 23 00
www.bestwesternutah.com
Das Motel steht an der Hauptdurchgangsstraße. Die Zimmer sind zweckmäßig bis komfortabel eingerichtet.

**❸ River Canyon Lodge ©**
71 W 200 North
Tel. 1 435 2 59 88 38
www.rivercanyonlodge.com
Das Hotel liegt zentral in der Innenstadt von Moab und hat rund 80 ordentliche Zimmer sowie einen großzügig dimensionierten Pool.

**❹ Days Inn Moab ©**
426 N. Main St., Moab
Tel. 1 435 2 59 44 68, www.daysinn.com
Das Hotel verfügt über 51 einfache Zimmer und einen Pool. In der Umgebung befinden sich zahlreiche Restaurants.

### ESSEN
**❶ Sorrel River Grill ©©©**
Hwy 191/SR 128 Mile Marker 17
Tel. 1 435 2 59 46 42
www.sorrelriver.com
Exquisite Gerichte im Restaurant des Sorrel River Ranch Resort – etwa Colorado-Wildente oder Lachssteak mit Trüffelsauce.

**❷ Moab Brewery ©©**
686 S. Main St., Moab
Tel. 1 435 2 59 63 33
www.themoabbrewery.com
Hier gibt es mehrere Sorten frisch gebrautes Bier. Besonders beliebt sind das »Dead Horse Ale«, das »Scorpion Pale Ale« und auch das »Elephant Hill Hefeweizen«. Dazu werden in entspannter Atmosphäre deftige Burger, Ribs, diverse Salate und Suppen serviert.

**❸ Slickrock Cafe ©©**
5 N. Main St,. Moab
Tel. 1 435 2 59 80 04
www.slickrockcafe.com
Leckere amerikanische Küche, die alles – vom Burger über Burrito bis zu vegetarischen und sogar veganischen Gerichten – bietet. Für alle Speisen werden ausschließlich frische Zutaten verwendet. Übrigens: Das Café befindet sich in einem der ältesten Gebäude Moabs, dem Cooper-Martin-Building, das 1907 erbaut wurde.

Die spärlichen Niederschläge lassen nur ein begrenztes Pflanzen-
wachstum zu. Eine aus kleinsten Lebewesen bestehende **kryptobiotische Kruste** schützt die Böden. Vereinzelt gedeihen hitzebeständi-
ge Grassorten wie Indianerreis sowie zwergwüchsige Busch- und
Baumarten. An feuchteren Standorten – Flussufer und Quell-
austritte – wachsen Farne, Tamarisken, Cottonwood und einige Blütenpflanzen.

Kojoten, Wüstenfüchse, Wüstenschafe und Erdhörnchen kann man
häufig beobachten. An einigen Stellen leben sogar Biber. Die Can-

**Pflanzen
und Tiere**

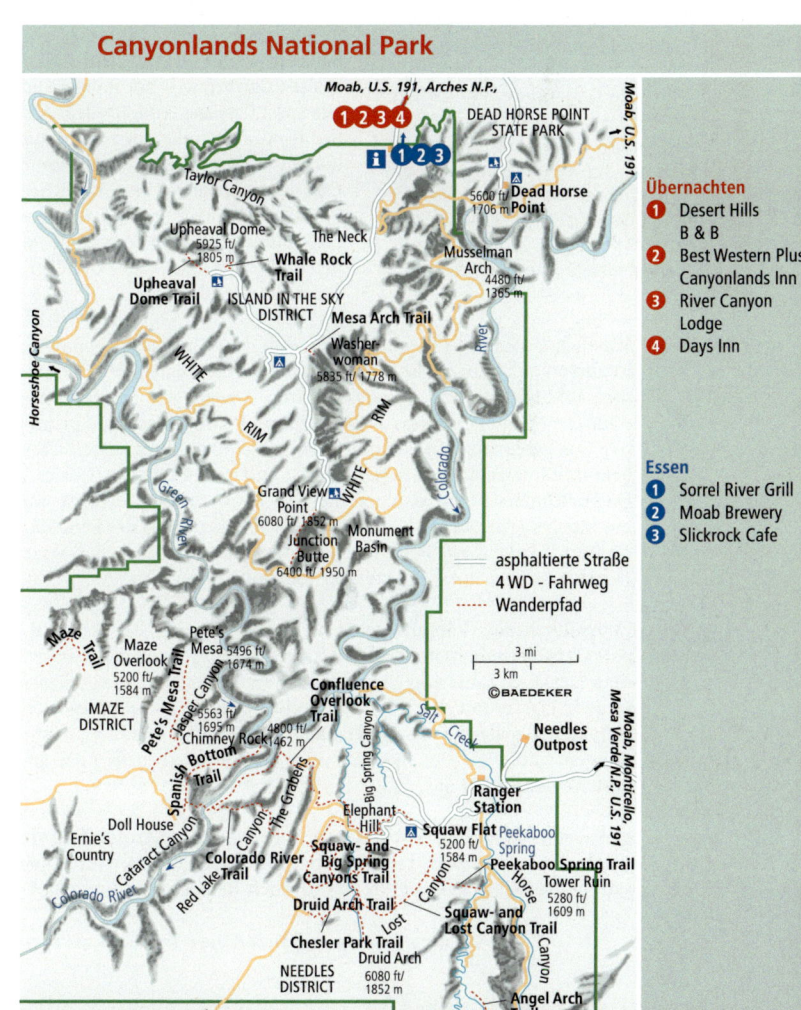

**Canyonlands National Park**

Moab, U.S. 191, Arches N.P.,

❶❷❸❹

**DEAD HORSE POINT
STATE PARK**

ℹ ❶❷❸

Taylor Canyon

5600 ft/ **Dead Horse**
1706 m **Point**

**Übernachten**
❶ Desert Hills
   B & B
❷ Best Western Plus
   Canyonlands Inn
❸ River Canyon
   Lodge
❹ Days Inn

Upheaval Dome
5925 ft/
1805 m

The Neck

**Whale Rock
Trail**

Musselman
Arch
4480 ft/
1365 m

**Upheaval
Dome Trail** **ISLAND IN THE SKY
DISTRICT** **Mesa Arch Trail**

Horseshoe Canyon

Washer-
woman
5835 ft/ 1778 m

WHITE

RIM

WHITE

RIM

Colorado

Green River

**Grand View
Point**
6080 ft/ 1852 m

Monument
Basin

Junction
Butte
6400 ft/ 1950 m

**Essen**
❶ Sorrel River Grill
❷ Moab Brewery
❸ Slickrock Cafe

asphaltierte Straße
4 WD - Fahrweg
Wanderpfad

Pete's
Mesa 5496 ft/
1674 m

Maze
Overlook
5200 ft/
1584 m

Maze Trail

Pete's Mesa Trail

Salt Creek

3 mi

3 km

©BAEDEKER

**MAZE
DISTRICT**

5563 ft/
1695 m

**Confluence
Overlook
Trail**

**Needles
Outpost**

Chimney Rock
4800 ft/
1462 m

Spanish Bottom Trail

The Grabens

Big Spring Canyon

**Ranger
Station**

**Squaw Flat**
5200 ft/
1584 m

Peekaboo
Spring

Doll House

Ernie's
Country

Elephant
Hill

Cataract Canyon

Red Lake Trail

**Colorado River**

**Squaw- and
Big Spring
Canyons Trail**

Lost Canyon

**Peekaboo Spring Trail**

**Tower Ruin**
5280 ft/
1609 m

**Druid Arch Trail**

**Squaw- and
Lost Canyon Trail**

**Chesler Park Trail**

Druid Arch
6080 ft/
1852 m

**NEEDLES
DISTRICT**

**Angel Arch
Trail**

Monticello, U.S. 191

Moab, U.S. 191

Moab, Monticello, Mesa Verde N.P., U.S. 191

yonlands sind Heimat zahlreicher Kleinechsen und vieler Giftschlangen, vor denen man sich in Acht nehmen sollte. Im Frühling und Herbst machen Zugvögel am Colorado und am Green River Station.

**\*Island in the Sky**
Von einer etwa 1800 m ü. d. M. gelegenen Hochfläche schaut man auf die ca. 370 m tiefer liegende Sandstein-Schichtfläche des White Rim hinunter, in die sich der Colorado und der Green River nochmals rund 300 m tief eingefräst haben. Von hier oben kann man 150 km weit blicken. Am Nordeingang des Nationalparks befindet sich das **Island in the Sky Visitor Center**, wo Park Ranger alle gewünschten Auskünfte erteilen. Auf der Panoramastraße fährt man von hier aus zum **\*\*Grand View Point Overlook**. Ein etwas beschwerlicher Fußweg führt ganz an die Spitze der Felsplattform, von der aus man wohl den schönsten Blick über die Canyonlands genießen kann.

**BAEDEKER TIPP**

! *Needles Overlook*

Wer einen Blick in den Canyonlands National Park werfen will, ohne in die teilweise recht unwirtliche Gegend des Parks fahren zu müssen, kann sich vom Aussichtspunkt »Needles Overlook« in der Nähe des Highway 191 bei Church Rock umschauen. Von hier führt ein ungeteerter Weg zum Anticline Overlook mit Blick auf den Meander Canyon.

**\*The Maze**
Westlich vom Green River erstreckt sich der »The Maze« genannte **Irrgarten** aus bunt gebänderten Schluchten, schmalen Felsplattformen und vielgestaltigen Felsskulpturen. Das Gebiet ist kaum erschlossen. Lediglich ein paar 4WD-Pisten, Wanderpfade und primitive Campingplätze sind ausgewiesen. Nirgendwo sonst in den USA bekommt man solch ein farbenfrohes **Sandstein-Puzzle** zu Gesicht. Das besonders fragile ökologische Gleichgewicht der Felswüste ist hier noch kaum gestört. Vom Highway UT 95 bzw. von der Hite Marina am ►Lake Powell führt eine 4WD-Wüstenpiste in den Maze District, die sich auf der Waterhole Flat teilt.

**\*\*The Needles**
Der südlich des Colorado gelegene Needles District des Nationalparks ist von zauberhaften **Felsskulpturen** geprägt. Außerdem findet man hier noch zahlreiche Siedlungsspuren der Anasazi, die in dieser Gegend jagten und Mais, Bohnen und verschiedene Getreidesorten anbauten. An vielen Felswänden kann man altindianische Felszeichnungen studieren. Das **Needles Visitor Center** erreicht man am besten vom US 191 aus.

**\*\*Colorado & Green River Confluence**
Der Colorado und der Green River haben eine **Canyonlandschaft** geschaffen, wie es keine zweite auf der Erde gibt. Oberhalb ihres Zusammenflusses mäandrieren sie ziemlich gemächlich durch tiefe

**Die Canyonlands vom Grand View Point aus gesehen**

Der Colorado und seine Zuflüsse haben eine großartige Schluchtenlandschaft aus mächtigen Sandsteinschichten herausmodelliert.

Schluchten eines von bunten Sandsteinschichten und Felsgebilden
geprägten Naturraumes.
Unterhalb ihres Zusammenflusses tosen die Wassermassen der nunmehr vereinten Flüsse durch den nach wie vor ungebändigten **Cataract Canyon**. Dieser 14 mi/23 km lange Abschnitt des Colorado-
tals ist der aus manchem Werbespot bekannte **Traum jedes
Wildwasserfahrers**. Auf der relativ kurzen Strecke stürzt der Colorado über mehrere gefährliche Stromschnellen zum etwa 50 m tiefer
gelegenen Lake Powell. Von den beiden Fremdenverkehrsorten
▶Moab und Green River aus werden Wildwasserfahrten durch diese
Canyonlandschaft angeboten.

## UMGEBUNG DES CANYONLANDS NATIONAL PARK

**\*\*Horseshoe
Canyon Unit**

Westlich des Nationalparks verläuft der Horseshoe Canyon, der
vom Barrier Creek ausgeräumt wurde. Der mittlere Teil dieser
Schlucht ist als Exklave des Nationalparks ausgewiesen. Der Grund:
Hier trifft man auf die **schönste Galerie von Felszeichnungen**,
die man bislang in den USA entdeckt hat. Sie stammen von archa-
ischen Indianern, die hier vor mehr als 2000 Jahren gelebt haben.
Die Darstellungen befassen sich mit dem Alltagsleben und mit der
spirituellen Welt der Indianer. Das Gebiet erreicht man am besten
via UT 24. Dieser Highway zweigt westlich von Green River vom
I-70 südwärts ab. Nach ca. 30 mi/48 km führt eine Piste ostwärts
zum Canyon.

Etwa 12 mi/20 km nach der Abzweigung des in den Indian Creek Canyon bzw. in den Needles District führenden UT 211 kommt man an einem State Park vorbei, dessen Hauptattraktion eine hohe **Sandsteinwand** mit zahlreichen Felszeichnungen ist. Seit etwa 2000 Jahren haben sich hier nicht nur altindianische Anasazi und Fremont, sondern auch erst viel später auftauchende Paiute und Navajo »verewigt«. Neben diversen Tieren sind auch Menschen, Jagdszenen, Ornamente, Hand- und Fußspuren abgebildet.

**\*Newspaper Rock**

# ⭐ Capitol Reef National Park

✦ M/N 5/6

**Fläche:** 972 km²
**Gründungsjahr:** 1971

**Als eines der weniger bekannten Naturschutzgebiete des Südwestens erstreckt sich der 972 km² große Capitol Reef National Park im Süden von Utah. Der lang gestreckte Nationalpark umfasst die bunt gebänderten Felsen, Riffe, Kamine und steilwandigen Tafelberge im Bereich der sogenannten Waterpocket Fold, einer ca. 160 km lange Falte der Erdkuste.**

Die markante Waterpocket Fold wurde vor etwa 65 Mio. Jahren aufgefaltet, also in jener Zeit, in der auch die Rocky Mountains entstanden. Die Kräfte der Erosion haben anschließend jene bizarren und in allen Farben leuchtenden Felsgebilde geschaffen, die heute viele Touristen anziehen. Der **Fremont River** durchmisst die Waterpocket Fold in einem engen Durchbruchstal in west-östlicher Richtung.

**Waterpocket Fold**

Die felsige Landschaft des Capitol Reef ist zwar recht **karg**, doch bietet sie etlichen Tierarten eine ausreichende Lebensgrundlage. Häufig zu sehen sind kleine Reptilien, darunter vor allem Eidechsen und Klapperschlangen, sowie kleine Säugetiere (u. a. Erdhörnchen). Auch Waschbären, Kojoten und Füchse durchstreifen das Gelände. Mitunter springen Antilopen über Stock und Stein.

**Tierwelt**

Vom 7. bis zum 13. Jh. lebten in dieser Gegend altindianische Jäger und Sammler, die hier auch Mais und Bohnen anbauten. An einigen Felswänden im Fremont Canyon sind altindianische Felszeichnungen und -gravuren zu sehen. Im 19. Jh. kamen Landvermesser, Naturforscher und Missionare durch dieses Gebiet. Gegen Ende des 19. Jh.s ließen sich Mormonen nieder, die hier Obst kultivierten.

**Besiedlung**

## Capitol Reef erleben

### AUSKUNFT
**Capitol Reef National Park**
HC-70, Box 15, Torrey, UT 84775
Tel. 1 435 425 37 91
www.nps.gov/care
Visitor Center am westlichen Park-
zugang, SR 24; Sommer 8.00 – 18.00,
Winter bis 16.30 Uhr
Der Nationalpark ist ganzjährig frei
zugänglich.

### ÜBERNACHTEN
**Red River Ranch** Ⓔ Ⓔ Ⓔ
2900 W. Hwy 24, P.O. Box 22, Teasdale
Tel. 1 435 425 33 22
www.redriverranch.com
Ranch in rustikaler Westernbauweise
und mit luxuriöser Ausstattung. Jedes
der 15 eleganten Zimmer ist individuell
mit antiken Möbeln gestaltet und verfügt neben einem eigenen Kamin über
jeglichen Komfort.

**The Snuggle Inn** Ⓔ Ⓔ
Main Rd, Loa
Tel. 1 435 836 28 98
www.thesnuggleinn.com
Die ordentliche Herberge mit freundlichen und sauberen Gästezimmern
sowie einem netten Restaurant ist ein
guter Stützpunkt, um den Nationalpark
zu erkunden.

**Austin's Chuck Wagon Motel** Ⓔ
12 W. Main St., Torrey
Tel. 1 435 425 33 35
www.austinschuckwagonmotel.com
Das Motel liegt inmitten von großen,
alten Bäumen, den Wahrzeichen
von Torrey. Neben Motelzimmern,
einigen Familienappartments und
gemütlichen Blockhütten gibt es eine
großzügige Poolanlage sowie einen
kleinen Lebensmittelladen auf dem
Gelände.

### ESSEN
**Cafe Diablo** Ⓔ Ⓔ Ⓔ
599 W. Main St., Torrey
Tel. 1 435 425 30 70
www.cafediablo.net
Hier wird die Küche des Südwestens
innovativ interpretiert. Die Zutaten
kommen alle aus der Region. Das Lokal
ist nur von Mitte April bis Mitte Oktober
geöffnet.

**Capitol Reef Cafe** Ⓔ Ⓔ
360 W. Main St., Torrey
Tel. 1 435 425 32 71
www.capitolreefinn.com
Auf den Tisch kommt frische Südwestküche vor allem mit lokalen Produkten.
Gratis dazu gibt es den Panoramablick
auf die Berge.

Doch schon wenig später verließen viele Siedler das abgelegene und
öfter von schlimmen Hochwasserfluten heimgesuchte Land.

**\*Scenic Byway Utah 24** Der UT 24 durchquert als landschaftlich reizvolle Strecke den Nor-
den des Nationalparks und folgt dabei dem Lauf des Fremont River.
Jäh und bis zu 150 m hoch aufragende Felsgruppen säumen den Weg.
Kurz hinter dem westlichen Parkeingang bei Torrey stehen nördlich
der Straße die imposanten Twin Rocks. Wenig sieht man die hohen
Felskamine der Chimney Rocks. In der Nähe hat der Sulphur Creek

tiefe »Goosenecks« (dt. Gänsehälse) genannte Windungen in die anstehenden Gesteinsschichten gegraben. Kurz danach erreicht man das **Visitor Center** des Nationalparks, in dem man sich über die Landschafts- und Besiedlungsgeschichte dieses Gebietes informieren kann. Von hier führen die Fremont River Trails an eine enge Schlucht heran.

## FAHRT DURCH DEN NATIONALPARK

Beim Visitor Center beginnt auch eine etwa 12 mi/20 km lange, als »Scenic Drive« ausgewiesene Stichstraße, die in südöstlicher Richtung zur Capitol Gorge führt. Hohe Felstürme, burgähnliche Felsbastionen, Monolithen mit treffenden Bezeichnungen wie »Golden Throne« oder »Egyptian Temple« sowie tiefe Schluchten sind geradezu dramatischen Ergebnisse der Erosion, die hier seit Jahrmillionen wirksam ist. Vom Scenic Drive zweigt die unbefestigte **Grand Wash Road** ab, auf der man mit plötzlich einsetzenden **Sturzfluten** zu rechnen hat. Sie führt an den »Cassidy Arch« heran, wo sich einstmals der berüchtigte Outlaw mit seinen Kumpanen versteckt hielt.

**Scenic Drive**

Geradezu majestätisch erhebt sich der **Capitol Dome**, eine Felsgruppe, die von fern wie ein monumentales Bauwerk wirkt. Kurz bevor der UT 24 den Nationalpark im Osten verlässt, passiert man die **Behunin Cabin**. Das Steinhaus wurde 1888 von einem Mormonen erbaut, der hier wohl ein ziemlich entbehrungsreiches Leben fristete.

Die Natur als Baumeister: die Sandstein-Kathedrale

Weiter östlich, bei Cainville, zweigen vom UT 24 zwei Wüstenpisten in nordwestlicher Richtung ab, die man jedoch nur mit **4WD-Fahrzeugen** befahren kann. Sie führen zu den imposanten Felsdomen und Felsburgen im **\*Cathedral Valley**, deren Sandsteinbänder in vielen Farben leuchten.

### SEHENSWERTES IN DER UMGEBUNG

**Notom Bullfrog Road, Cedar Mesa**
Östlich außerhalb des Parks zweigt die unbefestigte Notom Bullfrog Road vom UT 24 in südlicher Richtung ab. Sie führt durch die bizarr-bunte Felslandschaft der Waterpocket Fold hinunter zur 72 mi/ 115 km entfernten **Bullfrog Marina** am ▸Lake Powell.

**\*Goblin Valley State Park**
Etwa eine Autostunde nordöstlich vom Capitol Reef National Park kommt man über den UT 24 (via Hanksville) zum Goblin Valley State Park. Der Name stammt von bizarren Felsbildungen aus rotem Sandstein, die von weitem ein bisschen wie **steinerne Kobolde** aussehen.

# \* Cedar City · Cedar Breaks National Monument

✦ **K/L 6**

**Region:** Color Country
**Höhe:** 1767 m ü. d. M.

**Einwohnerzahl:** 29 000
**Telefonvorwahl:** 435

**Das Städtchen Cedar City im Südwesten von Utah bietet sich als Stützpunkt für Ausflüge in die an landschaftlichen Höhepunkten reiche Umgebung an. Leicht zu erreichen sind u. a. das Cedar Breaks National Monument, der ▸Bryce Canyon National Park und der ▸Zion National Park. Kulturinteressierte kennen Cedar City als Veranstaltungsort des Utah Shakespeare Festival, das alljährlich im Sommer stattfindet.**

### SEHENSWERTES IN CEDAR CITY UND UMGEBUNG

**Downtown**
Im **Frontier Homestead State Park Museum** wird an die Zeit der Stadtgründung erinnert, als Mormonen in dieser unwirtlichen Gegend auftauchten, eine Missionsstation bauten und mit dem Eisenerzbergbau begannen. Sie errichteten hier auch den ersten Hochofen westlich des Mississippi.

## Cedar City erleben

### AUSKUNFT

**Cedar Breaks National Monument**
2390 W. Hwy 56, Suite 11
Cedar City, UT 84720-4151
Tel. 1 435 586 07 87
www.nps.gov/cebr

**Cedar City & Brian Head Tourism**
581 N. Main St., Suite A
Cedar City, UT 84720
Tel. 1 435 586 51 24
www.scenicsouthernutah.com

### ÜBERNACHTEN

**Abbey Inn** ⊖⊖
940 W. 200 N.
Tel. 1 435 586 99 66
www.abbeyinncedar.com
In diesem komfortablen Hotel erwarten den Gast 83 elegante Zimmer und Suiten sowie eine kleine Pool- und Spa-Anlage. Das Frühstück ist inklusive

**Best Western Town & Country Inn** ⊖⊖
189 N. Main St.
Tel. 1 435 586 99 00
www.bwtowncountry.com
Das bestens geführte Haus eignet sich gut als Basis für Ausflüge in die an landschaftlichen Sehenswürdigkeiten reiche Umgebung.

**El Rey Inn & Suites** ⊖
80 S. Main St.
Tel. 1 435 553 48 58
www.elreyinncedarcity.com/
Zentral in der Innenstadt gelegen kann man von diesem Hotel aus bequem zu Fuß die Stadt erkunden. Die Zimmer sind geräumig und hübsch eingerichtet.

### ESSEN

**Bard's Food and Drink Establishment & Oddfellows Pub** ⊖⊖
1575 W. 220 N.
Tel. 1 435 865 76 45
Gepflegte altenglische Atmosphäre. Serviert werden Tee mit Scones, Fish & Chips oder Leber mit Zwiebeln.

**The Garden House** ⊖⊖
164 S. 100 W.
Tel. 1 435 586 61 10
Charmante Location in viktorianischer Villa mit gepflegter amerikanischer Küche.

**Main Street Grill** ⊖
155 N. Main St.
Tel. 435 586 83 89
Familiäre Atmosphäre zum klassisch amerikanischen Frühstück und Kleinigkeiten zum Lunch.

Ein bemerkenswerter Sakralbau ist die **Rock Church**, die von den Mormonen aus bunten Sandsteinen errichtet worden ist.
In dieser Gegend lebenden Paiute-Indianer brauchten ihr Land nicht zu verlassen, was sie der Fürsprache der Mormonen zu verdanken hatten. Das **Paiute Indian Museum** zeichnet die Geschichte dieses Stammes nach (www.utahpaiutes.org).
**Frontier Homestead State Park Museum:** 635 N. Main St.; Mo. – Sa 9.00 – 17.00 Uhr; Eintritt 3 $; http://frontierhomestead.org

**Southern Utah State University**

Am westlichen Stadtrand erstreckt sich der Campus der Southern Utah State University. Die **Braithwaite Fine Arts Gallery** zeigt eine interessante Sammlung amerikanischer Kunst vom 19. Jh. bis heute. Das **Utah Shakespeare Festival** auf dem Universitätscampus zeigt zwischen Juni und Oktober Stücke des englischen Dramatikers, Zeitgenössisches sowie Musik und Tanz aus »Merrie Old England«.
Braithwaite Fine Arts Gallery: 351 W. Center St.; Juni – Aug. Mo. – Sa. 11.00 – 20.00, sonst Di. – Sa. 12.00 – 19.00 Uhr; Eintritt frei; www.suu.edu/pva/artgallery

**\*Cedar Breaks National Monument**

Ca. 22 mi/35 km östlich der Stadt erreicht man das Cedar Breaks National Monument. Hier, am Westrand des Markagunt-Plateaus, hat die Erosion ein 5 km weites und bis zu 750 m tiefes **Amphitheater** mit unterschiedlich gefärbten Erdpyramiden, Pilzfelsen, Felsnadeln und Felsbögen modelliert. An der Abbruchkante des Plateaus und auch auf einzelnen Erd- und Steinpyramiden halten sich Wacholderbäume und zedernähnliche Nadelgehölze fest, die der Schlucht ihren Namen gegeben haben. Das Schutzgebiet ist bekannt für seine prächtige **Bergblumenblüte**, die schon kurz nach der Schneeschmelze einsetzt und im Hochsommer ihren Höhepunkt erreicht.
Gleich nach der Einfahrt und an der höchster Stelle (3154 m ü. d. M.) des Gebiets kommt man zum **Visitor Center**. Hier beginnt ein ca. 5 mi/8 km langer **Scenic Drive**, der die schönsten Aussichtspunkte erschließt. Von dieser Straße zweigen mehrere lohnende Wanderpfade ab. Beim Visitor Center liegt der **Point Supreme**, von dem aus man einen großartigen Panoramablick in das Felsenamphitheater und darüber hinaus genießen kann. Sehr malerisch bietet sich die Szenerie bei Sonnenuntergang vom **Sunset Point** dar. Weiter nördlich kommt man zum **Chessman Ridge Overlook**, wo die Erdpyramiden bzw. »Hoodoos« wie Schachfiguren in der Landschaft stehen. Ganz im Norden, vom Aussichtspunkt »North View«, eröffnet sich der Blick auf das Felsenlabyrinth des Cedar Break.
Visitor Center: Juni – Mitte Okt. tgl. 9.00 – 18.00 Uhr; Eintritt 5 \$ für 7 Tage; www.nps.gov/cebr

> **BAEDEKER TIPP**
>
> *Spectra Point Trail*
>
> Trittsichere Bergwanderer können den rund 4 mi/6,5 km langen Spectra Point Trail begehen, der entlang der Abrisskante der amphitheaterartig ausgeräumten Schlucht führt und dabei spektakuläre Ausblicke erschließt. Aber: Watch your steps!

**\*Brian Head**

Wer hätte gedacht, dass man im eigentlich wüstenhaften »Red Country« **Ski fahren** kann? Der knapp 30 mi/50 km nordöstlich von Cedar City gelegene, 3446 m hohe Brian Head Peak auf dem Markagunt Plateau macht's möglich (www.brianhead.com). Natürlich gibt es hier oben auch ein komfortables Hotel.

Vom Cedar Breaks National Monument führt der Panguitch Lake Scenic Byway (UT 143) in nordöstlicher Richtung über das Markagunt Plateau, dessen Wälder zum **Dixie National Forest** gehören. Ein besonderes Kleinod in der Hochgebirgslandschaft ist der fischreiche Panguitch Lake.

**\*Panguitch Lake Scenic Byway**

Der Markagunt Scenic Byway (UT 14) schlängelt sich von Cedar City aus in südöstlicher Richtung durch den wildromantischen **Cedar Canyon** und über das **Markagunt Plateau**. Nach 17 mi/27 km erreicht man den **Zion Overlook**, von wo aus man einen großartigen Blick über die Felsenwelt des ►Zion National Park genießen kann. Ein kurzer Pfad führt zur steilen Abbruchkante des Markagunt Plateau, an der noch einige uralte Bristlecone Pines stehen.

**\* Markagunt Scenic Byway**

Wenige Meilen weiter zweigt ein Sträßchen zum **Navajo Lake** ab. Hierbei handelt es sich um ein besonderes Naturphänomen: Erstarrte Lavaströme stauen diesen ca. 5 km langen und schmalen See auf, der keinen oberirdischen Abfluss hat. Sein Wasser verschwindet im kalkigen und stark verkarsteten Untergrund und tritt in den Cascade Falls bzw. in der Quelle des Duck Creek wieder aus.

> **?** **Stiller Star**
>
> BAEDEKER WISSEN
>
> Duck Creek Village diente schon für manche Hollywood-Produktion als Filmkulisse und wird seit einiger Zeit auch gerne als Wintersportplatz besucht. Die tollen Snow-Mobil-Strecken rund um den Ort suchen in den gesamten Vereinigten Staaten ihresgleichen.

Vom Navajo Lake führt ein Weg zum Südrand des Markagunt Plateau und hinunter zu den **Pink Cliffs**. Kurze Zeit später steht man vor den **Cascade Falls**, die aus einer aktiven Flusshöhle hervorbrechen und zur Zeit der Schneeschmelze besonders fotogen sind. Das Wasser stürzt in den nördlichen Quellfluss des Virgin River, der den Zion Canyon ausgewaschen hat.

Ca. 28 mi/45 km östlich von Cedar City ist ein Campingplatz am **Duck Creek** (2621 m ü. d. M.) angelegt, dessen Wasser vom Navajo Lake heruntersickert. Wanderpfade erschließen die wunderschöne Landschaft. Danach erreicht man das **Duck Creek Village** (2560 m ü. d. M.).

Der **\*Virgin River Rim Trail**, ein großartiger, ca. 40 mi/65 km langer Hochgebirgswanderweg, führt am südlichen Trauf des Markagunt Plateau entlang, hoch über den von den Quellflüssen des Virgin River gegrabenen Canyons.

Ca. 50 mi/80 km nordöstlich von Cedar City erreicht man das **Beaver Valley** und die am I-15 gelegene Ortschaft Beaver. Von hier führt der 20 mi/32 km lange Elk Meadows Scenic Byway (UT 153) in die bis zu 3700 m hohen **Tushar Mountains**.

**\*Elk Meadows Scenic Byway**

# ★★ Dinosaur National Monument

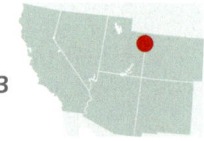

--- ✦ O/P 3

**Region:** Dinosaurland
**Höhe:** 1372 – 2743 m ü. d. M.

**Das Dinosaur National Monument, Mekka der Paläontologen und Fossiliensammler, erstreckt sich über 842 km² weit ins östlich benachbarte Colorado. Die großartige durch den Green und den Yampa River geformte Landschaft mit bizarren Felsbildungen, Canyons und »geologischen Fenstern« vermittelt dem kundigen Betrachter sehr tiefe Einblicke in die Erd- und Landschaftsgeschichte.**

**Zugang**

Das Gebiet kann das ganze Jahr über besucht werden, allerdings mit jahreszeitlich bedingten Einschränkungen. Es gibt zwei Visitor Center, eins beim **Dinosaur Quarry** und eins in der **Canyon Area** schon in Colorado.

**Dinosaur Quarry:** Tel. 1 435 7 81 77 00; tgl. 9.00 – 17.00 Uhr
**Canyon Area:** Tel. 7 970 3 74 30 00; Sommer tgl. 8.30 – 16.30, Sept. – Okt. Mi. – So. 8.30 – 16.30 Uhr

**Fossilienfundstätte**

Weltbekannt wurde das Gebiet am Zusammenfluss von Yampa und Green River 1908. Ein Paläontologe entdeckte am Green River östlich

## Dinosaur erleben

### AUSKUNFT
*Dinosaur National Monument*
East Highway 40
Dinosaur, CO 81610-9724
Tel. 1 435 7 81 77 00
www.nps.gov/dino
Eintritt 10 $ pro Fahrzeug

### WILDWASSERFAHRTEN
Wer sich traut, kann an einer Raftingtour durch die Schluchten des Green River (Gates of Lodore am nördlichen Parkeingang) und des Yampa River (Deerlodge Park am Osteingang) teilnehmen. Besonderen Nervenkitzel verspricht die Fahrt durch die Split Mountain Gorge. Die Wildwasserfahrten finden normalerweise von Mai bis September statt. Auskunft: www.nps.gov./dino/planyourvisit/riverrafting.htm

### ESSEN · ÜBERNACHTEN
Im Park gibt es fünf Campingplätze. Mehr Informationen dazu unter: www.nps.gov/dino/planyourvisit/campgrounds.htm
Adressen von Hotels und Restaurants in der Nähe des Dinosaur National Monument ▶Vernal, Flaming Gorge, Uinta (S. 569)

**Werbung für eine Unterkunft im Saurierland**

von ▶Vernal das versteinerte Skelett eines 23 m langen und 4,50 m hohen Brontosaurus. Seither hat man in diesem Steinbruch **über 300 t Fossilien** von verschiedenen Saurierarten gefunden. Wo sich heute hohe Gebirge auftürmen, mächtige Sedimentschichten übereinanderliegen und sich die Wassermassen von Green River und Yampa River durch enge Canyons zwängen, streiften in der Jurazeit, also vor etwa 145 Mio. Jahren, gewaltige Lebewesen in einer damals tropisch-feuchten Flusslandschaft umher. Der langhalsige Brachiosaurus fraß Blätter von hohen Farn- und Schachtelhalmgewächsen, der Allosaurus und der Ceratosaurus machten Jagd auf kleinere Artgenossen. Besonders furchterregend erscheint der mit mächtigen Knochenplatten gepanzerte und mit Knochenspießen bewehrte Stegosaurus. Doch man findet hier auch Spuren des Lebens aus dem Erdaltertum, als dieses Gebiet vom Meer bedeckt war. Versteinerte **Korallen** und **Seelilien** erinnern an die Zeit vor etwa 300 Mio. Jahren. Nach dem Aussterben der »Dinos« vor etwa 65 Mio. Jahren wuchsen die Rocky Mountains heran. Es entstanden zahlreiche Gebirgszüge, darunter auch die ▶Uintas im Nordosten von Utah, deren höchste Gipfel heute über 4000 m hoch aufragen. Ursprünglich lagen über dem ca. 1 Mrd. Jahre alten Gebirgskern noch mehrere tausend Meter Gestein, die im Laufe der Erdgeschichte nach und nach abgetragen bzw. als Sedimentschichten abgelagert wurden.

Der interessanteste Ort im Dino-Schutzgebiet ist ein Steinbruch am Nordufer des Green River, etwa 15 mi/24 km östlich von ▶Vernal.   **\*\*Dinosaur Quarry**

**?** *Steinerne Wasserleichen*

Dass in diesem Gebiet so viele und verschiedene Fossilien zu finden sind, hat einen Grund: Ein urzeitlicher Strom schleppte zahllose Tierkadaver heran, die an irgendeiner Biegung des Flusses abgelagert bzw. übereinander geschichtet wurden und im Verlauf von Jahrmillionen zu Stein wurden.

Hier wurde der erste Brontosaurus freigelegt. Eine Felswand, die besonders viele Fossilien enthält, ist überdacht. Man kann den Präparatoren bei ihrer mühevollen Arbeit zusehen. Mit Hämmern, Meißeln und Bohrern schälen sie neben Saurierknochen auch versteinerte Korallen und Seelilien heraus. Im **Visitor Center** kann man sich umfassend über die Naturgeschichte dieser Gegend informieren.

**Tour of the Titled Rock**
Ab dem Dinosaur Quarry Visitor Center kann man eine als »Tour of the Titled Rock« bezeichnete und ca. 25 mi/40 km lange Rundfahrt unternehmen. Die **Panorama-Rundstrecke** erschließt herrliche Blicke auf die nahen Berge und in den tiefen Canyon des Green River. Man passiert eine Felszeichnung der Fremont-Indianer, die hier vor ca. 1000 Jahren gelebt haben.

**\*Harpers Corner Drive**
Vom Park Headquarter in Dinosaur führt der 32 mi/55 km lange Harpers Corner Drive an die wilden Schluchten von Yampa und Green River heran. Von der Straße zweigen u. a. der **Plug Hat Butte Nature Trail** und der **Harpers Corner Trail** ab. Von diesem Trail bieten sich atemberaubende Blicke in die hier etwa 900 m tiefe Schlucht des Green River. Weitere landschaftliche Höhepunkte unterwegs sind der Echo Park, der Steamboat Rock und der Whirlpool Canyon.

# \* Grand Staircase · Escalante National Monument

⟡ **L/M 6**

**Region:** Color Country
**Fläche:** 688 km²                    **Höhe:** 1300 – 2800 m ü. d. M.

**Das besondere Merkmal der urtümlichen wüstenhaften Schichtstufenlandschaft des Grand Staircase ist ihre von verschiedenen Sedimentgesteinen herrührende Buntheit. Eindrucksvoll sind die Schluchten und Canyons, die der Escalante River und dessen Nebenflüsse in diese Landschaft gegraben haben.**

Der Scenic Byway UT 12 erschließt einige der schönsten Bereiche des Naturschutzgebiets. Er führt vom Red Canyon bzw. Bryce Canyon in nordöstlicher Richtung zum Capitol Reef National Park. Die erste Attraktion ist der **\*Red Canyon** mit seinen in allen Rottönen leuchtenden Felsformationen und seinen lichten Ponderosa-Pinienbeständen. Ein »Scenic Trail« führt in den wilden **Casto Canyon**. Wenig später zweigt die Zufahrt zum ▶Bryce Canyon National Park ab. Hinter dem Bryce Canyon zieht der UT 12 vom Paunsaugunt-Plateau ins Tal, passiert den kleinen Fremdenverkehrsort Tropic und erreicht nach etwa 12 mi/20 km den Ort Cannonville.

**Scenic Byway UT 12**

In Cannonville zweigt ein Fahrweg zum 7 mi/11 km südlich gelegenen Kodachrome Basin State Park ab. Wie der Name schon vermuten lässt, findet man hier eine Szenerie vor, die in ihrer Buntheit ihresgleichen sucht. Felswände aus rot und weiß gebändertem Sandstein, hoch aufragende Felskamine und in vielen Farben leuchtende zerbrechliche Felsnadeln – das ganze eingerahmt von hellgrünem Sagebrush und dunkelgrünen Wacholdergewächsen – lassen das Herz jedes Naturfotografen höher schlagen. Die schönsten Blicke hat man vom **Panorama Trail**. Das Kodachrome Basin liegt fast 1000 m tiefer als der Bryce Canyon National Park. In den Sommermonaten kann es hier unerträglich heiß werden. Am besten besucht man das Basin im April und Mai bzw. im September und Oktober. Vor Klapperschlangen sollte man sich in Acht nehmen.

**\*Kodachrome Basin State Park**

## Grand Staircase erleben

### AUSKUNFT
*Grand Staircase Escalante National Monument*
Kanab Visitor Center
745 E. Hwy. 85, Kanab, UT 84741
Tel. 1 435 6 44 46 80
www.ut.blm.gov/monument

### ÜBERNACHTEN
*Escalante's Grand Staircase B&B* ⊜⊜⊜
280 W. Main St., Escalante
Tel. 1 435 8 26 48 90
www.escalantebnb.com
Acht Zimmer in rustikalem Südweststil, Veranda mit Schaukelstühlen und ein üppiges Frühstück.

### ESSEN
*Rocking V Cafe* ⊜⊜
97 W. Center St.
Kanab, UT
Tel. 1 435 6 44 80 01
Munter gemischte Speisekarte, vom griechischen Salat bis zum Mahi-Mahi-Sandwich; leckere Desserts. Die Bilder an den Wänden kann man kaufen.

*Kiva Coffeehouse* ⊜
Hwy 12, Escalante
Tel. 1 435 8 26 45 50
Salate, Wraps, Sandwiches, dazu großartiges Frühstück und guter Kaffee, mit vielen Bio-Produkten. Gleich beim Escalante River.

**\*Grosvernor Arch**

10 mi/16 km südöstlich vom Kodachrome Basin State Park ist der nach dem Gründer der National Geographic Society benannte und ca. 30 m weite Felsbogen eine Attraktion. Man erreicht das Naturwunder über eine **unbefestigte Wüstenpiste**, die vom Grosvernor Arch weiter südwärts in den Cottonwood Canyon und zum US 89 bzw. zum ►Lake Powell hinunterführt. Achtung: Bei Regen oder Gewitter sollte diese Piste wegen Lebensgefahr nicht befahren werden!

**\*Escalante Petrified Forest State Park**

Nordwestlich außerhalb des Orts Escalantes kann man **versteinerte Bäume** studieren, die vor etwa 140 Mio. Jahren hier angeschwemmt und danach von mächtigen Sedimentschichten überlagert worden sind. Durch die seit geraumer Zeit wirkende erodierende Kraft des Escalante River bzw. seiner Nebenbäche sind die verkieselten und versteinerten Baumleichen freigelegt worden. Im **Visitor Center** kann man sich genauer informieren.

**Hell's Backbone Road**

Von Escalante klettert die Hell's Backbone Road Schotterpiste etwa 13 mi/20 km nordwärts bergauf zum 2645 m hoch und sehr idyllisch gelegenen **Posey Lake** mit einem Campingplatz.

**Hole-in-the-Rock Road**

Etwa 5 mi/8 km östlich von Escalante zweigt die Hole-in-the-Rock Road in südöstlicher Richtung ab. Diese 57 mi/92 km lange Piste führt durch eine **wilde Felswüste** hinunter zum Hole-in-the-Rock am Glen Canyon (Lake Powell). In den 1890er-Jahren haben Mormonen hier einen Durchlass in den Fels gehauen, um auf den Talboden des Glen Canyon bzw. zum Colorado zu gelangen.

**\*Escalante Canyons**

Einige Meilen nach der Abzweigung der Hole-in-the-Rock Road bietet sich ganz unvermittelt ein großartiger Blick über die vom Escalante River ausgewaschene Canyon-Landschaft. Im **Bureau of Land Management** erhält man Tipps, wie man am besten zu den schönsten Stellen kommt.
**Bureau of Land Management:** Hwy 12, 5 mi/8 km westl. von Escalante, Tel. 1 435 8 26 42 91

**Calf Creek Recreation Area**

Knapp 16 mi/26 km nordöstlich von Escalante ist ein Erholungsgelände angelegt, dessen Attraktionen zwei **Wasserfälle** des Calf Creek sind. Mehrere natürliche Wasserbecken laden zum erfrischenden Bad ein. Geschulte Augen finden an Felswänden in der Nähe altindianische Felszeichnungen.

**\*Anasazi Indian Village State Park**

Nach weiteren 12 mi/20 km gelangt man in den kleinen Ort **Boulder**. In den späten 1950er-Jahren wurden hier die Überreste einer paläoindianischen Siedlung freigelegt. Nach jüngsten Forschungen haben hier im 11. und 12. Jh. etwa 200 Anasazi in Erdhäusern gelebt. Im kleinen Museum kann man sich über die Lebensweise und die Kulturtechniken der Anasazi informieren.

❶ 460 N. Hwy 12, Tel. 1 435 3 35 73 08; April – Okt. tgl. 8.00 – 18.00, Nov. – März Mo. – Sa. 9.00 – 17.00 Uhr; www.utah.com/stateparks/anasazi.htm

Nördlich von Boulder klettert der 32 mi/52 km lange **Clem Church Memorial Highway** als aussichtsreiche Etappe des UT 12 über den 2804 m hohen Boulder Mountain. Dieses Bergmassiv vulkanischen Ursprungs ist von lichten Wäldern bedeckt, die dem Dixie National Forest zugeordnet sind. Von mehreren Stellen bieten sich großartige Ausblicke. Im Südosten sieht man die vom Escalante River geschaffene Canyonlandschaft und die Circle Cliffs, im Osten nimmt man die Waterpocket Fold bzw. die Felsburgen des ▶Capitol Reef National Park wahr, und dahinter ragen die Henry Mountains auf. **\*Boulder Mountain**

## KANAB UND UMGEBUNG

Das Städtchen **Kanab** (1500 m ü. d. M.; 3000 Einw.) liegt unweit der Grenze zu Arizona in einer großartigen, von den Vermilion Cliffs geprägten Landschaft. Dank seiner guten Verkehrsanbindung (US 89) bietet es sich als Stützpunkt für tolle Ausflüge in die schöne Landschaft. Bereits in den 1920er-Jahren »entdeckte« Hollywood Kanab und seine Umgebung als **Kulisse für Film- und TV-Produktionen**. Seither sind hier weit über 100 Filme aufgenommen worden, darunter so bekannte Streifen wie »Bandolero« oder die TV-Serie »Rauchende Colts«.

Im Zentrum von Kanab sind noch einige Häuser aus der Gründerzeit erhalten, die von den Mormonen zumeist im viktorianischen Stil erbaut wurden. Dazu gehört auch das **Kanab Heritage House**, das heute als Museum zugänglich ist.

**Kanab Heritage House:** Ecke Main/100 S.; Sommer Mo. – Fr. 13.00 – 17.00 Uhr; www.kanabheritage.com

**! BAEDEKER TIPP**

*Parry Lodge*

Einmal im selben Bett wie John Wayne oder Dean Martin schlafen! Kein Problem, die legendäre Parry Lodge macht's möglich, denn hier logierten die Westernfilmhelden während der Drehzeiten. Das »Goldene Filmzeitalter« wird liebevoll konserviert. Wer sich rechtzeitig anmeldet, kann in stilechtem Western-Ambiente übernachten oder dinieren (89 E. Center St, Kanab, UT, Tel. 1 435 6 44 26 01, www.parrylodge. com).

Ca. 6 mi/10 km nördlich von Kanab, am US 89, findet man diese im 11. und 12. Jh. von Indianern als **Behausung** genutzte Höhle. In den 1950er-Jahren wurde sie als Speakeasy (illegale Kneipe während der Prohibitionszeit), Taverne und Tanzsaal genutzt. Heute ist hier ein **Moqui Cave**

Museum eingerichtet, in dem es Fossilien, Mineralien, altindianische Artefakte und indianisches Kunsthandwerk zu sehen gibt.

❶ 4518 US 89; Mai – Okt. Mo. – Sa. 9.00 – 17.00 Uhr; Eintritt 5 $; www.visitsouthernutah.com

**Coral Pink Sand Dunes State Park**

Besonders Besitzer von Allradfahrzeugen lieben den Coral Pink Sand Dunes State Park, denn hier darf man von 9.00 bis 20.00 Uhr in ausgewiesenen Dünenbereichen mit diesen Fahrzeugen herumfahren. Die Dünen sind ständig in Bewegung und können über 80 m hoch werden. Der feine rosafarbene Sand wird aus den umliegenden Bergen heruntergeweht. Tagsüber herrschen **Durchschnittstemperaturen** von mehr als 35 °C und man sieht außer ein paar Eidechsen, Schlangen und Skorpionen kaum Tiere. Kommt man jedoch früh morgens in die Dünen, so entdeckt man Spuren zahlreicher kleiner Säugetiere. Nachts sind es nur noch 12 °C und man hört die Koyoten heulen. In dem Dünenpark sind **Wander- und Lehrpfade** markiert. Am schönsten sind Wanderungen in der Morgensonne, wenn die Dünen in allen Farben leuchten. Achtung: Durch die Dünen sollte man nur mit festem Schuhwerk wandern! Es besteht die Gefahr, dass man unbewusst einen giftigen Skorpion oder eine Giftschlange aufstöbert.

❶ Eintritt 6 $ pro Fahrzeug; www.utah.com/stateparks/coral_pink.htm

**Buggies in den Coral Pink Sand Dunes – Spaß oder Störfaktor?**

Fährt man in den Johnson Canyon hinein, meint man, Marshall Dillon oder Miss Kitty würden im nächsten Augenblick vor einem stehen. Denn hier ist das Gelände, wo die meisten Folgen der **TV-Serie** »Rauchende Colts« aufgenommen wurden. Noch bestens erhalten sind der »Saloon«, »Doc's Office« und der »Blacksmith Shop«.

**Johnson Canyon Movie Set**

# ✴ Lake Powell · Glen Canyon

──────────── ✴ M/N 6/7

**Regionen:** Color Country, Canyonlands

**Im Süden Utahs erstreckt sich der Lake Powell als zweitgrößter Stausee der Vereinigten Staaten. Er ist fast 300 km lang und hat eine Fläche von mehr als 5000 km². Wegen der vielen Buchten und Seitencanyons hat der Stausee eine Gesamtuferlänge von insgesamt 3155 km.**

Von Anfang an sollte nicht nur ein Wasserreservoir für die Stromgewinnung und für Bewässerungszwecke, sondern vor allem auch ein Erholungsraum mitten in der Wüste geschaffen werden. Inzwischen ist hier ein **Ganzjahresferiengebiet** entstanden, das von vielen Freizeitkapitänen, Wassersportlern und Anglern gern angenommen worden ist. An mehreren Stellen, so etwa bei Page, im Bereich Bullfrog – Halls Crossing sowie am oberen Ende des Sees bei Hite, sind diverse touristische Einrichtungen (Hotels, Campingplätze, Marinas etc.) gebaut worden.

**Erholungslandschaft**

**Naturschützer** beklagen den hohen Wasserverbrauch durch den Staudamm und seine Nutzung sowie den Verlust einer spektakulären Canyonlandschaft.

Von 1960 bis 1964 hat man an einer bereits zu Arizona gehörigen Engstelle des Coloradotales (bei der heutigen Stadt Page, AZ) einen gewaltigen, hohen Staudamm, den Glen Canyon Dam, errichtet. Es sollte 17 Jahre dauern, bis der neue **Stausee** seinen Höchststand erreichte. Wer an einer Führung im **Carl Hayden Visitor Center** teilnimmt, lernt das Innere des Staudamms und auch die gewaltigen Turbinenkraftwerke kennen. Danach versteht man besser, wofür die kaum vorstellbare Menge von 5 Mio. m³ Beton und sonstigem Baumaterial gebraucht wurde.

**✴Glen Canyon Dam**

❶ Führungen tgl. 9.00–17.00 Uhr; Ticket 5 $; www.nps.gov/glca

Ca. 7 mi/11 km nördlich von Page, an der Grenze von Utah und Arizona, erreicht man die ganzjährig gut besuchte Wahweap Marina, wo

**Wahweap Marina**

## Lake Powell · Glen Canyon erleben

### AUSKUNFT
*Page – Lake Powell Chamber of Commerce & Visitors Bureau*
34 S. Lake Powell Blvd., Page, AZ 86040
Tel. 1 928 645 27 41
www.pagechamber.com

### Glen Canyon National Recreation Area
P. O. Box 1507, Page, AZ 86040
Tel. 1 928 608 62 00 (Headquarters)
Tel. 1 928 608 64 04 (Carl Hayden Visitor Center) , www.nps.gov/glca

### ÜBERNACHTEN
*Lake Powell Resorts & Marinas* ⓔⓔⓔ
100 Lakeshore Dr., Page
Tel. 1 928 645 24 33
www.lakepowell.com
Große Resortanlage mit Hotelzimmern, Blick auf den See, mehreren Restaurants, darunter der elegante Rainbow Room, sowie Bootsverleih.

*Best Western Plus at Lake Powell* ⓔⓔ
208 N. Lake Powell Blvd., Page
Tel. 1 928 645 59 88
www.bestwestern.com
Ein im Adobe-Stil erbautes Hotel im Herzen von Page. Nach einem Tag am See oder in den nahe gelegenen Nationalparks kann man im beheizten Außenpool entspannen. Frühstück ist inklusive.

### ESSEN
*Pepper's* ⓔⓔ
600 Clubhouse Dr., Page
Tel. 1 928 645 50 00
Komfortables Restaurant im Marriott Courtyard Hotel. Gute Steaks und Südwestküche.

*The Dam Bar & Grille* ⓔⓔ
644 N. Navajo Dr.; Tel. 1 928 645 21 61
Das Restaurant im Dam Plaza Shopping Center serviert südwestamerikanische Küche, Steaks und Pasta.

**Am Lake Powell treffen sich die Wassersportler.**

man sich ein **Hausboot** mieten oder sein eigenes Boot zu Wasser lassen kann. Von hier startet auch ein Schaufelraddampfer zu romantischen abendlichen **Dinner-Kreuzfahrten**.

Die im hinteren Teil des Sees am Nordufer gelegene Bullfrog Marina ist nur über den UT 276 erreichbar, der nördlich und südlich des See-Endes vom US 95 abzweigt. Die Nationalparkverwaltung unterhält hier ein **Visitor Center**, in dem man sich über die Naturgeschichte des Glen Canyon und die Bedeutung des Lake Powell informieren kann.

**Bullfrog Marina**

Mit einer kleinen Fähre kann man zu der am gegenüberliegenden Seeufer angelegten Halls Crossing Marina übersetzen. Von hier aus gelangt man über den südlichen Ast des Highway UT 276 wieder zum US 95 und zum unbedingt sehenswerten **Natural Bridges National Monument**.

**Halls Crossing Marina**

Am oberen Ende des Lake Powell, der hier von einer modernen Straßenbrücke (US 95) überspannt wird, ist die Hite Marina angelegt. Dazu gehören das Büro eines Park Rangers, eine Bootsvermietung, eine Tankstelle und ein kleiner Campingplatz.

**Hite Marina**

Von der Wahweap Marina und von der Bullfrog Marina fahren täglich Ausflugsboote an das vom Navajo Mountain überragte Südufer des Lake Powell. Hier findet man die mit 90 m zweithöchste Naturbrücke der Welt., das Rainbow Bridge National Monument. Vom Anleger der Ausflugsboote führt ein kurzer Fußweg zum mächtigen **Felsbogen** aus rotem Sandstein. Die Rainbow Bridge wird von den Navajo auch heute noch als **Heiligtum** betrachtet. Aus diesem Grund sind hier Freiluft-Aktivitäten wie Felsklettern und Camping verboten.

**\*Rainbow Bridge National Monument**

## SEHENSWERTES IN DER UMGEBUNG

Das Städtchen Page in Arizona (7300 Einw.) ist aus einer Siedlung hervorgegangen, die Ende der 1950er-Jahre für die am Staudammprojekt beteiligten Arbeitskräfte aufgebaut wurde. Inzwischen ist es zu einem Versorgungsort für ein weites Umland und zu einem Fremdenverkehrsort mit Hotels, Restaurants, Shopping Malls und Golfplatz herangewachsen. Das **John Wesley Powell Museum** informiert über das Leben der ersten Weißen, der die Schlucht des Colorado River erkundete. Ferner lohnt der südlich außerhalb am US 89 gelegene **Big Lake Trading Post** einen Besuch, denn hier kann man altindianische Artefakte sowie Kunsthandwerk der heutigen Indianer bestaunen.

**Page, AZ**

**John Wesley Powell Museum:** 6 N. Lake Powell Blvd., Tel. 1 928 6 45 94 96; Mo.–Sa. 9.00–17.00 Uhr, Nov.–Feb. Sa. geschl.; Eintritt 5 $; www.powellmuseum.org

Atemberaubendes Formenspiel: der Antelope Canyon

**\*Antelope Canyon**

Von Page aus werden Ausflüge in den ca. 3,5 mi/5,5 km südöstlich außerhalb versteckten Antelope Canyon angeboten. Viele Südwest-Fans kennen diesen sogenannten Slot Canyon (geschlossenen Canyon) von traumhaften Bildern, die bei günstiger Sonneneinstrahlung von den bunt gebänderten und glatt geschliffenen Sandsteinformationen gemacht werden können. Der Canyon liegt auf dem **Hoheits-gebiet der Navajo** und kann nur im Rahmen von Führungen besichtigt werden. Sind in der Region Regenfälle angekündigt, wird der Canyon geschlossen, da es dann zu Sturzfluten kommen kann.

❶ Infos zu Touren: http://navajonationparks.org/htm/antelopetours.htm

**\*\*Paria Canyon, Vermilion Cliffs**

Naturfreunde können von Page (oder Kanab, ▶ S. 541) aus die imposanten **bunt gestreiften Sandsteinwellen** (u. a. »The Wave«) im Paria Canyon im Bereich der Coyote Buttes bzw. die Vermilion Cliffs mit ihren faszinierend **bunten Felsbändern** erkunden. 30 mi/48 km nordwestlich von Page erreicht man die nahe am US 89 gelegene Paria Contact Ranger Station, wo es alle Infos zum Weg gibt. Pro Tag werden hier allerdings nur 20 »Walk-in Permits« (Eintrittskarten) für das Gebiet ausgegeben. Es wird empfohlen, sich eine solche Erlaubnis Monate vor dem Besuch via Internet zu besorgen unter www.blm.gov/az/st/en/prog/blm_special_areas/wildareas/paria_vermilion.html.

Etwa eine Autostunde südöstlich oberhalb der Hite Marina erreicht man via UT 95 ein Naturschutzgebiet, in dem von periodischen Sturzfluten drei eindrucksvolle Naturbrücken aus dem anstehenden Sandstein ausgewaschen worden sind. Der **Bridge View Drive** erschließt die schönsten Stellen in diesem Naturschutzgebiet.

**\*Natural Bridges N. M.**

Nordwestlich von Hite Marina erheben sich die bewaldeten und bis weit in den Mai dicke Schneehauben tragenden Henry Mountains, deren höchste Gipfel der 3512 m hohe **Mount Ellen** und der 3450 m hohe **Mount Pennel** sind. In dem noch wenig berührten Gebirge kann man viel Wild beobachten. Vom UT 95 zweigen mehrere Sträßchen in die Henries ab.

**Henry Mountains**

# \* Moab

◆ O 5

**Region:** Canyonlands
**Höhe :** 1219 m ü. d. M.
**Einwohnerzahl:** 5000
**Telefonvorwahl:** 801

**Das von den Mormonen nach einem biblischen Königreich im Lande Zion benannte Städtchen Moab liegt am oberen Colorado River, der sich hier durch die einzigartige Canyonlandschaft des Colorado-Plateaus zwängt. Es ist ein idealer Ausgangspunkt, um die imposanten Felsbildungen des ▶Arches National Park, des Dead Horse Point State Park und des ▶Canyonlands National Park zu erkunden.**

Moab hat sich in den letzten Jahren zu einem lebhaften Touristenort entwickelt. Aktivurlauber aus aller Herren Länder finden hier genau jene Szenerie vor, die sie aus diversen Westernfilmen und Werbespots kennen: leuchtend rote Sandsteinwände, glatt geschliffene Slickrock-Buckelpisten, steile Felshänge, schwer passierbare Schluchten und tosende Stromschnellen.

**Aktivurlaubsziel**

## SEHENSWERTES IN MOAB UND UMGEBUNG

Im Sommer herrscht lebhafter Betrieb auf der **Main Street**, die nicht nur eine viel befahrene Durchgangsstraße, sondern auch Hauptge-

**Downtown**

schäftsstraße und Flaniermeile ist. Neben den üblichen Souvenirs kann man indianisches Kunsthandwerk sowie schöne Halbedelsteine, Mineralien und Nachbildungen von Fossilien (u. a. Saurierknochen) erwerben.

Das **Dan O'Laurie Museum of Moab** vermittelt Einblicke in die Natur- und Kulturgeschichte des Raumes Moab. Zu sehen sind Mineralien und Saurierfossilien sowie paläoindianische Artefakte und Werkzeuge der ersten hier siedelnden Mormonen.

In der Red Cliffs Lodge (▶ Moab erleben) befindet sich das **\*Moab to Monument Valley Film Commission Museum.** Hier erfährt man, dass die grandiose Felslandschaft Südost-Utahs schon in den 1920er-Jahren als Filmkulisse diente. Hier drehte man »The Vanishing American«. Später wurden zwischen Moab und dem ▶Monument Valley viele **Westernfilme** (u. a. mit John Wayne) gedreht, darunter Streifen wie »Rio Grande« und »The Comancheros«. Auch in anderen Filmen spielte diese Landschaft eine Rolle, so in »Thelma & Louise« und »Indiana Jones and the last Crusade«. Schließlich entdeckten die Werbefilmer von Chevrolet und Marlboro die Felslandschaft am Colorado.

**Dan O'Laurie Museum:** 118 E. Center St.; April – Okt. Mo. – Fr. 10.00 – 18.00, Sa., So. 12.00 – 18.00, Nov. – März Mo. – Fr. 10.00 – 15.00, Sa., So. 12.00 – 17.00 Uhr; Eintritt 5 $ (Spende); www.moabmuseum.org

**Hole in the Rock** | Ca. 15 mi/24 km südlich kann man eine große **Felsenwohnung** besichtigen, die ein Ehepaar in den 1940er- und 1950er-Jahren aus dem Sandstein gehauen hat. Drum herum haben sich verschiedene Geschäfte und ein Mini-Zoo angesiedelt.

❶ 11037 S. Hwy. 191; tgl. 9.00 – 17.00 Uhr; Touren 6 $; http://theholeintherock.com

**\*Potash Scenic Byway** | Ca. 3 mi/5 km nordwestlich von Moab zweigt der Potash Scenic Byway (UT 279) vom US 191 ab. Er führt zunächst an einem künstlichen See vorbei, der mit **radioaktiven Abwässern** aus dem Uranbergbau gefüllt ist. Die Straße folgt dann dem Colorado flussabwärts in die großartige Felslandschaft des Dead Horse State Park und des Canyonlands National Park.

**\*\*Arches N. P.** | Ca. 5 mi/8 km nordwestlich von Moab erreicht man den Eingang zum viel besuchten ▶Arches National Park mit dem berühmten **Delicate Arch**.

**\*Dead Horse Point State Park** | Ca. 7 mi/11 km weiter nordwestlich zweigt der UT 313 in südlicher Richtung ab. Er führt zur über 600 m hohen Abbruchkante einer Felshalbinsel im Dead Horse Point State Park. Von hier oben bietet sich ein **atemberaubender Blick** in die vom Colorado und seinen Zuflüssen geschaffene Canyonlandschaft.

## Moab erleben

**AUSKUNFT**
*Moab Information Center*
Main & Center Streets
Tel. 1 435 2 59 88 25
http://www.discovermoab.com
/visitorcenter.htm

**ÜBERNACHTEN**
*Red Cliffs Lodge* ❸❸❸
Mile Post 14, UT 128
Tel. 1 435 2 59 20 02
www.redcliffslodge.com
Die rustikale Lodge, die ein Filmmuse-
um (▶ S. 548) beherbergt und selbst
Wein anbaut und produziert, liegt
direkt am Colorado. Für abenteuerliche
Ausritte stehen eigene Pferde zur
Verfügung.

*Big Horn Lodge* ❸
550 S. Main St.
Tel. 1 435 2 59 61 71
www.moabbighorn.com
Diese Unterkunft im Ortszentrum bietet
ihren Gästen 58 großzügig bemessene
und urig möblierte Zimmer.
Weitere Restaurants und Übernachtungsmöglichkeiten in Bryce Canyon
(▶S. 518) und Canyonlands (▶S. 523)

**ESSEN**
*Jailhouse Cafe* ❸
101 N. Main St., Tel. 1 435 2 59 39 00
Munteres Frühstücksrestaurant mit dem
Motto »Wir sind gut genug für die
Henkersmahlzeit«. Klasse Omelettes,
Ingwerpfannkuchen und mehr.

Die schwer zugängliche Landschaft um Moab erkunden viele per Jeep.

**\*\*Canyon-lands Natio-nal Park**

Der UT 313 zieht vom Dead Horse Point State Park weiter zum Island in the Sky District Visitor Center des ▶Canyonlands National Park und endet am Grand View Point.

**\*Colorado River Scenic Byway**

Etwa 2 mi/3 km nordwestlich von Moab biegt der Colorado River Scenic Byway (UT 128) in östlicher Richtung ab. Er folgt dem Colorado flussaufwärts. Vom **Negro Bill Canyon** lohnt sich eine Wanderung in ein Seitental, das von der über 70 m weiten Morning Glory Natural Bridge überspannt wird.

Später kommt man zu den **\*Fisher Towers**, jenen über 270 m hohen Felstürmen und -überhängen aus dunkelrotem Sandstein, die aus vielen Westernfilmen und Werbespots bestens bekannt sind. Weiter flussaufwärts überspannen schließlich die alte und die neue **Dewey Bridge** den Colorado River. Der vom Colorado geschaffene **Westwater Canyon** zieht viele abenteuerlustiger Wildwasserfahrer an.

**\*La Sal Mountains**

Südöstlich von Moab erheben sich die La Sal Mountains, deren höchste Gipfel über 3700 m ü. d. M. aufragen. Der zweithöchste Gebirgszug Utahs ist im Tertiär vor rund 30 Mio. Jahren durch **vulkanische Tätigkeit** entstanden. Als grüne Insel hebt sich das Massiv aus der Fels- und Steinwüste des Colorado-Plateaus. Von November bis Mai tragen die Gipfel weiße Schneehauben.

Das Gebiet ist Heimat für zahlreiche **Tiere**: In den Wäldern leben Schwarzbären, Wapitis, Berglöwen (Pumas) und andere Wildkatzen. Auch Maultierhirsche, Stachelschweine, wilde Truthähne und Adler kann man beobachten.

In dem Hochgebirge, dessen in der Sonne gleißende Schneegipfel in der Mythologie der Indianer eine große Rolle spielen, waren um die Jahrhundertwende zum 19. Jh. **Goldgräber** unterwegs. Von Moab aus erschließt die aussichtsreiche Panoramastraße **La Sal Loop** das Gebirge.

**\*Green River**

110 mi/177 km nordwestlich von Moab liegt die Ortschaft Green River am gleichnamigen Fluss, der hier von einem Brückenbauwerk des I-70 überspannt wird. Sehenswert ist das **John Wesley Powell River History Museum**, das sich mit den waghalsigen Unternehmungen des einarmigen Bürgerkriegsveteranen beschäftigt. Powell war der Erste, der die Flussläufe von Colorado und Green River systematisch erkundete und damit einen wichtigen Beitrag für die Erschließung des amerikanischen Westens erbrachte. Direkt am Fluss erstreckt sich der **Green River State Park** als grüner Erholungsraum.

**John Wesley Powell River History Museum**: 1765 E. Main St.; Sommer tgl. 9.00 – 19.00, Winter Di. – Sa. 9.00 – 17.00 Uhr; Eintritt 6 \$; www.johnwesleypowell.com

# Ogden

✷ **M 2**

**Region:** Golden Spike Empire
**Höhe:** 1370 m ü. d. M.
**Einwohnerzahl:** 83 000          **Telefonvorwahl:** 801

**Die Stadt Ogden, heute die drittgrößte des Bundesstaats Utah, liegt am Unterlauf der beiden Flüsse Ogden River und Weber River. Nur wenige Meilen vom Großen Salzsee entfernt, ist sie Mittelpunkt einer landwirtschaftlich geprägten Region. Ein wichtiger Wirtschaftsfaktor ist die U.S. Air Force, die hier einen großen Stützpunkt unterhält. In Promontory gleich im Westen wurde 1869 der letzte (goldene) Nagel in die erste transkontinentale Eisenbahnstrecke geschlagen.**

## SEHENSWERTES IN OGDEN

Das alte Zentrum von Ogden ist in den letzten Jahren wieder aufpoliert worden. Hauptachse ist die **denkmalgeschützte 25th Street**. Die Bauten des ausgehenden 19. Jh.s vermitteln noch etwas von der          **Old Town**

**Zum Buffalo Roundup treffen sich die Cowboys der Gegend in Ogden.**

## Ogden erleben

### AUSKUNFT
*Ogden/Weber Convention & Visitors Bureau*
2438 Washington Blvd. Ogden,
UT 84401
Tel. 1 801 7 78 62 50
www.visitogden.com

### ESSEN
*Timbermine* ⓔⓔⓔ
1701 Park Blvd.
Tel. 1 801 3 93 21 55
www.timbermine.com
Das Timbermine bietet in einer nostalgischen Umgebung wie zur Goldgräberzeit eine große Auswahl an amerikanischen Klassikern wie »Prime Rib«, außerdem gibt es eine große Steakauswahl.

*Union Grill* ⓔⓔ
2501 Wall Ave.
Tel. 1 801 6 21 28 30
http://uniongrillogden.com
Postindustrieller Chic und Elemente des Art déco bestimmen das Ambiente in diesem Restaurant im Union Station Complex. Geboten wird Cross-over-Küche mit Salaten und leckeren Sandwiches, aber auch schmackhafte Gerichte der Cajun-Küche und aus Italien oder Griechenland.

### ÜBERNACHTEN
*Alaskan Inn* ⓔⓔⓔ
435 Ogden Canyon Rd.
Tel. 1 801 6 21 86 00
www.alaskaninn.com
23 gemütliche Zimmer und Häuschen mit Motiven aus Alaska. Frühstück auf dem Zimmer inklusive.

*Hampton Inn & Suites Ogden* ⓔⓔ
2401 Washington Blvd.
Tel. 1 801 3 94 94 00
www.ogdensuites.
hamptoninn.com
Vom zweckmäßig eingerichteten Hotel aus sind viele Sehenswürdigkeiten zu Fuß erreichbar.

Atmosphäre, als hier »leichte Mädchen«, Spieler und Pistolenhelden den Ton angaben. Architektonisch bemerkenswert sind die 1909 erbaute Ogden Post Office (298 24th St.), das 1913 im sogenannten Chicago Style errichtete Eccles Building (385 24th St.), das 1924 erbaute Egyptian Theatre (439 Washington Blvd.) und das in den 1930er-Jahren im Art-déco-Stil errichtete repräsentative Municipal Building (2539 Washington Blvd.).

**\*Museen in der Union Station**
Am Westrand der Old Town steht der im Jahr 1924 erbaute frühere Bahnhof der Union Pacific Railroad. Der Komplex beherbergt heute eine Reihe von Museen. Das **Eisenbahnmuseum** des Staates Utah mit dem Eccles Rail Center zeigt Oldtimer-Lokomotiven und eine große H0-Modellbahnanlage. Im **Browning Firearms Museum** kommen Waffenliebhaber auf ihre Kosten. Hier sind hauptsächlich Schusswaffen zu sehen, die der in Ogden geborene Waffenfabrikant John M. Browning (1855 – 1926) konstruiert hat. Im anschließenden

**Browning-Kimball Classic Car Museum** sind wunderschöne Automobil-Oldtimer ausgestellt. Ferner zeigen zwei Kunstgalerien Zeitgenössisches.

❶ 2501 Wall Ave.; Mo. – Sa. 10.00–17.00 Uhr; Eintritt für alle Museen 5 $; http://theunionstation.org

Im Norden der Stadt, zwischen Grant Ave. und Washington Blvd., zieht die Ogden City Mall mit ihren vielen Geschäften Besucher an. Eine Attraktion ist das **Treehouse Children's Museum**, in dem Kinder nach Lust und Laune herumklettern und sich spielerisch bzw. interaktiv mit den Errungenschaften der neuen Medienwelt beschäftigen können.   **Ogden City Mall**

**Treehouse Children's Museum:** 347 22nd St., Tel. 1 801 3 94 96 63; Sept. – Mai Di. – Do., Sa. 10.00 – 17.00, Fr. bis 20.00, Mo. bis 15.00, Juni – Aug. auch Mo. bis 17.00 Uhr; Eintritt 6 $; www.treehousemuseum.org

Nördlich der 22nd St. schließt sich der Temple Square mit dem Tabernakel und dem Tempel der Mormonen an. Hier befindet sich auch ein Museum, das die Geschichte der Pionierzeit aus dem Blickwinkel der Mormonen aufzeigt. Daneben steht die rekonstruierte, ursprünglich in den 1840er-Jahren errichtete **Miles Goodyear Cabin**. Sie ist das erste von einem weißen Siedler erbaute Haus in Utah.   **Temple Square**

Westlich des Stadtzentrums erreicht man das wiederaufgebaute Fort Buenaventura von 1846. An den Wochenenden der warmen Jahreszeit zeigen Laienschauspieler, wie sich das Leben im frühen 19. Jh. abgespielt hat, als Pelzhändler und »Mountain Men« hier mit den Indianern handelten. Im **Visitor Center** sind interessante Kulturzeugnisse der indianischen Ureinwohner ausgestellt.   **\*Fort Buenaventura State Park**

❶ 2450 A Ave., Tel 1 801 3 99 80 99; April – Nov. tgl. 8.00 – 20.00, sonst 9.00 – 17.00 Uhr; Eintritt 1 $

Im Norden der Stadt befindet sich das Naturschutzzentrum von Ogden, wo verletzte Wildtiere (u. a. Waschbären und Stachelschweine) gepflegt werden und man sich über die Tierwelt des Großen Beckens informieren kann.   **Ogden Nature Center**

❶ 966 W. 12th St.; Mo. – Fr. 9.00 – 17.00, Sa. 9.00 – 16.00 Uhr; Eintritt 5 $; www.ogdennaturecenter.org

Im Südosten der Stadt liegt der Campus der Weber State University. Beachtung verdient das **Museum of Natural Science** (u. a. Saurier-Skelett).   **Weber State University**

**Museum of Natural Science:** 1551 Edvalson St.; Mo. – Fr. 8.00 – 17.00 Uhr, Mai – Aug. geschl.; Eintritt frei; http://webersci.org

## UMGEBUNG VON OGDEN

**Hill Aerospace Museum**

»Highlights« im Hill Aerospace Museum auf dem Gelände der Hill Air Force Base sind eine B-17 (»Fliegende Festung«) und das Spionageflugzeug SR-71 »Blackbird«. Weitere **alte Militärflugzeuge** sowie Bomben und Raketen aus der Zeit des Kalten Krieges sind hier zu sehen.

❶ 7961 Warleigh Rd.; tgl. 9.00 – 16.30 Uhr; Eintritt frei; www.hill.af.mil/library/museum

**Lagoon Amusement Park**

Ca. 16 mi/26 km südlich von Ogden, bei Farmington, lädt der Lagoon Amusement Park Familien mit Kindern ein. Bereits 1906 wurde hier die erste Achterbahn errichtet. In einem »Pioneer Village« verspürt man einen Hauch vom Wilden Westen. Für die rasanten Rutschen im **Wasserpark »Lagoon A Beach«** braucht man besonders starke Nerven.

❶ 375 Lagoon Drive, Farmington; www.lagoonpark.com; Eintritt: 49,95 $

**BAEDEKER TIPP**

### Ogden Canyon

Östlich der Stadt hat der Ogden River ein wildromantisches Kerbtal geschaffen, das in die wunderschöne Bergwelt der Wasatch Mountains führt. Vor allem zur Zeit des Indian Summer, wenn die Bergwälder in allen Farben leuchten, ist eine Fahrt durch den Canyon ein Hochgenuss. Am Ausgang des Ogden Canyon, in Eccle's Dinosaur Park, erschrickt man vor lebensgroßen Dinosaurier-Nachbildungen.

Etwa 15 mi/24 km östlich von Ogden erreicht man den Ort **Huntsville** mit dem legendären »Shooting Star Saloon«. Der Saloon wurde Ende des 19. Jh.s eröffnet und ist damit das **älteste noch bestehende Lokal** seiner Art in Utah. Seine Hamburger sind sensationell.

In der Umgebung von Huntsville gibt es beliebte Skigebiete, etwa **Snowbasin** (1600 – 2000 m ü. d. M.), dessen Angebot von Familien mit Kindern geschätzt wird, und **Powder Mountain** (2300 – 2700 m ü. d. M.), wo anspruchsvolle Skiläufer auf ihre Kosten kommen.

**Snowbasin, Powder Mountain:** www.skiutah.com

## BRIGHAM CITY UND UMGEBUNG

**Brigham City**

Im Zentrum von Brigham City (1289 m ü. d. M.; 23 000 Einw.) beeindruckt das **Tabernakel der Mormonen**. Der neugotische Sakralbau ist 1897 vollendet worden und gilt als einer der schönsten seiner Art in Utah. Im **Brigham City Museum** kann man Gegenstände aus der Frühzeit der Siedlung sowie Arbeiten einheimischer Künstler bewundern. Der um die Jahrhundertwende erbaute Bahnhof fungiert heute auch als **Eisenbahnmuseum**, das allerdings zurzeit wegen weiteren Restaurationsarbeiten geschlossen ist.

**Brigham City Museum:** 60 S. Main St.; Di.–Fr. 11.00–18.00, Sa. 13.00–17.00 Uhr; Eintritt frei; http://brighamcity.utah.gov/museum

4 mi/6,5 km östlich von Brigahm City liegt die Ortschaft **Mantua**, von wo aus eine ca. 14 mi/23 km lange Forststraße zum 2872 m hohen Inspiration Point hinaufführt. Von hier oben überblickt man den Großen Salzsee und den gesamten Norden des Staates Utah. In der Ferne ragen Hochgebirgszüge in den Nachbarstaaten Nevada, Idaho und Wyoming auf.    **\*Inspiration Point**

Bei Promontory, wurde am 10. Mai 1869 um die Mittagszeit der letzte – goldene – Nagel (Golden Spike) der US-amerikanischen **transkontinentalen Eisenbahnlinie** eingerammt. Die Schienenstränge der Union Pacific Railroad und der Central Pacific Railroad waren verbunden. Der damalige Festakt wird seither alljährlich am selben Tag und zur selben Zeit nachgespielt. Die Golden Spike National Historic Site gehört heute zu den großen Kultstätten der Eisenbahnfans.    **\*Golden Spike National Historic Site**

Im **Visitor Center** der Golden Spike National Historic Site wird die überragende Rolle der Eisenbahn bei der Erschließung des Wilden Westens dokumentiert. Ein kurzes Stück der alten Bahnstrecke ist rekonstruiert. Auf den Schienen stehen originalgetreue Nachbildungen jener beiden **Dampflokomotiven**, die sich 1869 an dieser Stelle begegneten: eine »Jupiter« der Central Pacific Railroad und eine »119« der Union Pacific Railroad.

**Visitor Center:** Tel. 1 435 4 71 22 09; Sommer tgl. 9.00–17.00, Winter Mo., Di. geschl.; www.nps.gov/gosp

## LOGAN UND UMGEBUNG

Das bedeutendste Baudenkmal von Logan (1380 m ü. d. M.; 48 000 Einw.) ist der burgähnliche **Mormonentempel**, der aber nicht besichtigt werden kann. Das 1877–1884 errichtete Gotteshaus, für dessen Bau man Kalkstein aus dem Umland verwendet hat, steht auf heiligem Land der Shoshone-Indianer. Im späten 19. Jh. wurde das **Tabernakel** errichtet, das Stilelemente der byzantinischen Architektur zeigt. Bemerkenswert sind die Buntglasfenster und die Deckengemälde.    **Logan**

Vom Tabernakel aus kann man die **Historic Main Street**, die alte Hauptstraße der Stadt, mit ihren Bauten aus dem 19. und frühen 20. Jh. entlangschlendern. Darunter sind die St. John's Episcopal Church (1873) und das Cache County Courthouse (1883). Traditionsreiche kulturelle Einrichtungen sind das Capitol Theatre (1901) und das Lyric Theatre (1913).

Im Norden von Logan erreicht man die 1888 gegründete **Utah State University**, deren ältestes Gebäude das »Old Main« mit seinem Glockenturm ist. Das **Nora Eccles Harrison Museum of Art** beherbergt u.a. eine reiche Keramiksammlung.

**Nora Eccles Harrison Museum of Art:** 650 N. 1100 E.,
Tel. 1 435 7 97 01 63; Di. – Sa. 11.00 – 16.00 Uhr; http://artmuseum.usu.edu

**American West Heritage Center**

Ca. 6 mi/10 km südwestlich von Logan erreicht man bei Wellsville das American West Heritage Center mit Siedlerbauten. In einer 1917 von Mormonen errichteten Farm wird gezeigt, wie seinerzeit Felder gepflügt, Stroh gedroschen und Schafe geschoren wurden

❶ 4025 S US 89/91, Tel. 1 435 2 45 60 50;
Juni – Aug. Mo. – Sa. 11.00 – 16.00 Uhr; www.awhc.org

**\*Logan Canyon**

Nordöstlich der Stadt hat der Logan River eine wildromantische Schlucht in das vom Wasatch Cache National Forest bedeckte Gebirge gegraben, die von der als **»Scenic Byway«** ausgewiesenen U.S. 89 erschlossen wird. Von einigen Gipfeln in dieser herrlichen Landschaft bieten sich wunderschöne Ausblicke. **Beaver Mountain** Am Ende des Canyons erhebt sich der 2682 m hohe Beaver Mountain, der im Sommer Wanderer, Mountainbiker und Westernreiter anzieht und im Winter dank seiner Schneesicherheit ein viel besuchtes **Skigebiet** ist.

**\*Bear Lake**

Vom Beaver Mountain windet sich die US 89 zum Bear Lake (1805 m ü. d. M.) hinunter, einem wunderschön gelegenen Bergsee, an dem mehrere Badeplätze und eine Marina angelegt sind. Touristische Brennpunkte sind **Garden City** am Westufer und **Laketown** am Südufer des Bear Lake.

# \* Park City

**✵ M 3**

**Region:** Mountainland
**Höhe :** 2100 m ü. d. M.
**Einwohnerzahl:** 8400 **Telefonvorwahl:** 435

**Der größte Wintersportplatz des Staates Utah ist Park City, im Jahr 2002 einer der Schauplätze der Olympischen Winterspiele von Salt Lake City. Die Stadt liegt in den schneereichen südöstlichen Wasatch Mountains.**

**Entstanden im Silberboom**

Park City wurde in den 1860er-Jahren gegründet, als man in der Umgebung reiche **Silbervorkommen** entdeckte. Nach Ausbeutung der Edelmetallvorkommen fiel die Stadt in einen Dornröschenschlaf und wurde zur Geisterstadt. In den 1960er-Jahren erkannten Unterneh-

# Park City erleben

### AUSKUNFT
*Park City CVB*
1912 Prospector Ave.
Park City, UT 84060
Tel. 1 435 649 61 00
www.visitparkcity.com

*Park City*
*Visitor Information Center*
333 Main St. und
1826 W. Olympic Pkwy.

### VERANSTALTUNGEN
*Sundance Film Festival*
www.sundance.org
Schon zu Jahresbeginn kann Park City
mit einer bedeutenden Veranstaltung
aufwarten. Im Rahmen des im Januar
stattfindenden »Sundance Film Festival«
werden dem Publikum interessante Streifen vorgeführt.

**Das berühmte Sundance Film Festival
im Egyptian Theater**

*Winter Fest*
Beliebtes Festival im Februar

### ÜBERNACHTEN
*The Canyons Grand Summit* ⓔⓔⓔⓔ
4000 Canyons Resort Drive
Tel. 1 435 615 80 40
www.thecanyons.com
Bestens geführte Herberge mit Spa und
Pool direkt am Skigebiet

*Château Après* ⓔⓔ
1299 Norfolk Ave., Tel. 1 435 649 93 72
www.chateauapres.com
Das ordentlich geführte Haus mit seinen
freundlichen Gästezimmern liegt in der
Nähe ausgezeichneter Skigebiete.

### ESSEN
*Glitretind* ⓔⓔⓔⓔ
7700 Stein Way
(Stein Eriksen Lodge/Deer Valley),
Tel. 1 435 649 37 00
www.steinlodge.com
Feinschmecker lassen sich hier verwöh-
nen. Die Küchencrew beherrscht viele
Spielarten der zeitgenössischen interna-
tionalen Küche. Im Weinkeller lagern gut
10 000 Flaschen bester Herkunft. Vom
Glitretind bietet sich ein großartiger Aus-
blick auf die schneebedeckten Wasatch
Mountains.

*Wasatch Bre Pub & Brewery* ⓔⓔ
250 Main St.
Tel. 1 435 649 09 00
www.wasatchbeers.com
Beliebter Treffpunkt mit Bier vom Fass
(aus eigener Produktion), Snacks und
kleinen Gerichten zum Lunch, aber auch
gebackene Forelle und Lammkoteletts
zum Dinner.

Die Hänge voller »Champagne Powder« waren 2002 olympisch.

mer das eigentliche Potential von Park City: seine lange Schnee-
sicherheit. Praktisch über Nacht wurde ein **Wintersportort** aus dem
Boden gestampft, in dem sich alsbald die Top-Rennläufer der US-
Nationalmannschaft einstellten.

## SEHENSWERTES IN PARK CITY UND UMGEBUNG

**Downtown**  Geschäftige Flaniermeile der Stadt ist die **Main Street**, die von einigen hübsch hergerichteten Bauten der Jahrhundertwende flankiert
wird. Im kleinen **Park City Museum** kann man sich über die Entwicklung des Silberbergbaus und die damit verbundene Geschichte
der Stadt informieren. Ebenfalls sehr lebhaft geht es in der parallel
verlaufenden **Park Avenue** zu, wo man u. a. Arbeiten hiesiger Künstler erwerben kann.
Park City Museum: 528 Main St.; Mo. – So. 10.00 – 19.00,
So. 12.00 – 18.00 Uhr; Eintritt 10 $; www.parkcityhistory.org

**Heber City**  Ca. 17 mi/27 km südöstlich von Park City kann man Heber City
(1700 m ü. d. M.; 4500 Einw.), den Hauptort des Wasatch County besuchen. Von hier aus lohnen Ausflüge mit der **Heber Valley Railroad** (Museumseisenbahn, http://hebervalleyrr.org) zum Deer Creek
Reservoir und zum Vivian Park.

Ca. 3 mi/5 km westlich von Heber City laden die von den **Thermal-quellen** in Midway gespeisten Hotel-Spas zum Entspannen ein.
Zu den beliebtesten Ausflugs- und Naherholungszielen im Groß-raum ▶Salt Lake City gehören zwei landschaftlich besonders schöne Schutzgebiete: der am gleichnamigen Stausee gelegene **Deer Creek State Park** und die Hochgebirgswelt des **Wasatch Mountain State Park** (http://stateparks.utah.gov/parks).

## ✳ SKIGEBIETE

Direkt vom Stadtzentrum gelangt man per Lift in die Park City Ski Area. Der **größte Skizirkus** des Bundesstaates Utah erstreckt sich in einer Höhenlage zwischen 2100 und 3050 m ü. d. M. Mehr als 100 Abfahrtspisten werden präpariert. Über ein Dutzend Aufstiegshilfen können pro Stunde bis zu 20 000 Personen transportieren. **Park City Ski Arena**

Deer Valley, südwestlich des Stadtzentrums, genießt den Ruf, eines der best ausgestatteten und **luxuriösesten Skigebiete weltweit** zu sein. Hier werden über 80 Pisten gepflegt. **✳Deer Valley**

Wenige Meilen nordwestlich von Park City zieht das Skigebiet »The Canyons« Wintersportler in seinen Bann. Mit über 130 Pisten ist es das größte in Utah. **The Canyons**

# ✳ Price

$\times$ N 4

**Region:** Castle Country
**Höhe :** 1707 m ü. d. M.
**Einwohnerzahl:** 9000          **Telefonvorwahl:** 435

**Die Stadt Price liegt im fruchtbaren Castle Valley, das im letz-ten Viertel des 19. Jh.s von Mormonen besiedelt wurde. We-nige Jahre später kamen mit der Eisenbahn Menschen aus al-ler Herren Länder in diese Gegend. Viele fanden Beschäftigung im Kohlebergbau. Heute ist Price zentraler Ort für ein weites Umland.**

In Price sollte man unbedingt das Prähistorische Museum des Col-lege of Eastern Utah besuchen, das sich mit der **Natur- und Kultur-geschichte** des Castle Valley befasst. Neben Fossilien aus dem Erd-mittelalter (beispielsweise Saurierknochen) und vom Ende der letzten Eiszeit (Mammutknochen) kann man Repliken prähistori-scher Felszeichnungen, Artefakte der Fremont-Indianer sowie **✳Price Prehis-toric Museum**

## Price erleben

**AUSKUNFT**
*The Castle Country Travel Region*
751 E. 100 N.
Price, UT 84501
Tel. 1 4356 36 37 01
www.castlecountry.com

**ÜBERNACHTEN**
*Greenwell Inn* ●
655 E Main St., Tel. 1 4356 37 35 20
www.greenwellinn.com

Hier gibt es einfache, gut ausgestattete Zimmer und luxuriöse Suiten sowie einen Pool.

**ESSEN**
*Ricardo's Restaurant* ●
655 E. Main St.
Tel. 1 4356 17 20 20
Im Restaurant des Greenwell Inn gibt es Leckeres mit mexikanischem Einschlag. Spezialität: frittiertes Eis.

Kunsthandwerk der heute noch in dieser Gegend lebenden Ute-Indianer bewundern.
● 155 E. Main St.; Mo. – Sa. tgl. 9.00 – 17.00 Uhr; Eintritt 6 $; www.ceu.edu/museum

## SEHENSWERTES IN DER UMGEBUNG

**Helper**
Etwa 5 mi/8 km nordwestlich von Price liegt die 1883 am Ausgang des Price Canyon gegründete **Eisenbahnersiedlung** Helper. In dem vor dem Ersten Weltkrieg erbauten ehemaligen Hotel Helper ist heute das **Western Mining & Railroad Museum** untergebracht, das sich mit der Geschichte des Kohlebergbaus und der Eisenbahn in dieser Gegend befasst. Seit 2005 tuckert eine Modellbahn der Nenngröße G durch den Ausstellungsraum .

Seinen Namen hat die Ortschaft tatsächlich von einer helfenden Tätigkeit: In der ehemaligen Eisenbahnersiedlung waren Lokomotiven stationiert, mit deren Hilfe (engl. »help«) schwere Güterzüge über die steile Rampe des nordöstlich aufragenden Soldier Summit (2279 m) geschoben wurden

**Western Mining & Railroad Museum:** 294 S. Main St., Tel. 1 4354 72 30 09; Sommer Mo. – Sa. 10.00 – 17.00, Winter Di. – Sa. 11.00 – 16.00 Uhr; www.wmrrm.org

**\*Highway 191**
Nordöstlich von Helper überquert der 1919 gebaute Highway 191 das West Tavaputs Plateau. Die schöne Strecke folgt zunächst dem Willow Creek, führt dann über einen 2773 m hohen Pass zum Gray Head Peak und schlängelt sich schließlich durch den Indian Canyon hinunter nach **Duchesne**, einem größeren Ort in der Uintah & Oray Indian Reservation.

Etwa 50 mi/80 km südöstlich von Price mündet der Price River in den atemberaubenden, vom Green River geschaffenen Gray Canyon, der mit dem Auto allerdings nur über weite Umwege erreichbar ist. Ihren Namen hat diese etwa 60 km lange Schlucht von John Wesley Powell (►Berühmte Persönlichkeiten) erhalten, der den Flusslauf 1869 erforschte. Heute sind der Gray Canyon und der weiter flussaufwärts vom Green River eingesägte Desolation Canyon ein Eldorado für abenteuerlustige **Wildwasserfahrer**, die hier nicht nur imposante Naturdenkmäler wie die Gunnison Butte, sondern auch Felszeichnungen der Fremont-Indianer sehen können.

**\*Gray Canyon**

In einem ca. 31 mi/50 km südlich von Price gelegenen Aufschluss der sogenannten Morrison-Formation hat man seit 1928 über zwei Dutzend komplette Skelette verschiedener »Dinos« geborgen. Diese lebten vor rund 150 Mio. Jahren, als diese Gegend ein warmes, von riesigen Farnen und Schachtelhalmen bewachsenes Feuchtgebiet war. Ein **Lehrpfad** informiert über die Saurier und die Ökosysteme des Erdmittelalters ebenso wie über den Uranbergbau, der hier seit einiger Zeit betrieben wird. Im **Visitor Center** ist das Skelett eines gewaltigen Allosaurus aufgebaut.

**\*Cleveland-Lloyd Dinosaur Quarry**

❶ April, Mai, Sept., Okt. Fr., Sa. 10.00 – 17.00, So. 12.00 – 17.00, Juni – Aug. Mo. – Sa. 10.00 – 17.00, So. 12.00 – 17.00 Uhr, Nov. – März geschl.; Eintritt 5 $; www.blm.gov/ut/st/en/fo/price/recreation/quarry.html

Knapp 31 mi/50 km südlich von Price liegt Castle Dale. In der City Hall ist ein **Museum** eingerichtet, das die Pionierzeit des 19. Jh.s und die wirtschaftliche Entwicklung (besonders des Kohlebergbaus) beleuchtet. Im **Museum of San Rafael** sind nicht nur eindrucksvolle Saurierfunde aus der Umgebung, sondern auch Artefakte der Fremont und Anasazi ausgestellt.

**Castle Dale**

**Museum of San Rafael:** 70 N 100th E., Mo. – Fr. 10.00 – 16.00, Sa. 13.00 – 16.00 Uhr; Eintritt gegen Spende; www.castledalecity.org

Südöstlich von Castle Dale hat der San Rafael River einen »kleinen Bruder« des Grand Canyon in die Gesteinsschichten der San Rafael Swell gegraben. Der Höhenzug wurde vor etwa 65 Mio. Jahren (in der Tertiärzeit) herausgehoben. Vom **Wedge Overlook**, einem etwa 20 mi/32 km südöstlich von Castle Dale gelegenen Aussichtspunkt, hat man einen wunderschönen Blick in die tiefe Schlucht, die so »little« gar nicht ist.

**\*Little Grand Canyon, Wedge Overlook**

Von der Ortschaft Ferron aus führt der 31 mi/50 km lange »Skyline Drive« durch den wilden **Ferron Canyon** in die geradezu alpin anmutende Gebirgswelt des Wasatch-Plateau. Bergwanderer und Skitouristen können die Annehmlichkeiten der Sky Haven Lodge nutzen und über 3300 m hohe Gipfel besteigen.

**\*Skyline Drive**

# ✳ Provo

✦ M 3

**Region:** Mountainland
**Höhe :** 1378 m ü. d. M.
**Einwohnerzahl:** 117000
(Metropolitan Area: 550 000)          **Telefonvorwahl:** 801

**Zweitgrößte Stadt Utahs ist Provo. Sie liegt knapp 50 mi/80 km südlich von ▶Salt Lake City am Ostufer des Utah Lake, hat große Bedeutung als Schulstadt und ist Sitz einer von den Mormonen gegründeten Universität. Ein Großteil der Arbeitsplätze wird von Forschungs- und Bildungseinrichtungen bzw. Dienstleistungsbetrieben sowie von High-Tech-Unternehmen gestellt.**

**Geschichte**  Die Stadt liegt im alten Siedlungsgebiet der Ute-Indianer. 1776 kamen spanische Missionare in die Gegend. 1849 schickte Mormonenführer Brigham Young eine Gruppe von Siedlern in das Tal, das zuvor schon vom frankokanadischen Entdecker und Pelzhändler Etienne Provost entdeckt worden war. Nach diesem wurde die neue Siedlung benannt. Aus der 1875 gegründeten Brigham Young Academy ist inzwischen die **größte kirchliche Universität** der Welt hervorgegangen.

## SEHENSWERTES IN PROVO UND UMGEBUNG

**Downtown**  Das Stadtzentrum wird vom 1883 erbauten **Mormon Tabernacle** beherrscht. Am Town Square sind noch Bauten aus dem 19. und frühen 20. Jh. erhalten, so das Courthouse, der Knight Block sowie die ehemalige Bank of Commerce (heute Zion Bank).

**Fort Utah**  Am westlichen Stadtrand, nahe dem Provo River, hat man das einstige Fort Utah nachgebaut. Es steht genau dort, wo die Mormonen 1849 ihre erste Niederlassung gegründet haben.

**✳Sammlungen der Brigham Young University**  Auf dem Campus der größten kirchlichen Hochschule der Welt sind mehrere Museen versammelt. Kulturzeugnisse der Ureinwohner Amerikas und auch Relikte alter Kulturen des Nahen Ostens kann man im **Museum of Peoples & Cultures** studieren. Das **Museum of Art** ist eine der größten Kunstsammlungen im amerikanischen Westen. Die Palette der ausgestellten Kunstwerke reicht von fernöstlichen Jade- und Elfenbeinschnitzereien über Töpferwaren und Keramik aus allen Erdteilen bis zu Gemälden von Rembrandt und Monet. Das **Monte L. Bean Life Sciences Museum** beschäftigt sich mit der Pflanzen- und Tierwelt Utahs.

## Provo erleben

### AUSKUNFT
**Utah Valley CVB**
220 W. Center St., Suite 100
Provo, UT 84601
Tel. 1 801 8 51 21 00
www.utahvalley.com

### ÜBERNACHTEN
**Sundance Resort** ©©©©
8841 N. Alpine Loop Rd.
Sundance, UT 84604
Tel. 1 801 2 25 41 07
www.sundanceresort.com
Vom Schauspieler Robert Redford aufge-
baute und inzwischen mehrfach preisge-
krönte Ferienanlage in den Bergen ober-
halb von Provo mit Spa, eigenem
Skigebiet und breit gefächerten Aktiv-
Programmen.

**Fairfield Inn Provo
by Marriott** ©©
1515 S. University Ave.
Tel. 1 801 3 77 95 00
www.marriott.com
Freundliches Stadthotel mit stets sauberen und bequem eingerichteten Zimmern und gutem Service.

### ESSEN
**Communal** ©©©
102 N. University Ave.
Tel. 1 801 3 73 80 00
http://communalrestaurant.com
Die Küche dieses gepflegten Restaurants im Historic District von Provo bietet
feine Kreationen, für die vornehmlich
hochwertige Bio-Produkte aus der
Region verwendet werden.

**In Provo hat man Bauten der Jahrhundertwende hübsch restauriert.**

**Museum of Peoples & Cultures:** 100 E. 700 N.; Mo. – Fr. 9.00 – 17.00, Di., Do. bis 19.00 Uhr; https://mpc.byu.edu
**Museum of Art:** 500 Campus Dr.; Mo. – Sa. 10.00 – 18.00, Mi. – Fr. bis 21.00 Uhr; Eintritt frei; http://moa.byu.edu
**Monte L. Bean Life Sciences Museum:** 645 E. 1430 N.; Mo. – Fr. 10.00 – 21.00, Sa. 10.00 – 17.00 Uhr

**Seven Peaks Water Park**

Am östlichen Stadtrand zieht der Seven Peaks Water Park mit seinen Schwimmbecken und Wasserrutschen viele Besucher an.
❶ 1330 E. 300 N.; Juni – Aug. Mo. – Sa. 12.00 – 20.00 Uhr; Eintritt 25 $ plus »tax«; www.sevenpeaks.com

**Springville Museum of Art**

In der Vorstadt Springville lohnt das Museum of Art einen Besuch. In dem 1937 im Spanish Revival Style errichteten Zweckbau kann man sich einen Überblick über die **Kunst des amerikanischen Westens** verschaffen.
❶ 126 E. 400 South St.; Di. – Sa. 10.00 – 17.00, Mi. bis 21.00, So. 15.00 – 18.00 Uhr; Eintritt frei; www.smofa.org

**Utah Lake**

Wer gerne Boot fährt, ist am größten Süßwassersee des Bundesstaats, am Utah Lake, gut aufgehoben. Im Winter gibt es hier eine **Eisschnelllaufbahn** mit olympischen Ausmaßen. In der sumpfigen und schwer zugänglichen Uferzone an der Provo Bay kann man vielerlei Wasservögel beobachten, darunter auch Ibisse und Pelikane.

**Provo Canyon, Mt. Timpanogos**

Nordöstlich von Provo gelangt man in den wildromantischen Provo Canyon, dessen Hauptsehenswürdigkeit die **Bridal Vail Falls** (»Brautschleier-Wasserfälle«) sind. Der 3581 m hohe Mount Timpanogos, der sich nördlich der Schlucht erhebt, wird vom kühn angelegten **Alpine Loop Drive** erschlossen. Unterwegs bieten sich viele schöne Ausblicke. Am Nordhang des Berges ist die als National Monument geschützte **\*Timpanogos Cave** eine besondere Attraktion. Es handelt sich um drei miteinander verbundene **Karsthöhlen**, deren erste 1887 entdeckt worden ist. Unter Tage bietet sich eine märchenhafte Welt mit effektvoll beleuchteten Sinter- und Tropfsteinbildungen sowie funkelnden Höhlenteichen dar.
Timpanogos Cave: SR 92, American Fork; Tel. 1 801 7 56 52 38; Mai – Sept. 7.00 – 17.30 Uhr, ganztägig Führungen; www.nps.gov/tica

**\*Sundance Resort & Institute**

Ca. 16 mi/26 km östlich oberhalb von Provo liegt das berühmte Sundance Resort & Institute in der Hochgebirgswelt des Mount Timpanogos. In der **luxuriösen Ferienanlage** kann man im Sommer herrliche Wanderungen unternehmen und sich im Winter auf mehr als drei Dutzend gepflegten Pisten und Loipen tummeln. Das Resort gehört dem Schauspieler und Regisseur Robert Redford. Er benannte seine Anlage nach dem Filmklassiker »Butch Cassidy & Sundance

Kid«, in dem er Sundance gespielt hat. Viele Interessenten werden von künstlerischen Programmen sowie von Theater- und Filmvorführungen des Sundance Institute angezogen, das Redford 1980 ins Leben gerufen hat. Seine Idee, Erholung, Aktivität im Freien und kulturelle Betätigung in Einklang zu bringen, scheint reiche Früchte zu tragen. Ein Ergebnis dieser Arbeit ist auch das renommierte **»Sundance Film Festival«**, das alljährlich im Januar hier und im benachbarten ▶Park City stattfindet. Sehr erfolgreich ist auch das Projekt **»Sundance Summer Theater«**. In jeder Saison kommen im hiesigen Freilichttheater vier neu inszenierte Stücke zur Aufführung.

**Sundance Resort:** 8841 Alpine Scenic Hwy, Tel. 1 866 2 59 74 68, www.sundanceresort.com

## ** Salt Lake City

✦ **L/M 3**

**Region:** Great Salt Lake Country
**Höhe:** 1319 m ü. d. M.
**Einwohnerzahl:** 192 000
(Metropolitan Area: 1,13 Mio.)       **Telefonvorwahl:** 801

**In einem ursprünglich siedlungsfeindlichen Hochtal zwischen dem Great Salt Lake (Großer Salzsee) und den Wasatch Mountains liegt Salt Lake City, die Hauptstadt von Utah. Hier befindet sich auch das religiöse Zentrum der Mormonen, die das karge Umland der Stadt binnen eines Jahrhunderts zu einer blühenden Landschaft verwandelt haben.**

Die Rohstofflagerstätten der Umgebung haben Unternehmen der chemischen und der Metallindustrie angelockt. Die Stadt hat sich außerdem zu einem wichtigen **Handels- und Finanzzentrum** im amerikanischen Westen entwickelt. Auch der Fremdenverkehr spielt eine Rolle im wirtschaftlichen Leben der Stadt. Im Jahr 2002 wurden die Olympischen Winterspiele in Salt Lake City und in den nahen Wasatch Mountains ausgetragen. **Wirtschaft**

Als **Mormonen** unter der Führung von Brigham Young nach eineinhalbjährigem Treck an den Jordan River gelangten und Salt Lake City gründeten, begannen die Siedler mit großem Fleiß das Land urbar zu machen. Es gelang ihnen mit Hilfe ausgeklügelter Bewässe-

**BAEDEKER TIPP** **!** *Stadtbesichtigung*

Das Stadtzentrum kann man vom Temple Square aus zu Fuß erkunden. Größere Distanzen überwindet man mit Bussen der Utah Transit Authority (www.rideuta.com). Der »Discovery Trolley« steuert alle wichtigen Sehenswürdigkeiten an.

rungssysteme, eine **ertragreiche Landwirtschaft** aufzubauen. Vom Temple Square aus legten sie ein großzügiges Straßengitter an, das noch heute den Charakter der Stadt prägt. Sie gründeten einen eigenen Staat auf der Basis ihrer religiösen Vorstellungen mit Salt Lake City als Hauptstadt. Diesen Status beanspruchte man in Salt Lake City auch 1850, als das nach dem Indianerstamm der Ute benannte Territorium Utah geschaffen wurde. Zum ersten Gouverneur des neuen Staatsgebildes ernannte man den Mormonenführer Brigham Young. Der **Goldrausch** im Westen und die Fertigstellung der ersten transkontinentalen **Eisenbahnstrecke** zogen immer mehr Menschen in die Stadt. Erst nach der offiziellen Lossagung der Mormonen von der Polygamie 1896 wurde Utah von den USA als 45. Bundesstaat aufgenommen. Salt Lake City blieb weiterhin Hauptstadt und wuchs seither zu

**Salt Lake City • Downtown**

| Übernachten | Essen | | |
|---|---|---|---|
| **1** The Grand America Hotel | **1** The New Yorker | **1** Brigham Young | **3** The Lion House |
| **2** Sheraton City Centre Hotel | **2** Pago | Monument/ | **4** The Beehive House |
| **3** Red Lion | **3** Red Inguana | Meridian Marker | |
| **4** Skyline Inn | | **2** J. Smith Mem. Bldg. | ●——● TRAX Light Rail |

einer **hochmodernen Großstadt** heran.

## ✱ DOWNTOWN · TEMPLE SQUARE

Der Temple Square ist der **heilige Platz der Mormonen**. Er kann täglich von 6.30 bis 22.30 Uhr betreten werden. Auf dem großen Areal stehen der Mormonentempel mit seinen charakteristischen Türmen und einem modernen Anbau, das Tabernakel, eine Versammlungshalle und mehrere Denkmäler. In den beiden **Informationszentren** werden auch Besucher, die der Kirche der Mormonen nicht angehören, über die Lehre der Mormonen und die Geschichte ihrer Bewegung aufgeklärt. Hier kann man sich auch zu

The Mormon Temple: spirituelles Zentrum

Führungen anmelden, die täglich von 9.00 bis 20.00 Uhr stattfinden. Den **✱Mormon Temple** haben die Mormonen in den Jahren von 1853 bis 1893 nach ihrem eigenen Stilempfinden (sogenannter Mormonenstil) erbaut. An beiden Enden des grauen Granit-Sakralbaus erheben sich jeweils drei Türme. Der Mittelturm der Ostfassade trägt eine vergoldete Figur, die den von den Mormonen verehrten Engel Moroni darstellt. Der Tempel ist **für Touristen unzugänglich**.

Das ovale **✱Tabernacle**, dessen Kuppel auf 44 Sandsteinpfeilern ruht, bietet 6500 Besuchern Platz. Dass die Akustik großartig ist, nimmt man spätestens wahr, wenn der weltberühmte **Tabernacle Choir** ein Konzert gibt oder die große **Orgel** mit ihren fünf Manualen und 10 857 Pfeifen erklingt.

Die **Assembly Hall** (Versammlungshalle) wurde 1880 in neugotischem Stil errichtet. Hier finden **Lesungen und Konzerte** statt. Vor der Versammlungshalle steht das **Pioneer Monument** zu Ehren der ersten Pionierfamilien. Das Seagull Monument (Möwendenkmal) erinnert an jene Möwen, die die Ernte des Jahres 1848 vor einer Insektenplage retteten und damit die weitere Existenz der jungen Mormonensiedlung sicherstellten.

**Tabernacle:** Chor Do. 20.00 (Probe), So. 9.30 Uhr (Gottesdienst), Orgelkonzerte Mo. – Sa. 12.00, So. 14.00 Uhr; www.mormontabernaclechoir.org

**Museum of Church History & Art**

Das Museum of Church History & Art befasst sich mit der Geschichte der Mormonenkirche und zeigt Sakralkunst dieser Religionsgemeinschaft. Es ist auch jener **Pflug** ausgestellt, mit dem die Mormonen seinerzeit im Tal des Jordan River die ersten Furchen gezogen haben.
❶ 45 N. W. Temple St., Tel. 1 801 2 40 33 10; Mo. – Fr. 9.00 – 21.00, Sa., So. 10.00 – 17.00 Uhr; Eintritt frei; www.lds.org/museum

**Family History Library**

Ebenfalls an der Westseite des Temple Square kann man **das weltweit größte Zentrum für Ahnenforschung** aufsuchen. Die Mormonen glauben, dass Familien für immer bestehen, wenn deren Mitglieder ordentlich getauft sind. Aus diesem Grunde sind alle verfügbaren Daten ihrer Vorfahren gesammelt (älteste Aufzeichnungen aus dem 16. Jh.). Auch Nicht-Mormonen können hier nach ihrem Familienstammbaum suchen.
❶ 35 N. W. Temple St., Tel. 1 801 4 06 18 30; Mo. 8.00 – 17.00, Di. – Sa. 8.00 – 21.00 Uhr; https://familysearch.org/locations/saltlakecity-library

**LDS Church Office Building**

Der 128 m hohe Verwaltungsbau der Mormonenkirche ist auch heute noch eines der **höchsten Gebäude** der Stadt. Von den Aussichtsplattformen bietet sich ein guter Blick auf die Stadt, ins Tal des Jordan River und zu den im Osten aufragenden Wasatch Mountains.
❶ 50 E. N. Temple St.; April – Sept. Mo. – Fr. 9.00 – 17.00, Okt. – März Mo. – Fr. 9.00 – 16.30 Uhr; www.lds.org

**Brigham Young Monument, Meridian Marker**

Eine zu Ehren von Brigham Young, dem Gründer der Stadt und ersten Gouverneur von Utah errichtete **Bronzestatue** sowie der **Meridian Marker** mit den genauen Koordinaten der Stadt sind an der Kreuzung von South Temple Street und Main Street platziert. Hier hat die Stadtgründung einst ihren Ausgang genommen. Auf diesen Punkt bezieht sich auch das Nummernsystem der Straßen der Stadt.

Östlich vom Temple Square kann man das ehemalige »Hotel Utah« besichtigen, das von 1911 bis 1987 als luxuriöser Beherbergungsbetrieb geführt worden ist. Das restaurierte Bauwerk heißt jetzt **Joseph Smith Memorial Building** und fungiert als Begegnungszentrum der Mormonen. Ein einstündiger kostenlos anzuschauender Film beschreibt das Leben des Kirchengründers Joseph Smith.
❶ 15 E. S. Temple St.; Film Mo. – Sa. 9.00 – 19.30 Uhr alle 1,5 Std.

> **! BAEDEKER TIPP**
>
> *Vielweiberei*
>
> Erst 1896 sagten sich die Mormonen von der Polygamie los. Ihr Anführer Brigham Young hatte insgesamt 27 Frauen, von denen immer nur eine im Beehive House wohnte. Der große Rest der Familie wurde im 1855 errichteten Lion House (»Löwenhaus«, 63 E. South Temple St.) untergebracht.

## Salt Lake City erleben

### AUSKUNFT
***Salt Lake Convention & Visitors Bureau***
Salt Palace Convention Center
90 S. W. Temple St.
Salt Lake City, UT 84101
Tel. 1 801 521 28 22
www.visitsaltlake.com

### SHOPPING
Zwei große Einkaufszentren in der Nähe des Temple Square sind der Komplex Crossroads Plaza (50 S. Main St.) und die Center Mall der Zion's Cooperative Mercantile Institution. Letztere nimmt für sich in Anspruch, das älteste Großkaufhaus Nordamerikas zu sein. Sie wurde 1868 von den Mormonen eröffnet. Ganz in der Nähe findet man das Ladengeschäft von Mormon Handicraft (105 N. Main St.), wo man Stoffe, vielerlei Handarbeiten und religiöse Devotionalien erwerben kann.

### ÜBERNACHTEN
**❶ *The Grand America Hotel* ⓔⓔⓔⓔ**
555 S. Main St.
Tel. 1 801 258 60 00
www.grandamerica.com
Das beste und teuerste Hotel in Salt Lake City. Die 780 Zimmer sind mit exklusivem Mobiliar und allem erdenklichen Luxus ausgestattet.

**❷ *Sheraton City Centre Hotel* ⓔⓔⓔ**
150 W. 500 S.
Tel. 1 801 401 20 00
www.sheratonsaltlakecityhotel.com
Das zentral gelegene Hotel bietet 362 gemütliche Zimmer, darunter 30 Suiten, ein Business Center, Tagungsräumlichkeiten, einen beheizten Außenpool sowie einen Innen-Whirlpool mit Sauna. Kostenloser Zubringerservice zum Salt Lake City International Airport.

**Utahs Hauptstadt wurde von Mormonen gegründet.**

**❸ *Red Lion* ❷❷**
161 W. 600 S.
Tel. 1 801 521 73 73
www.saltlakecityredlion.com
Die 390 Zimmer des zentral gelegenen
Hotels sind komfortabel ausgestattet.

**❹ *Skyline Inn* ❷**
2475 E. 1700 S.
Tel. 1 801 582 53 50
www.skylineinn.com
Das Hotel liegt erhöht im Osten der
Stadt, so dass man von hier aus das Tal
überblicken kann.

## ESSEN
**❶ *The New Yorker* ❷❷❷**
60 W. Market St.
Tel. 1 801 363 01 66
http://newyorkerslc.com
Der »New Yorker« am aufgepeppten
Broadway ist eine der besten Adressen
der Stadt. In der Küche werden in erster

Linie amerikanische und internationale
Gerichte auf moderne und leichte Art
zubereitet. Das Preisniveau ist hoch, der
Service ausgezeichnet.

**❷ *Pago* ❷❷❷**
878 S. 900 East, Tel. 1 801 5 32 07 77
www.pagoslc.com
Saisonal und regional, mit spanisch-
mediteranen Anklängen: Neue amerikanische Küche »at it′s best«! Das kleine
Pago – weniger als ein Dutzend Tische
– punktet ganz groß mit raffiniert zubereiteten Gerichten aus frischen Produkten aus der Umgebung.

**❸ *Red Iguana* ❷❷**
736 W. N. Temple St.
Tel. 1 801 322 14 89
www.rediguana.com
Authentische mexikanische Küche mit
feuriger Mole-Sauce – natürlich ein
Geheimrezept!

**\*Beehive House**
Weiter östlich ließ Mormonenführer Brigham Young 1854 das
Beehive House (»Bienenstockhaus«) als **Wohnhaus** für seine große
Familie erbauen. Hier führte Young auch seine Amtsgeschäfte. Benannt ist das Haus nach einem am Türmchen angebrachten Bienenstock, den man im Wappen und im Beinamen des US-Bundesstaates
Utah (»Beehive State«) wiederentdecken kann.
**❶** 67 E. S. Temple St.,; tgl. 9.30–20.30 Uhr; Eintritt frei;
www.lds.org/locations/historic-beehive-house

**Eagle Gate**
An der Kreuzung von State Street und E. South Temple Street steht
das Eagle Gate (Adlertor), das 1859 am Eingang zur **Farm des Mor-
monenführers** Brigham Young errichtet worden ist. Es wird bekrönt
von einem Bronzeadler mit mehr als 6 m Flügelspannweite.

**Brigham Young's Grave**
Einige Gehminuten östlich vom Lion House liegt ein kleiner **Friedhof**, auf dem Brigham Young (1801 – 1877) und Mitglieder seiner
Familie bestattet sind. Die Anlage ist als »Mormon Pioneer Memorial Monument« den über 6000 Mormonen gewidmet, die zwischen
1847 und 1869 auf den Trecks ums Leben kamen.
**❶** 1st St., zw. State St. und A Ave.

Hier gibt es Vorführungen zur Astronomie, tolle Lasershows und ein 3D-IMAX-Kino.

**Clark Planetarium**

❶ 110 S. 400 W. St.; Mo. – Mi. 10.30 – 20.00, Do. bis 21.00, Fr., Sa. bis 23.00, So. bis 18.00 Uhr; www.clarkplanetarium.org

Südwestlich vom Temple Square erreicht man den Salt Palace, der eine Sportarena und mehrere kulturelle Einrichtungen umfasst. Im **Salt Lake Art Center** finden diverse kulturelle Veranstaltungen statt. Die **Abravanel Concert Hall** (Symphony Hall) mit ihrer hervorragenden Akustik ist Heimstatt des berühmten Utah Symphony Orchestra.

**Salt Palace**

❶ 100 S. W. Temple St., Tel. 1 385 4 68 22 22

Das John W. Gallivan Utah Center, ein riesiges **Freizeitzentrum** (u. a. Amphitheater, Eislauf) nimmt einen ganzen Block zwischen Main Street und State Street ein.

**John W. Gallivan Utah Center**

❶ 239 S. Main St., Tel. 1 801 5 35 61 10; tgl. 8.00 – 22.00 Uhr; www.thegallivancenter.com

## CAPITOL HILL DISTRICT · AVENUES DISTRICT

Das Kapitol, ein Gebäudekomplex mit 87 m hoher Kuppel, ist 1915 im klassizistischen Stil vollendet worden. Er beherbergt das Repräsentantenhaus, den Senat und den Obersten Gerichtshof von Utah. Die Räume sind reich ausgestattet. Beachtung verdient die 50 m hohe **Marmor-Rotunde**, deren Wandgemälde Szenen aus der Frühzeit des Staates zeigen. Sehenswert sind ferner der **Golden Room** (Empfangszimmer des Gouverneurs) und die **Hall of Governors**. Eine Ausstellung beschäftigt sich mit der Wirtschaftsgeschichte des Staates.

**\*Utah State Capitol**

❶ Capitol Hill, Tel. 1 801 5 38 18 00; Mo. – Fr. 7.00 – 20.00, Sa. 8.00 – 18.00 Uhr; Eintritt frei; www.utahstatecapitol.utah.gov

Südlich unterhalb vom Kapitol steht die 1866 vollendete Council Hall, die ursprünglich als Rathaus und später als erstes Kapitol des Bundesstaates Utah diente.

**Council Hall**

Das Pioneer Memorial Museum zeigt die Mühen der ersten mormonischen Siedler sowie persönliche Gegenstände aus dem Leben der Religionsführer Young und Kimball.

**Pioneer Memorial Museum**

❶ 300 N. Main St., Tel. 1 801 5 32 64 79; Mo. – Sa. 9.00 – 17.00, Juni – Aug. auch So. 13.00 – 17.00 Uhr; Eintritt frei; www.dupinternational.org

Südöstlich vom Capitol Hill dehnt sich der Avenues District mit seinen großzügigen Wohnbauten aus, die zur Zeit des **Silberbooms** im Little Cottonwood Canyon entstanden sind. Hier lebten wohlhabende Minenbesitzer und Geschäftsleute.

**Avenues District**

**\*Governor's Mansion** Die Governor's Mansion an der East South Temple Street wurde 1901 als Wohnhaus des Silbermagnaten Thomas Kearns und seiner Frau Jennie errichtet und äußerst kostbar ausgestattet. Italienischer Marmor und aus Edelhölzern hergestellte Möbel sollten nicht fehlen. Die Einweihungsparty dauerte zwei Abende lang und zählte 800 Gäste. In den 1930er-Jahren vermachte Kearns' Witwe die Villa dem Staat. Sie ist heute die **offizielle Residenz des Gouverneurs von Utah**.

❶ 603 E. S. Temple St.; kostenl. Touren: Juni–Aug. u. Dez. Di., Do. 14.00–16.00 Uhr; www.utah.gov/governor/mansion

**?** **BAEDEKER WISSEN**

### *Marmeladen-Bezirk*

Der Marmalade District, der sich am Westhang des Capitol Hill erstreckt, wurde tatsächlich nach dem süßen Brotaufstrich benannt. Denn hier pflanzten einst Siedler viele Obst- und Nussbäume, deren Früchte man haltbar machte, indem man sie zur Herstellung von Konfitüre verwendete.

## UNIVERSITY OF UTAH · EMIGRATION CANYON

**University of Utah** Am östlichen Stadtrand erstreckt sich der Campus dieser Hochschule. Sie ist bereits 1850 von den Mormonen gegründet worden, musste aber wenig später wegen Geldmangels ihren Betrieb wieder einstellen. 1867 erfolgte die Gründung einer **Wirtschaftsakademie**, 1892 wurde eine Universität daraus. Auf dem Campus befinden sich einige interessante Museen und Sammlungen.

Das **Natural History Museum of Utah** ist 2011 vom Gebäude der ehemaligen Universitätsbibliothek in einen spektakulären Neubau, das Rio Tinto Center am Rande des Campus umgezogen. Es gewährt Einblicke in die Natur- und Landschaftsgeschichte Utahs. Breiten Raum nimmt die Paläontologie mit reichen Fossiliensammlungen ein.

Wer sich den schönen Künsten widmen möchte, ist im **Utah Museum of Fine Arts** richtig. Artefakte aus präkolumbischer Zeit, die man aus ganz Amerika zusammengetragen hat, sind hier ebenso zu bewundern wie ägyptische Altertümer und fernöstliches Kunsthandwerk. Europa ist vor allem mit Renaissance-Kunst sowie Kunstwerken des 17. bis 19. Jh.s vertreten.

Am Fuß der Wasatch Mountains unterhält die Universität die wunderschönen **\*Red Butte Gardens & Arboretum**. Hier kann man sowohl die Pflanzenwelt der Rocky Mountains als auch die Flora der Beckenlandschaften des amerikanischen Westens studieren.

**Natural History Museum of Utah:** 301 Wakara Way; tgl. 10.00–17.00, Mi. bis 21.00 Uhr; Eintritt 13 $; http://nhmu.utah.edu

**Utah Museum of Fine Arts:** 410 Campus Center Dr.; Di.–Fr. 10.00–17.00, Mi. bis 20.00, Sa., So. 11.00–17.00 Uhr; Eintritt 9 $; http://umfa.utah.edu

**Red Butte Gardens & Arboretum:** 300 Wakara Way; Jan. – März, Dez.
9.00 – 17.00, April, Sept. 9.00 – 19.30, Mai – Aug. 9.00 – 21.00 Uhr;
Eintritt 10 $; www.redbuttegarden.org

Östlich der Universität, am Wasatch Drive, liegt das Fort Douglas, **Fort Douglas**
das in den 1860er-Jahren erbaut worden ist und heute als **militärhistorisches Museum** dient.

❶ 32 Potter St.; Di. – Sa. 12.00 – 17.00 Uhr; Eintritt frei; www.fortdouglas.org

Vor allem Familien mit Kindern bestaunen die exotische Tierwelt des **Hogle Zoo**
Hogle Zoo in der Nähe des Emigration Canyon.

❶ 2600 E. Sunnyside Ave.; Nov. – Feb. tgl. 9.00 – 16.00, März – Okt. tgl.
9.00 – 17.00 Uhr; Eintritt 9,75 $ (Mai – Sept. 12,75 $); www.hoglezoo.org

Weiter östlich kommt man zu jenem Platz, an dem der Mormonen **\*This is the**
führer Brigham Young 1847 ausgerufen hat: **»This is the place!«.** **Place Herita-**
Hier steht heute ein imposantes Denkmal. Das **Visitor Center** infor- **ge Park**
miert über den entbehrungsreichen Zug der Mormonen, die von
Illinois aus etwa 2100 km nach Westen wanderten und endlich das
»gelobte Land« am Großen Salzsee erreichten. Im Freilichtmuseum
**Old Deseret** sind Häuser und Werkstätten der Pionierzeit wiederaufgebaut, die im Sommer von Darstellern »bewohnt« sind. Einige
Meilen des **historischen Pioneer Trail** sind wie damals hergerichtet.

❶ tgl. geöffnet, saisonal wechselnd, meist 9.00 – 17.00 Uhr; Eintritt je nach
Saison 5 – 10 $: www.thisistheplace.org

## WEITERE SEHENSWÜRDIGKEITEN IM STADTGEBIET

Im Südosten von Downtown ist der Trolley Square (600 South St. & **Trolley**
700 East St.) ein beliebter Treffpunkt. Um einen alten Wasserturm und **Square**
im nostalgischen Ambiente des 1908 errichteten Straßenbahndepots
sind **nette Ladengeschäfte** und **gemütliche Lokale** angesiedelt.

Vogelliebhaber sollten das Tracy Aviary im schönen Liberty Park **Liberty Park,**
nicht verpassen. In den **Volièren** sind hunderte verschiedene Vögel **Tracy Aviary**
zu beobachten.

❶ 589 E. 1300 S.; tgl. 9.00 – 17.00 Uhr; Eintritt 7 $; www.tracyaviary.org

Welches Kind träumt nicht davon, einmal einen Hubschrauber zu **Discovery**
steuern oder ein berühmter Musikstar zu sein? Hier können kleine **Gateway**
Besucher im Cockpit eines Helikopters sitzen, Theater spielen, nach
Herzenslust malen und vieles mehr.

❶ 444 W. 100 S.; Mo. – Do. 10.00 – 18.00, Fr., Sa. 10.00 – 20.00,
So. 12.00 – 18.00 Uhr; Eintritt 8,50 $; www.childmuseum.org

# »This is the Place!«

*Mitten in der schroffen Wüste, an einem Ort, an dem keine Weißen leben wollten, tat der Mormonenführer Brigham Young am 24. August 1849 diesen berühmt gewordenen Ausspruch. Und seine Getreuen verwandelten die öde Gegend des Großen Salzsees binnen kürzester Zeit in ein Paradies des Fleißes und der Wohlanständigkeit. Sie nannten ihren Gottesstaat Deseret (nach dem Buch Mormon: die Honigbiene) und seine Metropole Salt Lake City.*

Die »Kirche Jesu Christi der Heiligen der Letzten Tage« wurde in einer Zeit des **religiösen Umbruchs** gegründet und gilt als durch und durch amerikanische Erscheinung. Joseph Smith (1807 – 1844), ein Bauernsohn aus dem Staat New York, entdeckte 1830 im Hügel Cumorah mit Hilfe des himmlischen Boten Moroni ein bis dato verschollen geglaubtes Buch der Bibel, das **Buch Mormon**. Der Text soll auf goldenen Tafeln in »reformiertem Altägyptisch« eingraviert gewesen sein. Praktischerweise lag neben den Platten eine Art Wunderbrille, bestehend aus den Sehersteinen Urim und Thummin, die eine ziemlich hurtige Übersetzung ermöglichten. Nach der ersten Drucklegung der Übersetzung nahm der Engel das Buch wieder mit.

## Umstrittene Prinzipien

Die Mitgliederzahl der Sekte stieg im Staat New York in kurzer Zeit auf mehrere Tausend an. Da Joseph Smith u. a. die Polygamie und die Totentaufe propagierte, hatte die Glaubensgemeinschaft von Anfang an auch entschiedene **Gegner**. Zu-

dem erwies sich die neue Gemeinde als wirtschaftlich überaus tüchtig und wohlhabend. So erstaunt es nicht, dass die Mormonen aus Furcht vor gewalttätigen Auseinandersetzungen gezwungen waren, von New York nach Ohio, von dort nach Missouri und schließlich nach Illinois zu flüchten, wo sie die **Siedlung Nauvoo** (»Schöne Stadt«) gründeten.

Doch drei Jahre später verließen die Mormonen auch diesen Ort. Hundert Männer mit geschwärzten Gesichtern hatten den Mormonenführer Smith und seinen Bruder Hyrum getötet.

## Erneuter Aufbruch

Brigham Young (1801 – 1877), charismatischer **Nachfolger** und zweiter »Präsident, Prophet, Seher und Offenbarer der Kirche«, brach daraufhin im Jahre 1847 mit 150 Getreuen in den unerschlossenen, damals noch mexikanischen Westen auf. Als der legendäre Wagentreck im Becken des Großen Salzsees angekommen war, machten sich die »Heiligen«, wie sich die Mormonen nennen, unverdrossen daran, in der trockenen, unfruchtbaren Erde Kartoffeln anzupflanzen. Mit wahrem Bienenfleiß verwandelten sie die Wüste in eine **blühende Kulturlandschaft**.

Der Engel Moroni zeigte Bauernsohn Joseph Smith das Buch Mormon.

Innerhalb kurzer Zeit folgten den ersten Siedlern ungefähr 15 000 Glaubensbrüder und -schwestern, und Young rief im März 1849 in dem ursprünglich riesigen Areal den **Beehive-Staat** aus, dessen Symbol der Bienenkorb wurde. In den nächsten 30 Jahren riss der Zustrom nicht ab.

## Der Bienenstaat

Mehr als 70 000 weitere Immigranten fanden den Weg ins Große Salzseetal. Die konsequente **Siedlungspolitik**, durch die Shoshonen und Ute nach 1861 mehr und mehr in Reservate abgedrängt wurden, sicherte die Macht der Latter-Day-Saints. Dennoch wurde das neue Territorium mit Brigham Young als Gouverneur erst 1896 in die Vereinigten Staaten aufgenommen.

Einer der Hauptgründe dafür war wohl die Tatsache, dass die Mormonen sich damals zur **Polygamie** bekannten, angeblich um die vielen vaterlosen Familien vor der Verarmung zu retten. Brigham Young ging seine Anhängern sozusagen mit bestem Beispiel voran, denn er hatte 27 Frauen und 56 Kinder.

Eine weitere **Eigenart** der mormonischen »Christologie« bildet u. a. die Annahme, Jesus Christus habe zwischen Auferstehung und Himmelfahrt den amerikanischen Kontinent besucht. Starke Differenzen gibt es vor allem beim **Gottesverständnis**, denn nach Joseph Smith ist Gott nicht mehr als ein »erhöhter Mensch«, der auf einem Planeten namens Kolob residiert.

Da der Körper nach mormonischer Vorstellung die »irdische Behausung« des Geistes ist, wird er entsprechend gehegt. Alkohol und Tabak sind verboten, **maßvoller Genuss** ist angesagt. Angeblich gehören die »Heiligen« zu den gesündesten Volksgruppen der Vereinigten Staaten mit einer besonders langen Lebenserwartung.

Eine wichtige Rolle spielt das Familienleben, das in sogenannten »Heimabenden« gepflegt wird. Schulen und wissenschaftliche Einrichtungen in Utah haben einen guten Ruf, und das Bildungsniveau ist entsprechend hoch. Denn auch dies ist ein Glaubensgrundsatz: »Niemand kann in Unwissenheit selig werden.«

## UMGEBUNG VON SALT LAKE CITY

**Gardner Historic Mill**

Eine alte Mühle am Jordan River einige Meilen südlich von Downtown ist ein beliebtes Ausflugsziel. Sie ist im 19. Jh. vom Mormonen und Polygamisten Archibald Gardner erbaut worden. Das Anwesen ist heute ein originelles **Shopping Village** in historischen Gebäuden.
❶ 1000 W. 7800 S.; Jan. – März Mo – Do. 10.00 – 18.00, Fr., Sa. 10.00 – 20.00, April – Dez. Mo. – Sa. 10.00 – 20.00 Uhr; www.gardnervillage.com

**\*Wheeler Historic Farm**

Nahe am Interstate Highway 215 liegt die Wheeler Historic Farm im **South Cottonwood Park**. In dem Freilichtmuseum wird das ganze Jahr über viel geboten. Im Mittelpunkt des Geschehens steht das im viktorianischen Stil errichtete Haupthaus der Farm.
❶ 6351 S. 900 E.; tgl. Sonnenauf- bis Sonnenuntergang; Eintritt frei; www.wheelerfarm.com

**Cottonwood Canyon**

Südöstlich von Salt Lake City hat ein reißender Gebirgsbach den wildromantischen Cottonwood Canyon gegraben. Im Sommer trifft man hier begeisterte **Bergwanderer**, und im Winter tummeln sich auf den von »Champagner-Schnee« bedeckten Höhen Tausende von **Skiläufern**.

**Schnee überzuckert die Wasatch Mountains.**

**Wintersport**

Um Salt Lake City scharen sich Wintersportorte mit **Pisten aller Schwierigkeitsgrade** und mit mehreren Liftanlagen, z. B. Alta in der reizvollen und für ihren »Champagner-Schnee« bekannten Hochgebirgslandschaft der Wasatch Mountains oder Snowbird mit dem 3353 m hohen Hidden Peak, auf den man mit der **Snowbird Ski Tram** (Bergbahn) hinauffahren kann, oder die hoch gelegenen Touristenorte Solitude und Brighton, die man durch den wildromantischen Big Cottonwood Canyon in nur 45 Minuten erreicht.

**\*Bingham Canyon Copper Mine**

Bei der Ortschaft Copperton, etwa 25 mi/40 km südwestlich von Salt Lake City, befindet sich einer der **größten Kupfertagebaue der Welt**. Durch Ausbeutung einer riesigen Erzlagerstätte ist eines der gewaltigsten von Menschenhand geschaffenen Löcher in der Erde entstanden. Die Grube, deren steile Wände terrassiert sind, hat einen Durchmesser von nahezu 4 km und ist über 900 m tief. Im Laufe der Jahre hat man hier viele Millionen Tonnen Kupfer und andere Metallerze gefördert, jedoch ohne Rücksicht auf die Umwelt. Aus der Grube gepumptes Schmutzwasser beeinträchtigt die Trinkwasserversorgung der nahen Großstadt Salt Lake City. Die hier tätige Bergbaugesellschaft hat ein **Visitor Center** eingerichtet.

❶ April – Okt. tgl. 8.00 – 19.00 Uhr, Eintritt pro Pkw 5 $, www.kennecott.com

**Great Salt Lake**

Von seinen Ausmaßen her ist der Great Salt Lake zwar riesig, aber tief ist er nur 3 – 10 m. Aufgrund seines **hohen Salzgehaltes** schwimmt man im Großen Salzsee wie ein Korken. Nach einem Bad im Salzsee empfiehlt sich eine gründliche Dusche. Gute Badeplätze gibt es im 14 mi/22 km westlich von Salt Lake City gelegenen **Great Salt Lake State Park**, im Bereich der Erholungsanlage »**Saltair Resort**« sowie im **Antelope Island State Park**. Im großen Salzsee gibt es zehn Inseln, die vielen Zugvögeln als Durchgangsstation dienen. Die größte dieser Inseln ist Antelope Island im südwestlichen Teil des Sees. Jene Tiere, die der Insel ihren Namen gaben, sind zwar ausgerottet, aber dafür wurden Büffel, Hirsche und Rehwild angesiedelt.

**BAEDEKER WISSEN**

### ? *Speed-Rekord*

Er knackte als Erster die 1000-km/h-Marke: Bei einer Testfahrt auf dem Bonneville Speedway erreichte Rennfahrer Gary Gabelich schlappe 1001,646 km/h! Diesen Rekord stellte er am 23. Oktober 1970 in einem raketenförmigen und düsengetriebenen Spezialfahrzeug namens »The Blue Flame« auf.

**Great Salt Lake Desert**

Westlich und südwestlich des Großen Salzsees breitet sich die Große Salzwüste bis zur Grenze zu Nevada aus. Große Gebiete dieser Salzwüste sind **militärisches Sperrgebiet**. Die Landschaft der unermesslich weit erscheinenden und strahlend weiß leuchtenden **Bonneville Salt Flats** ist teilweise so flach, dass man von einer Stelle unweit westlich des Grenzstädtchens Wendover die Wölbung des Horizontes der Erde wahrnehmen kann.

Ca. 12 mi/20 km nordöstlich von Wendover erreicht man den **Bonneville Speedway,** der auf der völlig ebenen und betonharten Salzfläche der Bonneville Salt Flats verläuft. Seit 1904 werden hier **Geschwindigkeits- und Dauerfahrt-Rekordversuche** unternommen. 2010 erreichte ein Elektro-Rennwagen eine Rekordgeschwindigkeit von 515 km/h.

# ✴✴ Vernal · Flaming Gorge · Uinta Mountains

✳ **N/O 3**

**Region:** Dinosaurland
**Höhe:** 1625 m ü. d. M.
**Einwohnerzahl:** 9100 **Telefonvorwahl:** 435

**Das Städtchen Vernal, Hauptort des Uinta County, ist eine der größten und ältesten Siedlungen in Nordost-Utah. Erst in den letzten Jahrzehnten konnte sich Vernal entwickeln. Erdölfunde sowie der Staudammbau am Green River und dessen Zuflüssen haben Vernal zu wirtschaftlicher Blüte verholfen.**

**Dinosaurland Capital**

Spätestens seit dem durch Steven Spielbergs »Jurassic Park« ausgelösten Dino-Fieber ist der Fremdenverkehr zu einem wichtigen Wirtschaftsfaktor geworden. Schließlich ist der Raum Vernal mit seinen weltberühmten Saurierfundstätten (u. a. ▶Dinosaur National Monument) das Mekka aller Paläontologen und Fossiliensammler.

## SEHENSWERTES IN VERNAL UND UMGEBUNG

**\*Utah Field House of Natural History**

Hauptsehenswürdigkeit von Vernal ist das Utah Field House of Natural History, das Einblicke in die **Erd- und Landschaftsgeschichte** dieser Gegend und die damit verbundene Entwicklung der Pflanzen- und Tierwelt gewährt. Im Außenbereich sind lebensgroße Dinosaurier-Modelle aufgestellt. Ein zweiter Ausstellungsschwerpunkt befasst sich mit den **indianischen Ureinwohnern** dieser Gegend, wobei die Kultur der Anasazi ebenso beleuchtet wird wie die der Fremont und der heute noch ansässigen Ute-Indianer.

❶ 496 E. Main St.; Tel. 1 435 7 89 37 99; Mo. – Sa. 9.00 – 17.00 Uhr; Eintritt 7 \$; http://stateparks.utah.gov/parks/field-house

## Vernal · Flaming Gorge · Uinta Mountains erleben

### AUSKUNFT
*Dinosaur Land Travel Board*
152 E. 100 North
Vernal, UT 84078
Tel. 1 435 7 81 67 65
www.dinoland.com

*Flaming Gorge*
*National Recreation Area*
Manila, UT
Tel. 1 801 7 84 34 45
www.fs.fed.us/r4/ashley

### ESSEN
*Red Canyon Lodge*
*Dining Room* ⊜⊜
790 Red Canyon Lodge
Flaming Gorge, UT
Tel. 1 435 8 89 37 59
Ländlich-deftige Küche vom Frühstück
bis zum Dinner. Bekannt ist das Lokal
auch für seine hervorragenden Wild-
gerichte (u. a. von Elch, Büffel und Wild-
schwein).

### ÜBERNACHTEN
*Landmark Inn & Suites* ⊜⊜
301 East 100 South, Vernal, UT
Tel. 1 435 7 81 18 00
www.landmark-inn.com
Nett eingerichtete Zimmer, einige mit
Küchenzeile.

*Best Western Dinosaur Inn* ⊜⊜
251 E. Main St., Vernal, UT
Tel. 1 435 7 89 26 60
www.bestwestern.com
Die gepflegte Anlage steht in der Nachbarschaft des Sauriermuseums. Kleines
Frühstück inklusive

*Campingplatz Dinosaurland*
*(KOA)* ⊜
930 North Vernal Ave., Vernal, UT
Tel. 1 435 7 89 21 48, www.dinokoa.com
Der Campingplatz bietet neben Du-
schen, Wäscherei und Picknicktischen
auch einen Pool, Volleyballplatz und
Minigolf, dazu einige Blockhäuser.

**Am Fuß der Uinta Mountains werden Rinder gezüchtet.**

**Western Heritage Museum**

Mit der gewaltsamen **Inbesitznahme des Wilden Westens** durch die Weißen befasst sich das Western Heritage Museum, zu dessen Exponaten auch das Schießeisen von Sheriff Matt Dillon aus der Fernsehserie »Rauchende Colts« gehört.

❶ 328 E. 200 South; Sommer Mo. – Fr. 9.00 – 18.00, Sa. 10.00 – 16.00, Winter Mo. – Fr. 9.00 – 17.00, Sa. 10.00 – 14.00 Uhr; Eintritt frei; www.westernheritagemuseum-uc-ut.org

**Uintah & Ouray Indian Reservation**

Westlich von Vernal, im Uinta Basin und auf dem östlichen Tavaputs-Plateau erstreckt sich dieses über 16 000 km² große Reservat der Ute-Indianer. Touristen dürfen Gebiete abseits der Durchgangsstraßen nur mit Genehmigung des Ute Indian Tribe Department aufsuchen sowie hier jagen oder angeln. Sie ist erhältlich im Ute Plaza Grocery Store.

**Ute Plaza Grocery Store:** 7750 E. US 40, Fort Duchesne, Tel. 1 435 7 22 32 82, www.uitfwd.com

**\*Red Cloud Loop**

Etwa auf halber Strecke zwischen Vernal und dem Staudamm in der Flaming Gorge zweigt der Red Cloud Loop in die großartige Hochgebirgswelt der östlichen Uinta Mountains ab. Dann schlängelt er sich südwärts bergab in Richtung Vernal und erreicht den **Dry Fork Canyon**, wo man auf einer Farm indianische Felszeichnungen bestaunen kann.

**\*Flaming Gorge**

Ganz im Nordosten von Utah, bei der Ortschaft Dutch John, hat man 1964 einen 153 m hohen Staudamm fertiggestellt, hinter dem inzwischen ein rund 150 km langer **Stausee** entstanden ist. Der See fungiert als Flutregulator, Wasserspeicher und Energielieferant. Nebenbei ist eine National Recreation Area entstanden, die auch bei Sportanglern und Wassersportlern beliebt ist. Den Namen »Flaming Gorge« hat Major **John Wesley Powell** (►Berühmte Persönlichkeiten) im Mai 1869 geprägt, als er die Wasserläufe des Colorado und des Green River erkundete. Hier, im Nordosten der Uinta Mountains, hat der Green River ein tiefes Kerbtal ins anstehende rote Sedimentgestein gegraben, das sich bei tief stehender Sonne wahrlich als »Flammende Schlucht« darbietet. An einigen Stellen ragen Felswände über 450 m hoch auf. Beim Staudamm beginnt der 7 mi/11 km lange **Green River Trail**, der einige großartige Aussichten erschließt. Unweit nördlich vom Staudamm lädt die **Sunny Cove** als hübscher Badeplatz zum Schwimmen ein. Ca. 3,5 mi/6 km westlich ihrer Abzweigung vom Highway US 191 erreicht die Staatsstraße UT 44 den **Red Canyon Overlook**, von dem aus sich ein großartiger Blick in die Schlucht bietet. Das **Visitor Center** informiert über die Natur- und Siedlungsgeschichte dieser Landschaft und verkauft den Tagespass zur Nutzung der Wanderwege.

**Visitor Center:** Ende Mai – Mitte Sept. tgl. 10.00 – 17.00 Uhr; Tagespass 5 $

Einige Meilen weiter nordwestlich, bei der Ortschaft Manila, erreicht man den erdgeschichtlich interessanten, aber wegen seiner plötzlich auftretenden Wildwasserfluten gefürchteten **Sheep Creek Canyon**. Hier zweigt eine 11 mi/18 km lange **Rundstrecke** (Sheep Creek Canyon Loop) vom UT 44 ab, die entlang einer imposanten Felslandschaft verläuft.

Am Sheep Creek Canyon beginnt eine ca. 20 mi/32 km lange Forststraße, die in die grandiose Hochgebirgswelt der **\*\*Uinta Mountains** hinaufführt. Sie endet am romantischen, 3048 m ü. d. M. gelegenen **Spirit Lake**, wo es eine Lodge und einen Campingplatz gibt. Die noch wenig erschlossenen Uinta Mountains sind der einzige Hochgebirgszug in den kontinentalen USA, der sich in west-östlicher Richtung erstreckt. Das von lichten Nadelwäldern, farbenprächtigen Wildblumenwiesen und grünen Matten

**BAEDEKER TIPP** ❗

### Uintas Scenic Byway

Eine der ältesten und eindrucksvollsten Panoramastraßen im Südwesten ist der 67 mi/108 km lange Highway US 191, der von Vernal nordwärts über die östlichen Uintas in die Flaming Gorge National Recreation Area führt. Eine Fahrt auf dieser auch »Drive through the Ages« genannten Route ist gleichsam eine Zeitreise durch die Erdgeschichte.

bedeckte Hochgebirge mit seinen im Sonnenlicht gleißenden Schneefeldern und den wie Edelsteine schimmernden Bergseen erinnert sehr an die Alpen. Etliche Viertausender, darunter der 4123 m hohe King's Peak (höchste Erhebung Utahs), bilden eine imposante Gipfelflur. Der Kernbereich der Uinta Mountains, der ihre höchsten Gipfel umfasst, steht als **»High Uintas Wilderness Area«** unter Schutz und ist für den Autoverkehr gesperrt. Bergwanderer und Westernreiter können hier noch Dickhornschafe, Hirsche, Bären, Biber, Adler und sonstige selten gewordene Tiere beobachten.

Als landschaftlich reizvolle Straße erschließt der Mirror Lake Highway (US 150) den Westen der Uinta Mountains. Die 56 mi/90 km lange Strecke beginnt in **Kamas**, wenige Meilen östlich von ▶Park City. Ca. 24 mi/39 km oberhalb von Kamas kommt man zu den wilden Wasserfällen des oberen Provo River. Nach weiteren 7 mi/11 km erreicht man den zauberhaften **Mirror Lake**. Von hier aus kann man Hochgebirgswanderungen unternehmen. Bergsteiger erklimmen den 3788 m hohen Mount Agassiz und den weiter nördlich aufragenden und 3804 m hohen Hayden Peak.

**\*Mirror Lake Highway**

## ** **Zion National Park**

K/L 6

**Region:** Color Country
**Fläche:** 594 km²
**Gründungsjahr:** 1919

**Der Zion National Park umfasst die großartige Fels- und Canyonlandschaft, die von den beiden reißenden Quellflüssen des Virgin River geschaffen worden ist. Sie haben sich in von Jahrmillionen tief in die mächtigen, fast horizontal gelagerten Gesteinsschichten des Markagunt-Plateaus eingegraben. Schroffe, oft mehrere hundert Meter hohe Felswände sowie aufgesetzte Tafelberge prägen das Landschaftsbild.**

**Farbenspiel** Das Farbenspiel im Zion National Park reicht von weißgrauen und gelblichen bis zu rostroten und violetten Tönen. Geradezu überwältigend ist die Szenerie bei tief stehender Sonne, wenn die roten Felswände richtig erglühen und die aufgesetzten Kalkhauben in strahlendem Weiß aufscheinen.

Mitte des 19. Jh.s kamen Mormonen an den Oberlauf des Virgin River. Sie gaben dem Tal und den markanten Felsbildungen ihre biblischen Namen. Der Nationalpark gliedert sich in eine südöstliche **Zion Canyon Section**, in der die Hauptsehenswürdigkeiten zu finden sind, sowie in eine noch wenig erschlossene nordwestliche **Kolob Canyon Section**.

**Pflanzen und Tiere** Cottonwood, Wacholder, Ponderosa-Pinien, Fichten, Pappeln und Eschen sind typisch für diese Landschaft. In den Hochlagen treten Tannen und Douglasien hinzu. An trockenen Standorten wachsen Kakteen und vor allem der violett leuchtende Wüstenphlox. Im geschützten Talgrund haben die Mormonen allerlei Obstsorten kultiviert.

Im Gelände kann man Dickhornschafe und Maultierhirsche beobachten. Allgegenwärtig sind die putzigen Erdhörnchen. Auch Berglöwen und Kojoten streifen durchs Gelände. Hoch in den Lüften schweben Greife, darunter auch Adler und Habichte. Gelegentlich kann man sogar einen Roadrunner (Rennkuckuck) beobachten.

**\*Zion Canyon** Vom Südeingang bei Springdale führt eine Panoramastraße in den Zion Canyon hinein, den der nördliche Quellfluss des Virgin River ausgeräumt hat. Der Eingang in das Schluchttal wird im Osten vom 1998 m hohen Watchman, im Westen vom 2380 m hohen West Temple und den Towers of the Virgin bewacht. Nach dem Parkeingang passiert man zunächst das **Zion Nature Center** und dann das **Visitor Center**, wo man sich über die geologischen Verhältnisse, die

Pflanzen- und Tierwelt sowie über die Erschließung dieses Raumes informieren kann. Von hier führen Wanderwege auf den Watchman sowie in den Oak Creek Canyon.

Nach der Abzweigung des Zion-Mount Carmel Highway beginnt der **Temple of Sinawa Scenic Drive** (für den Individualverkehr gesperrt, es verkehren Parkbusse, die mehrere Haltepunkte ansteuern), der 8 mi/13 km flussaufwärts bis zum Temple of Sinawa führt. Jäh abstürzende Felswände wie die Streaked Wall und eindrucksvolle Formationen wie der 2104 m hohe Beehive (Bienenkorb), der Mount Moroni, die Three Patriarchs, und der 2117 m hohe Lady Mountain bilden die Kulisse westlich der Straße. Östlich tun dies der Mount Spry, die Twin Brothers und vor allem der 2449 m hohe Mountain of the Sun.

Wo mehrere kleine Seitencanyons in den Hauptcanyon einmünden, steht die **Zion Lodge**, von der aus Wanderpfade die grandiose Felslandschaft erschließen. Ein Pfad führt zu den *Emerald Pools (1436 m ü. d. M.). Diese idyllischen, von mehreren Wasserfällen gespeisten »Smaragdteiche« liegen zu Füßen des mächtigen, 2152 m hohen Castle Dome.

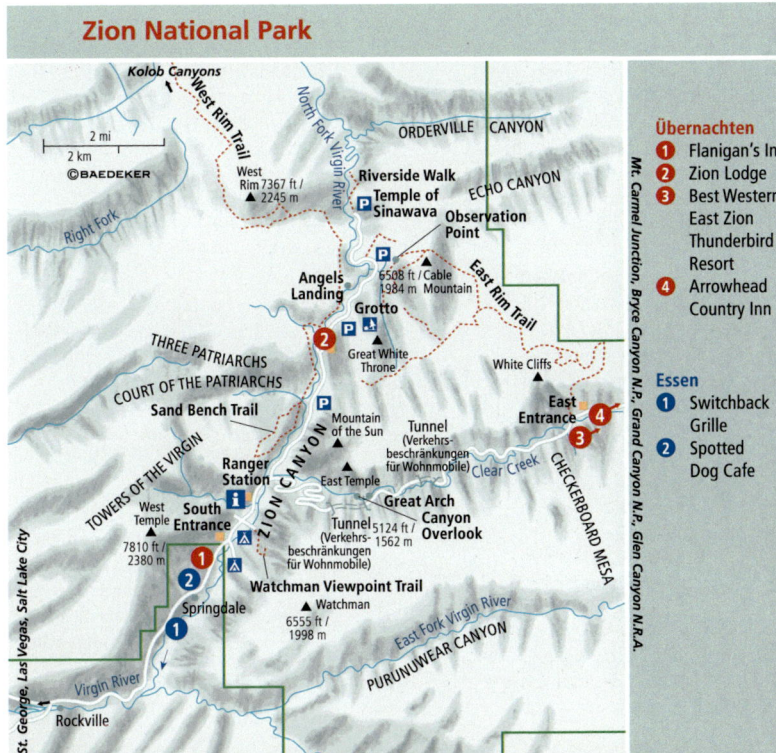

## Zion National Park

Kolob Canyons

West Rim Trail
North Fork Virgin River

ORDERVILLE CANYON

2 mi
2 km
©BAEDEKER

West Rim 7367 ft / ▲ 2245 m

Riverside Walk
Temple of Sinawava

ECHO CANYON

Right Fork

Observation Point

Angels Landing

650B ft / Cable 1984 m Mountain

East Rim Trail

Grotto

Great White Throne

THREE PATRIARCHS

White Cliffs

COURT OF THE PATRIARCHS

Sand Bench Trail

Mountain of the Sun

East Entrance

Tunnel (Verkehrsbeschränkungen für Wohnmobile)

Clear Creek

CHECKERBOARD MESA

Ranger Station

East Temple

ZION CANYON

Great Arch Canyon Overlook

Tunnel (Verkehrsbeschränkungen für Wohnmobile)

5124 ft / 1562 m

West Temple

TOWERS OF THE VIRGIN

South Entrance

7810 ft / 2380 m

Watchman Viewpoint Trail

Springdale

▲ Watchman 6555 ft / 1998 m

East Fork Virgin River

PURUNUWEAR CANYON

Virgin River

Rockville

Mt. Carmel Junction, Bryce Canyon N.P., Grand Canyon N.P., Glen Canyon N.R.A.

15, St. George, Las Vegas, Salt Lake City

**Übernachten**
❶ Flanigan's Inn
❷ Zion Lodge
❸ Best Western East Zion Thunderbird Resort
❹ Arrowhead Country Inn

**Essen**
❶ Switchback Grille
❷ Spotted Dog Cafe

## Zion erleben

### AUSKUNFT
**Zion National Park**
SR 9, Springdale, UT 84767-1099
Tel. 1 435 7 72 32 56
www.nps.gov/zion
Das Visitor Center befindet sich am südlichen Parkeingang.

### VERKEHRSMITTEL
Ein kostenloser Busshuttle stoppt an mehreren Stationen in Springdale und bringt Besucher zu verschiedenen Punkten im National Park.

### ÜBERNACHTEN

**❶ Flanigan's Inn ⑤⑤⑤**
450 Zion Park Blvd.
Tel. 1 435 7 72 32 44
www.flanigans.com
Flanigan's bietet verschiedene Standards an Hotelzimmern und Suiten sowie zwei kleine Luxus-Villen. Alle haben einen wunderschönen Blick auf die Umgebung des Nationalparks.

**❷ Zion Lodge ⑤⑤⑤**
Scenic Drive, Zion National Park
Tel. 1 435 7 72 77 00
www.zionlodge.com
Die 121 Zimmer im Motel und in Blockhäusern, darunter sechs frisch renovierte Suiten, sind idyllisch in einem Tal gelegen. Die 1925 erbaute Anlage ist die einzige Übernachtungsmöglichkeit direkt im Park.

**❸ Best Western East Zion Thunderbird Resort ⑤⑤**
P.O. Box 5536
Junction UT 9 & US 89 (Nähe East Entrance), Mt. Carmel

Tel. 1 435 6 48 22 03
www.bestwestern.com
Die 61 geräumige Zimmer im Südwest-Stil haben entweder eine Balkon oder eine Terrasse. Zur Anlage gehören ein großer Swimmingpool sowie ein 9-Loch-Golfplatz.

**❹ Arrowhead Country Inn & Cabins ⑤⑤**
2155 S. State Rd., Mt. Carmel
Tel. 1 435 6 48 25 69
www.arrowheadbb.com
Die Herberge liegt schön ruhig und dyllisch inmitten von Obstgärten. Guter Ausgangspunkt für Wanderungen durch den Nationalpark, nach denen man sich im hauseigenen Swimmingpool erholen kann. Es ist auch nicht weit in den Bryce Canyon sowie zum North Rim des Grand Canyon. Gutes Frühstück.

### ESSEN
**❶ Switchback Grille ⑤⑤⑤**
1149 South Zion Park Blvd.
Tel. 1 435 7 72 37 00
www.switchbackgrille.com
Hier kommen Grill- und Fischgerichte nicht nur im Stil des Südwestens auf den Tisch.

**❷ Spotted Dog Cafe ⑤⑤**
456 Zion Park Blvd.
Tel. 1 435 7 72 32 44
www.flanigans.com
Hier kann man vor imposanter Felskulisse verschiedene Köstlichkeiten der Southwestern Cuisine probieren. Die Küche verwendet Produkte aus der Region, Gemüse, Salate, Kräuter kommen aus dem eigenen Garten

Weiter nördlich kommt man zum **Rastplatz Grotto**, der von dem 1807 m hohen Red Arch Mountain sowie dem 2056 m hohen Great White Throne beherrscht wird. Von dem Rastplatz steigt der teilweise in den Fels gehauene und nur schwindelfreien Bergwanderern zu empfehlende **West Rim Trail** sehr steil in den Refrigerator Canyon hinauf, wo ein weiterer herausfordernder Pfad zum 1765 m hohen **\*Angels Landing** abzweigt.

Weiter nördlich umfließt der Virgin River eine 1554 m hohe, **»The Organ«** genannte Felsformation. Eine Attraktion ist der **\*Weeping Rock**. Dieser Felsüberhang ist dicht von Pflanzen bewachsen, was ihm auch den Beinamen »Hanging Gardens« (Hängende Gärten) eingetragen hat.

Vom Parkplatz am Weeping Rock kann man auch den wildromantischen **Hidden Canyon** und den **Echo Canyon** erwandern. Die beiden Schluchten treffen am 1980 m hohen **Cable Mountain** zusammen.

Der Scenic Drive endet am 1347 m hohen **Tempel von Sinawa**. Von hier aus kann man noch einige Kilometer weiter flussaufwärts wandern.

**\*Zion – Mt. Carmel Highway**

Nördlich vom Visitor Center zweigt der Zion – Mt. Carmel Highway (UT 9) östlich in einen imposanten, vom Pine Creek ausgeräumten Seitencanyon ab, der an seiner Nordseite vom 2350 m hohen **East Temple** und an seiner Südseite vom 2074 m hohen **Bridge Mountain** überragt wird. Das Bergsträßchen ist erst in den 1930er-Jahren gebaut worden. Es windet sich hinauf bis zu senkrecht aufragenden Felswänden. Durch einen unbeleuchteten Tunnel gelangt man in ein Hochtal. Vom Tunnelausgang führt ein kurzer Fußweg zurück zu einer Aussichtsplattform und zu einem Felsbogen. Der Blick in den Pine Creek Canyon ist atemberaubend.

Der Zion – Mt. Carmel Highway (UT 9) folgt jetzt einem Waldtal. Statt schroffer Wände aus rotem Fels treten ziemlich helle und pastellfarbene **»Slickrock«**-Formationen in Erscheinung, die von der Erosion vielfältig gestaltet worden sind.

**\*Checkerboard Mesa**

Kurz bevor man den Nationalpark in Richtung Mount Carmel Junction verlässt, passiert man die Checkerboard Mesa. Der helle **Sandsteinfels** präsentiert sich als imposantes Kunstwerk der Natur. Wind und Wetter haben tiefe Erosionslinien in die Felswand graviert. Sie sieht inzwischen aus wie ein riesiges Schachbrett.

**\*Kolob Canyons**

Nordwestlich vom Zion Canyon breitet sich die großartige, aber noch wenig berührte Hochgebirgswelt der Kolob-Plateaus aus, in die Flüsse und Bäche tiefe Canyons gegraben haben. Hier sind praktisch alle Gesteinsformationen aufgeschlossen, die im Südwesten Utahs als Landschaftsbildner Bedeutung haben. So gesehen kann man eine Zeitreise durch verschiedene **Perioden der Erdgeschichte** unternehmen.

**Nordwest-licher Parkeingang**

Nicht weit vom I-15 befindet sich der nordwestliche Eingang in den Zion National Park. Im **Kolob Canyons Visitor Center** kann man sich mit der Naturgeschichte dieses Raumes vertraut machen.
🕐 tgl. 8.00 – 16.30 Uhr

**\*Kolob Canyons Road**

Die 5 mi/8 km lange Kolob Canyons Road überwindet zunächst die **Hurricane Fault**, eine geologische Störungslinie, die den Westrand des Markagunt-Plateau markiert. Die Straße folgt dann dem Taylor Creek aufwärts und erreicht die »Finger Canyons of the Kolob« genannten Schluchten.

**\*Taylor Creek Trail**

Von dieser Straße zweigt der Taylor Creek Trail ab, ein **anstrengender Wanderpfad**, der durch die Schlucht des mittleren Taylor Creek hinauf zum Double Arch Alcove führt. Diese Felsgrotte wird von zwei Steinbögen überwölbt. Der Weg endet an einem Wasserfall, der jedoch nur bei Schneeschmelze bzw. nach starken Regenfällen »in Betrieb« ist.

**Lee Pass**

Nach der Abzweigung des Taylor Creek Trail windet sich die Kolob Canyon Road südlich zum 1853 m hohen Lee Pass hinauf.

**\* Kolob Arch**

Hier oben beginnt der beschwerliche **La Verkin Trail**, der um den Timber Top Mountain (2455 m) und um die Gregory Butte (2348 m) herum zum Kolob Arch hinaufführt. Dieser 24 m breite Felsbogen

**Wind und Wetter haben die Checkerboard Mesa modelliert.**

spannt sich 94 m weit über eine gut 100 m tiefe Schlucht. Damit gilt er als die größte von der Natur geschaffene Brücke der Erde, am schönsten zu betrachten in der Morgensonne.

Die Kolob Canyons Road zieht vom Lee Pass am Osthang des Timber Creek Valley aufwärts zum 1941 m hoch gelegenen Kolob Canyons Viewpoint, von wo aus man eine herrliche Aussicht genießen kann. Die Abendsonne lässt die roten Felsen förmlich erglühen. *\*Kolob Canyons Viewpoint*
Ein zweites, jedoch im Winter nicht befahrbares Bergsträßchen, die **\*Kolob Terrace Road**, erschließt die Kolob Canyons bzw. die Kolob-Plateaus von Südwesten (UT 9) her. Die erste Etappe, die am 1960 m hohen **Tabernacle Dome** vorbeiführt, endet an der 2102 m hohen Spendlove Knoll.

## UMGEBUNG DES ZION NATIONAL PARKS

In dem Städtchen St. George, südwestlich des Zion National Parks, herrscht das ganze Jahr über ein **angenehmes Klima** mit milden Wintern und trockenen Sommern. Es ermöglicht nicht nur den An-bau von Baumwolle, sondern zieht auch sogenannte Snowbirds an, die hier überwintern oder ihren Lebensabend verbringen. 1861 sie-delten sich auf Geheiß von Brigham Young rund 300 Mormonenfa-milien an, die Baumwolle kultivierten. Der Mormonenführer selbst war der erste »Snowbird«. Ab 1873 bis zu seinem Tode verbrachte er die Wintermonate in St. George. *\*St. George*

Etwa 11 mi/18 km nordwestlich von St. George's erreicht man den abseits des UT 18 gelegenen Snow Canyon (State Park), der nicht etwa nach dem winterlichen Niederschlag, sondern nach dem An-führer eines Siedlerzugs benannt ist. Über 150 m hohe Felswände aus rotem Navajo-Sandstein, helle Sanddünen und dunkles Vulkange-stein haben eine **Wüstenlandschaft** geschaffen, die ihresgleichen sucht. Hier gedeihen Kakteen, Yuccas, Zwergeichen und vielerlei an-dere Gewächse. Im Frühling und nach längeren feuchten Perioden blüht die Landschaft in allen Farben. Der Snow Canyon ist Lebens-raum von Maultierhirschen, Füchsen und Kojoten sowie von Klap-perschlangen, hochgiftigen Gila-Monstern und Wüstenschildkröten. Die schönsten Aussichtspunkte hat man auf dem knapp 3 km lange Hidden Piñon Trail. Ein Wanderpfad führt zum eindrucksvollen **Johnson Arch**. Der Lava Caves Trail erschließt ein Höhlensystem, das entstand, als noch glutflüssiges Gesteinsmaterial aus einem er-starrten Lavafluss austrat. Felsritzungen und Artefakte zeigen, dass diese Höhlen bereits von indianischen Ureinwohnern als Behausun-gen genutzt worden sind. Abseits der Höhlen bietet sich ein spekta-kulärer Blick in den West Canyon. *\*Snow Canyon*

# PRAKTISCHE INFORMATIONEN

Was für einen Pass braucht man zur Einreise in die USA? Welche Impfungen müssen sein? Kreditkarte, Bargeld oder Reisescheck? Informieren Sie sich – am besten schon vor der Reise!

# Anreise · Reiseplanung

## ANREISEMÖGLICHKEITEN

**Mit dem Flugzeug** Die wichtigsten **Zielflughäfen** im Südwesten sind Denver, Las Vegas, Los Angeles und Salt Lake City. Diese Destinationen können täglich von allen wichtigen mitteleuropäischen Flughäfen erreicht werden. Ein **Direktflug** von Deutschland in den amerikanischen Südwesten dauert ca. 11 Stunden, Umsteigeverbindungen entsprechend länger. Die **Preisgestaltung** der einzelnen Gesellschaften ist sehr unterschiedlich. Sondertarife bieten nicht nur die Fluggesellschaften, sondern auch Reiseveranstalter (z. B. Airtours, DER, Meier's Weltreisen, TUI) und Reisemittler. Im Internet kann man oft günstiger buchen, etwa bei www.expedia.de und www.opodo.de. STA-Travel (www.sta travel.de) ist auf Tickets für junge Fluggäste bzw. für Auszubildende und Studierende spezialisiert. Auch Travel Overland (www.travel-overland.de) und Travelocity (www.travelocity.de) haben interessante Tarife.

Auch in den USA gibt es **Billigfluggesellschaften** (Budget Airlines). Ihre mitunter sehr preiswerten Angebote lassen sich online über eigene Portale darstellen. **Southwest Airlines** (www.southwest.com) und **US Airways / America Airlines** (www.usairways.com) bedienen im Südwesten der USA ein sehr dichtes Liniennetz.

**Hinweis**
Gebührenpflichtige Servicenummern sind mit einem Stern gekennzeichnet: *0180...
Gespräche zu Anschlüssen mit »toll free«-Nummern (1 800 oder 1 888) können gebührenfrei nur aus dem US-Festnetz geführt werden. Bei Mobiltelefonen fallen die üblichen Gebühren an. Hinter 1 900-Nummern verbergen sich oft recht teure kommerzielle Dienste.

Per **Schiff** kann man auf zweierlei Arten in den Südwesten der USA reisen. Viele an der amerikanischen Westküste operierende **Kreuzfahrtschiffe** steuern die Häfen von San Francisco, Los Angeles (Long Beach) und San Diego an. Genaue Auskünfte erhält man in guten Reisebüros. Eine andere Möglichkeit ist die Passage auf einem **Frachtschiff**, das für mitfahrende Passagiere eigene Kabinen und einen entsprechenden Service bietet.

## EIN- UND AUSREISEBESTIMMUNGEN

**Vorabinformation** Wer eine Reise in die Vereinigten Staaten von Amerika plant, sollte vorab unbedingt die aktuellen Informationen der US-Regierung von der US-Botschaft im jeweiligen Heimatland (▶Auskunft, Botschaften) einholen.

## FLUGGESELLSCHAFTEN
### American Airlines
Tel. *01805 11 37 09 (D)
1 800 433 7300 (USA)
www.aa.com

### British Airways
Tel. *01805 26 65 22 (D)
1 800 247 9297 (USA)
www.britishairways.com

### Delta Air Lines
Tel. *01805 805 872 (D)
1 800 241 4141 (USA)
www.delta.com

### Deutsche Lufthansa
Tel. *01805 805 805 (D)
1 800 645 3880 (USA)
www.lufthansa.com

### KLM
Tel. *01805 25 47 50 (D)
1 800 618 0104 (USA)
www.klm.com

### Swiss
Tel. *01805 11 00 36 (D)
1 877 359 7947 (USA)
www.swiss.com

### United Airlines
Tel. 069 50 07 03 87 (D)
1 800 864 8331 (USA)
www.united.com

### US Airways
Tel. *01803 00 06 09 (D)
1 800 428 4322 (USA)
www.usairways.com

## SCHIFF
### Hapag-Lloyd Kreuzfahrten
Tel. 040 3070 3070 (D)
www.hlkf.de

### Frachtschiff-Touristik Kapitän Peter Zylmann
Tel. 04642 96 55-0 (D)
www.zylmann.de

## BAHN
### Amtrak
Tel. 1 800 872 72 45,
1 800-USA-RAIL (USA), www.amtrak.com

## BUS
### Greyhound
Tel. 1 214 849 8100 (Int.l)
1 800 231 2222
www.greyhound.com

Deutschland, Österreich und die Schweiz nehmen am visumfreien Reisen teil (**Visa Waiver Program, VWP**): Reisende aus diesen Ländern benötigen für die Einreise in die USA (bei einem Aufenthalt bis zu 90 Tagen) kein Visum, sondern einen maschinenlesbaren Reisepass mit elektronisch gespeicherten Merkmalen, der noch mindestens ein halbes Jahr gültig sein muss, und ein Rückflugticket. Kinder brauchen einen eigenen maschinenlesbaren Ausweis. Eine Visumpflicht besteht nur, wenn man länger als 90 Tage im Land bleiben, arbeiten oder studieren will.

Die gebührepflichtige Genehmigung (derzeit 14 $) zur visumfreien Einreise muss **zwingend via Internet** im Reisegenehmigungssystem **ESTA** (Electronic System for Travel Authorization) beantragt werden. Die Beantragung über Dritte (z. B. Reisebüro) ist möglich.

*Reisedokumente*

Die erteilte Einreiseerlaubnis gilt für beliebig viele Einreisen innerhalb eines Zeitraums von zwei Jahren. Die erteilte Reisegenehmigung stellt jedoch keine Garantie für die Einreiseberechtigung dar! Nähere Infos unter http://german.germany.usembassy.gov/visa

Bei der **Einreise** werden von jedem Reisenden außerdem digitale Abdrücke aller Finger sowie ein digitales Porträtfoto angefertigt. Auch bei der Ausreise werden Fingerabdrücke genommen. Der Tag, an dem man spätestens die USA wieder verlassen muss, wird bei der Einreise in den Pass eingestempelt.

In folgenden Fällen ist ein **Visum** erforderlich: Personen, die nicht mit einem regelmäßig verkehrenden Verkehrsmittel einreisen (z. B. per Auto via Kanada oder Mexiko); Personen, die eine Ausbildung machen wollen; Teilnehmer an Austauschprogrammen; Personen, die eine (auch nur vorübergehende) Tätigkeit ausüben wollen (auch Journalisten und Au-Pair-Mädchen); Personen, die eine Forschungsarbeit durchführen; Personen, die in den USA heiraten und anschließend dort wohnen wollen.

**Ausreichende Finanzmittel** Bei der Grenzkontrolle müssen Auf Anfrage genügend finanzielle Mittel oder eine Kreditkarte nachgewiesen werden, um den Aufenthalt bestreiten bzw. ein Weiter- oder Rückreiseticket besorgen zu können.

**Impfbestimmungen** Ein Impfzeugnis wird nur dann verlangt, wenn man aus gefährdeten Gebieten einreist. Es ist ratsam, sich vor Reiseantritt beim zuständigen Konsulat über die neuesten Vorschriften zu erkundigen.

**Haustiere** Wer seinen Hund mitnehmen will, muss ein tierärztliches Gesundheits- und Tollwutimpfzeugnis vorlegen, das mindestens einen Monat und maximal zwölf Monate vor der Abreise ausgestellt sein muss. Alle anderen Haustiere brauchen ein tierärztliches Gesundheitszeugnis.

**Nationaler Führerschein** Wer in den USA ein Auto steuern will, muss einen gültigen nationalen Führerschein vorweisen können. Der internationale Führerschein wird nur zusammen mit dem nationalen Führerschein anerkannt.

**Sicherheitskontrollen** Im Luft- und Seeverkehr werden penible Sicherheitskontrollen durchgeführt. Man sollte genügend Zeit einplanen, um die Kontrollen rechtzeitig vor der Abreise passieren zu können. Wichtiger Hinweis: Fluggäste dürfen maximal 0,1 l **Flüssigkeit** mit an Bord nehmen. Auskünfte erteilen Fluggesellschaften und Reisebüros.

## ZOLLBESTIMMUNGEN

**Einreise in die USA** Bei der Einreise sind eine Zollerklärung und ein Formular für die Einreiseerlaubnis (»permit«) auszufüllen. **Zollfrei eingeführt** wer-

den dürfen Gegenstände des persönlichen Bedarfs (u. a. Kleidungs-
stücke, Toilettenartikel, Schmuck, Fotoapparate, Filme, Fernglas,
tragbares Radio-, Tonband- und Fernsehgerät, Sportausrüstung).
Erwachsene können 1 l alkoholische Getränke, 200 Zigaretten oder
50 Zigarren oder 2 kg Tabak einführen.
Zusätzlich können pro Person Geschenke bis zum Gegenwert von
100 $ mitgebracht werden.
Die Einfuhr von **Nahrungsmitteln** (besonders Obst, Gebäck,
Fleisch- und Wurstwaren) ist **nicht gestattet**.

**Zollfrei** sind alle bereits in die Vereinigten Staaten mitgenommenen
persönlichen Gebrauchsgegenstände (vgl. oben), zudem 200 Zigaretten oder 100 Zigarillos oder 50 Zigarren oder 250 g Tabak, 1 l Spirituosen mit über 22 Vol.-% Alkoholgehalt oder 2 l Spirituosen unter
22 Vol.-% Alkoholgehalt oder 2 l Schaumwein. Ferner 2 l Wein, 500 g
Kaffee oder 200 g Kaffee-Extrakt (Pulverkaffee), 100 g Tee oder 40 g
Tee-Extrakt, 50 g Parfüm, 0,25 l Toilettenwasser (Tabakwaren und
Alkohol nur bei Personen über 17 Jahre, Kaffee nur bei über 15-jäh-
rigen). Andere Waren und Geschenke dürfen nach Deutschland bis
zu einem Wert von 430 Euro (Einreise mit dem Flugzeug / Schiff)
sonst 300 Euro zollfrei eingeführt werden.

*Wieder-
einreise in
EU-Staaten*

Für die Schweiz gelten folgende **Freimengengrenzen**: 250 g Kaffee,
100 g Tee, 200 Zigaretten oder 50 Zigarren oder 250 g Tabak, 2 l Wein
oder andere Getränke bis 15 Vol.-% Alkoholgehalt oder 1 l Spirituosen mit mehr als 15 Vol.-% Alkoholgehalt. Souvenirs dürfen in die
Schweiz bis zu einem Wert von 300 SFr zollfrei eingeführt werden.

*Wieder-
einreise in
die Schweiz*

## REISEPLANUNG INNERHALB DER USA

Der Bahnverkehr wird in den USA durch **Amtrak** realisiert. Für das
Streckennetz und den Güterverkehr tragen aber nach wie vor verschiedene Eisenbahngesellschaften Verantwortung.
Amtrak bietet den **USA Rail Pass** in drei Variationen an: 8 Strecken
an bis zu 15 Tagen kosten z.Zt. 459 $ pro Person, 12 Strecken an bis
zu 30 Tagen kosten 689 $ pro Person und 18 Strecken an bis zu 45
Tagen kosten 899 $ pro Person. Die verschiedenen Rail Pässe von
Amtrak können nur außerhalb der USA zu günstigen Tarifen erworben werden!

*Mit der Bahn*

Wer die USA individuell erkunden will, kommt um das Mieten eines
Wagens nicht herum. Einige Autovermieter bieten ihre Fahrzeuge zu
interessanten Preisen an, wobei gelegentlich **Wochenpauschalen**
günstiger sind. Wer ein Fahrzeug mieten will, muss **mindestens
21 Jahre** alt sein. Fahrzeuge werden von den Mietwagenfirmen nur

*Mit dem
Mietwagen*

## *ABC der Autoversicherungen*

Die Autovermieter bieten ein Wirrwarr unterschiedlicher Versicherungen an, die man nicht alle unbedingt abschließen muss.

- **CDW** – Collision Damage Waiver: Haftungsbefreiung für Unfallschäden am Fahrzeug (empfehlenswert)
- **LDW** – Loss Damage Waiver: Haftungsbefreiung bei Verlust des Fahrzeugs
- **PAI** – Personal Accident Insurance: Insassenunfallversicherung
- **PEC** – Personal Effect Coverage: Reisegepäckversicherung
- **LIS/SLI** – Liability Insurance Supplement: Haftpflicht-Zusatzversicherung, mit der die Haftpflichtsumme der bestehenden gesetzlichen Haftpflichtversicherung erhöht wird.

gegen eine **Kaution** abgegeben, die bei den meisten Vermietern durch Vorlage einer Kreditkarte als geleistet gilt. Bargeld als Kaution wird normalerweise nicht akzeptiert. Generell gilt: Wer einen Mietwagen schon von zu Hause aus bestellt, zahlt deutlich weniger als bei der Miete vor Ort. Und wer bei einer großen Autovermietung wie Alamo, Hertz, Avis oder Budget über deren **deutsche Website**, über Kataloge heimischer Reiseveranstalter oder über einschlägige Vermittler wie Holiday Autos oder Sunny Cars seinen Mietwagen bucht, hat neben unbegrenzten Meilen meist die notwendigen Versicherungen schon eingeschlossen.

Alle namhaften Autovermieter unterhalten **gebührenfreie Telefondienste** (Hotlines) und haben Vertretungen in den internationalen Flughäfen, in großen Hotels sowie in den Innenstädten und Urlauberzentren.

**Ausflug nach Mexiko**

Wer einen Ausflug nach Mexiko unternehmen will, muss folgendes beachten: Bei der **Einreise nach Mexiko** wird die Vorlage eines Dokumentes verlangt, aus dem die Staatsbürgerschaft ersichtlich ist. Besucher aus Mitteleuropa müssen einen noch mindestens sechs Monate gültigen Reisepass vorlegen. Wer nach Mexiko einreisen will, benötigt zudem eine **Touristenkarte**, die von den mexikanischen Einwanderungsbehörden kostenlos ausgegeben wird. Im Ausland hergestellte Wertgegenstände (z. B. Kameras) sollten vor der Ausreise nach Mexiko deklariert werden.

Wer mit dem Pkw nach Mexiko einreist, muss diesen gebührenpflichtig anmelden und benötigt darüber hinaus vom Autovermieter eine **spezielle Fahrerlaubnis**. Bei Fahrten ins Landesinnere wird diese überprüft. Außerdem hat man mit **Gepäckkontrollen** zu rechnen. Viele Mietwagenfirmen verbieten die Ausreise nach Mexiko mit ihren Fahrzeugen oder verlangen zumindest den Abschluss einer (relativ teuren) Zusatzversicherung!

USA-Touristen, die einen Ausflug nach Mexiko unternommen haben, müssen bei der **Wiedereinreise** in die USA einen gültigen Reisepass bzw. Kinderausweis vorlegen und ein **Einreiseformular** ausfüllen (gegen Gebühr). Außerdem müssen ggf. ausreichende finanzielle Mittel bzw. ein Weiter- oder Rückreiseticket ins Heimatland vorgelegt werden können. Pro Person können innerhalb von 30 Tagen mexikanische Waren bis zu einem Wert von 100 $ zollfrei in die USA eingeführt werden. Viele Waren, besonders wertvolles Kunsthandwerk, Schmuck etc. sind allerdings von dieser Regelung ausgenommen. Über die aktuellen Bestimmungen sollte man sich unbedingt vor der Ausreise nach Mexiko bei den US-Behörden erkundigen.

## REISEVERSICHERUNG

Problematisch können für Touristen die Kosten für eine medizinische Behandlung werden, vor allem bei Krankenhausaufenthalten. Behandlungen erfolgen gegen Vorkasse oder direkte Bezahlung. Vor einer USA-Reise sollte man also unbedingt mit seiner Kranken- und Unfallversicherung Rücksprache halten, wie weit sich deren Schutz erstreckt. In den allermeisten Fällen empfiehlt sich der Abschluss einer privaten Reisekranken- und einer Reiseunfallversicherung unter Einschluss der USA.

**Kranken- und Unfallversicherung**

# Auskunft

Die USA betreiben ein zentrales Informationsbüro in Mitteleuropa. Darüber hinaus unterhalten die in diesem Band beschriebenen US-amerikanischen Bundesstaaten bzw. einzelne Städte und Regionen eigene Informationsstellen.

**Infobüros**

## AUSKUNFT IN DEUTSCHLAND

### *Arizona Office of Tourism*
c/o Kaus Media Services
Luisenstr. 4, 30159 Hannover
Tel. 0511 89 98 90 45
www.arizonareise.de

### *California Tourism*
c/o Marketing Services International GmbH
Frankfurter Str. 175, 63263 Neu-Isenburg, Tel. 06102 88479 100
www.msi-germany.de

### *Colorado Tourism*
c/o Get It Across Marketing
Neumarkt 33, 50667 Köln
Tel. 0221 2 33 64 07
www.colorado.com

### *Las Vegas Convention & Visitors Authority*
c/o Aviareps Tourism GmbH
Josephspitalstr. 15, 80331 München
Tel. 089 5 52 53 38 22
www.visitlasvegas.de

*Los Angeles Inc.*
LA Convention & Visitors Bureau
c/o 2shores International
In den Siepen 6, 34454 Bad Arolsen
Tel. 05691 91 24 60
www.discoverlosangeles.com

*New Mexico Department of
Tourism*
c/o Get It Across Marketing
Neumarkt 33, 50667 Köln
Tel. 0221 2 33 64 06
www.newmexico.org

*Utah Office of Tourism*
c/o Get It Across Marketing
Neumarkt 33, 50667 Köln
Tel. 0221 2 33 64 06, www.utah.travel

AUSKUNFT IN DEN USA
*Arizona Office of Tourism*
1110 W. Washington Street
Suite 155
Phoenix, AZ 85007
Tel. 1 602 3 64 37 00
www.arizonaguide.com

*California Travel &
Tourism Commission*
555 Capitol Mall, Suite 1100
Sacramento, CA 95814
Tel. 1 916 4 44 44 29
www.visitcalifornia.com

*Colorado Tourism Office*
1625 Broadway, Suite 2700
Denver, CO 80202
Tel. 1 303 8 92 38 85, www.colorado.com

*Nevada Commission on Tourism*
401 North Carson Street
Carson City, NV 89701
Tel. 1 775 6 87 43 22
www.travelnevada.com

*New Mexico Tourism Department*
491 Old Santa Fe Trail
Santa Fe, NM 87501
Tel. 1 505 8 27 73 36
www.newmexico.org

*Utah Office of Tourism*
Council Hall, Capitol Hill
300 N. State St.
Salt Lake City, UT 84114-1396
Tel. 1 801 5 38 19 00, www.utah.travel

INTERNETADRESSEN
*www.usa.de*
Website, die über alle US-Bundesstaaten, Städte, Regionen und Attraktionen
informiert

*www.vusa-germany.de*
Reichhaltige Website mit Links zu allen
deutschen Vertretungen von Anbietern
touristischer Leistungen in den USA

*http://usa.usembassy.de/travel.htm*
Reiseseite der US-Botschaft in Deutsch-
land mit aktuellen Informationen (u. a.
Visa-Regeln, Einreisebestimmungen) und
Links zu tourismusrelevanten Seiten

*www.nps.gov*
Übersicht über alle Nationalparks in den
USA

*www.pr.state.az.us*
Umfassende Informationen über alle
State Parks in Arizona

*www.parks.ca.gov*
Umfassende Informationen über alle
State Parks in Kalifornien

*www.parks.state.co.us*
Informationen über alle State Parks in
Colorado

**www.parks.nv.gov**
Informationen über alle State Parks in
Nevada

**www.emnrd.state.nm.us**
Informationen über alle State Parks in
New Mexico

**www.stateparks.utah.gov**
Informationen über alle State Parks in
Utah

**www.discoveramerica.com**
Ausgesprochen informative Website des
US-Tourismusgewerbes

**www.usatipps.de**
Tipps und Informationen für einen ge-
lungen Aufenthalte in den Vereinigten
Staaten von Amerika

**www.usacitylink.com**
Zugang zu vielen, auch kleineren
Städten in allen US-Bundesstaaten
mit zahlreichen Links zu Sehens-
würdigkeiten, Unterkünften,
Veranstaltungen etc.

**www.magazinusa.com**
Internet-Reiseportal für die gesamten
Vereinigten Staaten von Amerika

**www.usa-reise.de**
Austauschplattform von USA-Fans für
USA-Fans

## DIPLOMATISCHE
VERTRETUNGEN
*US-Botschaft in Deutschland*
Pariser Platz 2
D-14191 Berlin
Tel. 030 83 05 0
http://german.germany.
usembassy.gov

Visa-Abteilung:
Clayallee 170
D-14191 Berlin
Tel. *0900 1 85 00 55
www.usvisa-germany.com

*US-Botschaft in Österreich*
Boltzmanngasse 16
A-1090 Wien
Tel. 01 31 33 90
austria.usembassy.gov

Konsularabteilung, Visa:
Parkring 12a
A-1010 Wien
Tel. *0900 51 03 00
austria.usembassy.gov

*US-Botschaft in der Schweiz*
Sulgenecksstrasse 19
CH-3007 Bern
Tel. 031 357 70 11
bern.usembassy.gov

*Deutsche Vertretungen in den USA*
Botschaft der Bundesrepublik
Deutschland (Embassy of the Federal
Republic of Germany)
4645 Reservoir Road N.W.
Washington, DC 20007-1998
Tel. 1 202 2 98 40 00
www.germany.info/vertretung/usa

Generalkonsulat der Bundesrepublik
Deutschland (Consulate General of the
Federal Republic of Germany)
6222 Wilshire Boulevard, Suite 500
Los Angeles, CA 90048
Tel. 1 323 9 30 27 03
www.germany.info/losangeles

Deutsche Honorarkonsulate gibt es in
folgenden Städten des Südwestens:
Albuquerque, NM; Las Vegas, NV;

Phoenix, AZ; Salt Lake City, UT;
San Diego, CA, San Francisco, CA

### Österreichische Vertretungen in den USA
Botschaft der Republik Österreich
(Embassy of Austria)
3524 International Court N.W.
Washington, DC 20008
Tel. 1 20 2 89 56 70 0
www.austria.org

Generalkonsulat der Republik Österreich
11859 Wilshire Blvd., Suite 501
Los Angeles, CA 90025
Tel. 1 31 0 4 44 93 10
www.austria-la.org

Österreichische Honorarkonsulate gibt es
in folgenden Städten des Südwestens:
Denver, CO; San Francisco CA.

### Vertretungen der Schweiz in den USA
Botschaft der Schweizerischen Eidgenossenschaft (Embassy of Switzerland)
2900 Cathedral Ave. N.W.
Washington, DC 20008-3499
Tel. 1 20 2 7 45 79 00
www.eda.admin.ch/eda

Generalkonsulat der Schweizerischen
Eidgenossenschaft (Consulate General
of Switzerland)
11766 Wilshire Boulevard, Suite 1400
Los Angeles, CA 90025
Tel. 1 31 0 5 75 11 45
www.eda.admin.ch/la

Honorarkonsulate der Schweizerischen
Eidgenossenschaft gibt es in folgenden
Städten des Südwestens: Denver, CO;
Phoenix, AZ; Salt Lake City, UT

# Elektrizität

**Spannung 110 Volt**  In den USA werden 110 Volt Wechselstrom in die Leitungen einge-
speist. Weiterhin ist zu beachten, dass die Frequenz im Gegensatz zu
Deutschland (50 Hz) bei 60 Hertz liegt. Mitgebrachte elektrische Geräte, die nach europäischer Norm (220 Volt Wechselstrom) ausgelegt
sind, müssen also auf 110 Volt umschaltbar sein. Zudem braucht
man einen **Adapter**, den man am besten schon zu Hause kauft. In
den USA sind diese Zwischenstecker in einschlägigen Geschäften
(Abteilung »Appliances«) erhältlich.

# Etikette

**Rauchverbote**  Raucher haben es in den Vereinigten Staaten von Amerika sehr
schwer. In Flugzeugen und Zügen sowie in geschlossenen öffentlichen Räumen und in Restaurants darf nicht geraucht werden.

**Trinkgeld (Tipping)**  Im Gegensatz zu europäischen Ländern ist in den USA das Trinkgeld nur ganz selten im Endpreis enthalten und muss **gesondert**

**gegeben** werden. Angestellte in Restaurants und Hotels haben oft sehr geringe Löhne und sind auf Trinkgelder angewiesen.

In den USA geht es weit **weniger förmlich** zu als im »alten« Europa. Bei der Begrüßung wird nur in Ausnahmefällen die Hand gereicht. Ohne Berücksichtigung des Status redet man sich rasch mit dem Vornamen an. Auffallend ist auch die **Freundlichkeit**, mit denen etwa das Personal im Restaurant den Gast behandelt. In Bars kommt man sehr schnell ins Gespräch. Bei solchen Gelegenheiten ausgesprochene Einladungen zum Besuch sollte man nicht allzu wörtlich nehmen.

> **? BAEDEKER WISSEN**
>
> *Trinkgeld*
>
> Restaurant: 15 % des Rechnungsbetrages
> Hotel: 1 $ pro Gepäckstück, das aufs Zimmer gebracht wird; 2 $ pro Tag für das Zimmermädchen; 1 $ für das Parken des Wagens sowie für das Besorgen eines Taxis
> Taxi: 15 % des Betrages, den der Taxameter anzeigt
> Friseur: 15–20 %

# Geld

Die Währungseinheit der USA ist der US-Dollar (US-$). Außer Geldscheinen im Nennwert von 1, 2, 5, 10, 20, 50, 100 US-Dollar (im internen Bankverkehr gibt es auch größere Noten) sind Münzen im Wert von 1 (Penny), 5 (Nickel), 10 (Dime), 25 (Quarter) Cents, seltener von 50 Cents (»half-dollar«) und 1 Dollar im Umlauf. **Währung**

Die **Ein- und Ausfuhr** ausländischer und amerikanischer **Zahlungsmittel** unterliegt allgemein keinen Beschränkungen. Eine Deklaration ist erforderlich, wenn mehr als 10 000 $ oder Gegenwert eingeführt werden. Dies gilt auch für gemeinsam reisende Familien.

> **? BAEDEKER WISSEN**
>
> *Wechselkurse*
>
> 1 $ = 0,90 €
> 1 € = 1,11 $
>
> 1 $ = 0, 98 SFr
> 1 SFr = 1,02 $
>
> Aktuelle Wechselkurse lassen sich über die Website www.xe.com ermitteln.

Es empfiehlt sich, schon **vor dem Abflug** einen kleineren Betrag zu tauschen und sich vor allem auch mit ausreichend kleinen Scheinen einzudecken, denn der Wechselkurs ist in Europa günstiger als in den USA. Im Übrigen ist in den USA ausländisches Bargeld wenig willkommen, so dass man seine Reisekasse möglichst aus Kreditkarte, Dollarreiseschecks und einigen Dollars in bar für den Anfang zusammenstellen sollte. In den **internationalen Flughäfen** gibt es Bankfi- **Geldwechsel** lialen und Wechselbüros, in denen man Devisen gegen US-Dollar eintauschen kann. Auch in Touristenzentren akzeptieren Banken ausländisches Bargeld. In Hotels sollte man nach Möglichkeit kein Geld tauschen, da der Wechselkurs dort erheblich schlechter als bei den Banken ist.

**Reiseschecks**

Es wird empfohlen, vor dem Abflug Dollar-Reiseschecks (Traveller Checks) zu kaufen, die wie Bargeld gehandhabt werden und in aller Regel anstandslos von Hotels, Restaurants und Geschäften gegen **Vorlage des Reisepasses** oder des Führerscheins akzeptiert werden. Bei Diebstahl oder Verlust der Schecks kann man bei den Filialen der ausstellenden Firmen unter Vorlage entsprechender Kontrollblätter sofort Ersatz für die verloren gegangenen Schecks erhalten. Eurocheques werden nicht akzeptiert.

**Kreditkarten (Credit cards), Bargeld (Cash)**

Das **häufigste Zahlungsmittel**, sei es in Hotels, Restaurants und allen Arten von Geschäften, ist die Kreditkarte. Beim Mieten von Autos ist sie zur Kautionsleistung unerlässlich. Wer die USA besucht, sollte sich auf jeden Fall eine der gängigen Karten anschaffen. Am weitesten verbreitet sind Mastercard (Eurocard), Visa, American Express, Diner's Club und Discover. Trotz des vielseitig einsetzbaren Plastikgeldes kann man überall auch mit Barem bezahlen, wenn der Betrag nicht allzu hoch ist. An Geldautomaten (ATM) mit dem blau-roten **Maestro-Signet** kann man auch mit der heimischen Bankkarte abheben.

Die **Banken** sind im Allgemeinen montags bis freitags von 10.00 bis 15.00 Uhr, donnerstags oder freitags örtlich sogar bis 18.00 Uhr geöffnet. An Wochenenden und Feiertagen sind nur die Bankschalter in den internationalen Flughäfen geöffnet.

# Gesundheit

**Ärztlicher Dienst**

Das US-amerikanische medizinische Versorgungssystem ist gut ausgebaut. Dies gilt nicht nur für die Zahl und Kompetenz der niedergelassenen Ärzte und Zahnärzte, sondern auch für die Krankenhäuser (Hospitals). Probleme haben europäische Touristen nicht selten mit den **hohen Kosten**, die ein Arztbesuch oder Krankenhausaufenthalt verursachen kann. Die Arztkosten müssen vor Ort bezahlt werden, was auch mit Kreditkarte möglich ist. Die Rechnungen können anschließend bei der heimischen Versicherung zur Erstattung eingereicht werden.

Um böse Überraschungen auszuschließen, sollte man vor einer USA-Reise mit seiner Kranken- und Unfallversicherung Rücksprache halten, wie weit sich deren Schutz auch bei einem USA-Aufenthalt erstreckt. Der Abschluss einer **Reisekrankenversicherung** sowie einer **Reise-Unfallversicherung** ist sinnvoll.

Auch die Versorgung mit Medikamenten ist in den USA bestens organisiert. USA-Touristen, die regelmäßig ein bestimmtes Medikament einnehmen müssen, sollten eine **Rezeptkopie** mitführen, damit ein amerikanischer Arzt das Rezept notfalls erneuern kann. Amerikanische **Drugstores und Pharmacies** ähneln eher unseren Drogerien oder kleinen Kaufhäusern. Ihr Angebot ist **sehr vielfältig** und geht weit über den Verkauf von Medikamenten hinaus. Viele Kaufhaus- und Supermarktketten (z. B. Wal Mart, Biggs, Safeway, K-Mart) haben eigene Pharmacies. Frei zugänglich in Regalen findet man zahlreiche Medikamente, die in Deutschland verschreibungspflichtig sind. Die Drugstores bzw. Pharmacies sind in der Regel von 9.00 bis 18.00 Uhr **geöffnet**. Einige sind auch bis 21.00 Uhr oder noch länger dienstbereit. Rund um die Uhr sind die entsprechenden Fachabteilungen in den durchgehend geöffneten Supermärkten zugänglich.

**Medikamente**

Außerhalb der normalen Öffnungszeiten gibt es keinen speziellen Nachtdienst. Im Notfall ruft man über die Telefonnummern **»1«** (Operator) oder **»911«** (landesweiter Notruf) Hilfe herbei oder wendet sich an das nächstgelegene Krankenhaus, das über eine eigene Apotheke verfügt.

**Notfall**

# Literatur und Film

**Arens, Werner / Braun, Hans-Martin (Hrsg.).** Die Indianer. Geschichte und Kultur der nordamerikanischen Indianer von der präkolumbischen Zeit bis zur Gegenwart. C. H. Beck, München 2004.

**Sachbücher**

**Granfield, Linda:** Die Cowboys, Wahrheit und Legende. Hanser, München, 1994.

**Waters, Frank / Honaw, Kacha:** Das Buch der Hopi. Droemer Knaur, München 2000. Zum ersten Mal brechen die Hopi-Indianer ihr Schweigen und erzählen von ihren Mythen, ihrer Geschichte.

**Saladini, Albert / Szymezak Pascal:** Route 66. Auf der Traumstraße mit der Harley-Davidson. Heel Verlag, Königswinter 2000.

**Belletristik**　**Wood, Barbara:** Gesang der Erde. Fischer (Taschenbuch), Frankfurt am Main 2010. Die amerikanische Bestseller-Autorin beschäftigt sich mit einer versunkenen Indianerkultur, die im Chaco Canyon im heutigen New Mexico gelebt hat.

**Krimis**　**Hillerman, Tony:** Autor einer ganzen Reihe von Ethnothrillern um um die Navajo-Cops Jim Chee und Joe Leaphorn, für die er mit dem Edgar Allan Poe Award und dem Grandmaster Award ausgezeichnet wurde, beispielsweise »Das Tabu der Totengeister«, »Wer die Vergangenheit stiehlt«, »Tod am heiligen Berg« und viele mehr (alle bei Rowohlt, Reinbek).

**Filme**　**»Stage Coach (Ringo)«:** Westernklassiker von John Ford mit John Wayne in der Hauptrolle.

**»Butch Cassidy and the Sundance Kid«:** Kultwestern mit Paul Newman und Robert Redford.

**»Warlock«:** Westernklassiker mit Henry Fonda.

**»Casino«:** Film über die Zocker-Metropole Las Vegas mit Robert de Niro und Sharon Stone.

**»Traffic«:** Drogen-Drama mit Catherine Zeta-Jones und Michael Douglas, das im Süden von Kalifornien und in Mexiko spielt.

**»Leaving Las Vegas«:** Mit Nicolas Cage; ein am Leben gescheiterter Drehbuchautor will sich zu Tode trinken.

# Maße · Gewichte · Temperaturen

### Längenmaße
1 inch (in; Zoll) = 2,54 cm
1 cm = 0,39 in
1 foot (ft; Fuß) = 30,48 cm
10 cm = 0,33 ft
1 yard (yd; Elle) = 91,44 cm
1 m = 1,09 yd
1 mile (mi; Meile) = 1,61 km
1 km = 0,62 mi

### Flächenmaße
1 square inch (in²) = 6,45 cm²
1 cm² = 0,155 in²
1 square foot (ft²) = 9,288 dm²
1 dm² = 0,108 ft²
1 square yard (yd²) = 0,836 m²
1 m² = 1,196 yd²
1 square mile (mi²) = 2,589 km²
1 km² = 0,386 mi²
1 acre = 0,405 ha
1 ha = 2,471 acres

### Raummaße

1 cubic inch (in³) = 16,386 cm³
1 cm³ = 0,061 in³
1 cubic foot (ft³) = 28,32 dm³
1 dm³ = 0,035 ft³
1 cubic yard (yd³) = 0,765 m³
1 m³ = 1,308 yd³

### Flüssigkeitsmaße

1 gill = 0,118 l
1 l = 8,474 gills
1 pint (pt) = 0,473 l
1 l = 2,114 pt
1 quart (qt) = 0,946 l
1 l = 1,057 qt
1 gallon (gal) = 3,787 l
1 l = 0,264 gal

### Gewichte

1 ounce (oz; Unze) = 28,35 g
100 g = 3,527 oz
1 pound (lb; Pfund) = 453,59 g
1 kg = 2,205 lb
1 stone = 6,35 kg
10 kg = 1,57 stone

### Temperaturen

Fahrenheit = 1,8 x Celsius + 32

$$Celsius = \frac{5 \, (Fahrenheit - 32)}{9}$$

°F minus 30, geteilt durch 2 ergibt die
ungefähre Temperatur in °C

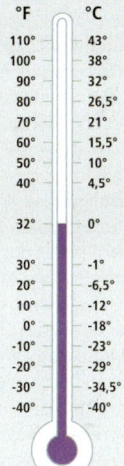

| °F | °C |
|---|---|
| 110° | 43° |
| 100° | 38° |
| 90° | 32° |
| 80° | 26,5° |
| 70° | 21° |
| 60° | 15,5° |
| 50° | 10° |
| 40° | 4,5° |
| 32° | 0° |
| 30° | -1° |
| 20° | -6,5° |
| 10° | -12° |
| 0° | -18° |
| -10° | -23° |
| -20° | -29° |
| -30° | -34,5° |
| -40° | -40° |

# Medien

Über die zahlreichen regionalen und lokalen Rundfunksender, die **Rundfunk** hauptsächlich auf UKW (FM) einen **»Wellensalat«** ohnegleichen verursachen, werden hauptsächlich Konservenprogramme (je nach Tendenz E- und U-Musik) ausgestrahlt, die häufig von Werbespots und Nachrichten in Schlagzeilen unterbrochen werden. Eine Ausnahme bildet das **National Public Radio** npr (www.npr.org), das sich öffentlich, vor allem aber über Spenden finanziert.

Einige Sender wenden sich an ethnische Gruppen (Indianer, Hispanics usw.) oder Religionsgemeinschaften, andere bringen den ganzen Tag über Nachrichten, Sportmeldungen und Musikprogramme mit und ohne Hörerbeteiligung. Auch im Südwesten gibt es zahlreiche Sendestationen, die Features und Musikbeiträge sowie ein umfassendes Nachrichtenprogramm bieten.

Auf **Mittelwelle** (AM) können oft Sender empfangen werden, die touristische und Verkehrsinformationen ausstrahlen. Diese lokalen Sender und ihre Frequenzen werden häufig durch Schilder am Straßenrand angekündigt.

**Fernsehen**  Es gibt kaum ein Hotelzimmer ohne Fernsehapparat. Rund um die Uhr wird eine **große Zahl von Programmen** ausgestrahlt – vom Science-Fiction-Sender über Nachrichtensender (u. a. CNN), Musiksender (u. a. MTV) und Sportsender bis zur christlichen Heilsverkündung –, die meistens immer wieder durch Werbespots unterbrochen werden. Da ein Teil dieser Sender kostenpflichtig ist, wird man in vielen Hotels nur auf ein eingeschränktes Angebot zurückgreifen können.

**Zeitungen, Zeitschriften**  In den einschlägigen Verkaufsstellen liegt eine breite Palette von Tageszeitungen und sonstigen Periodika für jeden Geschmack aus. Tageszeitungen haben in den Wochenendausgaben Beilagen mit **Veranstaltungskalendern** sowie Fernseh-, Radio- und Kinoprogrammen. Wichtige Wochenzeitschriften sind die **Nachrichtenmagazine** »Time« und »Newsweek« sowie die Wirtschaftsmagazine »Business Week« und »Forbes«. Die führenden überregionalen Tageszeitungen sind »Wall Street Journal«, »USA today«, »New York Times« und »Los Angeles Times«.

**Deutschsprachige Blätter**  Deutschsprachige Tageszeitungen und Illustrierte sind selten zu bekommen – mit einigem Glück in wenigen gut sortierten Kiosken auf den internationalen Flughäfen und in den wichtigsten Touristenzentren, doch kommen sie in den USA meist mit **Verspätung** auf den Markt.

# Nationalparks

**Naturschutzgebiete**  In den Vereinigten Staaten von Amerika stehen zahlreiche Flächen unter besonderem Schutz. Dabei wird unterschieden zwischen **Naturparks bzw. Naturschutzgebieten** (National bzw. State Park, National bzw. State Forest usw.), **denkmalgeschützten Flächen** (National bzw. State Monument, Historic Site, Archaeological Site) und **Erholungsparks** (National bzw. State Recreational Area). In diesen Gebieten ist die Landnutzung eingeschränkt. Besucher haben sich an entsprechende Regelungen zu halten. Die Schutzgebiete werden von speziell ausgebildeten **Parkaufsehern** (Park Ranger) betreut. Wer auf eigene Faust ein solches Gebiet erkunden will, kann dies nur mit Erlaubnis oder Betreuung der Park Ranger tun. Die geschützten Areale sind meist gut markiert. Vielerorts sind **Eintrittsgebühren** (4 – 25 $

**Der Grand Canyon ist die berühmteste Schlucht der Welt.**

pro Person bzw. Fahrzeug, jeweils gültig für 7 Tage) zu bezahlen.
Die meisten der National Parks, National Monuments und National
Recreation Areas sind im Internet unter folgender Adresse zu finden:
**www.nps.gov**

In vielen National bzw. State Parks bestehen Übernachtungsmöglichkeiten in Motels, Lodges und Cabins (»Hütten«). **Rechtzeitige
Reservierung** ist notwendig.

Übernach-
tung

In Nationalparks und geschützten Gebieten ist es nicht erlaubt, die
vorgeschriebenen Wege und Straßen zu verlassen. **Campen** und
**Feuermachen** ist nur an den dafür ausgewiesenen Plätzen gestattet;
Abfälle dürfen nicht liegen gelassen und Wildtiere nicht gefüttert
werden. **Jagen** ist verboten, **Angeln** nur mit Erlaubnis möglich. Es
versteht sich von selbst, dass man keine Pflanzen oder gar Tiere mit-
nimmt.

Verhalten in
geschützten
Gebieten

Beabsichtigt man den Besuch mehrerer Nationalparks, so sollte man
den Kauf eines »America The Beautiful Pass« in Erwägung ziehen.

America The
Beautiful Pass

Ein solches Dokument kostet derzeit 80 $ und gewährt **Eintritt in alle Nationalparks** während eines Kalenderjahres. Dieser Pass ist an den Parkeingängen bzw. in den Besucherzentren (Visitor Centers) erhältlich.

# Notrufe

### IN DEN USA
*Polizei, Ambulanz, Feuerwehr*
Tel. 911
(alternativ: »1« für den Operator der Telefonzentrale)

*US-Automobilklub AAA*
Tel. 1 800 AAA HELP
Tel. 1 800 2 22 43 57

*Notrufsäulen*
Entlang viel befahrener Fernverkehrsstraßen (Interstates) sind Notrufsäulen aufgestellt.

### NACH DEUTSCHLAND
*ADAC-Notruf München*
Tel. 0 11 49 89 22 22 22

*ACE-Notrufzentrale Stuttgart*
Tel. *0 11 49 18 02 34 35 36

*Deutsche Rettungsflugwacht Stuttgart*
Tel. 0 11 49 711 70 10 70

*DRK-Flugdienst Bonn*
Tel. 0 11 49 228 23 00 23

### IN DIE SCHWEIZ
*Schweizerische Rettungsflugwacht*
Tel. 0 11 41 333 333 333, ops@rega.ch

# Post · Telekommunikation

## POST

Postdienst   Die U. S. Postal Service (www.usps.com) ist für die Brief- und die Paketbeförderung (auch Geldsendungen) zuständig.

Posttarife   Das Porto für Briefe innerhalb der USA beträgt 49 Cents je Unze (28 g); Postkarten nach Europa kosten 1,15 $. Für einen Brief nach Europa zahlt man ebenfalls 1,15 $ (maximal 1 Unze/28 g).

Postämter   Die mit der Aufschrift »United States Post Office« gekennzeichneten Postämter sind geöffnet: Mo. – Fr. 9.00 – 17.00 bzw. 18.00, Sa. 8.00 – 12.00 Uhr. Einige legen eine Mittagspause ein.

Postlagernde Sendungen sind folgendermaßen zu adressieren: Name des Empfängers, c/o General Delivery, Main Post Office, Name des Ortes, Name des US-Bundesstaates.

**Postlagernde Sendungen**

Die amerikanischen Briefkästen sind an ihrer blauen Farbe mit der weißen Aufschrift »UNITED STATES POSTAL SERVICE« und einem stilisierten Adlerkopf zu erkennen.

**Briefkästen**

## TELEFON

Die Telefonnetze werden in den USA von privaten Gesellschaften betrieben. Die allermeisten öffentlichen Telefone funktionieren nur noch bargeldlos mit Telefonkarten (»phone cards«) oder Kreditkarten. Lediglich für Ortsgespräche (»local calls«) gibt es noch ein paar Münzfernsprecher. Ein Ortsgespräch kostet am Münztelefon 50 Cents.

**Öffentliche Telefone**

Gespräche mit 800- oder 888-Nummern können **nur innerhalb der USA** geführt werden und sind gebührenfrei. Sie sind nicht mit 900-Nummern zu verwechseln, hinter denen sich oft teure kommerzielle Dienste verbergen.

**Gebührenfreie Nummern**

Die Telefon-Wähltasten sind auch mit Buchstaben belegt, so dass viele Nummern als leicht zu merkende **Kennworte** angegeben sind. (z. B. landesweite Pannenhilfe: 1-800-AAA-HELP).

**Buchstabenbelegung**

Für internationale Telefongespräche empfehlen sich im Voraus bezahlte **Telefonkarten** (»prepaid phone cards«, »calling cards«), die in Einkaufszentren, an Tankstellen, Flughäfen usw. erhältlich sind und günstigere Tarife anbieten.

**Telefonieren mit Karte**

Bei Gesprächen innerhalb eines Telefonbezirks wählt man die »1« und nur die Teilnehmernummer. Innerhalb der USA wählt man zunächst die »1«, dann die Ortsvorwahl (Area Code) und schließlich die Teilnehmernummer.
Für **internationale Gespräche** (»international calls«) gilt: Von Privatanschlüssen wählt man »011«, dann die Länder- und die Ortsnetzkennzahl unter Weglassung der »0« und schließlich die Teilnehmernummer. Möchte man von einem öffentlichen Telefon aus telefonieren, wählt man die »0«. Es meldet sich der **Operator**, der dem Anrufer alle weiteren Instruktionen erteilt.
Für ein **R-Gespräch** muss ebenfalls zunächst die »0« gewählt werden; sobald man den Operator am Apparat hat, teilt man diesem mit, dass man einen »collect call« wünscht. Danach gibt man ihm die vollständige Rufnummer durch, sodass die Verbindung hergestellt werden kann.

**So geht's**

**Mobiltelefon** Mobiltelefone heißen in den USA nicht »Handy«, sondern »mobile« oder »cell phone«. In den USA benötigt man ein Tripleband- oder ein Quadband-Mobiltelefon. Die meisten gängigen Smartphones lassen sich in den USA problemlos nutzen. Wegen der Roaminggebühren kann es vor allem bei Internetnutzung sehr teuer werden.

# Reisezeit

Die sehr hohen Temperaturen im Sommer und zuweilen recht tiefen Temperaturen im Winter machen den Frühling und den Herbst zu den **bevorzugten Reisezeiten**.

**Klimabestim-** Die beiden entscheidenden klimabestimmenden Faktoren im Süd-
**mende** westen der USA sind die **geografische Breitenlage** sowie die **Aus-**
**Faktoren** **dehnung der Rocky Mountains**. Die in Nord-Süd-Richtung verlaufenden Gebirgsketten sorgen für eine rasche Abnahme der Niederschlagshäufigkeit und -intensität von West nach Ost. Erst jenseits des 100. Längenkreises im Bereich der Great Plains, die die **klimatische Trockengrenze** in den USA markieren, wird es wieder feuchter. Der Südwesten zählt somit komplett zur trockenen Westhälfte des Landes. Zudem fungieren die Gebirgsstränge als »Rutschbahnen« sowohl für weit nach Süden vorstoßende polare Kaltluftmassen als auch für weit in den Norden ziehende tropisch-feuchte Warmluftmassen. Nicht selten kommt es daher zu **abruptem Wetterwechsel**.

Generell weist der nördliche Teil des Südwestens ein eher kühlgemäßigtes Klima auf, während die Südhälfte eher der warmgemäßigten Zone zuzuschreiben ist – abgesehen von den Höhenlagen, denn die südlichen Rocky Mountains und weite Bereiche des Hochlandes von Arizona und New Mexico verzeichnen ein leicht feuchtes und kühlgemäßigtes Klima.

**? BAEDEKER WISSEN**

*Was kostet wie viel?*

Einfaches Essen: ab 8 $
Drei-Gang-Menü: ab 25 $
Tasse Kaffee: ab 2 $

Mietwagen: ab 35 $/Tag
Benzin: 1 Gallon ca. 3,50 $

Doppelzimmer: ab 50 $

**Tief gelegene** In den tiefer gelegenen Gebieten **Arizonas** (Raum Phoenix), **Süd-**
**Gebiete** **Kaliforniens** (Mojave-Wüste, Death Valley) und **Süd-Nevadas** (Las Vegas – Death Valley, Coloradotal) kann es manchmal schon im Frühling **unerträglich heiß** werden. Im Sommer steigen die Temperaturen dann oft über die 35 °C-Marke. In den tiefen Schluchten und Canyons sind 40 °C und mehr keine Seltenheit.

## USA Südwesten • Klimastationen

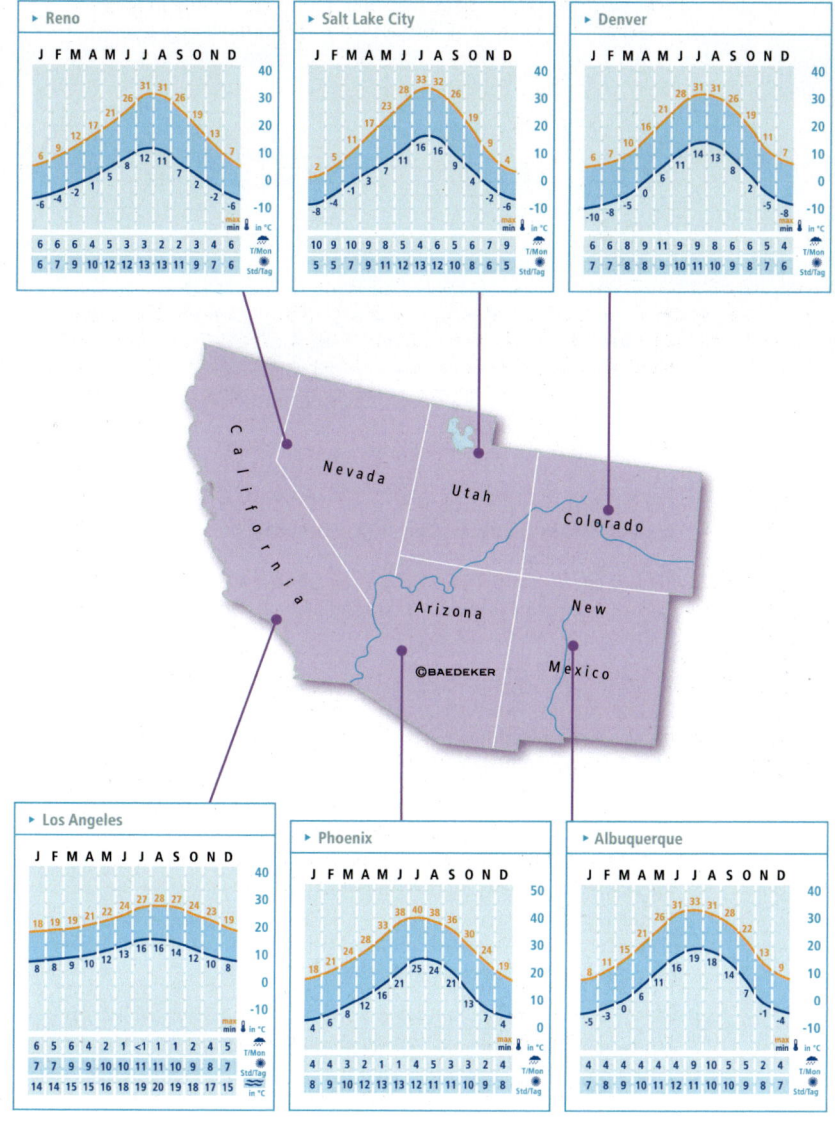

Im Arches National Park, Utah, klettern die Temperaturen im Sommer auf über 40 °C, der Winter bringt dagegen bis -10 °C.

Die angenehmsten Jahreszeiten sind der **Frühling** und der **Herbst**, wenn die Höchsttemperaturen selten über 28 °C steigen. Schwieriger sind die Verhältnisse im Winter. Dann sind viele Straßen in den höheren Lagen – so beispielsweise auch an den Rändern des Grand Canyon – wegen Schnee und Glatteis nicht passierbar. Noch im Mai hat man hier mit Nachtfrösten zu rechnen.

**New Mexico**  Ähnlich wie in Arizona stellt sich die Situation im östlich benachbarten Bundesstaat New Mexico dar. Auch hier tragen die hohen Berge bis weit in den Frühling hinein **dicke Schneekappen**. Andererseits ist es im Sommer in den Hochlagen sehr angenehm. Wenn beispielsweise das Thermometer unten in Albuquerque schon weit über die 30 °C-Marke gestiegen ist, kann man sich in Santa Fe oder Taos über Temperaturen von 25 °C freuen. Nicht selten entladen sich in den Sommermonaten **heftige Gewitter**, die dann zwar für willkommene Abkühlung sorgen, deren Sturzfluten aber Bergwanderer, Mountainbiker, Wildwasserfahrer etc. in höchste Gefahr bringen können. Die schönsten Jahreszeiten sind der Frühling und der Herbst, allerdings mit empfindlich kühlen Nächten.

**Utah, Nevada**  Im Norden Utahs und Nevadas fallen vor allem in Luvlagen der Hochgebirge überraschend **reichliche Niederschläge**. Auch ist es in den höheren Lagen das ganze Jahr über relativ kühl. Die tiefer gelegenen und zumeist steppen- bis wüstenhaften Gebiete zeichnen sich hingegen durch geringe Niederschlagsmengen, hohe Tagestemperaturen und erstaunlich niedrige Nachttemperaturen im Sommer aus. Im Hochsommer ziehen auch hier **heftige Gewitter** auf, vor allem über das von vielen Canyons zerfurchte Colorado-Plateau, und bringen Mensch und Tier in Gefahr. In dieser Zeit sollte man auf die Begehung von sogenannten Slot Canyons verzichten. In manchen Teilen Nevadas und Utahs muss man sogar im Hochsommer gelegentlich mit Bodenfrost rechnen.

**Colorado** Im gebirgigen Westen von Colorado hat man von November bis April mit zum Teil sehr **ergiebigen Schneefällen** zu rechnen. Selbst im Mai treten noch Spätfröste auf. Es folgt ein relativ kurzer Bergsommer, der von Juni bis August dauert. Bereits im September setzt der **Indian Summer** ein, der sich durch eine besonders intensive Laubfärbung auszeichnet und – je nach Höhenlage – ca. drei bis vier Wochen anhält. Ganz anders ist die Situation im Lee der Front Range, also im Raum Denver – Colorado Springs. Hier ist es im Sommer recht trocken und warm. Nur gelegentlich ziehen Gewitterstürme mit sintflutartigen Regenfällen übers Land.

# Sicherheit

**Kriminalität** Scharf ausgeprägte soziale Gegensätze, Drogenhandel und die Problematik der illegalen Einwanderung aus dem mittel- und südamerikanischen Raum haben vor allem in Großstädten wie Los Angeles, Phoenix, Albuquerque und Las Vegas die **Kriminalitätsrate** emporschnellen lassen. Selbst in kleineren Städten muss man nach Einbruch der Dunkelheit in bestimmten Gegenden, z. B. in Parkanlagen, besondere Vorsicht walten lassen. In Notsituationen hilft die nächste Polizeidienststelle (Tel. 911).

**Tipps zum richtigen Verhalten** Bei Dunkelheit sollte man bestimmte Gegenden wie **Parkanlagen**, **große Haltestellen** öffentlicher Verkehrsmittel und **zwielichtige Stadtbezirke** meiden. Auch schwach besetzte Nahverkehrsmittel zu nächtlicher Stunde können Gefahren bergen. Hotelmitarbeiter wissen, welche Gegenden man besser nicht betreten sollte (»no-go-areas«). Spätheimkehrer sollten ein offizielles Taxi benutzen und nach Möglichkeit nicht allein unterwegs sein.
Kameras sowie Schmuck sollte man diskret mit sich führen. Ungeniertes Fotografieren in problematischen Bereichen ist zu unterlassen. Wertgegenstände und größere Bargeldmengen sollte man nie dabei haben, sondern im **Zimmer- oder Hotelsafe** deponieren. Statt Bargeld kann man Dollar-Reiseschecks und Kreditkarten mit sich nehmen; andererseits kann eine kleinere Menge Bargeld (10 – 50 $) im

Fall der Fälle schon ausreichen, um einigermaßen ungeschoren davonzukommen. Im Hotel sollte man niemals Wertsachen auf dem Zimmer liegen lassen. Wer sich von anderen Personen verfolgt fühlt, sollte vom nächsten sicheren Platz aus die Polizei verständigen.

**Sicherheitstipps für Autofahrer** — Es empfiehlt sich, die Fahrtroute im Voraus zu studieren. Hat man sich verfahren und sucht Rat, steuert man einen Parkplatz vor einer Tankstelle oder einem Geschäft an.

Wird man von hinten oder von der Seite angefahren, ist Vorsicht geboten: Nach Möglichkeit nicht sofort anhalten, sondern den nächsten gut **ausgeleuchteten und einsehbaren Parkplatz** einer Tankstelle oder eines Ladengeschäftes ansteuern, um von dort aus die Polizei (Tel. 911) zu rufen.

Von der Mitnahme von **Anhaltern** ist abzuraten. Das Fahrzeug sollte nachts nur auf ausgeleuchteten und einsehbaren Plätzen geparkt werden. Übernachten im Auto ist nicht zu empfehlen und oft nicht erlaubt.

# Sprache

**Unterschiede** — Das amerikanische Englisch unterscheidet sich vom britischen Englisch und vom deutschen Schulenglisch nicht nur ein wenig in Aussprache und Betonung, sondern vor allem auch im Wortschatz.

## Amerikanisches Englisch

### Auf einen Blick

| | |
|---|---|
| Ja/Nein | Yes/No |
| Vielleicht. | Perhaps./Maybe. |
| Bitte | Please. |
| Danke./Vielen Dank! | Thank you./Thank you very much. |
| Gern geschehen. | You're welcome. |
| Entschuldigung! | Excuse me! |
| Wie bitte?. | Pardon? |
| Ich verstehe Sie/Dich nicht. | I don't understand. |
| Ich spreche nur wenig ... | I only speak a bit of ... |
| Können Sie mir bitte helfen?. | Can you help me, please? |
| Ich möchte ... | I'd like ... |
| Das gefällt mir (nicht). | I (don't) like this. |
| Haben Sie ...? | Do you have ...? |
| Wieviel kostet es?. | How much is this? |

| | |
|---|---|
| Wie viel Uhr ist es? | What time is it? |
| Wie heißt dies hier? | What is this called? |

## Kennenlernen

| | |
|---|---|
| Guten Morgen! | Good morning! |
| Guten Tag! | Good afternoon! |
| Guten Abend! | Good evening! |
| Hallo! Grüß Dich! | Hello!/Hi! |
| Mein Name ist ... | My name is ... |
| Wie ist Ihr/Dein Name? | What's your name? |
| Wie geht es Ihnen/Dir? | How are you? |
| Danke. Und Ihnen/Dir? | Fine thanks. And you? |
| Auf Wiedersehen! | Goodbye!/Bye-bye! |
| Gute Nacht! | Good night! |
| Tschüs! | See you!/Bye! |

## Auskunft/Unterwegs

| | |
|---|---|
| links/rechts | left/right |
| geradeaus | straight ahead |
| nah/weit | near/far |
| Bitte, wo ist ...? | Excuse me, where's ..., please? |
| ... der Bahnhof | ... the train station |
| ... die Bushaltestelle | ... the bus stop |
| ... der Hafen | ... the harbour |
| ... der Flughafen | ... the airport |
| Wie weit ist das? | How far is it? |
| Ich möchte ein Auto mieten. | I'd like to rent a car. |
| Wie lange? | How long? |

## Straßenverkehr

| | |
|---|---|
| Ich habe eine Panne. | My car's broken down. |
| Gibt es hier in der Nähe eine Werkstatt? | Is there a service station nearby? |
| Wo ist die nächste Tankstelle? | Where's the nearest gas station? |
| Ich möchte ... | I want |
| Liter/Gallonen (3,8 l) ... | ... liters/gallons of ... |
| ... Normalbenzin. | ... regular. |
| ... Super. | ... premium. |
| ... Diesel. | ... diesel. |
| ... bleifrei. | ... unleaded |
| Volltanken, bitte. | Full, please. |

| | |
|---|---|
| Hilfe! | Help! |
| Achtung! | Attention! |
| Vorsicht! | Look out! |
| Rufen Sie bitte ... | Please call ... |
| ... einen Krankenwagen. | ... an ambulance. |
| ... die Polizei. | ... the police. |
| Es war meine Schuld. | It was my fault. |
| Es war Ihre Schuld. | It was your fault. |
| Geben Sie mir bitte Namen und | Please give me your name and |
| Anschrift. | address. |
| Vorsicht vor ... | Beware of ... |
| Ortsumgehung (mit Straßennummer) . | Business (mit Straßennummer) |
| Umgehungsstraße. | Bypass (Byp) |
| Brücke, Pontonbrücke. | Causeway |
| Achtung! Vorsicht! | Caution! |
| Bauarbeiten | Construction |
| Kreuzung, Überweg | Crossing (Xing) |
| Sackgasse | Dead End |
| Umleitung. | Detour |
| Straße mit Mittelstreifen | Divided Highway |
| Einfahrt verboten | Do not enter |
| Ausfahrt | Exit |
| Steigung/Gefälle/unübersichtlich | Hill |
| Behindertenparkplatz | Handicapped Parking |
| Kreuzung, Abzweigung, | |
| Einmündung. | Junction (Jct) |
| Abstand halten ... | Keep off ... |
| Ladezone | Loading Zone |
| Einmündender Verkehr | Merge (Merging Traffic) |
| Schmale Brücke | Narrow Bridge |
| Parken verboten | No Parking |
| Überholen verboten | No Passing |
| Rechtsabbiegen bei Rot verboten | No Turn on Red |
| Wenden erlaubt | U Turn |
| Wenden verboten. | No U Turn |
| Einbahnstraße. | One Way |
| Ein- und Aussteigen erlaubt | Passenger Loading Zone |
| Fußgängerüberweg. | Ped Xing |
| Zeitlich begrenztes Parken erlaubt. | Restricted Parking Zone |
| Vorfahrt | Right of Way |
| Straßenbauarbeiten | Road Construction |
| Schleudergefahr bei Nässe | Slippery when wet |
| Langsam fahren | Slow |
| Straßenbankette nicht befestigt | Soft Shoulders |

| | |
|---|---|
| Geschwindigkeitsbegrenzung . . . . . . . | Speed Limit |
| Benutzungsgebühr, Maut . . . . . . . . . | Toll |
| Absolutes Parkverbot, Abschleppzone. | Tow away Zone |
| Kreuzung, Überweg . . . . . . . . . . . . . | Xing (Crossing) |
| Vorfahrt beachten. . . . . . . . . . . . . . | Yield |

### Einkaufen

| | |
|---|---|
| Wo finde ich ... eine/ein ..? . . . . . . . . | Where can I find a ...? |
| Apotheke . . . . . . . . . . . . . . . . . . . . | pharmacy |
| Bäckerei . . . . . . . . . . . . . . . . . . . . . | bakery |
| Kaufhaus . . . . . . . . . . . . . . . . . . . . | department store |
| Lebensmittelgeschäft . . . . . . . . . . . . | food store |
| Supermarkt. . . . . . . . . . . . . . . . . . . | supermarket |

### Übernachtung

| | |
|---|---|
| Können Sie mir ... empfehlen? . . . . . . | Could you recommend ... ? |
| ... ein Hotel/Motel. . . . . . . . . . . . . . | ... a hotel/motel |
| ... eine Frühstückspension. . . . . . . . . | ... a bed & breakfast |
| Haben Sie noch ...?. . . . . . . . . . . . . | Do you have ...? |
| ... ein Einzelzimmer . . . . . . . . . . . . . | ... a room for one |
| ... ein Doppelzimmer . . . . . . . . . . . . | ... a room for two |
| ... mit Dusche/Bad. . . . . . . . . . . . . . | ... with a shower/bath |
| ... für eine Nacht. . . . . . . . . . . . . . . | ... for one night |
| ... für eine Woche. . . . . . . . . . . . . . . | ... for a week |
| Ich habe ein Zimmer reserviert. . . . . . | I've reserved a room. |
| Was kostet das Zimmer. . . . . . . . . . . | How much is the room |
| ... mit Frühstück? . . . . . . . . . . . . . . | ... with breakfast? |

### Arzt

| | |
|---|---|
| Können Sie mir einen guten Arzt . . . . | Can you recommend |
| empfehlen? . . . . . . . . . . . . . . . . . . . | a good doctor? |
| Ich brauche einen Zahnarzt. . . . . . . . | I need a dentist. |
| Ich habe hier Schmerzen. . . . . . . . . . | I feel some pain here. |
| Ich habe Fieber. . . . . . . . . . . . . . . . . | I've got a temperature. |
| Rezept . . . . . . . . . . . . . . . . . . . . . . | prescription |
| Spritze . . . . . . . . . . . . . . . . . . . . . . | Injection/shot |

### Bank/Post

| | |
|---|---|
| Wo ist hier bitte eine Bank? . . . . . . . . | Where's the nearest bank? |
| Geldautomat . . . . . . . . . . . . . . . . . . | ATM (Automated Teller Machine) |

| | |
|---|---|
| Ich möchte Euros in Dollars wechseln. . . . . . . . . . . . . . . . . . . . . | I'd like to change euros into dollars. |
| Was kostet ... . . . . . . . . . . . . . . . . . . | How much is ... |
| ... ein Brief ... . . . . . . . . . . . . . . . . . . | ... a letter ... |
| ... eine Postkarte .... . . . . . . . . . . . . | ... a postcard ... |
| nach Europa? . . . . . . . . . . . . . . . . . . | to Europe? |

## Zahlen

| | | | |
|---|---|---|---|
| 1. . . . . . . . . . | one | 18. . . . . . . . . . . . . | eighteen |
| 2. . . . . . . . . . | two | 19. . . . . . . . . . . . . | nineteen |
| 3. . . . . . . . . . | three | 20. . . . . . . . . . . . . | twenty |
| 4. . . . . . . . . . | four | 21. . . . . . . . . . . . . . | twenty-one |
| 5. . . . . . . . . . | five | 30. . . . . . . . . . . . . | thirty |
| 6. . . . . . . . . . | six | 40. . . . . . . . . . . . . | fourty |
| 7. . . . . . . . . . | seven | 50. . . . . . . . . . . . . | fifty |
| 8. . . . . . . . . . | eight | 60. . . . . . . . . . . . . | sixty |
| 9. . . . . . . . . . | nine | 70. . . . . . . . . . . . . | seventy |
| 10. . . . . . . . . | ten | 80. . . . . . . . . . . . . | eighty |
| 11. . . . . . . . . | eleven | 90. . . . . . . . . . . . . | ninety |
| 12. . . . . . . . . | twelve | 100. . . . . . . . . . . . | one hundred |
| 13. . . . . . . . . | thirteen | 1000. . . . . . . . . . . | one thousand |
| 14. . . . . . . . . | fourteen | 1/2 . . . . . . . . . . . . | a half |
| 15. . . . . . . . . | fifteen | 1/3 . . . . . . . . . . . . | a third |
| 16. . . . . . . . . | sixteen | 1/4 . . . . . . . . . . . . | a quarter |
| 17. . . . . . . . . | seventeen | | |

## Restaurant

| | |
|---|---|
| Wo gibt es hier ein gutes Restaurant? . . . . . . . . . . . . . . . . . . . | Is there a good restaurant here? |
| Reservieren Sie uns bitte . . . . . . . . . . | Would you reserve us |
| für heute Abend einen Tisch!. . . . . . . | a table for this evening, please? |
| Die Speisekarte bitte! . . . . . . . . . . . . | The menu please! |
| Auf Ihr Wohl! . . . . . . . . . . . . . . . . . . | Cheers! |
| Bezahlen, bitte. . . . . . . . . . . . . . . . . . | Could I have the check, please? |
| Wo ist bitte die Toilette? . . . . . . . . . . | Where is the restroom, please? |

## Frühstück/Breakfast

| | |
|---|---|
| Kaffee (mit Sahne/Milch). . . . . . . . . . | coffee (with cream/milk) |
| koffeinfreier Kaffee. . . . . . . . . . . . . . | decaffeinated coffee |
| heiße Schokolade . . . . . . . . . . . . . . . | hot chocolate |

| | |
|---|---|
| Tee (mit Milch/Zitrone) | tea (with milk/lemon) |
| Rührei | scrambled eggs |
| pochierte Eier | poached eggs |
| Eier mit Speck | bacon and eggs |
| Spiegeleier | eggs sunny side up |
| harte/weiche Eier | hard-boiled/soft-boiled eggs |
| (Käse-/Champignon-)Omelett | (cheese/mushroom) omelette |
| Pfannkuchen | pancake |
| Brot/Brötchen/Toast | bread/rolls/toast |
| Butter | butter |
| Zucker | sugar |
| Honig | honey |
| Marmelade/Orangenmarmelade | jam/marmelade |
| Joghurt | yoghurt |
| Obst | fruit |

### Vorspeisen und Suppen/Starters and Soups

| | |
|---|---|
| Fleischbrühe | broth/consommé |
| Hühnercremesuppe | cream of chicken soup |
| Tomatensuppe | cream of tomato soup |
| gemischter/grüner Salat | mixed/green salad |
| frittierte Zwiebelringe | onion rings |
| Meeresfrüchtesalat | seafood salad |
| Garnelen-/Krabbencocktail | shrimp/prawn cocktail |
| Räucherlachs | smoked salmon |
| Gemüsesuppe | vegetable soup |

### Fisch und Meeresfrüchte/Fish and Seafood

| | |
|---|---|
| Kabeljau | cod |
| Krebs | crab |
| Aal | eel |
| Schellfisch | haddock |
| Hering | herring |
| Hummer | lobster |
| Muscheln | mussels |
| Austern | oysters |
| Barsch | perch |
| Scholle | plaice |
| Lachs | salmon |
| Jakobsmuscheln | scallops |
| Seezunge | sole |
| Tintenfisch | squid |

Forelle . . . . . . . . . . . . . . . . . . . . . . .   trout
Tunfisch . . . . . . . . . . . . . . . . . . . . .   tuna

## Fleisch und Geflügel/Meat and Poultry

gegrillte Schweinerippchen . . . . . . . . .   barbecued spare ribs
Rindfleisch . . . . . . . . . . . . . . . . . . . .   beef
Hähnchen. . . . . . . . . . . . . . . . . . . . .   chicken
Geflügel . . . . . . . . . . . . . . . . . . . . . .   poultry
Kotelett . . . . . . . . . . . . . . . . . . . . . .   chop/cutlet
Filetsteak . . . . . . . . . . . . . . . . . . . . .   fillet
(junge) Ente . . . . . . . . . . . . . . . . . . .   duck(ling)
Schinkensteak. . . . . . . . . . . . . . . . . .   gammon
Fleischsoße . . . . . . . . . . . . . . . . . . . .   gravy
Hackfleisch vom Rind . . . . . . . . . . . . .   ground beef
gekochter Schinken . . . . . . . . . . . . . .   ham
Nieren. . . . . . . . . . . . . . . . . . . . . . . .   kidneys
Lamm . . . . . . . . . . . . . . . . . . . . . . .   lamb
Leber . . . . . . . . . . . . . . . . . . . . . . . .   liver
Schweinefleisch . . . . . . . . . . . . . . . .   pork
Würstchen . . . . . . . . . . . . . . . . . . . .   sausages
Lendenstück vom Rind, Steak . . . . . . .   sirloin steak
Truthahn. . . . . . . . . . . . . . . . . . . . . .   turkey
Kalbfleisch . . . . . . . . . . . . . . . . . . . .   veal
Reh oder Hirsch . . . . . . . . . . . . . . . .   venison

## Nachspeise und Käse/Dessert and Cheese

gedeckter Apfelkuchen. . . . . . . . . . . .   apple pie
Schokoladenplätzchen . . . . . . . . . . . .   brownies
Hüttenkäse. . . . . . . . . . . . . . . . . . . .   cottage cheese
Sahne. . . . . . . . . . . . . . . . . . . . . . . .   cream
Vanillesoße. . . . . . . . . . . . . . . . . . . .   custard
Obstsalat . . . . . . . . . . . . . . . . . . . . .   fruit salad
Ziegenkäse . . . . . . . . . . . . . . . . . . . .   goat's cheese
Eiscreme. . . . . . . . . . . . . . . . . . . . . .   icecream
Gebäck. . . . . . . . . . . . . . . . . . . . . . .   pastries

## Gemüse und Salat/Vegetables and Salad

gebackene Kartoffeln in                         baked potatoes
der Schale. . . . . . . . . . . . . . . . . . . . .
Pommes frites. . . . . . . . . . . . . . . . . .   french fries
Bratkartoffeln . . . . . . . . . . . . . . . . . .   hash browns

| | |
|---|---|
| Kartoffelpüree . . . . . . . . . . . . . . . . . | mashed potatoes |
| gebackene Bohnen | baked beans |
| in Tomatensoße . . . . . . . . . . . . . . . . | |
| Kohl . . . . . . . . . . . . . . . . . . . . . . | cabbage |
| Karotten . . . . . . . . . . . . . . . . . . . | carrots |
| Blumenkohl . . . . . . . . . . . . . . . . . . | cauliflower |
| Tomaten . . . . . . . . . . . . . . . . . . . | tomatoes |
| Gurke . . . . . . . . . . . . . . . . . . . . . | cucumber |
| Knoblauch . . . . . . . . . . . . . . . . . . | garlic |
| Lauch . . . . . . . . . . . . . . . . . . . . . | leek |
| Kopfsalat . . . . . . . . . . . . . . . . . . . | lettuce |
| Pilze . . . . . . . . . . . . . . . . . . . . . | mushrooms |
| Zwiebeln. . . . . . . . . . . . . . . . . . . | onions |
| Erbsen . . . . . . . . . . . . . . . . . . . . | peas |
| Paprika . . . . . . . . . . . . . . . . . . . . | peppers |
| Kürbis. . . . . . . . . . . . . . . . . . . . . | pumpkin |
| Spinat. . . . . . . . . . . . . . . . . . . . . | spinach |
| Mais . . . . . . . . . . . . . . . . . . . . . | sweet corn |
| Maiskolben. . . . . . . . . . . . . . . . . . | corn-on-the-cob |

## Obst/Fruit

| | | | | |
|---|---|---|---|---|
| Äpfel . . . . . . . | apples | Birnen. . . . . . . . . . . | pears |
| Aprikosen . . . . | apricots | Orange . . . . . . . . . . | orange |
| Brombeeren . . | blackberries | Pfirsiche . . . . . . . . . | peaches |
| Kirschen . . . . . | cherries | Ananas . . . . . . . . . . | pineapple |
| Weintrauben. . | grapes | Pflaumen . . . . . . . . | plums |
| Grapefruit. . . . | grapefruit | Himbeeren . . . . . . . | raspberries |
| Zitrone . . . . . | lemon | Erdbeeren . . . . . . . . | strawberries |
| Preiselbeeren . | cranberries | | |

## Getränke/Beverages

| | |
|---|---|
| Bier. . . . . . . . . . . . . . . . . . . . . . . | beer |
| (vom Fass) | (on tap) |
| Apfelwein. . . . . . . . . . . . . . . . . . . | cider |
| Rotwein/Weißwein . . . . . . . . . . . . . | red wine/white wine |
| trocken/lieblich . . . . . . . . . . . . . . | dry/sweet |
| Sekt, Schaumwein . . . . . . . . . . . . . | sparkling wine |
| alkoholfreie Getränke . . . . . . . . . . . | soft drinks |
| Fruchtsaft . . . . . . . . . . . . . . . . . . . | fruit juice |
| gesüßter Zitronensaft . . . . . . . . . . . | lemonade |
| Milch . . . . . . . . . . . . . . . . . . . . . | milk |
| Mineralwasser. . . . . . . . . . . . . . . . | mineral water/spring water |

# Verkehr

**Verkehrsregeln**

Jeder Staat in den USA hat neben bundesweiten auch eigene Verkehrsgesetze. Gegenüber den Bestimmungen in Europa sind folgende Unterschiede unbedingt zu beherzigen:

**Vorfahrt**

Trotz Rechtsverkehr hat an ungeregelten Kreuzungen derjenige Vorfahrt, der zuerst da war. Dies bedeutet, dass man sich nötigenfalls per Handzeichen verständigen muss.

**Schulbusse**

Auf einer Straße mit Gegenverkehr (ohne Barriere in der Mitte) muss **jeglicher Verkehr** anhalten, wenn ein signalgelber Schulbus ein- und aussteigen lässt. Verstöße gegen diese Vorschrift werden äußerst streng geahndet.

**Ampeln**

**Ampeln** hängen oder stehen hinter der Kreuzung. Rechtsabbiegen trotz roten Ampelsignals ist nach vorherigem vollständigen Anhalten und bei Beachtung der Vorfahrt erlaubt. Verboten wird das **Rechtsabbiegen** bei Rot durch das Verkehrsschild »No turn on red«.

**Licht**

In der Zeit des Sonnenauf- und -untergangs, bei Sichtweiten unter 300 m sowie auf langen geraden Straßen mit Gegenverkehr muss mit Abblendlicht gefahren werden. In einigen Staaten muss bei Betätigung der **Scheibenwischer** ebenfalls das Licht eingeschaltet werden.

**Parkverbot**

An **Fernverkehrsstraßen** außerhalb von geschlossenen Siedlungen darf nicht geparkt werden. Zu einem **Hydranten** sind immer 4 m Abstand zu halten.

**Rechts überholen**

Auf Straßen **mit vier und mehr Spuren** ist das Überholen auf der rechten Spur gestattet. Beim Spurwechsel nach rechts ist daher dieselbe Vorsicht angebracht wie beim Wechsel nach links.

## Geschwindigkeiten • Umrechnung

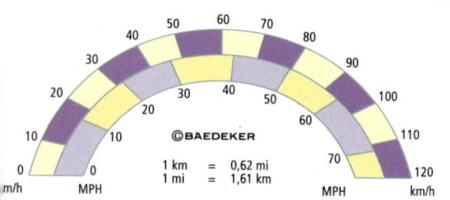

Auf mehrspurigen Straßen in Ballungsräumen gibt es manchmal eine **Rush-Hour-Spur**: Dann ist eine Spur durch ein Schild mit der Aufschrift »HOV -2«, »HOV -3« oder mit einer aufgemalten Raute gekennzeichnet. Dies bedeutet, dass während der Stoßzeiten morgens und abends diese Spur nur von Fahrzeugen mit mindestens zwei bzw.

## Entfernungen im Südwesten der USA

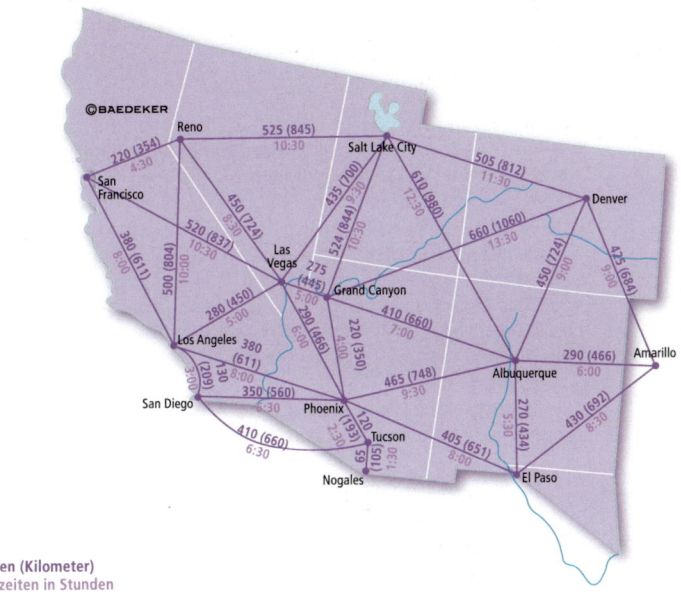

©BAEDEKER

**Meilen (Kilometer)**
**Fahrzeiten in Stunden**

drei Insassen befahren werden darf (HOV = »High Occupancy Ve-
hicle«; in manchen Staaten andere Bezeichnungen). Die Polizei ahn-
det Verstöße.

Das englische Wort »Crossing« (dt. = kreuzen, überqueren) wird in
den USA oft mit **»Xing«** abgekürzt. Ein Verkehrsschild mit der
merkwürdigen Aufschrift **»Ped Xing«** (Abkürzung für »Pedestrian
Crossing«) kündigt einen Fußgängerüberweg an, nach dem Schild
**»Cattle Xing«** muss man mit Viehtrieb rechnen.

Kreuzungen

## INFRASTRUKTUR

In einem vom Auto bestimmten Land wie den USA ist das Straßennetz selbstverständlich hervorragend ausgebaut und weitgehend **gebührenfrei**. Wichtige Überlandverbindungen und Stadtautobahnen
sind mehrspurig und kreuzungsfrei angelegt und ermöglichen einen
raschen Verkehrsfluss. Für die Benutzung einiger Straßen, Brücken
und Tunnels ist eine Straßengebühr (»toll«) zu entrichten.

Straßennetz

**Interstate Highways**
Die **kreuzungsfreien** mehrspurigen Interstate Highways entsprechen den deutschen Autobahnen. Sie sind durch ihre blau-weiß-rote Beschilderung leicht von normalen Highways zu unterscheiden. Interstates mit geraden zweistelligen Nummern verlaufen in Ost-West-Richtung, solche mit ungeraden zweistelligen Nummern in Nord-Süd-Richtung.

**Highways**
Highways sind ihrer Kategorie nach das Pendant zu den deutschen Bundesstraßen, im Gegensatz zu diesen aber nicht selten **mehrspurig ausgebaut**. Weiße Schilder kennzeichnen sie als Bundes- (z. B. US 89) oder Staatsstraße (State Roads, z. B. AZ 87). Auch bei ihnen definiert die Nummer die grobe Himmelsrichtung. Mit »ALT« (»alternative«) oder »BUS« (»business«) werden Ortsumgehungen bezeichnet. Der wichtigste Unterschied zwischen den Highways und den Interstates besteht darin, dass die Erstgenannten – als mehrspurige Straßen – **nicht kreuzungsfrei** sind: Bei Einmündungen und beim Linksabbiegen ist daher Vorsicht geboten!

**Tankstellen**
Das Tankstellennetz ist in den ganzen USA **sehr dicht** geknüpft. Angeboten wird fast ausschließlich bleifreies Benzin (»unleaded«) in den Sorten »Regular« (Normal) und »Premium« (Super). Um die Zapfsäule betriebsbereit zu machen, muss ein Hebel umgelegt oder eine Halterung nach oben gezogen werden. An sehr vielen Tankstellen wird vor allem abends und nachts **Vorauskasse** verlangt. Bei Bezahlung mit einer Kreditkarte hat man gelegentlich noch einige Cents Gebühr pro Gallone zusätzlich zu entrichten; zuweilen gibt es verschiedene Zapfsäulen für das Tanken mit Bedienung und für die (billigere) Selbstbedienung.

---

**BAEDEKER WISSEN**

**? Höchstgeschwindigkeiten**

- Zentren, Wohngebiete: 15 mph (24 km/h) – 35 mph (56 km/h)

- Ausfall-, Überlandstraßen mit Gegenverkehr: 45 mph (72 km/h)

- Gebiete mit Wildwechsel: bei Nacht 35 mph (56 km/h)

- Highways, Interstates: 55 mph (88 km/h) – 70 mph (112 km/h)

---

## PANNENHILFE

**AAA (»Triple A«)**
Der AAA ist der **größte Automobilklub der USA** mit dem dichtesten Netz von Büros, in denen man Broschüren, Karten, Unterkunftsverzeichnisse und Auskünfte erhält. Mitglieder großer Automobilklubs im deutschsprachigen Raum (u. a. ADAC, ÖAMTC, TCS) können die Dienste von »Triple A« zu günstigen Konditionen nutzen.
**AAA Headquarter:** 1000 AAA Drive, Heathrow, Fl 32746-5063, Tel. 1 407 4 44 42 40, www.aaa.com

Entlang einiger Highways sind **Notrufsäulen** aufgestellt. Ansonsten erhält man Hilfe jeglicher Art unter Tel. 1-8 00-AAA-HELP. Polizei und Ambulanz erreicht man unter **Tel. 911**. Wer mit einem Mietwagen eine Panne hat, sollte sich zuerst mit seiner Mietwagenfirma in Verbindung setzen.

**Notruf
Pannenhilfe**

# Zeit

Das Gebiet der räumlich zusammenhängenden Vereinigten Staaten von Amerika erstreckt sich über **vier Zeitzonen**. Eigene Zonen gelten für Alaska und Hawaii.
Für die in diesem Reiseführer behandelten Gebiete gelten die Mountain Time bzw. die Pacific Time.

**Zeitzonen**

Die Sommerzeit (Daylight Saving Time), während der die Uhren um eine Stunde vorgerückt sind, gilt vom zweiten Märzsonntag bis zum ersten Novembersonntag. Hinweis: In den Indianerreservaten gibt es keine Sommerzeit.

**Sommerzeit**

Die Stunden von 0.00 Uhr früh bis 12.00 Uhr mittags werden mit a. m. (ante meridiem) bezeichnet, ab 12.00 Uhr mittags bis Mitternacht mit p. m. (post meridiem).

**a.m./p.m.**

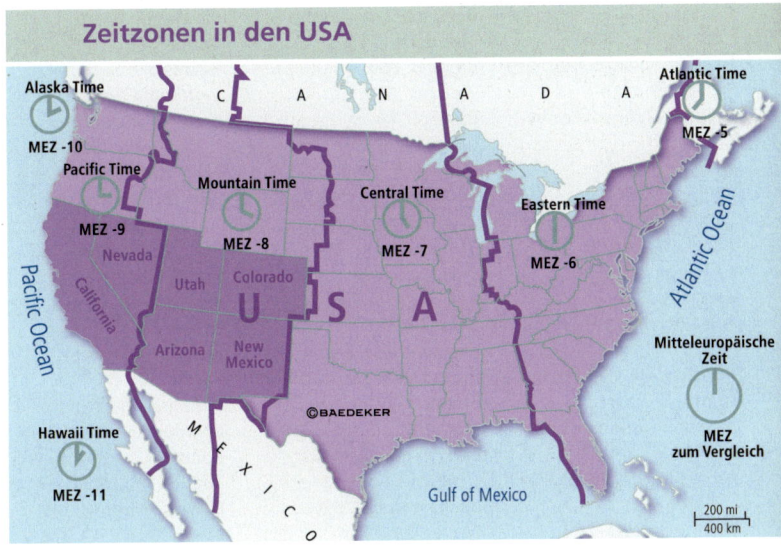

# Register

# Verzeichnis der Karten und Grafiken

# Bildnachweis

Jack Affleck: 379

Agentur Bilderberg: Kunze 283 (oben links)

Baedeker-Archiv: 133, 207, 307, 381, 439, 511

Bareth: 1, 165, 361

Bildagentur Huber: PictureFinders 64, Eisele-Hein 105, PictureFinders 233, Simeone 242, Leimer 254, Giovanni 292

Branscheid: 206, 305, 337, 399

Dieterich: 239

Dohnke: 481

DuMont Bildarchiv/Rainer Hackenberg: U3 (oben), U8, 3 (links oben), 4 (Mitte und unten), 7 (Mitte), 16, 22, 30, 38, 54, 57 (oben rechts), 58, 114, 119, 127, 143, 144, 145, 155, 161, 168, 171, 176, 178, 192, 202, 204, 382, 411, 413 (Mitte), 414, 417, 422, 428, 431, 433, 435, 436, 467, 504, 508, 512, 516, 527, 537, 542, 551, 569, 575, 576, 579, 586, 610

DuMont Bildarchiv/Christian Heeb: 219, 297

Roland Gerth: 302

getty images: Witold Skrypczak 57 (unten) und 74, Dennis Gottlieb 78 (unten), nicolebranan 79 (oben), John Foxx (unten), Alan Copson 81, Mark D Callanan 100, Driendl Group 298, RH Productions 380, Deon Reynolds 395, Fuse 413 (unten), 415, Jeremy Woodhouse 460, Altrendo Travel 476

GlowImages: U4 (links), 6 (unten), 20, 36 (oben), 76, 78 (Mitte), 102, 108, 110, 211, 277, 372, 464

Rainer Hackenberg: : U4 (rechts unten), 2, 7 (oben), 8, 15, 28, 34, 41, 56, 57 (oben links), 60, 130, 150, 185, 194, 368, 426, 441, 448, 455, 486, 490, 498, 528, 531, 563, 567, 574, 581, 588

Hamberger: 7 (unten), 180, 356, 544

Interfoto: 246

laif: Le Figaro Magazine/Martin 12, Rachid Dahnoun/Aurora 31, The New York Times/Redux 37, Polaris/Al Seib 62, Jörg Modrow 87, Polaris/Al Seib 89, UPI/Terry Schmitt 90, hemis/Maisant 96, Le Figaro Magazine/Jean Michel Voge 99, Piepenburg 209 und 269, Wieland 283 (unten), Jörg Modrow 284, Sylvain Grandadam/HOAQUI 290, Aurora Photos/Olivier Renck 348, Aurora/Joel Addams 557

laif/Christian Heeb: 48, 248, 272, 283 (oben rechts), 412, 463

Linde: 146, 227, 306, 318, 321, 328, 331, 342, 404, 510, 549, U2

LOOK-foto: Richter 3 (links Mitte), Dressler 9, age 10, Dressler 281, Richter 282, age 546

MairDumont: 19

Marco Polo: Dieterich 413 (oben rechts)

mauritius images: Westend61 U4 (rechts oben), Bridge U7, Westend61 78 (oben), CuboImages 84, ib/Katja Kreder 96, O´Brian 309, age 313, Nägele 352, Fidler 375, Alamy 413 (oben links), O´Brian 558

Thomas Mittmann: 107, 235, 397, 522, 605

picture-alliance: Thomas Muncke U2, Kyodo 36 (unten), Everett Collection 68 und 70, dpa 92, Okapia 215

Prokop: 6 (oben), 200

Roswell Daily Record: 482

Vario Images: TipsImages 132

Jens Wassermann: U3 (unten) und 407

Zakrzewski: 137, 139, 153, 188, 363, 438, 489

Titelbild: LOOK-foto/age

# Impressum

**Ausstattung:**
195 Abbildungen, 62 Karten und
grafische Darstellungen, eine große
Reisekarte
**Text:**
Georg Bareth, Heinz Burger, Rainer
und Rolf Eisenschmid, Carmen Galen-
schovski, Reinold Hermanns, Wolfgang
Liebermann, Helmut Linde, Axel Pinck,
Wolfgang Rotzinger, Angelika Stehle,
Andrea Wurth, Reinhard Zakrzewski
**Überarbeitung:** Ole Helmhausen
**Bearbeitung:**
Baedeker-Redaktion (red.sign Stuttgart,
Manuela Hunfeld)
**Kartografie:**
Christoph Gallus, Hohberg;
Franz Huber, München;
MAIRDUMONT Ostfildern (Reisekarte)
**3D-Illustrationen:**
jangled nerves, Stuttgart
**Infografiken:**
Golden Section Graphics GmbH, Berlin
**Gestalterisches Konzept:**
independent Medien-Design, München
**Chefredaktion:**
Rainer Eisenschmid, Baedeker Ostfildern

9. Auflage 2016

© KARL BAEDEKER GmbH, Ostfildern
für MAIRDUMONT GmbH & Co KG;
Ostfildern

**Anzeigenvermarktung:**
MAIRDUMONT MEDIA
Tel. 0049 711 4502 333
Fax 0049 711 4502 1012
media@mairdumont.com
http://media.mairdumont.com

Printed in China

Trotz aller Sorgfalt von Redaktion und Autoren zeigt die Erfahrung, dass Fehler und
Änderungen nach Drucklegung nicht ausgeschlossen werden können. Dafür kann
der Verlag leider keine Haftung übernehmen.
Kritik, Berichtigungen und Verbesserungsvorschläge sind jederzeit willkommen.
Schreiben Sie uns, mailen Sie oder rufen Sie an:

**Verlag Karl Baedeker / Redaktion**
Postfach 3162
D-73751 Ostfildern
Tel. 0711 4502-262
info@baedeker.com
www.baedeker.com

FSC
www.fsc.org
MIX
Paper from
responsible sources
FSC® C011918

# Die Erfindung des Reiseführers

**Als Karl Baedeker (1801 – 1859) am 1. Juli 1827 in Koblenz seine Verlagsbuchhandlung gründete, hatte er sich kaum träumen lassen, dass sein Name und seine roten Bücher einmal weltweit zum Synonym für Reiseführer werden sollten.**

Das erste von ihm verlegte Reisebuch, die 1832 erschienene **Rheinreise,** hatte er noch nicht einmal selbst geschrieben. Aber er entwickelte es von Auflage zu Auflage weiter. Mit der Einteilung in die Kapitel »Allgemein Wissenswertes«, »Praktisches« und »Beschreibung der Merk-(Sehens-)würdigkeiten« fand er die klassische Gliederung des modernen Reiseführers, die bis heute ihre Gültigkeit hat. Der Erfolg war überwältigend: Bis zu seinem Tod erreichten die zwölf von ihm verfassten Titel 74 Auflagen! Seine Söhne und Enkel setzten bis zum Zweiten Weltkrieg sein Werk mit insgesamt 70 Titeln in 500 Auflagen fort.

Bis heute versteht der Karl Baedeker Verlag seine große Tradition vor allem als eine Kette von Innovationen: Waren es in der frühen Zeit u. a. die Einführung von Stadtplänen in Lexikonqualität und die Verpflichtung namhafter Wissenschaftler als Autoren, folgte in den 1970ern der erste vierfarbige Reiseführer mit professioneller Extrakarte. Seit 2005 stattet Baedeker seine Bücher mit ausklappbaren 3D-Darstellungen aus. Die neue Generation enthält als erster Reiseführer Infografiken, die (Reise-)Wissen intelligent aufbereiten und Lust auf Entdeckungen machen.

In seiner Zeit, in der es an verlässlichem Wissen für unterwegs fehlte, war Karl Baedeker der Erste, der solche Informationen überhaupt lieferte. In der heutigen Zeit filtern unsere Reiseführer aus dem Überfluss an Informationen heraus, was man für eine Reise wissen muss, auf der man etwas erleben und an die man gerne zurückdenken will. Und damals wie heute gilt für Baedeker: Wissen öffnet Welten.

# Baedeker Verlagsprogramm

- Ägypten
- Algarve
- Allgäu
- Amsterdam
- Andalusien
- Argentinien
- Athen
- Australien
- Australien • Osten
- Bali
- Baltikum
- Barcelona
- Bayerischer Wald
- Belgien
- Berlin • Potsdam
- Bodensee
- Brasilien
- Bretagne

- Brüssel
- Budapest
- Bulgarien
- Burgund
- China
- Costa Blanca
- Costa Brava
- Dänemark
- Deutsche Nordseeküste
- Deutschland
- Deutschland • Osten

- Djerba • Südtunesien
- Dominik. Republik
- Dresden
- Dubai • VAE
- Elba
- Elsass • Vogesen
- Finnland
- Florenz
- Florida
- Franken
- Frankfurt am Main
- Frankreich
- Frankreich • Norden
- Fuerteventura
- Gardasee
- Golf von Neapel
- Gomera
- Gran Canaria
- Griechenland
- Griechische Inseln
- Großbritannien
- Hamburg
- Harz
- Hongkong • Macao
- Indien
- Irland
- Island
- Israel
- Istanbul
- Istrien • Kvarner Bucht
- Italien
- Italien • Norden
- Italien • Süden
- Italienische Adria
- Italienische Riviera
- Japan
- Jordanien
- Kalifornien
- Kanada • Osten
- Kanada • Westen
- Kanalinseln

- Kapstadt • Garden Route
- Kenia
- Köln
- Kopenhagen
- Korfu • Ionische Inseln
- Korsika
- Kos
- Kreta
- Kroatische Adriaküste • Dalmatien
- Kuba
- La Palma
- Lanzarote
- Leipzig • Halle
- Lissabon
- Loire
- London
- Madeira
- Madrid
- Malediven
- Mallorca
- Malta • Gozo • Comino
- Marokko

- Mecklenburg-Vorpommern
- Menorca

- Mexiko
- Moskau
- München
- Namibia

- Neuseeland
- New York
- Niederlande
- Norwegen
- Oberbayern
- Oberital. Seen • Lombardei • Mailand
- Österreich
- Paris
- Peking
- Piemont
- Polen
- Polnische Ostseeküste • Danzig • Masuren
- Portugal
- Prag
- Provence • Côte d'Azur
- Rhodos
- Rom
- Rügen • Hiddensee
- Ruhrgebiet
- Rumänien
- Russland (Europäischer Teil)
- Sachsen

- Salzburger Land
- St. Petersburg
- Sardinien
- Schottland
- Schwarzwald
- Schweden
- Schweiz
- Sizilien
- Skandinavien
- Slowenien
- Spanien
- Spanien • Norden • Jakobsweg
- Sri Lanka
- Stuttgart
- Südafrika
- Südengland
- Südschweden • Stockholm
- Südtirol
- Sylt
- Teneriffa
- Tessin
- Thailand
- Thüringen
- Toskana
- Tschechien
- Tunesien
- Türkei
- Türkische Mittelmeerküste
- Umbrien
- USA

- USA • Nordosten
- USA • Nordwesten
- USA • Südwesten
- Usedom
- Venedig
- Vietnam
- Weimar
- Wien
- Zürich
- Zypern

**BAEDEKER ENGLISH**

- Berlin
- Vienna

**Viele Baedeker-Titel sind als E-Book erhältlich: shop.baedeker.com**

# Kurioser Südwesten

*Wen der Schnurrbart seines Partners stört, der kann ihn in Eureka zu einer Rasur überreden – vielleicht im Rahmen einer Partie »Wahrheit oder Pflicht« –, um dann Brautpaar Nr. 151 in Las Vegas zu werden.*

## ►Seltsame Gesetze

Dass die Gesetzgebung der Zeit hinterherhinkt, kennt man ja. Aber haben diese Gesetze jemals Sinn gemacht? Denn in Eureka, Nevada, ist es Männern mit einem Schnurrbart gesetzlich verboten, Frauen zu küssen. Und in Arizona dürfen Esel nicht in Badewannen schlafen.

## ►Vier Staaten auf einmal

Four Corners ist der einzige Ort in den USA, wo man gleichzeitig in vier Bundesstaaten stehen kann. Hier stoßen Arizona, Utah, New Mexico und Colorado aneinander.

## ►Der kurioseste Stadtname

Die Stadt »Truth or Consequences« (Wahrheit oder Pflicht) in New Mexico hieß einst Hot Springs. Sie wurde 1950 nach einem beliebten Radioprogramm umbenannt.

## ►Yihaa!

Jeden Januar wird in Denver, Colorado, während der National Western Stock Show das größte Rodeo der Welt veranstaltet. 15 000 Pferde, Rinder und andere Tiere trampeln alljährlich über das Veranstaltungsgelände.

## ►Superlativ Las Vegas

Die Stadt hat nicht nur die verrücktesten Hotels und die meisten Glitzerlichter: In Las Vegas werden auch pro Tag bis zu 30 000 kg Shrimps verspeist, mehr als im ganzen Rest der USA zusammen. Und täglich geben sich rund 150 Paare hier das Ja-Wort.

## ►Wetterextreme

Das Death Valley im Osten von Kalifornien ist der trockenste und heißeste Platz in den USA. Temperaturen über 46 °C sind hier keine Seltenheit. Dafür fallen in den Bergen östlich von Salt Lake City in Utah im Winter mehr als 10 m Schnee.

## ►Die Erde bebt

Große Erdbeben lösen Katastrophen aus – aber still steht die Erde hier nie: In Kalifornien werden pro Jahr etwa eine halbe Million seismische Vibrationen und Erschütterungen der Erdoberfläche gemessen.